नेताजी
रहस्य गाथा

Sandeep Bagchi

नेताजी
रहस्य गाथा

अनुज धर

हिंदी अनुवाद
शीबा राकेश

Vitasta
Let Knowledge Spread

वितस्ता पब्लिशिंग प्राइवेट लिमिटेड
2/15 अंसारी रोड, दरियागंज,
नई दिल्ली–110002
info@vitastapublishing.com

रेणु कौल वर्मा द्वारा प्रकाशित

आई एस बी एन: 978-93-82711-46-9

आठवाँ **पुनर्मुद्रण 2022**

मूल्य ₹399

टाइपसेट और आवरण सज्जाः वितस्ता पब्लिशिंग प्राइवेट लिमिटेड, नई दिल्ली
मुद्रणः विकास कम्प्युटर एण्ड प्रिंटर्स, नई दिल्ली

आभार

मैं आभारी हूँ वितस्ता पब्लिशिंग की रेणु कौल वर्मा का जिन्होंने India's biggest cover-up का हिन्दी अनुवाद करवाया; प्रकाश श्रीवास्तव व पीयूष श्रीवास्तव का जिन्होंने पुस्तक को सही रूप और दिशा देने का कार्य बखूबी निभाया; आलोक सैनी का जिन्होंने किताब के प्रोडक्शन और डिज़ाइनिंग का कार्य कुशलता से किया।

विषय–सूची

1

एक दफन रहस्य

अपने कमरे में बैठे हुये तीन हैरान–परेशान लोगों को देखकर सूचना आयुक्त ए0एन0 तिवारी की भौंहों में बल पड़ गये थे। उनमें से पहले—शायंतन दासगुप्ता—हम तीनों में वह ज़रा हट के थे; खूबसूरत, बाँके नौजवान। दूसरे थे, अपने चेहरे पर पढ़ाकू की छाप लिये चन्द्रचूड़ घोष और तीसरा छोटी कद काठी का व्यक्ति मैं खुद था। तिवारी जी ने हमसे पूछ ही लिया,

आप लोगों के पास कुछ काम–वाम नहीं है क्या?

जवाब में एक हंसी मिली, जो तिवारी जी को ज़्यादा पसंद नहीं आयी। लिहाज़ा, उनकी धमकी भरी नज़र मेरे बगल में बैठे गृह विभाग के दोनों 'मिडल' स्तर के अफसरों को चुप कर गई।

"सर! यह..." तिवारी जी ने हमारी बात बीच में ही काट दी:

"...देखो भई!...मैं कटक में पला–बढ़ा...और उसी स्कूल में पढ़ाई की जिसमें नेताजी गये थे...मुझे लगता है, इस मुद्दे पर मुझे तुम्हारी राय की जरुरत नहीं है!"

शायद उन्हें लगा कि हम उन्हें इतिहास पढ़ाना चाहते थे...पर दरअसल यहाँ पर बात इससे ज़्यादा गम्भीर थी। इतिहास अपने आप में खास होता है; वह इसलिये कि

इतिहासकार या शोधकर्ता, हमें वह सारी जानकारी देते हैं जो समाज में किसी न किसी रुप में उपलब्ध होती है—चाहे वह पुस्तकालय के जरिये हो, निजी या सामाजिक या फिर पुराने ऐतिहासिक संग्रह। पर कभी–कभी उनसे भी पर्याप्त जानकारी नहीं मिल पाती है। कई बार इतिहासकार सिर्फ अटकलें ही लगा पाते हैं क्योंकि वे वास्तविक तथ्यों तक नहीं पहुंच पाते हैं, जबकि उन्हें पता होता है कि कुछ न कुछ तथ्य हैं। और सोच की स्वतंत्रता मजबूरी की बेड़ियों की गुलाम हो कर रह जाती है।

हमारी स्थिति भी कमोबेश ऐसी ही थी। यहाँ इतिहास को सरकार ने बंधक बनाया हुआ था। हम खुद को फिर भी थोड़ा–बहुत भाग्यशाली समझ रहे थे क्योंकि जिस व्यक्ति से हम फरियाद कर रहे थे, वह यहाँ सूचना अनुभाग में आने से पहले सरकारी तंत्र में नौकरशाह रह चुका था।

सन् 2006 में जब हमने राष्ट्रीय सूचना आयोग के सामने अपनी फरियाद रखी थी तो लोगों ने मुड़ कर इतिहास की तरफ सरसरी निगाह डाली। सुभाष चंद्र बोस और कांग्रेस के बीच सन् 1939 में पड़ी दरार को वह नेताजी के इतिहास की आखिरी महत्त्वपूर्ण घटना मानते थे। भारतीय स्वतंत्रता आंदोलन की मूल 'मंजिल' और वहाँ तक जाने के रास्तों के मामले में सुभाष चन्द्र बोस और महात्मा गांधी कभी भी एकमत नहीं हो पाये। गांधी के लिये, "अहिंसा परमधर्म है...चाहे इस धर्म के धारण में हमें स्वराज की चाह को छोड़ना ही क्यों न पड़े।" बोस सहमत नहीं थे। उनके अनुसार अहिंसा और सत्याग्रह मंजिल नहीं केवल रास्ते थे जिनको, "समय और जरुरतों के अनुसार बदला जा सकता था।"[1] क्योंकि एकमात्र लक्ष्य था स्वराज यानी विदेशी अधिकार से पूर्ण आज़ादी।

दरअसल गांधी और बोस के संबंध कभी घनिष्ट रहे ही नहीं। सन् 1921 में इन दोनों की पहली मुलाकात मुम्बई के मणि भवन में हुयी थी। भारत की तत्कालीन राजनीति में सबसे बड़े नेता से करीब 28 साल छोटे सुभाष बोस ने भारत को आज़ादी दिलाने की गांधी की योजनाओं को अस्पष्ट करार दे दिया था। आई सी एस छोड़कर लंदन से लौटे इस जोशीले नौजवान को गांधी की सलाह थी कि वह चितरंजन दास से मिलकर इस मसले को गहराई से समझने की कोशिश करें। फिर भी गांधी से बोस के मतभेद हमेशा बने रहे। अगले बीस बरसों तक चाहे वह जेल में रहे या यूरोप में, उन्होंने गांधी की नीतियों का विरोध खुलकर किया—चाहे वह भगत सिंह की फासी का मसला हो, भारत को संभावित राज्य का दर्जा देने की बात हो, आधुनिक औद्योगिकीकरण की जरुरत का मसला हो, अंतर्दलीय प्रजातंत्र की बात हो या फिर कोई और मुद्दा, बोस की निडरता जगज़ाहिर थी।

...और यह भी सर्वविदित था कि इस तरह की मुखरता से उनका राजनैतिक जीवन समृद्ध नहीं होने वाला था—कम से कम कांग्रेस में। बोस खुद भी यह जानते थे—उन्होंने कहा था, "गांधीवादी मुझे नहीं अपनायेंगे और मैं एक कठपुतली नेता नहीं बनना चाहता।"[2] हुआ भी कुछ ऐसा ही। उनके विरोधियों ने उनका पीछा तब तक नहीं छोड़ा, जब तक उन्होंने कांग्रेस अध्यक्ष का पढ़ ही नहीं छोड़ दिया। पार्टी के अन्दर रहते हुये फारवर्ड ब्लाक बनाने के उनके फैसले ने शीर्ष नेताओं को ज्यादा खुश नहीं किया।

उनसे बंगाल कांग्रेस के नेतृत्व का हक भी छीन लिया गया और पार्टी में अगले तीन

सालों तक कोई भी चुनाव लड़ने पर पाबंदी लगा दी गई। ऐसा लगता था जैसे कांग्रेस ब्रिटिश सत्ता नहीं बल्कि सुभाष बोस के खिलाफ मोर्चा खोले खड़ी हो।

उस समय के सारे अखबार इसी बात की ओर इशारा कर रहे थे। जैसे की *हिन्दुस्तान टाइम्स* में छपी हुयी एक आठ कॉलम की रिपोर्ट। इसका शीर्षक था—"अनुशासनहीनता के चलते सुभाष बोस को मिली कड़ी सज़ा"। ऐसी रिपोर्टो को पढ़ कर बोस के चेहरे पर एक चोट खाई हुई कड़वी मुस्कुराहट फैल गयी, जो उनके परम मित्र दिलीप कुमार रॉय से छिपी नहीं थी। रॉय के अनुसार, "सुभाष के लिये अनुशासन इतना बड़ा मुद्दा नहीं था...बुरा था उनके सम्मान को लगी ठेस...उनसे अपेक्षा की गई थी कि वह पार्टी हाईकमान से माफी माँगें...वह भी तब जब सब जानते थे कि गलती उनकी नहीं थी।"[3]

रॉय का मानना था कि उनके मित्र को इस "नाजायज बेइज़्जती" का सामना केवल इसलिये करना पड़ा क्योंकि उनमें "दृढ़ता का तेज़ था...वह खुले–आम कहते थे कि उन्हें अहिंसा के मूल्यों में विश्वास नहीं है।"[4]

कहीं न कहीं सच यह भी था कि पार्टी के कई बड़े नेता जो खुद को गांधीवादी कहते थे, दरअसल स्वयं भी अहिंसावादी नहीं थे। वे दोहरे चेहरे लेकर घूमते थे। कई बरसों के बाद जब वे आज़ाद भारत की बागडोर संभाल रहे थे, तब सत्ता की ताकत और भारतीय खूफिया तंत्र के बल पर ही वे भारत के गौरव को बचा पाये। तब कहाँ था गांधी का अहिंसावाद? गोवा को आजादी क्या अहिंसा और सत्याग्रह ने दिलवाई? बागी मिजो लोगों को संभालने के लिये जो लोग भेजे गये वे गांधीधाम के अहिंसावादी फरिश्ते नहीं थे; भारतीय एयर फोर्स के जाबाजों ने यह कमान संभाली थी।

सन् 1940 के आते–आते सुभाष बोस का राजनैतिक कैरियर समाप्ति के कगार पर था। 43 वर्षीय इस नेता के बारे में एक गांधीवादी ने खुलेआम कहा, "गांधी के विरोधी कभी राजनैतिक तौर पर पनप नहीं सकते।"[5] अब बोस को एक नये मंच की जरुरत थी। उन्होंने यह मंच खोज लिया; राष्ट्रीय हित को इसी की दरकार थी। पर यह मंच बना उस समय का नाज़ीवादी जर्मनी। इसका भी एक कारण था—रुसी लोग सहानुभूति से ज्यादा कुछ नहीं दे रहे थे। अमरीका भले ही कुछ सही बातों के पक्ष में था, चीज़ों को मान्यता दे रहा था पर ब्रिटिश उपनिवेशवाद को समर्थन दे रहा था, जो भारतीय हितों के खिलाफ था। बोस को अब अमरीका नापंसद था। "मुझे भारत की आज़ादी चाहिये" का मंत्र लिये, अपनी जान पर खेल कर, बोस अग्रेंजों को झांसा देकर पहले अफगानिस्तान से मॉस्को और फिर रोम होते हुये बर्लिन पहुंचे। शायद ही कोई और नेता ऐसा साहस दिखा सकता था

और फिर नाजी जर्मनी की भूमि पर उदय हुआ भारत की आज़ादी के लिये लड़ने वाले इस अभूतपूर्व सितारे का। "सुभाष बाबू" अब सेनानायक "नेताजी" बन गये। जर्मनी मे ही उन्होने आधुनिक भारत को दो सबसे बड़े तोहफे दिये—भारत का राष्ट्रीय नारा (जय हिन्द) और भारत का राष्ट्रीय गान (जन गण मन)। उन दिनों धरती पर राज कर रही सबसे बड़ी ताकत के शिकंजे से फरार हुये नेताजी अब विश्व के सबसे खतरनाक लोगों से हाथ मिला रहे थे। दरअसल वे नेताजी के दुश्मनों के दुश्मन थे—और इस तरह वे नेताजी के दोस्त थे।

Deutsches Bundesarchiv

हिटलर और उनके बड़े अफसर नेताजी के मुरीद हो चुके थे। मुसोलिनी की तरह हिटलर भी नेताजी की तरफ यूँ खिंचे जैसे लोहा चुम्बक की तरफ खिंचता है। साथ दिखाई गई फोटो में नेताजी के प्रति हिटलर की आँखों में आकर्षण देखकर आज भी उनके विरोधी दंग रह जाते हैं।

मुझे एक जर्मन ने बताया कि एक्सिस ताकतो से ज़ुड़ने से पहले बोस ने जवाहर लाल नेहरु के एक विचार की खिलाफत की थी। वह था नेहरु का यूरोपियन यहूदियों को भारत में शरण देने का इरादा। मैंने जवाब दिया कि उस समय भारतीय अपनी आजादी के अलावा और किसी विषय में सोचने की स्थिति में नहीं थे। पर यह भी सच है कि व्यक्तिगत रुप में नेताजी खुला दिमाग रखने वाले सहनशील व्यक्ति थे। उदाहरण के लिए सन् 1933 से 1939 के मध्य किटी और एलेक्स उनके करीबी मित्र थे। यह एक नवविवाहित यहूदी जोड़ा था और बर्लिन में ही रहता था। बोस के बारे में किटी ने बर्लिन के एक अमेरिकी पादरी की राय सुनी थी, जिसने बोस को "ब्रिटिश सरकार का बागी" बताया था लेकिन किटी जब खुद बोस से मिली तो उन्हे वह एक बेहद "संजीदा, आत्मिक शक्ति" रखने वाले व्यक्ति लगे। अपनी आखिरी भेंट में बोस ने किटी को सलाह दी, "यह देश (जर्मनी) जल्दी से जल्दी छोड़ दो।"[6]

किटी अपने पति के साथ जल्दी ही अमरीकी शहर मैसाच्युसेट्स चली गयीं और वहीं से बोस के लिये साधुवाद लिखा। उन्हें याद था कि बोस ने उन्हें ऐसे हिन्दू संन्यासियों के विषय में बताया था जो शारीरिक रुप से भले ही अदृश्य हों, पर "सामने आकर बात कर सकते थे।"[7]

नाज़ियों के प्रति अपनी गहरी नफरत से भी बोस ने किटी को अवगत कराया था।[8] उन्होंने बताया था कि ब्रिटिश राज ने भारत को बर्बाद कर दिया था और यह भी कि उन्हें नाज़ी लोगों के साथ क्यों जुड़ना पड़ा था। उन्होंने कहा था, "यह बुरा सही, पर जरुरी है...भारत को अपनी स्वतंत्रता स्वयं हासिल करनी है...किसी भी कीमत पर।"[9] यह बात

बोस ने किटी और उनके पति से नाज़ी अफसर हरमन गोरिंग से हुयी एक मुलाकात के बाद कही। यहूदियों के बारे में भी बोस की अपनी एक अलग राय थी। उनका कहना था, वह "एक पुरानी और सभ्य जाति है...गहन और दूरदर्शी"। उनके अनुसार, उन्हें सदियों से "खलनायक" बनाकर रखा है।[10]

...पर इन सबके बीच भारत के अपने हित बोस के लिये सर्वोपरि थे। दरअसल नेहरु की यहूदियों को भारत में शरण देने की सोच एक हवाई और थोथी सोच थी। गरीब भारत में यूरोपियन यहूदियों को शरण देने की राय केवल अखबारों की सुर्खियाँ बटोरने के लिये अच्छी थीं। जमीनी हकीकत से इस सोच का कोई वास्ता न था, न हो सकता था। और फिर, सब जानते हैं, कि जब तक भारत पर नेहरु परिवार ने शासन किया, तब तक दिल्ली में इसरायली सरकार को दूतावास खोलने तक की इज़ाज़त नहीं थी। हाथी के दांत खाने के और होते हैं और दिखाने के और!

दूसरे विश्वयुद्ध के दौरान जापान की सहायता से बोस ने इण्डियन नेशनल आर्मी (आई0एन0ए0 या आजाद हिन्द फौज) की कमान संभाली। बोस का कहना था "जार्ज वाशिंगटन ने अपनी सेना की सहायता से अमरीका की आज़ादी हासिल की थी...इटली को आज़ादी दिलाने वाले गरिबाल्डी के पास भी एक सेना थी।"[11]

लेकिन उनकी उम्मीदें तब बिखरती हुई दिखने लगीं जब आई0एन0ए0 के सैनिकों को भारतीय सेना के सैनिकों के हाथों करारी हार का सामना करना पड़ा—वे वह भारतीय सैनिक थे जो अंग्रेज़ों की गुलामी कर रहे थे।

सन् 1946 में भारतीय सेना के एक आंकलन के अनुसार आई0एन0ए0 "थोथा चना बाजे घना" था। अगर कुछ गंभीरता थी भी, तो महज़ पाँच प्रतिशत। यह "अभी भी एक शिशु सगंठन" था; "एक गुरिल्ला तकनीक", जिसके पास न कोई लड़ाकू विमान थे, न शस्त्र, न बम, न तोपें, न ही अन्य ए0वी0एफ0 सरीखा कोई हथियार"। आई0एन0ए0 के युद्ध के मैदान मे लड़ने वाले सैनिकों की संख्या करीब 15000 थी। इनमें से 750 मारे गये; 1500 बीमारी की बलि चढ़ गये; 2000 बैंकाक भाग गये; 3000 ने आत्मसमर्पण कर दिया और बाकी 7000 ब्रिटिश सरकार के हत्थे चढ़ गये। "विश्व युद्ध" में मित्र राष्ट्रों के लिये यह सेना कभी खतरे का विषय थी ही नहीं।"[12]

पर यह मुसीबत की शुरुआत भर थी। बंदी बना लिये गये आई0एन0ए0 के कुछ सैनिकों से मुलाकात के बाद एक भारतीय सैन्य अफसर का यह कहना था, "बोस को नीचा दिखाने की कोशिशों का कोई फायदा नहीं है। वह इन सब के लिये 'नेताजी' हैं...एक ऐसा नेता जो जांबाज है, ईमानदार है और जिन्होंने सुदूर पूर्व में भारतीय छवि को एक बहुत ऊँचा दर्जा प्रदान किया है।"[13]

यह बात तब की है जब बंदी सैनिक खुद को भारत लाये जाने का इंतज़ार कर रहे थे। वे कैद में जरुर थे, पर टूटे नहीं थे। भारत लाकर इनको उसी जगह पर सज़ा दी गयी, जहां झंडा फहराने की उन्होंने कभी कसम उठाई थी—लाल किला। पर यह सजा न्यूरेमबर्ग या टोक्यो के युद्ध अपराध ट्रायल जैसी नहीं बन पाई। अंग्रेजो का वार उल्टा पड़ गया। बोस की लड़ाई सही साबित हो चुकी थी।

The Hindustan Times

I.N.A. TRIAL OPENS IN RED FORT

WOMEN WARRIORS — SHAH NAWAZ — DHILLON — SAHGAL — DEFENCE COUNSEL

OF GUN BATTLES IN BATAVIA

WARN ANNAMITES OF REPRISALS

BRITISH DOCK STRIKE ENDS

CHARGES OF MURDER AND WAGING WAR AGAINST KING

DEFENCE ASKS FOR THREE WEEKS' ADJOURNMENT

NEW DELHI, Monday.—A trial unprecedented in British Indian history, whose significance was heightened by the fact that Pandit Jawaharlal Nehru donned after about 25 years his barrister's gown and white band as a defence counsel, opened today in a large room on the second floor of a barrack in the historic Red Fort of Delhi.

Syria A Potential Trouble Spot In Mid-East

Curfew On Road Traffic Tightened In Palestine

आई0एन0ए0 सैनिकों की बेइज़्ज़ती ने उन सबको—हिन्दू, मुसलमान, सिक्ख, ईसाई—को ऐसा एकजुट किया कि परतंत्रता की शुरुआत से लेकर अब तक शायद ही ऐसी एकता कभी दिखी हो। समकालीन उत्तर प्रदेश के तत्कालीन गवर्नर ने वायसराय को नवम्बर 1945 में एक पत्र लिखा, जिसमें कहा गया था कि आंदोलनकारियों की बढ़ती तादाद यह साफ दिखाती है कि "बोस लोगों की नज़र में गांधी की जगह लेते जा रहे हैं।"[14]

आई0एन0ए0 के जी0 एस0 ढिल्लों ने लाल किले मे न केवल अपने को पकड़ने वाले सैनिको से हाथापाई की बल्कि सबको चुनौती दी कि अगर उनमें हिम्मत है तो उन्हे को फांसी पर चढ़ा कर देखे। बेशक ढिल्लों को फांसी पर लटका दिया जाता लेकिन शहर भर में रातोंरात पोस्टर चिपका दिए जिनमें आई0एन0ए0 के सैनिको की मौत का बदला लेने की चेतावनी दी गई थी। सन् 1946 में इन्टैलिजेंस ब्यूरो के मुताबिक, "शायद ही पहले कभी भारत में इस स्तर पर सामूहिक एकता देखी गयी है...सही कहें तो सहानुभूति भी।"[15] ब्रिटिश सरकार धमकी का मतलब समझ चुकी थी।

पर यह सब पढ़ते हुये मैं स्कूली बच्चे के तौर पर सोचा करता, "इन सबके बीच नेताजी कहाँ थे?" जवाब मिला एक सरकारी मान्यता प्राप्त स्कूली पुस्तक में, जिसमें बताया गया कि द्वितीय विश्वयुद्ध के अन्त में नेताजी ताईवान में हुई एक हवाई दुर्घटना में चल बसे थे। कॉलेज में आया तो सुना कि उनकी मृत्यु के बारे में कुछ मतभेद हैं। आज इन्टरनेट पर घूमते हुये बी0बी0सी0 का एक कथन मिलता है जिसके अनुसार, बोस का "मृत शरीर कभी मिला ही नहीं...जिससे इन अफवाहों को बल मिला कि वे उस हवाई दुर्घटना में बच गए थे।"[16]

पता नहीं हम भारतीय कब तक नेताजी के बारे में सोचते रहेंगे? लेकिन हम इतना सोचते ही कहाँ हैं? चाहे हम पर आयी मुसीबत कितनी ही बड़ी क्यों न हो। भारत के बंटवारे के समय असंख्य लोगों ने जान गंवाई...क्या कहीं हमने एक भी स्मारक बनाया? मैं नहीं कह सकता कि यह आदत अच्छी है या बुरी...पर हममें भूलने की ताकत जबरदस्त है। हमारे देश के दो प्रधानमंत्रियों की निर्मम हत्यायें हुई और तीसरे के बारे में कुछ शक है। पर हम जितना उन तीनों के बारे में सोचते हैं, वह नेताजी की मृत्यु के रहस्य का पासंग भी नहीं। आज बरसों बीत चुके हैं—नेताजी के अपने राज्य बंगाल में भी शायद ही उनका राजनैतिक साथ देने वाला कोई बाकी हो। पर उनकी मृत्यु रहस्य गाथा आज भी हमें उकसाती है। जाहिर सी बात है, अफवाहों और निराधार चिंतन से कुछ ज्यादा है इस मसले में—तभी तो हम जैसे लोग इसे नहीं भूले।

सन् 1956 और फिर 1970 में नेहरु और क्रमशः इन्दिरा गांधी सरकार के ऊपर दबाव बना कि वह इस मुद्दे की जांच करायें।' आई0एन0ए0 का हिस्सा रहे शाहनवाज खान, और जाने–माने जज रहे जी0डी0 खोसला दोनों ही ने हवाई दुर्घटना की बात को सही ठहराया। लेकिन भूलने वाले न भूले, न विश्वास ही कर पाये। उनका कहना था कि जांचें निष्पक्ष नहीं थीं। 1960 के दशक में एक नयी कहानी ने जन्म लिया। इस बार बोस को भारत के एक सुदूर कोने में एक संन्यासी के वेश में देखे जाने का दावा किया गया। अमरीका में रहने वाली किटी भी सोच में पड़ गयीं। क्या उनका मित्र वाकई साधु बन गया था—जो आज यहाँ दिखाई पड़ता, और कल कहाँ!?[17] इन सबके बीच नेताजी के नाम से जोड़ी गई "युद्ध अपराधी" की छवि अब भी बरकरार थी फिर कुछ आवाज़ें इसके खिलाफ बुलंद हुयीं। ये आवाज़ें सरकार को दोष दे रहीं थीं और मानती थीं कि ये "संन्यासी वाली कहानियाँ" केवल इसलिये उड़ाई गयी हैं क्योंकि सरकार यह "जानती है" कि नेताजी का निधन ताईवान में नहीं, बहुत बाद में साइबेरिया के किसी कैद खाने में हुआ।

खैर, आज से लगभग 15 वर्ष पहले एक बार फिर से इस मुद्दे पर नई सांस फूंकी गई; जब एक कोर्ट के निर्णय की वजह से यह केस दोबारा खोला गया। सुप्रीम कोर्ट के न्यायाधीश रह चुके एम0के0 मुखर्जी की जांच ने पासा पलट दिया था। अपनी रिपोर्ट में उन्होंने सरकार को उनकी जाँच में पूरा सहयोग न करने के लिये जबरदस्त फटकार लगाई। उन्होंने यह भी लिखा कि ताईवान में बोस की मृत्यु की कहानी दरअसल अंग्रेजो की आँखों में धूल झोंकने की एक जापानी चाल थी, ताकि वह बोस के रुस जाने की बात छिपा सके। सन् 2005 में सरकार को जब यह रिपोर्ट मिली और वह तिलमिला उठी।

18 मई 2006 को जस्टिस मुखर्जी जांच आयोग की रिपोर्ट को संसद के सामने रखा गया। साथ ही गृह मंत्री शिवराज पाटिल द्वारा हस्ताक्षरित एक 'ऐक्शन टेकन' ज्ञापन पत्र भी था—केवल एक पेज का। जब विपक्ष इसके विरोध में उठा; तो उनसे मोर्चा लिया दो बंगाली बांकुरों ने। मंत्री प्रियरंजन दासमुंशी भाजपा के सदस्यों पर गुर्राये, "पूर्व प्रधानमंत्री अटल बिहारी वाजपेयी ने जापान के रेनकोजी मंदिर में जाकर नेताजी की अस्थियों को श्रद्धांजलि क्यों दी?"[18]

प्रणब मुखर्जी ने गुस्साये संसद सदस्यों को समझाने की कोशिश की,

"यूँ बेकार की बातें करने के बजाय; पूरा विचार–विमर्श करना ज्यादा ठीक रहेगा..."[19]

लोकसभा टी0वी0 पर यह पूरा वृत्तान्त दिखाया जा रहा था और मेरे दिमाग में कुछ और ही चल रहा था—एक फिल्म की तरह। मेरे लिये यह प्रणब मुखर्जी का "मिशन असंभव" या 'मिशन इम्पासिबल' था। वह नेताजी की मृत्यु के राज़ को छिपाना चाहते थे...

कुछ ऐसा हुआ कि सन् 1995 में द्वितीय विश्व युद्ध के दौरान आई0एन0ए0 से जुड़े कुछ वृद्ध जापानी सैनिको ने भारत सरकार से अपील की कि वह नेताजी की "अस्थियों" को भारत ले आयें। माना यह जाता था कि ताइवान कि हवाई दुर्घटना के बाद नेताजी का अंतिम संस्कार वही कर दिया गया था, और तत्पश्चात उनकें अस्थियों को जापान लाकर टोक्यो के एक बोद्ध मंदिर, जिसका नाम रेनकोजी मंन्दिर था, में रख दिया गया।

प्रधानमंत्री पी0वी0 नरसिम्हा राव, गृह मंत्री एस0बी0 चव्हान, विदेश मंत्री प्रणब मुखर्जी और सचिवों की समिति (कैबिनेट सचिव सहित) ने इस अपील को लेकर विचार विमर्श किया। इन्टेलिजेंस ब्यूरो की टिप्पणी तर्कसंगत थी,

> अगर अस्थियाँ भारत में लाई गईं...तो बहुत संभव है कि पश्चिम बंगाल के लोग इसे नेताजी की मृत्यु की आधिकारिक कहानी को उन पर थोपने का एक तरीका समझें...यह गलत हो सकता है।

यह बात मुझे इसलिये पता है क्योंकि मैंने एक गोपनीय दस्तावेज देखा है—जो कुछ इस तरह हैः

views of MEA and IB. IB's views are to the effect that it would not be advisable to take any initiative to bring back the ashes to India as there is no demand from any quarter for this. If the ashes are brought to India, the People of West Bengal are likely to construe it as an

F.No.I/12014/27/93-IS(D.III)
Ministry of Home Affairs

लेकिन विदेश मंत्रालय का सोचना था कि "अस्थियों को भारत ले आना चाहिये"।

मंत्रालय ने इस बात की पुष्टि और कार्यान्वयन के लिये रुपरेखा तक तैयार कर ली थी जिसके तहत सम्माननीय लोग ऐसे कुछ वक्तव्य दे सकें जिनसे अस्थियों को भारत लाने के इस फैसले को तर्कसंगत ठहराया जा सके। बहराल, प्रधानमंत्री ने गृह मंत्री को निर्देश दिये कि कैबिनेट के सामने इस मामले को लाया जाये।

TOP SECRET IMMEDIATE

COPY NO. 1

No.6/CM/95(iii)
GOVERNMENT OF INDIA (BHARAT SARKAR)
CABINET SECRETARIAT (MANTRIMANDAL SACHIVALAYA)

NEW DELHI, the 6th February, 1995.
17 Magha, 1916 (S).

The following will constitute additional item on the agenda for the meeting of the Cabinet scheduled to be held at 1145 hours, on Wednesday, the 8th February, 1995 in the Conference Room (No.155) South Block, New Delhi :-

S U B J E C T S

5. Proposal to bring the mortal remains of Netaji Subhash Chandra Bose from Japan to India. (Note dated 2.2.1995 (CD-92/95) from the Ministry of Home Affairs, attached). — MINISTER OF HOME AFFAIRS.

(B.M.M.Rao)
Deputy Secretary to the Cabinet.

8 फरवरी 1995 की इस बैठक में गृह सचिव के0 पद्मनाभैया ने एक विस्तृत ब्यौरा पेश किया, जिसमें मामले के बारे में सरकारी नजरिये को रखा गया था। इस ब्यौरे को बनाते समय गृह मंत्रालय ने विदेश मंत्रालय से उन सभी जापानी दस्तावेजों की फरियाद की, जिसमें नेताजी के निधन की पुष्टि की गई थी। विदेश मंत्रालय का कहना था कि उसके पास ऐसा कोई दस्तावेज़ नहीं था। कैबिनेट ने इंतज़ार करने का फैसला लिया और अस्थियों को भारत लाने का विचार फिलहाल के लिये टाल दिया गया।

लेकिन विदेश मंत्री प्रणब मुखर्जी के पास शायद इस मुद्दे से जुड़ी कुछ अत्यन्त गोपनीय जानकारी थी, या शायद कांग्रेस के किसी दूरदर्शी व्यक्ति ने उन्हें यह बताया था कि "नेताजी का निधन ताईवान में ही हुआ था; सबूतों की चिन्ता में मत पड़ो।"

उसके बाद प्रणब मुखर्जी सन् 1995 में नेताजी के निधन के रहस्य को सुलझाने के लिये निकल पड़े। टोक्यो में जापानी विदेश मंत्री से मुलाकात के बाद वह जर्मनी के लिये रवाना हुये ताकि वे बोस की बेटी अनीता फाफ से मिल सकें—जैसा कि दस्तावेज़ इंगित करते हैं। ऐसा माना जाता है कि अनीता नेताजी की अस्थियों को भारत भेजने के लिये अपने परिवार के विरुद्ध जाने को भी तैयार थीं और मुखर्जी की मदद करना चाहती थीं। पर उनकी माता के जीवित रहते अनीता यह निर्णय नहीं ले सकती थीं।

जेम्स कैमरॉन की निर्देशित फिल्म *टायटैनिक* किसने नहीं देखी होगी? मुझे हैरानी होती है यह सोच कर कि कैसे भारतीय दर्शक उस नायिका के चरित्र को देखकर आंसू बहाते हैं जो सालों बीत जाने के बाद भी अपने प्रेमी की मौत का ग़म नहीं भुला पाती। क्या हम वही भारतीय हैं? लगता तो नहीं! क्योंकि हमें एमिली शेंकल की याद कभी नहीं आयी जो बोस के अचानक गायब हो जाने के चालीस बरस बाद तक तड़पती रहीं। एमिली को सन् 1996 में अपने निधन से पहले प्रणब मुखर्जी की ओर से बहुत रुखे व्यवहार का अनुभव हुआ था। विदेश मंत्रालाय के एक भूतपर्व अफसर ने आरोप लगाया कि मुखर्जी ने उनसे एक दस्तावेज पर हस्ताक्षर करने के लिये कहा, ताकि जापानी मंदिर में रखी अस्थियों को भारत लाया जा सके।

कुछ अफवाहों के अनुसार 80 वर्ष से अधिक उम्र वाली एमिली को इस काम के बदले एक 'ब्लैन्क चेक' भी दिया गया था जिसे उन्होंने फाड़ कर हवा में उड़ा दिया।"[20]

इस बात का असली ब्यौरा मिला नेताजी के जर्मनी में ही रहने वाले पोते (ग्रैंडनेफ्यू) सूर्य कुमार बोस से जिनके अनुसार:

> **II. Minister of External Affairs, Government of India, Mr Pranab Mukherjee's visit to Augsburg on 21 October 1995**
>
> 1. On 20 October 1995 Auntie rang me after 10:30 pm from her daughter Anita Pfaff's home in Augsburg. She was quite agitated. She told me that Mr Pranab Mukherjee was coming to Augsburg on 21st October 1995 to convince her and Anita to give their approval for bringing the so-called "ashes" of Netaji to India. Mr Mukherjee also wanted her to sign a document which he would take back to India as proof of her approval. She again emphasised to me that she had never believed in the plane crash story and would neither sign any document nor agree in any way to bringing the "ashes" to India or to anywhere else.

21 अक्टूबर 1995 को अनीता और उनके पति मार्टिन फाफ प्रणब मुखर्जी को बाहर खाने पर ले गये थे; क्योंकि "अस्थियों" के बारे में कोई बातचीत

> आन्टी (एमिली) को नागवार गुजरती। आन्टी ने प्रणब मुखर्जी से साफ कह दिया था कि नेताजी की प्लेन दुर्घटना में मौत के विवरण पर उन्हें बिल्कुल विश्वास नहीं था...और यह भी कि जापान में रखी उन "अस्थियों" का नेताजी से कोई लेना–देना नहीं था।[21]

एमिली ने वही कहा था जो पूरा बोस परिवार मानता था। पर सूर्य को एक बार फिर एमिली से बात करनी पड़ी। इस बार एक भारतीय समाचार पत्र में प्रकाशित (एक गलत) रिपोर्ट के अनुसार एमिली ने "भारत सरकार को बोस की अस्थियों को भारत लाने की योजना को स्वीकृति दे दी है...और मुखर्जी के पास इस बात को सिद्ध करने के लिये एक दस्तावेज़ भी हैं।"

इस बार एमिली ने क्रोधित होकर अपना जवाब दिया,

> और इस बात की पुष्टि की कि उन्होंने न तो मुखर्जी को किसी भी ऐसी बात की आज्ञा दी थी; न ही ऐसा कोई दस्तावेज़ ही हस्ताक्षरित किया था। प्रणब मुखर्जी इस झूठ को क्यों फैला रहे हैं, वह या तो उन्हें पता है या भारत सरकार को![22]

करीब दस साल बाद, जस्टिस मुखर्जी की रिपोर्ट के अनुसार प्रणब मुखर्जी उन सात गवाहों में से थे जिन्होंने ताईवान में नेताजी के निधन की पुष्टि की थी। यह विडम्बना ही थी कि मुखर्जी सन् 2004 में सत्ताधारी पक्ष से होने के कारण जस्टिस मुखर्जी की इस रिपोर्ट पर अपने अन्य कैबिनेट साथियों के साथ फैसला देने वाले थे। यह फैसला सत्य और निष्पक्ष नहीं होने वाला था। विरोध की गहमागहमी और फुसफसाहटें बढ़ती जा रही थीं। कोलकाता में कुछ लोगों ने प्रणब मुखर्जी की कार के आगे विरोध प्रदर्शन भी किया। यह बात थी 18 जून 2006 की। बाद में मुखर्जी का बयान आया, "रिपोर्ट को संसद पटल पर रखा गया और हम इस पर पूरा विचार–विमर्श चाहते थे पर भाजपा ने ऐसा नहीं होने दिया।"[23]

संसद की कार्यवाही पर नजर डाले तो आप पायगें कि ऐसा कुछ भी नहीं हुआ था। वायदानुसार यह 'विचार–विमर्श' 2006 अगस्त में हुआ था। गुस्साये सांसदों ने राज्य सभा में शिवराज पाटिल पर हमला बोल दिया, "आखिरकार, आप यह साबित करने पर क्यों तुले हुये हैं कि नेताजी का निधन (एक हवाई दुर्घटना में) हो चुका है?"[24]

लोकसभा के स्पीकर सोमनाथ चटर्जी पर भी इस विवाद पर विराम लगाने के आरोप लगे।[25] पर इस पूरी वार्ता और वाद–विवाद का सबसे महत्त्वपूर्ण पहलू था जस्टिस मुखर्जी की रिपोर्ट का एक बेहद भावनात्मक बचाव। यह बचाव किया था स्वयं नेताजी के भतीजे सुब्रत बोस ने। उन्होंने संसद को याद दिलाया कि जस्टिस मुखर्जी का नाम स्वयं भारत के चीफ जस्टिस ने दिया था। उनके अनुसार वे अनुकरणीय व्यक्तित्व वाले एक ईमानदार व्यक्ति थे, जिन्होंने इस जांच में अपना कर्म और धर्म बेहद निष्पक्ष तरीके और "खुले दिमाग" से निभाया था।[26]

सुब्रत ने आयोग की जांच पर नज़र रखी थी। उनके अनुसार सरकार ने ऐसी कई

अहम् फाईलों और दस्तावेज़ों को नष्ट किया था या दबाया था, जिसमें इस जांच से जुड़े महत्त्वपूर्ण पहलू सामने आ सकते थे।[27] ममता बैनर्जी, जो उस वक्त रेल मंत्री थीं, ने भी अपने बयान में सुब्रत की बात को सही करार देते हुये कहा कि सरकार ने यकीनन नेताजी की मृत्यु से संबंधित कुछ दस्तावेजो को जला दिया था।

सुब्रत ने मांग की कि सरकार आयोग की रिपोर्ट को समर्थन दे और "कम से कम इसी बहाने सरकार को पिछले 54 सालों के अपनी गलतियों को सुधारने का एक मौका तो मिलेगा।"[28] एक अन्य सदस्य प्रबोध पांडा ने ए0टी0आर0 रिपोर्ट और इस रिपोर्ट के खुलासे में हो रही देरी पर आवाज़ उठाई। "राज़ सुलझा नहीं...बल्कि बना हुआ है।"[29]

24 अगस्त को रात 8 बजे के बाद इस बाबत राज्य सभा में हुई सारी बहस शोर–शराबे में गुम हो गई। इस बार बहस बेहद जीवंत थी और वार्ता करने वालों में सबसे आगे थे, डॉ0 मुरली मनोहर जोशी। बहस शुरु करते हुये डॉ0 बरुन मुखर्जी ने कहा कि आयोग की रिपोर्ट को खारिज करने का सरकार का फैसला एक पक्षपाती फैसला था जिसके लिये "आने वाली पीढ़ियाँ हमें कभी माफ नहीं करेंगी।"[30] डॉ0 चंदन मित्रा के अनुसार यदि नेताजी की मृत्यु से जुड़ी राज़ की फाइलें दूसरे देशों से रिश्तों के चलते दबाई गई हैं, तो यह बात समझना जरुरी था कि "विदेशी राष्ट्रों से रिश्ते अधिक जरुरी थे या भारत के लोग ज्यादा महत्त्वपूर्ण थे...यह प्रश्न राजनैतिक नहीं, राष्ट्रीयता से जुड़ा है...चाहे तीन पीढ़ियाँ ही क्यों न बीत जायें लेकिन भारत के लोग इस राज़ को जाने बिना चैन नहीं लेंगे।"[31]

शिवराज पाटिल का तर्क बेहद उटपटांग था "अगर नेताजी वाकई जीवित थे, तो भारत से दूर क्यों रहे?...यहाँ आये क्यों नहीं!?"[32] डॉ0 जोशी ने उनका सटीक जवाब दिया, "हो सकता है वे किसी और देश में कैद कर लिये गये हों? अगर वह बंदी होंगे तो यहाँ कैसे आ सकते थे?...यह बात अब आपके पता लगाने की है...भारत के पता लगाने की है...यदि आप सफल रहते हैं तो अच्छी बात है अन्यथा भारत के लोग स्वयं इस मसले का हल ढूंढ़ेंगे।"[33]

बीच बहस में पता चला कि सन् 1978 में जी0डी0 खोसला और शाहनवाज़ के नेतृत्व में की गई जांचों के नतीजे संतोषजनक नहीं पाये गये थे। साक्ष्यों में विरोधाभास और "तत्कालीन आधिकारिक दस्तावेज़ों" के चलते उस समय के प्रधानमंत्री मोरारजी देसाई ने लोकसभा में कहा था कि पूर्व जांचों कें निष्कर्ष सरकार को मान्य नहीं थे। सन् 1999 में मुखर्जी जांच आयोग ने गठन के बाद इन सभी "तत्कालीन आधिकारिक दस्तावेज़ों" की मांग की गई। 18 दिसम्बर 2001 को प्रधानमंत्री अटल बिहारी वाजपेयी के कार्यालय से यह 'एफीडेविट' आया कि ऐसा कोई भी रिकार्ड सरकार के पास नहीं था। क्योंकि वाजपेयी सरकार इनको ढूंढने में असमर्थ रही थी इसलिये वह मोरारजी देसाई के कथन की विवेचना करने में पूर्णतः असमर्थ थी। इस पर जस्टिस मुखर्जी ने जवाब दिया कि कुछ गोपनीय फाइलो की टिप्पणियों से पता चलता है कि ये रिकार्ड मौजूद थे। फिर भी सरकार इन दस्तावेज़ों को ढूंढने में असमर्थ रही।

सन् 2006 में कांग्रेस की यू0पी0ए0 सरकार ने भी भाजपा के स्वर ही दोहराये। एक संसदीय बयान में शिवराज पाटिल ने कहा कि "क्योंकि प्रधानमंत्री कार्यालय इन

दस्तावेज़ों को ढूंढ़ने में असमर्थ था" ऐसा संभव था कि पूर्व प्रधानमंत्री ने इस मामले में देश को गुमराह किया हो। उन्होंने कहा कि "देसाई के बयान कानूनी विवकेशीलता से नहीं, बल्कि राजनैतिक कारणों से प्रेरित हुये प्रतीत होते हैं।"[34]

यदि मोरारजी देसाई जीवित होते तो पाटिल से खुश तो बिल्कुल नहीं होते। जितना उनके बारे में हम जानते हैं, उसके अनुसार वह महात्मा गांधी के जीवन मूल्यों के अनुयायी रहे। कपड़े भी स्वयं खादी बुनकर पहना करते थे और प्राकृतिक चिकित्सा की लत को उन्होंने एक अजीब सी जीवनशैली बना लिया था। नेताजी से मोरारजी भाई को कभी कोई खास लगाव नहीं था। क्या संसद में वह अपने विरोधी रहे व्यक्ति के लिये झूठ बोलने पर उतारु हो सकते थे? यह एक बड़ा प्रश्न था।

प्रधानमंत्री कार्यालय के अनुसार—नहीं! उनके सरकारी प्रोफाइल पर यह साफ अंकित है कि "सत्य मोरारजी के लिये विश्वास का मुद्दा था, जरुरत का नहीं।" नेहरु की कैबिनेट का हिस्सा रहे देसाई ने शायद ही भूले–भटके भी ऐसा कोई बयान दिया हो जिससे नेताजी की मृत्यु की गुत्थी को सुलझाने में कोई मदद मिल पाती। देसाई स्वयं शिवराज पाटिल से कम जिद्दी नहीं थे। 16 जनवरी 1978 को उन्होंने इतिहासकार आर0सी0 मजूमदार की इस प्रार्थना को कि "इस मामले में जांच हेतु एक नयी कमेटी के गठन की आवश्यकता है"—बेरहमी से खारिज कर दिया था।

> हादसे के इतने वर्ष गुज़र जाने पर एक नयी जांच का न तो कोई अर्थ है, न कोई आवश्यकता। मेरे हिसाब से यह पैसे और वक्त दोनों की बर्बादी है।

देसाई ने नेताजी की मृत्यु के मामले को ठण्डे बस्ते में डालने का पूरा इरादा कर तो लिया था पर सन् 1978 में ही संसद के सदस्यों का जो दबाव उन पर बना, उसके चलते उन्हें झुकना ही पड़ा। सदस्यों ने मामले की नये सिरे से जाँच की माँग की ताकि गोपनीय दस्तावेज़ों को खोजा जा सके और रुसी लोगों तक भी पहुँचा जा सके। इस दबाव के चलते देसाई ने कम से कम इतना तो माना कि साक्ष्यों में भिन्नता थी और ब्रिटिश जमाने के दस्तावेज़ों के अनुसार नेताज़ी की मृत्यु के राज़ को एक "बंद केस" नहीं माना जा सकता। कम से कम इस बात को मानने से उनकी पीठ पर सवार "नयी जांच" का बोझ उतर गया था।

सन् 1998 में कोलकाता हाईकोर्ट ने देसाई के सन् 1978 के लोकसभा में दिये गये वक्तव्य का संज्ञान लिया। हाईकोर्ट के अनुसार, क्योंकि प्रधानमंत्री देसाई और उस समय (सन् 1998 की) की यूनाईटडे फ्रंट सरकार ने नेताजी की मृत्यु को "बंद केस" नहीं माना था, तो यह सरकार का अगला दायित्व था कि इस मामले में नयी जांच शुरु की जाये।

समझ नहीं आता कि तत्पश्चात भारत सरकार "तत्कालीन सरकारी दस्तावेज़ों" को ढूंढ़ने में नाकाम क्यों रही थी जबकि संसदीय कार्यवाही के प्रकाशित रिकार्ड देखें तो आश्चर्य होता है कि सन् 1977 की लोकसभा कार्यवाही के दौरान इन दस्तावेज़ों को खुलेआम पढ़ा गया था। 13 दिसम्बर 1977 को देसाई को लिखे गये एक पत्र में इतिहासकार डॉ0 मजूमदार ने ब्रिटिश जमाने के दस्तावेज़ों का हवाला देते हुये यह दिखाया था कि कई

लोग नेताजी के निधन की बात पर विश्वास नहीं करते।

3 फरवरी 1978 को मजूमदार ने फिर देसाई को एक पत्र लिखा। इस बार मजूमदार ने ऐसे दस्तावेज़ की बात की जिसमें एक अमेरिकी पत्रकार ने यह दावा किया था कि उसने नेताजी को उनकी कथित मृत्यु के बाद भी जीवित देखा था। मजूमदार ने आई0बी0 रिकार्ड को भी इस्तेमाल किया जिसमें हवाई दुर्घटना के सच में "खामियों" को उल्लिखित किया गया था और जिसके अनुसार किसी "निर्णय पर पहुँचना संभव नहीं था।" मजूमदार के पत्र और सांसदो की लगातार जिरह के फलस्वरुप "जिसके मुताबिक स्वयं गांधी भी नेताजी के निधन के समाचार को सच नहीं मानते थे" देसाई एक स्वाभाविक फैसले पर पहुँचे थेः कि केस बंद नहीं हुआ था।

मुखर्जी आयोग की रिपोर्ट को खारिज करने के लिये पाटिल ने उन सभी दस्तावेज़ों और दावो को प्रस्तुत किया जो हवाई दुर्घटना के पक्ष को सत्य साबित करते थे। इनमें से मुख्य थी हाईकोर्ट जज जी0डी0 खोसला के नेतृत्व में बने जाँच आयोग की रिपोर्ट। खोसला के "कानूनी ज्ञान को सर्वोपरि" बताते हुये और "साक्ष्यों" को सही ठहराते हुये, पाटिल ने संसद से कहा कि खोसला रिपोर्ट मुद्दे पर "साफ और अन्तिम" थी—(कम से कम मुखर्जी जांच आयोग की रिपोर्ट के मुकाबले में) और सरकार को पूर्णतः मान्य थी।

मुखर्जी रिपोर्ट को "अंतिम" इसलिये नहीं माना गया कि "साक्ष्यों के अभाव में" इस रिपोर्ट में यह नहीं दर्ज़ था कि नेताजी की मृत्यु दरअसल कहाँ और कैसे हुयी। गृह मंत्रालय ने इसी बिन्दु का फायदा उठाते हुये खोसला के "सर्वोपरि ज्ञान" को मुखर्जी की "दिमागी उलझन" के आमने–सामने खड़ा कर दिया। पाटिल का कहना था कि "लिखित और मौखिक साक्ष्यों को भलीभांति जांचने-परखने की काबिलियत रखने वाले व्यक्ति (खोसला) का यही मानना है।"...इसलिये यह बात संशय के परे है कि नेताजी का निधन ताईवान में हुआ था। पाटिल के अनुसार:

> जो प्रश्न हमारे सामने था वह यह कि एक ऐसी निर्णायक रिपोर्ट को हम एक ऐसी रिपोर्ट के लिये क्यों खारिज करें जो किसी निर्णय पर पहुँचने में असमर्थ रही है? खोसला आयोग के पास गलत रिपोर्ट बनाने की कोई वजह नहीं थी।[35]

आगे पढ़ने पर इस प्रश्न का उत्तर आपके सामने होगा। पर इस वक़्त पाटिल के वक्तव्य का छिपा मतलब समझ सकते हैं यदि आप खुद से एक अहम् सवाल पूछें: "सुभाष चन्द्र बोस की मृत्यु के रहस्य को सुलझाने के लिये इनमें से कौन सबसे सटीक व्यक्ति हो सकता है?"

1. कांग्रेसी सांसद (शाहनवाज़ खान)
2. नेहरु के मित्र और इन्दिरा के जीवनी लेखक (जी0डी0 खोसला)
3. सुप्रीम कोर्ट के पूर्व जज (एम0 के0 मुखर्जी)

यह समझना जरुरी है कि जी0डी0 खोसला उन व्यक्तियों के करीबी थे जो हमेशा से नेताजी की विरासत को नकारते और धिक्कारते आये थे। खोसला बेशक एक बेहतरीन

लेखक थे पर एक जांचकर्ता के रुप में उनका कार्य शक के घेरे में था। सूचना आयुक्त श्री तिवारी ने जैसे ही मेरे और मेरे मित्रों की सूचना के अधिकार के तहत दी गई अर्ज़ी में अपनी सहमति दी, जी0डी0खोसला की सरकारी भाषा और वक्तव्यों को हू–ब–हू दोहराने के पीछे की मंशा और सन् 1974 में दी गई उनकी रिपोर्ट के पीछे की धोखेबाजी (जिसे सरकार की मान्यता मिली) साफ होती चली गई।

हुआ कुछ यूँ थाः अभी शिवराज पाटिल को जी0डी0 खोसला और शाहनवाज़ पैनलों की रिपोर्ट का समर्थन किये महज़ एक महीना ही हुआ था, तभी शायंतन दासगुप्ता, चन्द्रचूड़ घोष और मैंने सूचना के अधिकार के तहत एक अर्जी दी। हमारे गुट का नाम था—"मिशन नेताजी"। हमने पाटिल के गृह मंत्रालय से उन सभी "सत्य साक्ष्यों की प्रतिलिपियाँ" मांगी जिनका इस्तेमाल "खोसला और शाहनवाज़ पैनलों ने अपनी रिपोर्ट बनाते हुये किया था।" हमारी मंशा स्पष्ट थी। हम उन साक्ष्यों से निकाले गये निर्णयों की सार्थकता को समझना भर चाहते थे। पर हमारी अर्जी ने अनुभाग में स्पेशल ऑफिसर ऑन ड्यटी के होश उड़ा दिये। हमें बताया गया कि वह सभी साक्ष्य और दस्तावेज़ सूचना के अधिकार अधिनियम 8 (1) के तहत आने की वजह से सुरक्षा की दृष्टि से बेहद गोपनीय थे; इसलिए किसी को नहीं दिये जा सकते थे। यह "विशेष" सूचना के तहत आते थे। "विशेष"?...पर क्यों? मंत्रालय के जवाब में वह आत्मविश्वास न था, जो तब दिखा था जब गृह मंत्री ने विरोधी सांसदों को चुप कराया था।

इस इनकार के बाद हमने केन्द्रीय सूचना आयोग से शिकायत की। यहाँ आयुक्त ए0एन0 तिवारी हमारा मसला सुनने वाले थे। पहली सुनवाई बेकार गयी। हमें बताया गया कि हमें कुछ नहीं मिल सकता क्योंकि खोसला और शाहनवाज़ ने अपनी रिपोर्ट में दस्तावेजो की सूची को संलग्न नहीं किया था। साफ जाहिर था कि जहाँ तक पारदर्शिता का प्रश्न था, जस्टिस मुखर्जी का कोई सानी न था। उनकी रिपोर्ट में न केवल सूची को संलग्न किया था, बल्कि दस्तावेजों की प्रतिलिपियों को भी लगाया गया था।

फिर भी तिवारी ने हमें कुछ चुनिंदा दस्तावेज़ों को ढूंढ़ने की सलाह दी। "यह बात तो बहुत पुरानी हो चुकी है...सरकार इसे भूल भी चुकी होगी," उन्होंने कहा। लेकिन कहाँ से लाते हम इन गोपनीय "चुनिंदा दस्तावेज़ों" की सूची? हमने हार नहीं मानी; अगली सुनवाई की तारीख आने से पहले ही हमने सरकार से गोपनीय 202 दस्तावेज़ों की मांग की जिन्हें खोसला आयोग ने अपनी रिपोर्ट में इस्तेमाल किया था। सुनवाई में हमसे पहला सवाल गृह मंत्रालय द्वारा पूछा गया। "यह सूची आपको कहाँ से मिली?" पर शायद अब सवाल जवाब बेकार थे, क्योंकि पासा पलट चुका था। तिवारी ने मंत्रालय को निर्देश दिया कि वह जल्दी से जल्दी इन 202 गोपनीय दस्तावेज़ों को हमें उपलब्ध करायें। उनको खुद भी यह समझ नहीं आ रहा था कि सरकार नेताजी की मृत्यु से जुड़े दस्तावेज़ों को इतना गोपनीय क्यों रख रही थी? "आप इन सबको नेशनल पुरालेखागार क्यों नहीं भेज देते?"

इस प्रश्न का उत्तर साल खत्म होते न होते उन्हें मिल गया जब केंद्रीय गृह सचिव की ओर से उन्हें एक "गोपनीय" पत्र मिला। इस पत्र में लिखा था कि इस मामले में मंत्रालय एक उच्चस्तरीय विमर्श कर चुका है। नेताजी की मृत्यु से जुड़े हुए यह रिकार्ड बहुत ही

"संवेदनशील" माने जा रहे थे और जिनका भारत में सार्वजनिक होना "गंभीर स्थिति पैदा कर सकता है, खासतौर से पश्चिम बंगाल में।" पर तिवारी यह बात पचा नहीं पायेः

> यह मुद्दा राष्ट्रीय महत्त्व का है...फिर भी सरकार इस पर लुका–छिपी कर रही है। ऐसा पाया गया कि सरकार इस मामले में एक निश्चित राय बनाने में अनिच्छुक है। उसे स्वयं नहीं पता कि नेताजी से जुड़े कौन से दस्तावेज गोपनीय रखे जाने चाहिये और क्यों?[36]

तिवारी ने मामले की सुनवाई आयोग की पूर्ण पीठ को सौंप दी। 5 जून 2007 को सुनवाई करने वाली पीठ में शामिल थेः

1. मुख्य सूचना आयुक्तः वजाहत हबीबुल्लाह
2. सूचना आयुक्तः पद्मा बालसुब्रमण्यम्
3. सूचना आयुक्तः डॉ0 ओ0पी0 केजरीवाल
4. सूचना आयुक्तः प्रो0 एम एम अन्सारी
5. सूचना आयुक्तः ए0एन0 तिवारी

तिवारी, जो हबीबुल्लाह की जगह अगले मुख्य आयुक्त बनने वाले थे, ने जोर डाला कि "यह मुद्दा भारत के लोगों से जुड़ा है और इसलिये राष्ट्रीय महत्त्व रखता है।" अन्य सरकारी अधिकारियों के पास हामी में सिर हिलाने के अलावा कोई चारा न था। हालांकि मेरे यह कहने पर कि सरकार जान–बूझ कर नेताजी से जुड़े दस्तावेज़ों को नष्ट कर रही है—वही अधिकारी विषैले सांपों की तरह मुझ पर फुंकारे। मेरे साथी (शांयतन, चंद्रचूड़ और विशाल शर्मा) अपनी बात पर कायम रहे और हमने कहा कि "मंत्रालय की यह इच्छा ही नहीं, कि वह कुछ भी व्यापक रुप से सार्वजनिक करे...उल्टा वह इस बात को छिपाने पर तुली है...सिर्फ यह कह देने से कि रिकार्ड खो गये हैं या मिल नहीं रहे, सरकार की जिम्मेदारी खत्म नहीं हो जाती।"

अधिकारियों ने पीठ के सामने यह दलील दी कि जो "रिकार्ड हम मांग रहे थे उनमें से कुछ बेहद संवेदनशील माने जाते रहे हैं और उनके सार्वजनिक होने से देश में हड़कम्प का अंदेशा हो सकता है।" खैर, कम से कम केन्द्रीय सूचना आयोग के लिये हम 'हड़कम्पी' लोग नहीं थे, सो आयोग ने हमारे पक्ष में फैसला सुनाया—जो अपने आप में मील का पत्थर थाः

> कुछ समय पहले तक, कोई भी सरकारी अधिकारी ऑफिशियल सीक्रेट्स अधिनियम के तहत किसी भी जानकारी के खुलासे से साफ मना कर सकता था। ऐसे में मांगी गई जानकारी को गोपनीय या अति गोपनीय कह देना काफी माना जाता था। सूचना के अधिकार अधिनियम के तहत इस तरह के जवाब मान्य नहीं है...अब कोई भी अधिकारी किसी भी मांगी हुयी जानकारी को अपने मन मुताबिक देने से मना नहीं कर सकता...
>
> आयोग ने पाया है कि गृह मंत्रालय स्वयं इन दस्तावेज़ों की राष्ट्रीय महत्ता के स्तर पर जांच कर इन्हें नेशनल अभिलेखागार भेजने की मंशा रखता

> है...आयोग चाहता है कि यह कार्य जितनी जल्दी हो उतना ही अच्छा होगा... ऐसा करने से न केवल गृह मंत्रालय अपने कानूनी कर्त्तव्यों का पालन करेगा और राष्ट्रीय महत्त्व के मुद्दे को अपनी सेवायें देगा; अपितु आज़ाद भारत के एक अनसुलझे रहस्य को सुलझाने में भी एक महत्त्वपूर्ण योगदान देगा।[37]

2007 सितम्बर से नवम्बर के मध्य गृह मंत्री शिवराज पाटिल स्वयं इन 202 दस्तावेजों के मुद्दे को कैबिनेट की राजनीतिक मामलों की कमेटी के पास लेकर गये। कमेटी का निर्णय था कि दस्तावेजों को उपलब्ध कराना ही एकमात्र रास्ता था। ...ज्यादा से ज्यादा "बुरा जो कांग्रेस गठबंधन सरकार को झेलना पड़ सकता था, वह यह, कि यह विवाद धीरे–धीरे अपनी सहज मौत मर जायेगा।"[38]

पर इन सारे 'उच्चस्तरीय' फैसलों के बावजूद गृह मंत्रालय ने 202 में से हमें केवल 91 दस्तावेज ही दिये। पण्डित जवाहर लाल नेहरु के हाथ लिखा गया एक नोट अभी भी अधिकृत रुप से गोपनीय था। इसके अलावा बाकी बचे 110 दस्तावेजों के बारे में हमें कोई भी जानकारी मुहैया नहीं कराई गई थी। इनमें शामिल थे गृह और विदेश मंत्रालय के रिकार्ड; गृह मंत्री, उच्च आयुक्त, ताइवान सरकार और इन्टेलिजेंस ब्यूरो के निदेशक द्वारा लिखे गये पत्र, आई0एन0ए0 के 'खजाने' जिसको नेताजी के साथ ही खोया हुआ मान लिया गया था, और इस सारे मामले पर महात्मा गांधी के विचारों पर मिलेट्री इंटेलिजेंस के निदेशक की टिप्पणी।

सरकार के अनुसार यह दस्तावेज कही गुम हो गये लगते थे। यह बात पचा पाना जरा मुश्किल इसलिये भी था क्योंकि इन दस्तावेज़ों में से कई ऐसे थे जो हवाई दुर्घटना में नेताजी की मृत्यु पर प्रश्न खड़ा करते थे। उदाहरण के तौर पर एक अति गोपनीय पत्राचार, जो पोर्ट ऑफ स्पेन में भारत के तत्कालीन आयुक्त और दिल्ली में विदेश सचिव के मध्य सन् 1952 में हुआ था—हमें नहीं दिया गया था। वह आयुक्त थे ए0एम0सहाय जो कभी नेताजी के युद्धकालीन राजनयिक और रणनीति सलाहकार रहे थे, और अब नेहरु के करीबी माने जा रहे थे। नेताजी की मृत्यु पर सहाय के खुलासे, सरकार की नींदें उड़ाने वाले सिद्ध हो रहे थे। सहाय के अनुसार हवाई दुर्घटना की कहानी सिर्फ एक "दिखावा" था; उनका कहना था कि वह इस "मृत्यु" के घटीत होने से पहले ही इसके बारे मे जानते थे।

> इस सारे अभूतपूर्व कांड में बस एक बात है, जिसके बारे में जापानी लोग हमें बता सकते हैं...जहाँ तक मेरी जानकारी है दुर्घटना के बाद नेताजी को एक अस्पताल में ले जाया गया, जहाँ उनकी मृत्यु हो गयी। यह कैसे संभव है कि दुर्घटना 18 को हुयी और उन्हें मृत भी 18 को ही घोषित कर दिया गया...या फिर हम यह मानें कि हवाई क्रैश एक दिन पहले हुआ था?

सहाय के पास ऐसी बहुत सी विस्तृत जानकारी थी, जिसके मुताबिक युद्ध के अंतिम महीने में नेताजी का रुस जाना तय था। क्या इसीलिये हमें यह रिकार्ड नहीं दिया गया? क्योंकि जरा बारीकी से देखा जाये, तो सरकार चाहे पंडित नेहरु की हो, डॉ0 मनमोहन

सिंह की या कोई और—कोई यह बात नहीं मानना चाहता कि नेताजी की मृत्यु में एक पक्ष रुस से भी जुड़ा हो सकता है। 24 अगस्त 2006 को, संसद में इस बात को खास तौर से नकारते हुये शिवराज पाटिल ने कहा:

"जापान ने रुस के खिलाफ लड़ाई लड़ी...जर्मनी ने रुस से लड़ाई लड़ी...और फिर क्या आपको लगता है कि वे रुस गए होंगे?"

इस बात का जवाब हमें मिल सकता था अगर पाटिल के मंत्रालय ने हमें खोसला आयोग के दस्तावेज नं0 43/सी और 43/डी दिलवाये होते जो हमारी 202 दस्तावेजों की सूची में शामिल थे।

इनमें सहाय ने लिखा था....

> जापान के ऊपर होने वाले लगातार अमरीकी हवाई हमलों के मद्देनज़र यह साफ था कि आने वाले वक्त में जापान आई0एन0ए0 की कोई मदद नहीं कर पायेगा। नेताजी ने मुझे यह बताया था कि ऐसी स्थिति में, जहाँ जापान भारी नुकसान उठा रहा था, वहाँ उसके लिये बर्मा या मणिपुर में तैनात आई0एन0ए0 की सेना की मदद के लिये हवाई सहायता भेजना लगभग नामुमकिन था।
>
> नेताजी का यह मानना था कि यह लड़ाई आने वाले कुछ ही महीनो में खत्म होने वाली थी। वह यह चाहते थे कि मैं जापानी लोगों से यह बात करुँ कि वह हमें टोक्यो में स्थित रुसी दूतावास से सीधी बात करने दें। फरवरी 1945 की शुरुआत में मैं टोक्यो में था; मैंने जनरल तोजो और सेना के प्रमुख से इस बारे में विस्तृत बातचीत की। मैंने, उनसे कहा कि हम वह जरिया हो सकते हैं, जिससे जापान रुस के साथ अपने आपसी सम्बन्धों को सुदृढ़ कर सकता है; और यह बात जापान की अपनी अन्तर्राष्ट्रीय पैठ के लिये जरुरी थी। हमारा मकसद था कि, युद्ध के खत्म होते–होते हम मंचूरिया में हों ताकि जापानी आत्मसमर्पण के बाद हम रुसी लोगों के समीप ही हों। आखिरकार 15 अगस्त को युद्ध विराम की घोषणा हुयी और 16 अगस्त को नेताजी का एक खास संदेशवाहक मेरे नाम बैंकाक से उनका एक पत्र लेकर मिला। नेताजी चाहते थे कि मैं जापानी लोगों से वाहन लेकर मंचूरिया जाऊँ और उनसे मिलूँ। उनका मानना था कि भले ही रुसी और जापानी दुश्मन थे, फिर भी, रुसी लोगों के हाथों बंदी बनना ज्यादा फायदेमंद होता; क्योंकि ऐसे हालात में हम उनसे धीरे–धीरे बातचीत की स्थिति में पहुँच सकते थे–उन्हें यह समझा सकते थे कि हम दोस्त थे दुश्मन नहीं।

यह रिकार्ड—जो ऐतिहासिक महत्त्व का सरकारी 'गोपनीय' रिकार्ड था—क्या वाकई सरकार इसे 'खो' चुकी थी? सूत्रों के हवाले से यह खबर मिली कि इसे सम्बन्धित फाइल से निकाल दिया गया है...और अब इसके कुछ अंश ही (अगले पेज में चित्र देखे) अन्य गोपनीय फाइलो में प्राप्य थे। खैर, खोये हुये दस्तावेज़ों की हमारी सूची इतनी लम्बी थी

कि एक रिकार्ड पर हम ज्यादा वक्त बर्बाद नहीं कर सकते थे। इन्टेलिजेंस ब्यूरो की एक गोपनीय रिपोर्ट गृह मंत्री के विचारों से मेल नहीं खाती थी। यह रिपोर्ट जो नेताजी और एक जापानी सेनानायक के बीच हुयी, उस समय के वार्तालाप पर आधारित थी, जब नेताजी अपनी 'आखिरी उड़ान' भरने वाले थे। रिपोर्ट के अनुसारः

> वे (जापानी) नेताजी को छोड़ने के तरीकों पर विचार कर रहे थे...समझा जा रहा था कि नेताजी वहाँ से सोवियत रुस जाने वाले थे।

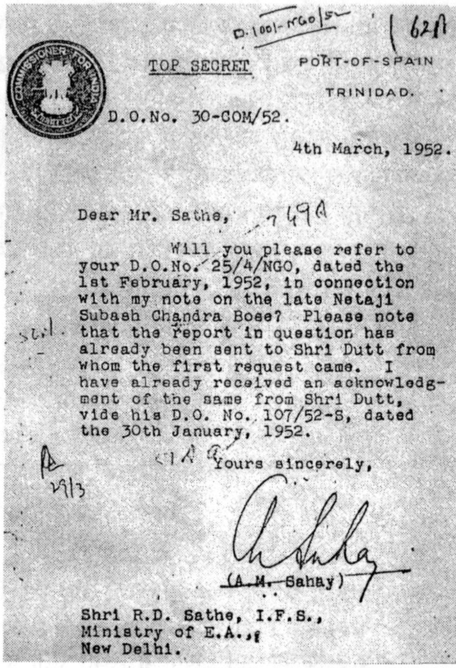

TOP SECRET

PORT-OF-SPAIN

TRINIDAD.

D.O.No. 30-COM/52.

4th March, 1952.

Dear Mr. Sathe,

Will you please refer to your D.O.No. 25/4/NGO, dated the 1st February, 1952, in connection with my note on the late Netaji Subash Chandra Bose? Please note that the report in question has already been sent to Shri Dutt from whom the first request came. I have already received an acknowledgment of the same from Shri Dutt, vide his D.O. No. 107/52-S, dated the 30th January, 1952.

Yours sincerely,

(A.M. Sahay)

Shri R.D. Sathe, I.F.S.,
Ministry of E.A.,
New Delhi.

Document obtained in public interest

इसी तरह का एक और रिकार्ड जून 1951 में प्रधानमंत्री जवाहर लाल नेहरु को सीधा भेजा गया था और इस बात की पुष्टि करता था कि जापानी नेताजी को रुस भेजने के मिशन में पूरी तरह समर्पित थे।

...तो ये सब बातें इस 'षड्यंत्र' के प्रति आई–गई कई सरकारों का रवैया दिखाती हैं। सन् 2006 एक अलग किस्म का साल बनकर आया। पहली बार नेताजी रहस्य गाथा के अधिकारिक साक्ष्य सामने आये। लगभग सतर साल पुराने इस रहस्य को छिपाने में न जाने कितने दिग्गजों का हाथ था––न जाने कितनी कहानियाँ दफन थीं। यकीनन, नेताजी मृत्यु प्रकरण भारत का सबसे बड़ा छिपाया गया आधिकारिक रहस्य था।

2

रहस्य के अंकुर

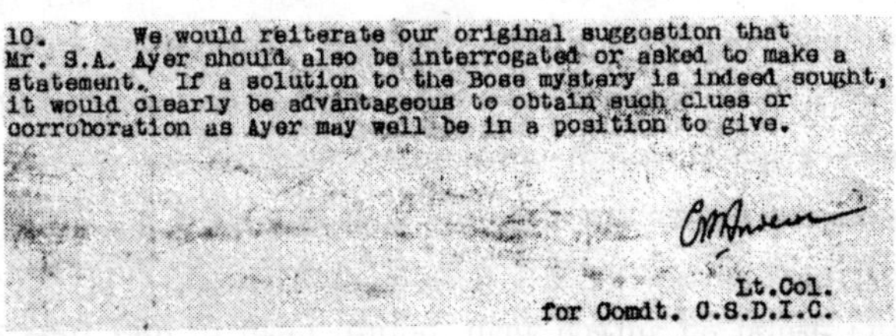
10. We would reiterate our original suggestion that Mr. S.A. Ayer should also be interrogated or asked to make a statement. If a solution to the Bose mystery is indeed sought, it would clearly be advantageous to obtain such clues or corroboration as Ayer may well be in a position to give.

Lt.Col.
for Comdt. C.S.D.I.C.

National Archives, New Delhi

"बोस मिस्ट्री"—नेताजी की मृत्यु के रहस्य के लिये यह संबोधन भले ही आम न हुआ हो, पर दिल्ली के लाल किले में स्थित उस समय के भारतीय खूफिया विभाग के मुख्यालय में कार्यरत एक ब्रिटिश कर्नल ने इसे अपना लिया था। यह व्यक्ति थे जी0डी0 ऐन्डरसन; जो सुभाष चन्द्र बोस की मृत्यु और उनके तथाकथित बचाव के सारे पहलुओं पर खोजबीन करने वाले कई संगठनों में से एक के मुखिया थे। जापानियों द्वारा नेताजी की मृत्यु घोषित करने के कई महीनों बाद तक कई अंग्रेज, भारतीय और अमरीकी अफसर मिल जुलकर इस घटना की पड़ताल करते रहे। यह वो ही घटना थी जिसे आज के टी0वी0 दिखने वाले "समझदार" विश्लेषक एक छटके में एक कोरी बकवास बताकर पल्ला छोड़

लेगें। खैर, सन् 1946 में भारतीय खूफिया तंत्र की निगाहे एक 6 फुटे कश्मीरी पर टीकी हुई थी। एक समय पर अंग्रेज़ सेना के कप्तान रहे राजा हबीब–उर–रहमान ने सन् 1942 में सिंगापुर में अंग्रेज़ों की हार को बखूबी देखा था। रहमान को यह भारतीय सेना की नहीं बल्कि अंग्रेज़ों की हार लगी थी और इसी जज़्बे की वजह से मेजर मोहन सिंह और मेजर इवायची फूजीवारा ने उन्हें न्यौता दिया कि वह नवनिर्मित आई0एन0ए0 मे शामिल हो। रहमान को ऑफिर्स ट्रेनिंग स्कूल का कमांडेंट नियुक्त किया गया। हबीब–उर–रहमान आई0एन0ए0 के सैनिकों को नए सिरे से प्रशिक्षण की शिक्षा देते, जिसके बल पर वह अपने कभी मालिक रहे अंग्रेज़ों की छातियों पर बंदूकें तान सकें।

जापान में जब नेताजी की मुलाकात हबीब से हुयी तो उनका जोश नेताजी से छुपा न रह सका, और उसके बाद वह आई0एन0ए0 के उप सेना–प्रमुख और नेताजी के ए0डी0सी0 के पद पर नियुक्त हुये। नेताजी खुद अब आज़ाद हिन्द सरकार के प्रमुख थे। आई0एन0ए0 का कोई भी व्यक्ति हबीब की नेताजी के प्रति वफादारी से अनजान नहीं था। शाहनवाज़ खान (जो आई0एन0ए0 का एक हिस्सा थे) के अनुसार कर्नल रहमान नेताजी के लिये अपनी जान भी न्यौछावर कर सकते थे। नेताजी के सैन्य सचिव रहे कर्नल महबूब अहमद के मुताबिक नेताजी के सारे राज़ तब तक रहमान के सीने में दफन थे जब तक खुद नेताजी उन्हें बाहर न लाना चाहें। 1970 के दशक में वफा की इस दीवानगी को याद करते हुये महबूब का कहना था, "कि उस दौर का वह जुनून तब तक समझ में नहीं आ सकता जब तक आप आई0एन0ए0 में न रहे हों।"

> हम भारत के लिये लड़ रहे थे...भारत उस समय बहुत अनिश्चित सा था...
> दरअसल हम नेताजी के लिये लड़ रहे थे।[1]

सन् 1946 में रहमान के पास 'बोस मिस्ट्री' नामक ताले की चाभी थी। रहमान की याद में 11 अगस्त 1945 को सिंगापुर से करीब 100 मील की दूरी पर सेरेम्बन के एक गेस्ट हाउस में नेताजी अपने कुछ साथियों के साथ पिछले पन्द्रह दिनों से टिके हुये थे—और एक के बाद एक आने वाली बुरी खबरों का सामना कर रहे थे। सबसे ताजा बुरी खबर के अनुसार रुस ने पहले ही पस्त पड़े जापान पर अचानक धावा बोल दिया था। नेताजी का आखिरी साथी, जापान, किसी भी वक्त घुटने टेक सकता था। यह खबर उन्हें फोन के जरिये मेजर जनरल मो0 जमान कियानी ने दी थी।

13 अगस्त को सिंगापुर पहुंच कर नेताजी ने बिगड़े हुये हालात का जायज़ा लिया। पहले ही परमाणु हमलों से बेहाल जापान अब मंचूरिया में रूसी रेड आर्मी के खिलाफ लोहा लेने की स्थिति में नहीं था। नेताजी को पता था कि उनकी लड़ाई खत्म हो चुकी है और वह दुश्मनों के हाथ लगने वाले हैं। अगले ही दिन, 14 अगस्त को, नेताजी ने अपने सागर किनारे स्थित बंगले पर एक बैठक बुलाई। तब तक उन्हें जापानीयों द्वारा सुचित किया जा चुका था कि जापानी सेना अगले दिन आत्मसमर्पण की घोषणा करने वाली थी। बैठक में एस0ए0 अय्यर, डॉ0 एम0के0 लक्ष्मैया, ए0एन0 सरकार, एम0ज़ेड0 कियानी, मेजर जनरल अलगप्पन, कर्नल जी0आर0 नागर और हबीब–उर–रहमान उपस्थित थे।

कुछ की राय थी कि उस समय नेताजी को सिंगापुर में ही रहना चाहिये "क्योंकि उस वक्त वह किसी और देश से मदद की फरमाइश नहीं कर सकते थे।"[2]

कुछ अन्य का यह भी मानना था कि उन्हें सिंगापुर में आत्मसमर्पण नहीं करना चाहिये क्योंकि "अंग्रेज़ी सरकार चुन चुन कर बदला लेगी।"[3] पर नेताजी किसी भी होनी–अनहोनी के लिये तैयार थे, "ज्यादा से ज्यादा दीवार से सटाकर मुझ पर गोली चला देंगे...मैं इसके लिये तैयार हूँ।" "आज़ाद हिन्द फौज के शहीदों के बलिदान बेकार नहीं जायेंगे...तुम लोगों को इस बात का ख्याल रखना है कि हमने यहाँ सुदूर पूर्व में जो भी संघर्ष किये, उसके बारे में हमारे देश के हर व्यक्ति को पता हो।"[4] वक्त से आगे देखने वाले नेताजी ने आने वाले समय की नब्ज़ पहचान कर सबसे कहा था कि वह उस दिन "आज़ादी की लड़ाई में एक नया जोश देखेंगे", जिस दिन हर भारतीय को उनके किये बलिदानों का पता लगेगा। बैठक एक महत्त्वपूर्ण फैसले के साथ खत्म हुयी। फैसला थाः आई0एन0ए0 एक अलग पहचान के साथ आत्मसमर्पण करेगी—और सिंगापुर स्थित जापानी मुख्यालय तक यह बात पहुंचनी थी।

15 अगस्त सुबह 8 बजे सभी लोग एक बार फिर एकत्र हुये। अब पता लगा था कि, "सिंगापुर में जापानी कमान्डर ने आज़ाद हिन्द सरकार के अलग आत्मसमर्पण के बारे में कोई आश्वासन नहीं दिया था। उनके अनुसार सेना के पास ऐसे कोई निर्देश नहीं थे और उस वक्त टोक्यो में सम्पर्क साधना मुश्किल था; वायरलेस दूरसंचार भी ठप पड़ गया था।"[5]

अगला निर्णय था कि नेताजी खुद टोक्यो जाकर आत्मसमर्पण के तरीकों को आखिरी दिशा प्रदान करें। इसके लिये उन्हें पहले बैंकाक जाना था (जो तब आज़ाद हिन्द सरकार की प्रधान सीट थी)। अय्यर, रहमान और ले0 कर्नल प्रीतम सिंह सिंगापुर से ही उनके साथ जाने वाले थे, जबकि मेजर एन0जी0 स्वामी, एन0 राघवन, जॉन थिवी एवं मेजर जनरल ए0सी0 चटर्जी बाद में उनसे आकर मिलने वाले थे। 16 अगस्त की सुबह 9:30 बजे नेताजी एवं बाकी लोग बैंकाक की तरफ रवाना हुये। वहाँ पहुंच कर बोस, कियानी, रहमान, अय्यर, प्रीतम और आई0एन0ए0 के सेना प्रमुख मेजर जनरल जे0के0 भोंसले जापानी अधिकारियों हाचिया टेरूओ (आज़ाद हिन्द सरकार के मनोनीत मंत्री); लेफ्टि0 जनरल सबूरो इसोदा; और कर्नल कगावा, जो हिकारी किकन से थे। हिकारी किकन बोस की सरकार से आधिकारिक सम्बन्ध एवं बातचीत रखने वाली जापानी सैन्य यूनिट थी।

> उनकी बातचीत हुयी; जिसमें हाचिया ने अंग्रेजी इस्तेमाल की। उन्होंने जापानी और आई0एन0ए0 के आत्मसमर्पण पर बातें कीं। हाचिया और इसोदा ने बोस को बताया कि उन्हें आइ0एन0ए0 के आत्मसमर्पण के बारे में जापानी सरकार से कोई आदेश प्राप्त नहीं हुये हैं; अतः वह उन्हें आइ0एन0ए0 के पृथक आत्मसमर्पण के प्रस्ताव पर कोई सलाह देने की स्थिति में नहीं थे।[6]

हाचिया का कहना था कि बोस को साइगोन जाकर फील्ड मार्शल काऊन्ट तेराऊची हिसायची से बात करनी चाहिये। हिसायची दक्षिण–पूर्वी एशिया में जापानी फौज के मुखिया थे। और नेताजी के अच्छे मित्र थे। नेताजी को यह राय ठीक लगी। इस पर

इसौदा ने उनके साथ साइगोन आने की पेशकश रखी। साइगोन आज हो ची मिन्ह शहर के नाम से जाना जाता है।

17 अगस्त की दोपहर सुनसान साइगोन हवाईपट्टी पर दो हवाई जहाज उतरे। पहले में थे—बोस, अय्यर, प्रीतम, रहमान और एक अन्य जापानी अफसर। फिर आये हाचिया, इसोदा, कर्नल गुलज़ारा सिंह, देबनाथ दास, मेजर आबिद हसन (उन्होंने एक पनडुब्बी में नेताजी के साथ जर्मनी से जापान तक की यात्रा तय की थी)। नेताजी की आखिरी तस्वीर तब खींची गयी जब वह विमान से उतर रहे थे।

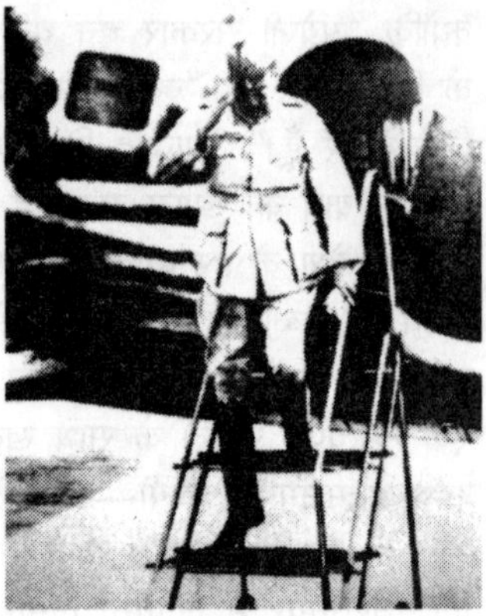

हवाई अड्डे पर ले० कर्नल टाडा मिनोरु (जो तेराऊची के मुख्यालय के एक अफसर थे) ने इसोदा को बताया कि नेताजी को शाम को उड़ान भरने वाले पहले जहाज़ से ले जाने के सारे इंतज़ाम कर लिये गये थे। इसोदा को यह इंतजाम सही नहीं लगा और वह और टाडा मुख्यालय की ओर चल पड़े। यह दलात मे था, जो साइगोन से लगभग एक घण्टे की उड़ान की दूरी पर था। कर्नल यानो मुराजी, जो मुख्यालय में भारतीय सेक्शन के प्रमुख थे, ने दलात में ही इसोदा से मुलाकात कर टाडा की बात दोहराई। दोपहर में इसोदा और टाडा ने नेताजी से साइगोन में मुलाकात की। यह मुलाकात क्षेत्रीय इण्डियन इन्डेपेन्डेन्स लीग के प्रमुख के घर में हुयी।

> तेराऊची के पास आइ०एन०ए० के आत्मसमर्पण से जुड़े कोई निर्देश नहीं थे और इसलिये वह इस मुद्दे पर कोई सलाह देने की स्थिति में नहीं थे।[7]

अब टोक्यो जाना ही एकमात्र विकल्प था। बोस ने रहमान को बुलवा भेजा और उन्हीं की उपस्थिति में...

> जापानी अफसरों ने सूचित किया कि जैसा कि पहले पार्टी के लिये अलग विमान के बारे में सोचा गया था; अब वैसा सम्भव नहीं था; क्योंकि जापानी सरकार 15 अगस्त 1945 को आत्मसमर्पण कर चुकी थी और अब मित्र देशों की ओर से सरकार को निर्देश थे कि वह कोई भी जहाज़ उनकी स्वीकृति के बिना नहीं उड़ेगा। उनका कहना था कि एक विमान जा रहा था जिसमें एक सीट खाली थी।[8]

नेताजी अपने साथियों से अलग बातचीत करी। गुलज़ारा, प्रीतम, हसन, अय्यर, देबनाथ और रहमान—सभी उनके के अकेले सफर करने के खिलाफ थे। रहमान और अय्यर के साथ नेताजी दोबारा बैठक में आये। इस बार, किसी तरह, जापानियों ने उन्हें एक और सीट का आश्वासन दिया। रहमान के शब्दों में:

> हम तीनों लौट कर अपने साथियों से मिले। नेताजी ने सूचना दी कि अब उनके पास दो सीटें थीं और यह पूछा कि उनके साथ कौन आना चाहता

> था। उन्होंने हम सबको देखा और फिर मुझे देखकर बोले, "तुम मेरे साथ आओगे।"[9]

अय्यर, गुलज़ारा और हसन को उन्होंने सामान के साथ हवाई अड्डे पहुंचने के लिये कहा ताकि अगर ज़्यादा सीटें मिलें तो वे भी आ सकें। बचे हुये लोगों के लिये पहले ही जापानी लोगों से प्रार्थना कर चुके थे कि जैसे ही मौका मिले; उन सबको टोक्यो पहुंचा दिया जाये।

साइगोन हवाई अड्डे पर पहले से ही एक मित्तसुबिशी बम्बवर्षक विमान टैक्सी पट्टी पर खड़ा हुआ था। उसके इंजन चालू थे। यह 4:30 बजे की बात है। दरवाजा खुलने पर लगभग नेताजी की उम्र के लेफ्टि0 जनरल त्सुनमासा शिदई (यह तेराऊची के मुख्यालय से थे और हाल ही में कुआनतुंग सेना के उप प्रमुख नियुक्त किये गये थे) बाहर आये, और नेताजी को सादर अन्दर ले गये। अपनी आई0एन0ए0 टोपी, खाकी शर्ट और पैन्ट में बोस ने सभी से विदाई ली और अन्दर चले गये। रहमान उनके पीछे थे।

एक बम्बवर्षक विमान में उड़ान भरते हुये आराम मिलना दूर की बात है। सीटों के अभाव में बोस व अन्य यात्री नीचे ही बैठें हुये थे। कॉकपिट में थे, पायलट वारन्ट ऑफिसर आयोगी जूज़ाबूरो और मेजर ताकीज़ावा, जो सहायक पायलट थे। जहाज के पीछे की तरफ ले0 कर्नल तदेओ सकई, ले0 कर्नल शिरो नोनोगाकी, मेजर तारो कोनो और मेजर इहाहो ताकाहाशी बैठे थे। नेताजी को आगे की तरफ सह चालक की सीट पर बैठने का न्यौता मिला; पर उन्हें वह जगह स्वयं ही अच्छी नहीं लगी। वहाँ शिदई बैठ गये, और नेताजी ने पायलट के पीछे का स्थान चुना। उनके ठीक पीछे रहमान थे और ठीक शिदई के सामने और नेताजी की बगल में विमान की पेट्रोल टंकी थी।

शाम 7 बजे विमान तूरेन में उतरा। आज दक्षिणी वियतनाम में इसे दा नांग के नाम से जाना जाता है। नेताजी और साथी अफसर शहर के सबसे बड़े होटल में गये। 18 तारीख की सुबह टोक्यो का सफर शुरु हुआ। विमान जमीन से करीब 14000 फुट पर था। दोपहर 2 बजे वह फारमोसा (आज ताइवान) में ताइहोकू (ताइपई) के मत्सूयामा हवाई अड्डे पर उतर गये। रहमान विमान से ठंड से कांपते हुये बाहर आये। उन्होंने नेताजी को भी एक स्वेटर देना चाहा पर उन्होंने मना कर दिया। रहमान ने पूरी बांह की कमीज़, कोट, पतलून और लम्बे बूट पहन लिये थे। नेताजी दूर खड़े शून्य में निहार रहे थे—रहमान को यह बात अजीब लगी। रहमान यहां तीसरी बार आये थे। पहाड़ियों से घिरा यह खूबसूरत हवाई अड्डा आज जर्जर था। इमारतों पर बमों की मार भयानक थी। यहां पर न कोई हैंगर था, न ही कोई खड़ा हुआ विमान। कर्मचारियों के नाम पर भी इक्के–दुक्के लोग ही नज़र आ रहे थे। यहां पर उस समय देखने लायक अगर कोई नज़ारा था तो वह इकलौता रंगीन तम्बू जिसके अन्दर कुछ हल्के–फुल्के खाने का इतंजाम किया गया था।

> हमने भी कुछ सैन्डविच और केले खाये। इसमें कोई आधा घण्टा लगा होगा...हमसे फिर विमान पर चढ़ने के लिये कहा गया।[10]

और उसके बाद भारत के इतिहास की सबसे विवादास्पद हवाई दुर्घटना घटित हुई।

दोपहर 2:30 बजे विमान अपनी नाक धीरे–धीरे उठाते हुये उड़ान भरने लगा। अचानक "भड़ाम" की एक भयानक आवाज हुयी। दिल दहलाने वाली यह आवाज सबसे पहले कैप्टन नाकामुरा ने सुनी। वह मत्तसूयामा हवाई अड्डे पर मेन्टेनेंस अफसर के पद पर कार्यरत थे। उन्हें दूर से जहाज़ से कुछ गिरता दिखाई पड़ा। यह जहाज़ के प्रोपेलर और पोर्ट इंजन थे। रहमान ने भी यह भयानक आवाज़ सुनी।

> आवाज़ के साथ ही विमान कांपता–डोलता सा नाक के बल नीचे गिरने लगा और ऐसे में वह दुःख भरी आवाज सुनाई दी जो ऐसे में अक्सर सुनाई देती है। मैंने तुरन्त अपना चेहरा दोनों हाथों से ढक लिया—उस वक्त हमारे सिर नीचे थे। पीछे रखे हुये पार्सल मेरे ऊपर गिर पड़े थे।[11]

पायलटों ने विमान को काबू में करने की भरसक कोशिश की, पर नाकाम रहे। जॉयस्टिक लगातार कांप रही थी और डैशबोर्ड की सुईयां आपे से बाहर थीं। 3 सेकेन्डों में विमान 300 कि0मी0 प्रति घण्टे की रफ्तार से 300 फीट नीचे आ गिरा। यह भयानक तरीके से हिला और रगड़ते हुए एक मलबे के ढेर से टकराकर रुक गया। रहमान लुढ़क गये थे। उनके माथे पर जमीन पर लगने से गहरी चोट आयी थी—वह फट गया था और दाहिने घुटने पर किसी सख्त चीज़ से गहरी रगड़ लगी थी। झटके ने नोनोगाकी को जहाज के बाहर उछाल कर बचा लिया था, पर शिदई की मौत हो चुकी थी। वह झटके से सामने स्टारबोर्ड पर जा टकराये थे और पीछे से पेट्रोल टैंक ने उनके सिर पर सीधी चोट की थी। सिर चकनाचूर हो चुका था; बचना नामुमकिन था। सकई, ताकाहाशी और अरई समय रहते होश में आ गये थे और बच कर बाहर निकल गये। मेजर कोनो ने नेताजी और रहमान को बचाने की पूरी कोशिश की—पर गिरे हुये पेट्रोल टैंक की वजह से वह इन दोनों से बिल्कुल अलग कट चुके थे। उन्होंने पायलट ताकिज़ावा को मरते हुये देखा। वह आयोगी के झुके चेहरे को देखने की हिम्मत नहीं जुटा पाये। आखिर कॉकपिट की विन्डस्क्रीन को तोड़ कर वह बाहर कूद गये। जहाज का अगला हिस्सा फट गया था और अब आग की लपटों में घिर गया था। पीछे का हिस्सा गिरे हुये पैकेजों की वजह से दिख नहीं रहा था। हबीब–उर–रहमान को लगा कि, "अन्त अब करीब है।"

> नेताजी को सिर में भारी चोट आयी थी। पर वह खड़े हो चुके थे और आग से दूर होकर मेरी दिशा में बढ़ रहे थे, ताकि पीछे वाले हिस्से से विमान के बाहर निकल सकें। पर यह नामुमकिन था। विमान से बाहर निकलने के लिये एक इंच का रास्ता भी नहीं था हमारे पास, सो मैंने उनसे कहा, "आगे से निकलिये नेताजी।"[12]

पर आगे बढ़ने पर दरवाज़ा एक आग के गोले सा दिखा। नेताजी आग की लपटों में से कूदते हुये आगे बढ़े:

> वह दोनों हाथों से आग से लड़ते हुये बढ़ रहे थे। जब विमान क्रैश हुआ

> नेताजी की सूती खाकी पर 'छपाक' से पेट्रोल गिरा। और जैसे ही वह आगे बढ़े, उनकी खाकी में आग लग गयी...मैं उन्हीं लपटों में उनके पीछे भागा। बाहर निकलने पर मैंने उन्हें खुद से 10 गज की दूरी पर पाया। उनके कपड़ों में आग लगी हुयी थी मैंने दौड़ते हुये उनके पास जाकर उनकी बेल्ट खोलने की कोशिश की...पर मुझे मुश्किल ज्यादा हो रही थी। उन्होंने स्वेटर नहीं पहना था और क्योंकि उनकी पैंट में आग नहीं लगी इसलिये उसे निकालना इतना जरुरी नहीं था। वह खाकी ड्रिल पहने हुये थे। मैंने शरीर के उपरी भाग के वस्त्र उतार कर उन्हें जमीन पर लिटा दिया। मैने उनके सिर में बांयीं तरफ एक गहरी चोट देखी। उनका चेहरा और बाल आग से बुरी तरह झुलस गये थे। सिर में करीब चार इंच गहरी चोट लगी थी।[13]

थक कर रहमान नेताजी के बगल में ही पस्त हो गये। अपने आस–पास देखने पर रहमान ने जलता हुआ विमान देखा। एक घायल पत्थर पर बैठा कराह रहा था। यह जगह हवाई अड्डे से करीब 1–2 मील दुर एक गैर–रिहायशी जगह थी। रहमान ने देखा कि नेताजी की जली हुई खाल जगह–जगह से लटक रही थी। उन्हें दर्द था पर वह फिर भी खुद को संभाले हुये थे:

> नेताजी ने मुझसे हिन्दुस्तानी में पूछा, "आपको ज्यादा तो नहीं लगी?" मैंने कहा, "मुझे लगता है कि मैं ठीक हो जाऊँगा।" उन्होंने अपने बारे में कहा कि वह शायद बच नहीं पायेंगे। मैंने जवाब दिया, "ओह! ईश्वर आपको बचा लेगा...आपको कुछ नहीं होगा।" उन्होंने कहा, "नहीं, मुझे नहीं लगता।" फिर उन्होंने मुझसे कहा, "जब तुम वतन वापिस जाओ, तो लोगों को बताना कि मैंने आखिरी सांस तक अपने देश की आज़ादी के लिये लड़ाई लड़ी है। उन्हें यह संघर्ष जारी रखना है, और मुझे लगता है कि अब भारत जल्दी ही आज़ाद हो जायेगा...अब इसे जंजीरों में कैद रखना आसान नहीं।"[14]

कुछ ही मिनटों में नेताजी और रहमान को एक लॉरी में रख कर नानमोन मिलिट्री अस्पताल ले जाया गया। हवाई अड्डे के स्टाफ ने हादसे के बारे में पहले ही अस्पताल कर्मचारियों को सूचित कर दिया था। करीब 3 बजे घायलों को यहाँ लाया गया:

> जैसे ही हम अस्पताल पहुंचे, एक डॉक्टर हमारे पास पहले आए... मैंने उनसे नेताजी का ख्याल रखने को कहा।[15]

यह डॉक्टर थे कैप्टन तानेयोशी योशिमी, जो नानमोन अस्पताल के प्रभारी थे। शुरुआती जांच के हिसाब से नेताजी बुरी तरह जल गये थे और उनका तापमान 39 डिग्री सेन्टीग्रेड था। पल्स रेट 120 प्रति मिनट था।

> उन्हें बिस्तर पर लिटाया गया, तो मैंने अपने हाथों से उनके घावों को तेल से साफ किया...पूरा शरीर बुरी तरह झुलस गया था...पर सबसे ज़्यादा चोट सिर पर लगी थी। झुलसने के बाद न तो अब बाल बचे थे, न ही पहचान के कोई अन्य निशान।[16]

योशिमी के साथी डॉ0 त्सुरतो तोयोशी ने नेताजी के शरीर पर जिन्क का मलहम लगाया और पट्टी बांधी। रहमान के अनुसार,

> इसके बाद उन्हें ऑपरेशन थियेटर में ले जाया गया। वहाँ डॉक्टर ने उन्हें सफेद पदार्थ का ट्रांसफ्यूजन दिया—जो शायद कपूर था। मैंने डॉक्टर से बाद में बातचीत की तो उन्होंने मुझे बताया कि उनके सिर पर बहुत गहरी चोट लगी थी। आग से उनके दिल पर गहरा असर हुआ था।[17]

दिल पर ज्यादा दबाव न पड़े, इसलिये योशिमी ने 200सीसी खून उनके शरीर से निकाला और 400सीसी ताज़ा खून शरीर में डाला। जब उन्हें ऑपरेशन थियेटर से वापिस वार्ड में लाया गया तो वह "ज्यादा बोल नहीं रहे थे" और अर्ध–बेहोशी की स्थिति में थे। करीब "एक घण्टे बाद, वह पूरे कोमा में चले गये।"

> शुरुआत में डॉक्टर आशावादी लग रहे थे पर तीन घण्टे बाद उनकी आशा धीरे–धीरे खत्म होती जा रही थी। नेताजी ने एक–दो बार पानी मांगा। उन्होंने हसन के बारे में पूछा। मैंने कहा, "हसन यहाँ नहीं है" और उन्हें अपना नाम बताया। फिर उन्होंने पानी मांगा और बेहोश हो गये।[18]

ज्यूकी नाकामूरा नेताजी के लिये कई अवसरों पर अनुवादक का काम कर चुके थे। उनकी मृत्यु से कुछ समय पहले वह वहाँ आये। नेताजी की मृत्यु के समय वहां डॉ0 योशिमी, रहमान, नाकामुरा और कुछ अन्य नर्स उपस्थित थे। उस समय जापान में रात के 9 बज रहे थे। 19 अगस्त की सुबह रहमान ने नाकामुरा और एक जापानी अफसर से आग्रह किया कि नेताजी के मृत शरीर को सिंगापुर ले जाया जाये। दोपहर में एक बडा ताबूत लाया गया और "शरीर को सफेद कफन में लपेटा गया...गद्देदार रुई के ऊपर उसे रखा गया और ताबूत बन्द कर दिया गया...अब शरीर पूरी तरह ढंका हुआ था...कोई भी अंग दिखाई नहीं दे रहा था।"[19] शाम को नाकामुरा ने रहमान को बताया कि वह "जापानी कमान्डर अफसोस कर रहे थे कि वह मृत शरीर को ले जाने का कोई इंतज़ाम नहीं करवा पाये।" क्योंकि इतने बडे ताबूत को एक "बम्बवर्षक में नहीं ले जाया जा सकता था।" रहमान के अनुसार:

> अगली सुबह यानी 20 अगस्त को मुख्यालय से एक जापानी स्टाफ अफसर आया और इस स्थिति में कोई मदद न कर पाने के लिये माफी मांगी। उन्होंने कहा कि विमान में जितनी जगह थी, उस जगह में बक्सा उसमें नहीं रखा जा सकता था। मैंने पूछा कि एक बड़े विमान का इंतज़ाम क्यों नहीं करवाया जा सकता था? पर अफसर ने कहा कि उनके पास तत्काल उस जगह कोई बड़ा विमान मौजूद नहीं था। उन्होंने मुझसे पूछा कि मृत शरीर का क्या करना था? मैंने पूछा कि "क्या इसको सुरक्षित रखने का कोई इंतज़ाम नहीं किया जा सकता?" मुझे बताया गया कि इस प्रक्रिया के लिये आवश्यक दवाइयाँ वहाँ पर मौजूद नहीं थीं। मृत शरीर की अंतिम क्रिया कर देने के अलावा हमारे पास और कोई विकल्प नहीं रह गया था।[20]

उसी समय वहाँ एक फोटोग्राफर आ गयाः

> ताबूत को खोला गया और शरीर पर से पट्टियाँ हटाईं गयीं...सिर पर बैन्डेज था; पर चेहरा देखा जा सकता था। वह पूरा सूज गया था और जले हुये स्थानों पर सफेद मलहम के निशान थे...मैं चेहरा पहचान सकता था...मेरे आग्रह पर उनके शरीर की फोटो खींची गई (चेहरे की नहीं)। [21]

रहमान को बताया गया कि अंतिम क्रिया की तैयारियाँ हो गई थीं। श्मशान अस्पताल से लगभग 4 मील की दूरी पर था। वहीं पर शव के बक्से को लॉरी से उतारा गया। पीछे–पीछे रहमान नाकामुरा और मेजर नागातोमो को लेकर एक कार पहुंची। श्वगाह के अन्दर दर्जन भर शवदाह की दो कतारें बनीं हुयी थीं। उनके बाहर लोहे के दरवाज़े और बोल्ट लगे हुये थे। नेताजी के शरीर को बक्से से बाहर निकाल कर, शवदाह की ट्रे में रखा गया और अन्दर धकेल दिया गया। अगरबत्ती पकड़े एक पुजारी ने शवदाह को बन्द कर दिया। पुजारी ने रहमान के पट्टीदार हाथों में भी अगरबत्ती थमा दी; रहमान ने मुश्किल से उन्हें पकड़ा। अगले आधे घण्टे तक रहमान वहीं बने रहे। अगली सुबह वह नागातोमो और नाकामुरा के साथ लौटे। इस बार शवदाह का दरवाज़ा खोलकर ट्रे निकाली गई।

बौद्ध धर्म की परम्परा के अनुसार, मेजर नागातोमो ने "चॉप स्टिक्स् से गले के पास से एक हड्डी उठाई और उस बक्से में रख दिया।" रहमान ने भी उनकी देखादेखी ऐसा ही किया।

> अन्दर मैंने नेताजी के शव की राख देखी। हमारे पास उन्हें लेने के लिये लकड़ी का एक पात्र था। हमने उनके सिर की तरफ से अस्थियाँ ले लीं और उसे पात्र के अन्दर रख दिया। मुझे आज भी नेताजी के दांत की सुनहरी फिलिंग से निकला हुआ टुकड़ा याद था। हमने उसे निकाल कर पात्र में रख दिया।[22]

इस पात्र को 5 सितम्बर को जापान के लिये रवाना कर दिया गया। रहमान, सकई, तातसुओ हायाशिदा और ताइपेई का एक और अफसर इस काम के जिम्मेदार थे। 7 सितम्बर तक पात्र टोक्यो में इम्पीरियल मुख्यालय में पहुंच गया था। अगले ही दिन इसे एस0ए0 अय्यर और मूंगा रामामूर्ति को सौंप दिया गया। रामामूर्ति जापान में भारतीय समुदाय के अग्रणी सदस्य थे। अय्यर को नेताजी की मृत्यु की खबर 20 अगस्त को ही मिल गयी थी। कर्नल टाडा ने उन्हें यह बताया था, पर अय्यर इस बात पर विश्वास करने को तैयार ही नहीं थे। उन्होंने टाडा से साफ कहा, "पूर्वी एशिया या भारत में एक भी भारतीय बिना सबूत के इस बात पर यकीन नहीं करेगा। मैं नेताजी के मृत शरीर को खुद अपनी आंखों से देखना चाहता हूँ...मुझसे यह बिल्कुल मत कहिये कि आपने उनके शरीर की अंतिम क्रिया कर दी है।"[23]

अय्यर को न ही ताइपेई ले जाया गया, न ही उन्होंने कभी नेताजी के शरीर के अन्तिम दर्शन ही किये। लेकिन संशय के बावजूद नेताजी के सूचना मंत्री से यह कहा गया कि वह इस समाचार का सह–लेखन करें ताकि यह बात 'विश्वसनीय' हो सके। इसके बाद दोमेई

(जापानी न्यूज़ एजेंसी) के जरिये 23 अगस्त 1945 को इस समाचार को विश्व स्तर पर प्रसारित कर दिया गया। भारत में यह खबर कुछ समाचार पत्रो के देर से प्रकाशित होने वाले संस्करणों में 24 अगस्त को पहली बार प्रकाशित हुयी। यह बम गिरने के समान था। कोलकाता में इसका असर जबरदस्त था।

Hindusthan Standard

CALCUTTA.—FRIDAY, AUGUST 24, 1945.

MR. SUBHAS CHANDRA BOSE DEAD

SUCCUMBS TO INJURY FROM AIR CRASH

ANNOUNCEMENT BY JAP NEWS AGENCY

LONDON, AUG. 23.—The death of Mr. Subhas Chandra Bose is announced today by the Japanese News Agency.

The Agency added that Mr. Bose died in a Japanese hospital from injuries received in an air crash.

NEHRU CAUTIONS BRITAIN

CONCERN OVER INDIAN NATIONAL ARMY

"IT WOULD BE TRAGEDY IF THEIR PRECIOUS LIVES PERISH"

टाइम्स ऑफ इण्डिया के 23 अगस्त के संस्करण में लंदन से मिलने वाले समाचार के अनुसारः

> आज़ाद हिन्द सरकार के प्रमुख श्री बोस 16 अगस्त को सिंगापुर के लिये रवाना हुये ताकि जापानी सरकार से बातचीत कर सकें। 18 अगस्त को 2 बजे हुई एक हवाई दुर्घटना में वह बुरी तरह घायल हो गये। क्रैश ताइहोकू हवाई अड्डे पर हुआ।[24]

अय्यर और जापानियों द्वारा सह–लिखित वक्तव्य 25 अगस्त को द *हिन्दू* और *हिन्दुस्तान टाइम्स* में जस का तस छपा। वक्तव्य के अनुसार "16 अगस्त को बोस हवाई जहाज से सिंगापुर से टोक्यो के लिये रवाना हुये।"

जापान में भी यह खबर सभी प्रमुख समाचारपत्रों का हिस्सा बनी। शिदई की पत्नी टूट गई थी। मंचूरिया में स्थित कुआनतुंग सेना का स्टाफ अपने जनरल की मौत का दुःख मना रहा था। जनरल ओटोज़ो यामादा ने रूसी जनरल अलेक्जेंडर वासिलेव्सकी के सामने मंचूरिया की राजधानी में 22 अगस्त 1945 को आत्मसमर्पण किया। अगर शिदई की मृत्यु नहीं हुई होती तो वह इस आत्मसमर्पण का हिस्से रहे होते—पर विडम्बना थी, कि इसी दिन उनकी मौत की खबर की घोषणा हुयी।

गांधी जी उस समय पूना में थे। शाम की पूजा के समय उनका पहला आम दर्शन हुआ। वह बेहद गंभीर मुद्रा में थे। अपने कांग्रेसी सदस्यों से उन्होंने कहा कि कांग्रेस का झंडा नीचे किया जाये। इसके अलावा उन्होंने कुछ नहीं कहा। यह खबर जब एबटाबाद

में नेहरु को पता चली तो वह रो पड़े।

"मैं इस समय आत्मिक स्तर पर गहरा दुःख और सुकून एक ही साथ महसूस कर रहा हूँ। दुःख इसलिये कि हमने एक बेहद महान स्वार्थहीन नेता को हमेशा के लिये खो दिया है और सुकून इसलिये कि एक बहादुर व्यक्ति का अचानक वही बहादुर अंत हुआ, जो होना चाहिये था।"[25]

"अब वह इतिहास का हिस्सा है...पर भारत के हर घर में गहरा शोक और अवसाद हावी रहेगा।" यह बयान था कोलकाता में कांग्रेसी नेता किरन शंकर रॉय का। कोलकाता में अनगिनत छात्रों ने सड़कों पर शोक सभायें आयोजित कीं। 25 अगस्त को *अमृत बाज़ार पत्रिका* ने भारत भर की शोक प्रतिक्रिया का सर्वेक्षण दिया; पिछले दिन पूरा अमृतसर बंद रहा। 25 तारीख को अहमदाबाद बंद रखा जाना था। 26 तारीख कराची में 'सुभाष बोस दिवस' के रुप में मनाया जाना तय था। पश्चिम से आने वाली प्रतिक्रिया *हिन्दुस्तान टाइम्स* में इस प्रकार थीः

> जापानियों द्वारा उद्घोषित श्री सुभाष चन्द्र बोस की मृत्यु से अंग्रेज़ों का एक बहुत बड़ा सिरदर्द खत्म हो गया पर करोड़ों भारतीयों के दिलों में एक गहरा शोक है। (प्रेस्टन ग्रोयर, एसोसिएटेड प्रेस ऑफ अमरीका के संवाददाता के अनुसार) पर इसके साथ ही यह बहुत बड़ा प्रश्न था कि क्या जापानियों ने उनके 'अन्डरग्राउन्ड' होने में मदद दी थी...ताकि वह मित्र देशो के ख़िलाफ जंग करने की सज़ा से बच पायें?[26]

आम से खास तक—भारत में हर स्तर पर इस खबर के आने में जो देर हुयी थी; उससे शंका के बीज प्रस्फुटित हो गये थे। वायसरॉय फील्ड मार्शल आर्चीबॉल्ड वैवल इस जापानी उद्घोषणा के प्रति अपनी शंका को दबा नहीं पाये। अपनी डायरी में उन्होंने लिखा,

> मुझे इस बात पर शक है...अन्डरग्राउन्ड होने के पहले ऐसी ही बातें की जाती हैं।[27]

भारतीय नेतृत्व के लिये यह रहस्य सही मायनों में 29 अगस्त 1945 को शुरु हुआ। "नेताजी की मृत्यु के बाद उन्हें देखा गया था"—यह दावा करने वाला कोई अनपढ़ या कान का कच्चा भारतीय नहीं, बल्कि अमरीकी सेना से जुड़ा हुआ एक अमरीकी पत्रकार था। अल्फ्रैड वैग शिकागो ट्रिब्यून के पत्रकार थे। जवाहर लाल नेहरु द्वारा सम्बोधित की जा रही एक प्रेस वार्ता में उन्होंने यह दावा किया कि, "बोस जिंदा हैं और चार दिन पहले साइगोन में देखे गये हैं।"

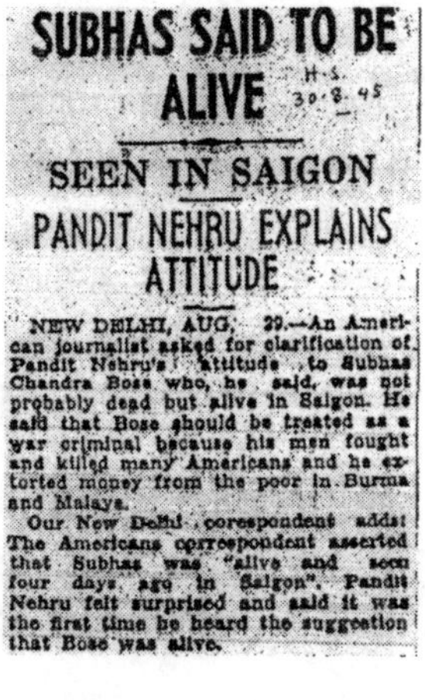
SUBHAS SAID TO BE ALIVE

H.S. 30.8.45

SEEN IN SAIGON

PANDIT NEHRU EXPLAINS ATTITUDE

NEW DELHI, AUG. 29.—An American journalist asked for clarification of Pandit Nehru's attitude to Subhas Chandra Bose who, he said, was not probably dead but alive in Saigon. He said that Bose should be treated as a war criminal because his men fought and killed many Americans and he extorted money from the poor in Burma and Malaya.

Our New Delhi correspondent adds: The Americans correspondent asserted that Subhas was "alive and seen four days ago in Saigon". Pandit Nehru felt surprised and said it was the first time he heard the suggestion that Bose was alive.

लन्दन के *सन्डे आब्जर्वर* ने 1 सितम्बर को वैग के इस बयान को न केवल उठाया बल्कि उसमें यह दावा किया कि नेताजी की मृत्यु की जापानी रिपोर्ट पर "ब्रिटिश

और अमरीकी मिलिट्री यकीन नहीं करती है।"

वैग ने गांधी से लेकर अन्य बड़े नेताओं तक से यही बात कही। 11 सितम्बर को झांसी में स्वयं नेहरु ने एक गोष्ठी में यह बात कही कि वह नेताजी की मृत्यु की बात को सच नहीं मानते थेः "हाँ, मुझे ऐसी कई रिपोर्टें मिलीं हैं; जिनसे इस मसले की सच्चाई पर संदेह होना स्वाभाविक है।"[28]

1945 से 1946 की शुरुआत तक, इस रहस्य को सबसे ज्यादा बढ़ावा देने वाले थे स्वयं महात्मा गांधी, जिनका कहना था, "अगर मुझे कोई अस्थियाँ भी दिखा दे, तो भी मैं यह बात नहीं मानूंगा कि सुभाष जीवित नहीं बचे।"

यह बात उन्होंने जेल में बंद नेताजी के साथियों से 30 दिसम्बर 1945 को कही। जनवरी 1946 के उनके बयान से विश्व भर में तूफान खड़ा हो गया। 6 जनवरी के *न्यूयार्क टाइम्स* के अनुसारः

> गांधी ने एक भाषण में यह माना कि वह मानते थे कि सुभाष चन्द्र बोस जीवित थे और सबके सामने आने के लिये सही वक्त का इंतज़ार कर रहे थे।

इसका नतीजा यह हुआ कि भारत के सुदूर गाँवों से लेकर सुदूर पूर्व के प्रवासी भारतीय भी इस बात में दृढ़ विश्वास कर बैठे कि सुभाष "छिपे हुये हैं" और सही समय आने पर "आज़ाद भारत के राष्ट्रपति बन कर भारत आयेंगे।"

आशा के संचार से नेताजी का परिवार भी अनछुआ नहीं रहा था। शरत, जो सुभाष के सबसे करीब राजनैतिक साथी और उनके बड़े भाई थे, अब सदमे से बाहर आ चुके थे। उन्होंने यूरोप का दौरा किया, और पाया कि मित्र राष्ट्रों को ताईपेई क्रैश की बात पर जरा भी यकीन नहीं था। "मुझे ऐसा यकीन दिलवाया गया है कि सुभाष चन्द्र बोस जीवित हैं...उनकी मृत्यु से जुड़ी हवाई दुर्घटना की कहानी मनगढ़ंत है," यूनाईटेड प्रेस को उन्होंने यह बयान जुलाई 1946 को दिया।

पर क्या यह वाकई एक मनगढ़ंत कहानी थी? आधिकारिक और गुप्त तरीके से नेताजी की मृत्यु पर कई जांचें हो चुकी थीं। लुईस माउन्टबैटन के दक्षिण–पूर्व कमान्ड के तहत सिग्नल आधारित साउथ ईस्ट एशिया ट्रान्सलेशन एण्ड इन्टेरोगेशन सेन्टर (सियाटिक) की जांच पहली थी। इसके बाद अमरीकी सेना की काउन्टर इन्टेलिजेंस कोर (सी0आई0सी0) की भूमिका रही। इसके अलावा दक्षिण पूर्वी एशिया कमान्ड के सैकसी कमीशन नं0 1—जिसका मुख्य काम जापानी दुश्मनों की धरपकड़ का था—वह भी इस रहस्य में सक्रिय हो गया। आई0बी0 के अधिकारियों ने जांच की।

जब रहमान और अन्य लोगों को भारत लाया गया तो कम्बाइन्ड सर्विसेस डीटेल्ड इन्टेरोगेशन सेन्टर यानी सी0 एस0 डी0 आई0 सी0 (जो कि युद्ध कार्यालय का अनुभाग था और विश्व भर में ऐसे इन्टेरोगेशन सेन्टर चलाता था) ने इन लोगों से पूछताछ की। भारत में मिलिट्री इन्टेलिजेंस के मुख्यालय को यह सारी जानकारी मिलती रही। इतना ही नहीं भारतीय कमान्ड के मनोवैज्ञानिक युद्ध अनुभाग—जी0एस0क्यू (1), अमरीकन मिलिट्री इन्टेलिजेंस सर्विस जी–2 और अन्य सरकारों को भी सभी जानकारियाँ समय–समय पर

उपलब्ध करवाई गई।

कुछ अधिकारी इन सभी सिर चकराने वाले संक्षिप्त नामों के पीछे कार्यरत रहे। आई0बी0 के उप निदेशक और कम्बाइन्ड सेक्शन के मुख्य रहे डब्लू0 मैक्राइट इन सबके नेता थे। उनको इन कामों में मदद देने वाले अधिकारी थे सहकर्मी एवं आई0बी0 के उप निदेशक डब्लू0 एन0पी0 जेनकिन। इसके अलावा बंगाल के प्रमुख अफसर और आई0बी0 में कार्यरत सहायक निदेशक फिलिप फिने भी उनमें से एक थे। फिने ने इस मामले में बैंकाक जाकर सारी जानकारी हासिल की थी—और तब उनकी मदद की थी सहायक निदेशक रहे डब्ल्यू0एफ0एम0 डेविस ने; जो खुद साइगोन में रहे। कुछ भारतीय मातहत अधिकारी उनके साथ थे। पर इनमें से एक "उच्च" अधिकारी था, जिन पर अंग्रेजो को भरोसा भी था—और जो समान स्तर पर काम करने के लायक माना जाता था। वह व्यक्ति थे "राय बहादुर" बख्शी बदरीनाथ। वे इन्टेलिजेंस ब्यूरो में कार्यरत थे।

सी0एस0डी0आई0सी0 (भारत) का नेतृत्व करने वाले व्यक्ति थे जी0डी0 ऐन्डरसन। इसके दक्षिणी पूर्वी 'एस सेक्शन' से मेजर हयूग टौय सारी जानकारी प्रेषित कर रहे थे। टौय ने ही सन् 1950 के दशक में नेताजी की पहली प्रशंसापूर्ण जीवनी लिखी। जापान में जांच देखने वाले व्यक्ति थे ले0 कर्नल जॉन फिग्स। यह ले0 जनरल गेरडनर से आधिकारिक रुप से जुड़े हुये अफसर थे। गेरडनर स्वयं जनरल डगलस मैक्आर्थर के टोक्यो मुख्यालय में ब्रिटिश प्रतिनिधित्व कर रहे थे। दोमेई की उद्घोषणा के तुरन्त बाद माउन्टबेटन के दक्षिण पूर्वी एशिया और भारतीय मुख्यालय ने जनरल मुख्यालय के पास टोक्यो में मित्र राष्ट्रों के लिये एक संदेश भेजा। इस संदेश के मुताबिक, "भारत में जनरल मुख्यालय सुभाष चन्द्र बोस की मृत्यु की खबर की आधिकारिक पुष्टि चाहता है।"

30 अगस्त 1945 को एलायड लैंड फोसैज के अनुभाग (दक्षिण पश्चिमी पैसिफिक) ने जापानी सरकार से कहा कि इस मामले की "सच्चाई को जानने के लिये तहकीकात अच्छी रहेगी।" जनरल मुख्यालय रहमान को "पूछताछ के लिये भारत लाना चाहता था।" मध्य सितम्बर में जापानी सरकार ने एक "अन्तरिम रिपोर्ट" भेजी "जिसमें अब तक के तथ्यों का सिलसिलेवार ब्यौरा" था। यहाँ, नेताजी की आखिरी चहलकदमी के दिनांक और समयानुसार सारे वर्णन के साथ ही उनकी मृत्यु का एक छोटा सा ब्यौरा भी था। शायद जापानी सरकार के पास ज्यादा कुछ कहने के लिये था ही नहीं। या शायद संकट के इस समय में जापान ज्यादा ब्यौरे देने की स्थिति में ही नहीं था। पर अंग्रेज अपने ही स्तर पर अलग खोज–बीन में जुटे हुये थे।

दरअसल, इस जापानी रिपोर्ट के दिल्ली पहुंचने से पहले ही 14 सितम्बर को भेजा गया दक्षिण पूर्वी एशिया कमान्ड का एक मिलिट्री नोट पहले ही "बोस की मृत्यु पर प्रतिक्रिया और आई0एन0ए0 समस्या" पर टिप्पणी कर चुका था। नोट में वही लिखा था, जो नेताजी की दूरदर्शिता देख चुकी थी—कि "भारत की प्रेस आई0एन0ए0 की रक्षा हेतु एकजुट और तत्पर थी।" इसके अनुसार नेताजी की मृत्यु की खबरें ज्यादातर भारतीय खेमों में सहानुभूति का विषय थीं...पर बंगाल के लोगों का मानना था कि वह भूमिगत हो गये थे ताकि एक सही समय पर बाहर आ सकें। अल्फ्रैड वैग के वक्तव्य ने खलबली सी

मचा दी थी। नोट के अनुसार, "राजनैतिक हलकों में सुभाष के साइगोन में जीवित देखे जाने की बात से भारी उत्सुकता बनी हुयी है।"[29]

5 अक्टूबर 1945 की अपनी पहली रिपोर्ट में फिने ने बहुत से मामलों पर रोशनी डाली। उन्होंने यह अनुमान तक लगा डाला कि नेताजी दुर्घटना के बाद कहाँ गये होंगे; "आम धारणा के मुताबिक वह जापानी नियंत्रण से निकल कर रुसी क्षेत्र में जा चुके हैं।" लेकिन फिने के दो खबरियों के अनुसार, यह अनुमान गलत था। उनका मानना था कि उनकी मृत्यु टोक्यो जाते जाते ही हो चुकी थी। जनरल इसोदा का भी यही कहना था। एक खबरी, जिसने नेताजी को बैंकाक हवाई अड्डे से रवाना किया था, ने फिने को बताया कि नेताजी "कभी किसी को अपने इरादे नहीं बताते थे।" फिने के लिये इस बात पर यकीन करना मुश्किल थाः

> बहुत संभावना है कि वह खबरी बातों को छुपा रहा है। पर उसका यह भी कहना है कि शायद बोस का टोक्यो जाना उनकी उस योजना का हिस्सा था, जिसमें वह जापान से मंचूरिया जाने की इज़ाजत मांगना चाहते थे, ताकि वह रुसी लोगों से संपर्क साध सकें। इस खबरी के मुताबिक, दरअसल वे सन् 1944 से यह दबाव बना रहे थे कि जापानी उन्हें मॉस्को जाने दें। सन् 1944 में ही उन्होंने जापानीयों को यह बता दिया था कि वह बर्मा के रास्ते भारत नहीं पहुंच सकते थे; और इसलिये वह मॉस्को के रास्ते दिल्ली पहुंचना चाहते थे।[30]

फिने के अनुसार एक दूसरी स्थिति भी थी जो जापानी लोगों और रहमान के उस वक्तव्य से बिल्कुल अलग थी; जिसमें नेताजी आत्मसमर्पण के बारे में बात करने टोक्यो जा रहे थे और सिंगापुर वापिस लौटने वाले थे।

"उनके पास सोने से भरे लोहे के चार बक्से थे। इनका वज़न किसी को नहीं पता, पर एक बक्सा, शायद 50 पौंड के आसपास था। बोस और उनके स्टाफ ने हर एक से औपचारिक विदा ली, और यह इस बात का इशारा था कि वह वापिस लौट कर नहीं आने वाले थे।" फिने को वहां इसोदा की उपस्थिति पर शक था।

> बोस जब साइगोन पहुंचे तो जनरल इसोदा भी वहीं थे...और अगर हीकारी किकन की उन्हें जाने देने की कोई भी योजना थी, तो यह बात वाकई मायने रखती थी कि इसोदा वहीं थे। इससे उनकी मृत्यु की झूठी खबर फैलाने में आसानी होती। ऐसी किसी भी योजना के चलते इसोदा के लिये यह एक सही जगह थी।[31]

इस रिपोर्ट के साथ उन गोपनीय टेलीग्रामों के अनूदित अंश भी संलग्न थे जिनमें बैंकाक में इसोदा के हिकारी किकन और साहगोन में उपस्थित दक्षिणी सेना के बीच बातचीत हुयी थी। इनकी मूल प्रतियाँ 24 सितम्बर को बर्मा में मित्र राष्ट्रों की थल सेनाओं की इन्टेलिजेंस असॉल्ट यूनिट के सातवें खण्ड को मिली थी। नेताजी की टोक्यो यात्रा और हवाई दुर्घटना के बारे में बताने वाले केवल यही जापानी रिकार्ड थे। इनको कायदे

से समझने के लिये, आई0ए0यू0 के ले0डी0 मिथाइल ने हीकारी किकन के एक मेजर से बात की पर उस जापानी अफसर को "डोमेई रिपोर्ट से अधिक कोई जानकारी नहीं थी।" न तो उन्होंने "दुर्घटना के फोटो देखे थे, न ही अन्य कोई साक्ष्य", जिनका जिक्र टेलीग्राम में किया गया था। एक तार के मुताबिक कर्नल टाडा उन सबको टोक्यो ले कर गये थे। मिथाइल का मानना था कि अगर कोई "सबूत थे भी, तो वह साइगोन में थे।"[32]

फिने को तारों पर भी पूरा यकीन नहीं था; "अगर यह एक सोची समझी योजना और धोखा देने की कोशिश के तहत हुआ है, तो क्या वजह है कि यह तार और इनसे जुड़े अन्य दस्तावेज़ ठीक वहीं छोड़े गये हैं, जहाँ अंग्रेज़ इन्हें ढूंढ पायें?।" फिने का अन्तिम निष्कर्ष था कि, "इस स्टेज पर बोस का जीवित होना बेशक संभव माना जा सकता है... और इन तारों और दस्तावेज़ों को धोखा देने की सोची समझी साज़िश मानना भी संभव है,...पर जहां तक इन रिकार्ड को पढ़ कर लगता है...और इसोदा से और मेरी खबरी की बातों से लगता है...यह मानना मुश्किल नहीं है कि उनकी मृत्यु, दरअसल हो चुकी है।"

नेताजी की ताइवान में मृत्यु को एक सत्य मनवाने के लिये फिने ने एक अलग रास्ता निकाला। उनके अनुसार साइगोन में हिकारी रिकार्ड नेताजी के फोटो और अंतिम अवशेषों के साथ टाडा और रहमान को ढूंढ़ निकालना और इसोदा से दोबारा बातचीत करना इस मामले को दिशा प्रदान कर सकता था। उनकी रिपोर्ट का निष्कर्ष एक तर्कसंगत सलाह के रुप में सामने आया। नेताजी के जीवित होने की 'अफवाह' अंग्रेज़ी राज की खिलाफत करने वालों के लिये एक वरदान साबित हो रहा थी।

> इस सारी खोजबीन में इतना वक्त बर्बाद हो रहा है कि अब जल्दी से जल्दी
> किसी ना किसी निष्कर्ष को लोगों तक पर पहुंचना ही हितकर होगा।[33]

एक गवाह की बात मानें तो इसके तुरन्त बाद फिने ने उसे बताया कि सुभाष की मृत्यु की बात 'शायद' सच थी। जबकि लगातार इस बात के खिलाफ सबूत आ रहे थे। 8 अक्टूबर 1945 को जनरल मुख्यालय के पास टोक्यो से जॉन फिग्स का एक पत्र आया। इस पत्र के साथ टोक्यो में सी0आई0सी0 के अधिकारी ले0 कार्ल गोर्ब और हबीब–उर–रहमान के बीच हुयी सारी बातचीत संलग्न थी। रहमान ने सी0आई0सी0 के सामने दोहराया था कि वह "नेताजी के साथ टोक्यो जा रहे थे ताकि वहां जापानी सरकार से आई0एन0ए0 के आत्मसमर्पण के बारे में बातचीत कर सकें"...लेकिन जिस जहाज़ में वह सफर कर रहे थे वह "हवाई अड्डे के छोर पर दुर्घटनाग्रस्त हो गया।"

फिग्स के अनुसार सी0आई0सी की 25 सितम्बर की रिपोर्ट में दी गई सारी जानकारी जापानी सरकार के द्वारा दी गई जानकारी से मेल खाती थी। पर फिर भी यह सबूत अन्तिम नहीं माने जा सकते थे[34] — क्योंकि जापानी सरकार और रहमान का वक्तव्य एक दूसरे से काफी हद तक मेल खाता था। 7 अक्तूबर को डब्लू0एफ0एम डेविस ने साइगोन से एक पत्र लिखकर फिने को भेजा। यह पत्र 10 अक्तूबर को फिने ने आई0बी0 और कम्बाइन्ड सेक्शन को प्रेषित किया। डेविस की रिपोर्ट कुछ भारतीयों और जापानी वायु सेना अफसर कैप्टन योशिदा के बयान पर आधारित थी। क्षेत्रीय भारतीय लोगों के बयान

के मुताबिक नेताजी 17 अगस्त को साइगोन पहुंचे और उसी दिन वहां से रवाना हो गये। योशिदा के मुताबिक "विमानों के आवागमन के सारे दस्तावेज नष्ट किये जा चुके थे।" फिर भी, उन्होंने माना कि सुभाष, शिदई और कई अन्य लोगों ने उस दिन टोक्यो के लिये उड़ान भरी। डेविस के निष्कर्ष के अनुसार, "अंतिम स्थिति के बारे में फारमोसा या उससे आगे पता लग पायेगा।"[35]

10 अक्तूबर को बैंकाक में फिने की टीम में बख्शी बदरीनाथ शामिल किये गये। 14 अक्तूबर को आई0ए0यू0 कार्यालय में उन्होंने फिने से मुलाकात की—जिसका विवरण बदरीनाथ की व्यक्तिगत डायरी में दर्ज है। उस समय वहां डेविस के साथ इन्सपेक्टर नगीना सिंह, प्रीतम सिंह और एच0के0रॉय भी मौजूद थे। अगले दिन फिने ने बदरीनाथ को इस केस के बारे में सारी जानकारी दी। डायरी के अनुसार, बदरीनाथ ने सबसे पहले नेताजी के गोपनीय सचिव मेजर भास्करन मेनन से पूछताछ की। यह सिलसिला 17 अक्तूबर से शुरु हुआ। दो दिन बाद मेनन से इस पूछताछ की संक्षिप्त जानकारी दिल्ली में आई0बी0 के पास पहुंच गयी थी। मेनन के अनुसार, 17 अगस्त की सुबह नेताजी ने "अपने व्यक्तिगत स्टाफ के सदस्यों को बुलाया और उन्हें कुछ छोटे–छोटे तोहफे दिये... वह बहुत ही भावुक लग रहे थे और सारे समय रोते रहे।"

मेनन ने उस रिपोर्ट की भी पुष्टि की जिसके अनुसार रंगून से "चार सोने से भरे बक्से मंगवाये गये थे और सुभाष जाते वक्त इन्हें अपने साथ ही लेकर गये थे।"[36]

6 नवम्बर को सैकसी कमीशन नं0 1 ने जापानी सेना के मुख्यालय पर तैनात अधिकारियों द्वारा दी गई जानकारी पर आधारित एक रिपोर्ट भेजी। इनमें से कई अधिकारी सुभाष की मृत्यु की बात के सत्य को मानते थे...और यह भी मानते थे कि जब तक वे जीवित थे जापान की हार की स्थिति में वह एक वैकल्पिक योजना पर कार्यरत जरुर थे।

> बोस मंचूरिया जाना चाहते थे, ताकि वहां से वे रुसी सेनाओं से संपर्क साध सकें और रुस जाने के लिये उनकी स्वीकृति पा सकें। यही सोचकर वे 16 अगस्त को सिंगापुर से रवाना हुये। रास्ते में वे बैंकाक में रुके और वहीं उन्होंने सभी से एक औपचारिक विदाई ली।[37]

रिपोर्ट के अनुसार सुभाष की मृत्यु में लोगों का विश्वास अब बढ़ने लगा था, हालांकि अभी भी दक्षिणी सेना मुख्यालय से इस बारे में कोई भी दस्तावेज या साक्ष्य प्राप्त नहीं हुये थे। इसलिये कमीशन ने टाडा को ढूंढ़ने और उनसे पूछताछ करने के काम को जारी रखा। इसके अलावा रहमान के वक्तव्य की सच्चाई को परखना और ऐसे फोटो ढूंढ़ निकालना जिनमें सुभाष की मृत्यु निश्चित तौर पर साबित हो पाये—यह सब कमीशन के टॉप एजेन्डे में शामिल थे। बैंकाक से कोलकाता जाने से एक दिन पहले, फिने ने आधिकारिक जापानी सूत्र की धज्जियाँ उड़ा दीं। दरअसल, उन्होंने एक ऐसा व्यक्ति ढूंढ़ निकाला था जिसने नेताजी, रहमान, टाडा और कुछ अन्य लोगों के बीच हुई गोपनीय वार्ता में हिस्सा लिया था। यह वार्ता बैंकाक में 16 अगस्त को हुई थी। यह व्यक्ति थे अनुवादक किन्जी वातानबे। 12 नवम्बर को उन्होंने फिने को बताया कि उन्होंने इसोदा

और अन्य लोगों को नेताजी के वहां से भाग जाने की योजना के बारे में बताया:

> वे लोग यह विमर्श कर रहे थे कि सुभाष बोस को उनकी मंजिल तक कैसे पहुंचाया जा सकता था। ज्यादातर लोग जानते थे कि उन्हें रुसी लोगों के पास पहुंचना था...शायद मंचूरिया जाना था। दूतावास और हिकारी किकन में सभी लोग इस बारे में जानते थे।[38]

SECRET Appendix 'B'.

Ref: DIB/B/2.

(32)

DIB/IAU
ALFSIAM
Bangkok.
12 Nov 45.

Subject:- SUBHAS CHANDRA BOSE.

1. K.WATANABE is in the course of writing a long statement on the activities of the Hikari Kikan and I.N.A. The undersigned interviewed him this afternoon and he gave the following information concerning BOSE's departure from Bangkok.

2. WATANABE was a civilian interpreter attached to the Military branch of the Hikari Kikan. He was transferred from Hikari Kikan to the Embassy on or about 14th August.

3. On or about 17th August (cannot remember exact date) he (WATANABE) was called to interpret a conversation between Lt.Gen. ISODA and Col. KAGAWA on the one hand and SUBHAS BOSE, "Maj.Gen". BHONSLE & "Lt.Col." HABIBUR RAHMAN. This took place at Gen.ISODA's house. When Watanabe reached there, the conversation was almost over, and Isoda was speaking without any interpreter. They were discussing how to get Mr.Bose to his destination. It was generally understood that he was to get to the Russians, probably to Manchuria. There were some doubts as to whether Southern Command in Saigon had planes to offer Bose.

4. With regard to Bose's going to Russia, it was an understood thing in the Embassy and in the Hikari Kikan that he was going to hand himself up to the Russians in Manchuria. W. does not know further details,

National Archives, New Delhi

वातानबे के लिखित वक्तव्य में नेताजी के युद्ध के बाद की योजनाएं भी शामिल थीं:

> शुरुआत से ही बोस की सोच एकदम साफ थी। वह किसी भी देश की सहायता स्वीकार करने के लिये तत्पर थे—अगर वह देश भारत को स्वतंत्र देखना चाहता था। जापान पर हुये कुठाराघात के बाद, वह सोवियत रुस से नज़दीकियाँ बढ़ाना चाहते थे...क्योंकि अब बर्मा के रास्ते भारत पहुंचने का उनका इरादा ठप हो चुका था।[39]

वातानबे के अनुसार, "वह यह जानते थे कि जल्दी ही ब्रिटेन और रुस के बीच फासले बढ़ने वाले थे और भारत अपनी आज़ादी की लड़ाई को आगे ले जाने के लिये इस बात का फायदा उठा सकता था।"

हवाई दुर्घटना और सुभाष की मृत्यु के तुरन्त बाद ताइपेई में खींची गई तस्वीरे,

नवम्बर के दूसरे पखवाड़े में दिल्ली पहुंची। इन्हें टोक्यो से भेजते समय फिग्स ने कोई टिप्पणी नहीं की—क्योंकि खींची गई पांच तस्वीरों में से एक भी तस्वीर सुभाष के मृत शरीर की नहीं थी। एक तस्वीर में रहमान पट्टियाँ बांधे, बैठे हुये दिख रहे थे। एक अन्य तस्वीर में कफन में लिपटा हुआ एक शरीर था; जबकि अन्य तस्वीरें एक विमान के मलबे को दर्शा रही थीं।

NIC report, 1956

22 नवम्बर को साइगोन नियंत्रण आयोग या साइगोन कन्ट्रोल कमीशन (सीएसी) ने "सुभाष की मृत्यु और इरादों" पर एक और रिपोर्ट भेजी। इस रिपोर्ट के अनुसार "सुभाष की मृत्यु का कोई सबूत नहीं था...हालांकि सभी उन्हें मृत मान रहे थे।"[40]

यह रिपोर्ट जे0के0 भोंसले द्वारा दी गई एक जानकारी पर आधारित थी जिसके अनुसार नेताजी 17 अगस्त को "टोक्यो के लिये रवाना हुए थे।" 23 नवम्बर को रहमान को एक अमरीकी सैन्य विमान से दिल्ली लाया गया जहां उनकी कस्टडी सी0एस0डी0आइ0सी0 (भारत) के सुपुर्द कर दी गई। अगले एक महीने तक रहमान से पूछताछ जारी रखी गयी। इसका नतीजा 31 दिसम्बर 1945 की सी0एस0डी0आइ0सी0 सेक्शन रिपोर्ट नं0 1156 के रुप में सामने आया। 7 जनवरी 1946 को एन्डरसन ने कम्बाइन्ड सेक्शन, आई0बी0 एवं अन्य को यह लिखा कि सी0एस0डी0आइ0सी0 सेक्शन रिपोर्ट नं0 1156 में "ताइहोकू में हुई हवाई दुर्घटना में दर्ज तथ्यों से यह साबित था कि सुभाष चन्द्र बोस को इस हादसे में लगी चोटों और झुलसन के फलस्वरुप उनकी मृत्यु हो चुकी थी।"[41]

एन्डरसन को हबीब–उर–रहमान के बयानों पर यकीन था और उन्होंने यह सुझाव दिया कि "अन्तिम निष्कर्ष पर पहुंचने के लिये, एक ब्रिटिश जांच दल को साइगोन और हनोई से फारमोसा के लिये रवाना करना चाहिये, ताकि ताइहोकू में मौजूद अस्पताल के दस्तावेज़ों की जांच की जा सके।"[42]

लेकिन जैसे ही इस राज का अन्त करीब आते दिखा, वैसे ही एन्डरसन को एहसास हुआ कि निष्कर्ष पर पहुंचना इतना आसान नहीं था। मेजर टौय ने उनको 15 जनवरी को बताया कि प्रीतम, गुलज़ारा, हसन, सहाय, थिवी और "चटर्जी के पास न तो बोस की मृत्यु, न ही उनके इरादों के बारे में कोई जानकारी थी।"[43] लेकिन रहमान के वक्तव्य पर टौय को बिल्कुल यकीन नहीं था।

19 फरवरी को मैकराइट के मेजर कोर्टने यंग (जो कि सी0आई0सी0बी0, इन्टेलिजेंस

डिवीजन मुख्यालय, सैकसी से सम्बद्द थे) को सिंगापुर में इन्टेलिजेंस ब्यूरो द्वारा इकट्ठा की गई सारी जानकारी भेजी। आई0बी0 के उप निदेशक के अनुसार यह जानकारी काफी नहीं थी, क्योंकि इसमें पहले मिली जानकारी से काफी भिन्नता और अनुत्तरित प्रश्न थे।[44] रहमान की सी0एस0डी0आई0सी0 की रिपोर्ट को भी उन्होंने इसी कारण से खारिज किया। इनका मानना था कि, "टोक्यो में सी0आई0सी0 को रहमान ने कुछ और बयान दिया था, जो सी0एस0डी0आई0सी0 को दिये बयान से मेल नहीं खाता था।"[45]

और यह बात सच थी। सी0आई0सी0 को दिये बयान के मुताबिक "हवाई दुर्घटना के बाद सुभाष कैसे बचे या विमान से दूर गये—इस बाबत रहमान को कोई जानकारी नहीं थी।"

> उनका कहना था कि विमान से उतरने के बाद उन्होंने अपने कोट में आग लगी देखी। कोट उतारने के बाद उन्होंने बोस को जलते हुये कपड़ों में जहाज़ के बगल में लेटा पाया। फिर वह बोस की मदद के लिये उनके पास गये और उनके जले हुये कपड़े हटाये।[46]

लेकिन सी0एस0डी0आई0सी0 को दिये गये बयान के मुताबिक उन्होंने बताया था कि क्रैश के जोरदार झटके से कॉकपिट के ऊपर लगा सेल्यूलॉयड कवर फट गया था और "बोस उसी में से रेंगते हुये बाहर आकर जमीन पर गिर गये।" रहमान का कहना था, कि जब वह खुद भी रेंगते हुये बाहर आये; तो उन्होंने पाया कि उनके कपड़ों में आग नहीं लगी हुयी थी;[47] और सुभाष खड़े होकर अपने कपड़े उतारने की कोशिश कर रहे थे।

मैकराइट को यह बात भी अजीब लगी कि दुर्घटना के दौरान शिदई भी मंचूरिया जा रहे थे। "रिपोर्ट के मद्देनजर...सुभाष का रुसी लोगों से मिलने जाना इरादतन था या केवल एक इत्तेफाक?" इस सवाल के साथ उन्होंने इसोदा से "कड़ाई से पूछताछ किये जाने" पर जोर डाला। यह इसलिये भी था कि वातानबे ने नेताजी के मंचूरिया जाने की योजना के बारे में सब कुछ बता दिया था। मैकराइट ने उसी दिन यह भी कहा कि "अगर धोखा देने की यह योजना पहले से ही उच्चस्तरीय जापानी अधिकारियों की मदद से न बनाई गयी हो...तो हम लगभग कह सकते हैं कि बोस की मृत्यु हो चुकी है।"[48]

उन्होंने 19 फरवरी को ही सुभाष के रुसी सम्बन्ध के बारे में यंग को एक पत्र लिखाः

> जहाँ तक हमारे पास आयी जानकारी इशारा करती है; इस बात में कोई शक नहीं कि बोस खुद और अपनी मुहिम के कुछ सदस्यों को रुस ले जाना चाहते थे...क्योंकि सुदूर पूर्व में जापान बर्बाद हो चुका था। यही उनकी यात्रा का मकसद था...लेकिन इसी दौरान उनकी मृत्यु की खबर आ गई थी। अब सवाल यह है, कि क्या रुसी लोग भी उनकी मदद करना चाहते थे? हम इस बारे में कुछ नहीं जानते।[49]

मैकराइट ने ऐसे कुछ व्यक्तियों का नाम सुझाया जो आगे पूछताछ में काम के व्यक्ति साबित हो सकते थे। इनमें शामिल थे एन0जी0 स्वामी, भास्करन मेनन और "फील्ड

मार्शल तेराऊची; उनके स्टाफ के प्रमुख, हिकारी कीकन के उच्च अधिकारी और विदेश मंत्रालय के अफसर।"[50]

यंग ने अपने जवाब में लिखा, "जहाँ तक रुसी कोण की बात है; मैं कुछ नहीं कह सकता।" यह पत्र 1 मार्च 1946 को मिला। हवाई दुर्घटना के बारे में यंग इस निष्कर्ष पर पहुंचे:

> अगर यह योजना वाकई धोखा देने के लिये बनाई गयी थी, तो बहुत अच्छी तरह बनाई गयी थी। जहाँ तक जापानी इन्टेलिजेंस की कार्यकुशलता की विस्तृत जानकारी हमारे पास होने का सवाल है...हम यह मान सकते हैं कि उनके सारे प्रयास बिल्कुल अधकचरे स्तर के थे...हालांकि यह निष्कर्ष जरुर निकाला जा सकता है कि बोस साइगोन से रवाना हुये थे और ताईहोकू में उड़ान भरने के दौरान यह हादसा हो गया। यह संभव है कि बोस हादसे में साफ बच गये हों...और फारमोसा में छुप गये हों...यह वह खुद भी कर सकते थे...या क्षेत्रीय अफसरों ने उनकी मदद भी की हो...[51]

यंग के मुताबिक अगर अब अगला कोई भी तर्कसंगत फैसला था तो वह था, टाडा को पकड़ना। यंग से पत्राचार के वक्त ही मैकराइट ने ऐन्डरसन से फोन पर बातचीत की। 19 फरवरी 1946 को ऐन्डरसन को आधिकारिक तौर पर बताया गया कि सुभाष की मृत्यु के बाबत दिये गये "ब्यौरों में भिन्नता थी।" "इनका खुलासा अब सही सूत्रों से पूछताछ के बाद ही हो सकता था।"[52]

करीब नौ दिन बाद मैकराइट और ऐन्डरसन को टौय की आँखें खोलने वाली रिपोर्ट मिली। इसमें दर्ज एक सूत्र के अनुसार नेताजी ने अपने अंतिम क्षणों में जिन भरोसेमंद व्यक्तियों को अपने राज़ बताये थे; उन सभी व्यक्तियों ने पूछताछ के दौरान झूठ बोले थे। कड़ाई से पूछताछ के बावजूद इसोदा, रहमान, गुलजारा, प्रीतम, हसन, थिवी और चटर्जी ने या तो यह कहा था कि उन्हें नेताजी के इरादों की कोई जानकारी थी ही नहीं या फिर यह बताया था कि वह टोक्यो आत्मसमर्पण के बारे में बातचीत करने जा रहे थे।

लेकिन आनंद मोहन सहाय ने खुल कर इस बारे में बताया और नेताजी के इरादों का खुलासा कर दिया। सहाय ने अपने साथियों को धोखा दे दिया था। उसने एस सेक्शन को बताया कि नेताजी ने अपने रुस स्थानांतरण के बाबत जापानी विदेश मंत्री से सन् 1944 में ही बात कर ली थी। इसोदा और खुद बोस ने उन्हें इस बात की जानकारी दी थी। उसने बताया कि जब हसन, अय्यर, प्रीतम और गुलज़ारा की मुलाकात 20 अगस्त को हनोई में हुई तो उसे बताया गया कि "सुभाष मंचूरिया जाने वाले थे।" टौय का सीधा निष्कर्ष था:

> हबीब–उर–रहमान (बी1269) ने सी0एस0डी0आई0सी0 2 सेक्शन रिपोर्ट 1156 में बताया कि सुभाष आई0एन0ए0 के लिये एक पृथक आत्मसमर्पण के बारे में विचार–विमर्श करने जा रहे और सिंगापुर लौटने वाले थे...यह बात खारिज की जा सकती है...सच केवल बी1269 को ही पता है।[53]

27 फरवरी को बख्शी बदरीनाथ ने मैकराइट को बताया कि उन्होंने रहमान से पूछताछ शुरु ही की थी, कि उन्हें आर0आई0एन0 नेवल म्यूटिनी से उत्पन्न होने वाली मुसीबतों का सामना करने बम्बई भेज दिया गया था। जाने से पहले, उन्होंने सुझाव दिया कि "बैंकाक बैठक के बारे में जे0के0 भोंसले से खास पूछताछ की जानी चाहिये।"[54] 9 मार्च के लिखे पत्र के जरिये मैकराइट ने यह बात एन्डरसन को बताई। इस पत्र में सुभाष की "तथाकथित" मृत्यु के बारे में बहुत सी बातें थीं।

21 मार्च को एन्डरसन ने मैकराइट को पूछताछ से हासिल सारे नतीजों की जानकारी दी। यह पूछताछ करने वाले व्यक्ति थे मेजर हयात खान। भोंसले अभी भी इसी बात पर अड़े थे कि सुभाष टोक्यो के लिये रवाना हुये थे...इससे ज्यादा वह कुछ बता नहीं रहे थे...पर "आखिरकार, उन्होंने माना कि बैंकाक में की गई बैठक सुभाष को उनकी मंजिल तक पहुंचाने वाली रणनीति तय करने के लिये थी।"[55]

> बोस को पूरा यकीन था कि यदि रुसी लोग उन्हें शरण देने के लिये तैयार होते हैं तो वह उनकी रक्षा भी करेंगे। रुस के साथ अंग्रेजों और अमरीकियों के बिगड़ते रिश्तों के मद्देनजर वह रुसी लोगों के काम आ सकते थे और भारत के हित में काम कर सकते थे।[56]

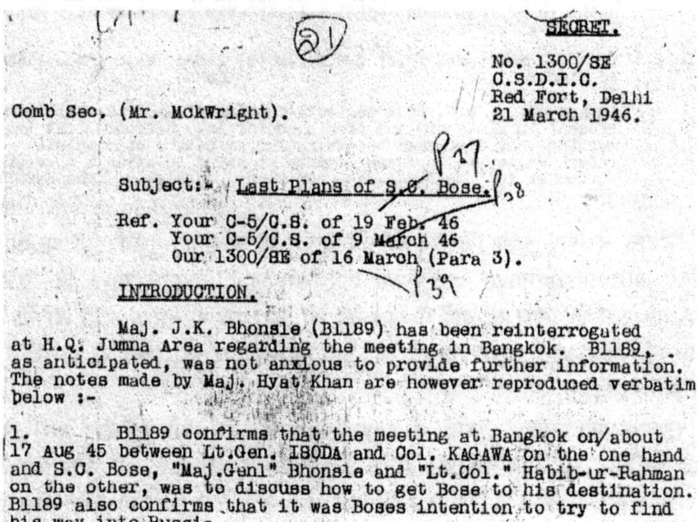
SECRET.

No. 1300/SE
C.S.D.I.C.
Red Fort, Delhi
21 March 1946.

Comb Sec. (Mr. MckWright).

Subject:- Last Plans of S.C. Bose.

Ref. Your C-5/C.S. of 19 Feb. 46
Your C-5/C.S. of 9 March 46
Our 1300/SE of 16 March (Para 3).

INTRODUCTION.

Maj. J.K. Bhonsle (B1189) has been reinterrogated at H.Q. Jumna Area regarding the meeting in Bangkok. B1189, as anticipated, was not anxious to provide further information. The notes made by Maj. Hyat Khan are however reproduced verbatim below :-

1. B1189 confirms that the meeting at Bangkok on/about 17 Aug 45 between Lt.Gen. ISODA and Col. KAGAWA on the one hand and S.C. Bose, "Maj.Genl" Bhonsle and "Lt.Col." Habib-ur-Rahman on the other, was to discuss how to get Bose to his destination. B1189 also confirms that it was Boses intention to try to find his way into Russia.

National Archives, New Delhi

हयात खान के मुताबिक पूछताछ के बाद ऐसा लगा मानो "भोंसले...और कुछ अन्य व्यक्तियों को उनकी रुसी योजनाओं का ज्ञान था...पर उन्होंने साफ शब्दों में अपनी तरफ से ऐसा कुछ नहीं कहा।"

> इस बाबत किये गये सारे सवालों को वह टालते रहे। बस इतना कहा, "अगर बोस के विश्वसनीय व्यक्तियों को उनकी योजनाओं के बारे में पता भी होगा, तो भी उनमें से कोई भी उनका खुलासा अब नहीं करेगा।"[57]

इस बात से एन्डरसन ने अंदाज़ा लगाया कि क्योंकि "रहमान बैंकाक की बैठक में मौजूद थे, इसलिये उन्हें कम से कम सुभाष जितनी जानकारी तो होगी...और क्योंकि वह इस बात से साफ मुकर रहे थे, अबकी बार उनसे सच उगलवाने की आखिरी कोशिश जरुर की जायेगी।"[58]

उन्होंने तत्काल यह बात मैकराइट को भी बताई। और यह "आखिरी कोशिश" करने वाले थे हयात खान। 25 मार्च को खान की रिपोर्ट मिलने पर एन्डरसन ने मैकराइट को लिखा कि रहमान अभी भी अपने "पुराने अड़ियल रवैये से चिपके हुये थे।"[59]

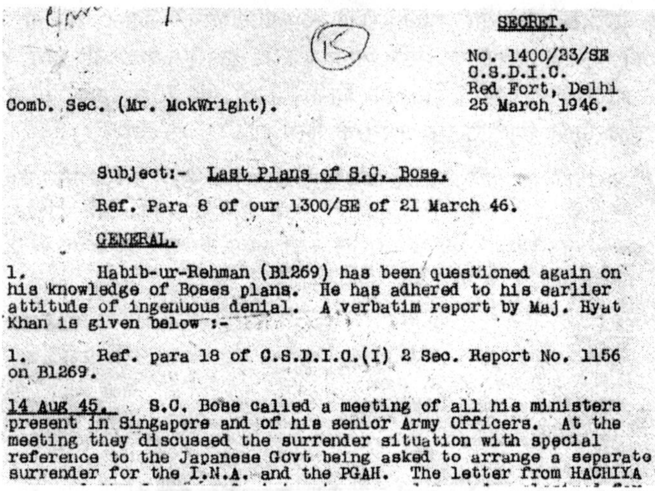

SECRET.

No. 1400/23/SE
C.S.D.I.C.
Red Fort, Delhi
25 March 1946.

Comb. Sec. (Mr. MckWright).

Subject:- Last Plans of S.C. Bose.

Ref. Para 8 of our 1300/SE of 21 March 46.

GENERAL.

1. Habib-ur-Rehman (B1269) has been questioned again on his knowledge of Boses plans. He has adhered to his earlier attitude of ingenuous denial. A verbatim report by Maj. Hyat Khan is given below :-

1. Ref. para 18 of C.S.D.I.C.(I) 2 Sec. Report No. 1156 on B1269.

14 Aug 45. S.C. Bose called a meeting of all his ministers present in Singapore and of his senior Army Officers. At the meeting they discussed the surrender situation with special reference to the Japanese Govt being asked to arrange a separate surrender for the I.N.A. and the PGAH. The letter from HACHIYA

National Archives, New Delhi

रहमान ने फिर कहा कि बैंकाक की बैठक के दौरान "मुख्य मुद्दा था आज़ाद हिन्द सरकार और आई0एन0ए0 का पृथक आत्मसमर्पण।" उन्होंने माना कि उन लोगों ने सुभाष को रुस ले जाने के बारे में बात की थी...पर यह भी सोचा गया था कि "रुस और जापान के बीच आयी दरार के चलते जापानी सरकार का रुस से बातचीत कर पाना नामुमकिन था।"[60]

रहमान के अनुसार "बर्मा से आई0एन0ए की निकासी के बाद रुस से आगे की लड़ाई के लिये मदद मांगने की बात "केवल एक "अफवाह" थी...और वह "खुद ऐसी किसी बातचीत के वक्त उपस्थित नहीं थे।" उन्होंने बताया कि "हालांकि बोस उनसे सैन्य योजनाओं के बारे में विचार विमर्श करते थे, उन्होंने कभी भी अपनी राजनैतिक योजनाओं को उनसे साझा नहीं किया।"

हयात खान को इन बातों पर यकीन नहीं था। अपने हाथ से लिखी गयी रिपोर्ट में (जो अब दिल्ली के नेशनल आरकाइव्स में मौजूद है) उन्होंने यह साफ किया कि अगर रहमान को "सुभाष की योजनाओं की जानकारी थी भी, तब भी वह उनका खुलासा नहीं करने वाले थे...उनके बात करने का लहज़ा विश्वसनीय नहीं है...वह अकेले में भी गोपनीय तरीके से बातचीत करते हैं।"[61]

25 मार्च 1946 को मैकराइट को लिखे गये अपने पत्र में एन्डरसन ने यह सलाह दे डाली कि रहमान के मन को आसानी से तोड़ा जा सकता है...अगर ताईहोकू में बोस की मृत्यु को उसके सही सबूतों और तथ्यों से झुठलाया जाये। उन्होने पूछा कि क्या हस्पताल के रिकार्ड जिनका जिक्र पहले हुआ था "क्षेत्रीय सूत्रों या ताईहोकू मे कि गई तहकीकात मे मिले थे या नही?"[62]

रहमान पर आधारित हयात खान की रिपोर्ट ने आई0 बी0 के लिये कई सवाल खड़े कर दिये थे। 2 अप्रैल 1946 को जेनकिन ने ऐसे 19 सवालों की सूची एन्डरसन को दी और दोबारा पूछताछ की मांग रखी।

नेताजी की तथाकथित मृत्यु को आठ महीने गुज़र चुके थे। यह राज़ अभी भी एक राज़ ही बना हुआ था। सन् 1946 के शुरुआती महीनों के दौरान आई0बी0 प्रमुख सर नॉरमन स्मिथ ने लंदन का दौरा किया और "बोस के रुस में जिन्दा होने के बारे में मिली विभिन्न भारतीय जानकारियों और सूत्रों का जिक्र किया।" कुछ अप्रत्यक्ष और बिखरे प्रमाणों के चलते स्मिथ को नेताजी की "मृत्यु पर 90% से अधिक यकीन नहीं था।" हांलाकि उन्हें इस बात का एहसास दिलाया गया कि "बहुत से ऐसे कारण हो सकते थे, जिनकी वजह से रुसी लोग यह अफवाह फैला रहे हों।"[63]

लेकिन इस संभावना को पहले ही खारिज कर दिया गया था। 9 अप्रैल 1946 को फिने और अन्य अधिकारी आई0बी0 के सूत्रों और उनसे मिली जानकारी पर विचार–विमर्श करने के लिए एकत्र हुये। पिछले कुछ महीनों में की गई विस्तृत खोजबीन का नतीजा थी, कम्बाइन्ड सेक्शन से मिली एक रिपोर्ट, जिसमें अब तक का पूरा ब्यौरा सिलसिलेवार दिया हुआ था। इस रिपोर्ट में शुरुआत में ही साफ कर दिया गया था कि "बोस और उनका स्टाफ रुस जाने की कोशिश में लगे हुये थे।"...साथ ही "हबीब–उर–रहमान, प्रीतम सिंह, गुलज़ारा सिंह और हसन ने या तो इस सफर की वजह के बारे में झूठ बोला था या बातें छिपाई थीं।"

गांधी ने कुछ समय पहले नेताजी के जीवित होने की संभावना को अपने "अंतर्मन की आवाज" बताया था। कांग्रेसियों द्वारा आई0बी0 को दी गई जानकारी के अनुसार यह अंतर्मन की आवाज नहीं, बल्कि "उनको मिली एक गोपनीय सूचना थी।"[64]

एन्डरसन की तरह इस रिपोर्ट में भी पूरी जाँच ताईवान में किये जाने की जरुरत पर बल दिया। ऐसा इसलिये भी था कि "ताईहोकू और अन्य जगह की गई पड़ताल सम्पूर्ण और सटीक साबित नहीं हो पाई थी।"[65] बाहर से आने वाली जानकारियाँ मामले को और पेचीदा बना रही थीं—हवाई दुर्घटना को सही मानना मुश्किल होता जा रहा था।

> दिसम्बर में मिली एक रिपोर्ट के अनुसार, यह साफ था कि काबुल में रह रहे रुसी राजदूत ने खोस्त के अफगान सूबे के राज्यपाल को यह बताया कि मॉस्को में बहुत से कांग्रेसी शरणागत थे...और सुभाष उनमें से ही एक थे। इस स्तर के व्यक्ति भला उनके बारे में मनगढ़ंत बातें क्यों कहेंगे? रुसी अधिकारियों ने इस बात की पुष्टि तेहरान से आई एक रिपोर्ट में की है, जिसमें यह लिखा है कि, मोराडोफ (रुसी वाइस कान्सुल जनरल) ने मार्च में यह बताया था कि सुभाष रुस में थे।[66]

कुल मिलाकर "अब इस सारे मामले में ताईहोकू, कांग्रेसी और रुसी प्रतिनिधि (जो तेहरान और काबुल में थे) सबसे जरुरी लक्ष्य थे।"[67]

9 अप्रैल को होने वाली इस बैठक में फिने के साथ वैगस्टाफ नामक अफसर भी था। इस बैठक का नतीजा क्या निकला, यह किसी को पता नहीं। सम्बन्धित दस्तावेज़ों की फाइल अब मौजूद नहीं है—शायद इसे जला दिया गया। पर एक बात साफ थी—केस बन्द नहीं हुआ था। 10 अप्रैल को एन्डरसन ने जेनकिन को रहमान से की गई पूछताछ के बारे में बताया। इस बार यह काम कैप्टन हबीबुल्लाह मलिक ने किया था; जिन्होंने जेनकिन को रहमान की "प्रतिक्रिया"[68] के बारे में बताया। रिपोर्ट में मलिक ने बताया कि "पूरी पूछताछ के दौरान, बी1269 के चेहरे से रोष साफ झलक रहा था।"[69]

> नतीजे अभी भी वही हैं; जो पहले थे। इस पूछताछ के दौरान रहमान का कोई सहयोग नहीं मिला। वह अपने भुलक्कड़पन और हकलाने की आदतों का फायदा उठाते दिखे। जब उनसे यह सीधा सवाल किया गया कि क्या वह ताईहोकू पर वह सारी जगह दिखा सकते थे—वह सोच में पड़ गये और इस जवाब के साथ साफ मना कर दिया:
>
> "मैं जितना जानता था बता चुका हूँ...श्री गांधी, जो मुझसे मिलने आये थे—वह भी मेरे जवाब से सन्तुष्ट हो चुके हैं। मैंने उन्हें बताया कि सुभाष की मृत्यु हो चुकी है। सी0एस0डी0आई0सी और टोक्यो में कही हुयी बातों को मैं दोहराता हूँ।"[70]

उस वक्त तक गांधी अपने बदले हुये वक्तव्य के साथ आम जनता के सामने आ चुके थे। अप्रैल 1946 में उन्होंने *हरिजन* में लिख कर सबसे कहा, "मैं सभी से प्रार्थना करता हूँ कि वह मेरी कही हुयी बात को भूल जायें...और नेताजी को याद रखें...उनकी बातों को याद रखें।"

> नेताजी के जीवित होने की बात केवल मेरा अंतर्मन जानता था। और ऐसी साक्ष्यहीन बात का कोई विश्वास नहीं किया जा सकता था। इस बात को ब्रिटिश सरकार जानती थी। कैप्टन हबीब–उर–रहमान ने बताया कि नेताजी की मृत्यु के समय वह वहीं मौजूद थे और उनकी जली हुयी घड़ी वापिस ले कर आये।[71]

अंग्रेज़ों को इस बात पर कोई यकीन नहीं था। 16 मई को दक्षिण पूर्वी एशिया कमांड ने टोक्यो में कर्नल फिग्स से नये सिरे से जांच करने को कहा। ठीक उसी समय ले0 कर्नल हैनसी (मुंबई में मिलिट्री इन्टेलिजेंस के प्रमुख) ने अमरीकन कांसुलेट जनरल विलियम डोनोवन से बात की। हैनसी मार्च में बदरीनाथ से मिल चुके थे। उन्होंने डोनोवन को बताया कि वह खुद अगस्त 1945 में ताईपेई के एक बंदी कैम्प में थे "जो उस जगह से काफी करीब था, जहाँ बोस के जहाज़ की दुर्घटना हुयी थी।" उनका कहना था कि

> बोस का इलाज अस्पताल में किसी डॉक्टर ने किया होगा; कुछ लोग उनकी मृत्यु के साक्षी भी होंगे और उसका कोई रिकार्ड भी रहा होगा, इसके अलावा,

> अगर उनकी मृत्यु हो चुकी थी तो कोई न कोई ऐसा व्यक्ति जरुर होगा जिसने उनका अंतिम संस्कार देखा होगा या उस बारे में जानता होगा।[72]

डोनोवन ने हैनसी के लिये स्टेट डिपार्टमेन्ट (विदेश विभाग) को एक खत लिखा, "अगर डिपार्टमेन्ट इस विषय में कोई भी जानकारी दे सके, तो कांसुलेट जनरल के ब्रिटिश मिलिट्री इन्टेलिजेंस के साथ बातचीत में मदद मिलेगी। बोस की मृत्यु का कोई पक्का साक्ष्य इस मामले में काफी रोचक सिद्ध हो सकता है।"[73]

यह तार 23 मई 1946 को भेजा गया था।

पेन्टागन में सैन्य विभाग से बातचीत के बाद विदेश विभाग ने जून 1946 को बताया:

> इन्टेलिजेंस अनुभाग में हमने फाइलों की खोज की और हमें बोस की ताईहोकू में हवाई दुर्घटना में मृत्यु का कोई सीधा साक्ष्य नहीं मिला। जबकि जापानी लोगों ने इस बारे में आधिकारिक वक्तव्य जारी किये थे। इन्टेलिजेंस अनुभाग के पास भी उनके जीवित होने के कोई सबूत नहीं हैं।[74]

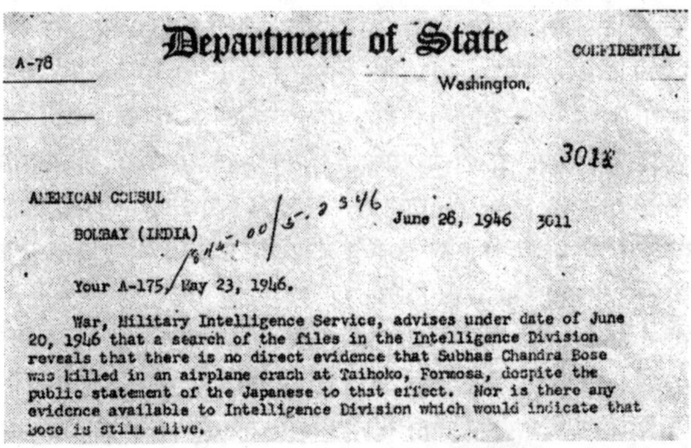

Department of State

A-78 CONFIDENTIAL

Washington,

301

AMERICAN CONSUL

BOMBAY (INDIA) June 26, 1946 3011

Your A-175, May 23, 1946.

War, Military Intelligence Service, advises under date of June 20, 1946 that a search of the files in the Intelligence Division reveals that there is no direct evidence that Subhas Chandra Bose was killed in an airplane crash at Taihoko, Formosa, despite the public statement of the Japanese to that effect. Nor is there any evidence available to Intelligence Division which would indicate that Bose is still alive.

National Archives, Maryland

विभाग ने सलाह दी कि ब्रिटिश मिलिट्री इन्टेलिजेंस को जी–2 से सम्पर्क करना चाहिये। जी–2 मित्र राष्ट्रों के सुप्रीम कमान्डर की इन्टेलिजेंस एजेंसी थी। ब्रिटिश इन्टेलिजेंस ने जी–2 से कोई बात की या नहीं, इस बारे में कोई जानकारी नहीं है। पता है, तो बस इतना कि 25 जुलाई तक कर्नल फिग्स ने अपनी रिपोर्ट तैयार कर ली थी। उन्होंने दुर्घटना के दो उत्तरजीवियों नोनोगाकी और अरई से बातचीत कर ली थी; और तीन ताईवान सैन्य अफसरों से भी पूछताछ की थी। इसके अलावा उन्होंने सब ले0 डॉ0 तोयोशी त्सुरुता से भी बातचीत कर ली थी। फिग्स के अनुसार "उनके बयान, विषय और विवरण, दोनों में मेल खाते थे—जैसे कि उनका अनुभव आम रहा हो।"[75]

दुर्घटना को याद करते हुये नोनोगाकी ने बताया कि कुल 15 यात्रियों में से, तीन अभियन्ता, एक वायरलेस परिचालक, ताकिज़ावा और शिदई की मौके पर ही मृत्यु हो गई थी। डॉ0 त्सुरुता के अनुसार नेताजी को दोपहर 3 बजे अस्पताल लाया गया, जहाँ उन्होंने ही उनकी देखभाल की; पर सारी देख–रेख के बावजूद शाम 7 बजे उनकी मृत्यु

हो गयी। उसी शाम त्सुरुता, रहमान, ताईवान आर्मी मुख्यालय के ले0 कर्नल शिबूया मसनोरी और एक अन्य अधिकारी ने मृत शरीर को सहेजने और टोक्यो ले जाने की बात कही, पर त्सुरुता के अनुसार "शरीर को अत्यन्त गर्मी में सहेजना कठिन हो सकता था।"

> आधी रात के करीब, आनन–फानन में ताईवान सेना मुख्यालय से एक ताबूत आ पहुँचा। शरीर को कफन में लपेट कर ताबूत के अन्दर रखा गया और अगली सुबह ही उसे वहाँ से भेज दिया गया। त्सुरुता के अनुसार, शव का अंतिम संस्कार कर दिया गया था—हालांकि इस बारे में कोई सबूत उनके पास नहीं था; न ही वह खुद मौके पर मौजूद थे। त्सुरुता द्वारा जारी किये गये मृत्यु प्रमाण पत्र में बोस की मृत्यु सदमे और आग में झुलसन के कारण दिल के दौरे से हुयी बताई गयी थी।[76]

फिग्स को इस बात का यकीन हो चला था, पर तीन महीने बाद डॉ0 योशिमी ने कुछ ऐसा कहा जिससे उनके जूनियर की बताई कई बातें गलत साबित होती थीं। हांगकांग की एक जेल में योशिमी की बात ब्रिटिश सैन्य अफसर अल्फ्रैड टर्नर से हुयी। योशिमी ने टर्नर को बताया कि बोस की देखरेख वह कर रहे थे और उन्होंने ही बोस का मृत्यु प्रमाण पत्र जारी किया था। उनके अनुसार दुर्घटना के घायलों को 5 बजे शाम को अस्पताल लाया गया और रात्रि 11 बजे बोस की मृत्यु हो गयी थी। योशिमी को बताया गया कि शिदई के साथ दो अन्य व्यक्तियों की मृत्यु हो गयी थी क्योंकि वे "भाग नहीं पाये थे और जहाज के साथ ही जल कर राख हो गये थे।" उनके अनुसार ताकिज़ावा अस्पताल जीवित ही पहुंचे थे और उनकी देखरेख में रहे। फिर उन्हें दूसरे अस्पताल भेज दिया गया, जहाँ उनकी मृत्यु हो गयी।

"किन्हीं कारणों की वजह से बोस के शरीर को जापान नहीं ले जाया गया और शवगृह में अंतिम संस्कार के लिये भेज दिया गया।" योशिमी ने कहा, "इसलिये मैंने उनका मृत्यु प्रमाण पत्र जारी कर दिया...मृत्यु का कारण आग की झुलसन और सदमा बताया गया।"[77]

योशिमी या त्सुरुता द्वारा जारी किये गये मृत्यु प्रमाण पत्र इस पहेली को सुलझाने में काफी मददगार साबित हो सकते थे। इससे भारत में एन्डरसन समेत अन्य अधिकारियों को रहमान की बात की सच्चाई पर यकीन हो सकता था। हालांकि दोनों डॉक्टर प्रमाण पत्र जारी करने की बात कर रहे थे लेकिन उन दोनों ने प्रमाण–पत्र पेश नहीं किया। तो फिर यह प्रमाण–पत्र था कहाँ?

1940 के दशक के अंत में ताइपेई क्रैश की इस पहेली को सुलझाने की आखिरी कोशिशें की गईं। नोनोगाकी, हायाशिदा, शिबुया और कोनो से ब्रिटिश सरकार की ओर से पूछताछ की गयी। शिबुया के अनुसार उन्हें "अंग्रेज़ी दूतावास और जनरल मुख्यालय ने भी बुलाया था।" यह बात हादसे के "तीन या चार साल बाद की है।" नोनोगाकी के अनुसार, उनका और कोनो का बयान ब्रिटिश दूतावास में सन् 1950 के आस–पास रिकार्ड किया गया था।

"मुझे जापानी विदेश कार्यालय के जरिये बुलाया गया...मुझे एक पत्र मिला था और मैं वहाँ गया।"

हायाशिदा ने बताया कि सन् 1948 में "जापानी सरकार के कल्याण मंत्रालय ने उनसे और कुछ अन्य नौ व्यक्तियों से पूछताछ की।" उसके बाद उन्हें फुकोका शहर की प्रशासकीय पुलिस ने अमरीकी और अंग्रेजी इन्टेलिजेंस सेवाओं के कहने पर बुलावा भेजा।"[78]

अगस्त 1947 में भारत आज़ाद हुआ। अब देश के सामने बहुत बड़ी चुनौतियाँ खड़ी थीं जिनके रहते नेताजी की मृत्यु के रहस्य को पीछे धकेल दिया गया। हबीब–उर–रहमान पाकिस्तान चले गये। इस बात से उन सभी को तगड़ा झटका लगा जो उनसे ज्यादा से ज्यादा जानकारी उगलवाने की फिराक में थे। सन् 1948 में अपनी हत्या से पहले गांधी जी ने देश के बंटवारे के चलते होने वाली हिंसा और पागलपन के लिये नेहरु और पटेल को डांटा और इच्छा जताई कि "काश! उनका तीसरा बेटा (सुभाष) यहाँ होता।" जब एक कांग्रेसी ने उन्हें यह याद दिलाया कि उनकी मृत्यु हो चुकी थी और वह स्वयं भी इस बात को जानते थे, गांधी ने जवाब दिया, "वह रुस में हैं।" यह बात एक वरिष्ठ पत्रकार ने मुझसे साझा की थी।

रहमान से मिलने के बाद गांधी ने चाहे जो भी लिखा हो...अपनी निजी बातचीत में उन्हें हमेशा यह यकीन रहा कि नेताजी जीवित थे। दशकों तक उनकी प्रतिक्रियाओं, जैसे कि "रहमान ने मुझे एक सैनिक का बयान दिया", के पीछे कोई ठोस सबूत नहीं रहा लेकिन 1990 के दशक के शुरु में प्रिंसटन विश्वविद्यालय के पुस्तकालय ने इस बारे में सबूत दिया। भारत का पक्ष रखने वाले अमरीकन पत्रकार और गांधी के जीवनी लेखक लुईस फिशर के दस्तावेज़ों में से 20 जुलाई 1946 को गांधी को लिखा एक पत्र प्राप्त हुआ। गांधी की सचिव और दादाभाई नौरोजी की पोती खुरशेद नौरोजी ने फिशर को 22 जुलाई को यह चेतावनी दी,

> अगर बोस रुस की सहायता से भारत आते हैं तो मामला कांग्रेस और गांधीजी दोनों के हाथों से निकल जायेगा; कोई देश को समझा नहीं पायेगा।[79]

नवम्बर 1946 में फिशर मॉस्को गये और इटालियन राजदूत से मिले। पीत्रो कुरोनी ने सन् 1941 में काबुल में नेताजी को बचाया था। कुरोनी होटल प्लाज़ा में फिशर के साथ डिनर पर सुभाष बोस को याद किया। कुरोनी के अनुसार वह संभवत भारत लौटने के लिये "सही समय का इंतज़ार कर रहे थे।"[80]

1940 के दशक के अंत तक नेताजी की तथाकथित मृत्यु पर गुपचुप गहमागहमी बनी रही। उनकी वापसी के भूत ने सबको डरा रखा था, पर ज़्यादातर भारतीय अज्ञान, पक्षपाती धारणा या घमण्ड के चलते आज इस बात से साफ मुकर जायेंगे..."हाँ, हाँ...हमें सब पता है...मैंने तो कभी ऐसा कुछ नहीं सुना...ये बातें बिल्कुल आधारहीन और बेकार हैं।" बहरहाल, झूठ हो या सच, नेताजी के जीवित होने की आवाज़ें इतनी महत्त्वपूर्ण और ज़ोरदार जरुर थीं कि उनकी गूंज अमरीकी खुफिया एंजेसी सेन्ट्रल इन्टेलिजेंस एजेन्सी के कानों तक पहुंच गई। नवम्बर 1950 में एक उच्च भारतीय एजेन्ट ने खबर दी, "दिल्ली और आसपास की ताज़ा अफवाहों के अनुसार 'नेताजी' जीवित हैं...साइबेरिया में हैं और वापसी के मौके की तलाश में हैं।"[81]

3

जांच का ढकोसला

आज़ाद भारत में एक नया दिन। दिल्ली के कुछ विस्मृत सुलतानो के मकबरों के बीच तेज कदमों से चलते हुये दो शख़्स हांफ रहे थे। दोनों में बड़ी उम्र वाले शख़्स थे गृह मंत्री वल्लभाई पटेल, जो थक चुके थे और कम उम्र वाले व्यक्ति थे पत्रकार हरिन शाह, जो उत्सुकता से पटेल के साथ एक रोचक अनुभव साझा कर रहे थे। दोनों ब्रिटिश राज की देन लेडी विलिंगडन पार्क, जो अब लोदी गार्डन के नाम से जाना जाता है, में घूम रहे थे। सैर ख़त्म होते–होते शाह ने पटेल को सुभाष की मृत्यु की नई कहानी सुनाई—जिसने इस मुद्दे पर भारत सरकार की अब तक की राय को बदल कर रख दिया।

कम से कम तब से सरदार वल्लभभाई पटेल ने आसान उत्तरों से अपना पल्ला हमेशा के लिये झाड़ लिया। 3 अक्टूबर 1946 को काउन्सिल ऑफ स्टेट्स में अहमद ज़ाफर ने पटेल से पूछा थाः "नेताजी के जीवित या मृत होने पर सरकार के पास सबूतों का क्या कहना है?" "पता नहीं", सरदार ने कहा। फिर मंगल सिंह ने उनसे पूछा, "क्या अंतरिम सरकार ने इस बारे में कोई जांच–पड़ताल की थी?"

पटेल ने जवाब दिया, "नहीं। सरकार इस बारे में कोई आधिकारिक वक्तव्य देने की स्थिति में नहीं है।"

पर मंगल सिंह पटेल का पीछा कहाँ छोड़ने वाले थे? उन्होंने फिर से पूछा, "कुछ दिनों पहले जवाहर लाल नेहरु जी ने यह कहा कि नेताजी की मृत्यु हो चुकी है। यह भारत सरकार का वक्तव्य है या उनकी अपनी राय है?"

हार कर पटेल को कहना ही पड़ा, "भारत सरकार की इस बारे में किसी तरह की कोई राय है ही नहीं।"

पर शाह की वजह से आखिरकार सरकार किसी आखिरी नतीजे पर पहुंचती दिखी। सन् 1949 में पटेल ने घोषणा की, कि "जांच के कुछ नतीजों से यह साफ था कि नेताजी की मृत्यु एक हवाई दुर्घटना में हो चुकी है।"[1]

हरिन शाह की 'खोजी पत्रकारिता' की शुरुआत अगस्त 1946 के आखिरी दिन हुयी, जब वे सुभाष की मृत्यु के बारे में जानने के लिये ताइपेई पहुंचे। खोजबीन के बाद वह नानकिंग पहुंचे जहाँ उन्होंने अपनी पड़ताल की सुचना अपने संपादक को नही बल्कि राजनयिक के0 पी0 एस0 मेनन को दी। साल भर बाद भारत लौटकर, शाह हबीब–उर–रहमान से मिले और सबको इन तथ्यों की सत्यता के बारे में समझाने की भरसक कोशिशें कीं। उन्होंने वह सब कुछ किया जो एक अच्छे पत्रकार को करना चाहिये। सिवाय एक चीज़ के—उन्होंने अपनी खोजों को प्रकाशित नहीं करवाया।

1950 के दशक की शुरुआत में नेताजी की तथाकथित मृत्यु को एक सत्यापित तथ्य और नतीजा समझा जा रहा था; जिसमें विवाद की कोई गुंजाइश थी ही नहीं। यह तथाकथित 'सत्यापित तथ्य' पक्का हो कर रह गया होता अगर मुट्ठी भर नेताजी के चाहने वाले ने सरकार से लोहा लेने की न ठानी होती। इनमें अग्रणी थे हरि विष्णु कामथ। कामथ संविधान सभा के सदस्य थे; फारवर्ड ब्लाक के जनरल सचिव रह चुके थे और साथ ही सुभाष के बाद ऐसे दूसरे भारतीय थे जिन्होंने उनकी तरह ही आई0सी0एस अफसर बन जाने के बाद भी उस पदवी को छोड़ कर लोगों की सेवा करना ज़्यादा बेहतर समझा। 19 अप्रैल 1951 को एच0वी0 कामथ ने "सुभाष चन्द्र बोस के जीवित या मृत होने के सम्बन्ध में सरकार को मिली सारी जानकारी" मांगी।[2]

विदेश मामलों के उपमंत्री बी0वी0 केसकर ने जवाब में कहा कि "सारी खोज–बीन और साक्ष्यों के मिलने के बाद 12 अक्तूबर 1946 को प्रधानमंत्री ने यह वक्तव्य दिया कि सुभाष चन्द्र बोस की मृत्यु 18 अगस्त 1945 को हो चुकी है।" केसकर ने जे0के0 भोंसले के मार्च 1951 को लिखे उस पत्र का भी उल्लेख किया जिसमें साफ तौर पर लिखा था कि उनकी अस्थियाँ टोक्यो के रेनकोजी मंदिर में रखी हुयी थीं। "इस बारे में मिली विभिन्न जानकारियों के स्रोत और दिनांक की विस्तारपूर्वक जानकारी देना सरकार के लिये मुश्किल है।"[3]

जवाहर लाल नेहरु और अन्य आधिकारिक सरकारी बयानों से यह साफ था कि सरकार इस मुद्दे पर जिद पर अड़ी हुयी थी। और खासतौर से नेहरु के बयान जब तब कामथ को चिढ़ाने के लिये होते—जैसे 5 मार्च 1952 को उनका दिया यह बयानः

> मेरे दिमाग में इस बात को लेकर कोई शक नहीं है—न तब था; न ही अब है कि नेताजी सुभाष चन्द्र बोस की मृत्यु हो चुकी है।[4]

ऐसी बातों पर लोगों का भड़कना स्वाभाविक ही था। 6 अगस्त 1952 को कांग्रेस शासित पश्चिम बंगाल असेम्बली के सदस्यों में इस मुद्दे की जांच को लेकर क्रोध जताया। डॉ0 कनई लाला भट्टाचार्य ने इस पर एक प्रस्ताव पारित करना चाहा था। पर डॉ0 अतीन्द्र नाथ बोस (पुराने क्रांतिकारी) ने यह कहकर ही मुद्दे को जीत लिया कि "यह मांग दरअसल पूरे बंगाल के हृदय में उद्वेलित होती राष्ट्रीय इच्छा की झलक भर है।"

अतीन्द्र नाथ बोस के अनुसार ताइपेई क्रैश की कहानी दरअसल एक कहानी ही थी जिसे "नेताजी ने अपने दुश्मनों की आँखों में धूल झोंकने के लिये इस्तेमाल किया था।" उन्होंने इस बात पर ज़ोर दिया कि वह "रुस में किसी अज्ञात जगह पर गये थे" और "उनके पुराने सहकर्मी जो अब उनका नाम सुनना भी बर्दाश्त नहीं कर सकते" ही उनकी मृत्यु में विश्वास करते हैं। अतीन्द्र नाथ ने इस मामले में हाथ झाड़ने के दोष से दिल्ली सरकार को भी नहीं बख्शा;

> शायद ही दुनिया भर में ऐसी कोई और आज़ाद सरकार होगी, जो अपने राष्ट्रीय नायक से इतनी शर्मनाक और संवेदनहीन तरीके से पीछा छुड़ाएगी। स्वार्थ और द्वेष का इससे बड़ा उदाहरण शायद ही और कोई हो!

बंगाल असेम्बली में निकली ये आवाज़ें दिल्ली समेत देश भर में गूंज उठीं। पर इस तरीके के भावनात्मक वेगों को संभालने के गुर अब तक दिल्ली सरकार के अफसरों को भली–भांति आ चुके थे। सन् 1952 में आयी एक फाइल के नोट में व्यंग्यात्मक शैली में लिखा गया यह वाक्य ध्यान देने योग्य है: "श्री सुभाष चन्द्र बोस की मृत्यु के बारे में संसद के लगभग हर सत्र में प्रश्न पूछे जाते हैं।"

सही बात तो यह थी कि अधिकारी इन प्रश्नों को दबाने में महारत हासिल कर चुके थे। अक्तूबर 1952 के लोकसभा रिकार्ड में पूछे गये सवालों में से वापिस लिये गये और खारिज किये गये सवालों की एक सूची थी: "नेताजी की मृत्यु के बारे में सूचना", "कश्मीर के बाबत हुयी जेनेवा कांफ्रेंस", "महात्मा गांधी के उपवास पर चर्चिल की टिप्पणी", "भारत में मंदिर और दरगाह", "पाकिस्तान और पूर्व बंगाल में हिन्दुओं का उत्पीड़न" आदि।

इधर बंगाल विधानसभा ने एक प्रस्ताव पारित किया, जिसमें मात्र सरकार से अनुरोध किया गया था कि "नेताजी की तथाकथित मृत्यु के सत्य को जानने के लिये वास्तविक कदम उठाए जाएं" लेकिन विदेश मंत्रालय ने इस पर ज्यादा ध्यान नहीं दिया। विदेश सचिव सुबिमल दत्त ने अपनी टिप्पणी में लिखा, "राज्य सरकार इस विषय में भारत सरकार की कोशिशों के बारे में जानना चाह रही थी...इतने सालों बाद एक विस्तृत खोजबीन करवाना आसान नहीं है, पर मैं श्री रउफ से तथ्यों की जांच कर इस बारे में और जानकारी प्राप्त करने के लिये कहूंगा।"

डॉ0 मुहम्मद रउफ उस वक्त जापान में भारत के राजदूत थे। पर तत्कालीन प्रधानमंत्री को यह कदम ठीक नहीं लगा। उन्होंने विदेश सचिव के नोट[5] के नीचे अपने दिशानिर्देश कुछ यूं दिये (16 अक्तूबर 1952):

> राज्य सरकार को यह सूचना होनी चाहिये कि हम इस पर हर संभव पड़ताल

कर चुके हैं और रिपोर्ट के अनुसार श्री सुभाष बोस की मृत्यु के नतीजे से सन्तुष्ट हैं। इससे ज्यादा अब कुछ नहीं किया जा सकता। पाये गये तथ्यों को हम संसद पटल पर रख चुके हैं और इन्हें आम भी कर दिया है। अब इस मामले को डॉ0 रउफ तक ले जाने का कोई औचित्य नहीं है।

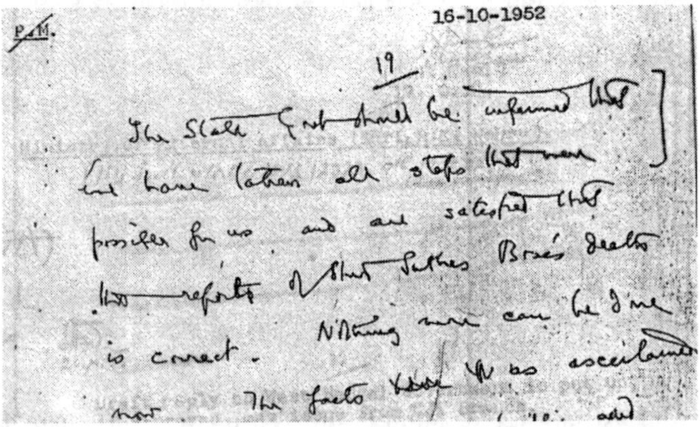

P.M. 16-10-1952

19

The State Govt should be informed that we have taken all steps that were possible for us and are satisfied that the reports of Shri Subhas Bose's death is correct. Nothing more can be done. The facts [illegible]

Document obtained in public interest

नेहरु के अटूट विश्वास का आधार था जापान में एस0ए0 अय्यर के द्वारा की गई सतही खोजबीन। अय्यर आज़ाद हिन्द सरकार में सूचना मंत्री रहे थे और तत्कालीन बम्बई राज्य सरकार के प्रचार निदेशक भी रहे थे। उन्होंने नेताजी की मृत्यु के विषय में विषयवस्तु तैयार करने में जापानी सेना की मदद की थी। यह बात छः साल पुरानी थी। आज वह इसी विषयवस्तु के साथ वापस जापान लौटे थे। इस मिशन को विदेश मंत्रालय का पूरा समर्थन प्राप्त था। सब कुछ बहुत अजीब तरीके से तय किया गया था। 11 मई 1951 को बम्बई (जिसमें आज के महाराष्ट्र और गुजरात शामिल हैं) के मुख्य सचिव ने विदेश सचिव की ओर से अय्यर को एक पत्र लिखा। इस पत्र में उनसे नेताजी की अस्थियों के बारे में खोजबीन करने की प्रार्थना की गई थी। अय्यर ने इस बाबत जे0के0 भोंसले को छोड़कर अपने किसी भी पुराने, आई0एन0ए0 सहकर्मी से बात करना सही नहीं समझा। भोंसले उस समय तक भारत सरकार में मंत्री बन चुके थे और उनकी राय भी भारत सरकार वाली ही थी। जापान में अय्यर की छानबीन को उनके मित्र मूंगा रामामूर्ति ने वित्तीय सहायता दी थी। वह टोक्यो में इंडियन इन्डिपेन्डेन्स लीग के प्रभारी रह चुके थे। जापान में भारतीय समुदाय कहता आया था (और सरकार ने इस बात पर गुप–चुप सहमति जताई थी) कि अय्यर और रामामूर्ति दोनों ने आई0एन0ए0 के खज़ाने को मिलकर गायब किया था।

अपनी खोजबीन के दौरान अय्यर ने हबीब–उर–रहमान के अब तक 'अज्ञात' रहे एक वक्तव्य को खोज निकाला। इस बयान में उन्होंने "नेताजी के दायरन (मंचूरिया) में ही जहाज़ से उतर जाने के इरादे" का जिक्र किया था। इसके साथ ही उसमें जापानी अधिकारियों द्वारा उनको रुसी क्षेत्र में पहुंचाये जाने की बात भी कही गयी थी। विदेश सचिव सुबिमल

दत्त के लिये यह बात राजनैतिक तौर पर एक बड़ा विस्फोटक था।

> हबीब–उर–रहमान का बयान एक महत्वपूर्ण सबूत है। जो लोग नेताजी के जीवित होने और उनके रुस में होने की बात पर विश्वास करते हैं वह इस बात के समर्थन में आने वाले किसी भी साक्ष्य को लपकर पकड़ लेंगे।

प्रधानमंत्री के कहने पर अय्यर ने एक पूरी रिपोर्ट बनाई। इसकी तारीख थी 24 सितम्बर 1951। रिपोर्ट का नजरिया साफ तौर पर सरकारी नजरिये से मेल खाता था।

> मैं 3 जून को जनरल तोजो के घर गया और अगले ही दिन श्रीमती तोजो और उनका पूरा परिवार टोक्यो के एक होटल में मेरे साथ खाने पर गए। मैंने नेताजी की मृत्यु के बारे में जापानी पत्रकारों या श्रीमती तोजो और उनके परिवार से कोई सीधे सवाल नहीं कियेए पर मेरा पूरा विश्वास है कि हवाई दुर्घटना की बात शत–प्रतिशत सही है। जापानी पत्रकार और जनरल तोजो के परिवार को यह विश्वास था कि नेताजी की हवाई दुर्घटना में हुई मृत्यु को मैं बिल्कुल सच मानता था।

अय्यर की इस खोजबीन से प्रधानमंत्री बहुत खुश हुये थे। 1 मार्च 1952 को उन्होंने पश्चिम बंगाल के मुख्यमंत्री और नेताजी के पुराने राजनैतिक प्रतिद्वंदी रहे बी0सी0 रॉय को एक व्यक्तिगत खत लिखा जिसमें यह कहा गया कि उन्हें "रिपोर्ट की सत्यता पर कोई शक नहीं था।"[6]

वाकई उन्हें कोई शक नहीं था—क्योंकि इस रिपोर्ट को उन्होंने देश भर के सामने रखा। यह बात है 5 मार्च की, जब लोकसभा में उन्होंने अय्यर के निकाले निष्कर्ष को सबके सामने पढ़ाः

> रेनकोजी मंदिर में रखी गई अस्थियाँ दरअसल नेताजी की ही हैं...इस बात पर मुझे और अय्यर को कोई भी शक नहीं है।

अय्यर की बात खुलने भर की देर थी कि नेताजी के समर्थकों के गुस्से की थाह नहीं थी। सुभाष के भतीजे अरबिन्दो ने पत्रकारों को बताया कि अय्यर की रिपोर्ट नेताजी की तथाकथित अस्थियों को भारत लाकर इस मुद्दे को हमेशा के लिये खत्म करने की साजिश थी।

मार्च 1953 को थाइलैण्ड में रहने वाले देबनाथ दास ने अपनी रिपोर्ट निकाली। वह इण्डियन इण्डिपेन्डेन्स लीग के पुराने जनरल सचिव रह चुके थे। उन्होंने लिखा कि जापान की नाजुक स्थिति के मद्देनज़र कुछ ढील देना स्वाभाविक था। इसके अलावा युद्ध बंदियों का मुकदमा, अन्य अन्तर्राष्ट्रीय समस्याएं और नेताजी की विरोधी शक्तियां, कुछ ऐसी बातें थीं जिनके रहते उनका चुप रहना स्वाभाविक था। आई0एन0ए0 का दुर्भाग्यपूर्ण विघटन, इसके भूतपूर्व सदस्यो की बुरी आर्थिक स्थिति और कुछ सहकर्मियों का पलटना—(जिन्होंने अब सरकार में उच्च पदवी हासिल कर ली थीं) जिनमें एस0ए0 अय्यर, जे0के0 भोंसले, ए0एम0 सहाय इत्यादि शामिल थे—पूरे प्रकरण के लिये बेहद घातक सिद्ध हुये थे। अय्यर

की रिपोर्ट अब भी शक के घेरे में थी:

> सरकार ने श्री एस0ए0 अय्यर को ही इस जांच के लिये जापान क्यों भेजा? न तो वह उस देश या उसकी भाषा को भलीभांति जानते थे। श्री अय्यर क्योंकर अपनी खोजों के निष्कर्ष को हम सभी से छिपा कर रख रहे थे, जबकि हम सभी एक ही मंजिल के हमसफर थे?

दास ने दावा किया कि जापानियों के मुताबिक हवाई दुर्घटना की घोषणा दरअसल आँखों में धूल झोंकने की एक तकनीक भर थी।

> नेताजी की कथित मृत्यु के लगभग एक हफ्ते बाद—यानी 26 अगस्त को; जापानी सैन्य इन्टेलिजेन्स विभाग ने अपने एक सैन्य अफसर के साथ मुझसे मुलाकात की। यह अफसर मार्शल तेराऊची के मुख्यालय तोऊलून से आया था। मुझे जापानी में बताया गया— "नेताजी नो हिकोकी ओचिरु कोताऊन शिनिओं शिमासन..." यानी "हवाई दुर्घटना को असली दुर्घटना मत समझिये।"

नेताजी के इस तरह अचानक गायब हो जाने पर दास निराश महसूस कर रहे थे। उन्होंने अपना गुस्सा उन जापानी अधिकारियों पर निकाला, जिन्होंने उनके साथ आखिरी उड़ान भरी थी:

> सम्पर्क हो या न हो, पर नेताजी जीवित हैं...और अगर जीवित नहीं हैं तो इसका अर्थ है कि इतिहास का कोई क्षण किसी घृणित कृत्य का दर्शक रहा है...यह हमारा दावा है...और इस बात की जिम्मेदारी उन्हीं जापानी सैन्य अधिकारियों की है, जिनके साथ नेताजी ने अपनी आखिरी उड़ान भरी थी। वे अफसर आज भी जीवित हैं और अपनी जिम्मेदारी से इस तरह भाग नहीं सकते।

शक की उंगली जनरल इसोदा की तरफ उठी थी। 16 और 17 अगस्त के हादसों ने दास के भरोसे को हिला कर रख दिया था। "साइगोन पहुंचने पर जापानी सैन्य अधिकारियों ने नेताजी को हम सबसे यह कहकर अलग कर दिया कि विमान में जगह थी ही नहीं...इतना ही नहीं...हमें पहली बार बताया गया कि नेताजी को टोक्यो ले जाना था।" दास का दिमाग उलझ गया था। साइगोन में नेताजी का उनसे कहना "...पता नहीं क्यों...यह लोग योजना बदल रहे हैं।" और बाद में इसोदा का उन्हें आश्वस्त करना "जब तक मैं जिंदा हूँ...नेताजी सुरक्षित हैं।"

दास ने अपनी रिपोर्ट एक भावनात्मक अपील के साथ खत्म की:

> मैं जापान को पिछले बीस सालों से जानता हूँ...और इन सभी बहादुर जापानियों के साथ मैंने नेताजी के नेतृत्व में एक सुनहरे इतिहास की रचना को साकार किया है। मैं ह्रदय से जापानी लोगों की मदद के लिये आभारी हूँ...आई0एन0ए0 का इतिहास जापान के नाम, सेवा, त्याग और सहायता के

> बिना अधूरा है। यह सहायता इतिहास में सुनहरे अक्षरों से लिखी जायेगी और यह इन्हीं मधुर सम्बन्धों के मद्देनज़र मैं जापानी लोगों से अपील करता हूँ कि वह आई0एन0ए0 और नेताजी के साथ अपने सम्बन्धों पर कीचड़ न उछलवायें—खास तौर से आने वाली पीढ़ी के सामने। मैं उनके भारतप्रेम की भावना से अपील करुँगा कि ताईहोकू हवाई दुर्घटना की सच्चाई की तहकीकात में हमारी मदद करें।[7]

अगर दास ने अय्यर की पूरी रिपोर्ट पढ़ी होती तो उन्हें जापानियों पर शक कम और भारत सरकार की इस मामले पर अपनाई पद्धति पर ज़्यादा गुस्सा आता। प्रधानमंत्री ने जो रिपोर्ट संसद में पढ़ी थी वह दरअसल असली रिपोर्ट की 'परिष्कृत' प्रतिलिपि थी। सुबिमल दत्त की सलाह पर इस रिपोर्ट में से उस हिस्से को निकाल दिया गया था, जिसमें अय्यर ने "नेताजी और जनरल शिदई को दायरन" में छोड़ने की उच्चस्तरीय और गोपनीय जापानी योजना का उल्लेख किया था।

> इरादा तो यह थाए कि जब तक नेताजी दायरन में रहतेए जनरल शिदई उनकी देखरेख करते...उसके बाद नेताजी रुसी क्षेत्र में चले जाते...और जापानी दुनिया के सामने यह घोषणा करते कि नेताजी गायब हो गये हैं।

इस बारे में टाडा ने अय्यर को जो भी बताया था उसके अय्यर द्वारा लिखित विवरण को प्रधानमंत्री ने पूरे देश से छिपा लिया—और यह बात ज्यादा परेशान करने वाली थी। घटना के बाद अगस्त 1945 में होने वाली बातों पर टाडा का नजरिया बहुत मायने रखता था। टाडा ने ही अय्यर को नेताजी की मृत्यु के बारे में बताया था; उन्होंने ही यह खबर टोक्यो में मुख्यालय तक पहुंचाई थी। उन्हीं की आधिकारिक जानकारी के आधार पर दोमेई न्यूज़ एजेन्सी ने यह खबर बनाई कि टोक्यो जाते वक्त सुभाष की मृत्यु हो गयी थी। इस "मृत्यु" से बिल्कुल पहले टाडा और इसोदा के नेताजी के साथ आने से ब्रिटिश इन्टैलिजेंस अधिकारियों को शक हो गया। एक रिपोर्ट के मुताबिक ये दोनों "धोखाधड़ी" की योजना का क्रियान्वयन करने वाले थे। अक्तूबर 1945 में ही फिने ने टाडा को ढूंढ़ निकालने पर ज़ोर दिया। मार्च 1946 में मेजर यंग ने मैकराइट को यह बताया भी था, "इस वक्त सबसे ज़्यादा जरुरी है टाडा को खोज निकालना।"

सन् 1951 में जो कुछ भी टाडा ने अय्यर को बताया और अय्यर ने लिखित रुप में नेहरु को जो भी जानकारी दी उससे यह साफ था कि "धोखाधड़ी" के बारे में इन्टेलिजेंस की अटकल सही थी। टाडा ने अय्यर से कहा था कि अगस्त 1945 में जापान में होने वाली सारी हलचल केवल एक ही बात से सम्बन्धित थीः और वह था, सुभाष बोस को रुसी लोगों तक पहुंचाना। अपने गोपनीय नोट में अय्यर ने यह स्वीकार किया कि टाडा ने उनकी जानकारी में बहुत "जरुरी प्रश्नों के उत्तर दिये थे।"

> 17 अगस्त 1945 को नेताजी और अन्य (जिनमें मैं भी शामिल था) साइगोन हवाई अड्डे पर दो विमानों से उतरे। फिर कर्नल टाडा दलात चले गये और दक्षिणी कमाण्ड के कमान्डर–इन–चीफ, फील्ड मार्शल तेराऊची से

> मिले और उन्हें नेताजी की इच्छा और प्रार्थना के बारे में बताया। टाडा ने तेराऊची से कहा कि नेताजी मंचूरिया में रुसी अधिकार वाले क्षेत्र में जाना चाहते हैं ताकि फिर वहाँ से मॉस्को जा सकें। इस काम में वह जापानी सैन्य मदद चाहते थे। यह बात नेताजी मार्च या अप्रैल 1945 से लगातार टोक्यो से कहते आ रहे थे—और अपनी मांग जर्मनी की हार के बाद और भी विशेष रुप से दोहराते रहे...फील्ड मार्शल ने सारी जिम्मेदारी अपने कंधों पर ले ली और टोक्यो स्थित इम्पीरियल मिलिट्री मुख्यालय से बिना बात किये ही उन्होंने कर्नल टाडा से नेताजी को यह बताने के लिये कहा कि उन्हें रुस जाने के लिये सारी मदद दी जायेगी। तेराऊची नेताजी के लिये बहुत सम्मान और स्नेह रखते थे। वह चाहते थे कि नेताजी अपनी इच्छाओं को पूरा करें...फिर चाहे नतीजा जो भी हो।
>
> दायरन और टोक्यो जाने वाले एक विमान में जनरल शिदई जाने वाले थे। नेताजी विमान में उनके द्वारा छोड़ी हुयी जगह ही ले सकते थे और दायरन तक उनकी देखभाल की पूरी जिम्मेदारी शिदई पर ही थी। योजना थी कि वहां से नेताजी अपने बलबूते रुसी लोगों से सम्पर्क साधेंगे...और जापान दुनिया को यह बताएगा कि वह दायरन से ही गायब हो गये हैं। इस बात से मित्र राष्ट्र यह समझते कि नेताजी की देखभाल से जापान का कोई वास्ता नहीं था। कर्नल टाडा दलात से करीब 2 या 3 बजे वापिस आये और उन्होंने नेताजी को यह बात बेहद गोपनीय तौर पर बताई...तेराऊची ने टाडा के जरिये नेताजी के लिये एक और संदेश भेजा था—और वह यह था कि अगर टोक्यो टाडा से तेराऊची के जरिये नेताजी को दी जाने वाली मदद के बारे में पूछता है...तो उसे बता दिया जाये कि तेराऊची यह सब कुछ अपनी जिम्मेदारी पर कर रहे थे।

...और तेराऊची को टोक्यो की प्रतिक्रिया की वाकई कोई खास चिंता नहीं थी—होती भी कैसे? अगस्त 1945 में भयंकर रुप से बीमार हो जाने वाले पूर्व प्रधानमंत्री का यह 65 वर्षीय बेटा भली–भांति जानता था कि वे मित्र राष्ट्र के हाथ आने से पहले ही वह चल बसेंगे। और सन् 1946 में बंदी बने तेराऊची वाकई चल बसे। टाडा मित्र राष्ट्रों के 'इंसाफ' के चंगुल से बच निकले...उनकी मृत्यु भी असामयिक रुप से सितम्बर 1951 में हुयी। अय्यर की रिपोर्ट भी प्रधानमंत्री के पास लगभग उसी समय पहुंची थी।

अय्यर के प्रधानमंत्री को लिखे पत्रों में चाटुकारिता की बू साफ आ रही थी। उन्होंने नेहरु को "आदरणीय पंडित जी" और खुद को उनका "आज्ञाकारी सेवक" कहकर सम्बोधित किया था। गौरतलब है कि प्रधानमंत्री ने उन्हें खुद से डेढ़ हाथ की दूरी पर ही बनाये रखा था। बी0सी0 रॉय को लिखे अपने पत्र में नेहरु ने उन्हें "एक अय्यर जो सुभाष चन्द्र बोस का प्रचार सलाहकार था"[8] कहकर सम्बोधित किया था।

संसद में रखे अपने साक्ष्यों के बाद अय्यर ने अपने जीवन की सबसे महत्त्वपूर्ण पुस्तक *अनटू हिम अ विटनेस* लिखी। दिसम्बर 1951 में प्रकाशित इस किताब में नेताजी के जीवनकाल में ली गयी कुछ खास और दुर्लभ तस्वीरें थीं। इसके साथ ही उन्होंने

सुभाष के पूरे व्यक्तित्व का खांचा सादर खींचते हुये उनकी मृत्यु के राज़ के बारे में छोटी सी रुपरेखा बनाई।

हालांकि इस किताब को पढ़ने वाले लोग यह नहीं जानते कि प्रकाशन से पहले ही विदेश मंत्रालय ने इसे अच्छी तरह जांच लिया था। सुबिमल दत्त के लिखे एक गोपनीय नोट में उनकी यह इच्छा जाहिर थी, कि "काश! यह किताब ज्यादा अच्छी तरह लिखी गयी होती।"

इस किताब में ऐसा कुछ भी नहीं था जो टाडा ने अय्यर को बताया हो। इसमें बहुत सी बातें विचित्र ढंग से भुला दी गई थी। केवल साढ़े तीन पन्नों के एक अध्याय में नेताजी के जीवित होने की सारी संभावनाओं की चर्चा करते हुए उन्हें सिरे से खारिज कर दिया गया।

केवल एक पंक्ति में अय्यर ने यह भी कहा कि मई 1951 में वह खुद जापान गये; वहां दुर्घटना में बचे लोगों से मुलाकात की, और इसके बाद ही यह विश्वास जताया कि कर्नल हबीब–उर–रहमान की बातें सच हैं। उन्होंने अपने पाठकों को यह नहीं बताया कि नेताजी के विश्वासपात्र बातें छिपा भी सकते थे। अपनी वाक्पटुता का अच्छा परिचय देते हुये उन्होंने यह कहा कि इस धरती पर कोई ताकत नहीं थी जो नेताजी को उनकी इच्छा से डिगा सकती थी। सो, यदि वह जीवित होते, तो या तो वह वापस आते...और अगर नहीं...तो कम से कम अपने सगे भाई शरत चन्द्र बोस से सम्पर्क तो साधते![9]

अय्यर की किताब और जांच रिपोर्ट का केवल एक ही नतीजा निकला—विवाद का तूफान थमने के बजाय और भी तेज हो गया। अब अधिकाधिक लोग किसी नतीजे की आस लगाये बैठे थे—और इसकी मांग कर रहे थे। बंगाल के पुराने मंत्री रहे निहारेन्दु दत्त मजूमदार एक वकील भी थे। उन्होंने ही इस मुद्दे पर एक "खास जांच आयोग" बनाने की पेशकश के साथ जनवरी 1954 में नेहरु को एक पत्र लिखा।[10] 21 जनवरी को मिला नेहरु का जवाब बौखलाहट से भरा थाः

> मुझे समझ नहीं आता कि नेताजी सुभाष चन्द्र बोस के बारे में तथ्यों को जानने के लिये भारत सरकार और क्या कर सकती है? हमने हर संभव प्रयास कर लिया हैय और सारे तथ्य हमारे सामने हैं। मुझे अब उन पर किसी तरह का कोई संदेह नहीं है।[11]

बेरहामपुर में नगर आयुक्तों की एक सभा में इस मुद्दे ने फिर जोर पकड़ा। यह लगभग छः महीने बाद की बात है। इस बार भावनाओं की कद्र करते हुये नगर निगम ने एक नायाब प्रस्ताव अपनाया और पारित किया। इस प्रस्ताव में "केन्द्रीय सरकार से सत्य जानने और संदेह तथा गलतफहमियों को हटाने के लिये एक जांच"[12] की दरकार थी। प्रस्ताव की एक प्रतिलिपि प्रधानमंत्री के घर तीन मूर्ति भवन भी पहुंची। लेकिन इस बार नेहरु के व्यक्तिगत सचिव ने नेहरु के जवाब के साथ घर के दरवाजे बंद कर दिये

> इस मामले में भारत सरकार जो भी कर सकती थी, कर चुकी है। अब इस बारे में कोई शक नहीं कि बोस की मृत्यु उस हवाई दुर्घटना में हो चुकी है। इस बारे में आगे किसी जांच की कोई गुंजाइश नहीं।[13]

उस समय का आधिकारिक गोपनीय पत्राचार इस बात को साबित करता है कि सरकार नेताजी की मृत्यु पर—और ताइपेई हवाई क्रैश की बात पर पूरा यकीन रखती

थी। नेताजी की मृत्यु के दस साल पूरे होने पर जब रेनकोजी मंदिर के पुजारी ने पहला स्मृति दिवस मनाने का निश्चय किया, तो जापान ने भारत के राजदूत बी0आर0 सेन साउथ ब्लॉक पहुंचने के लिये आतुर हो उठे। 26 जुलाई 1955 को उनका प्रेषित तार सटीक और राजनैतिक व पारम्परिक शब्दों से लैस था—"स्वर्गीय सुभाष चन्द्र बोस"—यही वे शब्द थे जो उन दिनों हर उच्च सरकारी अधिकारी की जबान पर थे।

> रेनकोजी के बौद्ध मंदिर के मुख्य पुजारी नेताजी की अस्थियों के संरक्षक रहे हैं और 18 अगस्त को स्मृति दिवस मनाने की आधिकारिक स्वीकृति दूतावास से चाहते हैं। इस अवसर पर वे स्वयं राजदूत एवं अन्य गणमान्य व्यक्तियों की उपस्थिति की अपेक्षा करते हैं। सुझाव अपेक्षित हैं।

विदेश मंत्रालय ने सेन से अपने विचार विस्तृत रुप में रखने के लिये कहा और इस सम्बन्ध में अधिक जानकारी के लिये पूर्व राजदूत रउफ द्वारा जून 1954 की विज्ञप्ति को पढ़ने के लिये कहा। रउफ ने लिखा था:

> भारतीय इस विषय में बंटे हुये हैं। कोई भी पहचान विवादास्पद हो सकती है। यह बात दरअसल केवल क्षेत्रीय भारतीयों की नहीं है, बल्कि बंगाल नेताजी की मृत्यु को मानने से इंकार करता है...और अस्थियों को भी नेताजी की अस्थियाँ नहीं मानता। मेरा सुझाव यही है कि हम स्थिति को जस का तस ही बना रहने दें...कम से कम तब तक, जब तक बंगाल के लोग नेताजी की मृत्यु के तथ्य को मानने के लिये राज़ी नहीं हो जाते।

सेन ने लिखा:

> मैं रउफ की तर्ज पर ही सोचता हूँ...पर मुख्य प्रश्न यह है कि क्या सरकार मृत्यु के इस तथ्य को आमतौर पर स्वीकार करने की स्थिति में है? अगर हाँ, तो दूतावास के लिये, वहां मनाये जाने वाले स्मृति दिवस का आयोजन कोई मुश्किल काम नहीं।

सेन के विचार प्रधानमंत्री को बताये गये जिन्होंने निम्नलिखित निर्देश जारी किये:

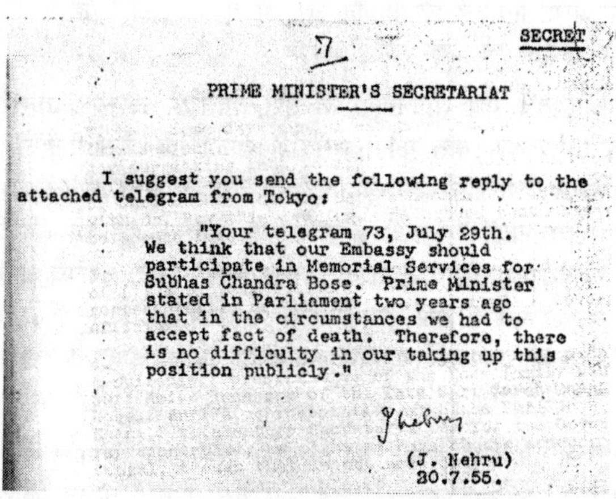

7 SECRET

PRIME MINISTER'S SECRETARIAT

I suggest you send the following reply to the attached telegram from Tokyo:

"Your telegram 73, July 29th. We think that our Embassy should participate in Memorial Services for Subhas Chandra Bose. Prime Minister stated in Parliament two years ago that in the circumstances we had to accept fact of death. Therefore, there is no difficulty in our taking up this position publicly."

J Nehru

(J. Nehru)
20.7.55.

Document obtained in public interest

स्मृति दिवस मनाया गया। ए0के0धर, (दूतावास में प्रथम सचिव) हमेशा ही नेताजी की मृत्यु के विषय में रुचि लेते रहे थे और उन्होंने इस मौके पर शिरकत की।

यह इत्तेफाक था या कुछ और, पर सितम्बर 1955 वह समय था जब सुभाष का मुद्दा जापान और भारत दोनों ही जगह तूल पकड़ गया था। रेनकोजी के पुजारी का 18 सितम्बर को दूसरा स्मृति दिवस मनाने का निर्णय और 17 सितम्बर को जापानी सरकार का अस्थियों को भारत भेज देने का प्रस्ताव दोनों ही बातों ने बवाल खड़ा कर दिया। क्षेत्रीय भारतीयों ने नेताजी की मृत्यु और खोये हुये आई0एन0ए0 के खज़ाने की मांग की। जापानी समाचार पत्र *निप्पो टाइम्स* की एक हेडलाइन थी: "जिंदा या मृत? भारतीय खोजें सुभाष चंद्र बोस का सच।" 18 सितम्बर 1955 को प्रकाशित इस लेख में यह लिखा था कि "भारतीयों द्वारा, इस बहादुर नेता की भारत की आज़ादी के लिये लड़ी जाने वाली लड़ाई को सोने और अलंकारों से प्रायोजित किया गया था। यह खज़ाना आखिरी बार उनके साथ विमान में देखा गया था...तब से इसका कोई पता नहीं है।"

दो दिन बाद इसी अख़बार में इस विवाद को ठण्डा करने के लिये एक खबर प्रकाशित हुई। यह एक आधिकारिक कोशिश थी, ताकि विवाद ज्यादा न बढ़े। दोमेई समाचार एजेन्सी ने (जो अब क्योदो के नाम से जानी जाती है) एक प्रेस कान्फ्रेन्स बुलाई और नेताजी की मृत्यु को सत्य स्थापित कर सकने वाले तीन अफसरों को सबके सामने प्रस्तुत किया। ये तीन अफसर थे: ले0 जनरल हारुकी इसायामा—जो फॉरमोसा में जापानी स्टाफ के मुख्य रहे थे; कैप्टन योशिमी—जिन्होंने आखिरी वक्त में नेताजी का इलाज किया था; और, कर्नल मोरियो ताकाकुरा—जो टोक्यो के इम्पीरियल स्टाफ मुख्यालय से थे।

इस बाबत प्रकाशित खबर के अनुसार क्योदो ने

> उन व्यक्तियों को उन भारतीयों की मांग पर प्रस्तुत किया था जो चाहते थे कि पिछले एक दशक से उनके चहेते नेता की मृत्यु पर छाये रहस्य के बादलों को जापान और जापानी अधिकारी साफ करें...और आई0एन0ए0 के खज़ाने के बारे में भी बतायें...कुछ लोग अभी भी मानते हैं कि वे जीवित हैं। कुछ अन्य मानते हैं कि उनकी मृत्यु हो चुकी है; और यह भी कि उनकी हत्या ख़ज़ाने को लेकर की गयी।[14]

मीडिया को दिये गये ताकाकुरा के इस वक्तव्य ने नया बवाल खड़ा कर दिया। उन्होंने रामामूर्ति पर इस बात की जिम्मेदारी डाली कि कैसे उन्होंने "खुद नेताजी की अस्थियाँ और सोने तथा रत्नों का ख़ज़ाना भारतीय आज़ादी की लड़ाई के एक अधिकारी को टोक्यो में सौंपा था।" "नेताजी आंदोलन से जुड़े ख़ज़ाने का अब कोई पता नहीं।"[15]

नेताजी की हत्या के षड्यंत्र की बात का सामना करने के लिये अधिकारियों को दोमेई की उस बात को जबरन काटना पड़ा जिसके अनुसार उनकी मृत्यु टोक्यो जाते वक्त हुयी थी। जापानियों ने आखिरकार स्वीकार कर ही लिया की नेताजी की मजिल रूस ही थी:

> क्योदो ने पूर्व सैन्य अधिकारियों को उद्धृत किया था; उनके अनुसार मित्र राष्ट्रों के प्रकोप से नेताजी को बचाने के लिये उन्हें सिंगापुर से रुस भेजा जा रहा था। ले0 जनरल शिदई, जो रुसी मामलों के जानकार थे और

> मंचूरिया की सरजमीं पर भेजे जा रहे थे, इन बातों का ख्याल रखने वाले थे कि नेताजी सही–सलामत रुसी क्षेत्र में पहुंच जायें।[16]

रुसी कोण के बारे में कोई विचार न करके, भारतीय दूतावास ने जापानी सरकार को इस सारे बवाल के लिये जिम्मेदार ठहराया। 20 सितम्बर को धर ने बाकायदा लिखाः

"गायमुशो (जापानी विदेश मंत्रालय) अस्थियों को भारत भेजना चाहता है, ताकि वह भारत के दिमाग से यह बात निकाल सके कि नेताजी की मृत्यु और आई0एन0ए0 के खज़ाने का गायब होना–दोनों ही जापानी सरकार की लापरवाही का नतीजा है।"

22 सितम्बर को उन्होंने नई दिल्ली को यह तार भेजाः

"हमें शक है कि जापानी लोग अब किसी भी तरह अस्थियों को भारत भेजना चाहते हैं और इसलिये उन्होंने विवाद और गलत प्रचार का सहारा लिया है।"

यहाँ भारत में सरकार का रवैया नेताजी समर्थकों को रास नहीं आ रहा था। आखिरकार, 6 सितम्बर 1955 को नेताजी मेमोरियल कमेटी की एक बैठक में यह निर्णायक मुठभेड़ हो ही गयी। और रेड फोर्ट के ट्रायल के जांबाज शाहनवाज़ खान ने ना चाहते हुऐ भी इस में महत्वपूर्ण भूमिका निभाई। उन्होने उजागर किया कि प्रधानमंत्री आधिकारिक रुप में किसी भी जांच के लिये तैयार नहीं थे। इस पर यह प्रस्ताव पारित किया कि यह आम लोगों द्वारा प्रायोजित एक जांच समिति बनाई जाए।

सिविल सोसायटी की यह समिति अगर वाकई बन जाती तो जस्टिस राधा बिनोद पाल के तत्त्वावधान में ही यह सारी जांच करवाई जाती। टोक्यो युद्ध अपराधों के पूर्व–परीक्षण में जस्टिस पाल ही इकलौते एशियन जज रहे थे। मित्र–राष्ट्रों ने उनके जापान समर्थक निर्णय को प्रतिबन्धित कर दिया था—लेकिन फिर भी इस बात से तो इंकार नहीं किया जा सकता था कि जापान की नज़र में पाल से ज़्यादा अच्छा और उच्चस्तरीय भारतीय शायद ही कोई अन्य था। जज वाल को नेताजी की मृत्यु के बारे में पहले से ही काफी कुछ पता था। उनके सहकर्मी अमरीकन जज ने उन्हें नाटकीय ढंग से यह बताया था कि ताइपेई दुर्घटना की बात केवल "एक मिथक" था। पाल ने कई बार इस बात को लेकर खुले आम विचार–विमर्श किया। सन् 1953 में जापान में रहने वाले भारतीय क्रांतिकारी ए0एम0 नायर को लिखे पत्र में पाल ने एक गहन जांच किए जाने की मांग रखीः

> इस पूरे मुद्दे पर एक गहन जांच होनी चाहिये। व्यक्तिगत प्रतिक्रियाओं से मुझे सत्य का पता नहीं चलेगा...मेरे पास इन पर भरोसा न करने के ठोस कारण हैं।

कोलकाता प्रस्ताव के अनुसरण के फलस्वरुप शाहनवाज़ खान ने सुभाष के बड़े भाई सुरेश बोस से बात की। शरत की मृत्यु सन् 1950 में हो चुकी थी। शाहनवाज़ ने प्रधानमंत्री से इस मुद्दे पर बात करने और सिविल सोसायटी का आधिकारिक समर्थन जुटाने की बात की। उन्होंने कहा कि वह जल्द ही नेताजी समर्थकों की भारी भीड़ के साथ वापस आयेंगे। पर ऐसा कुछ नहीं हुआ। शाहनवाज़ इसके बाद कभी ताइपेई हवाई दुर्घटना पर अविश्वास रखने वालों के पाले में नज़र ही नहीं आये।

कई सालों बाद पुलक चटर्जी (जो पूर्व प्रधानमंत्री डॉ0 मनमोहन सिंह के मुख्य व्यक्तिगत सचिव थे) ने राजीव गांधी के समय में बनी फाइल में लिखे नोट में उनके इस हृदय परिवर्तन पर तंस कसाः

"शाहनवाज़ ने खुद ही कई बार यह कहा था कि नेताजी जीवित हैं।"

अचानक नेहरु सरकार को शाहनवाज़ की महत्ता का अंदाज़ा लगा। अब तक जो सरकार आगे किसी भी तरह की आधिकारिक जांच का विरोध कर रही थी—29 सितम्बर 1955 के आते न आते अब दूसरे ही सुर में बोलने लगी।

13 अक्तूबर 1955 को नेहरु ने अपने विदेश सचिव के सूचनार्थ एक नोट बनाया। इसमें लिखा था कि बी0आर0 सेन और डॉ0 बी0सी0 रॉय से विमर्श के बाद इस जांच के लिये तीन लोगों की कमेटी गठित की गई थी। इसमें सरकार, आई0एन0ए0 और नेताजी के परिवार से एक–एक प्रतिनिधि की उपस्थिति अनिवार्य थी। प्रधानमंत्री चाहते थे कि शरत बोस के बेटे अमिय नाथ बोस इस कमेटी के सदस्य नामित किये जायें पर उन्होंने इस बारे में "वियना में रहने वाली सुभाष चन्द्र बोस की पत्नी से कोई बात करना उचित नहीं समझा।"

नामित पैनल के सामने उन्होंने किये जाने वाले कार्य की रुपरेखा साफ कर दीः

> जांच का मुख्य उद्‌देश्य होगा मृत्यु की परिस्थिति का पता लगाना और यह पता करना कि टोक्यो के मंदिर में रखी अस्थियाँ श्री बोस की अस्थियाँ हैं भी या नहीं।

दो दिन बाद लिखे अपने वक्तव्य में विदेश सचिव ने सुझाव दिया कि "दूतावास के किसी अधिकारी को भी इस कमेटी से जोड़ना उचित होगा, हालांकि यह अधिकारी, कमेटी का सदस्य नहीं रहेगा।" यह अधिकारी थे ए0के0 धर। इसके बाद प्रधानमंत्री द्वारा लिखित नोट में कहा गयाः

> मैं टोक्यो में हमारे राजदूतए श्री बी0आर0 सेन से आज शाम कलकत्ता में मिला। मैंने उनसे कहा कि वह अनौपचारिक तरीके से जापानी सरकार को यह बतायें कि भारत में श्री सुभाष चन्द्र बोस की मृत्यु की परिस्थितियों और उनकी अस्थियों के बारे में लगातार उत्सुकता बनी हुयी है...इसके चलते इस मामले में एक जांच होना ठीक रहेगा ताकि लोगों के दिमाग में इन बातों के बारे में किसी भी तरह के शक या संदेह की गुंजाइश न रहे।
>
> ...अगर वह तैयार होते हैं...जैसा कि हम उम्मीद करते हैं कि वह हो जायेंगे ...तो हम यहाँ से तीन लोगों की एक टीम भेजेंगे जो वहाँ जापानी सरकार के सहयोग से रहेगी और उनके समर्थन से वहाँ एक जांच करेगी...हम इसके लिये श्री शरत चन्द्र बोस के बेटे श्री अमिय बोस; आई0एन0ए0 से जुड़े रहे और संसदीय सचिव श्री शाहनवाज ख़ान को इस टीम के दो सदस्यों के रुप में चुनना चाहते हैं। तीसरा सदस्य भारत सरकार या पश्चिम बंगाल सरकार का कोई अधिकारी होना चाहिये। यह जांच बिना किसी प्रसार–प्रचार के होनी चाहिये।

3 दिसम्बर 1955 को नेहरु ने संसद में नेताजी जांच कमेटी (एन0आई0सी0) के गठन की औपचारिक घोषणा की। इसके चेयरमैन थे शाहनवाज़ ख़ान।

Nehru Memorial Museum and Library, New Delhi

इस कार्य में उनकी मदद करने वाले थे आई0सी0एस0 अधिकारी शंकर मैत्रा—वह बंगाल के मुख्यमंत्री द्वारा चुने गये थे। मुख्यमंत्री चाहते थे कि गृह सचिव रंजीत मित्रा यह काम करें, लेकिन उनके मना करने के बाद शंकर मैत्रा को नामित किया गया। सुभाष के भतीजे अमिय बोस ने इस जांच में हिस्सा लेने से इंकार कर दिया। दरअसल खुद शाहनवाज़ भी नहीं चाहते थे कि वह इस जांच में शामिल हों—जिसके चलते सुरेश बोस नेताजी के पारिवारिक प्रतिनिधि बने। प्रधानमंत्री की एक आधिकारिक बैठक के संक्षिप्त विवरण में शाहनवाज़ की यह टिप्पणी थी कि "नेताजी के परिवार में से जाने वाले सही व्यक्ति केवल उनके बड़े भाई थे।" अमिय बोस उन्हें इस काम के लिये सही व्यक्ति नहीं लगे और उनके अनुसार वह एक "सर्वमान्य विकल्प नहीं थे।"अमिय का इस जांच का हिस्सा बनना सरकार के लिये घातक सिद्ध हो सकता था। लंदन से पढ़े लिखे, जोशीले अमिय नाथ बोस दरअसल सरकार के लिये अपने चाचा सुरेश बोस से ज्यादा बड़े सिरदर्द साबित हो सकते थे।

शुरुआत से ही विदेश मंत्रालय शाहनवाज कमेटी को एक कठपुतली की तरह चलाता रहा। और 18 अक्तूबर को लिखे एक पत्र में उस कठपुतली का डोर हाथ में रखने वाले कलाकारों के नाम सामने आये। ये थेः टी0एन0 कौल और ए0के0 धर। राजदूत सेन को टोक्यो भेजे गये एक पत्र में कौल द्वारा यह साफतौर पर लिखा गया था कि धर कमेटी की जापान यात्रा के दौरान उसका "मार्गदर्शन" करेंगे।

इससे पहले गायमुशो के अफसरो के साथ धर की गोपनीय मुलाकातें हो चुकी थीं। आमतौर पर जापानी गड़े मुर्दे उखाड़ने वाले लोगों में से नहीं थे—पर यहां बात कुछ और थी। उन पर सुभाष को मारने के अजीबोगरीब और संगीन आरोप लगाये जा रहे थे।

गायमुशो के 'एशियन अफेयर्स डिवीज़न' के निदेशक ने धर को बताया कि नेताजी की मृत्यु के बारे में जांच का प्रस्ताव "जापानी सरकार को उन्हीं शर्तों पर मंजूर था जिनका

उल्लेख भारतीय राजदूत के जापान के विदेश मंत्री को भेजे गये प्रस्ताव में था।" और यह प्रधानमंत्री नेहरु के निर्देशों के अनुसार था। नई दिल्ली को मिले धर के पत्र ने इन शर्तों और इनके अर्थों के बारे में काफी कुछ बताया:

> श्री नाकागावा ने यह भी कहा कि जापान की सरकार यह आशा करती है कि जांच अपने मुख्य उद्देश्य से भटकेगी नहीं और इधर–उधर की खोजबीन में नहीं उलझा जायेगा।

जांच "मुख्य उद्देश्य" से न भटके, इसलिये कमेटी का कार्यक्षेत्र पहले से इस सीमा से बांध दिया गया था, जिसके अनुसार नेताजी की मृत्यु हवाई दुर्घटना के बाद• ही हुयी। कमेटी के कार्यक्षेत्र के बारे में लिखा गया शाहनवाज़ का आरम्भिक और मौलिक ड्राफ्ट: "नेताजी सुभाष चन्द्र बोस की 16 अगस्त को बैंकाक से रवानगी और इसके बाद उनके गायब हो जाने की परिस्थितियों में जांच" – विदेश मंत्रालय के उपसचिव, ए0जे0 किदवई को मान्य था और उन्होंने इसे स्वीकृति भी दे दी। "यह काफी लचीला निरुपण है और 'गायब' शब्द 'मृत्यु' शब्द से ज्यादा सही लगता है...हालांकि हमने अभी तक 'मृत्यु' शब्द का ही प्रयोग किया है।"

लेकिन टी0एन0 कौल को यह ज़्यादा पसंद नहीं आया। "मैं 'गायब' की जगह 'तथाकथित मृत्यु' के प्रयोग का सुझाव देता हूँ।"

आखिरकार जो वाक्य सामने आया और जिसे विदेश सचिव दत्त ने मान्यता प्रदान की, उसमें हवाई दुर्घटना को एक पूर्वनिश्चित निर्णय के रुप में देखा गया।

वाकई, इस जांच में 'इधर–उधर की खोजबीन' में न पड़ते हुये शाहनवाज़ ने कुछ ऐसी जांच की कि खुद प्रधानमंत्री ने इस पर 'शानदार कार्य' का ठप्पा लगाया।

सतही तौर पर देखा जाये तो इस तरह की व्याख्या 78 पन्नों, 6 अध्यायों, दुर्घटनाग्रस्त विमान की तस्वीरों, घायल हबीब–उर–रहमान, रेनकोजी मंदिर और अन्य तस्वीरों को दिखाने वाली एक व्यापक रिपोर्ट के साथ अन्याय होगी। इसमें पहला अध्याय था 'नेताजी के आखिरी इरादे'—जिसमें उनकी रुस सम्बन्धित योजनाओं की बात को इस खूबी से काटा गया है मानो वह कभी रही ही न हो। नेताजी की सोची–समझी युक्तियों और योजनाओं को महज जोशीली प्रतिक्रियाओं के रुप में प्रदर्शित किया गया। इसी कड़ी में शामिल था आखिरी समय में रुसी लोगों से सम्पर्क साधने का उनका निर्णय।

> नेताजी के पास टोक्यो जाने के बहुत से कारण थे; हालांकि उनका आखिरी उद्देश्य था मंचूरिया के रास्ते रुस पहुंचना...उस समय उनके पास रुसी अधिकारियों से सम्पर्क करने या लम्बी–चौड़ी योजनाएं बनाने का वक्त ही नहीं था।[17]

शाहनवाज़ रिपोर्ट के अगले तीन अध्याय साक्ष्यों से भरे थे, जिनमें दुर्घटना के शिकार रहे सात लोगों में बचे 6 लोगों ने गवाही दी थी। इनमें डाक्टर की गवाही भी शामिल थी। इन सभी ने, एक के बाद एक, दुर्घटना के भयानक विवरण की जानकारी दी थी।

"ये लोग किसी झूठ को सत्यापित क्यों करेंगे?...इस बात का कोई कारण नहीं है।"[18]

रिपोर्ट के अनुसार इन जापानी लोगों को कमेटी को नेताजी के बारे में बातें बताते हुये बहुत असुविधा हुयी थी।

> श्री जे0 नाकामुरा, जो एक अनुवादक भी थे और नेताजी की मृत्यु के समय उनके पास ही थे, खुद क्यूशू से आये थे। यह जगह टोक्यो से 1,200 कि0मी0 की दूरी पर थी। नाकामुरा लगभग 70 साल के थे।[19]
>
> डॉ0 योशिमी का मेडिकल क्लीनिक क्यूशी टापू पर मियासाकीकेन में था... उन्हें काफी दिन के लिये अपना क्लीनिक बंद करके टोक्यो आना पड़ाः जो वहाँ से 1,200 कि0मी0 की दूरी पर था।[20]

आधिकारिक दृष्टिकोण का समर्थन जापानी लोगों ने खास तौर पर किया। डॉ0 योशिमी जैसे व्यक्ति के लिये अपना क्लीनिक बंद करना एक बहुत बड़ा कदम था—खासतौर पर तब, जब वह नेताजी को जानते ही नहीं थे। "महामहिम चन्द्र बोस" के साथ उनकी जान–पहचान केवल एक बुरी तरह से झुलसे हुये व्यक्ति के रुप में थी। यह पहचान 18 अगस्त 1945 को ही शुरु हुयी और वहीं ख़त्म भी हो गयी। ग़ौरतलब था कि इतनी कम पहचान के बावजूद नेताजी के आखिरी वक्त का विवरण योशिमी ने बेहद भावुक हो कर दिया। रिपोर्ट के अनुसार, "कमेटी के सामने इस मार्मिक दृश्य का वर्णन करते हुये योशिमी खुद भी सुबकने लगे थे।"[21]

पाकिस्तानी सरकारी अधिकारी बन चुके हबीब–उर–रहमान की कमेटी के सामने दी गई गवाही बंटवारे के बाद भारत में उनकी पहली और आखिरी उपस्थिति के रुप में दर्ज हुयी। इस बारे में उनसे एक लम्बे–चौड़े बयान की उम्मीद थी...और उन्होंने दिया भी। सुरक्षा की दृष्टि से उनकी गवाही को गोपनीय करार दिया गया है और इसलिये किसी भी शोधकर्ता के लिये वह पुस्तकालय वगैरह में उपलब्ध नहीं है। फिर भी, इस गवाही में अड्डे और दुर्घटना के बारे में जानकारी कुछ इस प्रकार हैः

> रनवे उत्तर से दक्षिण की ओर बना था। यह रनवे एक समतल जगह पर थाए जिससे करीब 8–10 मील की दूरी पर उत्तर और उत्तर पूर्व दिशा में पहाड़ थे...विमान के उड़ने परए प्लेन ने पहले हवाई पट्टी पर कुछ सौ फीट ऊपर जाकर चक्कर काटेए और फिर उत्तर या उत्तर पूर्व की ओर मुड़ गया। हम हवा में केवल पांच या छः मिनट ही रहे होंगे...विमान और ज़्यादा ऊंचाई पकड़ ही रहा था कि मुझे बहरा कर देने वाली एक आवाज़ सुनाई दी...मानो स्टारबोर्ड साईड पर एक बहुत बड़ी चीज़ आकर टकराई हो।

इस वक्तव्य के अंत में सुरेश बोस और शाहनवाज़ दोनों ही ने रहमान से कुछ सवाल किये। सुरेश बोस का सवाल दुर्घटनास्थल से जुड़ा थाः

> **प्रश्न**– आपने बताया कि दुर्घटना हवाई अड्डे की सीमाओं से डेढ़–दो मील की दूरी पर हुयी... क्या विमान किसी पहाड़ी के पास गिरा था?
>
> **उत्तर**– हाँ! नहीं, वह समतल जमीन पर दुर्घटनाग्रस्त हुआ।

रहमान के कमेटी को यह तथ्य सौंपने से पहले ही गायमुशो ने भारतीय दूतावास को अपनी रिपोर्ट सौंप दी। इसका शीर्षक था:

"स्वर्गीय सुभाष चन्द्र बोस की मृत्यु एवं अन्य कारणों के बारे में जांच!"

अंतर्गतपत्र में चार रेखाचित्र भी थे। इन चित्रों में उस विमान में बैठने की व्यवस्था का पूरा रेखांकन किया गया था। इसमें अस्पताल के वार्ड ओर कमरों का भी रेखाचित्र था, जहां दुर्घटना के बाद नेताजी का इलाज हुआ था। मत्सुयामा हवाई–अड्डे के इस रेखांकित चित्र में विमान को "जमीन से 20 मीटर ऊपर" जाते हुये दिखाया गया था। इसके बाद विमान का सीमा पर बनी दीवारों से एक–दो मील की दूरी पर नहीं बल्कि रनवे के अन्त पर ही दुर्घटनाग्रस्त हो जाना दर्शाया गया था।

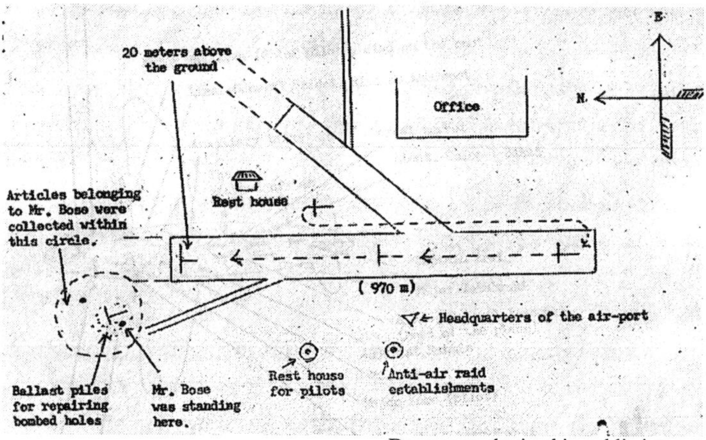

Document obtained in public interest

हबीब के बयान में कुछ बड़ी गड़बड़ी थी—पर इसे ढक लिया गया। कमेटी की रिपोर्ट ने यह माना:

"कुछ गवाहों, जैसे ले0 कर्नल नोनोगाकी ने कहा कि विमान रनवे पर ही दुर्घटनाग्रस्त हो गया; दूसरी ओर कर्नल हबीब–उर–रहमान ने माना कि क्रैश हवाई अड्डे से एक–दो मील बाहर हुआ था"। आगे रिपोर्ट ने ग्राउन्ड इंजीनियर रहे कैप्टन नाकामुरा की उस बात में विश्वास जताया, जिसके अनुसार, "विमान रनवे से करीब 100 मीटर की दूरी पर दुर्घटनाग्रस्त हुआ।"[22]

पर जब इन्हीं कैप्टन नाकामुरा ने नेताजी को बचाने के बारे में बयान दिया कि इस दौरान रहमान दूर खड़े देखते रहे—कुछ ऐसा जरुर था जो मृत्यु के आधिकारिक विवरण में ठीक तरह से बैठ नहीं पा रहा था। लेकिन इस गड़बड़ी के बारे में रिपोर्ट का कहना था कि "काफी वक्त गुजर जाने के कारण गवाहो का भ्रमित हो जाना स्वाभाविक है।"[23]

क्या यह संभव है कि एक ही गवाह एक ही समय में भ्रमित भी रहे और विश्वसनीय भी? पर शायद यही चाल भी थी। शाहनवाज़ ने परस्पर विरोधी बयानों से "सही" तरह के साक्ष्य चुन लिये थे। इसलिये तो एन0आई0सी0 की 'आदेश–पर–निर्मित' यानी

'मेड–टू–ऑर्डर' रिपोर्ट में काफी तरह की गलतियाँ थीं। उद्धृत किये गये कुछ अंशः

- अलग गवाहों ने ताईहोकू अड्डे पर विमान के रुकने का वक्त लगभग आधे घण्टे से दो घण्टे के बीच बताया था। विमान के अंदर बैठे गवाहों ने ऊंचाई के बारे में अलग–अलग अनुमान दिये हैं।
- कर्नल हबीब–उर–रहमान के अनुसार प्लेन सामने से फट गया था जबकि कैप्टन नाकामुरा उर्फ यामामोटो के अनुसार विमान सही–सलामत था, और उसके ढांचे को कहीं से कोई नुकसान नहीं पहुंचा था।
- ले0 कर्नल नोनोगाकी के मुताबिक विमान के बंटे हुये दोनों टुकड़े ज़मीन पर दो अलग–अलग दिशाओं में गिरे।
- मेजर ताकाहाशी का बयान कुछ अलग था। उन्होंने बताया कि उन्होंने नेताजी को विमान के बांये हिस्से के अगले भाग से बाहर निकलते देखा। उनके कपड़ों में आग लगी थी और वह अपना कोट निकालने की पूरी कोशिश कर रहे थे। फिर वह नेताजी के पास गये; जमीन पर उन्हें लिटाकर घुमवाया, जिससे कपड़ों में लगी आग बुझ गयी। कर्नल हबीब–उर–रहमान वहाँ थे पर, इस बयान के मुताबिक, उन्होंने कोई निर्णायक भूमिका नहीं निभाई।
- दोनों विमान चालकों और विमान के अन्दर फंसे स्टाफ का क्या हुआ, इस बारे में अभी भी निश्चित तौर पर कुछ नहीं कहा जा सकता। कैप्टन नाकामुरा उर्फ यामामोतो का यह कहना जरुर है कि पायलट ताकीज़ावा और सह–चालक आयोअगी, जनरल शिदई के साथ ही खत्म हो गये थे और उन्होंने ही उनके शरीर के टुकड़ों को दफना कर उनकी अस्थियों को तीन डिब्बों में बंद किया... दोनों डॉक्टर—योशिमी और त्सुरुता—यह बताते हैं कि उन्होंने विमान के सह चालक आयोअगी का इलाज किया था और बाद में अस्पताल में उनकी मृत्यु हो गयी।
- कर्नल हबीब–उर–रहमान के मुताबिक नेताजी को "ऑपरेशन थियेटर" में ले जाया गया; जहां उनके शरीर में एक सफेद पदार्थ डाला गया। रहमान को लगा यह पदार्थ कपूर था। जापानी डॉक्टरों के विवरण में कहीं भी ऑपरेशन थियेटर का जिक्र नहीं था।
- योशिमी का मानना है कि बहुत बुरी तरह झुलसने या थर्ड डिग्री बर्न होने के हालात में खून जम जाता है और दिल पर ज़ोर पड़ता है। इस दबाव को कम करने के लिये नेताजी के शरीर से करीब 200 सीसी खून को निकाला गया और 400 सीसी खून उनके शरीर में डाला गया...डॉ0 त्सुरुता के बयान में और भी गड़बड़ी झलकती है। उन्होंने बताया कि नेताजी को न खून दिया गया, न उनके शरीर से खून निकाला गया। कर्नल रहमान, जो उसी वार्ड में उपस्थित थे, याद नहीं कर पा रहे थे कि उन्हें खून दिया गया था या नहीं। इन अलग–अलग बयानों को एक साथ लाने का और समझने का कोई तरीका नहीं था...इन्हें ऐसे ही छोड़ना सही होगा।

- कर्नल हबीब–उर–रहमान के मुताबिक नेताजी के सिर पर चार इंच गहरी चोट थी... खून बह रहा था। इस बयान में कुछ गड़बड़ी थी।
- नेताजी के साथ वार्ड में उस समय और कौन–कौन से लोग मौजूद थे, इस बारे में भी कुछ गड़बड़ी है।
- साथ दुर्घटनाग्रस्त हुये व्यक्तियों के बयान भी दुर्घटना के सही समय को इंगित नहीं करते...इसीलिये मृत्यु का सही वक्त भी आंका नहीं जा सकता। रात 8 बजे से मध्य रात्रि के बीच उनकी मृत्यु किसी भी वक्त हो गयी थी।
- हालांकि ले0 कर्नल नोनोगाकी ने बयान दिया है कि मुख्यालय पर खबर पहुंचते ही वहां से स्टाफ के कुछ अधिकारी नेताजी के जीवित रहते ही आ गये थे—खुद वहां उपस्थित रहे अधिकारियों, कर्नल मियता और मेजर नागातोमो, का कहना है कि वह नेताजी की मृत्यु के बाद वहां पहुंचे थे।
- मान्यता के अनुसार क्षेत्रीय सैन्य कमाण्ड ने नेताजी के शरीर को ज़्यादा महत्त्व नहीं दिया था।
- ऐसे हालात में एक औपचारिक जांच का होना स्वाभाविक है...खासतौर पर जब विमान में स्वयं नेताजी सुभाष चन्द्र बोस और ले0 जनरल शिदई जैसे लोग यात्रा कर रहे हों—लेकिन ऐसी कोई जांच हुयी ही नहीं।
- कुछ अनसुलझे कारणों के चलते जापानी लोगों ने यह बात छिपा कर रखी।
- नाकामुरा के अनुसार नेताजी की मृत्यु को गोपनीय रखा गया और इस बारे में केवल उच्च–स्तरीय सैन्य अधिकारियों को ही जानकारी थी।

कहानी का एक नज़रिया सुरेश बोस भी रखते थे। शाहनवाज़ की जांच शुरु से ही मुसीबत में फंस गयी थी।

शाहनवाज़ के साथ सुरेश बोस के सम्बन्ध जांच की शुरूआत से ही अच्छे नहीं रहे। और इस पर, उन्हें वह ओहदा मिल गया था जो सुरेश बोस के मुताबिक राधा बिनोद पाल को मिलना चाहिये था। इस कमेटी ने 1 अप्रैल 1955 को काम करना शुरु किया। पहले दिन के पहले गवाह बने सुभाष बोस के दोस्त और फारवर्ड ब्लॉक के नेता रहे मुथुरामलिंगम थेवर। उनके बयानों ने सुरेश बोस और सरकार के बीच तकरार की स्थिति पैदा कर दी। थेवर का आरोप था कि कमेटी का कार्यक्षेत्र एक पूर्वनिश्चित निर्णय का द्योतक था। शाहनवाज़ के साथ एक सीधी तकरार के बाद ही उन्होंने 3 अप्रैल को दिल्ली में प्रेस कान्फ्रेन्स बुलाई।

थेवर ने एक अविश्वसनीय दावा किया कि वह हाल ही में नेताजी से चीन में मिले हैं और वह ऐसे "निर्णायक साक्ष्य" ला सकते हैं जिससे उनका जीवित होना आसानी से साबित हो सकता है। थेवर ने कमेटी को एक "धोखा" बताया। "डॉ0 राधा बिनोद पाल को इसके चेयरमैन के रुप में आमंत्रित करना चाहिये। सरकार को यह बात आम आदमी से साझा करनी चाहिये कि क्या नेताजी का नाम आज भी युद्ध अपराधियों की सूची में शामिल है? यदि नहीं, तो इसे कब और कैसे हटाया गया?"

सुरेश बोस के अलावा कोई और व्यक्ति थेवर पर यकीन करने के लिये राज़ी नहीं

था। 2 अप्रैल को प्रधानमंत्री को लिखे गये अपने पत्र में सुरेश बोस ने लिखाः

"श्री शाहनवाज़ को पूरा सम्मान देते हुये, मैं कहना चाहता हूँ कि यह जांच कमोबेश एक कानूनी जांच है...इसके लिये एक परिपक्व सोच और सही निर्णायक क्षमता की खासी जरुरत है...मैं प्रार्थना करता हूँ कि इन कारणों को ध्यान में रखते हुये डॉ0 राधा बिनोद पाल से प्रार्थना की जाये और उन्हें मनाया जाये कि वह कमेटी का हिस्सा बनें और इसका नेतृत्व भी करें।"

अगली सुबह सुरेश खुद प्रधानमंत्री से मिले और अपनी मांगें और शिकायतें उन्होंने दोहराईं। प्रधानमंत्री चाहते तो सुरेश बोस को इस बात पर फटकार लगा सकते थे पर यहाँ वह केवल सुनते रहे—चुपचाप। उनकी प्रतिक्रिया शाम तक आधिकारिक रुप सरकारी फाइल में दर्ज हुई।

> नेताजी सुभाष चन्द्र बोस के अन्तिम दिनों के बारे में हमें कोशिश करके ज़्यादा से ज़्यादा तथ्य जुटाने चाहिये। उनकी मृत्यु हुयी थी; वह गायब हो गये थे; या चाहे जो भी स्थिति रही हो। हमें मिले प्रत्यक्ष सबूतों या उन साक्ष्यों से जो हमें प्राप्त हो सकते हैं, यह साफ है कि उनकी मृत्यु हो चुकी है। इस हवाई दुर्घटना को एक दशक से ज़्यादा का समय हो चुका है। अगर वह बच भी गये थे, तो वह इतने बरसों तक चुप कैसे रह सकते थे—खासतौर पर तब, जब भारत से सम्पर्क साधने के कई साधन उनके पास मौजूद थे। यह बात मेरी समझ से बाहर है।

नेहरु ने यह विवरण भी दर्ज किया कि उन्होंने सुरेश बोस को राधा बिनोद पाल की कमेटी का सदस्य न बन सकने की अयोग्यता की ओर भी इशारा किया था। उनके अनुसार "वह अयोग्य थे, क्योंकि उन्होंने युद्ध अपराधियों की सज़ा में सही भूमिका नहीं निभाई थी।"

> यह बात सही है कि वे आपराधिक मामलों के अच्छे जज रहे हैं। साथ ही वह जापान और दुनिया में भी मशहूर व्यक्ति हैं...पर वर्तमान परिस्थितियों में, कमेटी में उनका आना अमरीका जैसे कुछ विदेशी राष्ट्रों को शायद ही पसन्द आयेगा।

गोपनीय सूत्रों के हवाले से यह साबित है कि प्रधानमंत्री केवल काल्पनिक उड़ानें भर रहे थे।

टोक्यो ट्रायल में डॉ0 पाल की भूमिका (जहाँ कई तथाकथित युद्ध अपराधियों ने दरअसल भारतीय आज़ादी की लड़ाई को मज़बूती प्रदान की थी) उन्हें इस जाँच के लिये सबसे उपयुक्त व्यक्ति बनाती थी। जापानियों के लिये वह सदाचार और नैतिकता की प्रतिमूर्ति थे। और भला युद्ध के एक दशक बाद, जापान में नेताजी की मृत्यु के बारे में चल रही जांच से अमरीकियों को क्या आपत्ति हो सकती थी?

भारतीय राजदूत बी0आर0 सेन ने 8 फरवरी 1956 को लिखे गए एक गोपनीय पत्र में पाल की तारीफ और समर्थन किया। उनका कहना था, "मुझे अपनी तरफ से इसमें

कोई आपत्ति नज़र नहीं आती।"

प्रधानमंत्री ने पत्र पढ़ा और विदेश सचिव दत्त को अपना कड़ा निर्णय सुना दिया; जिसमें उन्होंने फिर से पाल की अयोग्यता पर बल दिया।

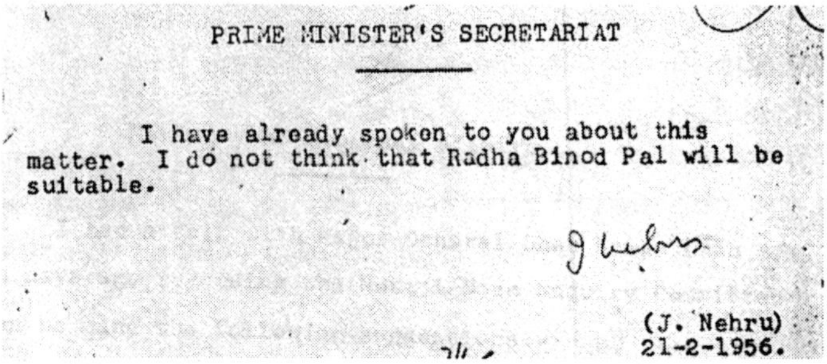

PRIME MINISTER'S SECRETARIAT

I have already spoken to you about this matter. I do not think that Radha Binod Pal will be suitable.

(J. Nehru)
21-2-1956.

Document obtained in public interest

जस्टिस पाल को कमेटी में शामिल करने में असमर्थ होने के बाद बोस ने शाहनवाज़ के आचरण और रवैये को निशाना बनाया। उन्होंने प्रधानमंत्री को पत्र लिखाः

"कमेटी की कार्यवाही को प्रेस और आम व्यक्ति की नज़र से दूर रखने की हिदायत दी गई थी लेकिन मैंने इस कार्यवाही की रिपोर्ट जब अखबारों में पढ़ी तो चकित रह गया। श्री शाहनवाज़ खान से इस बारे में पूछने पर उन्होंने बताया कि संसद की लॉबी में उन्होंने कुछ लोगों के प्रश्नों के उत्तर दिये थे। कुछ और अनियमिततायें भी रही हैं। इस बारे में हमारे मार्गदर्शन के लिये अब आपके निर्देश आवश्यक हैं।"

प्रधानमंत्री के निर्देश और सलाह उसी दिन तैयार थे। सलाह थीः मीडिया को दूर रखा जाये। "यह जरुरी है कि कमेटी के सदस्य प्रेस को न ही कोई साक्षात्कार दें, न ही कोई अन्य वक्तव्य जारी करें...इस बाबत दूसरे लोगों से अनौपचारिक बातचीत से भी बचना होगा, ताकि अन्य लोग प्रेस को कोई सूचना न दे सकें।"[24]

इसके बाद शाहनवाज़ को एक पत्र लिखकर प्रधानमंत्री ने सीधी फटकार लगायीः

> सुरेश बाबू भी बता रहे हैं कि प्रेस में कुछ छपा है। यह शायद आपके लॉबी में किसी से बातचीत का नतीजा है। मेरे विचार में यह गलत है और इस रवैये से आगे बचना होगा।[25]

अमृत बाज़ार पत्रिका में "नेताजी की हवाई दुर्घटना" के बारे में एक "खोजी" खबर छपी जिसमें ताईवान में नेताजी की "दुर्भाग्यपूर्ण दुर्घटना का चित्रित वर्णन भी था"। यह एक बड़ी खोज थी—जहां विमान के अन्दर लोगों के बैठने की व्यवस्था भी चित्रित की गयी थी।

यह चित्र गोपनीय रही गायमुशो रिपोर्ट में रखा गया था। पर सवाल था कि हिरेन सिंघा और देवेन दास—इन दोनों पत्रकारों को यह चित्रित विवरण आखिर मिला कहाँ से? (चित्र अगले पृष्ठ पर देखे) इस अखबार के अनुसार यह दोनों काफी समय से नेताजी की गुमशुदगी के रहस्य को सुलझाने में लगे हुये थे। पर असल में तो यह दोनों इस मसले

में इससे पहले कभी दिखे ही नहीं थे। दरअसल इस बात में हुयी किसी न किसी 'लीक' से इन्हें फायदा पहुंचा था। लेकिन 'लीक' हुई कहां से थी—दिल्ली या टोक्यो?

यह एक स्थानीय काम ही था। खबर की एक क्लिपिंग को एक पी0आई0बी0 शीट पर चिपका कर उसे एक गोपनीय फाइल में रखा गया था। इसके साथ ही एक नोट भी संलग्न था।

"सादर ए0आर0 व्यास, उप सूचना अधिकारी, विदेश मंत्रालय।" टी0एन0 कौल ने भी यह क्लिपिंग शाहनवाज़ को "आपकी रुचि के लिये" कहकर भेजी। जब सरकार ही किसी खबर के चोरी छिपे सार्वजनिक हो जाने पर खुशी मनाये तो इसे करने वाले के नाम पर शक की गुंजाइश ही कहां रह जाती है?

अपनी जापान यात्रा की पूर्व संध्या पर शाहनवाज़ ने सुरेश बोस को बेहद रुखेपन से यह बता दिया कि प्रधानमंत्री के निर्देशानुसार वह कुछ गवाहों की जांच पर ही अपनी रिपोर्ट

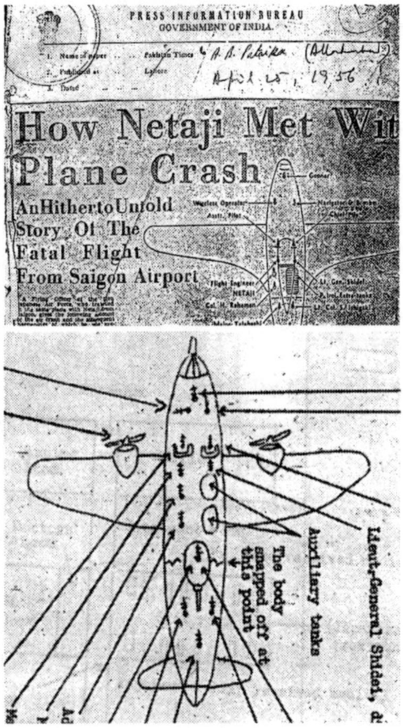

Documents obtained in public interest

तैयार करेंगे। मई 1956 को टोक्यो पहुंचकर सुरेश बोस ने शाहनवाज़ को पत्रकारों से बात करते सुना। इस बातचीत में शाहनवाज़ उन्हें बता रहे थे कि उनका "मंतव्य उन लोगों का साक्षात्कार करना है जो सुभाष बोस की मृत्यु से जुड़े सटीक साक्ष्य दे सकें।"

बाद में सुरेश बोस ने आरोप लगाया कि "सरकार से जुड़े हुए" शाहनवाज़ और शंकर मैत्रा ने साक्ष्यों में हेराफेरी की थी ताकि वह "प्रधानमंत्री के वक्तव्यों के अनुरुप" सच्चाई दिखा पायें—जिसके अनुसार नेताजी की मृत्यु ताइपेई में हुयी थी। उनका आरोप यह भी था कि शाहनवाज़ एस ए अय्यर द्वारा लिखीत *अनटू हिम अ विटनेस* को एक आधिकारिक किताब समझते थे और

> अपने गवाहों से पूछे गये कई महत्त्वपूर्ण प्रश्न उसी किताब के हिस्सों से उद्धृत थे...कई बार उन्होंने गवाहों को वह किताब पढ़ने की आज़ादी भी दी। अगर कभी कोई गवाह उनके विचार के अनुरुप किसी सवाल का उत्तर नहीं दे पाता तो वह उसकी याददाश्त पर प्रश्न खड़ा करते हुये पूछते कि उसे ग्यारह साल पहले हुआ वह हादसा याद भी है या नहीं। इसके अलावा वह अन्य प्रश्नों और सुझावों से उस व्यक्ति को गड़बड़ाने की भरपूर कोशिश करते, ताकि या तो वह अपना उत्तर बदल दे या अपने उत्तर को किसी बहके हुये बयान की शक्ल दे दें।[26]

सन् 1956 का मध्य आते न आते शाहनवाज़ अपने निष्कर्ष निकाल चुके थे। 23 जून को

उन्होंने सुरेश बोस से पूछा कि उनकी जांच का क्या नतीजा निकला। सुरेश का जवाब था, "यह तो घोड़े के आगे गाड़ी बांधने वाली बात हुयी।" इस पर शाहनवाज़ ने कहा कि वे तो बस सुरेश बोस का विचार जानना चाहते थे। बोस ने शाहनवाज़ को समझाया कि वह सारे सबूतों को देखने समझने के बाद ही किसी नतीजे पर पहुंच सकते थे। 30 जून को इस कमेटी के तीनों सदस्य मिले। शाहनवाज़ और सुरेश बोस ने व्यक्तिगत संदर्भ और टिप्पणी के लिये भी नोट लिखे। सुरेश के नोट में ज़्यादातर अन्य दो सदस्यों के विचार ही दर्ज थे।

शाहनवाज़ ने कहा कि वह लोग तीन मुख्य मुद्दों से रु–ब–रु थे; नेताजी की मृत्यु, उनकी अंतयेष्टि और उनकी अस्थियां और "आखिरी दो बातें, पहली वाली को साबित करने में खासी कारगर सिद्ध हो सकती थीं।"

पर सुरेश बोस ने इस बात का विरोध किया। उनके मुताबिक अस्थियां 'शायद' किसी और की हो सकती थीं, इसलिये उनका सुझाव था; कि "ड्राफ्ट रिपोर्ट के लिये विचारों का दर्ज होना आवश्यक था। इसकी शुरुआत नेताजी के मंचूरिया जाने की योजना से ही होनी चाहिये—क्योंकि वह रुसी क्षेत्र से ही भारत की आज़ादी की लड़ाई के लिये लड़ना चाहते थे।"[27]

और इसी विचार से सुरेश बोस की नोट की शुरुआत हुयीः

"नेताजी ने अक्टूबर 1944 में टोक्यो यात्रा से ही अपने इरादों पर काम किया—रुसी राजदूत से सम्पर्क साधने की पूरी कोशिश की और इसी इरादे से मंचूरिया जाने का मन बनाया।"[28]

शाहनवाज़ और मैत्रा दोनों ही ने हवाई दुर्घटना की बात को सही ठहराया। सुरेश ने नोट के दूसरे और तीसरे बिन्दुओं में इसे दर्ज कियाः

> क्या वास्तव में विमान दुर्घटनाग्रस्त हुआ था? नेताजी को लेकर उड़ा विमान दुर्घटनाग्रस्त हुआ था। ऐसा नहीं हुआ हो इस बात का कोई सबूत मौजूद नहीं है; साक्ष्यों और तथ्यों का विवरण ध्यानपूर्वक देखना होगा।[29]
>
> क्या नेताजी की मृत्यु इसी दुर्घटना में हुयी? इस बात को न मानने का कोई कारण हमारे पास नहीं। दस वर्षों बाद भी विभिन्न राष्ट्रीयताओं और क्षेत्रों से आये लोग भला क्यों झूठ बोलेंगे।[30]

बिन्दु नं0 7 सुरेश बोस के अपने विचारों और विश्वास को दिखाता थाः "जहां तक श्री थेवर और श्री गोस्वामी के वक्तव्यों का सवाल है; नेताजी की मृत्यु के बारे में खोजबीन के दौरान इनके बयानों को ज़्यादा तफसील से समझने और इन पर विचार–विमर्श की जरुरत है।"[31]

विचार–विमर्श खत्म हुआ तो सरकारी रुप से नामित मैत्रा ने एक चाल चली। उन्होंने सुरेश बोस से उनके नोट यह कहकर मांगे कि उन्होंने खुद कोई नोट नहीं बनाये थे।

> इसके बाद मेरे नोट की टाइप्ड प्रतिलिपियाँ बनायी गयीं, और मुझसे (सुरेश बोस) कहा गया कि मैं उन पर हस्ताक्षर करुं; और इन दोनों ने मेरे नोट

> की मूल प्रति पर हस्ताक्षर किये। मैंने इन प्रार्थनाओं में से किसी पर कोई आपत्ति नहीं जताई।

सुरेश बोस को नहीं पता था, लेकिन उन्हें इस बात की भारी कीमत चुकानी थी। इसी नोट की तैयार की गयी और हस्ताक्षरित प्रतिलिपियों को जो शीर्षक मिला, वह था:

"ड्राफ्ट रिपोर्ट में शामिल किये जाने वाले कुछ महत्त्वपूर्ण बिन्दु: तारीख 30.6.56"

इसके बाद शंकर मैत्रा, शाहनवाज़ खान, सुबिमल दत, और जवाहरलाल नेहरु ने इस दस्तावेज़ को तुरुप के पत्ते की तरह इस्तेमाल किया और दुनिया को दिखाया कि सुरेश बोस पल–पल अपनी सोच बदलते थे।

...और आधिकारिक रुप से दिया गया यह झांसा आज भी प्रचलन में है। सन् 2006 में लोक सभा में यही बात शिवराज पाटिल ने दोहराई थी। यह किसी पुरानी फिल्मी कहानी की तरह लगता है: गांव का जमींदार एक भोले–भाले किसान से एक काग़ज़ पर अंगूठे का निशान ले लेता है। और वह किसान अपनी पूरी ज़िन्दगी बंधुआ बनकर काट देता है।

दरअसल सच्चाई यह है कि जुलाई 1956 से पहले और बाद में सुरेश बोस की सोच जस की तस थी। पहले की तरह वह बाद में भी यह बात कहते रहे कि सुभाष चंद्र बोस जीवित हैं; और सरकार अच्छी तरह से इस बात को जानती, समझती थी। नेहरु की बात को तोते की तरह दोहराने वाले शिवराज पाटिल देश को गुमराह कर रहे थे—जैसा कि उनसे पहले औरों ने किया था। यह सही नहीं था अगर सरकार सही होती, पारदर्शी होती तो नेताजी से सम्बन्धित सारे दस्तावेज़ों को आम आदमी के सामने रखती ताकि दूध का दूध और पानी का पानी हो पाता।

सुरेश बोस के अपने सहकर्मियों की राय से तथाकथित सहमति से करीब दो महीने पहले—5 मई 1956 को—आनंद मोहन सहाय ने जवाहर लाल नेहरु को एक गोपनीय पत्र लिखा। सहाय सुभाष चन्द्र बोस के पुराने सहकर्मी रहे थे और उस समय हनोई में भारत के कॉन्सुल जनरल के रुप में कार्यरत थे। एक वक्त में सुभाष से जुड़े होने के बावजूद उन्हें उनके भाई की जासूसी करने में कोई नैतिक या अन्य तरीके का परहेज़ नहीं था। विडम्बना ही थी, कि सुरेश बोस उनके बारे में बहुत अच्छी राय रखते थे; जबकि सहाय न केवल उनकी जासूसी कर रहे थे—बल्कि खुले रुप से प्रधानमंत्री के सामने उन्हें नीचा दिखा रहे थे।

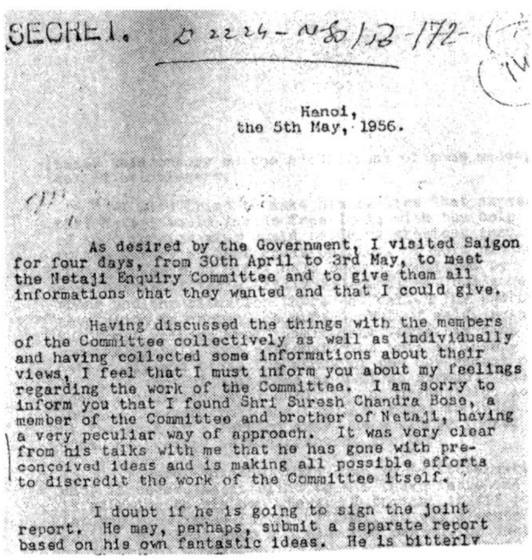
SECRET. D 2224-NS0/12-172-

Hanoi,
the 5th May, 1956.

As desired by the Government, I visited Saigon for four days, from 30th April to 3rd May, to meet the Netaji Enquiry Committee and to give them all informations that they wanted and that I could give.

Having discussed the things with the members of the Committee collectively as well as individually and having collected some informations about their views, I feel that I must inform you about my feelings regarding the work of the Committee. I am sorry to inform you that I found Shri Suresh Chandra Bose, a member of the Committee and brother of Netaji, having a very peculiar way of approach. It was very clear from his talks with me that he has gone with preconceived ideas and is making all possible efforts to discredit the work of the Committee itself.

I doubt if he is going to sign the joint report. He may, perhaps, submit a separate report based on his own fantastic ideas. He is bitterly

> माफी चाहता हूँ लेकिन आपको बताना होगा कि कमेटी के सदस्य और नेताजी के भाई श्री सुरेश चन्द्र बोस का रवैया कुछ अजीब है। मेरे साथ हुयी बातचीत में यह साफ था कि वह कुछ पूर्वनिश्चित बिन्दुओं को दिमाग में रखकर ही साथ आये हैं

> जिससे कमेटी के कार्य और जिम्मेदारी पर ही प्रश्नचिह्न लगने और लगाये जाने की पूरी उम्मीद है। मुझे नहीं लगता कि वह इस साझा रिपोर्ट पर हस्ताक्षर करेंगे...शायद वह अपने विचारों पर आधारित एक पृथक् रिपोर्ट आपको दें...वह यह साबित करना चाहते हैं कि नेताजी जीवित हैं।

यह खत पढ़कर कोई भी अन्दाज़ा लगा सकता था कि सरकार सुरेश बोस के 'पृथक् रास्ते' के बारे में पहले से जानती थी—उन पर ऐसा आरोप लगाने से कहीं पहले यानी जुलाई 1956 के बाद।

ऐसा बिल्कुल नहीं था कि सरकार ने सहाय की इस सूचना को नकार दिया था, या उसे समझा नहीं था। प्रधानमंत्री ने भलीभांति यह पत्र पढ़ा और टी0एन0 कौल से कहा कि वह उनकी तरफ से इस पत्र का जवाब दें:

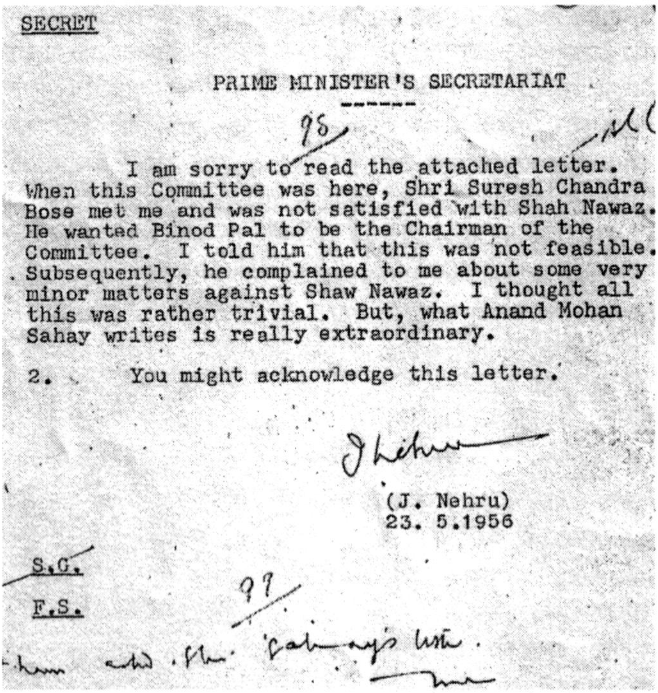

SECRET

PRIME MINISTER'S SECRETARIAT

I am sorry to read the attached letter. When this Committee was here, Shri Suresh Chandra Bose met me and was not satisfied with Shah Nawaz. He wanted Binod Pal to be the Chairman of the Committee. I told him that this was not feasible. Subsequently, he complained to me about some very minor matters against Shaw Nawaz. I thought all this was rather trivial. But, what Anand Mohan Sahay writes is really extraordinary.

2. You might acknowledge this letter.

(J. Nehru)
23. 5.1956

S.G.

F.S.

Document obtained in public interest

"हम इस समस्या के बारे में जानते हैं और केवल उम्मीद ही कर सकते हैं कि कथित व्यक्ति इस विषय में साफ और निष्पक्ष विचार प्रस्तुत करने में सफल होंगे," सहाय को कुछ ऐसा ही ज्ञान बघारते हुए टी0एन0 कौल ने 26 मई को लिखा था।

दिल्ली में 10 जुलाई 1956 को हुयी कमेटी की बैठक में सुरेश बोस ने साफ तौर पर अपने विचार रखे। विमान दुर्घटना और सुभाष की मृत्यु से जुड़ी कई अनियमितताओं को उन्होंने सबके सामने रखा। इसके करीब पांच दिन बाद उन्होंने अपना औपचारिक

निर्णय दिया कि शायद कोई विमान दुर्घटना हुयी ही नहीं थी। शाहनवाज़ ने उनसे कहा कि उनके ऐसे विचारों के चलते, उन्हें एक अलग 'विरोधी' रिपोर्ट बनानी होगी। जवाब में सुरेश ने ड्राफ्ट रिपोर्ट की प्रतियाँ, जरुरी कागज़ात, फोटो और अन्य साक्ष्य की मांग रखी।

नेताजी जांच कमेटी के सदस्य के तौर पर सुरेश बोस और शाहनवाज़ की आखिरी मुलाकात 16 जुलाई को हुयी। शाहनवाज़ ने नाराज़गी दिखाते हुये उन्हें कमेटी का दफ्तर खाली करने को कहा। खेल बिगाड़ने वाले सुरेश बोस अब सरकारी अधिकारियों की नाराजगी का पात्र बन गए थे। उनके कथन के अनुसार, उन्हें बेइज्ज़त किया गया और दिल्ली छोड़ने के लिये मजबूर किया गया। और तो और "किसी भी जरुरी कागज़ात का छोटे से छोटा हिस्सा या फोटो"[32] उन्हें रिपोर्ट लिखने के लिये मुहैया नहीं करवाई गयी।

शाहनवाज़ ने 29 जुलाई को सुरेश बोस को सूचित किया कि वह अपनी रिपोर्ट दो दिन में जमा करा दें। इस दबाव के पीछे सरकार का हाथ छिपा नहीं रह गया था। कुछ ही दिनों बाद शाहनवाज़ और मैत्रा की जांच के नतीजे कलकत्ता के एक समाचार पत्र में 'लीक' होकर छप गये। सुरेश ने शाहनवाज़ को पत्र लिखा और प्रतिलिपि प्रधानमंत्री को प्रेषित की। 13 अगस्त को मिले प्रधानमंत्री के जवाब ने कोई राहत नहीं दी। नेहरु के अनुसार यह 'लीक' दरअसल "किसी पत्रकार या हमारे किसी क्लर्क की चतुर सोच थी। इस बात से जांच कमेटी के चेयरमैन का कोई सम्बन्ध नहीं था।"[33]

इस बात पर सुरेश बोस की नाराजगी भरी प्रतिक्रिया आयी और उन्होंने सरकारी अफसरों को "निकम्मा और नकारा" बताया। यह उनके साथ हुये दुर्व्यवहार के फलस्वरुप एक कड़ी प्रतिक्रिया थी। उन्होंने शाहनवाज़ को "जहरीले और झूठे बयान देने" का आरोपी ठहराया।

> जरुरी कागज़ात की मेरी प्रार्थना को चेयरमैन ने रुखेपन से खारिज कर दिया। मैं समझ गया था कि उनके पीछे दरअसल उनके वरिष्ठ सरकारी अधिकारियों और ताकतों का हाथ था—वर्ना और कोई वजह नहीं थी कि मेरा सहकर्मी मेरी जायज़ प्रार्थना को खारिज करे। आज यह शक पुख्ता होकर सच्चाई की तरह सामने आ ही गया।[34]

पण्डित नेहरु ने इस पर कोई प्रतिक्रिया नहीं दी। इस वक्त कोई भी विवाद बुरा हो सकता था। कुछ दिनों बाद बंगाल के मुख्यमंत्री डॉ0 बी0सी0 रॉय ने गुपचुप तरीकों का प्रयोग करना प्रारंभ किया। सुभाष चन्द्र बोस के सबसे बड़े भाई सतीश चन्द्र बोस के बेटे द्विजेन्द्र बोस का उन दिनों बुरा वक्त चल रहा था। फोन पर मुख्यमंत्री ने द्विजेन्द्र से बात की:

"हैलो द्विजेन्द्र! मैं कब से तुम्हें ढूंढ रहा हूँ? क्या मुझसे मिलने में कतरा रहे हो? मेरे ऑफिस आ जाओ, प्यारे द्विजेन्द्र!"

और बाकी की बातचीत मुख्यमंत्री कार्यालय में होती है:

"छोटी–मोटी कमाई वाले बिज़नेस में क्या कर रहे हो? इस तरह अपने परिवार की इज़्जत कैसे रख पाओगे? मैं तुम्हें बिज़नेस दूंगा।"

द्विजेन्द्र को यह विचार बुरा नहीं लगा, "आप परिवार के दोस्त और शुभचिंतक रहे हैं—कम से कम 30 और 20 के दशक तक तो रहे ही हैं—और अगर आप एक बार फिर से परिवार से नाता जोड़ना चाहते हैं, तो मैं हाज़िर हूँ। मुझे काम देना चाहते हैं...ठीक है...मैं आपसे काम लेने के लिये तैयार हूँ।"

"शाहनवाज़ की रिपोर्ट पर सुरेश के हस्ताक्षर ले आओ...जो चाहोगे, जैसा चाहोगे, काम दूँगा।"

"नहीं! कभी नहीं! मैं अपने चाचाजी से यह बात कभी नहीं कह सकता...और मान लीजिये, कहा भी...तो वह मेरी बात क्यों सुनने लगे?"

इसके बाद रॉय ने सुरेश को राइटर्स बिल्डिंग में बुलाया। वह कमरे में दाखिल हुये ही थे कि रॉय ने उनका सामना जोरदार तरीके से करते हुये पूछा,

"सुभाष मर चुके हैं। तुम इसके उलट क्या खबर फैला रहे हो? और कैसे?"

"आपसे किसने कहा सुभाष मर चुके हैं?" सुरेश ने उतनी ही बुलंदी से पलट कर सवाल किया।

राय ने कुछ गवाहों के वक्तव्य गिनाये और सुरेश ने उन्हें सिरे से खारिज कर दिया। इसके बाद रॉय ने सुरेश से पूछा कि क्या वह गवर्नर बनना पसंद करेंगे? लड़ाई होनी ही थी...जो हुयी।[35]

कुछ सालों बाद सुरेश बोस ने दावा किया कि अगर वह रिपोर्ट उन्होंने हस्ताक्षरित कर दी होती, तो वह "बंगाल के गवर्नर बन गये होते।"[36]

3 अगस्त 1956 को शाहनवाज़–मैत्रा रिपोर्ट प्रधानमंत्री को सौंपी गई। इसका निष्कर्ष था, "नेताजी की मृत्यु विमान दुर्घटना के फलस्वरुप हुई और रेनकोजी मंदिर में रखी अस्थियाँ उन्हीं हैं।"[37] इस निष्कर्ष पर पहुंचने का तर्क था कि "गवाहों के सबूतों को ब्रिटिश और अमेरिकी इन्टेलिजेंस एजेन्सियों ने भी सही पाया है...और यही बातें अनौपचारिक रुप से की गयी एक जांच में भी सही साबित हुयी हैं। यह जांच भारतीय पत्रकार हरिन शाह ने घटना के एक साल बाद की थी।"[38]

रिपोर्ट का सुझाव था कि अस्थियों को "सुसम्मान भारत लाया जाय, और उन पर यादगार स्मारक का निर्माण करवाया जाये।"[39]

इस रिपोर्ट की एक प्रतिलिपि 3 दिन बाद डॉ0 बी0सी0 रॉय को भेजी गयी। सुबिमल दत्त द्वारा लिखे संलग्न पत्र के अनुसार यह रिपोर्ट बहुत "रोचक" थी और रॉय को "यह पढ़ना भायेगा।" बाकी के पत्र में सुरेश बोस की आलोचना की गई थी—शायद अब यह सरकारी नीति का हिस्सा थी। पत्र में जो लिखा था, वह सुरेश बोस की पुत्री शीला सेनगुप्ता और उनकी दूसरी पुत्री के पुत्र और बंगाल के वित्त मंत्री डॉ0 अमित मित्रा को बुरा लग सकता है।

> टोक्यो में हमारे राजदूत श्री बी0आर0 सेन से हमें रिपोर्ट मिली कि टोक्यो में सुरेश बाबू का व्यवहार बहुत अजीब था। उदाहरण के तौर पर, वह कमेटी के अन्य सदस्यों को बिना बताये अन्य लोगों से मिलते और नेताजी के साथ अपने सम्बन्धों का ऊँचा बखान करते। साथ ही वह जापान के

> विदेश कार्यालय में जाते, वह जूनियर अफसरों से मिलकर व्यक्तिगत रुप से व्यापार के तरीके तलाशा करते थे।

इस रिपोर्ट को कैबिनेट की मंजूरी 9 सितम्बर को प्राप्त हो गयी। एक आधिकारिक रिका़र्ड के मुताबिक, "नेताजी की अस्थियों को भारत लाने के प्रश्न को कैबिनेट ने भविष्य में सुलझाने का निर्णय लिया है।"

11 सितम्बर को पुनः आश्वस्त होकर प्रधानमंत्री ने यह रिपोर्ट संसद पटल पर रखी और अगली ही सुबह यह खबर अखबारों की मुख्य सुर्खी बनी। "ब्रिटिश विरोधी भारतीय मृतः जांच"—यह सुर्खी थी *न्यूयार्क टाइम्स* की। द *हिन्दू* की खबर का शीर्षक था, "नेताजी की मृत्यु सिद्धः प्रमाण मिले।" इस बात के जो विरोधी राज्य सभा में रह गये थे, उनको प्रधानमंत्री ने बड़ी आसानी से संभाल लियाः

> श्री नेहरु के अनुसारए सरकार का मानना है कि रिपोर्ट में दिये गये साक्ष्य अपने आप में काफी थे और कोई भी व्यक्ति उन्हें जान कर और किसी नतीजे पर पहुंच ही नहीं सकता...हाँ अगर व्यक्ति तर्कहीन हो...तो फिर तर्क खोजना मुश्किल होगा।

सभी लोग जानते थे कि जांच सुभाष की मृत्यु के प्रमाण खोजने के लिये की गयी थी। पर फिर भी कमेटी क्षेत्रीय जांच के लिये ताईवान नहीं गयी थी—इस बात को लेकर कुछ आवाज़ें उठीं जरुर पर सरकार ने उन्हें दृढ़ता और आसानी से दबा दिया। बाद में शाहनवाज़ का कहना थाः

> कमेटी इस बात पर विचार–विमर्श करने के बाद इस निर्णय पर पहुंची कि वहाँ जाना सही नहीं रहता। इसमें सरकारी दबाव की कोई बात ही नहीं थी...बात केवल इतनी थी कि इतने साल बाद वहां जानाए बेकार था...और यह निर्णय सर्वसम्मति से लिया गया।[40]

बात केवल पारदर्शिता की थी। इस बात को सत्यापित करने वाले कोई रिकार्ड नहीं थे—तो शाहनवाज़ का विरोध भी कैसे किया जा सकता था? यह स्थिति आज भी ज्यों की त्यों हैः कमेटी की ताइपेई यात्रा का सच आज भी किसी को नहीं पता। इससे जुड़े सभी रिकार्ड साउथ ब्लॉक की ऊँची दीवारों में कैद हैं।

सच तो यह है कि अपनी जापान यात्रा से कुछ एक महीने पहले खुद शाहनवाज़ ने फारमोसा यानी ताईवान जाने की इच्छा जाहिर की थी। पर विदेश सचिव दत्त को यह जानकर जैसे दौरा ही पड़ गया। 18 अप्रैल 1956 को लिखे अपने पत्र (एफ एस/407) में उन्होने लिखाः

> जैसा कि आप जानते हैं फारमोसा सरकार के साथ न तो हमारे राजनैतिक सम्बन्ध हैं और न ही हम उन्हें मान्यता देते हैं। ऐसी स्थिति में उनसे कमेटी की सहायता की अपेक्षा फिजूल होगी। साथ ही संभावना है कि वे कमेटी का काम आसान करने कि बजाय उसकी राह में रोड़े अटकायें। इन स्थितियों में कमेटी का फारमोसा जाना सही नहीं रहेगा।

इस पत्र में झलकी चिंता दरअसल विदेश सचिव नहीं, बल्कि प्रधानमंत्री की थी। 18 अप्रैल को लिखा (नीचे दिखाया हुआ) पत्र टी0एन0 कौल ने टोक्यो में रह रहे भारतीय राजदूत बी0आर0 सेन को प्रेषित किया:

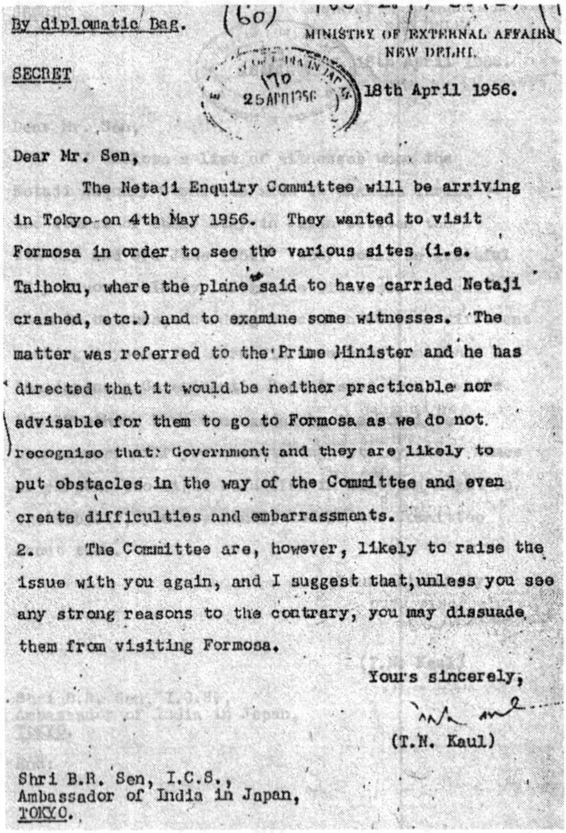

By diplomatic Bag. (60)

MINISTRY OF EXTERNAL AFFAIRS
NEW DELHI.

SECRET

18th April 1956.

Dear Mr. Sen,

The Netaji Enquiry Committee will be arriving in Tokyo on 4th May 1956. They wanted to visit Formosa in order to see the various sites (i.e. Taihoku, where the plane said to have carried Netaji crashed, etc.) and to examine some witnesses. The matter was referred to the Prime Minister and he has directed that it would be neither practicable nor advisable for them to go to Formosa as we do not recognise that Government and they are likely to put obstacles in the way of the Committee and even create difficulties and embarrassments.

2. The Committee are, however, likely to raise the issue with you again, and I suggest that, unless you see any strong reasons to the contrary, you may dissuade them from visiting Formosa.

Yours sincerely,

(T.N. Kaul)

Shri B.R. Sen, I.C.S.,
Ambassador of India in Japan,
TOKYO.

Document obtained in public interest

शाहनवाज़ ने एक बार फिर यह बात उठाई जैसा कि कौल ने सोचा था। उन्होंने बी0आर0 सेन को एक पत्र लिखा। तारीख थी 18 मई 1956। यह बात बहुत जरुरी थी कि संदेह के सभी बिन्दुओं को हटाने में फारमोसा में की गयी जांच महत्त्वपूर्ण साबित हो सकती थी।

> नेताजी जांच कमेटी के सामने यह सबूत है कि उन्हें लेकर उड़ा विमान फारमोसा के ताईहोकू हवाई अड्डे पर दुर्घटनाग्रस्त हुआ और उनके मृत शरीर की अंतिम क्रिया भी वहीं पर सम्पन्न की गई। इस बात को जांचने, फारमोसा के गवाहों को इस बात में शामिल करने और तथाकथित जगह पर जाने की सहमति के लिये विदेश सचिव को श्री दत्त का एक पत्र प्रेषित

> किया गया। पर उनका जवाब अनुकूल नहीं रहा। तब से लेकर अब तक, कमेटी ने जापान में कई जगहों की यात्रा की है, और यदि संभव हो, तो फारमोसा जा कर इस बात को खोजना लाभदायक सिद्ध हो सकता है।

शाहनवाज़ ने भरोसा जताया कि अगर "कमेटी की फोरमोसा यात्रा का प्रस्ताव भेजा जाता है," तो उन्हें जापानियों की पूरी मदद मिलेगी। इसके साथ उन्होंने हिसाजी हठोरी (गायमुशो में एशियन अफेयर्स ब्यूरो के चौथे सेक्शन के मुखिया) के साथ मुलाकात का भी हवाला दिया, जिसमें साफ था कि अगर उनसे "ऐसी कोई प्रार्थना की जायेगी तो वह ताईवान के अधिकारियों के साथ अपने सम्बन्धों को जरुर इस्तेमाल करेंगे।"

शाहनवाज़ की प्रार्थना थी, "कमेटी के पास, जापान में रहने के लिये, दो हफ्ते का समय और शेष है। इस दौरान यदि फारमोसा जाने की संभावना के बारे में विचार किया जाये तो कृपा होगी।"

अगले दिन सेन ने विदेश सचिव को एक तार के माध्यम से शाहनवाज़ की प्रार्थना से अवगत कराया और अपने विचार कुछ यूँ रखेः

> अगर कमेटी की प्रार्थना को खारिज कर दिया जाता है तो संभव है कि कमेटी की शिकायत रह जाये; इससे कुछ लोगों के लिये यह रिपोर्ट और इसके नतीजे बेमानी साबित हो सकते हैं। मेरा मानना है कि कमेटी को अपनी तरफ से जापानी सरकार से मदद मांगने की सहमति दे देनी चाहिये–भले ही दूतावास इस बात से स्वयं को दूर रखे। कृपया प्रधानमंत्री से इस विषय में बात करें।

ऐसा किया गया। और 22 मई को टी0एन0 कौल ने दिल्ली की तरफ से यह जवाब भेजा गयाः

> इस बात पर प्रधानमंत्री से विचार–विमर्श हो चुका है। हमें दिल्ली में कमेटी को यह बात बतानी पड़ी कि उनका फारमोसा जाना व्यावहारिक निर्णय नहीं होगा। वहां जाने का केवल एक ही फायदा है कि अस्पताल के रिकार्ड देखे जा सकते हैं। हमने इस बात पर फिर से एक बार सोचा—और अब भी इसी नतीजे पर पहुंचे हैं कि फारमोसा जाना गलत ही होगा। यह संभव है कि हमें जापानी सहायता मिले पर फारमोसा की सरकार शायद ही कोई सहायता दे पाये। वह शायद स्थिति को और खराब ही करेंगे। इसके अलावा, राजनैतिक रुप से भी यह हमारे लिये शर्मसार करने वाली स्थितियाँ उत्पन्न कर सकता है।[41]

कौल के तार ने दूतावास को बताया कि सरकार ने ताईवान से मदद लेने के लिये अन्य मार्ग ढूंढ़ निकाला था।

> कमेटी की प्रार्थना पर हमने यू0के0 के हाई कमिश्नर से इस बारे में बात की पर हमें कोई जवाब नहीं मिला है। फारमोसा में स्थित जापानी राजदूत इस बात को ब्रिटिश लोगों से बेहतर संभाल सकते हैं।

ब्रिटिश लोगों ने तुरंत कार्यवाही की। उन्होंने ताईवानी अधिकारियों से प्रार्थना की कि भारतीय सरकार के निर्देशानुसार (जो हरिन शाह की जांच पर आधारित थे) जांच करवाई जाये। "यह प्रार्थना करते हुये वह भारतीय अधिकारी स्पष्ट रुप से शर्म महसूस कर रहा था। फिर भी इस मामले में तथ्यों को साफ करने का फायदा तो है ही। इससे बोस की मृत्यु के बारे में फैली हुयी किंवदंतियों पर विराम लगेगा।"[42] ये शब्द थे उच्चायुक्त के, जिन्होंने तामसुई, ताईवान में स्थिति ब्रिटिश कॉन्सुल को 3 मई 1956 को लिखा।

24 मई को कौल ने टोक्यो दूतावास को सूचित किया:

> ब्रिटिश उच्चायोग ने हमें अभी बताया है कि ताइपेई में उनके कॉन्सुल ने उन्हें तार भेजा है कि फारमोसा के अधिकारी कमेटी में नामित पाँच चीनी लोगों को ब्रिटिश कॉन्सुल द्वारा पूछताछ की अनुमति देने के लिये तैयार हैं...लेकिन फारमोसा के अफसरों की मौजूदगी में। लेकिन उन्हें हमारी कमेटी के सामने आने के लिये हांगकांग जाने की स्वीकृति नहीं दे सकते हैं।[43]

भारत सरकार के लिये यह एक सकारात्मक संकेत नहीं था। ताइवान सरकार का अपने लोगों को उस सरकार की कमेटी के सामने न आने देने का फैसला, जो उन्हें मान्यता नहीं देती थी, नई दिल्ली के लिये किसी षड्यंत्र की घंटी थी। कौल के अनुसार, "गवाहों को हांगकांग जाने देने की फारमोसा सरकार की अस्वीकृति मायने रखती है...यह संभव है कि वह अपने गवाहों को अपने कब्जे में रखकर उनसे गलत बयान दिलवायें...और यह बात कमेटी के कार्य को और मुश्किल में डाल सकती है। इन हालातों में कमेटी को फारमोसा न जाने देने का फैसला सही है।"

ए0के0 धर ने यह बात शाहनवाज़ तक पहुंचाई। 26 मई को धर ने लिखा:

> मैं यह कहना चाहूँगा कि ब्रिटेन के अफसरों की तरफ से भारत सरकार के पास शवदाह गृह के रिकार्ड से संबंधित कोई खबर नहीं आयी है। फोरमोसा स्थित ब्रिटिश कॉन्सुल को इस मामले की जानकारी दी जा चुकी है। साथ ही फारमोसा की सरकार का अपने गवाहों को कमेटी के सामने आने से रोकने का निर्णय, हमें बताता है कि आगे की स्थिति क्या हो सकती है। फिर भी अगर कमेटी चाहती है कि फोरमोसा स्थित ब्रिटिश कौन्सुल गवाहों के साक्ष्य रिकार्ड करें—वह भी फोरमोसा की सरकार की शर्तों के अनुरुप. ..तो भारत सरकार इस बारे में संभव कार्यवाही करेगी।

28 मई को एक बार फिर उन्होंने नई दिल्ली का 'षड्यंत्र नजरिया' दोहराया, जिसके अनुसार यह साफ था कि ताईवानी लोग जांच में सहयोग नहीं करेंगे...जांच को भटकायेंगे और अन्य मुश्किलें पैदा करेंगे...और यह राजनैतिक स्तर पर शर्मिन्दगी की स्थिति भी उत्पन्न कर सकता था।

आखिरकार शाहनवाज़ ने हार मान ली। 29 मई को धर को लिखे अपने गोपनीय पत्र में, उन्होंने माना कि "कमेटी के पास फारमोसा के गवाहों के बयान लेने का और

कोई रास्ता नहीं था...और ऐसे में प्रस्तावित रास्ता ही सही होगा।"

उन्होंने शवदाह के परमिट, सुभाष की डॉक्टरी जांच की रिपोर्ट और अन्य जरुरी जानकारी की मांग रखते हुये यह प्रार्थना की कि, "जैसा कि ब्रिटिश कॉन्सुल जनरल द्वारा प्रस्तावित है, फारमोसा के गवाहों के बयान दर्ज किये जाने और उन्हें कमेटी के सामने रखने के इंतज़ाम कृपया किये जायें..."

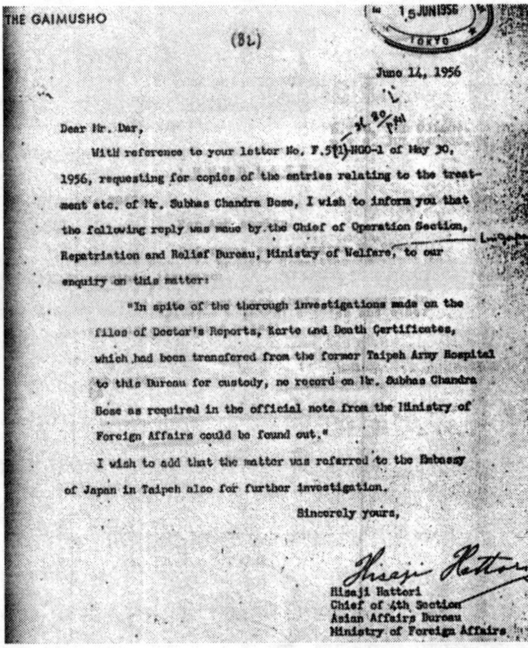
THE GAIMUSHO

15 JUN 1956
TOKYO

June 14, 1956

Dear Mr. Dar,

With reference to your letter No. F.5(1)-NGO-1 of May 30, 1956, requesting for copies of the entries relating to the treatment etc. of Mr. Subhas Chandra Bose, I wish to inform you that the following reply was made by the Chief of Operation Section, Repatriation and Relief Bureau, Ministry of Welfare, to our enquiry on this matter:

"In spite of the thorough investigations made on the files of Doctor's Reports, Karte and Death Certificates, which had been transfered from the former Taipeh Army Hospital to this Bureau for custody, no record on Mr. Subhas Chandra Bose as required in the official note from the Ministry of Foreign Affairs could be found out."

I wish to add that the matter was referred to the Embassy of Japan in Taipeh also for further investigation.

Sincerely yours,

Hisaji Hattori
Chief of 4th Section
Asian Affairs Bureau
Ministry of Foreign Affairs

Document obtained in public interest

धर ने ब्रिटिश दूतावास के कान्सुलर आर डब्लू सेलबी और गायमुशो स्थित हिसाजी हठौरी की इस मामले में राय मांगी। 14 जून को हठौरी ने धर को सूचित किया कि भरसक कोशिशों के बावजूद उनकी सरकार वह सभी दस्तावेज़ ढूंढ़ने में असमर्थ थी, जो भारत सरकार द्वारा मांगे गये थे। यह नाकामयाबी "डॉक्टरी रिपोर्ट, मृत्यु प्रमाणपत्र इत्यादि दस्तावेज़ों की जांच के बाद महसूस की गयी थी...यह सभी कागज़ात (पूर्व) ताईपई के आर्मी अस्पताल से टोक्यो में कल्याण मंत्रालय भेजे जा चुके थे।" (चित्र)

यह कुछ अजीब सी बात थी; क्योंकि डाक्टर योशिमी के मुताबिक उन्होंने डॉक्टरी रिपोर्ट "चंद्र बोस" के नाम से ही बनाई थी।

परेशान होकर विदेश मंत्रालय ने जापान में भारतीय दूतावास को गोपनीय तार भेजकर 3 जुलाई को यह निर्देश दिया कि वह "जापानी सरकार से पूछें कि क्या उन्हें अपने फारमोसा स्थित राजदूत से अस्पताल के विवरण या नेताजी के बारे में कोई अन्य जानकारी प्राप्त हुयी है या नहीं।" (चित्र अगले पृष्ट पर)

24 जुलाई को दिये हठौरी के पहेलीनुमा जवाब से धर का सिर चकरा गया। एक शवदाह के परमिट के अलावा जापानी सरकार कुछ और नहीं जुटा पायी थी। और फिर भी, उसका दावा था कि यह परमिट बेहद खास और गोपनीय परिस्थितियों में सुभाष के नाम से नही दिया गया था। हालांकि, जब धर ने इसे देखा, तो उन्हें उसमें नेताजी से सम्बन्धित कुछ नहीं दिखा। इसमें नाम किसी और का था, मृत्यु की तारीख कुछ और दर्ज थी और मृत्यु का कारण भी हवाई दुर्घटना से भिन्न बताया गया था। जापानी सरकार ने डॉक्टर योशिमी की कमेटी को दिये भावनात्मक बयान को झुठला दिया था।

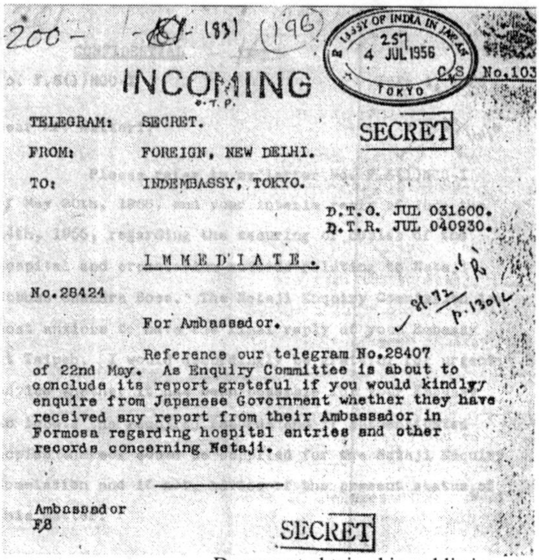

INCOMING

TELEGRAM: SECRET.

FROM: FOREIGN, NEW DELHI.

TO: INDEMBASSY, TOKYO.

D.T.O. JUL 031600.
D.T.R. JUL 040930.

IMMEDIATE.

No.28424

For Ambassador.

Reference our telegram No.28407 of 22nd May. As Enquiry Committee is about to conclude its report grateful if you would kindly enquire from Japanese Government whether they have received any report from their Ambassador in Formosa regarding hospital entries and other records concerning Netaji.

Ambassador
FS

SECRET

Document obtained in public interest

खैर, 25 जुलाई को जापानियों द्वारा कौल को दिये गये रिकार्ड को धर ने दिल्ली यह लिखकर भेजा: "गायमुशो ने मौखिक रुप से यह भी कहा है कि वह फारमोसा में था। अपने पास से अन्य कोई रिकार्ड ढूंढ़ने में असमर्थ रहे हैं।"

कौल ने इस बात का संज्ञान लेने में आधे महीने का समय लगा दिया। इसी दौरान कमेटी की रिपोर्ट प्रधानमंत्री को सौंप दी गयी थी और मामला खत्म हो गया। ताईवानी/ब्रिटिश जांच के नतीजों का इंतज़ार किसी ने नहीं किया—न ही मंत्रालय ने, न ही कमेटी ने। पर नतीजे लगभग उसी वक्त आ गये थे, जब कौल ने धर को पत्र लिखा।

भारत सरकार की ओर से जितने भी प्रश्न ब्रिटिश लोगों के लिये खड़े किये गये थे, उन सभी को ताईवान की प्रान्तीय सरकार को भेज दिया गया था। सी0के0 येन ने स्वास्थ्य मंत्रालय को इस बारे में जांच के निर्देश दिये। कांग फू चायेंग—जो द्वीप के सारे शवदाह गृहों का कार्यभार संभालते थे—की इस बारे में खोजबीन को ब्रिटिश उच्चायुक्त तक पहुंचाया गया। यह बात है 4 जुलाई 1956 की। उन्हे सुभाष की मृत्यु का कोई ठोस सबूत नहीं मिला था। हरिन शाह के बताए हुए व्यक्ति और विवरण काल्पनिक थे—जो इन्होंने अपनी कहानी को विश्वसनीय बनाने के लिये प्रयोग किये थे। त्सान पि शा नाम की कोई नर्स उस अस्पताल में कभी थी ही नहीं जहां सुभाष की मृत्यु हुई थे। तामसुई, ताईवान में ब्रिटिश कान्सुल रहे ए0 फ्रैंकलिन ने लंदन में विदेश कार्यालय को 10 जुलाई को बताया,

"गौरतलब है कि जितने भी लोगों की जानकारी और बयान भारत सरकार ने हमसे मांगे हैं—या तो मर चुके हैं, गायब हैं और या फिर इस बारे में कुछ नहीं जानते।"[44]

सुभाष के नाम से संबंधित पुराने जापानी रिकार्ड दरअसल किसी सैनिक के रिकार्ड निकले। यह बात धर को हठौरी ने बताई। सन् 1945 में शवदाह परमिट देने वाले चेन चिह् ची और लि चिन की ने कहा:

"हम सुभाष को उनके जीवनकाल में ही नहीं जानते थे, तो ज़ाहिर है कि हम उन्हें मृत्यु के बाद भी नहीं पहचान सकते थे।"[45]

कौल को ब्रिटिश/ताईवानी रिपोर्ट पढ़कर और चिंता हुयी होगी। यहां नेताजी की मृत्यु तो क्या साबित होती, उस पर एक बड़ा प्रश्नचिह्न और लग गया था। ताईवान

सरकार को चालबाज़ बताने वाले लोग, इस रिपोर्ट को बेमानी ठहराने पर उतारु थे। एस0ए0 अय्यर की हस्तलिखित गोपनीय रिपोर्ट की ही तरह यह रिपोर्ट भी भारतीयों के लिये लगभग अस्तित्वहीन ही रही, जिसके बारे में न कभी कोई बात हुयी—न कभी कुछ सुना ही गया।

नवम्बर 1956 में सुरेश बोस अपनी 'खिलाफत' रिपोर्ट लेकर प्रकट हुये। इसे न तो कोई प्राइवेट प्रकाशक और न ही सरकार छापने के लिये राज़ी थी—पर वह रुके नहीं। पर इसका नतीजा यह हुआ कि इसका ठीक से सम्पादन नहीं हो सका। और इसके घुमावदार वाक्य किसी भी साधारण इंसान की समझ को उलझाने के लिये काफी थे। साथ ही यह प्रसिद्ध नहीं हो सकी और डूब गयी—पर डूबते–डूबते 'नेताजी जांच कमेटी' की ईमानदारी पर प्रश्नचिह्न की खरोंच जरुर लगा गयी।

सुरेश बोस की रिपोर्ट के इन तथ्यों पर नज़र डालना आज ज़्यादा अच्छा अनुभव प्रतीत होता है—बीते पचपन सालों से भी ज़्यादा प्रबल और रोचक। क्योकि उस जमाने में खोजी पत्रकारिता नाम की कोई चीज़ होती ही नहीं थी; न ही गोपनीय सरकारी दस्तावेज़ों तक पहुंचने का कोई रास्ता ही था।

- शाहनवाज़ नये–नये गवाहों को बुलाते रहे और उनसे पूछताछ करते रहे। यह कदम सच तक पहुंचने की कोशिश नहीं थी—बल्कि यह कोशिश थी कि उन विरोधाभासी और तथाकथित 'गलत' वक्तव्यों को ठीक किया जा सके, जो शाहनवाज़ के सच के रास्ते के रोड़े थे। शाहनवाज़ का सच था—विमान दुर्घटनाग्रस्त हुआ था और नेताजी मृत हो चुके थे।
- सबूतों से इस बात का सत्यापन नहीं होता कि विमान वाकई दुर्घटनाग्रस्त हुआ था और नेताजी की मृत्यु इसी दुर्घटना में हुयी थी। नेताजी के प्रति श्रद्धा और देशहित में यह मेरा कर्त्तव्य है कि मेरे बयान पर ध्यान दिया जाये और इसे दर्ज किया जाये।
- मंचूरिया के रास्ते रुस जाने की नेताजी की योजना एक भूला–भटका सुझाव नहीं था। यह एक सोची–समझी परिपक्व योजना थी, जो दरअसल उनके पास बचा इकलौता विकल्प भी था। वह स्वयं को ब्रिटिश–अमरीकी सेना को सौंपना नहीं चाहते थे। अगर ऐसा करते, तो न केवल उनका अंत होता, बल्कि भारत की स्वतंत्रता का उनका सपना भी हमेशा के लिये टूट जाता।
- जापान एक स्वाभिमानी और सभ्य राष्ट्र रहा है। इस नाते नेताजी को ब्रिटिश–अमरीकियों को सौंप देना बेहद घटिया कदम होता, जो जापान कभी कर ही नहीं सकता था। इससे बचने का एकमात्र रास्ता था कि नेताजी के यहां से चले जाने के बाद, वह उनकी मृत्यु की खबर फैला दें...और इसको बनाये हुये सबूतों से पोषित करते रहें। नेताजी दुनिया की आँखों में एक युद्ध–अपराधी थे। जापान यह नहीं कह सकता था कि वह किसी अज्ञात जगह चले गये हैं, क्योंकि तब जापान को एक अपराधी के मददगार की हैसियत से देखा जाता।
- जापान ब्रिटिश–अमरीकियों से हार चुका था। अपनी गतिविधियों को छुपाये रखने के इरादे से ही उन्होंने नेताजी को विमान में केवल एक ही सीट दी। इसका आशय था

कि उन्हें समय आते ही जल्दी से जल्दी वहां से हटा दिया जाये। नेताजी की मदद करना जापानियों के लिये बड़ा खतरा बन सकता था—क्योंकि ब्रिटिश–अमरीकी सरकारें इस बात को कभी सहन नहीं करतीं।

- ताइहोकू दायरेन के बहुत पास था और केवल एक ही स्टॉप की दूरी पर था। साहगोन उत्तरपूर्व का सुदूर कोना था, जो नेताजी की गतिविधियों का गढ़ था और जहां बहुत से भारतीय रहते थे। जबकि दायरेन में एक भी भारतीय का मिल पाना मुश्किल था। जापानी इस बात की घोषणा नहीं कर सकते थे कि नेताजी का विमान मंचूरिया में दुर्घटनाग्रस्त हो गया था, इसलिए ताइहोकू इस दुर्घटना के लिये सबसे सही स्थान माना गया।
- अगर वाकई इस दुर्घटना के फलस्वरुप नेताजी को चोटें लगी होतीं या वह जले होत या अगर उनके शरीर का अंतिम संस्कार वहीं हुआ होता, तो कम से कम भारतीय जनता को संतुष्ट करने के लिये ही सही, क्या जापानियों ने दुर्घटना का सही विवरण और फोटो संभाल कर नहीं रखे होते? क्योंकि नेताजी की मृत्यु हुयी ही नहीं, तो उनके मृत शरीर की फोटो कैसे खींची जा सकती थी।
- नेताजी को लगी चोटें, उनके इलाज और मृत्यु के विवरण इतने विरोधाभासी हैं कि उन पर विश्वास करना नितांत मुश्किल है। एक सत्य घटना का विवरण और क्रम दस साल बाद भी इतना गड्डमड्ड नहीं हो सकता। यह सारे सबूत बेकार के हैं, और दिखाते हैं कि तथाकथित घटनायें दरअसल कभी घटित हुयीं ही नहीं। ये काल्पनिक घटनायें नेताजी और जापानी लोगों की गोपनीय योजनाओं का हिस्सा मात्र थीं, ताकि यह घोषणा की जा सके, कि नेताजी का निधन हो चुका है।
- नेताजी के भतीजों द्विजेन्द्र नाथ बोस और अरबिन्दो बोस ने हमारे सामने यह माना कि उन्होंने 16 जनवरी 1941 को नेताजी के कलकत्ता से बाहर जाने में मदद की थी, पर उनके जाने की तिथि 26 जनवरी 1941 बताई थी। इस बात की घोषणा भी उन्होंने तब की जब उन्हें पता लग गया था कि नेताजी भारत की सीमा पार कर अफगानिस्तान में दाखिल हो चुके हैं। यह सब नेताजी के दिये गये निर्देशों के अनुसार हो रहा था। उनके मुताबिक जापानी सरकार ने भी ऐसा ही कुछ किया था।
- कर्नल रहमान को नेताजी ने अपने आखिरी छः सबसे वफादार साथियों में से चुना था। जाहिर है कि उन्हें रहमान पर अटूट भरोसा था, जो उनकी सारी योजनायें, सारे राज़ अपने सीने में दफन कर लेंगे... उनकी सारी बातें मानेंगे और हमेशा उनके वफादार बने रहेंगे।
- मुझे यकीन हूँ कि कर्नल रहमान के सारे बयान, उनके "प्यारे नेताजी" के निर्देशानुसार ही दिये गये हैं। यह सभी बयान उन्होंने अपने नेताजी को बचाने के

सुरेश बोस (दांए) जापानी विदेश मंत्री मामेरू शीगेमत्सु के साथ सन् 1956 में

इरादे से दिये थे।

- अन्य गवाह, जापानी नागरिक थे जिनकी देशभक्ति दुनिया से छिपी नहीं है। उन्होंने अलग–अलग अधिकारियों को हमेशा अलग–अलग बयान दिये—और इस जरिये अपनी सरकार की मदद की थी। इस बात का यह भी अर्थ है, कि अपनी कही गयी और दर्ज की गयी बातों को अब वह खारिज नहीं कर सकते। इस बात से वह केवल अपनी सरकार को शर्मिन्दा करेंगे—जो वह कभी नहीं करेंगे। जापानी सरकार ने अपने दोस्त "श्री चन्द्र बोस" की भरसक मदद कर दरियादिली की नयी मिसाल कायम की थी।

सुरेश बोस की रिपोर्ट के आखिरी शब्द थे "देशवासियों से अपील है।" इस मामले में पारदर्शिता की उनकी मांग शायद तब अजीब लगी हो, पर आज नहीं। उन्होंने भारत वासियो से कहा कि वे न तो उनकी रिपोर्ट स्वीकार करें, न ही शाहनवाज–मैत्रा रिपोर्ट, बल्किः

> सरकार से मांग करें, कि वह कमेटी को दिये गये सारे सबूत उनके सामने भी रखे...और तमाम गवाहों–सबूतों के ध्यानपूर्वक अध्ययन के बाद ही किसी नतीजे पर पहुंचें। अगर इसके बाद आम धारणा यही बनती है कि विमान दुर्घटना हुयी ही नहीं थी और नेताजी की मृत्यु नहीं हुयी है, तो वह सभी को हटाये जाने की मांग करें जिन्होंने इस घिनौने खेल में हिस्सा लिया है।[46]

जैसा कि सत्य घटना पर आधारित किसी फिल्म का अंत मुख्य पात्रों की जीवन झलकियों से होता है वैसे ही नेताजी जांच कमेटी की कहानी भी एक अनुलेख के बिना अधूरी रहेगी। शाहनवाज़ और मैत्रा को उनके तथाकथित अच्छे कामों के लिये पुरस्कृत किया गया। एक मंत्री बना और दूसरे को एक बेहतरीन राजनयिक कार्य का जिम्मा मिला। बतौर मंत्री, और अन्य सरकारी महकमों के मुख्य की हैसियत से शाहनवाज़ जीवन भर सुर्खियों में बने रहे। हालांकि, इस धोखे के लिये उन्हें कोसने वाले भी कम नहीं थेः

"क्या भाईजान, डिप्टी मिनिस्टरशिप के लिये आपने नेताजी को मार दिया", यह ताना दिया सुभाष की भतीजी शीला सेनगुप्ता ने। एच0वी0 कामथ ने उनसे सीधी टक्कर ली थीः "मान लीजिये, कहीं कत्ल होता है और पुलिस बिना कत्ल की जगह जाये ही जांच कर लेती है, तो उस जांच की मान्यता कितनी रह जायेगी?"[47]

एक और छोटा सा नजरिया उपजा था कि शाहनवाज़ खान—जिनकी गोद ली बेटी के बेटे फिल्म अदाकार शाहरुख खान हैं—को मजबूर किया गया कि वह उन बातों को मानें जिन्हें दरअसल वह मानते ही नहीं थे। आई0एन0ए0 के सहकर्मी और मित्र रहे कर्नल ए0बी0 सिंह के मुताबिक 1980 के दशक की शुरुआत में साथ खाना खाते हुये सिंह ने जो प्रश्न किये उनसे शाहनवाज़ की आँखें भर आयीं और वह बोले कि उन्होंने "नेताजी जांच कमेटी के चेयरमैन की हैसियत से अपने जीवन की सबसे बड़ी गलती की थी।"

दिसम्बर 1983 में शाहनवाज़ का निधन हो गया। प्रधानमंत्री इन्दिरा गांधी और बेटे राजीव गांधी दोनों ही अन्तिम संस्कार में मौजूद रहे। प्रधानमंत्री ने उन्हें सत्य, निष्ठा और देशभक्ति की प्रतिमूर्ति कहकर सम्मानित किया। मैत्रा इसके बाद दस बरस और जीवित रहे—अपने जीवन के आखिरी साल उन्होंने शांतिनिकेतन में व्यतीत किये। ए0के0 धर सफलता की सीढ़ियाँ चढ़ते–चढ़ते राजदूत बन गये। टी0एन0 कौल अमरीका और रुस

में भारतीय राजनयिक होने के साथ ही विदेश सचिव भी रहे। कौल से पूर्व सुबिमल दत्त रुस के राजदूत बने, पर एक गलत ऑपरेशन में वह अपना बेटा खो बैठे। पर वह फिर से हिम्मत जुटा कर सामने आये और सन् 1995 तक जीवित रहे—इस दौरान उन्होंने कभी नेताजी के बारे में कुछ नहीं कहा।

इधर, प्रधानमंत्री नेहरु का रवैया अभी भी कभी नरम तो कभी गरम वाला था। शाहनवाज़ रिपोर्ट को आम मान्यता देने के साथ ही वह इस बारे में अपनी राय भी साथ ही रखते थे। इसीलिये मुथुरामलिंगम् का वक्तव्य, जो अन्य लोगों ने हंस कर टाल दिया था, नेहरु के लिये अहमियत रखता था। 26 नवम्बर 1957 को उन्होंने विदेश सचिव दत्त को निर्देश दिये कि वह सी0एस0 झा (उस समय जापान में भारत के राजदूत) से अमिय नाथ बोस की गतिविधियों के बारे में पूछें। लोकतांत्रिक सोच रखने वाले नेहरु के लिये यह एक अजीब सा कदम था। आमतौर पर यह वही नेहरु थे जो दिल्ली के संदिग्ध राजनयिकों पर जासूसी करवाने के हक में नहीं थे।

2. Just before I left Japan, I heard that Shri Amiya Bose, son of Shri Sarat Chandra Bose, had reached Tokyo. He had previously, when I was in India, informed me that he was going there. I should like you to write to our Ambassador at Tokyo to find out from him what Shri Amiya Bose did in Tokyo. Did he go to our Embassy? Did he visit this Renkoji Temple?

(J. Nehru)
25.11.1957

Document obtained in public interest

झा का जवाब था: "अमिय बोस ने यह तो नहीं कहा कि वह नेताजी की मृत्यु का सच जानने के लिये आये हैं, पर जब मैंने उनसे इस विवादास्पद मामले पर उनकी राय पूछी, तो उनका कहना था, कि ऐसी परिस्थितियाँ जरुर थीं, जो दिखाती हैं कि नेताजी रुस जाने की तैयारी में थे।"

EMBASSY OF INDIA IN JAPAN
TOKYO

127

-2-

5. We have no information about Amiya Bose having indulged here in any undesirable activities or expressions of opinion adverse to the Government of India or to its policies. I attach for your information a copy of a news item on him in the Japan Times.

6. As far as we have been able to ascertain, Amiya Bose did not visit the Renkoji Temple.

With kind regards,

Yours sincerely,

(C.S. JHA)

Document obtained in public interest

यकीनन बोस परिवार के लिये यह मामला ख़त्म नहीं हुआ था। शाहनवाज़ खान और शंकर मैत्रा की रिपोर्ट को मान्यता मिलने के छः साल बाद सुरेश बोस एक बार फिर

प्रधानमंत्री का दरवाज़ा खटखटाया। 7 मई 1962 को नेहरु ने संसद में कहा था:

"कमेटी के नतीजों पर किसी ने कभी कोई सवाल नहीं उठाया है।"... "सरकार इस जांच से संतुष्ट है...तथ्यों को मद्देनज़र रखते हुये इस मामले में आगे जांच का कोई प्रश्न ही नहीं उठता।" इन बयानों से दुखी होकर सुरेश बोस ने उन्हें पत्र लिखा—और दोनों में तकरार शुरु हो गयी। 12 मई 1962 को लिखे गये पत्र में उन्होंने फिर नेहरु से नेताजी की मृत्यु के सबूत देने को कहा। प्रधानमंत्री का जवाब था, कि ये सबूत "प्रत्यक्ष नहीं थे...अप्रत्यक्ष प्रमाण थे।" (चित्र)

No.704-PMH/62

PRIME MINISTER'S HOUSE
NEW DEL

May 13, 1962.

Dear Shri Suresh Bose,

I have your letter of the 12th May. You ask me to send you proof of the death of Netaji Subhas Chandra Bose. I cannot send you any precise and direct proof. But all the circumstantial evidence that has been produced and which has been referred to in the Enquiry Committee's report has convinced us of the fact that Netaji has died. In addition to this, the lapse of time now and the extreme improbability of his being alive secretly somewhere when he would be welcomed in India with great joy and affection, adds to that circumstantial evidence.

Yours sincerely,

सन् 1964 के अप्रैल महीने में नेहरु को अमिय नाथ बोस का पत्र मिला,

"लोगों को शाहनवाज़ कमेटी के नतीजों पर भरोसा इसलिये नहीं, क्योंकि इसमें कोई उच्चस्तरीय न्यायाधीश/अदालती व्यक्ति मौजूद नहीं था।"...उन्होंने सुझाव दिया कि, "देशहित में एक आखिरी न्यायिक जांच जरुरी थी...और अगर भारत के मुख्य न्यायाधीश इस जांच को अपने तत्त्वावधान में करा सकें...तो यह इस मुद्दे के लिये सार्थक साबित होगी।"[48]

इस पत्र का जवाब पण्डित नेहरु का सुभाष मामले पर आखिरी जवाब साबित हुआ। उन्होने माना की नेताजी की मृत्यु के विषय को निपटाने के लिए कुछ न कुछ किया जाना चहिए। लेकिन उनके लिए भारत के मुख्य न्यायाधीश को इस विषय में जाँच करने के लिए आग्रह करना उचित न होगा। हमें आज भी नहीं पता कि उनके इस पत्र का असल मसौदा क्या था। इसे लिखने के एक महीने बाद ही पण्डित नेहरु का निधन हो गया।

No. 293-PMH/64

प्रधान मंत्री भवन
PRIME MINISTER'S HOUSE
NEW DELHI

April 22, 1964

My dear Amiya,

I have your letter of the 20th April. I agree with you that something should be done to finalise the question of Netaji's death. Butit is not quite clear to me how far it will be proper for me to ask the Chief Justice of India to look into this matter. It may involve visiting Japan, and I am sure I cannot ask the Chief Justice to do so.

I have sent you a brief message already about the Netaji Hall Society.

Yours sincerely,

Shri Amiya Nath Bose,
1, Woodburn Park,
Calcutta 20.

4

कहानी शॉलमारी साधु की

एक साधु भिक्षा के लिये दरवाज़ा खटखटाता है। घर के लोग उसे सादर दोपहर के खाने के लिये आमंत्रित करते हैं। यह दृश्य 1950 के दशक की किसी फिल्म से लिया लगता है। पर दरअसल यह घटनाक्रम काल्पनिक या फिल्मी बिल्कुल नहीं। इण्टेलिजेंस की एक रिपोर्ट के अनुसार साधु का नाम था, शारदानन्द और उनके मेजवान थे डॉक्टर रमणी रंजन दास। यह सन् 1959 मे पश्चिम बंगाल के कूच बिहार जिले मे घटित हुआ। शारदानन्द जब से डॉक्टर दास के घर आए तभी से उनके होकर रह गए। दास ने अपने बूढ़े पिता के विरोध की अनदेखी करते हुए शॉलमारी में शारदानंद का आश्रम खुलवाने में भरपूर मदद दी। अपना काम छोड़ कर, वह पत्नी और दोनों बेटियों के साथ वहीं आश्रम में शॉलमारी साधु–शारदानंद की भक्ति में रम गए।

1960 के दशक तक यह किस्सा घर–घर में चर्चित हो चुका था। बंगला और अंग्रेजी भाषी शारदानंद महंगी सिगरेट पीते और उनसे मिलना किसी सरकारी उच्चाधिकारी से मिलने से कम थकाने वाला न होता। अफवाह थी कि यह शारदानंद दरअसल सुभाष चन्द्र बोस थे।

इन अफवाहों से पश्चिम बंगाल सरकार की नींद उड़ गयी। शॉलमारी आश्रम की आधिकारिक फाइलें, जो इण्टेलिजेंस शाखा के निदेशक के दफ्तर (लार्ड सिन्हा रोड,

कोलकाता) से जब भी आम होंगी, लोगों को एक बात जरुर खटकेगी। शॉलमारी राज़ की जांच करने वाले किसी भी भारतीय पुलिस सेवा के अधिकारी ने कभी इस बात पर न सवाल उठाया, न ही इस बात को खोजने की जरुरत समझी कि शारदानंद को सुभाष चन्द्र बोस क्योंकर समझा जाये? ऐसा लगता था जैसे पूरी सत्ता ने भारत सरकार के उस नजरिये को नकार दिया था, जिसके मुताबिक नेताजी की मृत्यु सन् 1945 में हो चुकी थी।

इस बात की जांच सितम्बर 1961 में शुरु हुयी। कूच बिहार के उप कमिश्नर जे0के0 लाहिड़ी ने आई0सी0एस0 एम0एम0 बसु (गृह सचिव, पश्चिम बंगाल) को पत्र लिखाः

> आश्रम पर पुलिस सख़्त नज़र रखे हुये है। पर अभी तक साधु को पहचानना संभव नहीं हुआ है। काम अभी जारी है। यह बताना जरुरी है, कि आश्रम सुर्खियों में नहीं है।

पर वह जल्द ही सुर्खियों में भी आ गया—यह इसलिये क्योंकि एक स्कूल टीचर, राधे श्याम जायसवाल, ने प्रधानमंत्री को पत्र लिखकर सूचित किया कि शॉलमारी साधु बना एक व्यक्ति खुद को सुभाष चन्द्र बोस बताकर लोगों को गुमराह कर रहा था। जायसवाल ने यह भी कहा कि तथाकथित आश्रम एक विदेशी एजेन्ट का अड्डा था। लाहिड़ी ने बसु को सूचित किया किः

> अभी तक साधु को पहचाना नहीं जा सका है। आश्रम के संचालन के लिये पैसा कहां से आता है—इस बात का भी कोई सुराग नहीं है। पुलिस सुपरिण्टेन्डेन्ट के मुताबिक अब दो विशिष्ट लोग आश्रम से जुड़ गये हैं। एक हैं; श्री एस0सी0 मुखर्जी, और दूसरे हैं, श्री निहारेन्दु दत्त मजूमदार।

मुखर्जी एक सेवानिवृत्त आई0सी0एस0 अधिकारी थे, जबकि मजूमदार प्रदेश के पूर्व कानून मंत्री थे। सन् 1954 में उन्होंने ही नेहरु से प्रार्थना की थी कि इस मामले की जांच करवाई जाये।

यह पूरा प्रकरण तब अपने चरम पर पहुंच गया जब सुभाष चन्द्र बोस द्वारा बनायी गयी आन्दोलनकारी संस्था 'बंगाल वालन्टियर्स' के पूर्व सदस्य सत्य गुप्ता ने 13 फरवरी 1962 में एक प्रेस कान्फ्रेंस बुलाकर बार–बार शारदानंद की 'असलियत' की बात की, पर यह नहीं बताया कि दरअसल वह 1945 से अब तक कहां रहे?

"मैं अपने गुरु को पहचानने में गलत नहीं हूँ...इस बात में कोई शक नहीं कि शॉलमारी साधु दरअसल नेताजी ही हैं।"[1]

हरिपाद बसु ने भी गुप्ता की बात का सत्यापन किया। बसु आश्रम के संयुक्त सचिव थे। सभी लोग शारदानंद की तरफ प्रधानमंत्री का ध्यान आकर्षित करना चाहते थे। हरिपाद ने पण्डित नेहरु को तार लिखकर सूचित किया कि उनके "खोये हुये मित्र" दरअसल शॉलमारी में थे।

हारकर आश्रम को स्वयं इस बात का स्पष्टीकरण देना पड़ा। 27 फरवरी को रमणी रंजन दास ने घोषणा की कि "शॉलमारी आश्रम के संस्थापक न तो सुभाष चन्द्र बोस

हैं, न ही नेताजी से कभी उनका कोई नाता रहा है।" हरिपाद को आश्रम से निकाल दिया गया। निहारेन्दु मजूमदार ने अखबारों को बताया कि शारदानंद "असाधारण थे, पर सुभाष नहीं थे।"

पुलिस की छानबीन जारी थी। 1 मार्च 1962 को गवर्नमेंट रेलवे पुलिस के सुपरिन्टेण्डेन्ट के0जी0 बोस ने 'अति गोपनीय' रिपोर्ट पश्चिम बंगाल, सी0आई0डी0 के डिप्टी इन्सपेक्टर जनरल पी0के0 बसु को भेजी: "रेलवे इण्टेलिजेंस अधिकारी अब इन्हीं तथ्यों के आधार पर आगे जांच करेंगे।"

हरिपाद के रुख परिवर्तन की कहानियाँ अप्रैल में प्रकाशित हो गयीं। 2 अप्रैल को प्रकाशित खबर में यह बताया गया कि दम दम, कोलकाता में उन्होंने यह घोषणा की कि शारदानंद ही सुभाष थे।

> उन्होंने यह भी कहा कि नेताजी के बारे में लोगों को न बताने का एक षड्यंत्र चल रहा था। उनके अनुसार इसी षड्यंत्र का शिकार बने थे भारतीय वायुसेना प्रमुख सुब्रत मुखर्जी, जिन्होंने खुद जापान जाकर इस राज़ को सुलझाने की कोशिश की थी।

फिर अचानक, इसी हरिपाद ने 14 अप्रैल को सबसे कहा कि वह समझ गये थे कि "साधु बाबा नेताजी नहीं थे।" इसी जगह दत्त–मजूमदार ने शाहनवाज़–मैत्रा रिपोर्ट को खारिज करते हुये यह विश्वास जताया कि नेताजी अभी भी 'कहीं पर' जीवित हैं। उन्होंने कहा कि वह "शारदानंद से मिले थे और वह हालांकि सुभाष जैसे दिखते हैं, पर वह नेताजी नहीं थे।"

पर पुलिस अब पक्के सबूत के लिये हाथ की लिखावट मिलाने पर उतारु हो चुकी थी। 23 अप्रैल को पश्चिम बंगाल में विशेष अधीक्षक रहे एस0के0 सिन्हा ने सी0आई0डी0 के विशेष अधीक्षक (एस0एस0पी0) जे0 मुखर्जी से यह प्रार्थना की कि वह लिखावट मिलाने के आदेश जारी करें। साथ ही, शारदानंद के हस्तलेख के दो काग़ज़ भी उन्हें दिये। क्योंकि पुलिस के पास नेताजी की लिखावट का कोई नमूना था ही नहीं, इसलिये मजबूरन अखबार में छपी एक रिपोर्ट का हवाला लिया गया—जिसमें नेताजी का हस्तलिखित पत्र भी छपा था।

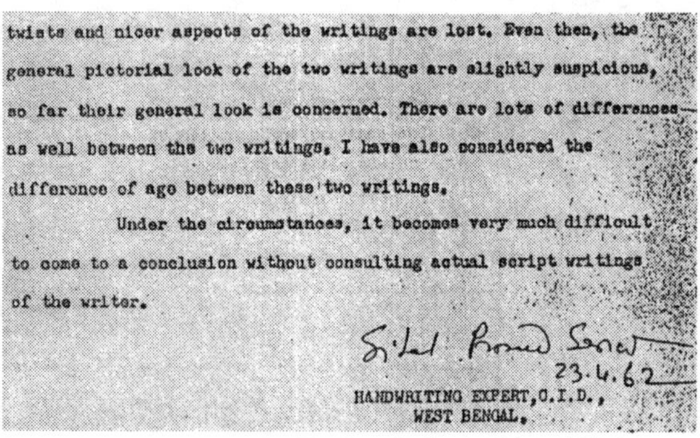
twists and nicer aspects of the writings are lost. Even then, the general pictorial look of the two writings are slightly suspicious, so far their general look is concerned. There are lots of differences as well between the two writings. I have also considered the difference of age between these two writings.

Under the circumstances, it becomes very mich difficult to come to a conclusion without consulting actual script writings of the writer.

23.4.62
HANDWRITING EXPERT, C.I.D.,
WEST BENGAL.

Document obtained in public interest

विशेषज्ञ का मानना था कि बिना असली लिखावट मिलाये इस तरीके से किसी भी नतीजे पर पहुंचना मुमकिन ना था। पर फिर भी दोनों लिखावटों में अंतर उसे साफ दिख रहा था।

तीन दिन बाद प्रदेश सरकार ने शॉलमारी घटना पर एक प्रेस वक्तव्य जारी किया। यह ज़रा अजीब था, क्योंकि शाहनवाज़ कमेटी के नतीजों के मान्य होने के बावजूद अधिकारी यह कह ही नहीं पा रहे थे कि सुभाष का निधन हो चुका है और शारदानंद को नेताजी साबित करने की कवायद ही गलत है!

> जहाँ तक सरकार का प्रश्न है, श्रीमंत शारदानंदजी से कोई मुलाकात हुयी ही नहीं है...ऐसे में कुछ भी कह पाना संभव नहीं है। हालांकि शारदानंद जी से सीधा संपर्क न होने के कारण इस मुद्दे को सुलझाना आसान नहीं है, पर हम पश्चिम बंगाल की जनता से अपील करते हैं कि वह इस मुद्दे पर न तो गुटबाजी करें और न ही कानून व्यवस्था के लिये मुश्किल खड़ी करें।

26 अप्रैल को इन्स्पेक्टर जनरल ऑफ पुलिस को यह खबर मिली कि शॉलमारी में आने वाले एक शख्स थे—स्वयं शाहनवाज़ ख़ान!

> दो अज्ञात व्यक्तियों ने मुझे सहगल और शाहनवाज़ (आई0एन0ए0 से सम्बद्ध) की फोटो दिखाई हैं। यह दोनों शॉलमारी के पास किसी दत्ता के घर आये थे। इनके अनुसार, बी0पी0सी0सी0 के पूर्व सचिव श्री अशरफुद्दीन अहमद भी कुछ समय पहले यहां आये थे।

इण्टेलिजेंस रिपोर्टें आती रहीं। और मामले को सुलझाने वाले आई0पी0एस0 अधिकारियों में से एक थे निरुपम सोम। यह सुभाष की बड़ी बहन के पोते थे। 2 मई 1962 को कोलकाता के पुलिस आयुक्त की हैसियत से सोम ने सत्य गुप्ता से अपनी मुलाकात का ब्यौरा भेजा। वह गुप्ता के बयान और शपथ से संतुष्ट नहीं थे:

> वह बचकाने कारण दे रहे थे...बात भी अस्पष्ट कर रहे थे।

जुलाई में इस कथा में एक नया पात्र जुड़ा। यह थे उत्तम चंद मल्होत्रा। उन्होंने सन् 1941 में सुभाष के भागने में अहम् भूमिका निभाई थी—और अब यह हरिपाद और सत्य गुप्ता की जगह आ गये थे। शारदानंद से मिलकर मल्होत्रा को यकीन हो गया था कि वह नेताजी ही थे। और इसके बाद एक दशक लम्बा प्रचार चला—गुट था, "सुभाषबाड़ी जनता।" बंगाल वालन्टियर्स के पुराने सहकर्मी हीरा लाल दीक्षित भी इस मुहिम में आ जुड़े थे। स्वयं शारदानंद को यह प्रचार जरा भी नहीं भाया। 17 नवम्बर 1962 को भेजे गये एक रेडियोग्राम के अनुसार निरुपम सोम ने बताया कि "एक दिन पहले ही शारदानंद टैक्सी में नेशनल हाइवे पर जा रहे थे जब सुभाषबाड़ी जनता के कुछ सदस्यों ने नेताजी जिन्दाबाद की पुकार के साथ उनका स्वागत किया। जवाब में साधु ने उन्हें गंदी गालियाँ दीं।" सोम ने यह खबर पश्चिम बंगाल के इण्टेलिजेंस प्रमुख को भेजी थीं।

सन् 1963 में नई दिल्ली में फिर इस मामले ने तूल पकड़ा। राज्य सभा में अटल बिहारी वाजपेई ने 22 अगस्त को इस ओर प्रधानमंत्री का ध्यान आकृष्ट करते हुये पूछा, "कुछ लोग और स्वयं संस्थापित संस्थायें इस मामले का प्रचार–प्रसार कर तो रहे हैं...पर क्या इसकी जांच हुयी है?"

नेहरु ने उत्तर दिया, "हम जानते हैं कि ऐसा प्रचार किया जा रहा था...पर अब यह खत्म हो चुका है...पश्चिम बंगाल सरकार और हमारी छान–बीन से यह साफ है कि स्वामी शारदानंद नेताजी सुभाषचन्द्र बोस नहीं हैं और वह खुद भी इस बात से इंकार करते हैं।"

ऐसी ही एक खोजबीन की थी राज्य सभा सदस्य सुरेन्द्र मोहन घोष और जलपाईगुड़ी के संसद सदस्य एन0आर0 घोष ने। यह जांच नेहरु के व्यक्तिगत निर्देशों पर की गयी थी। 11 सितम्बर 1962 को सुरेन्द्र घोष शॉलमारी आश्रम पहुंचे और शारदानंद से मिले। घोष ने उनसे पूछा कि वह संन्यासी बनने से पहले क्या थे? जवाब थाः "मैं अपने पूर्वाश्रम की पहचान नहीं बता सकता...पर लोग ऐसी गलती क्यों कर रहे हैं...आप खुद देख सकते हैं कि मैं नेताजी नहीं हूँ।...क्या कोई मुझे नेताजी समझ सकता है?"

घोष ने कहाः "जो नेताजी से मिला हो...उन्हें जानता हो...वह तो कभी नहीं समझ सकता!"

शारदानंद ने हामी भरी, "देखिये, कोई भी अपने पिता को नहीं नकारता...मैं सत्य गुप्ता को बता चुका हूँ कि जानकी नाथ बोस मेरे पिता नहीं हैं।" अब घोष को इस कल्पित कथा में चीन और कम्युनिस्ट पार्टी ऑफ इण्डिया का हाथ नज़र आ रहा था। उन्होंने शारदानंद से कहाः

> तीन साल पहले जब आप यहां आये तो अफवाह थी कि आप नेताजी हैं। मुझे जैसे ही यह पता लगाए मैंने सबको चौकन्ना कर दिया कि शायद चीन भारतीय कम्युनिस्ट पार्टी के जरिये यह अफवाह उड़ा रहा है...ताकि एक सही मौके पर वह भारत पर धावा बोल सके।[2]

4 अक्टूबर 1962 को घोष ने नेहरु को एक रिपोर्ट सौंपी जिसका प्रस्तावना पत्र चापलूसी से ओत–प्रोत था। इसमें नेहरु को राम, कृष्ण और बुद्ध के समकक्ष रखा गया था। रिपोर्ट का निष्कर्ष[3] था कि, "यह व्यक्ति सुभाष बोस नही है।"

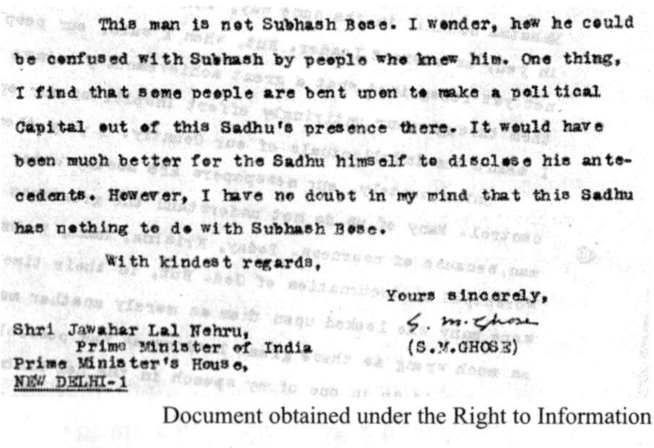

This man is not Subhash Bose. I wonder, how he could be confused with Subhash by people who knew him. One thing, I find that some people are bent upon to make a political Capital out of this Sadhu's presence there. It would have been much better for the Sadhu himself to disclose his antecedents. However, I have no doubt in my mind that this Sadhu has nothing to do with Subhash Bose.

With kindest regards,

Yours sincerely,

S. M. Ghose

(S.M.GHOSE)

Shri Jawahar Lal Nehru,
Prime Minister of India
Prime Minister's House,
NEW DELHI-1

Document obtained under the Right to Information

तो यह शॉलमारी साधु था कौन? पश्चिम बंगाल सरकार की एक गोपनीय फाइल में इसका जवाब है। पुलिस अधीक्षक (कूच बिहार) अशोक चक्रबर्ती सन् 1961 में इस आश्रम में गये ताकि वह शारदानंद की पहचान खोज सकें। उनकी जांच के नतीजे इण्टेलिजेंस

ब्रान्च के आई0जी0पी0 पी0के0 बसु को भेजे गयेः "मुझे इस साधु के बारे में कुछ गोपनीय सूचना मिली है।"

> प्राप्त सूचना के अनुसार यह साधु विगना, मेहर, विक्टोरिया कालेज के श्री जतिन चक्रबर्ती हैं। वे रेवल्यूशनरी पार्टी के सदस्य थे। उन पर कौमिला के जिलाधिकारी श्री डेविस की हत्या का आरोप था और तब से ही भागे हुये हैं। वे चेन–स्मोकर थे और अनुशीलन पार्टी से जुड़े हुये थे। यह साधु भी चेन–स्मोकर है। उन्हें जानने वाले एक व्यक्ति ने इन्हें तुरन्त पहचान लिया। इन्हें देखने पर उसने इन्हें "जतिन दा" कह कर पुकारा। साधु भी भावुक हो उठे थे।

अगर शॉलमारी का सच यही है, तो उन्हें सुभाष बोस की तरह प्रचलित करने का क्या मतलब हुआ? जल्दी ही यह अफवाह उड़ी कि शायद यह सरकारी तिकड़म थी, ताकि लोग भ्रमित हो जायें और नेताजी के रहस्य की ओर से उनका ध्यान हट जाये। यह बात खास तरीके से मानने वालों में सुभाष के भतीजे और स्वतंत्रता सेनानी द्विजेन्द्र नाथ बोस का नाम सबसे ऊपर था। द्विजेन्द्र को सबसे बड़ा झटका तब लगा जब शॉलमारी आश्रम में उनकी मुलाकात इण्टेलिजेंस ब्यूरो के निर्देशक बी0एन0 मलिक से हुयी। साथ में थे सेवानिवृत्त अधिकारी जी0के0 हांडू, जो कभी विदेश मंत्रालय में जासूसों का पता लगाने की जिम्मेदारी निभाते थे। द्विजेन्द्र के अनुसारः

> साधुओं के नाम पर लोगों को मूर्ख बनाया जा रहा है...आज नेताजी के नाम पर तीन साधु घूम रहे हैं...दरअसल यह सब सरकारी खर्च पर ये अफवाहें फैला रहे हैं।[4]

द्विजेन्द्र का साथ दिया पत्रकार बरुन सेनगुप्ता ने। सेनगुप्ता की जांच के अनुसार यह शॉलमारी साधु इण्टेलिजेंस ब्यूरो की चाल थी "मुझे इस पर शुरु से ही कोई यकीन नहीं था, पर एक रिपोर्टर होने के नाते मुझे खोजबीन करनी ही थी...मैंने स्टेट इण्टेलिजेंस ब्यूरो के लोगों से बात की...और इन्हीं के सेक्शन के एक मुख्य व्यक्ति से पूछा, "यह शॉलमारी का क्या मसला है?"

सेनगुप्ता को पता लगा कि बी0एन0 मलिक को भी "नेताजी जांच मामले" की जिम्मेदारी सौंपी गयी थी।

"पूर्वी क्षेत्र के इण्टेलिजेंस अधिकारियों ने मुझे बताया कि श्री मलिक इस सारे मामले को संभाल रहे थे...श्री मलिक से मेरी कभी कोई बात हुयी ही नहीं, क्योंकि मैं जानता था कि वह मुझे कुछ नहीं बताते।...श्री चलीहा, श्री पी0सी0 सेन और डॉ0 बी0सी0 रॉय को कुछ बातें मालूम थीं...पर कुछ ऐसी भी बातें होती हैं, जो मुख्यमंत्री स्तर को पार नहीं करतीं।"

कुल मिलाकर सेनगुप्ता का निष्कर्ष यह था कि इण्टेलिजेंस ब्यूरो इन "नेताजी बने साधुओं" के बारे में अच्छी तरह जानता था और वह लगातार 'मृत' नेताजी की खोज कर रहा था।

> सेण्ट्रल और स्टेट इण्टेलिजेंस के लोग किसी भी अफवाह की छानबीन में तुरन्त ही जुट जाते हैं...वह हम पत्रकारों के पास भी यह पूछते–पूछते आ जाते हैं कि हमारे पास कोई जानकारी तो नहीं है।[5]

बरुन सेनगुप्ता *बर्तमान* नामक बंगला अखबार के संस्थापक–सम्पादक रहे और सन् 2008 में उनका निधन हो गया। गोपनीय इण्टेलिजेंस रिकार्ड सेनगुप्ता को सही ठहरायता दिखते है। शॉलमारी प्रकरण के ठण्डा पड़ जाने के बाद तक इण्टेलिजेंस ने इस पर निगाह बनाए रखी। 18 मई 1968 को एक आई0 बी0 के एक उपनिदेशक ने शॉलमारी साधु को अमरकंटक, मध्य प्रदेश, में देखे जाने की बात कही।

एक अन्य अक्टूबर 1969 के मेमो में उनकी गतिविधियों की जानकारी थी। आई0बी0 के उप निदेशक शरत चन्द्र ने बंगाल के पुलिस अधीक्षक को बताया कि फरवरी 1969 के बाद उनका कोई अता–पता नहीं रहा; साथ ही नयी जानकारियों की मांग भी की।

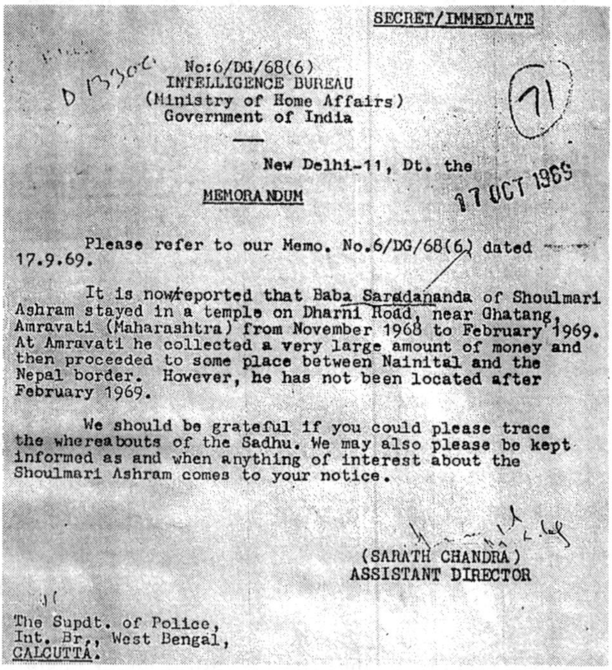

SECRET/IMMEDIATE

D 13306

No:6/DG/68(6)
INTELLIGENCE BUREAU
(Ministry of Home Affairs)
Government of India

(71)

New Delhi-11, Dt. the 17 OCT 1969

MEMORANDUM

Please refer to our Memo. No.6/DG/68(6) dated 17.9.69.

It is now reported that Baba Saradananda of Shoulmari Ashram stayed in a temple on Dharni Road, near Ghatang, Amravati (Maharashtra) from November 1968 to February 1969. At Amravati he collected a very large amount of money and then proceeded to some place between Nainital and the Nepal border. However, he has not been located after February 1969.

We should be grateful if you could please trace the whereabouts of the Sadhu. We may also please be kept informed as and when anything of interest about the Shoulmari Ashram comes to your notice.

(SARATH CHANDRA)
ASSISTANT DIRECTOR

The Supdt. of Police,
Int. Br., West Bengal,
CALCUTTA.

Document obtained in public interest

पर आखिर यह सब क्यों? क्या इण्टेलिजेंस ब्यूरो के पास और कोई काम नहीं था? खास तौर पर तब, जब नेताजी आधिकारिक रुप से मृत थे ?!

5

समर गुहाः एक धूमकेतु

शॉलमारी में तूफान शांत हुआ ही था कि ताइपेई में आने वाली आंधी का गर्जन सुनाई देना शुरु हो गया। नवम्बर 1964 में पूर्व लेजिस्लेटर डॉ0 सत्यनारायण सिन्हा अपनी जिम्मेदारी पर ताईवान आये ताकि सुभाष बोस की तथाकथित मृत्यु का सच पता लगा सकें। शानदार सोंग शांग हवाई अड्डे पर खड़े, डॉ0 सिन्हा अपने आसपास फैले पहाड़ों और किलुंग नदी की खूबसूरती निहारते हुये उस भयावह विमान दुर्घटना का दृश्य अपने दिमाग में दोहरा रहे थे— यहीं से वह प्लेन उड़ा होगा, और तत्कालीन मत्सुयामा मिलिट्री अड्डे के छोर पर क्रैश हो गया होगा। जापानी लोगों ने इस हादसे की जो तस्वीरें भेजी थीं, वह सब शाहनवाज़ की रिपोर्ट में लगाई गयीं थीं (देखे पेज 36)। तस्वीरें दिखा रहीं थीं कि टेढ़े–मेढ़े धातु के टुकड़े एक पहाड़ी के पास छितरे पड़े थे। पर वह पहाड़ी वहां से काफी दूरी पर थी, इसलिए सिन्हा को अपनी आँखों और दिमाग पर ज़ोर डालना पड़ रहा था।

'क्या कहीं यह तस्वीरें मित्र राष्ट्रों को धोखा देने के लिए तो नहीं थी ताकि इन पुरानी तस्वीरों को देख कर वह लोगों को यह बता सकें कि 18 अगस्त 1945 को वाकई

मत्सुयामा हवाई अड्डा सन 1950 के दशक मे

क्रैश हुआ था?'

आस–पास पूछताछ करने पर कुछ लोगों ने सिन्हा को कुछ जानकारी दी।

"क्या आपकी सेवा के दौरान कोई क्रैश हुआ था?"

"हाँ! अक्टूबर 1944 में हुआ था... वहाँ पहाड़ी पर।"

"क्या...और कोई क्रैश 1945 में हुआ था?"

"पता नहीं?...1945 में तो नहीं!...अगर हुआ होता तो मुझे जरुर पता होता...क्योंकि हम फायर ब्रिगेड के लोग दुर्घटनाओं के स्थान पर सबसे पहले पहुंचते हैं।"[1]

सिन्हा का दिमाग ठनकाः "शायद भारत सरकार, कमेटी के ताइपेई आने से डर रही थी, क्योंकि तब नेताजी के बारे में सच सामने आ सकता था।" वापस आकर उन्होंने *अमृत बाज़ार पत्रिका* में बताया कि 18 अगस्त 1945 को ताइपेई में कोई क्रैश हुआ ही नहीं था। उनकी किताब *नेताजी मिस्ट्री* सन् 1966 में प्रकाशित हुयी। जर्मन और रुसी सूत्रों से तैयार इस किताब ने एक चौंकाने वाला दावा कियाः

"सन् 1950–51 के बीच बोस रुस की जेल में रहे।"[2]

उसी साल एच0वी0 कामथ, उप–विदेश मंत्री डॉ0 सैम्पसन पी0 शाइन के न्यौते पर ताईवान पहुंचे। शाइन ने अपनी पढ़ाई वाराणसी में भी की थी। कामथ की प्रार्थना पर विदेश मंत्री पाइन हुआ ने एक अनौपचारिक जांच का आदेश दिया। इसी दौरान मंत्रालय के अधिकारी डॉ0 लिन ने कामथ को बताया कि सबूत "नेताजी या किसी अन्य व्यक्ति के मारे जाने की ओर इशारा नहीं करते...जिन लोगों से सवाल–जवाब किये गये, उन्हें भी किसी क्रैश की कोई जानकारी नहीं।"

हुआ से हुयी बातचीत में कामथ को बताया गया, "हम इस मामले में सारे संभव कदम उठा चुके हैं...लेकिन अगर भारत सरकार कुछ और कदम उठाना चाहती है, तो हम यथासंभव मदद करने को तैयार हैं।"[3]

लेकिन भारत सरकार खुश नहीं थी। अगस्त 1966 में दोनों संसदीय सदनों ने कामथ की जांच पर उठे सवालों पर विदेश मामलों के मंत्री स्वर्ण सिंह का एक ही जवाब थाः

"भारत और ताईवान सरकार के बीच कोई राजनैतिक सम्बन्ध नहीं हैं और न ही वहां से निर्देशित ऐसी किसी जांच की हमें जानकारी है। संसद में यह स्वीकार किया जा चुका है कि भारत सरकार को नेताजी जांच कमेटी के नतीजे मान्य हैं।"[4]

इसके बाद नौ अन्य सांसद ताईवान के दौरे पर गये। डॉ0 लिन ने इस बार भी वही बात दोहराई। टीम में अग्रज थे मुल्का गोविंद रेड्डी और प्रकाशवीर शास्त्री जबकि सबसे छोटे थे डॉ0 एल0एम0 सिंघवी, जो कांग्रेसी प्रवक्ता अभिषेक मनु सिंघवी के पिता थे। न्यायिक मामलों की समझ रखने वाले और आध्यात्मिक मामलों पर गहरी पकड़ रखने

वाले स्वर्गीय डॉ0 सिंघवी कई मायनों में एक खास शख्सियत थे। लेकिन यह विडम्बना ही थी, कि उन्होंने सबसे खास मुद्दे पर कुछ नहीं कहा—जो यह था कि लिन ने उनकी टीम को सुभाष की मृत्यु ताईवान में न होने के बारे में क्या बताया था।

खैर, मुल्का गोविंद रेड्डी ने वे बातें सबको बताईः

"डॉ0 लिन, ने सारे रिकार्ड देखने के बाद यह निष्कर्ष निकाला कि नेताजी की उस दुर्घटना में हुयी मृत्यु का कोई सबूत नहीं था।"[5]

जुलाई 1967 में प्रकाश वीर शास्त्री और अन्य सदस्यों ने इस बात पर लोक सभा में प्रश्न उठाये। जवाब था कि सरकार इस बारे में असहाय थी क्योंकि "ताईवान सरकार की तरफ से उसे कोई जानकारी नहीं मिली थी।"[6]

पर इस रहस्य के अंधड़ और अंधेरे के बीच एक सितारा उभरा जिसने रोशनी की किरणें बिखेरीं। यह सितारा था समर गुहा।

स्वतंत्रता सेनानी और केमिस्ट्री के प्रवक्ता ने सुभाष की पहचान और मृत्यु के राज़ के जवाब को अपनी ज़िन्दगी की पहचान बना डाला। 3 अप्रैल 1967 में लोक सभा में अपने सबसे पहले भाषण में उन्होंने संसद को यह अहसास दिलाया कि संसद के सेन्ट्रल हॉल में भारत के निर्माताओं में कहीं भी नेताजी की तस्वीर शामिल नहीं थी। उन्होंने इल्ज़ाम लगाया कि "यह भूलवश नहीं बल्कि कांग्रेसी सरकार की सोची–समझी साजिश थी ताकि भारतीय स्वतंत्रता संग्राम के इतिहास में नेताजी को वह स्थान न मिल सके जिसके वह हकदार थे।"

इन्दिरा गांधी सरकार ने गुहा की मांगों को अहमियत नहीं दी, पर गुहा ने अटल बिहारी वाजपेयी, मधु लिमये सहित अन्य समान विचार रखने वाले लोगों को साथ लेकर एक 'नेशनल कमेटी' बनाई। उन्होंने नेताजी के मामले में ताजा जांच की मांग रखी और 20 दिसम्बर 1967 को करीब 350 संसदीय सदस्यों ने (जिसमें कई पार्टियों के सदस्य थे) राष्ट्रपति जाकिर हुसैन को ज्ञापन दिया। इस ज्ञापन पर कैबिनेट सचिव सहित अन्य सचिवों की बैठक 16 फरवरी 1968 को हुयीः

"जहां तक इस मामले में एक नयी जांच का प्रश्न है बैठक में उपस्थित व्यक्तियों को इस बात की कोई जरुरत महसूस नहीं होती...क्योंकि इस मामले में कोई भी नया सबूत सामने नहीं आया है।"

गृह सचिव एल0पी0 सिंह के गोपनीय नोट में लिखे फैसले को लोक सभा में प्रधानमंत्री का पूरा समर्थन मिला—तारीख थी 21 फरवरी।

लेकिन गुहा और संसदीय सदस्यों की टीम इतनी जल्दी पीछा नहीं छोड़ने वाली थी। पी0एम0ओ0 के एक नोट में दर्ज हुआः

> 7 अगस्त को 44 संसदीय सदस्यों ने प्रधानमंत्री को पत्र लिखकर एक नये जांच आयोग के गठन की मांग रखी। जैसा कि महात्मा गांधी की हत्या के लिये जीवनलाल कपूर आयोग का गठन हुआ था, इस नये आयोग में भी

> सुप्रीम कोर्ट सेवानिवृत्त जजों और महत्त्वपूर्ण सामाजिक हैसियत रखने वाले लोगों को शामिल करने की मांग रखी गयी।

धीरे–धीरे कांग्रेस में बंटवारे की स्थिति उत्पन्न होने लगी और अब तक सरकार का सुभाष के केस पर कोई जांच न करवाने का पक्का इरादा भी डगमगा गया। 1 सितम्बर 1969 को एल0पी0 सिंह ने कैबिनेट के लिये एक नया नोट बनाया जिसका शीर्षक था, "1945 में नेताजी की गुमशुदगी।" इस नोट का सार कुछ ऐसा था:

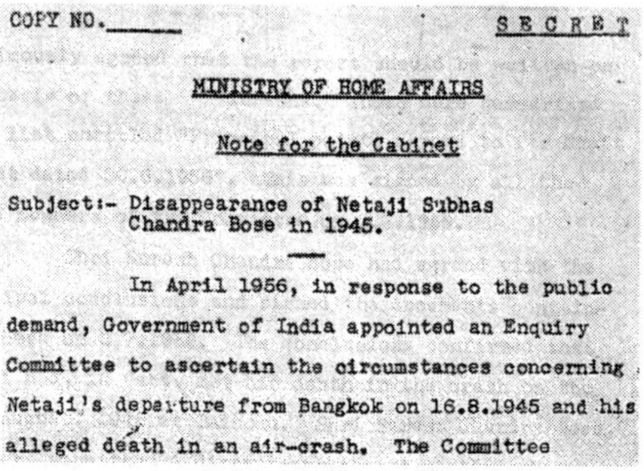

COPY NO.______ SECRET

MINISTRY OF HOME AFFAIRS

Note for the Cabinet

Subject:- Disappearance of Netaji Subhas Chandra Bose in 1945.

In April 1956, in response to the public demand, Government of India appointed an Enquiry Committee to ascertain the circumstances concerning Netaji's departure from Bangkok on 16.8.1945 and his alleged death in an air-crash. The Committee

Document obtained in public interest

> सरकार ने शाहनवाज़, कमेटी के नतीजों को मान्यता दी है और इसलिये उसका यह मानना है कि जब तक इस मामले में ताजे सबूत या तथ्य सामने नहीं आते, एक नयी जांच की आवश्यकता है ही नहीं। नेताजी की गुमशुदगी और उनकी उपस्थिति के बारे में अटकलें लगती रही हैं। पर इन अटकलों की जांच का कभी कोई नतीजा नहीं निकला। सन् 1962 में शॉलमारी में एक साधु को नेताजी मान लिया गया...एक अन्य दावे के अनुसार डॉ0 एस0एन0 सिन्हा ने यह कहा कि नेताजी साइबेरिया में याकुतस्क जेल की सेल नं0 46 में बंद हैं। पर इस बात का भी कोई ठोस सबूत नहीं मिल पाया है।

लेकिन दरअसल, सच यह है कि सिन्हा के दावों की कोई सरकारी जांच हुयी ही नहीं। इस बाबत अगर फाइलों में कुछ दर्ज है तो केवल मॉस्को स्थित भारतीय दूतावास से पत्राचार के कुछ विवरण। नेताजी की तथाकथित कैद के बारे में भारत ने मॉस्को से कभी भी कुछ नहीं पूछा। संयुक्त सचिव वी0पी0 मारवाहा ने सरकार की तरफ से जारी नोट में यह साफ कर दिया कि नेताजी की रुस जाने की कोई योजना थी ही नहीं। प्रधानमंत्री सचिवालय से आये इस नोट के अनुसार: "17 अगस्त 1945 को सुभाष बैंकाक से साइगोन पहुंचे, जहां से उन्हें उनके साथी, कर्नल हबीब–उर–रहमान के साथ एक जापानी वायु सेना के बॉम्बर में बैठाकर टोक्यो की ओर रवाना किया गया।" कैबिनेट की बैठकों के नतीजे भी इसी नोट में पूर्वानुमानित थे:

> पुनः जांच की कोई भी मांग एक बार फिर अस्वीकार कर दी जायेगी...जैसा कि इससे पहले, तीनों प्रधानमंत्रियों द्वारा की जा चुकी है। साथ ही, ऐसी कोई भी मांग इस बाबत बेकार की उत्सुकता को जन्म देगी...जो समर गुहा जैसे मुट्ठी भर लोगों के अलावा पहले ही खत्म हो चुकी है। इन स्थितियों में एक नये जांच आयोग का गठन सही नहीं माना जायेगा। लेकिन अगर ऐसा कोई आयोग बनता भी है, तो सुप्रीम कोर्ट के एक जज की उपस्थिति काफी होगी।

27 सितम्बर 1969 को जारी किये गये प्रधानमंत्री सचिवालय नोट में यह लिखा गया किः

"हालांकि ऐसी कोई जांच तुरन्त नहीं बिठाई जायेगी, पर कई संसदीय सदस्यों की सुभाष की मृत्यु के रहस्य के बारे में बनाये जा रहे दबाव को अधिक समय तक टाला नहीं जा सकेगा, और अगर संसद में यह मुद्दा उठता रहा तो इस मामले पर विचार किया जा सकता है।"

कैबिनेट सचिव के लिखे एक विवरण के अनुसार इन्दिरा गांधी ने कहाः

> इस बारे में सारे विचार–विमर्श के बाद, यह फैसला लिया गया कि कोई जांच नहीं करवाई जायेगी। मेरी व्यक्तिगत सोच है कि ज्ञापन देने वाले संसदीय सदस्यों को हम समझा सकते हैं। एक बार स्थिति उनके सामने साफ हो जायेगी, तो शायद ही यह लोग श्री समर गुहा का साथ देंगे। लेकिन मांग अगर फिर भी बनी रही तो हम जांच एक सक्षम और निष्पक्ष व्यक्ति को सौंपने के बारे में सोचेंगे।

जल्दी ही श्रीमती गांधी को मुल्का गोविंद रेड्डी ने पत्र लिखकर यह बताया कि इस मांग पर संसद के दो–तिहाई सदस्यों का समर्थन साथ था। इसके अलावा "स्थिति को समझाने" की योजना के अनुरुप बुलाई गई 5 दिसम्बर 1969 की संसदीय सदस्यों की बैठक का नतीजा श्रीमती गांधी की सोच के ठीक उलट निकला। बैठक में उपस्थित कुछ सदस्य थेः मुल्का गोविंद रेड्डी, समर गुहा, एस0एन0 द्विवेदी, बलराज मधोक, एस0एम0 जोशी, अमिया नाथ बोस, बकर अली मिर्ज़ा, के0एल0 गुप्ता, त्रिदिब चौधरी, इरा सोजिया, शशि भूषण और (बाद में लोक सभा स्पीकर रहे) रबि रे।

गृह मंत्री ने इन सबको आधिकारिक सोच से अवगत कराया। अमिय नाथ बोस ने अपनी वाक्पटुता और चातुर्य से इस 'सोच' को उलट दिया। उन्होंने गृह मंत्री को याद दिलाया कि जस्टिस राधा बिनोद पाल को अन्तर्राष्ट्रीय युद्ध अपराध ट्रिब्यूनल (टोक्यो) के एक अमरीकन सहकर्मी ने यह बताया था कि "जनरल मैकआर्थर के मुख्यालय से प्रेषित सूचना के अनुसार हवाई दुर्घटना की ओर इशारा करने वाले सबूत अनिर्णायक थे।"

एक गोपनीय फाइल में रखे गये मीटिंग के विवरण के अनुसार अमिय नाथ ने यह बताया कि अमरीकी पत्रकार अल्फ्रैड वैग ने सन् 1945 में ही ताईवान में जांच कर "गांधी जी को यह बता दिया था कि दुर्घटनाग्रस्त विमान की जो तस्वीर ताईहोकू हवाई अड्डे पर खींची गयी थी, वह वहां की हो ही नहीं सकती थी।" और "इन्हीं बयानों को सुनने के बाद गांधी जी ने नेताजी के जीवित होने का निष्कर्ष निकाला था।"

अमिय नाथ बोस ने उस सरकारी तर्क को भी गलत साबित किया, जिसके अनुसार ताज़े तथ्यों के अभाव में नयी जांच की कोई जरुरत ही नहीं थी। बोस ने कहा कि "भारत सरकार के पास कुछ ऐसे भी दस्तावेज़ थे, जो शाहनवाज़ कमेटी को सौंपे ही नहीं गये थे।" और इसलिये, "यह बात ताज़े तथ्यों/सबूतों की नहीं, बल्कि उन सबूतों की ताजा जांच की ही थी।"

गृह मंत्री के पास इन बातों का कोई जवाब नहीं था। सन् 1970 में हुयी एक कैबिनेट बैठक में कई मंत्रियों ने यह कहा कि "नेताजी के बारे में लाखों लोगों की जिज्ञासा के

मद्देनज़र सरकार का यह कहना गलत था कि वह नये सिरे से जांच के विरुद्ध थी...लोग यह समझने लगे थे कि कहीं कुछ छिपाया जा रहा था।"[7] फलस्वरुप, 11 जुलाई 1970 को एकाकी आयोग या 'वन–मैन कमीशन' के गठन के आदेश जारी किये गये। नौ महीने बाद, पंजाब हाईकोर्ट के एक पूर्व जज ने इसके चेयरमैन की भूमिका संभाली। यह थे जी0डी0 खोसला।

खोसला अपने आप में ही एक चर्चित व्यक्तित्व रहे थे। इनकी पढ़ाई कैम्ब्रिज में हुई थी और आई0सी0एस0 की न्यायिक शाखा के रत्नों में से एक थे। इनके मित्र रहे लेखक खुशवन्त सिंह के अनुसार, खोसला एक "ब्राउन साहिब" थे, जो "रात्रि भोज पर कभी डिनर जैकेट पहने बिना नहीं बैठते थे।"[8] एक जज की हैसियत से वह इतिहास का अहम् हिस्सा थे। महात्मा गांधी के हत्यारों को उन्होंने ही सज़ा सुनाई थी। सन् 1947 में वह लाहौर से शिमला आये। सरकार ने उन्हें बंटवारे की त्रासदी का भारतीय नज़रिया देने का जिम्मा सौंपा। नतीजा था, उनकी पहली किताब *स्टर्न रेकनिंग*, जिसमें बंटवारे का काला इतिहास दिल दहला देने वाली सच्चाई से बयान किया गया है। इस किताब में मुसलमानों के खिलाफ हिन्दू–सिख आतंक को खोसला ने "सही प्रतिक्रिया" बताया था। खुशवन्त सिंह ने इस नकारात्मक प्रतिक्रिया के बारे में कहा, "इसके पीछे मैं उनके छिपे हुये व्यक्तिगत गुस्से को कभी पहचान नहीं पाया।"

सन् 1961 में उनकी सेवानिवृत्ति के बाद यह गुस्सा तब फूटा, जब अपनी सेवानिवृत्ति के रिवाजों के अनुपालन न होने के फलस्वरुप उन्होंने अखबार में एक लेख लिखाः "द स्नेकः *ए फेबल फॉर ग्रोन अप्स*"। इस लेख में उनके निशाने पर थे, सीधे–साधे एडवोकेट जनरल ऑफ पंजाब एस0एम0 सिकरी और उनकी पत्नी। सिकरी ने उनसे यह गलती सुधारने को कहा पर खोसला नहीं माने। फिर सिकरी ने अटार्नी जनरल ऑफ इण्डिया, एम0सी0 सेतलवाड़ (सामाजिक कार्यकर्ता तीस्ता सेतलवाड़ के दादा) के कहने पर खोसला पर आपराधिक मामला दर्ज करा दिया। इस पर खोसला लंदन भाग गये। पर क्योंकि यह सिकरी की इज्ज़त का सवाल था, इसलिये वह भी आसानी से पीछा नहीं छोड़ने वाले थे। आखिरकार, "खोसला ने सार्वजनिक तौर पर माफी मांगी और आपराधिक केस वापस लिया गया।"[9] सिकरी सन् 1971 में भारत के मुख्य न्यायाधीश के पद पर आसीन हुये।

इधर, खोसला सेवानिवृत्ति के बाद लेखक बन गये। काल्पनिक, ऐतिहासिक, यात्रा–वृत्तान्त, पौराणिक...हर तरीके का साहित्य उनकी उंगलियों पर था। उन्होंने अपनी साहित्यिक रुचियों को "जवाहरलाल नेहरु के साथ मनाली की वादियों में भी साझा किया।"[10] नेहरु ने उनकी एक रचना की प्रस्तावना लिखी और एल0के0 आडवाणी इनके बड़े प्रशंसक रहे।

सुभाष के मामले में आँख में किरकिरी की तरह चुभने वाली बात थी लंदन में उनकी और खोसला की इकलौती बातचीत, जिसमें खोसला का सार्वजनिक अपमान हुआ था। यह बात है सन् 1920 की जब दोनों ही आई0सी0एस0 की तैयारी कर रहे थे। हुआ कुछ यूँ कि सुभाष वहाँ उपस्थित भारतीय मित्रों को आई0सी0एस0 में चयन के बाद भी नौकरी छोड़ने के अपने इरादे के बारे में बता रहे थे—तभी पास से ही गुज़रते खोसला ने उनसे

कहा कि ब्रिटिश सेवाओं में भारतीयों का अंग्रेज़ों का स्थान ले लेना देशभक्ति का अपमान नहीं था—इसमें कुछ गलत नहीं था। इस पर सुभाष ने सबके सामने उन्हें एक "घोर अपमानजनक दृष्टि से देखा।"[11]

सन् 2001 में इतिहासकार वी0एन0 दत्त ने खोसला के इस अनुभव और नेताजी की मृत्यु के रहस्य की उनकी समीक्षा के बारे में टिप्पणी की कि जांच के दौरान "यह अनुभव खोसला के दिल को कचोटता रहता।"[12]

जहां तक खुद खोसला की कार्यकुशलता का सवाल था, वह जांच आयोगों के पेशेवर खिलाड़ी थे। इससे पहले वह लगभग बारह आयोगों के शीर्ष पर रह चुके थे—शायद ही स्वतंत्र भारत में किसी जज का इतना जबरदस्त रिकार्ड रहा हो। नेताजी के इस रहस्य की जांच से पूर्व उन्होंने फिल्म सेन्सरशिप का मुद्दा सुलझाया था। इस बार, उन्होंने एक प्रेस वार्ता बुलाई और ढेर सारे वायदे कर डाले, जिनमें शामिल थे—इंग्लैण्ड, अमरीका, रुस, जापान और ताईवान सरकारों से मदद की दरकार के वायदे। खोसला जानते थे, वह इन्हें नहीं निभायेंगे।

इसके दो दिन बाद ही आयोग का आरम्भिक सत्र दिल्ली के विज्ञान भवन में आयोजित हुआ—जो एक सार्वजनिक विवाद की बलि चढ़ गया। यह सत्र आरम्भिक कम और शाहनवाज़ कमेटी का पोस्टमार्टम ज्यादा लग रहा था। आयोग के प्रथम गवाह थे, शाहनवाज़ खान, जिनका दावा रहा, "अगर यह साबित हो गया कि उन्होंने देश के साथ धोखा किया" था तो वह "फांसी पर चढ़ने के लिये तैयार थे।"[13] इस पर अमिय बोस चिल्लाये, "हाँ! हाँ! तुम नेताजी के गद्दार हो!"

बाद में अमिय का साथ दिया दोगुने गुस्से में भरे हुये सुरेश बोस नेः

> शाहनवाज़ ने नेहरु के परम विश्वसनीय होने के नाते नेताजी के साथ गद्दारी की...अपनी रिपोर्ट में इन्होंने नेहरु का साथ देते हुये इस बात का समर्थन किया कि नेताजी की मृत्यु हो चुकी थी, जबकि सारे मौखिक और लिखित सबूत इस बात के खिलाफ थे...इस बात के लिये इन्हें पुरस्कृत भी किया गया।[14]

जवाब में शाहनवाज़ ने सुरेश बोस की 'खिलाफत रिपोर्ट' पर इल्ज़ाम डालते हुये कहा कि, "पारिवारिक दबाव में बनाई गयी यह रिपोर्ट राजनैतिक कारणों से इस मुद्दे को जिन्दा रखने की कोशिश थी।" और सरकार का, कमेटी के ताईवान न जा पाने में "कोई हाथ नहीं था।"[15] सुरेश बोस इस बात को नहीं माने और 6 दिसम्बर 1970 के *टाइम्स ऑफ इण्डिया* में उन्होंने आयोग को बताया कि शाहनवाज़ ने खुद उनसे कहा किः "ताईहोकू जाने में राजनयिक परेशानी तो कोई नहीं थी...बस प्रधानमंत्री, नेहरु को यह बात पसंद नहीं थी।"

जांच आयोग में इस मामले से सम्बन्धित कई मुद्दे खुले—प्रधानमंत्री नेहरु का इस बाबत रुख उनमें से केवल एक ही था। अलग–अलग पार्टियों से जुड़े (नेशनल कमेटी, फारवर्ड ब्लाक, बोस परिवार) वकील गवाहों के बयानों के लिये उत्सुक दिखे। और सबसे कीमती गवाह थे हबीब–उर–रहमान। यह वकील आधिकारिक फाइलों और रिकार्ड को

मंगवाने का अधिकार रखते थे। पिछले एक दशक में नेताजी को देखे जाने के जितने दावे किये गये थे, खोसला को उन सबकी असलियत परखनी थी। नेताजी को युद्ध बंदी समझा जा रहा था, तो कहीं उन्हें शॉलमारी साधु समझा जा रहा था—इन बातों का सुलझना जरुरी था।

आयोग खुले सत्रों में काम करता और सुनवाइयों के दौरान पत्रकार वहाँ मौजूद रहते थे। लाज़मी था, अखबारों के जरिये बयानों और फैसलों की सुर्खियाँ देश भर को नेताजी के रंग में रंग रही थीं। ये फैसले अब सबको तर्कसंगत लगते और यह माना जाने लगा कि अब आखिरी फैसला भी करीब ही है। ऐसा मानने वालों में सुरेश बोस और आयोग के पहले चरण में रहे वकीलों का नाम फेहरिस्त में सबसे ऊपर था।

पर साढ़े तीन साल बाद सुरेश बोस चल बसे...और इसके साथ ही न्याय की आशायें भी। खोसला के रिपोर्ट बंद करते न करते वादी और वकील दोनों ही निराशा के सागर में गोते लगाने लगे। पर खोसला के लिये यह उनके जीवनकाल का सबसे उपजाऊ समय रहा। लेखन में रुचि रखने वाले खोसला इस समय एक साथ तीन महत्त्वपूर्ण कार्य कर रहे थे—प्रधानमंत्री इंदिरा गांधी की जीवनी, आयोग की रिपोर्ट और आयोग के चेयरमैन की हैसियत से उनके अपने अनुभवों पर आधारित किताब *लास्ट डेज़ ऑफ नेताजी*।

सन् 1973 में दिल्ली के शास्त्री भवन में रिपोर्ट बनाते हुये खोसला ने इसे मसालेदार बनाने का कोई मौका नहीं छोड़ा। जून 1974 तक रिपोर्ट बन कर तैयार हो गयी। गृह मंत्री उमा शंकर दीक्षित नतीजे देखकर बाग–बाग हो गये क्योंकि इस रिपोर्ट में सरकारी पक्ष में करीब 25 बिन्दु दिये गये थे। निष्कर्ष था कि वाकई हवाई दुर्घटना हुयी थी, और नेताजी उसी दुर्घटना में मारे भी गये। साथ ही यह भी कहा गया कि नेहरु ने कभी भी कहीं भी नेताजी के बारे में किसी सच को ढंकने का प्रयास नहीं किया।

> इस कमीशन की पूरी जांच प्रक्रिया के दौरान ऐसा कोई सबूत नहीं है जो यह साबित कर सके कि सरकार ने कमीशन से कुछ साक्ष्य छिपाये हैं, या उसकी राह में रोड़े अटकाने की कोशिश की है। जापानी लोगों के लिये नेताजी उनके समकक्ष मित्र नहीं थे, बल्कि समय पड़ने पर काम आने वाले व्यक्ति थे। सन् 1945 के बाद नेताजी को अलग–अलग समय/जगह पर देखे जाने की सारी बातें मनगढ़ंत हैं और अस्वीकार की जाती हैं।[16]

मुख्य रिपोर्ट शाहनवाज़ रिपोर्ट से कहीं लम्बी थी और इसमें कई प्रवर्तक नतीजे और निरीक्षण बिन्दु सामने थे:

- युद्ध खत्म हो जाने पर जापान की जो स्थिति थी उसमें यह मानना कि वह एक अपरिचित के लिये गोपनीयता या अन्य धोखे के लिये तैयार हो जायेंगे, सर्वथा कठिन है। भले ही यह व्यक्ति एक समय तक उनके काम आया हो, पर आखिरकार वह एक विफल व्यक्ति रहा था।
- सबूतों के अनुसार, वह उड़ान दरअसल जनरल शिदई और अन्य अधिकारियों के लिये थी...सुभाष और हबीब–उर–रहमान तो महज़ आखिरी घड़ी के अतिरिक्त संकलन थे।
- ब्रिटिश इण्टेलिजेंस की एक पूर्व जांच के मुताबिक हबीब–उर–रहमान का कथन सच

था और सुभाष की मृत्यु हो चुकी थी। यही इस जांच के तथ्य थे। महात्मा गांधी के उद्गार नेताजी के प्रति महज़ एक सांकेतिक सम्मानसूचक थे; और कुछ नहीं।

- मैं अधिकतर जापानी गवाहों के सत्य और उदार बयानों से खासा प्रभावित हुआ।
- सुरेश बोस ने अपना बयान अपने बनाये एक लिखित वक्तव्य के अनुसार दिया—जबकि उनके बयान उनकी याद्दाश्त के अनुसार अपेक्षित था। सुरेश बोस उन लोगों के हाथ का हथियार बनते जा रहे थे, जो देश में नेहरु की राजनैतिक साख और स्थिरता को घटाने के लिए कटिबद्ध थे। इसी के चलते वह नेताजी के जीवित होने और विमान दुर्घटना के झूठ होने का दावा कर रहे थे।
- शाहनवाज़ कमेटी के गठन से लेकर इसकी रिपोर्ट आने तक—किसी ने इसकी सत्यता पर सवाल नहीं उठाये। ऐसा केवल संसद में बहुमत रिपोर्ट प्रस्तावित होने के बाद हुआ।[17]

सरकार ने खोसला रिपोर्ट को मान्यता देकर सितम्बर 1974 में इसे संसद पटल पर रखा। विरोधी दलों के सदस्यों के गुस्से का ठिकाना नहीं था, और समर गुहा ने तो इसे फाड़ कर फेंक दिया। जाहिर था, नेताजी को एक अव्यावहारिक व्यक्ति के रुप में दिखाता यह निष्कर्ष उन्हें स्वीकार न था। इस नतीजे का मतलब था कि "उनकी जापान की मदद से भारत आने की योजना दरअसल, भारत को जापान के हाथ बेच देने की योजना थी।"[18]

खोसला ने इस रिपोर्ट से नेताजी और जापान के रिश्तों को एक विपरीत नजरिए से पेश करने की कोशिश की थी। यह ब्रिटिश राज में वापस जाने सरीखा था, जब जापानी ब्रिटेन के दुश्मन होने के नाते भारत के भी दुश्मन माने जाते थे। शाहनवाज कमेटी इस विमान दुर्घटना को सही तरह से समझा नहीं पायी—पर खोसला ने उस सारी 'नासमझी' की दोगुनी भरपाई कर दी। सन् 1956 की रिपोर्ट में गवाहों के विरोधाभासी बयानों से चुनिंदा वाक्य लेकर एक कहानी बनायी गयी थी—हालांकि इसमें खामियाँ साफ नज़र आ रहीं थीं:

> ऊपरी तौर पर नेताजी के मृत शरीर को लेकर क्षेत्रीय सैन्य कमान्ड को कोई खास रुचि नहीं थी...एक जूनियर अफसर, मेजर नागातोमो, को कुछ बातें बताई जरुर गयीं पर इसके अलावा, और कुछ नहीं किया गया...15 अगस्त 1945 के जापानी आत्मसमर्पण के बाद सेना में अव्यवस्था साफ देखी जा सकती थी...पर फिर भी ऐसा बहुत कुछ था, जो हो सकता था, पर किया नहीं गया।[19]

इन सब मसलों पर खोसला की एक ही व्याख्या थी। आत्मसमर्पण के बाद की "अव्यवस्था" के मद्देनज़र जापानी लोग एक ऐसे व्यक्ति के प्रति क्योंकर वफादार होते, जो उन स्थितियों में "बेकार का होते हुये आराम से नकारा जा सकता था।"

> वह शुरु से ही उन्हें अपने हाथों में कठपुतली की तरह से इस्तेमाल करना चाहते थे—ताकि वह वही करें, जो जापान उनसे कहे। आखिर रास बिहारी बोस और मोहन सिंह का भी तो वही हश्र हुआ।[20]

रास बिहारी बोस की बेटी, अर्ध जापानी तोसिको हिगुची, इस बात से सहमत कतई न होगी। फिर भला खोसला ने जापानियों को नेताजी की ओर निष्ठाहीन करार क्यों दे डाला था? इसका उत्तर था, शाहनवाज़ की वह किताब जिसकी प्रस्तावना खुद नेहरु ने लिखी थी। खोसला ने इसी पर अपने नतीजे आधारित किये थे—और (जिसमें) जापान को बेइज़्जत भी किया था:

> जापानियों के सम्पर्क में आने के पहले दिन से ही हमें उनके लोगों से रिश्ते निभाने की क्षमता पर भरोसा नहीं था यह घृणा और भी बढ़ गयी जब हमने खुद अपनी आँखों से जापानी सैनिकों को लूट और बलात्कार इत्यादि में सम्मिलित देखा। हम खुद से पूछतेः "क्या हमारे साथ भारत जाकर यह लोग यही सब करने वाले थे?"[21]

खोसला के अनुसार "जापान दरअसल भारत को अंग्रेजी गुलामी से आज़ादी दिलवाने के लिये आई0एन0ए0 की मदद नहीं कर रहा था। उसका मतलब था, दक्षिणपूर्वी एशिया में मित्र राष्ट्रों के खिलाफ आइ0एन0ए0 का कारगर इस्तेमाल करना।"

> वह यह समझ गये थे कि दक्षिणपूर्वी एशिया के भारतीयों में नेताजी का सम्मान और साख थी—वह यह भी जानते थे कि अगर सुभाष चाहते तो देशभक्ति के नाम पर धनी भारतीयों से अकूत धन एकत्र कर सकते थे।[22]

यह मानना था जी0डी0 खोसला का—जो यह भूल गये थे कि एक नहीं, बल्कि सभी जापानी गवाहों ने नेताजी के लिये गहरा सम्मान प्रदर्शित किया था। और तो और, कुछ गवाही देने वालों ने तो शाहनवाज को आई0एन0ए0 का गद्दार बताया था। देब नाथ दास और दल–बदलू ए0एम0 सहाय के अलावा, सभी भारतीय गवाहों ने जापानियों और नेताजी के आत्मीय, सम्मानजनक और शांत सम्बन्धों की बात कही थी। पड़ताल के शुरुआती दौर में खोसला ने नेताजी के मिलिट्री सचिव रहे कर्नल महबूब अहमद से इस बाबत पूछा तो जवाब मिला:

> नेताजी के व्यक्तित्व के प्रति जापानियों का गहरा सम्मान विदित था। और यह हमारे सम्पर्क में आये सभी जापानी लोगों से लेकर जापानी सेना में था—जो नेताजी की तरह ही चाहते थे कि ब्रिटिश सरकार भारत को आज़ाद करे।[23]

आइ0एन0ए0 के सह संस्थापक रहे ले0 जनरल इवायची फूजीवारा ने कमीशन को बताया कि "नेताजी जापानियों के लिये सम्माननीय थे।"[24] और यह बात नेताजी जांच कमेटी के चेयरमैन की हैसियत से शाहनवाज ने अनुभव की थी। सन् 1956 की कमेटी की टोक्यो यात्रा के बाद शाहनवाज ने यह बात अपनी रिपोर्ट में कही कि "नेताजी जापान में घर–घर में चर्चित थे और जन साधारण से लेकर मीडिया तक के लिये वह कौतुक का विषय थे।"[25]

एक अन्य कथन के मुताबिक, जब सुभाष का नाम टोक्यो युद्ध अपराध ट्रायल के दौरान लिया गया तो मृत्यु की सजा पाये हुये पूर्व जापानी प्रधानमंत्री हिदेकी तोजो और

अन्य उच्च अधिकारी इस मित्र की इज़्जत में उठ गये और फिर झुक गये—जो उनके सम्मान का द्योतक था। दशक बीत जाने पर भी ऐसे कितने ही लोग, नेताजी के साथ अपनी बीते परिचय की बातें गर्व से कहते–सुनते। वह थे ही ऐसे दुःख और सुख दोनों में सच्चे हितैषी। युद्ध खत्म होने पर सुभाष को लिखे अपने पत्र में जापानी सरकार ने उनके सानिध्य में साझा किये "आध्यात्मिक बंधन" की बात कही थीः

> निप्पोन सरकार पूरे हृदय से महामहिम के सहयोग और निप्पोन को दी गयी नैतिक ताकत को सलाम करता है। यह सब जो आपने बिना किसी अवसरवादी उद्देश्य से किया।[26]

तो क्या यह बयान, यह सम्मान यह दिखाते हैं कि जापान भारत को गुलाम बनाना चाहता था? जाने–माने इतिहासकार टी0आर0 सरीन के अनुसार (जो हवाई दुर्घटना को सच मानते है) यह सर्वथा मिथक था, जो अंग्रेजी सरकार ने युद्ध के दौरान भारतीय राजनैतिक दलों का समर्थन पाने के इरादे से फैलाया था। यह बात सरीन ने ब्रिटिश रिकार्ड पढ़ कर नेताजी पर लिखे एक शोधपत्र में कही। उच्चस्तरीय जापानी अधिकारियों ने पूछताछ के दौरान ऐसे किसी भी इरादे से साफ इंकार किया।

मेलबर्न, ऑस्ट्रेलिया के राष्ट्रीय आरकाइव में नेताजी पर एक फाइल है; जिसमें ऑस्ट्रेलियन नौ सेना के माध्यम से किया गया गोपनीय जर्मन–जापानी राजनैतिक पत्राचार दर्ज है। नेताजी वाकई जापान का मोहरा थे या नहीं, यह बात इसे पढ़कर जानी जा सकती है।

जापान के युद्ध मृतकों के लिये बना यासुकिनी समाधिस्थल (टोक्यो) में एक ऐसा अभिलेख है जो सन् 1998 में कैप्टन एस0एस0 यादव के लिखे एक पत्र पर आधारित है। यादव (अब निष्क्रिय हो चुकी) आई0एन0ए0 वेटेरियन एसोसिएशन के जनरल सचिव रह चुके थेः

"आइ0एन0ए0 के हम सभी सदस्य अपने सहयोद्धा और जापानी इम्पीरियल सेना के सदस्यों को हार्दिक श्रद्धांजलि देते हैं। उन्होंने इम्फाल और कोहिमा के युद्धस्थलों पर भारत की आज़ादी के लिये लड़ते–लड़ते अपने प्राण न्यौछावर कर दिये। भारत जापान के इन महान शहीदों के प्रति सदा आभारी रहेगा। हम इनकी आत्मा की शांति की प्रार्थना करते हैं।"

शाहनवाज़ खान के मित्र और रेड फोर्ट ट्रायल के नायक रहे कर्नल जी0एस0 ढिल्लों ने अपनी इतिहास रचना के दौरान कहा, कि वह "जापानियों के सदा आभारी रहेंगे।"[27]

भले ही दूसरे विश्व युद्ध के दौरान, जापान के सम्बन्ध चीन, कोरिया और अन्य राष्ट्रों से खराब रहे हों; भारत इस सूची में शामिल नहीं था। योद्धा रहे कई जापानी लोग आई0एन0ए0 के साथ अपने संबंधों को एक अच्छी दोस्ती की संज्ञा देते। धीरे–धीरे यह बात भारतीय विदेश मंत्रालय को भी समझ में आयी, जिसने मानाः

> भारत का बुद्ध धर्म की जन्मभूमि होना व युद्ध के द्वौरान नेताजी और आइ0 एन0 ए0 के साथ उनके संबंध, जापानी समाज में भारत के लिए दोस्ती और अपनत्व की भावनओं को जाग्रत करने करने में कारगर रहे हैं।

सुभाष के जापान के साथ सम्बन्धों को तोड़–मरोड़कर पेश करने वाले खोसला ने कई अन्य बिन्दुओं पर यही नीति आजमाई थी। शॉलमारी घटना का मजाक और "सुभाष को जीवित देखे जाने" की बात, भले ही उनकी रिपोर्ट को भड़कीला बनाये जाने की वाहियात कोशिश मानी गयी हो—पर सच तो यह है, कि इसमें कई विवेकशील बयान बलि चढ़ गये थे। उदाहरण के तौर पर रिपोर्ट 1500 शब्दों में एक ऐसी कहानी सुनाती है जो खोसला के अनुसार "एक बीमार दिमाग की उपज हो सकती है।" हालांकि एक जाने माने सांसद के साक्ष्य के बारे में उन्होंने एक शब्द कहना जरुरी नहीं समझा! नीचे प्रस्तुत संवाद मुल्क गोविंद रेड्डी के 30 मई 1972 को आयोग को दिये गये बयान से उद्धृत किया गया है। सन् 1966 में अपनी ताईवान यात्रा को याद करते हुये कहते हैं कि (उन्हें डॉ0 लिन ने बताया) "18 अगस्त को कोई विमान दुर्घटना नहीं हुयी।"

वकील ने उनसे दोबारा पूछाः "तो 18 अगस्त को नहीं?..."

"...18 अगस्त को नहीं...और नेताजी की मृत्यु किसी विमान दुर्घटना में हुयी नहीं लगती।"

"पर उन्होंने आपको बताया था, कि उनके पास इस बारे में कुछ एकत्र सामग्री है।"

"हाँ!...उन्होंने हम सबको बताया कि उन्होंने इस बारे में खासी मूल्यवान सामग्री इकट्ठा की थी। उन्होंने हमें ताइपेई के एक मेयर के बारे में भी बताया, जो अभी भी जीवित हैं। मेयर ने डॉ0 लिन को बताया कि उस दिन ऐसी कोई दुर्घटना नहीं हुयी थी...बल्कि, न केवल उस दिन, उसके बाद भी, नेताजी सुभाष चन्द्र बोस ऐसी किसी दुर्घटना का हिस्सा नहीं रहे...ताइपेई में तो बिल्कुल नहीं।"

"क्या कभी आपकी मुलाकात फारमोसा के उप विदेश मंत्री से हुयी है?"

"हाँ! हम एक डिनर पार्टी में उनके मेहमान थे...उन्होंने भी डॉ0 लिन की बात का समर्थन किया और यह आश्वासन दिया कि इस बाबत किसी भी पड़ताल में फारमोसा सरकार भारत सरकार की पूरी मदद करेगी।"[28]

उसी प्रतिनिधि मण्डल का हिस्सा रहे प्रकाश वीर शास्त्री के बयान के मुताबिक सारे एम0पी0 ताईवान के प्रधानमंत्री चांग–काई–शेक से भी मिले जिन्होंने यह आश्वासन दिया "कि अगर भारत सरकार ऐसी कोई भी जांच करती है, तो उनकी सरकार पूरी मदद देगी।"[29]

पर इस बयान का भी कोई हिस्सा खोसला ने अपनी रिपोर्ट में शामिल नहीं किया।

"मैं अन्वेषक ही नहीं, अनुसंधानकर्ता भी हूँ।" घमण्ड भरे ये शब्द बोलने वाले खोसला महत्त्वपूर्ण रिकार्ड साझा करने में बेहद पक्षपाती साबित हुये। हाल ही में प्राप्त सबूतों से यह साफ है कि उन्होंने सच को ढंकने में सरकार की मदद की। रिकार्ड दबा लिये गये या फिर उन्हें गैर सरकारी वकीलों से साझा किया ही नहीं गया। रात गई बात गई। धीरे–धीरे सरकारी सच ही सबका सच बन गया।

अगस्त 1945 के बारे में रहमान के विरोधाभासी बयानों को खंगालने की खोसला को कभी आवश्यकता नहीं पड़ी। 9 मार्च 1971 को पाकिस्तान के विदेश मंत्रालय ने इस्लामाबाद स्थित भारत उच्चायोग को सूचित किया कि, "शाहनवाज़ कमेटी में दिये गये बयानों के

अलावा, रहमान के पास कुछ और कहने को नहीं है।" और "उनके दिल्ली जाने या जांच आयोग के पाकिस्तान आने से कोई फायदा होने वाला नहीं था।"

शायद उस समय के बिगड़ते भारत–पाकिस्तान सम्बन्ध इस बात के लिये जिम्मेदार हों। जो भी हो, अब रहमान के बयान 'इण्डियन एविडेंस एक्ट' से बाहर थे, सो खोसला को उन पर ध्यान न देने की आज़ादी थी। पर फिर भी जापानी गवाह अभी बाकी थे। 16 मार्च और अप्रैल 1971 के बीच में वह जापान गये। उनके साथ दो गैर सरकारी वकील भी थे—बलराज त्रिखा और फारवर्ड ब्लॉक के अमर प्रसाद चक्रबर्ती। जांच में शामिल अन्य विशिष्ट वकीलों को पीछे छोड़ दिया गया। इनमें शामिल थे गोबिंद मुखौटी, जो समर गुहा की 'नेशनल कमेटी' के प्रतिनिधि थे; और एन0डी0 मजूमदार—जो सुरेश बोस के वकील थे। कमीशन के वकील टी0आर0 भसीन अभी नियुक्त नहीं किये गये थे।

अधेड़–आयु वाले जापानी लोगों के लिये ये सारी बातें लगभग 25 साल पुरानी हो चुकी थीं। ऐसे में छोटे–छोटे विवरणों में अन्तर होना स्वाभाविक था। कोई विमान की उड़ान का वक्त दोपहर दो के बजाय ढाई बताता या तो कोई 10 के स्थान पर 13 लोग बताता था। लेकिन एक बात और भी सच थी कि जीवन में एक ही बार होने वाले भयावह हादसे इंसान चाह कर भी भुला नहीं पाता—और खासतौर पर तब, जब वह त्रासदी उनसे बार–बार पूछी गयी हो।

नवम्बर 1984 में हुआ दिल्ली का वह रक्तपाती नरसंहार शायद ही कोई देखने वाला कभी भी भुला सके। न्यूयार्क में वर्ल्ड ट्रेड सेन्टर पर हाईजैक विमान का धावा शायद ही कोई भूला हो। कम से कम मैं तो बिल्कुल नहीं भूला। हालांकि मैंने उसे केवल टी0वी0 पर ही देखा था। और तो और, बचपन में देखी एक सड़क दुर्घटना का दृश्य भी मैं आज तक नहीं भूल सका हूँ। उस हादसे को 35 बरस से ज़्यादा का समय हो चुका है—पर मुझे याद है कि हादसे के शिकार व्यक्ति को ट्रक ने कुचला था या बस ने; और उसका स्थान क्या था।

सूचना का अधिकार यहां मूल्यवान रहा। जापानी गवाहों के साक्ष्यों का 'उपजाया' रिकार्ड, जिसको खोसला आयोग ने अपनी रिपोर्ट बनाने में इस्तेमाल किया था, आज मेरी आंखों के सामने है। माना मैं एक वकील नहीं, पर मैं फिर भी यही कहूंगा कि जापानी गवाहों का भुलक्कड़पन मेरी समझ के बाहर है। क्योंकि वह इस जरुरी हादसे में हुये महत्त्वपूर्ण विवरणों को भी यूं भूल गये, मानो यह कोई छोटी सी घटना हो। एक दूसरे को काटते–काटते वह खुद अपने बयानों से भी पलटने लगे। युद्ध के परिपक्व योद्धा अपने सामने जल कर मर गये दुनिया के एक चर्चित व्यक्ति के बारे में विस्तार से न बता पायें, तो दाल में काला क्या पूरी दाल ही काली नज़र आती है। गौरतलब है, कि इनसे यह बात कोई पहली बार नहीं पूछी गयी थी। जापानी, भारतीय और अन्य सरकारें, मीडिया और शाहनवाज़ कमेटी के सामने यह लोग कई–कई बार इन बयानों को दुहरा चुके थे...तो अब बदलाव का क्या कारण?...

सेवानिवृत्त ले0 जनरल सबुरो इसोदा, नेताजी और जापानी सरकार के बीच की कड़ी थे। टोक्यो में उनसे 16 अप्रैल 1971 में पूछताछ की गयी। शाहनवाज़ कमेटी के

सामने दिये गये बयान और अब दिये गये बयानों का विरोधाभास जी0डी0 खोसला से भी छिपा नहीं रह गया था।

> **आयोग**: क्या यह कहना सही होगा कि आपको ताईहोकू में हुये हवाई हादसे के बारे में कोई जानकारी नहीं मिली?
> **श्री इसोदा**: यह गलत है। मुझे क्रैश की पूरी आधिकारिक जानकारी प्राप्त हुयी थी।
> **आयोग**: आपने शाहनवाज़ कमेटी के सामने पहले भी बयान दिया था?
> **श्री इसोदा**: जी हां! मैं उनसे तीन दिन तक इम्पीरियल होटल में मिला।
> **आयोग**: उसी बयान में आपने कहा था, "मुझे इस हादसे के बारे में आधिकारिक जानकारी मिलना याद नहीं।" क्या आपने यह बात कही थी?
> **श्री इसोदा**: मुझे याद नहीं, मैंने पहले क्या कहा था।
> **आयोग**: पर, मैंने अभी आपका बयान पढ़ दिया। आपको क्या लगता है यह सही था या गलत?
> **श्री इसोदा**: मुझे आधिकारिक जानकारी मिली थी।
> **आयोग**: पर मेरा सवाल आपके पहले बयान को लेकर है—यह सही है या गलत?
> **श्री इसोदा**: इस समय मेरा मानना है कि यह बयान सही नहीं है।[30]

78 साल के श्री इसोदा सारे जापानी गवाहों में सबसे बुजुर्ग थे। तो क्या यह उम्र का तकाज़ा था, या फिर बेहद तेज़ याद्दाश्त रखने वाले इसोदा का मकसद कुछ और था? यह गड़बड़ी जारी रही।

> **आयोग**: आज आपने बताया कि आप फील्ड मार्शल तेराऊची से दलात में मिले और नेताजी के लिये 2–3 सीटों की व्यवस्था करवाई?
> **इसोदा**: मैं दलात में तेराऊची से नहीं मिला—मैं स्टाफ अफसर यानो से मिला।
> **आयोग**: पर अभी–अभी एक घण्टा पहले आपने कहा कि आप दलात में फील्ड मार्शल तेराऊची से मिले।
> **श्री इसोदा**: मैं स्टाफ अफसर यानो से मिला था; तेराऊची से नहीं। यानो, तेराऊची के लेफ्टिनेन्ट थे और तेराऊची के विचार मुझ तक यानो के जरिये ही पहुंचते थे।
> **आयोग**: तो जो आपने फील्ड मार्शल से मिलने के बारे में कहा, वह सही नहीं है?
> **श्री इसोदा**: मैं तेराऊची से नहीं मिला।[31]

खोसला ने इसोदा से पूछा कि क्या 16 अगस्त को वह बैंकाक से नेताजी को अपने "व्यक्तिगत विमान" में ले गये थे इस पर जनरल ने हामी भरी तो बलराज त्रिखा ने इसोदा से जानना चाहा कि "फिर, उन्हें किसी अन्य विमान में दो सीटों के लिये संघर्ष क्यों करना पड़ा था।"

श्री त्रिखाः साइगोन में नेताजी के पास उनका खुद का विमान था?

श्री इसोदाः नेताजी का खुद का विमान साइगोन में था।

श्री त्रिखाः जब उनके पास, उनका अपना विमान था तो आपको दूसरे विमान में उन्हें सीट क्यों दिलवानी पड़ी?

श्री इसोदाः मैंने कोई सीट नहीं दिलवाई। टाडा ने दिलवाई।

श्री त्रिखाः तो आपको नहीं पता कि नेताजी को वह विमान इस्तेमाल करने से किसने रोका?

श्री इसोदाः शायद यह कमान्डर–इन–चीफ तेराऊची का विचार था...

श्री त्रिखाः तो नेताजी का व्यक्तिगत विमान उनसे फील्ड मार्शल तेराऊची के आदेशों पर साइगोन में ले लिया गया?

श्री इसोदाः ऐसा मुझे लगा।

श्री त्रिखाः और नेताजी परेशान हुये होंगे?

श्री इसोदाः उन्हें कोई आश्चर्य नहीं हुआ।[32]

इसोदा के मुताबिक नेताजी को विमान परिवर्तन से कोई फर्क नहीं पड़ा था। फिर भी खोसला का आरोप था कि जापानी लोगों ने उंनके 'खास' प्लेन का इस्तेमाल उन्हें जानबूझ कर नहीं करने दिया।

सच यह था कि यह बताये जाने पर कि उन्हें विमान बदलना पड़ेगा, सुभाष की शांत प्रतिक्रिया इस बात का इशारा थी कि उन्हें आगे का सफर अपने केवल एक साथी के साथ करने में कोई आपत्ति नहीं थी। उन्होंने हबीब–उर–रहमान को यह मौका दिया। रहमान इसोदा और साइगोन में की गयी सुभाष की अन्य गोपनीय बैठकों के अभिन्न अंग रहे थे। पर खोसला की रिपोर्ट ने इन सब बातों को नज़रअंदाज कर दिया।

सुभाष के विमान की 'तथाकथित' दुर्घटना के वक्त ताइपेई में मीडिया प्रभारी रहे सैन्य अधिकारी का नाम था तदाशी अंदो। 30 मार्च 1971 को अंदो ने कमीशन को बताया कि क्रैश की खबर पाकर उन्हें सबसे ज्यादा चिंता जनरल शिदई की हुयी। वह मिलिट्री अकेडमी में "उनके टीचर थे"। तो वह "खबर पाते ही दुर्घटना स्थल की ओर गये और वहां पहुंचने पर उन्हें जनरल शिदई की मौत के बारे में सूचित किया गया। सुभाष चन्द्र बोस को वहां से आर्मी अस्पताल ले जाया गया। कम घायल लोगों को दूसरे अस्पताल भेजा गया था।"

खोसलाः क्या आपने जनरल शिदई का मृत शरीर देखा था?

अंदोः नहीं, सीधे तौर पर नहीं।

खोसलाः क्या आपने अन्य लोगों के मृत शरीर देखे?

अंदोः नहीं, मैंने शव तो नहीं देखे, पर मैं जानता था कि उनमें से कोई जीवित नहीं बचा।

खोसलाः क्या आप उस अस्पताल में गये, जहां नेताजी का इलाज चल रहा था?

अंदोः नहीं, मैं नहीं गया। मुझे लगता है, स्टाफ अफसर शिबुया को इस बारे में ज्यादा जानकारी है।"[33]

कर्नल शिबुया ने एक अन्य सैन्य अफसर—शिगेतका सुगियुरा—को भी इस हादसे के बारे में बताया था। सुगियुरा ताइपेई में इण्टेलिजेंस अफसर के तौर पर नियुक्त थे। उन्होंने कमीशन से कहा कि उन्हें शिबुया से सुभाष चन्द्र बोस के आने की सूचना मिली थी। और यह बात शिबुया के उस बयान के ठीक उलट थी, जिसके मुताबिक, "सैन्य अधिकारियों को सुभाष के आगमन के बारे में कुछ नहीं बताया गया।" सुगियुरा ने कहा कि वह विमान के आगमन पर हवाई अड्डे पर मौजूद थे; और फिर वह मिनटों बाद ही अपने बयान से मुकर गये।

तदाशी अंदो के अनुसार ले0 कर्नल मसानुरी शिबुया सुभाष की देख–रेख के प्रभारी बनाये गये थे और ताइपेई मुख्यालय से संलग्न होकर ही अपना कार्यभार संभाल रहे थे। शिबुया ने बताया कि हादसे के बारे में उनके पास फोन से सूचना आते ही, उन्होंने ताईवान में सेना के मुख्य कमाण्डर रहे जनरल रिकिची अंदो को इस बारे में बताया और उसके बाद हवाई अड्डे जाकर अपनी आंखों से विमान का मलबा देखा। खोसला और त्रिखा के साथ हुयी जिरह में उन्होंने माना कि दरअसल उन्होंने कोई मलबा देखा ही नहीं था। शिबुया को जनरल अंदो से कोई निर्देश नहीं मिले थे और इसायामा को न सुभाष की चिंता थी, न ही शिदई की। शिबुया ने कहा कि वह क्रैश के बाद इसायामा का निर्देश मिलते ही अस्पताल पहुंचे। जनरल इसायामा का शाहनवाज कमेटी को बयान थाः "मुझे अगले दिन दफ्तर पहुंचने पर हादसे के बारे में पता लगा।"[34] यह विरोधाभासी था और इधर शिबुया अपना ही बयान भूल चुके थे।

खोसलाः आपको इस बात का पूरा यकीन है कि आपके अस्पताल पहुंचने पर नेताजी जीवित थे और आपको उनकी मृत्यु की खबर अगले दिन मिली?

शिबुयाः यह बात सच है।

खोसलाः आपने शाहनवाज कमेटी को भी बयान दिये थे।

शिबुयाः जी हाँ!

खोसलाः आपके बयानों में यह लिखित तौर पर दर्ज़ है कि आपके अस्पताल पहुंचने पर नेताजी की मृत्यु हो चुकी थी और आपने उन्हें जीवित देखा ही नहीं। कौन सी बात सच है?

शिबुयाः मैं जब अस्पताल पहुंचा, तो नेताजी जीवित थे—यह बात सत्य है।

खोसलाः तो आपका पहला बयान गलत है?

शिबुयाः हां मेरा पहला बयान गलत है।

त्रिखा ने उनके साथ हुयी पूछताछ में कुछ और खामियां पकड़ीं:

त्रिखाः आपने आज कहा कि आप विमान के अवशेष देखने हवाई अड्डे गये थे। यह बात आपने शाहनवाज़ कमेटी को नहीं बताई थी?

शिबुयाः नहीं! पहली कमेटी के सामने मैंने यह बयान नहीं दिया था। मैं हवाई अड्डे गया और वहां से तुरन्त अस्पताल पहुंचा। विमान के अवशेषों पर मेरा ध्यान गया ही नहीं।

त्रिखाः तो आपने अवशेष दरअसल देखे ही नहीं?

शिबुयाः नहीं।

जिरह बढ़ते–बढ़ते शिबुया के जवाब देने से ज्यादा सवाल ही खड़े कर रहे थेः

त्रिखाः सेना का सिस्टम क्या था? जब कोई हवाई दुर्घटना होती थी, तो उसकी पड़ताल करना आपकी जिम्मेदारी नहीं होती थी?

शिबुयाः युद्ध के दौरान हुयी विमान दुर्घटनाओं का कोई खास महत्त्व नहीं था–जब तक वह 'खास' न हो।

त्रिखाः पर अभी–अभी आपने कहा कि एक बहुत खास व्यक्ति यात्रा कर रहा था। क्या यह पड़ताल की खास वजह के लिये काफी नहीं?

शिबुयाः ताईवान स्थित जापानी सैन्य मुख्यालय का इस हादसे से कोई लेना–देना नहीं था, क्योंकि वहां से विमान महज गुजरने वाला था। वह ताईवान मुख्यालय के कार्यक्षेत्र से बाहर था।

त्रिखाः पर अभी आपने बयान दिया कि अगर कारण खास हो, तो पड़ताल भी होती है। मेरा सवाल है, कि जब विमान में एक बेहद विशिष्ट व्यक्ति यात्रा कर रहा था, क्या पड़ताल की जिम्मेदारी एक सैन्य अफसर की नहीं थी?

शिबुयाः सेना मुख्यालय का फैसला इस मामले में कुछ न करने का था।[35]

जांच के बीच में ही शिबुया ने कमीशन से कहाः "अगर मेरे वर्तमान और पहले दिये बयानों में कोई फर्क हो, तो मेरे पहले बयानों को ही मान्यता दी जाये।"

यह सब उलझन बढ़ाने के लिये काफी था। इसके अलावा हादसे में बचे चार लोगों ने भी टोक्यो में आयोग के सामने बयान दिये, जिन्होंने हवाई हादसे की जांच को और उलझा दिया। कर्नल शिरो नोनोगाकी, जो अब जापान फरनेस मैटीरियल कंपनी के प्रेसीडेंट थे, आयोग के सामने 7 अप्रैल 1971 को आये। उन्होंने कहा कि जनरल शिदई ने उन्हें विमान प्रभारी के रुप में नियुक्त किया था। प्लेन क्रैश होने पर नोनोगाकी अपने सहयात्री ताकाहाशी के साथ जलते हुये विमान के चक्कर काटते हुये चिल्ला रहे थे, "...चंद्र बोस, शिदई, बाहर निकलो।"

...और फिर तदाशी अंदो की तरह नोनोगाकी भी जनरल शिदई के बारे में सब भूल गये।

Shri Trikha: You did not go back to the place of occurrence to find out about Gen. Shidei?

Col. Nonogaki: No, I did not go.

Shri Trikha: You thought that Gen. Shidei's life was not of much importance?

Col. Nonogaki: It was not that I did not consider his life important.

Shri Trikha: But you took no steps to find out about Gen. Shidei?

Col. Nonogaki: No.

Document obtained under the Right to Information

श्री त्रिखाः जनरल शिदई की मृत्यु की खबर आने पर, क्या हवाई अड्डे पर उनकी अंत्येष्टि का कोई इंतजाम किया गया था?

नोनोगाकीः मुझे होकुतो अस्पताल में भर्ती कराया गया था। उनकी अंत्येष्टि

की जानकारी मुझे बाद में मिली।

त्रिखाः तो आप अंत्येष्टि में मौजूद नहीं थे?

नोनोगाकीः जी नहीं।

त्रिखाः जनरल शिदई आपके अग्रज थे, और आप इतने ज्यादा घायल भी नहीं थे—ऐसे में आपको उनकी अंत्येष्टि में मौजूद रहने की जरुरत महसूस नहीं हुयी?

नोनोगाकीः यह जरुरी हो सकता है, पर मैं वहां नहीं गया।

त्रिखाः तो उनकी अंत्येष्टि हुयी या नहीं, इस बात की आपको कोई व्यक्तिगत जानकारी नहीं?

नोनोगाकीः जी नहीं।[36]

जापानी गवाह अपने बयान साथ लाये लिखित नोटों को देख–पढ़ कर दे रहे थे—और यह शाहनवाज कमेटी के सामने भी हुआ था। लिहाज़ा, मेजर तारो कोनो की गवाही से पहले जी0डी0 खोसला ने उनसे कहा कि वह अपनी "यादों से बयान दें, किताब से नहीं।"[37]

जैसा कि विदित है, ऐसा कई गवाहों ने किया था, पर खोसला ने अपनी रिपोर्ट में केवल सुरेश बोस पर ही निशाना साधा। सुरेश बोस इस मुद्दे से भावनात्मक रुप से जुड़े थे। 80 वर्षीय बोस की सेहत, कई बार बयानों के बीच ही बिगड़ती देखी गयी। अपनी गवाही के बाद वह ज़्यादा दिन जीवित न रह सके, तो भला खोसला रिपोर्ट में खुद पर साधा गया निशाना भला वह कैसे देख सकते थे? रिपोर्ट में उनकी गवाही को बेकार, "निरर्थक"[38], काल्पनिक, नेहरु और शाहनवाज खान की खिलाफत के अतिरिक्त कुछ नहीं बताया गया। इकलौता एक दस्तावेज़ था जिसे खोसला अपनी रिपोर्ट में 'पूरा' दिखाना नहीं भूले। यह था जून 1956 को तैयार हुआ वह नोट, जिसमें नेताजी जांच कमेटी के साथ सुरेश बोस की 'फर्जी' सहमति थी। मृत्यु के बाद भी सरकारी फैसले के खिलाफ खड़े होने के उनके दुस्साहस को कभी माफ नहीं किया गया।

कोनो उस समय सोनी बैटरी कम्पनी के निदेशक थे। आयोग के सामने किये गये उनके दावे के मुताबिक, क्रैश के बाद उन्होंने सुभाष बोस के हाथों, पैरों, चेहरे और सिर से खून बहता देखा। यह नजारा और किसी ने नहीं देखा था। कोनो के अन्य बयान शाहनवाज कमेटी के सामने दिये गये पहले बयानों से बिल्कुल अलग थे।

त्रिखाः मैं आपसे अक्षरशः वही कह रहा हूँ, जो आपने शाहनवाज कमेटी के सामने कहा था, "मैंने सुना है कि श्री बोस बगल के कमरे में हैं...वह जले हुए हैं पर जिंदा हैं...जिन नर्सों ने मुझे यह बताया, उनके नाम मुझे याद नहीं।"

कोनोः यह बयान सही है।

त्रिखाः तो जो आपने हमें आज नेताजी को व्यक्तिगत रुप से अस्पताल में देखने की बात कही, वह गलत है?

कोनोः आज, मैंने नेताजी को व्यक्तिगत रुप से अस्पताल में देखने की बात कही, वह सच है।

त्रिखाः आप अपनी आंखों से देख सकते थे?

कोनोः हाँ।

त्रिखाः चोटों की वजह से आपकी आंखें बन्द थीं?

कोनो: पर मैं देख सकता था।

त्रिखा: आपने शाहनवाज कमेटी को बताया कि "मेरा पूरा चेहरा सूजा हुआ था। मेरी आँखें बंद थीं और मैं कुछ नहीं देख सकता था।"[39]

इहाहो ताकाहाशी, जो उस समय टोक्यो एयरलाइन्स के प्रबंध निदेशक थे, ने भी ऐसा ही कुछ कहा:

त्रिखा: दुर्घटना के वक्त आप विमान के अन्दर थे—क्या आप होश में थे?

ताकाहाशी: मैं कुछ समय के लिये होश में नहीं था।

त्रिखा: पर आज ही आपने कहा, कि विमान दुर्घटना के बाद आप होश में आये और बाहर रेंग आये?

ताकाहाशी: हाँ, यह बात सही है।

त्रिखा: मैं आपके सामने ही, शाहनवाज कमेटी को दिया गया, आप ही का बयान पढ़ता हूँ "जब विमान जमीन से टकराया, तो मैं बेहोश हो गया...मेरे होश में आने पर, मैंने खुद को प्वाइंट दो पर पाया।" क्या यह सही है?

त्रिखा: पर जैसा कि आपने पहले कहा कि आप विमान के बाहर होश में आये, गलत था?

ताकाहाशी: मुझे लगता है कि यह सच हो सकता है।

त्रिखा: तो आपका आज का बयान, जिसके मुताबिक आप खुद विमान से रेंग कर बाहर निकले—आप बेहोश नहीं थे—क्या यह बात सही है?

ताकाहाशी: मैं होश में आ गया था। मैं विमान के बाहर था।

त्रिखा: तो आपका आज का बयान गलत है?

ताकाहाशी: हाँ।

कोनो और नोनोगाकी ने कहा था कि उन्होंने रहमान को नेताजी के कपड़ों में लगी आग बुझाते देखा। लेकिन ताकाहाशी ने बताया कि उन्होंने "नेताजी को दूसरे दरवाजे से बाहर आते देखा...उनके कपड़ों में आग लगी हुयी थी और वह चल रहे थे...क्योंकि मैं उनकी भाषा नहीं जानता था, मैंने उन्हें खुद जमीन पर लोट कर दिखाया कि आग को कैसे बुझाना है। उन्होंने वैसा ही किया और जमीन पर लोट गये। मैंने और उनके साथी ने लगी आग को बुझाने की कोशिश की और बुझा भी दी।" इसमें कोई गलती नहीं थी। जिरह के दौरान ताकाहाशी ने त्रिखा को सफाई दी, "मैंने उनके पैर पकड़ कर उन्हें लोटना सिखाया...नोनोगाकी भी वहां थे और उनकी मदद कर रहे थे।"[40]

2324

14.4.1971.

Mr. Trikha: So when Chandra Bose followed your advice and crawled on the ground the fire extinguished?

Mr. Takahashi: I remember I caught his legs and showed him how to roll.

Mr. Trikha: After when you helped Chandra Bose to roll on the ground, his fire was extinguished?

Mr. Takahashi: Yes.

Document obtained under the Right to Information

इस मामले में टोक्यो में कमीशन के सामने दो और गवाह आये। यह थे दो जापानी डॉक्टर जिन्होंने ताइपेई के अस्पताल में "चन्द्र बोस" का इलाज किया था। यह थे डॉ0 योशियो इशी और इनके वरिष्ठ डॉ0 तेनेयोशी योशिमी। खोसला ने इशी को "क्रैश के चार गवाहों की गवाही को सत्य ठहराने वाला महत्त्वपूर्ण गवाह" बताया। इशी के अनुसारः "नर्स ने एक मरीज का चन्द्र बोस के नाम से परिचय करवाया था; यही नर्स उनको खून चढ़ा रही थी।"[41] डॉ0 इशी ने इस नर्स की मदद की...उन्होंने इस बारे में कुछ नहीं पूछा यह क्यों किया जा रहा था या फिर प्रभारी डॉक्टर कौन थे। मरीज के पास कोई बेड टिकट भी नहीं दिखाई पड़ा था। वह करीबन 20 मिनट तक मरीज के साथ रहे और उस समय आसपास कोई नहीं था। लेकिन रहमान ने शाहनवाज़ कमेटी को यह बताया था कि वह हर समय वहीं मौजूद थे।

डॉ0 योशिमी से पूछताछ मिसाजाकी में उन्हीं के घर पर की गयी। पर इनके बयान भी पहले दी गई गवाही से अलग थे।

> **श्री चक्रवर्ती**ः आपने बताया कि शरीर बुरी तरह झुलस गया था और चोटें बेहद गहरी थीं...तो आपने उन्हें इलाज के लिये किसी बड़े अस्पताल में क्यों नहीं भेजा?
>
> **डॉ0 योशिमी**ः मरीज की हालत इतनी नाजुक थी कि उन्हें एक जगह से दूसरे अस्पताल नहीं ले जाया जा सकता था; और वह खुद भी नहीं जाना चाहते थे। उन्होंने कहा, "मैं यहां से हिलना नहीं चाहता।"
>
> **श्री चक्रवर्ती**ः क्या मरीज ने खुद आपसे यह बात कही?
>
> **डॉ0 योशिमी**ः उनके इन्टरप्रेटर ने यह बात बताई।
>
> **श्री चक्रवर्ती**ः यह इन्टरप्रेटर कौन थे?
>
> **डॉ0 योशिमी**ः श्री नाकामुरा।

जुयिकी नाकामुरा ने शाहनवाज कमेटी को दिये अपने लम्बे बयान में वह सारी बातें बताईं जो "नेताजी" ने अपने अंतिम घंटों में उनसे कहीं थीं। जी0डी0 खोसला के पास यह बयान उपलब्ध था और इसके मुताबिक उन्होंने ऐसा कुछ नहीं कहा कि वह मुख्य अस्पताल नहीं जाना चाहते थे।

> **श्री चक्रवर्ती**ः आपने हमें बताया कि वह बुरी तरह झुलस गये थे...क्या उनके हृदय पर भी आग का असर था?
>
> **डॉ0 योशिमी**ः उनका हृदय नहीं जला था।
>
> **श्री चक्रवर्ती**ः बुरी तरह जले हिस्सों में शरीर के कौन से अंग शामिल थे?
>
> **डॉ0 योशिमी**ः उनका पूरा शरीर जल गया था...यह कहना मुश्किल होगा कि कौन सा एक हिस्सा ज़्यादा प्रभावित हुआ था?
>
> **श्री चक्रवर्ती**ः लेकिन डॉक्टर, हृदय जल जाने पर क्या कोई मरीज बच सकता है?
>
> **डॉ0 योशिमी**ः नहीं।
>
> **श्री चक्रवर्ती**ः पर जब श्री बोस को अस्पताल लाया गया तो वह पूरे होश में थे और उन्होंने एक इन्टरप्रेटर के जरिये आपसे बात भी की?

डॉ0 योशिमी: हाँ।

श्री चक्रवर्ती: शाहनवाज कमेटी के सामने आपका बयान था, "मैंने देखा कि वह बुरी तरह झुलस गये थे...और पूरा शरीर आग से राख के रंग सा हो गया था...उनका हृदय भी प्रभावित था।" यह बयान गलत था?

डॉ0 योशिमी: यह सीना होना चाहिये, हृदय नहीं।

श्री चक्रवर्ती: श्री बोस के शरीर से आपने कितना खून निकाला?

डॉ0 योशिमी: मैंने कोई खून नहीं निकाला।

श्री चक्रवर्ती: क्या शरीर जल जाने पर मरीज़ का खून गाढ़ा हो जाता है?

डॉ0 योशिमी: हाँ।

श्री चक्रवर्ती: जब तक पुराना खून नहीं निकाला जाता, तब तक शरीर में नया खून नहीं पहुंचाया जा सकता। क्या यह बात सही है?

डॉ0 योशिमी: बिना पुराना खून निकाले शरीर में नया खून पहुंचाया जा सकता है।

श्री चक्रवर्ती: श्री बोस के बर्न थर्ड डिग्री के थे?

डॉ0 योशिमी: पूरे शरीर पर आग के घाव थर्ड डिग्री के थे।

श्री चक्रवर्ती: इसका मतलब आपने शाहनवाज कमेटी के सामने गलत बयान दिया? आपने कहा थाः

"थर्ड डिग्री बर्न होने पर शरीर का खून गाढ़ा हो जाता है और हृदय पर बहुत दबाव पड़ता है। इस दबाव को कम करने के लिये आमतौर पर मरीज के शरीर से खून निकाल कर उसमें नया खून पहुंचाया जाता है। श्री बोस के मामले में मैंने उनके शरीर से 200 सीसी खून निकाला, और 400 सीसी खून शरीर में पहुंचाया।"

पर आज आपने कहा कि खून निकाला ही नहीं गया और यह भी कि थर्ड डिग्री बर्न होने पर भी शरीर से बिना खून निकाले उसमें नये खून का संचार किया जा सकता है।

डॉ0 योशिमी: जैसा कि मैंने कहा मैंने खून निकालने–बदलने की प्रक्रिया में कोई भूमिका नहीं निभाई।

श्री चक्रवर्ती: तो यह बयान गलत है?

डॉ0 योशिमी: अगर माना जाये, तो वाकई गलत है।[42]

इन बयानों का गलत होना या विरोधाभासी होना, वाकई एक अजीब बात थी। खोसला की मानी जाये तो "पहली कमेटी की फाइल पढ़कर पता लगता है कि ये सारे बयान... गवाहों को भेजे जाते थे...जो आराम से पढ़कर उनमें संशोधन करते, और अपने–अपने हस्ताक्षर के बाद कमेटी को लौटा दिया करते थे।"[43]

सन् 1945 में मोरियो ताकाकुरा टोक्यो में स्थित जापानी इम्पीरियल आर्मी मुख्यालय के राजनैतिक मामलों के विभाग में कर्नल की हैसियत से नियुक्त थे—और इसलिये काफी कुछ जानते थे। अपने सीधी बात करने के स्वभाव से उन्होंने खोसला और वकीलों दोनों का दिल जीत लिया। खोसला ने लिखा, "ताकाकुरा के बयान को मानने का कोई ठोस कारण आयोग के पास नहीं है।"

त्रिखा ने उनसे इस बिन्दु पर जिरह की कि "नेताजी ले0 जनरल शिदई के साथ क्यों जा रहे थे?"

> **उ0**: ले0 जनरल शिदई को क्वानटुंग सेना स्टाफ के सह–प्रमुख के रुप में स्थानांतरित किया गया था। इसलिये श्री बोस उनके साथ जा रहे थे।
> **प्र0**: वह कहां जा रहे थे?
> **उ0**: शायद दायरेन।
> **प्र0**: क्या वह रुसी भाषा के अच्छे जानकार थे?
> **उ0**: हाँ।
> **प्र0**: क्या वह मंचूरिया की सीमा से भी भलीभांति परिचित थे?
> **उ0**: उनका स्थानांतरण हुआ था, लिहाजा वह सीमा की स्थिति से भलीभांति परिचित थे।
> **प्र0**: क्या यह मानना सही होगा कि नेताजी की दायरेन होते हुये रुस जाने की योजना को टोक्यो मुख्यालय से पूरा समर्थन प्राप्त था और मुख्यालय ने ही जनरल शिदई को उनके साथ भेजा था?
> **उ0**: हाँ, यह बात सही है। मुख्यालय को इस बात की पूर्ण जानकारी थी।[44]

यह बात खोसला के उस निष्कर्ष के ठीक उलट थी, जिसमें खोसला ने यह माना था कि सुभाष और रहमान दोनों ही जनरल शिदई और अन्य जापानी अधिकारियों को ले जाने वाले विमान में "आकस्मिक अतिरिक्त यात्री" थे। कोनो के मुताबिकः

> जनरल शिदई ने मुझे बताया कि जापान के आत्मसमर्पण के बाद अगर श्री बोस जापान गये तो उनको मित्र राष्ट्रों से खतरा उत्पन्न हो सकता था, और इसलिये उन्हें सोवियत रुस ले जाया जा रहा था।[45]

यह यात्रा बिना किसी तिकड़म के पूरी हो ही नहीं सकती थी। ताकाकुरा ने माना कि नेताजी की यात्रा एक अजीब सी गोपनीयता से ढंकी हुयी थी।

> **प्र0**: आपने कहा कि इस 'तथाकथित' विमान दुर्घटना के बारे में आपको ताईवान में जानकारी मिली।
> **उ0**: हमें तार के माध्यम से सूचित किया गया था। इसमें जनरल शिदई के स्थानांतरण और उनके साथ किसी महत्त्वपूर्ण व्यक्ति के जाने की बात कही गयी थी।
> **प्र0**: क्या 'महत्त्वपूर्ण व्यक्ति'—ये शब्द नेताजी की पहचान को अमरीकी दुश्मनों से छिपाने के लिये इस्तेमाल किये गये थे?
> **उ0**: जी हाँ!
> **प्र0**: क्या टोक्यो मुख्यालय को जानकारी नहीं थी कि नेताजी किस विमान से जान रहे हैं?
> **उ0**: शायद उस विमान के बारे में कोई नहीं जानता था, जिससे वह आ रहे थे।
> **प्र0**: शायद यह नेताजी की यात्रा और यात्रा की दिशा को छिपाने के लिये उठाया गया कदम हो?
> **उ0**: मुझे ऐसा ही लगता है।
> **प्र0**: आपने पहले कहा था कि आपके पास क्रैश की खबर पहुंची थी। इसके

> बाद टोक्यो मुख्यालय ने क्या कदम उठाये?
> **उ0**: मुझे नहीं लगता कि टोक्यो मुख्यालय के पास उस समय कोई विकल्प था या समाधान थे। उस वक्त ताईवान मुख्यालय के ऊपर बात छोड़ देना, सबसे तर्कसंगत लगा था।[46]

और ताईवान मुख्यालय ने कुछ नहीं किया था। कर्नल शिबुया के मुताबिक, सैन्य मुख्यालय के निर्देश थे कि इस केस को "छुआ भी न जाये।" "इस मामले में आधिकारिक तौर पर कोई सम्पर्क न साधने का फैसला लिया गया था।"

खैर, इन सारी विरोधाभासी बातों से एक बात साफ थी कि जब तक नेताजी और शिदई की मृत्यु के ठोस सबूत हाथ न आ जाये—तब तक यही माना जा सकता था कि वे योजना के अनुसार रुस ही जा रहे थे। इस बात को साबित करने वाले केवल ताईवान में दर्ज हुये अंत्येष्टि रिकार्ड और अस्पताल रिकार्ड से ही हासिल हो सकते थे। इन्हीं रिकार्ड पर जी0डी0 एन्डरसन ने सन् 1946 में आंखें गड़ाई हुयी थीं। और सन् 1956 में भी भारत सरकार ने इन्हें ताइवान सरकार से प्राप्त करने भरपूर कोशिश की थी। सरकार ने 10 मई 1972 को खोसला को सूचित किया कि भारत के ताईवान सरकार से राजनैतिक सम्बन्धों के अभाव में उन्हें ताईवान नहीं जाने दिया जायेगा। इस पर समर गुहा और 26 अन्य संसदीय सदस्यों ने प्रधानमंत्री इन्दिरा गांधी को एक स्वहस्ताक्षरित पत्र भेजा और मांग की कि "कमीशन को ताईवान जाने की सुविधा मुहैया कराई जाये।" इस बात को खास तौर पर "इंगित किया गया कि फारमोसा के साथ कोई राजनैतिक सम्बन्ध न होने पर भी कई भारतीय सरकारी अधिकारी लगभग हर साल वहां जाते थे।"[47] इस पत्र में सबसे ऊपर नाम था अटल बिहारी वाजपेयी का। पर सरकार ने इस बात पर कान नहीं दिया, तो प्रधानमंत्री के साथ हुई अपनी व्यक्तिगत बैठक में गुहा ने धमकी दी कि अगर इस मामले में उनकी मांगें न मानी गयीं तो वह भारत और ताईवान के बीच के गोपनीय इण्टेलिजेंस रिश्तों का भांडा फोड़ देंगे।

> सन् 1965 के भारत–पाक युद्ध के दौरान भारत ने सूचना और शस्त्र इज़रायल से ताईवान के जरिये मंगवाये थे। भारत और ताइवान के बीच व्यापारिक सम्बन्ध भी थे—और यह हांगकांग के रास्ते पूरे किये जाते थे। यह जानकारी मुझे ताईवान सरकार के प्रतिनिधि से मिली थी; और यह सब मैंने इन्दिरा गांधी को बता दिया था।[48]

दबाव नीति रंग लाई और 11 जुलाई 1973 को खोसला ताइपेई के सौंगशन हवाई अड्डे पर थे। इसे मत्सुयामा की जगह ही बनाया गया था। यहां समर गुहा और अमर प्रसाद चक्रवर्ती के साथी वकील रहे सुनील कृष्ण गुप्ता पहले से ही खोसला का इंतज़ार कर रहे थे। गुहा के बयान के अनुसार, जब उन्होंने खोसला से ताईवानी अधिकारियों से सम्पर्क साधने की बात कही, तो उन्हें पता चला कि उन्हें विदेश मंत्रालय ने इस बात के लिये मना किया हुआ था।

"फिर आखिर, आप यहां आये ही क्यों? आपने यह बात दिल्ली में हमें क्यों नहीं

बताई?" गुहा ने खोसला से विरोध जताया। क्रैश के बारे में ताइपेई शहर में घूमते गुहा से लोग एक ही बात पूछते, "आप 27 साल बाद ताइपेई क्यों आये हैं?" खबर जंगल की आग की तरह फैली, और जल्दी ही ताईवान सरकार को यह पता लग गया कि उनकी जमीन पर कोई विदेशी जज, बिना आधिकारिक जानकारी के ही खोजबीन में जुटा हुआ है। शुक्र हो गुहा–गुप्ता जोड़ी का, वर्ना ताईवान सरकार तो खोसला को बाहर निकाल लेती।[49]

प्रीतम सिंह एक पूर्व आई0एन0ए0 सदस्य थे और ताईवान में रहने वाले वह शख्स थे जिनकी मदद से गुहा और गुप्ता ने ज्यादातर काम पूरा किया। बरसों पहले बम्बवर्षक जिस बेकार पड़ी हवाई पट्टी पर क्रैश हुआ था—उसकी पड़ताल की स्वीकृति इन दोनों को सिंह की मदद से मिली। पर खोसला को इस पड़ताल के लिये मनाना फिर भी टेढ़ी खीर सिद्ध हो रहा था। निरीक्षण के दौरान वह गुहा की कोई बात सुनने को तैयार नहीं थे—खासकर, तब, जब उन्हें यह बताने की कोशिश की गयी कि जापानियों द्वारा भेजी गयी क्रैश की फोटो उसी इलाके में हुये एक से अधिक क्रैशों के सबूत दिखा रही थी। खोसला के लिये यह फोटो "अमान्य सबूतों" की श्रेणी में आते थे—क्योंकि अब इनको समझाने के लिये कोई हबीब–उर–रहमान नहीं आने वाला था।

सुनिल गुप्ता (बांए) समर गुहा (चश्मा पहने हुए) और जी0डी0 खोसला (काला सुट पहने हुए) ताईवान में हवाई पट्टी के पास

और भी तथ्य तब उजागर हुये जब ये तीनों उस शवदाह स्थान पर पहुंचे जहां नेताजी को तथाकथित रुप से 'जलाया' गया था। पता चला कि हरिन शाह की किताब में नामित त्सान पी शा इकलौता काल्पनिक चरित्र नहीं था। श्मशान के प्रभारी को भी कल्पना से 'बनाया' गया था। खोसला ने अपनी रिपोर्ट में लिखा।

> ताइपेई में उस शवदाह स्थान पर मैंने इस जगह के मूल प्रभारी रहे व्यक्ति के बेटे से बात की और हरिन शाह की किताब में, पन्ना नं0 99 पर छपी तस्वीर दिखाकर उससे पूछा कि क्या तस्वीर में उसके पिता दिखाये गये थे? उस युवक ने इस बात से साफ इंकार किया।[50]

इस यात्रा के दौरान कमीशन ने कुल सात लोगों से पूछताछ की और इनमें से दो को खोसला ने अपनी रिपोर्ट में "अनुकूल गवाहों" की संज्ञा दी है। पर गुहा ने खोसला पर सबूतों गलत तरीके से प्रस्तुत करने का आरोप लगाते हुये वाई0आर0 सेंग की गवाही की बात उठाई। सेंग 17 जुलाई को कमीशन के सामने आने वाले आखिरी सदस्य थे और पेशे से अभियन्ता थे। उनका कहना था कि "युद्ध काल में वह दो ही भारतीय नेताओं से परिचित थे—एक थे महात्मा गांधी, और दूसरे थे चन्द्र बोस।" बोस का नाम अक्सर जापानी अखबारों में छपता रहता था। सेंग उस हादसे के वक्त करीब 16 वर्षीय छात्र रहे थे और उनके अनुसार बोस के विमान के इस दुर्घटनास्थल पर तथाकथित तरीके से

केवल एक ही क्रैश हुआ था, पर यह क्रैश सन् 1944 में हुआ था।[51]

भसीन और गुहा के प्रश्नों का जवाब देते हुये सेंग ने बताया कि जापान के आत्मसमर्पण के तीन–चार दिनों के भीतर ही उन्होंने किसी विमान क्रैश की बात नहीं सुनी थी। उन्होंने यह बात मज़बूती से कही, "जापानी आत्मसमर्पण के बाद कोई क्रैश नहीं हुआ।"[52] पर उन्हें बाद में बोस की मृत्यु का पता चला।

गुहा की मानें, तो जिरह के दौरान खोसला ने सेंग से हादसे के साल और महीने को लेकर खूब बहस की। इससे बेचारे सेंग इतने परेशान हो गये कि वह अगले दिन अपने दर्जन भर स्कूल सहपाठियों को साथ लाने का वायदा करके वहां से चले गए। ये वही सहपाठी थे जिनके साथ सेंग ने सन् 1944 में क्रैश हुये विमान के अवशेष साफ किये थे। अब तक गुहा को सत्यनारायण सिन्हा के दावे में जान नज़र आने लगी थी, जिसके अनुसार, "यह उस क्रैश की तस्वीर नहीं थी, जिसकी ओर जापानी इंगित कर रहे थे, बल्कि उन्होंने अखबार में छपे अक्टूबर 1944 को हुये एक क्रैश की तस्वीर जरुर देखी थी—जो कमेटी की रिपोर्ट में छपी तस्वीर से हू–ब–हू मिलती थी।"[53] लिहाज़ा, गुहा ने खोसला से एक दिन और रुक जाने की गुहार लगाई, जो खोसला ने नहीं मानी। अगला दिन उन्होंने इंदिरा गांधी के लिये तोहफा खरीदने में गुज़ार दिया। उस समय वह उनकी जीवनी लिख रहे थे।

उनके इस व्यवहार की शिकायत गुहा ने भारत लौटकर प्रधानमंत्री से की पर कुछ नहीं हुआ। वह इतना ही बोलीं, "पता नहीं इन लोगों ने ऐसा क्यों किया?" लोकसभा में गुहा ने मंत्रालय की कड़ी खिलाफत करते हुये, उसे ताईवान में हुयी पड़ताल की बर्बादी का जिम्मेदार ठहराया। पर फर्क किसे पड़ना था?

इधर सुनील गुप्ता उत्तर प्रदेश में एक रहस्यमय साधु को चुपचाप सारी सरगर्मियों की जानकारी दे रहे थे। गुप्ता इस साधु के गोपनीय मुखबिर थे और यह साधु खुद बिना बाहर आये अन्दर की बातें जानता था।

10 सितम्बर 1973 को शुरु हुआ खोसला कमीशन का लम्बा बहस सत्र 14 मार्च 1974 को खत्म हुआ। सबूतों की सूक्ष्म परीक्षा करते हुये वकीलों और उनमें से भी गोबिंद मुखौटी ने कहा, "आपकी क्या कहें मान्यवर, कोई मूर्ख भी इन जापानी गवाहों के बयानों पर यकीन नहीं करेगा।" "आपको फारमोसा सरकार से बातचीत करने की स्वीकृति क्यों नहीं दी गयी?"[54]

मुखौटी के मुताबिक अगर बोस मृत थे और उनका अन्तिम संस्कार हो गया था, तो हिस्टरी–शीट या बेड टिकट के रुप में उनकी बीमारी, उनके इलाज और बेहतरी का विवरण" और उनका इलाज करने वाले डॉक्टर के हाथों दिया गया मृत्यु प्रमाण पत्र "म्युनिसिपल और अस्पताल के रिकार्ड"[55] का हिस्सा होना चाहिये था। पर इन सबकी जगह मिली केवल एक जापानी सैनिक, इचिरो ओकुरा की मृत्यु और शवदाह से सम्बन्धित जानकारी।

खोसला ने चालाकी से बात संभालीः

> यह बात वैसी ही है जैसे एक भूत खड़ा किया जाये और बाद में उसे नष्ट

> किया जाये। श्री मुखौटी ने पहले बोस के मृत्यु प्रमाण–पत्र और उनके अंतिम संस्कार की स्वीकृति देने वाले प्रार्थना–पत्र की बात उठाई...पर जैसे ही उन्हें यह अहसास हुआ कि इन दस्तावेज़ों में नामित व्यक्ति बोस नहीं हैं, वह अपनी बात से पलट गये और कहा चूंकि ये दस्तावेज बोस से सम्बन्धित ही नहीं हैं इसलिए उनकी मृत्यु हुई ही नहीं। लेकिन जो दरअसल घटना से जुड़ा ही न हो, उससे घटना को खारिज नहीं किया जा सकता।[56]

खोसला के अन्तिम निष्कर्ष में ओकुरा के रिकार्ड की कोई मान्यता थी ही नहीं, क्योंकि न ही वह कुछ साबित करने योग्य थे, न 'अप्रमाणित' करने योग्य—वह "नेताजी से सम्बन्धित ही नहीं थे।"[57]

पर बात यह थी कि ये दस्तावेज नेताजी से ही संबंधित थे—खुद जापानी सरकार का यह कहना था। जब जापान से नेताजी की मृत्यु और अंत्येष्टि को साबित करने वाले दस्तावेज़ मांगे गये तो गायमुशो के एशियन अफेयर्स ब्यूरो ने टोक्यो स्थित भारतीय दूतावास को यह सूचना दी कि उन्होंने अंतिम संस्कार के लिये बना स्वीकृति पत्र खोज निकाला था, पर यह सुभाष बोस के नाम से नहीं बना था। जापानी सरकार ने इस बात को 24 जुलाई 1956 को कुछ इस तरह समझायाः

> उस वक्त श्री सुभाष चन्द्र बोस की मृत्यु को बेहद गोपनीय रखा गया था। इसलिये यह माना जाता है कि इचिरो ओकुरो के नाम बना यह परमिट दरअसल स्वर्गीय श्री सुभाष चन्द्र बोस का था।

तो "भूत" खड़ा करने वाले जापानी थे। पर भला यह बात खोसला के विचार से मेल कैसे खाती थी? खोसला का तो यह कहना था कि "जापानी आत्मसमर्पण के बाद बोस से जुड़ी बातों को क्योंकर गोपनीय रखते।"

खैर, जापानी सरकार के नज़रिये को खोसला ने कोई अहमियत नहीं दी। पर उसी सरकार ने जब शिदई की मृत्यु की ओर इशारा करते हुये एक सन् 1947 का दस्तावेज़ दिखाया तो खोसला ने लपक कर यह सूत्र स्वीकार किया और कहा कि यह "क्रैश की कहानी और इसमें हुयी जनरल शिदई की मृत्यु की पुष्टि करता है।"[58]

खोसला ने इस बात का खास ख्याल रखा कि अनाधिकारिक पार्टियों का प्रतिनिधित्व करने वाले वकीलों को सारे आधिकारिक रिकार्ड न मिल पायें। इसलिये ब्रिटिश हाई कमीशन के जरिये सन् 1956 मे भारत सरकार तक पहुंची ताइवानी रिपोर्ट किसी के हाथ नहीं लगी। इसके अलावा सन् 1947 से पहले बनी कई खूफिया रिपोर्ट भी वकीलो तक न पहुची। खोसला ने प्रतिबंधित रिकार्ड तो दिखाये, पर इनकी मूलप्रतियां, जिनमें नेताजी के मारे जाने की खबर के उलट विचार प्रतिबिम्बित थे, छुपा दी गई। ऐसा ही एक दस्तावेज़ था "एक्जिबिट 29बीबी", जो दिखने में एस0ए0 अय्यर से मुलाकात के बाद नेहरु द्वारा एक प्रधानमंत्री के सामान्य विवरण जैसा दिखता था। अय्यर ने नेहरु को सन् 1951 में की गई जापान यात्रा का विवरण देते हुये कुछ दस्तावेज़ दिये थे। पर जो दिखाया गया था, वह मूलप्रति की नकल थी। दस्तावेज़ों को पढ़ने के बाद मूलप्रति पर

दी गई विदेश सचिव सुबिमल दत्त की राय नकल पर कहीं नज़र नहीं आयी। हालांकि छांटा गया यह हिस्सा खोसला के खुद के लिये विशिष्ट फाइल का हिस्सा बनकर उनके सामने आया था। (चित्र मे देखे)

विदेश मंत्री की टिप्पणी का जो हिस्सा काट दिया गया था, उसमें लगभग वही बात कही गयी थी जो अय्यर द्वारा हरिन शाह को दिये गये ओकुरा के अंत्येष्टि परमिट को पढ़ कर मुखौती ने कही थी:

> हबीब–उर–रहमान के मुताबिक, शवदाह 20 अगस्त 1945 को किया गया था, जबकि म्यूनिसिपल सर्टिफिकेट के अनुसार शवदाह 22 अगस्त 1945 को शाम 6 बजे हुआ था। मृत्यु और अंत्येष्टि के प्रमाण पत्रों में काल्पनिक नाम का प्रयोग होना भले ही बड़ी बात न हो, पर काल्पनिक तारीख इस्तेमाल करने की क्या जरुरत थी? ऐसे में या तो हबीब–उर–रहमान की याद्दाश्त कमज़ोर रही होगी या फिर शवदाह प्रमाण–पत्र में कोई गड़बड़।

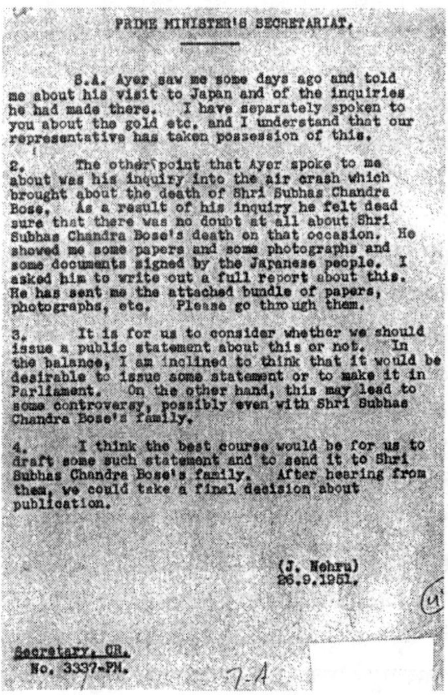

PRIME MINISTER'S SECRETARIAT.

S.A. Ayer saw me some days ago and told me about his visit to Japan and of the inquiries he had made there. I have separately spoken to you about the gold etc. and I understand that our representative has taken possession of this.

2. The other point that Ayer spoke to me about was his inquiry into the air crash which brought about the death of Shri Subhas Chandra Bose. As a result of his inquiry he felt dead sure that there was no doubt at all about Shri Subhas Chandra Bose's death on that occasion. He showed me some papers and some photographs and some documents signed by the Japanese people. I asked him to write out a full report about this. He has sent me the attached bundle of papers, photographs, etc. Please go through them.

3. It is for us to consider whether we should issue a public statement about this or not. In the balance, I am inclined to think that it would be desirable to issue some statement or to make it in Parliament. On the other hand, this may lead to some controversy, possibly even with Shri Subhas Chandra Bose's family.

4. I think the best course would be for us to draft some such statement and to send it to Shri Subhas Chandra Bose's family. After hearing from them, we could take a final decision about publication.

(J. Nehru)
26.9.1951.

Secretary, CR.
No. 3337-PM.

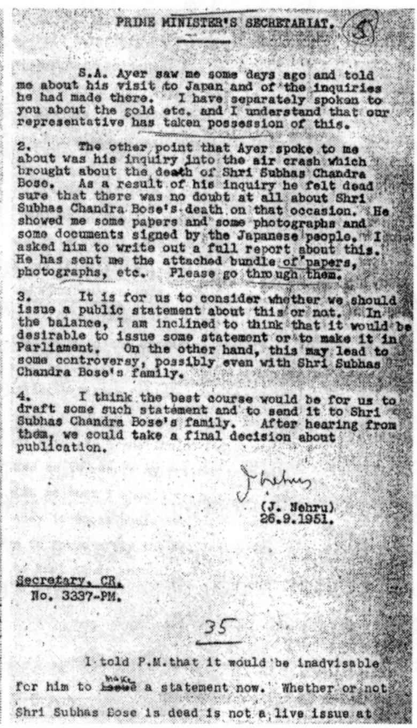

PRIME MINISTER'S SECRETARIAT.

S.A. Ayer saw me some days ago and told me about his visit to Japan and of the inquiries he had made there. I have separately spoken to you about the gold etc. and I understand that our representative has taken possession of this.

2. The other point that Ayer spoke to me about was his inquiry into the air crash which brought about the death of Shri Subhas Chandra Bose. As a result of his inquiry he felt dead sure that there was no doubt at all about Shri Subhas Chandra Bose's death on that occasion. He showed me some papers and some photographs and some documents signed by the Japanese people. I asked him to write out a full report about this. He has sent me the attached bundle of papers, photographs, etc. Please go through them.

3. It is for us to consider whether we should issue a public statement about this or not. In the balance, I am inclined to think that it would be desirable to issue some statement or to make it in Parliament. On the other hand, this may lead to some controversy, possibly even with Shri Subhas Chandra Bose's family.

4. I think the best course would be for us to draft some such statement and to send it to Shri Subhas Chandra Bose's family. After hearing from them, we could take a final decision about publication.

(J. Nehru)
26.9.1951.

Secretary, CR.
No. 3337-PM.

I told P.M. that it would be inadvisable for him to make a statement now. Whether or not Shri Subhas Bose is dead is not a live issue at

बांऐ मे "एक्जिबिट 29बीबी" (नकल); दांऐ में इसकी मुलप्रति

बात साफ नहीं थी। सो, बरुण सेनगुप्ता ने खोसला की जांच पर सवाल उठाये। *आनंद बाज़ार पत्रिका* में इस बारे में उनके लेख, संसद पटल पर इस रिपोर्ट के आने के साथ ही शुरु हो गये। सेनगुप्ता ने खोसला पर "जांच का ढकोसला" करने का आरोप लगाया। साथ ही वकीलों से सबूत छिपाने की भी बात की,

"अगर बहस से पहले वकीलो के पास ये सारे दस्तावेज़ होते तो तथाकथित गवाहों के धोखेपूर्ण बयानों और अन्य गोपनीय बातों का पर्दा आसानी से हट जाता।"[59]

जापानियों के मन में नेताजी के प्रति सम्मान का मुद्दा उठाते हुये, सेनगुप्ता ने लिखाः

> अगर जापानी लोगों के मन में वाकई श्री बोस के प्रति कोई सम्मान नहीं था, तो उनके आखिरी वक्त में जनरल इसोदा उनके पीछे–पीछे क्यों घूम रहे थे? बांग्लादेश की आज़ादी की लड़ाई के वक्त, हमारे अपने ले0 जनरल अरोड़ा, बांग्लादेश के वर्तमान राष्ट्रपति...या उनके प्रधानमंत्री के पीछे कभी यूं घूमते देखे गये थे?[60]

आयोग को दिये गये सबूतों को पढ़ने के बाद सेनगुप्ता ने यह निष्कर्ष निकालाः

"इन सब बातों से यह बिल्कुल स्पष्ट नहीं होता, कि नेताजी की मृत्यु ताईवान में हुयी थी। बल्कि, एक अति गोपनीय योजना के अंतर्गत 17 अगस्त 1945 को वह जापानी लोगों की मदद से साइगोन हवाई अड्डे से गायब हुये थे।"[61]

संसद में खोसला की रिपोर्ट पर कोई भी विचार–विमर्श होता, इससे पहले ही देश में इमरजेन्सी लागू हो गयी—और विपक्षी दलों के सभी मुख्य नेता जेल में बंद कर दिये गये। समर गुहा, अटल बिहारी वाजपेई, देवी लाल और एल0के0 आडवाणी रोहतक जेल में ठूंस दिये गये। करीब 25 साल बाद, देश के उप प्रधानमंत्री की हैसियत से एल0के0 आडवाणी ने *आज तक* चैनल को बताया कि गुहा "हमेशा नेताजी के बारे में बोलते और लिखते रहते थे।"

सन् 1976 में इस मामले में कुछ अच्छी खबरें ब्रिटेन से आयीं, जब वहा की सरकार ने नेताजी की मृत्यु के वक्त का सबसे बड़ा आधिकारिक दस्तावेज़ों का 'जत्था' सबके सामने रखा। 'ट्रांसफर ऑफ पॉवर' सीरीज़ (श्रृंखला) की यह छठी वाल्यूम थी; जिसका शीर्षक थाः "युद्धोत्तर चरणः लेबर सरकार और नये काम,1 अगस्त 1945–22 मार्च 1946।"

इमरजेन्सी के बाद गुहा कमर कस के द्वंद्व के लिये तैयार थे। सन् 1947 के बाद पहली बार कांग्रेस सत्तारुढ़ दल नहीं बन पाई। 3 अगस्त 1977 को खोसला रिपोर्ट के खिलाफ गुहा ने लोकसभा में प्रस्ताव पेश किया। इस बार उन्होंने *ट्रांसफर ऑफ पॉवर* की वाल्यूम छः से कुछ सामग्री उद्धृत की थी।

बोस की मृत्यु की घोषणा के समय गृह मंत्री रहे सर राबर्ट फ्रान्सिस मूडी ने वायसरॉय वैवेल के निजी सचिव रहे सर इवान मेरेडिथ जेनकिन्स को इस मामले से 'निबटने' के संदर्भ में एक नोट भेजा; जिसकी शुरुआत कुछ यूं हुयी थीः "गृह मंत्रालय के सामने आगे आने वाले कुछ बेहद जटिल और महत्त्वपूर्ण सवालों में से एक होगाः सुभाष चन्द्र बोस।" इस 'जटिल' प्रश्न के कई वैकल्पिक उत्तर भी साथ ही दिये गये थे। "उन्हें भारत वापस लाया जाये और उन्हें युद्ध अपराध के आरोप में सज़ा देनी चाहिये"—से लेकर उन्हें उनके "हाल पर छोड़ देने" और उनके "समर्पण पर जोर न डालने" के विकल्प दिये गये थे।

पर आखिर, आत्मसमर्पण के बाद गृह विभाग नेताजी की योजनाओं के बारे में

जानकारी कैसे रख सकता था? क्योंकि मित्र राष्ट्रों का इण्टेलिजेंस आइ0एन0ए0 और आई0आई0एल0 के बारे में सारी बातें जानता था। यह बातें सीधा गृह मंत्रालय के तहत काम कर रहे इण्टेलिजेंस ब्यूरो के पास पहुंच रहीं थीं। विभाग का अपना मानना थाः

> इन सबमें सबसे आसान तरीका है कि सुभाष बोस को उनके हाल पर ही छोड़ दिया जाये और हम उन्हें छुड़ाये जाने की मांग पर जोर ही न दें। स्थितियां ऐसी भी हो सकती हैं कि रुसी लोग उनका स्वागत करें—और यही रास्ता राजनैतिक दृष्टि से सबसे सही होगा। पर कुछ सुरक्षा अधिकारियों का सोचना है कि बोस की रुस में उपस्थिति दरअसल सबसे खतरनाक स्थिति पैदा कर सकती है—और इसलिये, वह इस विकल्प को नहीं मानते।[62]

गृह मंत्री चरण सिंह ने गुहा को समझाने की कोशिश करते हुये कहा कि संभवतः यह अनुमान मृत्यु की खबर मिलने से पहले लगाया गया हो। पर गुहा ने नेताजी की मृत्यु की बात मानने से इंकार करते हुये उनसे इस बात के महीनों बाद बने दस्तावेज़ों का हवाला दिया। इन काग़ज़ों में भारत बर्मा कमेटी की बैठक का एक विवरण शामिल था। यह बैठक तत्कालीन प्रधानमंत्री क्लेमेन्ट एटली के नेतृत्व में 10 डाऊनिंग स्ट्रीट में 25 अक्टूबर 1945 को हुयी—इसमें लिखा था कि उपस्थित लोगो के अनुसार उस वक्त सबसे महत्त्वपूर्ण विद्रोही थे सुभाष बोस।[63]

गुहा ने सरकार से "बिना समय बर्बाद" किये इस पर ताजा जांच बैठाने की मांग रखी। और इस प्रार्थना को एच0वी0 कामथ से लेकर डॉ0 सुब्रमण्यम् स्वामी तक का समर्थन प्राप्त हुआ। काजिम अली मिर्ज़ा के शब्दों में "यह सदन की संगठित आवाज़ है...यह एक राष्ट्रीय प्रश्न है।" जोर पड़ने पर गृह मंत्री ने लगभग घुटने टेकते हुये कहा कि हालांकि वह इस "नयी जांच के खिलाफ नहीं हैं" पर वह कोई पक्का वायदा करने की स्थिति में नहीं हैं—"आखिरी फैसला सरकार का होगा।"

गुहा ने तुरंत दूसरा प्रस्ताव रखा। इस बार एक ऐसे आयोग के गठन की बात रखी गई, जिसमें तीन सदस्य हों; साथ ही जिसके पास विदेशी सरकारों से दस्तावेज़ प्राप्त करने के अधिकार हों; और भारत सरकार के संरक्षण में रखे गोपनीय दस्तावेज़ों की जांच का हक हो। संसद का सत्र यहीं समाप्त हो गया।

नये सत्र से पहले 23 जनवरी 1978 को राष्ट्रपति नीलम संजीव रेड्डी के हाथों संसद भवन के सेन्ट्रल हॉल में नेताजी की तस्वीर का अनावरण किया गया। गुहा ने नेताजी तस्वीर को संसद भवन में न रखने के भारत सरकार के फैसले को पलट कर रख दिया था। तीस साल पहले कामथ द्वारा रखी गयी मांग आज इस तारीख को कुछ यूं पूरी हुयी कि सुभाष के सबसे छोटे भाई, शैलेश खुद को सबके सामने सुबकने से रोक न पाये। राष्ट्रपति रेड्डी ने तस्वीर को देखते हुये कहाः

> आज नेताजी हम सबके बीच वापस आ गये...लेकिन हमारे वांछित तरीके से नहीं...कुछ लोगों का मानना है कि वे जीवित हैं...काश! मैं इस बात का विश्वास कर सकता...अगर वे जीवित हैं तो एक ही दिन के लिये सही...पर, हमारे बीच आयें तो सही!...[64]

सन् 1978 की फरवरी में ही गुहा को एक और बड़ी सफलता हाथ आयी, जब उनके मित्र और ब्रिटेन में भारत के नये हाई कमिश्नर बने एन0जी0 गोरे ने नेताजी की मृत्यु के बारे में आखिरी वायसराय और भारत के पहले गवर्नर जनरल को एक पत्र लिखा। लार्ड माउन्टबैटन की 1940 के दशक के भारत की यादें आज भी बिल्कुल ताज़ा थीं। कुछ समय पहले उनसे हुयी मुलाकात में लेखक लैरी कॉलिन्स और डॉमनिक लैपियेरे ने यह गौर किया कि उन्होंने इन दोनों को उस समय हर बारीक विवरण के बारे में बताया था—यहां तक कि घोड़ों का रंग क्या था और उनके कोच में कितनी बत्तियां लगीं थीं। जहां जब कभी भी उन्हें लगता कि विवरण में गड़बड़ की गुंजाइश हो सकती थी, तो माउन्टबैटन अपने महलनुमा घर के बेसमेन्ट में जाते और अपने संग्रह में सही बात टटोलते थे। जानकारों की मानें तो उनका व्यक्तिगत संग्रह "आज तक किसी भी एक व्यक्ति के संग्रहों में सबसे अनूठा था।"[65]

गोरे ने इसी अनुभवी और सूचना के धनी व्यक्ति को लिखे पत्र में *ट्रांसफर ऑफ पॉवर* में दर्ज किये एक रिकार्ड की तरफ उनका ध्यान खींचा और नेताजी की मृत्यु की हकीकत साझा करने की प्रार्थना की:

> आपने लार्ड वैवेल से शासन की बागडोर अपने हाथों में ली...तो यह माना जा सकता है कि आपको उस समय हुयी सारी घटनाओं की जानकारी होगी.. क्या आप सुभाष चन्द्र बोस हादसे पर कुछ रोशनी डाल सकते हैं?[66] शायद आप कहें: गड़े मुर्दे उखाड़ने का क्या फायदा? और मेरा उत्तर होगा; फायदा है, क्योंकि आज भी भारत में यह शक है कि बोस के रुस में शरणागत होने के तथ्य की जानकारी आपको रुसी सरकार और नेहरु; तीनों को थी...फिर भी आप इस बात पर चुप रहे...क्योंकि ब्रिटिश लोग अपने पुराने मित्र के साथ झगड़ा नहीं मोल लेना चाहते थे और नेहरु एक प्रतिद्वंद्वी नहीं चाहते थे।[67]

इससे पहले भारत सरकार के दो आधिकारिक आयोग हवाई दुर्घटना की बात का समर्थन कर चुके थे और यदि माउन्टबैटन चाहते, तो वे भी इसी बात को दोहरा सकते थे। पर उन्होंने ऐसा करने के बजाय छुपाछिपी खेलते 10 मार्च 1978 को यह जवाब दिया:

"मेरे संग्रह में सुभाष चन्द्र बोस की मृत्यु का कोई आधिकारिक रिकार्ड नहीं है।"

मार्च 1978 में ही, गुहा की किताब—*नेताजी: डेड ऑर अलाइव* का विमोचन करते हुये राष्ट्रपति नीलम संजीव रेड्डी ने इस राजनैतिक तौर पर खतरनाक समझे जाने वाले मुद्दे पर खुला बयान दिया कि काश "वह एक दिन के लिये भी हमारे साथ होते।"[68] उन्होने कहा कि "भारत उनकी मृत्यु के राज़ को सुलझाने की एक और कोशिश करेगा।" उन्होंने "रुस से भारत सरकार की मदद" की दरखास्त करते हुये कहा कि वह वहां के अधिकारियों से "नेताजी को वापस भेजने के लिये कहेंगे"[69] (उनके वहीं होने की स्थिति में)।

गुहा ने अपनी किताब में खोसला कमीशन का बारीकी से विश्लेषण किया था। किताब की प्रस्तावना में गुहा ने एक चौंकाने वाला दावा किया था: "मेरे पास नेताजी के जीवित होने के बारे में महत्त्वपूर्ण सूचना है।"

दूसरी तरफ, खोसला की लिखी किताब *लास्ट डेज़ ऑफ नेताजी* में खोसला ने

नेताजी को बदनाम करने के लिये जो बातें लिखी थीं, उससे आहत होकर नेताजी के भजीजे द्विजेन्द्रनाथ बोस ने उन पर मानहानि का मुकदमा ठोंक दिया। जस्टिस सिकरी वाले इतिहास की तरह इस बार फिर खोसला एक साल से ज्यादा वक्त के लिये जान बचाते इधर–उधर भागते फिरे।

आखिरकार, 1 अप्रैल 1978 को उन्होंने सेवानिवृत्त हाईकोर्ट मुख्य न्यायाधीश होते हुए कोलकाता में एक मैजिस्ट्रेट के सामने अपनी गलती मानी। अपने ही बने जाल में दोबारा फंसे खोसला को छटपटाते हुये, नेताजी को "देश को आज़ाद कराने वाला" के शब्दों से सुशोभित करना पड़ा।

साल के दूसरे हिस्से में लोकसभा एक बार फिर गुहा के प्रस्ताव पर विचार–विमर्श करने ही वाली थी—और यही वह समय था, जब उनको एक बेहद बड़ी उपलब्धि होने वाली थी। प्रधानमंत्री मोरारजी देसाई से मिल कर गुहा ने खोसला रिपोर्ट को अमान्य करार कर दिये जाने की प्रार्थना की। उस समय देसाई ने गुहा को एक बच्चे की तरह झिड़क दिया, "पर मैं पुरानी सरकार का निर्णय कैसे पलट सकता हूँ?...आप बार–बार क्यों कह रहे हैं कि सुभाष बाबू जिंदा हैं; जिंदा हैं!...अगर वह सन् 1946 में देश लौट आते तो, उनकी जगह यहां कोई और होता ही नहीं!...न नेहरु...न नेहरु परिवार का कोई और सदस्य।"[70]

गुहा के पास इस बात का कोई जवाब नहीं था। उन्होंने यह अवश्य कहा कि वह नेताजी से मिले कभी नहीं, पर कुछ "ईमानदार गैरराजनैतिक लोगों" ने उन्हें यह बताया है कि नेताजी वर्तमान में साधु हो चुके हैं।

पर देसाई गुहा की उपस्थिति मात्र में मानो फंस गये थे। एक नयी जांच, नये संसदीय प्रश्नों, निर्भीक मीडिया की बेबाक रिपोर्ट और गोपनीय वर्गीकृत जानकारी की मांगों को जन्म देने वाली थी। सबकी निगाहें अब जनता पार्टी सरकार पर टिकीं थीं। और अब सरकारी तंत्र खुद नेताजी रहस्य के रुसी कोण को सुलझाने के लिये झिझक नहीं रहा था—यह खुद में एक बड़ी बात थी। प्रधानमंत्री कार्यालय की एक गोपनीय फाइल में नेताजी के रुस चले जाने की संभावना व्यक्त की गयी थी–

> एक बड़ा प्रश्न हैः रुस में उनके साथ क्या हुआ? क्या उनको खत्म कर दिया गया?—जैसा कि स्टालिन के वक्त में हर एक के साथ होता था—या वह भाग कर बचने में कामयाब रहे? अगर हाँ, तो वह गये कहां और कहां रहे?

पर यह सवाल जितने गहरे दबे थे, जनता पार्टी की हिम्मत खुलेआम उतना गहरा खोदने की थी नहीं। सो, देसाई ने बीच का रास्ता निकालते हुये गुहा से कहा कि वह ताजा जांच की मांग को टाल दें। 28 अगस्त 1978 को उन्होंने लोक सभा में कहा,

> मैं भले ही अपने मित्र श्री समर गुहा से अलग सोच रखूं, पर उनकी निष्ठा पर मुझे कभी संदेह नहीं हो सकता। जिस ईमानदारी से वह इस मुद्दे की पैरवी कर रहे हैं, वह काबिले तारीफ है, पर हमें तथ्यों पर भी ध्यान देकर चलना होगा।

साथ ही उन्होंने कहा कि सरकार के लिये खोसला आयोग और शाहनवाज कमेटी की बातें मानना मुश्किल था; और उन्होंने गुहा से एक नयी जांच का प्रस्ताव वापस लेने की प्रार्थना की। बात इतनी असरदार थी कि गुहा बहक गये और खड़े ठोकर बोलेः

> मेरे लिये अब नयी जांच की कोई जरुरत ही नहीं थी। मुझे बहुत जिम्मेदार सूत्रों से पहले ही यह रिपोर्ट मिल चुकी है कि नेताजी जीवित हैं। अब निर्णय न हो पाने जैसी कोई स्थिति है ही नहीं। मैं ईश्वर की शपथ लेकर संसद में यह घोषणा करता हूँ कि नेताजी जीवित हैं।

मज़ाक और चिल्लाहटों से पहले भवन में सन्नाटा छा गया। कुछ हंसे। कुछ ने मज़ाक उठाया—पर गुहा इन सबके बीच बोलते चले गये—एक ऐसा बयान जिसे कोई सुनना नहीं चाहता था।

> ...जाहिर है; मेरे दोस्त जानना चाहेंगे, कि अगर ऐसा है तो वह कहां हैं?...मैं भी सबको यह बताने के लिये बेसब्र हूँ। पर मेरे पास यह बताने की आज़ादी नहीं...पर मैं इतना जरुर कह सकता हूँ कि वह बंदी नहीं है...वह आजाद हैं।

गुहा बोलते ही रहे...जब तक स्पीकर ने उनसे कड़ाई से यह नहीं पूछा कि क्या वह अपना प्रस्ताव औपचारिक रुप से वापिस ले रहे हैं "हाँ! नयी जांच की जरुरत ही नहीं क्योंकि नेताजी जीवित हैं।"[71] गुहा बुदबुदाते हुये बैठ गये।

समर गुहा द्वारा दिखाई गई नकली तस्वीर

लेकिन इसके पांच महीने बाद ही उनके ऊपर जनता का बचा–खुचा विश्वास भी एक झटके से ढह गया। 22 जनवरी 1979 को कोलकाता प्रेस क्लब में एक तस्वीर दिखाते हुये उन्होंने कहा, "मुझे किसी राजनैतिक फायदे की कोई आस नहीं...यह मेरी नैतिक जिम्मेदारी है कि मैं सबको यह बताऊँ की नेताजी स्वतंत्र हैं, स्वस्थ हैं, और जीवित हैं"[72]..."किसी अन्य जांच कमीशन की आवश्यकता नहीं है।"[73]

> नेताजी के जन्मदिन के शुभ अवसर पर उन्हें सही राष्ट्रीय श्रद्धांजलि यह होगी कि हम सब मंदिरो, मस्जिदो और चर्चों में ऊपरवाले से उनकी सलामती की दुआ मांगें और हमारे सामने उनके जल्दी आ पाने की दुआ मांगें।[74] नेताजी की यह हाल ही में खींची तस्वीर इस बारे में सबको बताती है कि अपनी अलौकिक जन्मभूमि के छूटे कार्यों की पूर्ति के लिये वह तपस्या में लीन हैं।[75]

गुहा के अनुसार यह तस्वीर भारत के एक मंदिर में सन् 1978 में खींची गई थी। "किस्मत से वह उन्हें देखने वाले"[76] अराजनैतिक व्यक्तियों को जानते थे। उनका दावा था, कि यह तस्वीर जयप्रकाश नारायण को दिखाई जा चुकी थी, और वह इसे देखकर, "बेहद खुश थे।"[77]

इसके अलावा लोक सभा स्पीकर के0एस0 हेगड़े, राष्ट्रपति रेड्डी, अटल बिहारी

वाजपेयी, एच0वी0 कामथ और गोबिंद मुखौती ने यह तस्वीर देखी थी।

इसके बदले इस पर अविश्वास करने वाले पत्रकारो के सवालों की वह बौछार हुयी कि गुहा के लिये इन्हें संभालना मुश्किल हो गया।

“मुझसे सवाल–जवाब मत करिये...आप इस पर भरोसा करने या न करने के लिये स्वतंत्र हैं...मैं इससे ज़्यादा कुछ नहीं कह सकता।”[78]

“माफ करियेगा; इस समय यह बताना संभव नहीं कि वह कहां रह रहे हैं।”[79]

“नेताजी...बहुत बड़े योगी हैं...वह श्री अरबिन्दो की राह पर नहीं चलेंगे...जैसे ही वह सबके सामने आयेंगे...भारत में एक राजनैतिक भूचाल आ जायेगा।”[80]

उन्होंने कहा, कि उनके पास और “बहुत सी ऐसी जानकारी” थी, जो “नेताजी स्वयं देशवासियों को सही समय आने पर खुद देंगे।”[81]

पर पत्रकारों ने खोद–खोद कर पूछना जारी रखा और गुहा को बोलना ही पड़ा। उन्होंने बतायाः

“ सन् 1945 में फारमोसा में हुयी विमान दुर्घटना की खबर दरअसल उनके साथी हबीब–उर–रहमान ने उड़ाई थी...ताकि हर पल करीब आती ब्रिटिश–अमरीकी फौज उनके भाग जाने की बात से अनजान रहे। वह सोवियत रुस में बहुत साल जेल में बंद रहे।”[82] बिना यह बताते हुये कि नेताजी भारत के एक मंदिर में कैसे और कब पहुंचे। उन्होंने भारत के पहले दो प्रधानमंत्रियों जवाहरलाल नेहरु और इंदिरा गांधी के खिलाफ शाब्दिक मोर्चा खोलते हुये कहा, कि संसद में देसाई का कथन, “इस सरकार द्वारा एक षड्यंत्र को खोलने की शुरुआत थी।”[83] और “पिता और पुत्री के षड्यंत्र को इस सरकार ने खत्म कर दिया।”[84]

गुहा ने आरोप लगाया कि नेहरु और इंदिरा गांधी ने “नेताजी के बारे में लोगों को न केवल बहकाया, बल्कि उनकी मृत्यु को धोखेबाजी और झूठी जांच का आवरण पहना कर सच का जो अपमान किया था, वह माफी के लायक नहीं था।”[85]

“सच छिपाना देश के सबसे पहले प्रधानमंत्री का देश के साथ सबसे बड़ा धोखा था... ।”[86]

और यह नेहरु–विरोधी वक्तव्य प्रेस–कांफ्रेन्स के अंत तक चला। अगले दिन यानी 23 जनवरी को गुहा के बयान को सभी अखबारों ने जगह दी द *ट्रिब्यून* में प्रकाशित सम्पादकीय में प्रधानमंत्री देसाई से अपील की गयी कि वह गुहा के झूठ का पर्दाफाश करें। देसाई या किसी और का कोई जवाब नहीं आया। नेताजी के सन् 1979 में जीवित होने के गुहा के दावे और नेहरु और इंदिरा गांधी की निंदा पर देसाई ने कान तक नहीं दिया। अटल बिहारी वाजपेयी और बीमार चल रहे जय प्रकाश नारायण भी चुप रहे। पर क्रोधित कांग्रेसियों ने गुहा से दो–दो हाथ करने की ठान ली—और निशाना भी ठीक साधा। निशाना बनी, गुहा के द्वारा दिखाई गयी "नेताजी" की वह तस्वीर, जो एक नज़र में ही पहचान में आने वाला नज़र का धोखा था।

पश्चिम बंगाल कांग्रेस के महा सचिव रहे सुब्रत मुखर्जी ने बाद में बताया कि इस तस्वीर में सुभाष बोस के “सिर” को शरत बोस की तस्वीर पर चिपकाया गया था। मुखर्जी

ने गुहा को चुनौती दी कि वह अपना कहा सच साबित करें।

इस पूरे कांड का असर ऐसा हुआ कि मीडिया ने खुद को इस रहस्य से काट लिया। आगे रास्ता मानो बंद हो चुका था। राष्ट्रीय स्तर पर इसके बारे में आगे न कुछ कहा गया, न ही सुना गया। सन् 1980 में जब इंदिरा गांधी फिर सत्तारुढ़ हुयीं, तो मीडिया ने पंजाब, असम, जम्मू और कश्मीर की समस्याओं को अपना मुख्य विषय बना लिया। अब पीछे देखने का न ही अवसर था, न फायदा। 1990 के दशक में गुहा ने यह अफसोस जताया कि उनके राजनैतिक विरोधियों ने उनके भोलेपन और नेताजी के साधु वेश में जीवित होने के उनके विश्वास का खूब फायदा उठाया। फोटो नकली थी पर "साधु" सचमुच मे थे। उन्हें बहुत कम लोगों ने देखा था। वो वह साधु थे जिन्हें सुनील कृष्णा गुप्ता खोसला आयोग के बारे में सारी जानकारी देते रहते थे।

सन् 1984 में नेताजी रहस्य के लिये न्यायिक मदद की एक दरकार उठी। इस बार राजस्थान उच्च न्यायालय में इस बाबत याचिका दाखिल करने वाले इस नेताजी भक्त का नाम था नंद लाल शर्मा। इस केस में शर्मा ने अपनी याचिका के साथ कुछ दस्तावेज़ भी लगाये और साथ ही विदेश सचिव से कुछ दस्तावेज़ मांगते हुये एक प्रार्थना पत्र भी दिया। 15 मार्च 1985 को कोर्ट ने सरकार को इस याचिका पर एक महीने के भीतर जवाब देने के निर्देश दिये। 8 मई 1985 को सरकारी वकील ने वक्त मांगा; तो कोर्ट ने इसकी सुनवाई जुलाई में होने की तारीख दी। इतने में मामले की सुनवाई करने वाले जज, एस0एन0 भार्गव, का स्थानांतरण किसी अन्य बेंच में हो गया और उसके बाद "शर्मा के जल्दी सुनवाई की गुहार के बावजूद यह मामला किसी और बेंच में लिस्ट नहीं हो पाया।"

कुछ वक्त बाद जब जस्टिस भार्गव वापस जयपुर बेंच में आये तो उन्होंने पाया कि इस याचिका पर कोई जवाब नहीं दिया गया था—न ही राजस्थान सरकार की ओर से, न ही भारत सरकार की तरफ से। सरकारी वकील का कहना था कि उसे विदेश मंत्रालय से इस बारे में कोई निर्देश प्राप्त हुये ही नहीं थे। जब न्यायालय को यह पता चला तो मामले की सुनवाई 4 दिसम्बर 1985 को होने का निर्णय दिया गया।

4 दिसम्बर 1985 को भी शर्मा की एकतरफा सुनवाई ही हुयी; क्योंकि सरकारी वकील का पुराना तर्क अभी भी वही था। आखिरकार, 18 जनवरी 1985 को जस्टिस भार्गव ने अपने आदेश में सरकार को कोर्ट के सामने मांगे हुये दस्तावेज़ न पेश करने और याचिका का जवाब न देने के लिये कड़ी फटकार पड़ी। उनके अनुसार "या तो सरकार को इस बात से कोई फर्क नहीं पड़ता, या फिर पहले दो कमीशनों की जांच से असन्तुष्ट होने के कारण वह नेताजी की गुमशुदगी पर दायर याचिका पर कोई जवाब देना ही नहीं चाहती।"

कोर्ट ने शर्मा को यह मामला सरकार के सामने रखने को कहा, और साथ ही "अधिकारियों से कहा कि वह इस बाबत कोई निर्णय लें।" सरकार को सोचने के लिये 6 महीने का समय दिया गया ताकि वह पूरे मामले के बारे में सोच–विचार कर के इस नतीजे पर पहुंचे कि अब एक नये आयोग की जरुरत थी या नहीं। कुछ समय बाद संयुक्त सचिव (विदेश मंत्रालय) द्वारा एक गोपनीय फाइल में दर्ज मेमो में यह लिखा था कि विदेश मंत्रालय ने इस मामले में कोई जवाब इसलिये नहीं दिया, क्योंकि याचिकाकर्ता

शर्मा अब इस दुनिया में थे ही नहीं—उनका निधन जुलाई 1986 में ही हो चुका था।

इधर सितम्बर 1985 में फैज़ाबाद, उत्तर प्रदेश में एक साधु के देहांत के समाचार से बवाल मच गया। क्षेत्रीय भक्तों के लिये यह साधु सुभाष चन्द्र बोस थे। कुछ समाचार पत्रों की पड़ताल का निष्कर्ष था कि यह व्यक्ति नेताजी हो सकते थे। समर गुहा और सुनील गुप्ता के पत्र इन्हीं के घर से बरामद किये गये। बेशक, संसद में गुहा का इशारा इसी साधु की ओर था।

गौरतलब था कि इन साधु ने सन् 1979 में हुये 'तस्वीर विवाद' के बाद (नेताजी उस वक्त 82 के होते) बंगाल में रहने वाले अपने कई जानने वालों से संबंध तोड़ लिये थे—समर गुहा और गुप्ता इनमें शामिल थे। कुछ महीनों बाद, उनके करीबी सेवकों में से एक रहे, डॉ0 पबित्र मोहन रॉय ने उनसे पत्राचार के माध्यम से फिर सम्पर्क स्थापित करने की कोशिश की। अपने पत्र में उन्होंने इस साधु से गुहा को न रोक पाने के लिये माफी मांगी और उनके प्रति अपनी निष्ठा को दोहराया। यह पत्र बांग्ला में लिखा गया था।

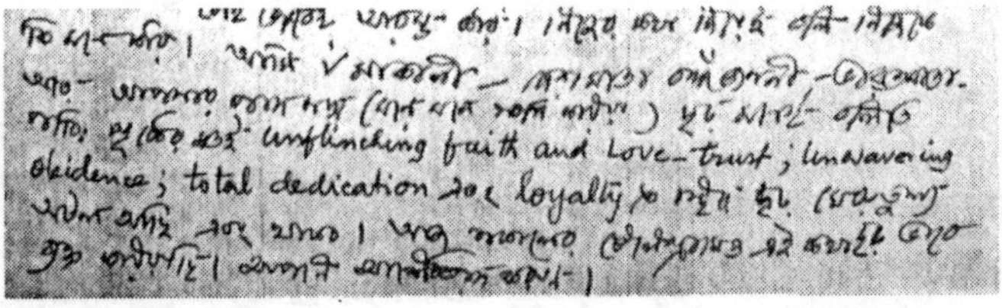
unflinching faith and Love-trust; unwavering obedience; total dedication ... loyalty

> मैं कुछ कहना चाहता हूँ, आपके शब्द है। "तुम मेरे इण्टेलिजेंस अफसर हो। तुम्हें बिना डर या पक्षपात के अपना कर्त्तव्य निभाना है।" अब मुझे भी अपनी बात इसी तरह कहने दीजिये। माँ काली–देशमाता–बंगजननी–भारतमाता और आपके चरणों की सौगंध है—कि पहले की तरह ही अभी भी मुझमें आपके प्रति वही पूर्ण विश्वास, प्रेम–श्रद्धा और वफादारी है।

यह महत्त्वपूर्ण शब्द हैं, क्योंकि पबित्र मोहन रॉय नेताजी के कट्टर अनुयायी थे। बांग्ला में लिखी उनकी किताब *नेताजीर सीक्रेट सर्विस* (1980) में उन्होंने अपने जीवन के कई रोचक किस्से साझा किये हैं। अनुशीलन समिति के एक स्वयंसेवक की हैसियत से अपना जीवन शुरु करने वाले रॉय कुछ समय बाद गायब हो गये। "नेताजी से प्रेरित होकर, हम अपने बीवी–बच्चों को पीछे छोड़कर इतने दूर निकल चुके थे।"[87] सन् 1943 में रॉय आई0एन0ए0 के खुफिया अफसर बन कर भारत आये। टी0 मुखर्जी, अमरीक सिंह गिल, महिन्द्र सिंह, और खुद रॉय एक जापानी पनडुब्बी द्वारा पुरी में छोड़े गये। कोलकाता में इनका स्वागत बेहद ठंडा रहा। पवित्र ने लिखाः "फिर भी, इस अंधेरे में नेताजी के शब्द हमारे लिये रोशनी की वह मशाल थे, जो हमें अकेला चलने के लिये प्रेरित करते थे।"[88]

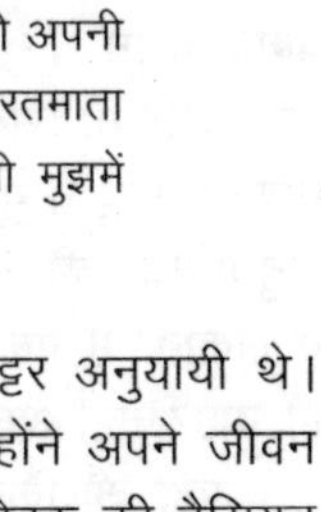
पबित्र मोहन रॉय

उनका मिशन कमजोर पड़ गया। टी0 मुखर्जी ने सबको

धोखा दे दिया। माहिन्द्र मुम्बई में पकड़े गये; और खुद पर पड़े दबाव में उन्होंने सारे साथियों के नाम बता दिये। अमरीक, पबित्र और उनके सहयोगी भी पकड़े गये—इनमें शामिल थे सुरेश बोस की बेटी अमिता के पति हरिदास मित्रा और आंदोलनकारी ज्योतिष चन्द्र बोस। इनके विरुद्ध मुकदमे की शुरुआत मई 1945 में हुयी। मामला एनिमी ऑरडिनेन्स के तहत दर्ज हुआ था। जून तक इन सबकी मृत्यु के आदेश निकाले जा चुके थे। पर "श्रीमती मित्रा, (जो महात्मा गांधी को जानती थीं) के प्रयत्नों के कारण गांधी ने लार्ड वेवेल से बात की"[89] और नवम्बर में इन सबकी सज़ा मृत्यु से आजीवन कारावास में बदल दी गयी।

लेकिन जनता के दबाव के चलते, सारे आई0एन0ए0 सदस्यों को छोड़ दिया गया—पबित्र भी छोड़ दिये गये। अमरीक ने अपने को खुद ही आजाद कर लिया था। वह जेल से भागकर भारत से बाहर चले गये और वहां एक खुशहाल ज़िन्दगी बसर की। पबित्र खुद भी पी0एस0पी0 के टिकट पर 1957 में चुनाव लड़कर विधायक बन गये। लेकिन बाद में सार्वजनिक जीवन से हटकर वे एक बार फिर उस साधु की खुफिया सेवा में लग गए। सन् 1979 में हुये 'तस्वीर विवाद' का सिलसिलेवार ब्यौरा उन्होंने साधु को दिया। (चित्र)

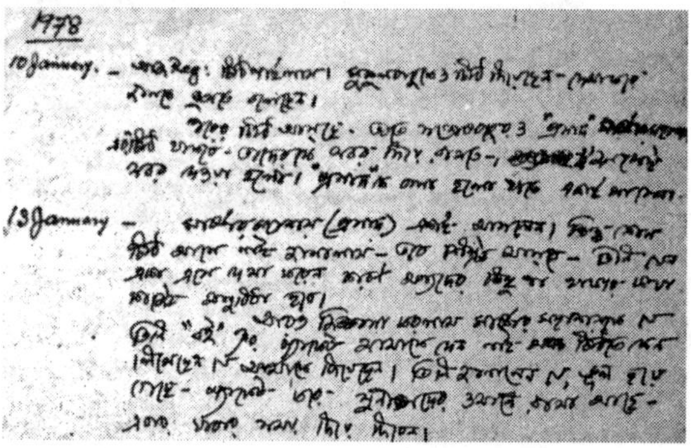
1978
10 January. –
13 January –

पबित्र के मुताबिक यह तस्वीर एक पुराने आई0एन0ए0 सदस्य की पत्नी ने गुहा को दी थी। गुहा को संदेह था पर फिर भी वह इस पर विश्वास कर बैठे। यह दरअसल गुहा के राजनैतिक कैरियर को बर्बाद करने का एक षड्यंत्र था—लेकिन, सब सुनने के बावजूद साधु ने गुहा को अपने अनुयायियों की सूची से बाहर कर दिया था। सन् 2002 में अपने निधन तक गुहा ने कोलकाता में एक अनजान जीवन बिताया। मायूसी में एक बार उन्होनें कहा: "जब वह ही बाहर नहीं आना चाहते, तो मैं क्या कर सकता हूँ?"

गुहा की किताब के कई संस्करण छपते रह। सन् 1983 में इसका दोबारा विमोचन करते हुये मोरारजी देसाई ने मुम्बई में कहा, "अगर नेताजी जीवित होते तो वह अपने देश जरुर आते...फिर शायद ही कोई और व्यक्ति देश का नेतृत्व कर रहा होता।" फिर, जैसे वह खुद ही अपने पक्ष–विपक्ष का निर्णय न कर पा रहे हों, बोले,

> मैं नेताजी की मृत्यु या उनके जीवित होने के विवाद में नहीं पड़ना चाहता...
> हां यह सुना जरुर है कि वह जीवित हैं और उन्होंने संन्यास ले लिया हैं।[90]

सन् 1979 में प्रधानमंत्री का पद छोड़ने के बाद यह शायद उनकी पहली आम बयानी थी।

उस वक्त खोसला के लिये शायद ही अब नेताजी रहस्य और विवाद का कोई मतलब

रह गया था। अपनी जीवनी *मेमोरीस गे चैरियट* (1985) उन्होंने कहीं यह लिखा है कि देसाई की "अल्पकालीन" सरकार ने उनकी रिपोर्ट का जो भी किया हो—उन्हें कभी कोई परवाह नहीं हुयी। वह आथर्स गिल्ड ऑफ इण्डिया के पहले प्रेसिडेंट बने। दिल्ली के एक संभ्रात जगह में उन्होंने अपने जीवन के आखिरी साल बिताये। उनकी पत्नी 100 वर्षो से ऊपर जीवित रहीं–और तीनों बच्चे में अपनी—अपनी जगह पा चुके थे। एक राजनयिक बना—दूसरा नामी प्रशासकीय अधिकारी–तीसरा नामचीन आर्किटेक्ट। 95 साल की उम्र तक (1996) गोपाल दास खोसला दिल्ली की 'हाई सोसाइटी' का हिस्सा रहे। जीवन ने उन्हें दिया भी तो ज़रुरत से ज़्यादा।

6

एक समुचित जांच

1990 के दशक में इस कहानी में एक नया मोड़ आया, जब नरसिम्हा राव सरकार ने यह घोषणा की कि नेताजी को 'मृत्यु उपरान्त' भारत रत्न से सम्मानित किया जायेगा। यह शायद एक तीर से दो निशाने थे—पहला यह कि राष्ट्रपति भवन में एक भव्य समारोह द्वारा कांग्रेस रुठे हुये बोस परिवार को खुश कर देता और दूसरा; सरकार पर लगा नेताजी की गुमशुदगी को नज़रअंदाज़ करने का आरोप भावनाओं के इस उफान में बह जाता। इन बातों को ध्यान में रख कर ही शायद सरकार ने 22 जनवरी 1992 को यह घोषणा की।

पर इसका एक और पहलू भी था। नेताजी के परिवार के लिए भारत रत्न को स्वीकार करने का अर्थ था कि सरकार द्वारा सुभाष की मृत्यु की बात को वह भी स्वीकार कर लेता। और फिर रेनकोजी मंदिर से उनकी तथाकथित "अस्थियों" को भारत लाने की कवायद शुरु हो जाती। इस पक्ष को ध्यान में रखते हुये जैसा कि सोचा जा सकता है; यह बात घाव पर मलहम की जगह, उन्हें कुरेदने जैसी साबित हुयी। क्या नेताजी पर हुये अन्याय के दोष को भारत रत्न से शुद्ध किया जा सकता था? कभी नहीं। इसलिये अनीता फाफ ने पारिवारिक प्रतिनिधि बन कर इस 'सम्मान' को यह कहकर अस्वीकार किया कि उनके पिता को "यह सम्मान सबसे पहले मिलना चाहिये था।"[1]

कलकत्ता उच्च न्यायालय में वकील रहे बिजान घोष ने यह प्रार्थना की कि सरकार यह सम्मान रद्द कर दे। उन्होंने यह भी कहा कि नेताजी की मृत्यु को इतनी आसानी से मान लेना कहां की तर्कसंगत बात थी, जबकि ऐसा कोई भी साक्ष्य कहीं नहीं था। इन हालातों में, घोष के मुताबिक, सरकार को नेताजी के जीवित होने की स्थिति में उन्हें देश में वापस लाना चाहिये और उनके मृत होने की स्थिति में उनकी मृत्यु की "जगह, परिस्थिति और अंतिम संस्कार का सारा विवरण देना चाहिये।"[2]

दायर की गई इस याचिका को राष्ट्रीय महत्त्व का मानते हुये इसे सन् 1993 में सुप्रीम कोर्ट के हवाले किया गया। अगले चार साल तक यह मामला चला। इसी बीच, सरकार ने नेताजी को भारत रत्न देने का फैसला वापस ले लिया। शायद वह घबरा गयी थी। मामले का फैसला सन् 1997 में हुआ। जस्टिस सुजाता मनोहर और जी0बी0 पटनायक की बेंच ने फैसला लिया कि "मामला खत्म हो चुका था, क्योंकि सम्मान देने के लिये कोई और कदम नहीं उठाया गया था।" कोर्ट ने माना किः

> "मरणोपरांत" शब्द के इस्तेमाल का औचित्य खोजना अब जरुरी नहीं। न ही इस बात की कोई आवश्यकता है कि 18 अगस्त 1945 या उसके बाद हुई नेताजी सुभाष चन्द्र बोस की मृत्यु के तथ्य या सच्चाई तक पहुंचने के लिये पर्याप्त सामग्री है या नहीं। यह एक विस्तृत मुद्दा है और बीते हुये कल की तरह आने वाले कल में भी इस विषय पर मतभेद बने रहेंगे।[3]

भले ही बिजान घोष इस बात से आहत रहे हों कि वह सुप्रीम कोर्ट का ध्यान नेताजी की गुमशुदगी की तरफ नहीं खींच पाये, पर एक अच्छी बात यह रही कि आदेश आने के साथ ही एक बार फिर से यह मामला अखबारों की सुर्खियों में था। कोलकाता की जादवपुर यूनिवर्सिटी में प्रवक्ता रहीं डॉ0 पूरबी रॉय, जो कम्युनिस्ट नेता स्व0 कल्याण शंकर रॉय की पत्नी थीं, (वे किरण शंकर रॉय के पुत्र थे—जो एक वक्त में नेताजी के विरोधी रहे थे) रुसी भाषा की जानकार थीं। उन्होंने सभी को इस बात की जानकारी दी कि अब, पहली बार, रुसी लोग खुद इस बारे में आवश्यक संकेत दे रहे थे। सन् 1996 के अक्टूबर महीने में डॉ0 राय और उनकी रुसी पत्रकार मित्र ने कुछ लोगों के बीच बैठक के इंतज़ाम किये। यह बैठक फारवर्ड ब्लॉक के नेताओं चित्ता बसु, जयंत रॉय और पूर्व सैनिक और तत्कालीन रशियन अकैडमी ऑफ नैचुरल साइन्सेस में शिक्षक रहे अलेक्सैन्डर कोलेसनिकोव के बीच हुयी। कोलेसनिकोव ने मॉस्को के प्रेसीडेंट होटल की लॉबी में बसु को कुछ ऐसे वर्गीकृत रुसी रिकार्ड का हवाला दिया, जिनमें "सन् 1946 में हुयी सोवियत पोलित ब्यूरो के सदस्यों—वोरोशिलोव, विशुन्सकी, मिकोयन और मोलोतोव के बीच हुयी वार्ता का विवरण था। उनकी वार्ता इस सम्बन्ध में थी—क्या नेताजी को सोवियत यूनियन में रहने देना चाहिये?"[4]

यह सुनकर बसु की आंखें फटी रह गयीं। आगे कोलेसनिकोव ने उन्हें यह सुझाव दिया कि भारत सरकार को रुसी पुरालेख देखने चाहिये। जनवरी 1997 में रुसी अखबार *पेट्रीयट* में कोलेसनिकोव का लेख छपा; जिसका शीर्षक थाः "डेस्टनी ऐन्ड डेथ ऑफ

चन्द्र बोस।" इस लेख में उन्होंने नेताजी की गुमशुदगी को "भारत–रुसी सम्बन्धों का सबसे रहस्यमयी बिन्दु" करार दिया। साथ ही यह भी कहा कि "नेताजी के जीवित होने या उनके रुस में होने के बारे में बार–बार किये गये सवालों का सोवियत संघ की तरफ से कोई उत्तर नहीं दिया गया।"[5]

पर सबसे अजीब रहा चित्ता बसु का रवैया। भारत लौटने पर बसु ने कोलेसनिकोव का लिखित बयान किसी से साझा नहीं किया। शायद अन्य नेताओं की तरह वह भी एक 'सही मौके' की तलाश में थे। पर यह मौका कभी नहीं आया। सन् 1997 में एक रेल यात्रा के दौरान उनका निधन हो गया। उनकी संपत्ति में कोलेसनिकोव के इस बयान की भरसक तलाश की गयी—पर कुछ हाथ नहीं लगा।

इधर डॉ0 राय ने मीडिया के जरिये इस लड़ाई को चालू रखा।

"मैं भारत सरकार का केवल एक समर्थन पत्र चाहती हूँ; जिसमें मुझे रुसी अधिकारियों के समर्थन से उनके वर्गीकृत पुरालेखों के अध्ययन की अनुमति दी गयी हो और उनसे प्रार्थना की गयी हो।"[6]

पर भारत सरकार इस मामले में कोई माथापच्ची करने के मूड में नहीं थी। गृह सचिव के0 पद्मनाभैया ने गृह मंत्री एस0बी0 चव्हाण के समर्थन से सन् 1995 में यूनियन कैबिनेट के लिये जो गोपनीय नोट बनाया था, उसमें यह मंशा साफ झलक रही थी। सचिवों की कमेटी (जिसमें कैबिनेट, गृह, विदेश, सुरक्षा, और वित्तीय सचिव शामिल थे) का मानना था:

Consideration of the Committee of Secretaries

9. In view of what has been mentioned in foregoing para 6, a decision will have to be taken soon. There seems to be no scope for doubt that he died in the air crash of 18th August, 1945 at Taihoku. Government of India has already accepted this position. There is no evidence whatsoever to the contrary. If a few individuals/organisations have a different view, they seem to be guided more by sentimentality rather than by any rational consideration. The belief of these people that Netaji was alive and out of contact with any Indian, but would appear when found necessary, has also lost

F.No.I/12014/27/93-IS(D.III)
Ministry of Home Affairs

Document obtained in public interest

> भारत सरकार यह मान चुकी है कि 18 अगस्त 1945 में ताईहोकू में हुयी विमान दुर्घटना में उनकी मृत्यु हो चुकी है। यदि कोई व्यक्ति/संस्था इस बारे में कुछ और सोचती है, तो यह केवल उनका भावनात्मक पक्ष है, तार्किक नहीं।

23 जनवरी 1997 को संसद के प्रांगण में प्रधानमंत्री देवगौड़ा की उपस्थिति में नेताजी की प्रतिमा का अनावरण किया गया। यह भारतीय स्वतंत्रता का पचासवां और सुभाष

के जन्म से अब तक का सौवां वर्ष था। भारत सरकार की इस नेताजी भक्ति को द *न्यूयार्क टाइम्स* ने "सैद्धान्तिक पलटी" कहा और माना कि शायद भारत ने नेताजी को "आधिकारिक तौर से अपना लिया था।"[7]

पर सालों पुराना द्वेष अभी दिलों से मिटा नहीं था—और उसी दिन लाल किले में आयोजित समारोह में जब अटल बिहारी वाजपेयी बोलने उठे तो यह सामने भी आ गया। दरअसल यूनाइटेड फ्रंट सरकार, सत्तारुढ़ रहने के लिये कांग्रेस पर निर्भर थी और वाजपेयी की नेताजी भक्ति उसकी सेहत के लिये शायद अच्छी नहीं होती। पर क्योंकि उन जैसे वक्ता को चुप कराना संभव न था, इसलिये टी0वी0 पर प्रसारित हो रहा उनका भाषण 'ट्रांसमिशन फेलियर' का शिकार हो गया। अगले दिन प्रकाशित *हिन्दुस्तान टाइम्स* सम्पादकीय ने सरकार से इस बात के लिये माफी मांगने को कहा था।

अगस्त में नेताजी की अस्थियों को रेनकोजी मंदिर से वापस लाने की मुलायम सिंह यादव की बात ने एक बार फिर न्यायिक लड़ाई के दरवाज़े खोल दिये। यादव उस वक्त रक्षा मंत्री थे। इस बार लड़ाई निर्णायक थी। अशिम कुमार गांगुली ने कलकत्ता हाईकोर्ट में याचिका दायर की कि "बिना किसी ठोस सबूत" के भारत यह नहीं मान सकता कि नेताजी की मृत्यु ताईवान में हुयी थी। चीफ जस्टिस प्रभाशंकर मिश्रा और जस्टिस बरिन घोष ने यह बात मानते हुये 7 अप्रैल 1998 को यह निर्देश दिया कि "उन अस्थियों को नेताजी सुभाष चन्द्र बोस की अस्थियां मानने से पहले सरकार सारे सबूतों और विवरण को प्राप्त करेगी और इनकी सत्यता को भी जांचेगी।"[8]

इधर, इसी मामले में ऐसी ही एक अन्य याचिका भी दायर की गयी थी। याचिकाकर्ता थे, सुनील कृष्ण गुप्ता और उनके वकील थे रुद्रज्योति भट्टाचार्य। अप्रैल अंत तक यह निर्णय लिया गया:

> जांच कमेटी और जांच कमीशन के नतीजों को आधिकारिक रुप से मान्यता देने के बावजूद सरकार का यह मानना है कि रिपोर्ट में दिखाये गये नेताजी की मृत्यु के विवरणों पर अभी भी संशय की गुंजाइश है।

कोर्ट ने अगले कदम की तरफ इशारा किया—वह कदम, जो सरकार को बहुत पहले उठा लेना चाहिये था:

> (प्रति) वादी, कानून के दायरे में इस मुद्दे पर एक जांच करेंगे...और इस विवाद को खत्म करने के लिये, अगर एक और जांच आयोग की जरुरत पड़ती है तो उसका भी गठन किया जाये।[9]

अप्रैल 1998 में अटल बिहारी वाजपेयी एक बार फिर देश के प्रधानमंत्री बने। इसके साथ ही, नेताजी के परिवारीजन, शोधकर्ता और फारवर्ड ब्लॉक के नेता (देबब्रत विशवास, डॉ0 पूरवी रॉय, सुब्रत बोस, वी0पी0 सैनी) जांच पर जोर डालने लगे। अगस्त 1998 को गृह मंत्री एल0के0 आडवाणी के साथ हुयी वार्ता के बाद, अमिय नाथ बोस के छोटे भाई सुब्रत बोस ने कहा,

"नये आयोग की जांच स्वतंत्रता पूर्व आजादी के आंदोलन में रत रहे नेताओं के लिये हानिकारक हो सकती है।"[10] 24 दिसंबर 1998 को पश्चिम बंगाल असेम्बली में फारवर्ड

ब्लॉक ने एक प्रस्ताव पारित कराया—जिसके अनुसार हिन्दुस्तान की जनता अभी भी इस मामले में अंधेरे में ही थी और इसलिये सरकार को "भारत में और भारत से बाहर इस बाबत सारे रिकार्ड दिलवाने चाहिये।"

आखिरकार, मार्च 1999 को गृह मंत्री एल0के0 अडवाणी ने एक बैठक बुलाई, जिसमें प्रधानमंत्री के मुख्य सचिव ब्रजेश मिश्रा, अटार्नी जनरल सोली सोराबजी और गृह सचिव कमल पाण्डे की उपस्थिति में यह तय हुआ कि कोर्ट के आदेश का अनुपालन किया जाये। इसी कड़ी में 14 अप्रैल 1999, को यह नोटिस जारी हुआ कि भारत सरकार एक बेहद जरुरी मुद्दे पर जांच आयोग की नियुक्ति को जरुरी समझती है। इसके बाद इस नये आयोग की नियुक्ति हुयी और भारत के मुख्य न्यायाधीश की सिफारिश पर मनोज कुमार मुखर्जी को इस आयोग का चेयरमैन बनाया गया। मुखर्जी सुप्रीम कोर्ट के जज और लखनऊ और बॉम्बे उच्च न्यायालयो के चीफ जस्टिस रह चुके थे।

आयोग के गठन का बंगाल के प्रचलित अखबारों और बुद्धिजीवियों ने खासा मज़ाक उड़ाया। आंतरिक सुरक्षा विभाग के निदेशक ने 11 अप्रैल 2000 को खुफिया एजेंसी रॉ के भावी मुखिया को लिखे पत्र में जिस मुद्दे को "संवेदनशील और महत्त्वपूर्ण" की संज्ञा दी थी—वह मुद्दा इन बुद्धिजीवियों की नजर में बकवास था। 28 मार्च 2000 को *द टेलीग्राफ* में प्रकाशित सम्पादकीय ने इस बात का मज़ाक उड़ाते हुये लिखाः

> सवाल यह है कि आखिर एक आयोग की आवश्कयता ही क्या है? शाहनवाज़ और जी0डी0 खोसला आयोगों के नतीजे धूल चाट रहे हैं। लिखित और मौखिक साक्ष्यों को पढ़ कर समझने वाला इतिहासकार यदि बेबाकी से अपनी बात रख पाये तो आसानी से इस गुत्थी को सुलझा सकता है। भारत में एक आयोग का गठन न केवल पैसे की बर्बादी है, बल्कि सच छिपाने का एक कारगर जरिया है।

इस सम्पादकीय के लेखक के अनुसार यह स्वीकार कर लिया गया है कि ताईवान में अगस्त 1945 की हवाई दुर्घटना में जलने के कारण नेताजी की मृत्यु हुई और उनकी अस्थियाँ जापान के रेनकोजी मंदिर में रखी हैं।

द स्टेट्समैन में प्रकाशित सम्पादकीय ने भी इस आयोग के गठन पर व्यंग्यात्मक टिप्पणी करते हुये पूछा कि "जिस मुद्दे पर कोई नया सबूत हासिल हुआ ही नहीं, उस पर जनता के पैसे उड़ाने का क्या फायदा है?" साथ ही इस बात का मज़ाक उड़ाते हुये कहा गया कि "आयोग के सदस्यों के लिये आने वाला समय वाकई बहुत रोचक है...इन्हें बाहर जाना होगा...जापान, सिंगापुर और सुदूर पूर्व...शायद रुस और जर्मनी भी...उस पनडुब्बी यात्रा को जीवंत करने हेतु..."

नामी गिरामी इतिहासकारों ने भी इस आयोग को आम आदमी के पैसे की फिजूलख़र्ची बताया। जवाहरलाल नेहरु यूनिवर्सिटी के डॉ0 हरबंस मुखिया ने कहा, "आखिर हम इस बात को क्यों नहीं मान लेते कि वह मृत हैं और इस बात को 50 वर्ष से ज्यादा वक्त बीत चुका है।"[11] इसी तरह इतिहासकार सलिल घोष के अनुसार, "यह पैसे और वक्त दोनों की बर्बादी है...जांच के बाद इस बर्बादी के बारे में जानने का जनता को पूरा हक़

होना चाहिये।"[12] दिल्ली यूनिवर्सिटी के इतिहासकार डॉ0 सुमित सरकार के अनुसार, "ऐसी कोई भी जांच अब समय की बर्बादी है...यह विषय इतना महत्त्वपूर्ण है ही नहीं कि इस पर कोई प्रतिक्रिया भी दी जाये।"[13]

जनता पर भी इन प्रतिक्रियाओं का असर हुआ। 23 अगस्त 2001 को एन0डी0टी0वी0 ने एक रिपोर्ट दिखाई, जिसमें लोगों ने कोलकाता में जस्टिस मुखर्जी की जांच के खिलाफ आवाज उठाई थी। "आंदोलनकारियों का कहना है कि इस जांच का कोई नतीजा नहीं निकलने वाला है और इस पर सरकारी पैसा बर्बाद करने का कोई फायदा नहीं होने वाला।"[14]

> A. PRIME MINISTER'S OFFICE/SECRETARIAT
>
> While sending photocopies of seven files marked as 'Top Secret/Secret' with a forwarding letter No. G-16(4)/2000-NGO dated July 24, 2000 (also marked 'Top Secret/Secret') addressed to the Secretary of the Commission, a Director of the Prime Minister's office, South Block, New Delhi has made the following request :
>
> "It is further requested that while information contained in the 'Top Secret' papers may be made use of by the Commission, in camera, since these are classified as 'Top Secret', they may kindly consider not publishing the same."

खैर, जल्दी ही कुछ आश्चर्यजनक बातें सामने आयीं–जिनमें प्रथम और महत्त्वपूर्ण थी भारत सरकार का 'गोपनीयता प्रेम'। जुलाई 2000 को प्रधानमंत्री कार्यालय की तरफ से आयोग को भेजे गये नोट में यह गुज़ारिश की गयी थी कि अति गोपनीय फाइलों के मसौदे को प्रकाशित न किया जाये।

और इसी के बाद, कर्नल लक्ष्मी सहगल—आई0एन0ए0 की एक वयोवृद्ध सदस्य—(जो स्वयं में एक प्रतिष्ठित कम्युनिस्ट नेता थीं, और जिन्होंने आई0एन0ए0 के अनुभाग का नेतृत्व किया था) की तरफ से भी चौंकाने वाले बयान आये। इनके अनुसार, नेताजी की मृत्यु ताईवान में ही हुयी थी। तो जाहिर था, अब बारी थी नवगठित आयोग को इस बारे में बताने की क्योंकि, सहगल ने इस बारे में शाहनवाज़ और जी0डी0 खोंसला आयोग को कुछ नहीं बताया था। हैरानी की बात यह थी कि उनके लिये यह आयोग और इसकी जांच कोई मायने नहीं रखती थी। आयोग ने ही *आनंद बाज़ार पत्रिका* में छपा उनका यह बयान पढ़ लिया था कि रेनकोजी में रखी अस्थियाँ दरअसल सुभाष की ही थीं। यह बयान 4 दिसम्बर 2000 को प्रकाशित हुआ था। जब मुखर्जी आयोग ने डॉ0 सहगल को बुलाया, तो उन्होने कहा —"मेरी तबीयत ठीक नहीं रहती।"

इसके बाद आयोग ने उनके घर के पास ही बयान लेने का इंतज़ाम करवाया। डॉ0 सहगल इस बार मना नहीं कर पायीं। देखा जाये, तो उनकी तबीयत ठीक ठाक थी और वह कानपुर स्थित अपने क्लीनिक में उस समय भी कई मरीज़ों का इलाज कर रहीं थीं। कुछ समय पश्चात डॉ0 सहगल राष्ट्रपति पद की एक सशक्त उम्मीदवार बनी। उनकी टक्कर में डॉ0 ए0पी0जे0 अब्दुल कलाम न खड़े होते, तो संभवतः वह देश की राष्ट्रपति बनीं होतीं।

डॉ0 सहगल ने 4 जून 2001 को आयोग के सचिव पी0के0 सेनगुप्ता के सामने मजबूती से बयान दिये।

"अब तो उनकी गुमशुदगी की बात एक मिथक बन गयी है।"

"हमें इस बात की कोई जानकारी थी ही नहीं कि नेताजी मंचूरिया जाने वाले थे।"

पर जैसे ही इस राज़ पर वी0पी0 सैनी ने उनसे सवाल पूछना शुरु किया, उनका तनाव बढ़ता दिखा। आठ साल पहले उनके इन्टरव्यू का टेप सैनी ने सबके सामने प्रस्तुत करते हुये उनसे पूछा कि "क्या यह टेप उस साक्षात्कार की वीडियो रिकार्डिंग का है?"

सहगल को सबके सामने इस वीडियो का चलना अच्छा नहीं लगा था, पर उन्होंने इस बात का जवाब "हाँ" में देना पड़ा। इसके बाद सैनी ने सहगल से यह स्वीकार करने को कहा कि वह नेताजी की गुमशुदगी के रहस्य को सुलझाने में उनकी मदद करेंगी—और इसी सिलसिले में उनसे पूछा था कि हो सकता है कि नेताजी के भारत न लौटने का कारण उस समय उनकी रुस में गिरफ्तारी रही हो। उस समय (सैनी के अनुसार) डॉ0 सहगल ने जवाब में यह कहा कि नेताजी के व्यक्तिगत सचिव आबिद हसन का यही सोचना था कि नेताजी को रुस में गिरफ्तार कर लिया गया था।

"क्या मेरा कहना सही है?" सैनी ने डॉ0 सहगल से पूछा।

"हाँ! यह बात सही है। मैंने इण्टरव्यू में यही कहा था।"

पूरे वीडियो साक्षात्कार के दौरान डॉ0 सहगल सकारात्मक थीं कि अगस्त 1945 के बाद भी नेताजी जीवित थे। उन्होंने सैनी को बताया कि द्वितीय विश्व युद्ध के बाद अमरीकन इण्टेलिजेंस सूत्रों ने उनसे पूछताछ की। इन लोगों ने डॉ0 सहगल को यह बताया कि "उन्होंने रुस की सीमा तक एक व्यक्ति का पीछा किया था और यह व्यक्ति दिखने में नेताजी जैसा ही था।"

यह एक बड़ा झटका था—क्योंकि डॉ0 सहगल को यह बात देश को बहुत पहले बता देनी चाहिये थी। टेप में उन्होंने नेहरु द्वारा माउन्टबेटन को प्रेषित किसी संदेश का हवाला देते हुये इस बात से सहमति जताई कि "नेताजी को देश से बाहर रखने की यह एक अंतर्राष्ट्रीय साज़िश थी...और इस साजिश में भारत सरकार शामिल थी।" उनके अनुसार, "इस मुद्दे को अंजाम तक पहुंचाने के लिये आगे जांच जरुरी थी।"[15]

मुखर्जी आयोग की जांच अटल बिहारी वाजपेयी के प्रधानमंत्री रहते शुरु हुयी और मनमोहन सिंह के प्रधानमंत्री बनने तक चली। दोनों के नेतृत्व में रहे फर्क को आयोग के एक अफसर ने इन शब्दों में समेटा, "अटल जी के वक्त में हमें कुछ फाइलें मिलीं, पर सरदारजी ने हमें कुछ नहीं दिया।"

इस बात की सच्चाई कई बार धुंधली होती दिखी। खासतौर से जब, जांच के शुरुआती दौर में जस्टिस मुखर्जी को इस बात से निराशा हुयी कि सरकारी नियंत्रण वाला मीडिया ही इस जांच को सबके सामने नहीं रख रहा था। मुखर्जी को यह बात खुल कर तत्कालीन सूचना एवं प्रसारण मंत्री अरुण जेटली के सामने रखनी पड़ी थी। भाजपा से कटिबद्ध समर्थन की उम्मीद नाकाम रही थी। इस बात को दीपक शर्मा नामक पत्रकार (जो आज एक महशूर टी0वी0 जर्नलिस्ट हैं) ने *पायनियर* अखबार के माध्यम से कहा था। एक सरकारी अधिकारी का अक्षरशः बयान था,

> जो कुछ भी जरुरी है वह सब आयोग को दिखाया जायेगा, पर एक सीमा तक। इससे ज्यादा दिखाना विस्फोटक साबित हो सकता है।[16]

सन् 1972 में इंदिरा सरकार के खोसला आयोग को ताईवान न जाने देने के फैसले का पुरज़ोर विरोध करने वाले अटल बिहारी वाजपेयी आज खुद मुखर्जी आयोग के साथ यह होता देख रहे थे—और चुप थें। मुखर्जी आयोग 5 अक्टूबर 2001 को विदेश मंत्रालय से मदद मांगने पहुंचा; ताकि ताईवान से सूचना प्राप्त की जा सके। नवम्बर 2002 को विदेश मंत्रालय से यह प्रार्थना की गयी कि वह "जापान की सरकार से यह कहे कि वह ताईवान सरकार से अंतिम संस्कारों के परमिटों की मूल प्रतियों का रजिस्टर दे दें—समयः 18.8.1945 से 21.8.1945 तक।"[17]

जून 2003 में विदेश मंत्रालय ने आयोग को सूचित किया कि ऐसे कोई दस्तावेज़ ताईवान में थे ही नहीं। इसी दौरान मैंने भारत के लोगों की ओर से ताइवान सरकार से प्रार्थना की कि वह अपने देश में नेताजी की तथाकथित मृत्यु के बारे में सारे तथ्य साझा करें। कुछ ही दिनों बाद ताइपेई के मेयर डॉ0 यिंग जो मा के कार्यालय ने सूचना दी कि,

> ताइपेई के अभिलेखागार में रखे हुये ऐतिहासिक दस्तावेज़ों में उस दिन किसी हवाई दुर्घटना का कोई रिकार्ड नहीं है।

मेरी राष्ट्रपति चेन शुई बियन को लिखी गयी अपील के जवाब में प्रसार और परिवहन के आर0ओ0सी0 मंत्री लिन लिंग सान ने मुझे एक ईमेल भेजा। इसमें लिखा था कि जापानियों द्वारा सहेजे हुये उस समय के सभी दस्तावेज़ों की कड़ी जांच के बाद यह स्पष्ट है कि उस समय केवल एक ही बड़ी हवाई दुर्घटना हुयी थी। यह क्रैश था अमरीकन विमान c-47 का—जो तॉयतुंग क्षेत्र में माउन्ट ट्राइडेन्ट के पास टकरा गया था। यह स्थान ताइपेई से 200 नॉटिकल मील की दूरी पर था। विमान में 26 युद्ध बंदी सवार थे। और यह हादसा सन् 1945 के सितम्बर महीने में हुआ था। मैंने इस बात की सूचना तुरंत आयोग को दी और अधिकारियों को सलाह दी कि वे दिल्ली स्थित ताइपेई इकॉनॉमिक एण्ड कल्चरल सेन्टर से संपर्क स्थापित करें। हैरानी थी कि भारत सरकार ने कभी किसी को इस सेन्टर के दिल्ली स्थित होने की बात बताई ही नहीं थी; जिससे मुखर्जी आयोग के अधिकारी रुष्ट भी थे।

23 सितम्बर 2003 को विदेश मंत्रालय ने आयोग को सूचित किया कि काफी भागा–दौड़ी के बाद जापान के विदेश मंत्रालय ने नेताजी की तथाकथित अंत्येष्टि के मूल दस्तावेज़ों के बारे में जवाब दिया; जो यह था:

> हमने जस्टिस मुखर्जी द्वारा मांगे गये परमिटों की प्रतियों को अपनी सभी पुरानी फाइलों में खोजने की पुरजोर कोशिश की है। पर हमें ऐसा कोई भी दस्तावेज़ नहीं मिल पाया है। आप समझ सकेंगे कि 50 साल पहले के दस्तावेज़ों को खंगालना इतना आसान भी नहीं होता।[18]

इसके अलावा, 24 सितम्बर को विदेश मंत्रालय ने ताईवान से आयी सारी सूचना की मांग की। विदेश मंत्रालय ने आयोग से यह भी कहा कि क्योंकि भारत आधिकारिक रुप से 'रिपब्लिक ऑफ चाइना' या ताईवान को मान्यता नहीं देता है, इसलिये उनसे बातचीत के लिये सरकार के पास कोई सीधा जरिया नहीं है।

पर सच छिप नहीं पाता। मुझे भारत–ताईवान सम्बन्धों के बारे में समर गुहा के किये गये दावे याद थे। सन् 2003 में एक विदेशी अखबार में भारत–ताईवान के गोपनीय सैन्य सम्बन्धों के बारे में खबर प्रकाशित हुयी। मैं सोच में था—ईश्वर जाने किस तरह यह दोनों नीतियाँ साथ चल रहीं थी।

जल्दी ही यह पता लगा कि विदेश मंत्रालय मुखर्जी आयोग से नाराज़ था, क्योंकि आयोग ने खुद अपनी जिम्मेदारी पर ताईवानी अधिकारियों से इस मसले के बारे में जानकारी मांगी थी। 11 नवम्बर 2003 को आयोग ने इस "गुस्ताखी"[19] के कारणों का विवरण दिया। नाराजगी की मुख्य वजह थी एक प्रतिबन्धित मुद्दे पर मेरी ताईवानी सरकार से बातचीत। मेरी किस्मत अच्छी थी कि मैं 1970 या 50 के दशक में नहीं था—उन दिनों ज्यादा आतंकवादी नहीं होते थे, इसलिए गुप्तचर विभाग को उनके पीछे नहीं भागना पड़ता था सो कांग्रेस सरकार के पास उनके विरोधियों को परेशान करने के लिए काफी वक्त होता था। विदेश मंत्रालय ने जल्दी ही एक 'रट्टू तोता' वक्तव्य भेजा: "आयोग को कोई संवाद ताईवानी सरकार से नहीं करना चाहिये क्योंकि अधिकारी इस मसले को सुलझाने के लिये अन्य संस्थाओं की मदद लेने का मन बना रहे थे।"

आयोग से कहा गया कि मंत्रालय इस बारे में "उसे सूचित रखेगा।"[20] इसके बाद आयोग ने "ताईवान की सरकार से मामले में कोई संपर्क इस उम्मीद के साथ नहीं साधा कि विदेश मंत्रालय खुद ताईवान से जरुरी दस्तावेज और जानकारी हासिल कर सकने में आयोग की मदद करेगा।"[21] हालात की नाजुकता को देखते हुये ताइपेई इकॉनॉमिक एण्ड कल्चरल सेन्टर ने आयोग की मदद करने से इंकार कर दिया था।

साफ था—किये गये वायदों के बावजूद न कोई जानकारी आनी थी, न ही आयी। हारकर, 8 जनवरी 2004 को खुद आयोग ने ही मंत्रालय से इस बाबत "रिपोर्ट कार्ड"[22] मांगा। 15 मार्च को मंत्रालय की ओर से कहा गया कि ताइपेई स्थित इण्डिया–ताइपेई एसोसिएशन (आईटीए) के प्रथक प्रयासों के बावजुद कुछ भी हाथ नहीं लगा। आईटीए का कहना था कि उसे कोई दस्तावेज़ नहीं मिला। "ताईवान के राष्ट्रीय अभिलेखागार में विमान दुर्घटना का कोई रिकार्ड ही नहीं था।"[23]

16 अप्रैल 2004 को जस्टिस मुखर्जी ने मीडिया को बताया कि मंत्रालय आयोग की ताईवान यात्रा को प्रायोजित करना ही नहीं चाहता...आयोग के गठन के वक्त सरकार की इस बारे में जो भी राय थी; वह वर्तमान सोच से बिल्कुल अलग थी। मुखर्जी ने यह भी कहा कि "यशवन्त सिन्हा उनसे चुनावों से पहले नहीं मिल पायेंगे।"[24]

25 जून को मुखर्जी की मुलाकात मंत्री जी से हुयी। लेकिन इस बार मंत्री यशवन्त सिन्हा नहीं, कुंवर नटवर सिंह थे—वह आयोग को गवाह के रुप में बयान दे चुके थे। कुर्सी पर आसीन होते ही नटवर सिंह ने आयोग की ताईवान यात्रा को स्वीकृति दी। कहानी में नया मोड़ आया जब 15 अक्टूबर 2004 को जस्टिस मुखर्जी ने पत्रकारों को बताया कि आयोग अपने पास रखे दस्तावेज़ों के आधार पर अपनी रिपोर्ट पेश करने को तैयार था।"

यह फैसला तब लिया गया जब केन्द्रीय सरकार आयोग की मदद में रोड़े अटका

रही थी। गृह मंत्रालय की ओर से आयोग की ताईवान यात्रा आज भी अटकी हुयी थीः

> जस्टिस मुखर्जी को अफसोस था कि 12 अक्टूबर को हुयी बातचीत में केन्द्रीय गृह विभाग ने आयोग से इतने आपत्तिजनक प्रश्न पूछे जिनका जवाब देना "आयोग के लिये शर्मनाक था।" बातें आयोग की ताईवान यात्रा में रोड़े अटका रहीं थीं।[25]

गृह मंत्रालय के अड़ियल रुख से स्पष्ट था कि सरकार अब इस जांच का अंत चाहती थी। वित्त मंत्री पी0 चिदम्बरम् ने नवंबर 2004 में कड़े शब्दों में यह स्पष्ट किया कि मई 2005 से आगे इस आयोग के कार्यकाल को नहीं बढ़ाया जायेगा। ताईवान यात्रा का तो पता नहीं, पर अब जस्टिस मुखर्जी के पास ज्यादा वक्त नहीं बचा था

आखिरकार, जस्टिस मुखर्जी 2005 में ताईवान यात्रा के लिये रवाना हुये—और वहां पहुंच कर उन्होंने ताइपेई में सरकारी अधिकारियों से बातचीत की। उन्हें यह बताया गया कि उनके द्वारा मुझे भेजी गई ई–मेल असली थी; हालांकि वह अपने पास रखी जानकारी के सारे सूत्र नहीं देना चाहते थे—और यह बात समझी जा सकती थी। 27 जनवरी को जस्टिस मुखर्जी ने विदेश मंत्रालय के शान ह्सू से नेताजी की तथाकथित मृत्यु के वक्त अंत्येष्टि रजिस्टर की मांग की। "श्री ह्सू ने यह आश्वासन दिया कि वह पन्द्रह दिनों में ही सारी जानकारी दे देंगे।"[26] इससे पहले जापानी लोगों ने विदेश मंत्रालय से यह कह कर पल्ला झाड़ लिया था कि लगभग आधी सदी पुराने दस्तावेज़ों को खोज निकालना नामुमकिन था। जस्टिस मुखर्जी अनुभवी थे, और अच्छी तरह जानते थे कि यह दस्तावेज़ जांच का सबसे ज़रुरी पहलू था। सन् 1947 पूर्व की कुछ इण्टेलिजेंस रिपोर्ट को बिना पढ़े हुए ही वह एक ऐसे नतीजे पर पहुंचे, जो वाकई जी0डी0 एन्डरसन को बहुत पसंद आया होताः

> जांच के नतीजे दर्शाते हैं, कि जांच केवल कुछ गवाहों के मौखिक बयानों पर आधारित है। ताईहोकू हवाई अड्डे, आर्मी अस्पताल, ताइपेई म्यूनिसिपल ब्यूरो ऑफ हेल्थ एण्ड हाइजीन और ताइपेई सिटी क्रिमटोरियम के दस्तावेज़ों को न ही ढूंढा गया है न ही इन दस्तावेज़ों के न मिल पाने की स्थिति को रिपोर्ट में दर्ज किया गया है।[27]

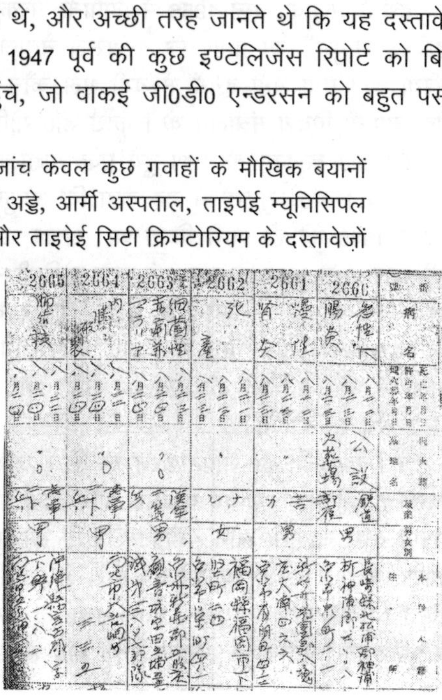

आखिरकार, ह्सू ने अपना वायदा निभाया और ताईवान सरकार ने इस गुत्थी का सबसे जरुरी सूत्र जस्टिस मुखर्जी के हवाले किया। यह था: ताइपेई के पुराने शवगाह का सन् 1945 का अंत्येष्टि रजिस्टर! रिकार्ड पक्का था; विस्तृत था—जैसे सभी जापानी

दस्तावेज़ होते हैं। लगभग 25 बड़े–बड़े पन्नों में 273 लोगों के विवरण दर्ज थे। इनमें शामिल थे, जापानी, चीनी, अंग्रेज़—वे सभी लोग जो 17 अगस्त से 27 अगस्त 1945 के बीच ताईहोकू में दफनाये या जलाये गये थे।

कोलकाता स्थित जापानी कान्सुलेट ने इस विवरण का बारीकी से पड़ताल के लिये जिस विशेषज्ञ का नाम सुझाया। विशषज्ञ के अनुसार बताये गये वक्त में सुभाष बोस, जनरल शिदई, आयोगी, मेजर ताकीज़ावा में से किसी का अंतिम संस्कार ताइपेई में नहीं किया गया था। इचिरो ओकुरा का विवरण इस रजिस्टर में दर्ज जरुर था—जिससे उनकी मृत्यु स्पष्ट रुप से होने का इशारा मिलता था। इस बात का सीधा मतलब था कि, अंत्येष्टि की बात पर हबीब–उर–रहमान और जापानी लोगों ने झूठ बोला था। सच तो यह था कि न ही कोई विमान दुर्घटनाग्रस्त हुआ था, न ही किसी का अंतिम संस्कार किया गया था।

जीवित बचे कुछ गवाहों के बयानों का झूठ भी अब जस्टिस मुखर्जी ने पकड़ लिया था। अक्टूबर 1946 में युद्ध अपराध संपर्क विभाग के सामने और उसके बाद दिये गये बयानों में डॉ0 तेनायोशी योशिमी ने यह बताया था कि 18 अगस्त 1945 को दिये गये मृत्यु प्रमाणपत्र में उन्होंने यह लिखा था कि नेताजी की मृत्यु आग में जलने और दुर्घटना के कारण मिले सदमे से हुयी थी। शाहनवाज़ कमेटी को उन्होंने बताया कि इस प्रमाणपत्र में "कटा कना" नाम थाः जो "चन्द्र बोस" का अक्षरक्षः जापानी अनुवाद था। लेकिन जुलाई 1946 में अंग्रेज़ी सैन्य पड़ताल के दौरान इन्हीं के जूनियर रहे डॉ0 तोयोशी ने कहा कि प्रमाणपत्र उन्होंने जारी किया था, योशिमी ने नहीं।

इसके अलावा, सन् 1955 में जापानी सरकार ने भारत सरकार को यह बताया कि "इचिरो ओकुरा" का प्रमाणपत्र दरअसल नेताजी की मृत्यु को गोपनीय रखने का एक जरिया था। पता नहीं इनमें से बड़ी भूल कौन सी थी, और छोटी कौन सी। और तो और जापानी विदेश मंत्रालय के रिकार्ड डॉ0 योशिमी के बयान को महत्त्व दे ही नहीं रहे थे, और डॉ0 त्सुरुता के साथ हुये एक साक्षात्कार का विवरण इन्हीं रिकार्ड में बारीकी से दर्ज था। डॉ0 त्सुरुता ने यह कहा कि ओकुरा के नाम का वह प्रमाणपत्र उन्होंने 18 अगस्त 1945 को ही जारी किया था। अजब गड़बड़ी थी। शाहनवाज़ कमेटी के सामने इसी त्सुरुता ने कहा कि यह प्रमाणपत्र योशिमी ने जारी किया था। डॉ0 योशिमी ने तीनों बार—शाहनवाज़, खोसला और मुखर्जी पैनल को दिये बयान में यह कहा, कि उनके द्वारा हस्ताक्षरित प्रमाणपत्र में "चन्द्र बोस" भी अंकित था। खोसला और शाहनवाज पैनलों ने डॉ0 योशिमी की बात को माना और उन्हें अपनी रिपोर्ट में एक सच्चे गवाह की उपाधि से नवाज़ा।

इस गड़बड़ी को साफ करने के लिये जस्टिस मुखर्जी ने अन्य दर्ज रिकार्डों और सबूतों को भी पढ़ा। शायद पड़ताल और लीपा पोती में यही फर्क होता है। पता लगा कि फारमोसा में जापानी लोग/डॉक्टर किसी की मृत्यु के बाद एक रिपोर्ट लगाते थे। इसी विवरण के आधार पर म्युनिसिपल ब्यूरो से अंत्येष्टि परमिट मांगा जाता था; इसी परमिट में मृत व्यक्ति का जन्मदिवस, पता, मृत्यु का समय, दिन, तारीख और कारण दर्ज होता था; और ब्यूरो स्टाफ के अनुमोदन के बाद ही इसे जारी किया जाता था। नियमानुसार,

मृत शरीर को पड़ताल के लिये ब्यूरो भी लाया जाता था। इसके बाद परमिट समेत मृत शरीर को शवगाह ले जाया जाता, जहां अंतिम संस्कार के बाद क्रिमेशन रजिस्टर में विवरण परमिट के सीरियल नम्बर के सामने ही दर्ज किया जाता था।

डॉ0 योशिमी और अन्य गवाहों के अनुसार हर मृत व्यक्ति के लिये यही प्रक्रिया दोहरायी गयी थी। तो फिर, "चन्द्र बोस" के लिये भी काग़ज़ों का एक पूरा चिट्ठा तैयार हुआ होगा—इसकी शुरुआत अस्पताल से हुयी होगी और अन्त शवगाह में रखे रजिस्टर रिकार्ड से हुआ होगा। लेकिन सचाई तो यह थी कि डॉक्टर की रिपोर्ट, पुलिस रिपोर्ट, अंत्येष्टि परमिट सब कुछ इचिरो ओकुरा के नाम पर जारी किए गए थे। दर्ज जानकारी में योशिमी और त्सुरुता, दोनों के नाम थे, पर योशिमी ने फिर भी मुखर्जी आयोग को यह कहकर गुमराह किया कि वह किसी इचिरो ओकुरा को नहीं जानते और, ऐसे किसी व्यक्ति के लिये उन्होंने मृत्यु प्रमाण पत्र जारी नहीं किया था।

सन् 1955 में जापान सरकार ने यह कहा कि इचिरो ओकुरा सुभाष के लिये इस्तेमाल किया गया नाम था। अगर भारत सरकार वाकई सच्चाई का पता लगाना चाहती, तो यह खोज का एक सशक्त बिन्दु था। रिकार्ड के अनुसार ओकुरा का जन्म 9 अप्रैल 1900 को हुआ, जबकि 19 अगस्त 1945 को दिल के दौरे से उनकी मृत्यु हो गयी। ये बातें नेताजी से मेल नहीं खातीं थीं। यह जापान सरकार का आधिकारिक छद्म था, पर भारत सरकार ने इसकी सच्चाई को जानने, या जापान सरकार से यह पूछने की जहमत उठाई ही नहीं कि ओकुरा के बारे में यह विवरण सुभाष के जीवन से किस नज़रिये से मेल खाता था। योशिमी इस जाल में फंसे हुये थे। पर शाहनवाज़ खान को इन बातों में कोई गड़बड़ी नज़र नहीं आयी; और मनगढ़ंत कहानियों के रचनाकार जी0डी0 खोसला ने एक और कहानी गढ़ डालीः "इन प्रमाण पत्रों का कोई महत्त्व नहीं है; क्योंकि यह नेताजी की मृत्यु या अंतिम संस्कार से कोई सरोकार नहीं रखते।"

खोसला ने इस बारे में जापान सरकार के इरादों पर कभी कोई सवाल खड़ा नहीं किया। और उनके अनुसार, क्योंकि डॉ0 योशिमी ऐसा कह रहे थे चन्द्र बोस के नाम पर कोई न कोई प्रमाण पत्र जरुर रहा होगा—जो संभवतः उस वक्त के अन्य सैन्य रिकार्ड के साथ नष्ट हो गया हो।

यह बात सरासर गलत थी, क्योंकि जापान में सारे रिकार्ड सही सलामत रखे हुये थे। ताईवान में रखे इन दस्तावेज़ों को हरिन शाह ने सन् 1946 में, ब्रिटिश/ताईवानी अधिकारियों ने सन् 1956 में, समर गुहा और सुनील कुमार गुप्ता ने सन् 1973 में देखा था—और इनमें सुभाष या उस विमान दुर्घटना में मारे गए किसी अन्य व्यक्ति के बारे में कोई बात नहीं की गयी थी। इसके अलावा, सन् 1955 में जापान सरकार की वह बात भी दर्ज थी, जिसमें यह कहा गया था कि सन् 1945 के बाद ताईवान से जापान लायी गयी डॉक्टरी रिपोर्ट या मृत्यु प्रमाणपत्रों में नेताजी के बारे में कहीं कुछ नहीं था। शिदई और सुभाष के साथ ही इस हादसे के शिकार हुये लोगों के बारे में भी कहीं कुछ नहीं था। साफ था कि जिस योशिमी को खोसला परम सत्यवादी कह रहे थे वह इतने भी सीधे नहीं थे। जस्टिस मुखर्जी का सीधा निष्कर्ष था कि "नेताजी की मृत्यु या अंत्येष्टि

से सम्बन्धित कोई रिकार्ड न मिलना इस बात की ओर इशारा करता है, कि योशिमी झूठ बोल रहे थे।"[28]

हैरानी की बात थी कि 43 साल बाद सन् 1988 में योशिमी ने "चन्द्र बोस" के नाम से मृत्यु प्रमाण पत्र जारी किया था—जिसमें मृत्यु का कारण, 'जल कर मृत्यु होना' बताया गया था। पर जब जस्टिस मुखर्जी ने उनसे यह पूछा कि उन्होंने किन परिस्थितियों में यह प्रमाण पत्र जारी किया था—तो योशिमी ने साफ मुकरते हुये कहा कि उन्हें "ठीक तरह से कुछ याद नहीं।" यहां गड़बड़ी साफ थी, क्योंकि सन् 1988 में वह एक डुप्लीकेट प्रमाणपत्र बिना मूल प्रति के होते हुये जारी नहीं कर सकते थे। और उनके बयानों के अनुसार, यह मूल प्रति उनके पास होने का कोई सवाल ही नहीं था। क्योंकि उन्होंने शाहनवाज़ कमेटी को यह बताया था कि "24 जनवरी 1946 के बाद अस्पताल रिकार्ड का क्या हुआ, इसकी मुझे कोई जानकारी नहीं।" ताईवान और टोक्यो में रखे दस्तावेज़ों में कोई ऐसा दस्तावेज़ नहीं था जिसमें "चन्द्र बोस" का नाम दर्ज हो।

आखिरकार, जस्टिस मुखर्जी को यह कहना ही पड़ा, कि डॉ योशिमी द्वारा बनाया गया दूसरा मृत्यु प्रमाणपत्र "नकली था।"[29]

अगर सुभाष की मृत्यु ताईवान में नहीं हुयी, तो वह गये कहां? सारे सूराख रुस की ओर इशारा करते थे। इसलिए जस्टिस मुखर्जी के सामाने प्रस्ताव रखा गया कि रुस जाकर तथ्यो की पड़ताल की जाए। फरवरी 2001 के बाद से मुखर्जी आयोग ने लगातार सरकार पर दबाव बनाया कि वह आयोग को रुस जाने की आज्ञा दे। सन् 2003 में विदेश मंत्रालय से यह प्रार्थना की गयी कि वह "रुसी सरकार से आयोग को फेडरल सिक्योरिटी ब्यूरो के अभिलेखागार तक पहुंचने का मार्ग प्रशस्त करे।" विदेश मंत्रालय ने आयोग तक रुसी सरकार का कथन पहुंचा दिया, जिसके अनुसार अभिलेखागार में नेताजी से सम्बन्धित कोई दस्तावेज़ थे ही नहीं। डॉ0 पूर्बी रॉय ने कुछ रुसी गवाहों के नाम और पते आयोग को दिये थे—आयोग ने उन्हें मंत्रालय तक पहुंचाया। आयोग इनसे सीधा संपर्क साधना चाहता था; पर सरकार इन्हें इतनी जल्दी खोजना नहीं चाहती थी। फरवरी 2005 आ गया। पर अब तक आयोग की रुस यात्रा का कोई संकेत दूरदराज तक भी नहीं दिख रहा था।

आयोग के पास वक्त कम होने के कारण, जस्टिस मुखर्जी ने अब तक प्राप्त साक्ष्यों और बयानों के आधार पर अपनी रिपोर्ट लिखने का मन बना लिया क्योंकि मुखर्जी दिल्ली नहीं आना चाहते थे। आयोग के कर्मचारियों ने गृह मंत्रालय से रिपोर्ट को प्राप्त करने की तैयारी शुरु करने की प्रार्थना की। मुखर्जी के दिल्ली न आने की वजह थी गृह मंत्री शिवराज पाटिल से हुयी उनकी पिछली मुलाकात, जिसमें उन्हें बैठने तक के लिये नहीं कहा गया था। *द पायनियर* के अनुसार, पाटिल ने जस्टिस मुखर्जी से कहा कि उनकी "जांच कुछ ज्यादा ही लम्बी खिंच गयी है और इस पर बहुत पैसा बर्बाद किया गया है।"[30]

पर इन सबके बावजूद, जांच में रुचि रखने वाले सारे लोग यह चाहते थे कि आयोग रुस जाकर तथ्यों का पता लगाये। सबने भरसक कोशिशें की। मैंने केन्द्रीय मंत्री रहे डॉ0 मुरली मनोहर जोशी और जार्ज फर्नांडीस से मुलाकात की। फर्नांडीस तो अल्जाइमर्स से

पीड़ित होने के कारण ज्यादा कुछ न कर सके, पर डॉ0 जोशी ने ही आयोग का कार्यकाल बढ़वाया, ताकि वह रुस जाकर अपनी जांच पूरी कर सकें। उन्होंने मुझसे पूछा, “आप पहले ही मेरे पास क्यों नहीं आये?” साथ ही यह भी बताया कि एन0डी0ए0 सरकार में जब यह मुद्दा उठा, तो मानव संसाधन मंत्री होने की हैसियत से उनके पास इससे जुड़ी जानकारी पहुंची ही नहीं। उन्होंने पूर्व प्रधानमंत्री अटल बिहारी वाजपेयी से मुलाकात की और मामले की जानकारी दी। इसके बाद क्या हुआ इसकी सीधी जानकारी तो उन्होने मुझे नही दी, पर डॉ0 जोशी ने इसके बाद जो कुछ भी किया—उसमें उन्हें वाजपेयी का पूरा समर्थन प्राप्त था। वह प्रधानमंत्री मनमोहन सिंह और गृहमंत्री शिवराज पाटिल से मिले और यह प्रार्थना की कि देशहित में इस जांच को आगे बढ़ने दिया जाये। 15 मार्च 2005 को डॉ0 जोशी ने डॉ0 सिंह को एक पत्र में लिखाः

> मैं जानता हूँ कि इस जांच की नाकामयाबी की जिम्मेदारी सरकार अपने सिर नहीं लेना चाहेगी। देश तथ्यों और सच की उम्मीद टकटकी लगाये कर रहा हैय और हमारी जिम्मेदारी हैए कि हम पूरी कोशिश करें कि सच सबके सामने आये। मैं समझता हूँ आप मेरी बात से सहमत होंगे। भारत माता के इस महान लाडले के सम्मान में हम इतना तो कर ही सकते हैं।

इसी दौरान मैंने सुप्रीम कोर्ट में भी एक याचिका दायर कर दी जो 6 मई 2005 को मुख्य न्यायाधीश आर0बी0 लाहोटी और न्यायाधीश डी0एम0 धर्माधिकारी और जी0पी0 माथुर की बेंच ने खारिज कर दी। कोर्ट ने निर्णय दिया किः

> संविधान के अनुच्छेद 32 का हवाला देकर किसी भी मामले में इस न्यायालय का ध्यान आकृष्ट करने की कोई दलील तर्कसंगत नहीं लगती। इस मामले में कोई भी निर्णय लेना भारत सरकार के ऊपर है—चाहे वह आयोग के समय बढ़ाने को लेकर होय या जमा की गई रिपोर्ट के सम्बन्ध में किसी भी निर्णय को लेकर हो...जो जांच आयोग अधिनियम के नियमानुसार ही लिया जायेगा। हम इस बारे में कोई राय नहीं रखते।

इस फैसले से मुझे काफी चोट पहुंची। कोर्ट की अवमानना न करते हुये भी मुझे न मानने का अधिकार है—वैसे ही जैसे भगवान राम के हर फैसले की संस्तुति न करने से मैं नास्तिक नहीं बन जाता। यह दुर्भाग्य ही था कि मै न्यायपालिका को यह नहीं समझा पाया था कि मामले में देरी दरअसल सरकारी रोड़ों की वजह से हो रही थी। इसके दो दिन बाद ही कोर्ट की दूसरी बेंच ने एक ऐसे सैनिक के मामले की सुनवाई की, जो सन् 1971 के युद्ध के बाद से गुमशुदा था। 8 मई 2005 को *द टाइम्स ऑफ इण्डिया* में यह प्रकाशित था कि, “उच्चतम न्यायालय ने इस महिला के उस विश्वास को मान्यता देते हुये अधिकारियों को इसके पति की तलाश जारी रखने का निर्देश दिया है। इस स्त्री का मानना था कि उसका पति जीवित है, जबकि युद्ध के बाद ही अधिकारियों ने उसे मृत घोषित कर दिया था।”

शायद याचिका में कहीं कोई गड़बड़ मैंने ही की हो; या शायद मेरे वकील की दलीलें सही न हों—चाहे कुछ भी रहा हो—पर कम से कम राष्ट्रीय स्तर से जुड़े इस

मामले पर न्यायालय को एक संवेदनशील दृष्टि से जरुर देखना चाहिये था। न्यायालय कभी–कभी सामाजिक दृष्टि से असामाजिक प्राणियों के प्रति भी संवेदनशील हो जाता है—तो फिर, यहां तो बात नेताजी की थी। अभी हाल ही में एक नक्सली की मृत्यु पर सुप्रीम कोर्ट ने एक जबरदस्त प्रतिक्रिया दी, "हमारा देश इस तरह अपने ही बच्चों को नहीं मार सकता।"[31] बस देश एक ही जगह देश नहीं था—सुभाष चन्द्र बोस के मामले में। हाँ, मैं मानता हूँ कि यह बात अलग है, पर मेरा उद्देश्य केवल यह कहना है, कि राष्ट्रीय महत्त्व से जुड़े मुद्दे को अच्छी तरह संभालना चाहिये—वह भी तब, जब नेताजी के बिना यह देश वजूद में आता ही नहीं।

यह फैसला मुंह में एक कड़वा स्वाद छोड़ गया था पर कम से कम डॉ मुरली मनोहर जोशी को कोशिशों और उच्चतम न्यायालय में नये सिरे से छिड़ी लड़ाई के डर के चलते सरकार ने मुखर्जी आयोग का कार्यकाल बढ़ाने का फैसला आखिकार मई 2005 में कर लिया।

20 से 30 सितम्बर 2005 के बीच आयोग की रुस यात्रा आखिरकार हो ही गई। जस्टिस मुखर्जी के साथ इस यात्रा में डॉ0 पूरबी रॉय और द *पायनियर* के सीनियर सम्पादक उद्‌यन नम्बूदिरी शामिल थे। आयोग की रिपोर्ट के अनुसार, "मास्को, ऑम्स्क, इरकुत्सक और सेन्ट पीटर्सबर्ग के अभिलेखागारों में जाया गया। हालांकि सेन्ट्रल आरकाइव्स ऑफ एफ0एस0बी0 और प्रेसीडेण्ट्स आरकाइव्स ऑफ द रशियन फेडरेशन में आयोग के सदस्य फिर भी नहीं जा पाये।"[32]

साइबेरिया में ऑम्स्क के मन्चूरिया से लगे, इलाके के राष्ट्रीय अभिलेखागार में अधिकारियों ने सोवियत संघ के समय कान्सन्ट्रेशन कैम्पों में भेजे गये लोगों की लिस्ट दिखाई। यह पूरे दो वाल्यूम लम्बी थी। आयोग को बताया गया कि नेताजी का नाम इन नामों में शामिल नहीं था। अभिलेखागार के निदेशक ने जस्टिस मुखर्जी को बताया कि उस समय देश में आये हर विदेशी को अपना नाम और अपनी पहचान अधिकारियों को देनी पड़ती थी। यह बात स्टालिन के समय में अनिवार्य थी। अगर नेताजी वाकई रुस आये थे और अपनी मूल पहचान उन्होंने नहीं बदली थी तो संभव था कि उनके बारे में जानकारी रुसी अभिलेखागारों में हो। पर अगर वह नाम बदल कर घूम रहे थे, तो जाहिर था कि किसी भी रिकार्ड का मिलना असंभव था। यह वही बात थीः मुर्गी पहले आई थी या अण्डा? नाम के बिना रिकार्ड नहीं मिल सकते, और रिकार्ड के बिना नाम कहां से मिलता?

नम्बूदिरी के अनुसार, जिन जिम्मेदार अधिकारियों से जस्टिस मुखर्जी की मुलाकात हुयी उन सबने एक ही बात कही कि "नेताजी के रुस में होने का कोई भी साक्ष्य किसी केन्द्रीय जगह में मिलने की संभावनायें अधिक थीं। 'केन्द्रीय' जगह से उनका इशारा लुबयन्का की ओर था।"

यह के0जी0बी0 का पूर्व मुख्यालय था। आयोग का दस दिवसीय रुस दौरा बेनतीजा निकला। नम्बूदिरी ने कहा, "पर एक तथ्य था, जिसको नकारा नहीं जा सकता...और वह था कि रुसी लोग जरुर कुछ छिपा रहे थे।"[33]

आयोग को रशियन स्टेट आरकाइव ऑफ सोशियो पालिटिकल हिस्ट्री से कुछ रिकार्ड

जरुर मिले। इसके निदेशक ने जस्टिस मुखर्जी को बताया कि उनके पास दो फाइलें थीं—एक सुभाष बोस पर और दूसरी शरत् बोस पर। सुभाष की फाइल में 'तास' रिपोर्ट थी जो सन् 1942–1956 के बीच नेताजी सम्बन्धित उन लेखों, आलेखों और टिप्पणियों का संग्रह थी, जो ब्रिटिश, भारतीय और चीनी अखबारों में प्रकाशित हुयी थी। नम्बूदिरी का आश्चर्यचकित होना स्वाभाविक था—"भला सन् 1956 में नेताजी की गुमशुदगी तक भारतीय मीडिया के विचारों पर रुस को इतनी जिज्ञासा क्यों थी?"[34]

"मास्को स्थित भारतीय दूतावास की मदद"[35] से आयोग ने उन रूसी गवाहों से पूछताछ की जो डॉ0 पूरबी रॉय ने नामित किये थे। पर इनकी गवाही से कुछ खास नही निकला। इनके जवाब, छोटे–छोटे, नपे–तुले वाक्यों में थे; जिनका मसौदा था कि सन् 1945 के बाद नेताजी के रुस में होने के बारे में इन्हें कोई जानकारी नहीं थी। दूतावास के कांफ्रेन्स रुम में यह सुनवाई 20 और 21 सितम्बर को हुयी थी। प्रोफेसर बोरिस सोकोलोव द्वितीय विश्व युद्ध के विशेषज्ञ थे। उनका कहना थाः

> अगर सन् 1945 में वाकई श्री बोस सोवियत रुस आए थे, तो इसके लिये एक बड़ा ऑपरेशन लगा होगा–लगभग 1 महीने लम्बा ऑपरेशन। सन् 1945 के बाद वह रुस में थे या नहीं, इस बात का कोई साक्ष्य मेरे पास नहीं। लेकिन, अगर वह सोवियत रुस में सन् 1945 के बाद रहे थे, तो संबंधित रिकार्ड ऑरकाइव्स ऑफ स्पेशल सर्विसेज़ में जरुर होंगे। क्योंकि मैं खुद कभी वहां कार्यरत नहीं था, इसलिये कोई सीधी जानकारी नहीं दे सकता।[36]

डॉ0 पूरबी रॉय का मानना था कि रुसी अधिकारी शासकीय दबाव के चलते इस मामले में साफ मुकर रहे थे। मैं उनकी बातों का समर्थन करता था, पर जो एक बात मेरे गले नहीं उतरती थी वह था उनका पूर्ण विश्वास कि नेताजी की मृत्यु रुस में ही हुई थी। इन्स्टीट्यूट ऑफ ओरियन्टेल स्टडीज़ में कार्यरत प्रोफेसर इ0एन0 कोमोरोव की पड़ताल इस बाबत मददगार रही। उनसे आयोग ने पुछा की क्या कभी डॉ0 पूरबी रॉय ने उनसे कहा था कि, "ऐसा मानकर चलना चाहिये कि नेताजी यहां रूस मे थे, और उनकी मृत्यु यहीं पर हुयी।"

उतर मे कोमोरोव ने कहा कि यह विश्वास उनका नहीं, डॉ0 रॉय का था।

> मैंने डॉ0 रॉय को सन् 1945 में श्री बोस के यहां होने की स्थिति में घटित हुयी संभावित बातों के बारे में बताया था। सोवियत रुस ने हमेशा अपने शरणार्थी रहे दिग्गज से दिग्गज नेताओं को ससम्मान रखा है...जैसे की सुकर्नो ...पर वह नेहरु को पसंद नहीं करते थे। बहुत संभव है कि स्टॉलिन सुभाष बोस को पसंद करते थे।[37]

आयोग के अनुसार, एक अन्य रुसी गवाह श्री कोलेसनिकोव को आयोग के मॉस्को पहुंचने के बाद ही ढूंढ़ा जा सका, लेकिन वह "टर्की में कार्यरत होने के कारण पड़ताल के लिये बुलाये नहीं जा सके।"[38] यह कोलेसनिकोव ही थे जिन्होंने सन् 1946 में नेताजी के रुस में होने से सम्बन्धित एक रिकार्ड देखने का दावा किया था। आयोग ने महीनों तक सरकार से उन्हें खोज निकालने की गुहार लगाई थी।

"राजनयिक तो बहुत दूर की बात है, एक देश का कोई भी साधारण नागरिक भी गुमशुदा कैसे रह सकता है?"[39] शक की इस समझदार सुई को घूमने के लिये उदयन जैसा पत्रकारी दिमाग भी जरुरी नहीं था।

खैर, इन रोड़ों के बावजूद जस्टिस मुखर्जी ने कई बातें खोज निकालीं। पारदर्शिता के कायल किसी भी व्यक्ति के लिये मुखर्जी आयोग की यह रिपोर्ट बेशकीमती थी। रिपोर्ट की कुल तीन वाल्यूम बनीं। इनमें से दो में उनके अपने व्यवहार और सरकारी आचरण से जुड़ी सारी जानकारी दी गयी थी।

रिपोर्ट के मुख्य हिस्से में इस किताब के दो अध्यायों के बराबर ही मामले का सटीक विवरण दिया गया था। खास बात यह थी कि खोसला रिपोर्ट की तरह यह रिपोर्ट कभी अपने मुद्दे से भटकी नहीं। आधी से ज़्यादा रिपोर्ट उन दस्तावेजो के चित्रो से भरी हुयी थी, जिनके भरोसे आयोग अपने आखिरी नतीजे पर पहुंच पाया था। खोसला रिपोर्ट में ऐसे किसी एक दस्तावेज का नाम तक नहीं था। जस्टिस मुखर्जी के नतीजे कुछ यूं समझे जा सकते हैं:

- सही नतीजे पर पहुंचने के लिये हमें विमान दुर्घटना, अस्पताल में हुयी नेताजी की मृत्यु और अंत्येष्टि की कहानी को हमें कड़ियों में नहीं बल्कि समूचे रुप में समझना होगा।
- केवल गवाहों की मौखिक गवाही के बल पर किसी भी पक्के नतीजे पर पहुंचना इस जटिल मुद्दे को बहुत हल्के ढंग से समझने के बराबर होगा।
- अगर नेताजी की मृत्यु से जुड़े गवाहो के बयानों को सच मान भी लिया जाये, तो भी उन्हें दो परीक्षाओं पर खरा उतरना ही होगाः 1) संभावनायें 2) एक पुरानी कहावत जिसके अनुसार, "व्यक्ति झूठ बोल सकते हैं लेकिन परिस्थितियाँ नहीं।"
- नेताजी की मृत्यु और उनके अंतिम संस्कार से जुड़ा अगर वाकई कोई तथ्य हो सकता है, जो बयानों को साबित कर सकता है तो वह है इन बातों से सम्बन्धित तत्कालीन आधिकारिक रिकार्ड। अगर ऐसा कोई रिकार्ड नहीं मिलता, तो केवल बयानों पर आधारित कोई नतीजा नहीं निकाला जा सकता।
- गोपनीय योजना और इसके कार्यान्वयन की प्रणाली के होने की जिस संभावना पर विचार किया गया है, वह अपने में ठीक है। पर इस संभावना को तथ्यों और पारिस्थितिक सत्य से जोड़ना जरुरी है।
- बिना किसी जापानी सैन्य मदद के न नेताजी भाग सकते थे—न ही ऐसा कोई फैसला ले सकते थे।
- जैसा कि शाहनवाज़ कमेटी और खोसला आयोग में दिये बयानों और सबूतों से साबित है, नेताजी के जापान से बाहर जाने की योजना में पूरा जापानी सैन्य सहयोग शामिल था।
- नेताजी को जापान में सुरक्षित रुप से बाहर भेजने के लिये एक योजना बनाई गई, जिसमें जापान की सैन्य शक्ति और हबीब–उर–रहमान शामिल थे। वह सोवियत रुस जाने वाले थे...

- इचिरो ओकुरा (जापानी सैनिक) की 19 अगस्त 1945 को दिल के दौरे से हुयी मृत्यु और 22 अगस्त 1945 को इनके अंतिम संस्कार को नेताजी की मृत्यु और अंत्येष्टि बनाकर प्रस्तुत किया गया।
- यह धोखा अपने आप में ही एक बड़ा सबूत है कि जापानी सेना नेताजी को सुरक्षित तरीके से जापान से बाहर भेजना चाहती थी।
- नेताजी की झूठी मृत्यु की कहानी को सच बताते हुये तथ्यों को छिपाने और विवादास्पद बयान देने के अलावा हबीब–उर–रहमान और जापानी सेना के पास कोई चारा था ही नहीं। उनमें छोड़े गये कमजोर बिन्दुओं को अब जांचा जा रहा था।
- ताइपेई म्यूनिसिपल ब्यूरो के कर्मचारी इस योजना में शामिल नहीं थे; और ओकुरा के मृत शरीर को पहचान सकते थे। इसलिये जापानी सेना और हबीब–उर–रहमान ने इस बात का खास ख्याल रखा कि उन्हें यह मृत शरीर नेताजी का ही मालूम हो।
- जापानी बौद्ध संस्कारों और मान्यता के अनुसार, मृत शरीर को अंतिम संस्कार से पहले तीन दिन तक रखा जाता था। इसके बाद अंतिम संस्कार किया जाता और अस्थियों को चुन कर शरीर की राख के साथ रख दिया जाता। 19 को हुयी ओकुरा की मृत्यु और 22 को हुये संस्कार से यह साफ है कि मृतक ओकुरा ही थे, नेताजी नहीं।
- इस पूरी योजना में हबीब–उर–रहमान की कितनी अहम् भूमिका थी, इस बात से समझा जा सकता है कि रहमान ने केवल मृत शरीर की फोटोग्राफी होने दी, चेहरे की नहीं।
- अगर रहमान के कहे अनुसार, विमान वाकई ऊँचाई से सीधा जमीन पर गिरा—तो उसमें सवार सभी 12–13 लोगों की मृत्यु निश्चित थी। इस स्थिति में नेताजी विमान के अन्दर अपनी मूल जगह—पेट्रोल टैंक के बगल में—रह ही नहीं सकते थे।
- इस बारे में सबसे बड़ी बात यह है कि अगर वाकई नेताजी की मृत्यु हुयी होती, तो आई0एन0ए0 के एकमात्र बचे सहयात्री और करीबी की हैसियत से, क्या रहमान ने यह बात आर्मी में अपने सीनियरों और बैंकाक, सिंगापुर, टोक्यो और साइगोन में अपने साथियों से साझा नहीं की होती? ऐसा कुछ नहीं हुआ। उनकी चुप्पी का कोई उत्तर नहीं हो सकता, सिवाय इस तथ्य के कि वह नेताजी के जापान से बाहर जाने की योजना में जापानी सेना के साथ एक प्रमुख भूमिका निभा रहे थे।

"पारिस्थितिक सबूतों के मद्देनज़र" जस्टिस मुखर्जी इस नतीजे पर थे कि:

> सारे सबूतों और तथ्यों की जांच पर यह साबित होता है कि 17 अगस्त 1945 को साइगोन से विमान यात्रा कर रहे नेताजी ने आराम से मित्र राष्ट्रों की आँखों में धूल झोंकी थी। इस बात को छिपाने के लिये विमान दुर्घटना, इसमें हुयी नेताजी की आकस्मिक मृत्यु, और उनका अंतिम संस्कार, दरअसल जापानी सेना और हबीब–उर–रहमान का बिछाया छद्म जाल था। इसमें दो डॉक्टर भी शामिल थे। इन लोगों के कहने पर श्री एस0ए0 अय्यर द्वारा बनाई रिपोर्ट के माध्यम से आई0एन0ए0 द्वारा इस बात को मान्यता दिलवाई गयी। ...इस घटना के बाद नेताजी रुस पहुंचे या नहीं, इस बात का कोई सबूत न होने के कारण कोई जवाब नहीं दिया जा सकता।[40]

पर सरकार ने इस सारगर्भित पड़ताल को खारिज कर दिया गया। 18 मई 2006 को प्रणब मुखर्जी ने लोक सभा में कहाः "सरकार पहले भी अनगिनत आयोगों की रिपोर्ट को खारिज कर चुकी है। यह कोई नयी बात नहीं।"

देश के लिये इतना बड़ा महत्त्व रखने वाले इस मुद्दे पर सरकार की पलटी समझ के परे थी। मुखर्जी आयोग के सामने आने पर प्रणब मुखर्जी की याददाश्त अचानक कमजोर पड़ गयी। वह अगस्त 1978 में प्रधानमंत्री देसाई के बयान को भूल चुके थे। पर अन्य लोग नहीं भूले थे। बयान के चार अलग–अलग बिन्दु थे और शायद अब तक का किसी भी प्रधानमंत्री द्वारा नेताजी मृत्यु प्रकरण पर दिया हुआ सबसे साफ और आधिकारिक बयान रहा था जिसके मुताबिकः

1. शाहनवाज़ और जी0डी0 खोसला की रिपोर्ट के नतीजों पर काफी लोग शक कर रहे हैं।
2. गवाहों के बयानों की विवादास्पदता देखी गई है।
3. अब इस मामले में अन्य समकालीन आधिकारिक दस्तावेज़ भी प्राप्त किये जा चुके हैं।
4. विवादास्पद बयानों और इन नये दस्तावेज़ों के चलते यह मानना मुश्किल है कि शाहनवाज़ और खोसला की रिपोर्टों के नतीजे अंतिम हैं और सही हैं।

अन्य प्रधानमंत्रियों पर नज़र डाली जाये, तो इस मुद्दे पर ज्यादातर ने या तो चुप्पी साध ली थी, या दो–तरफा बयान दे कर बात टाल दी। नेहरु स्वयं विमान दुर्घटना को सत्य मानते थे पर सन् 1962 में उन्होंने भी यह माना कि इस बात को साबित करने के लिये कोई "सीधा सबूत" नहीं था। रेनकोजी मंदिर की अपनी यात्रा के दौरान प्रधानमंत्री वाजपेयी ने इस जगह को नेताजी का स्मृतिगार करार दिया था—उन्होंने "अस्थियाँ" शब्द का प्रयोग बिल्कुल नहीं किया था। लाल बहादुर शास्त्री से लेकर डॉ0 मनमोहन सिंह तक में से किसी ने भी शायद ही यह बातें इतनी स्पष्ट कहीं हो, जितनी देसाई ने कहीं थीं।

सन् 1998 में कलकत्ता उच्च न्यायालय ने देसाई के बयान को महत्त्वपूर्ण बताया। कोर्ट के अनुसार "सरकारी नजरिया" यह था कि "नेताजी की मृत्यु पर शक बना हुआ था" और आगे "पड़ताल की जरुरत थी।" कोर्ट ने इस बात पर जोर दिया कि "28.08. 1978 को लोकसभा में जाहिर हुआ सरकारी नज़रिया 11.4.1979 को तत्कालीन केन्द्रीय गृह मंत्री श्री धनिक लाल मण्डल के नेतृत्व में फिर से दोहराया गया था।"

सरकारी वकील ने भी कोर्ट का समर्थन करते हुये यह कहा कि भारत सरकार का "अब भी" यही मानना है कि एक ताजा पड़ताल की जरुरत है और 18 अगस्त 1945 को हुयी नेताजी की मृत्यु की बात कमजोर कड़ियों और विवादों से भरी हुयी है...इसलिये अंतिम नहीं है।"

14 अप्रैल 1999 को हाईकोर्ट के आर्डर के चलते भारत सरकार ने "आम महत्त्व के इस मुद्दे पर गहरी पड़ताल" की सूचना जारी की। कोर्ट की बात को मानते हुये सरकार ने आयोग के लिये कार्यक्षेत्र निर्धारित कियाः

> 1. क्या नेताजी सुभाष चन्द्र बोस जीवित हैं अथवा मृत? 2. अगर उनकी मृत्यु हो चुकी है, तो क्या वह तथाकथित विमान दुर्घटना में ही हुयी थी?

3. जापानी मंदिर में रखी हुयी अस्थियां क्या नेताजी की हैं अथवा नहीं? 4. क्या यह संभव है कि उनकी मृत्यु किसी अन्य जगह पर किसी और परिस्थिति में हुयी हो?...अगर हाँ, तो कब और कैसे? 5. अगर वह जीवित हैं, तो कहां हैं?

इन सवालों से यह तो स्पष्ट था कि सरकार यह नहीं जानती थी कि नेताजी को क्या हुआ था? इनके उत्तर अब नये आयोग को खोजने थे। सरकार अगर मामले में कुछ भी जानती, तो वह आयोग को इस बारे में पता लगाने को न कहती। इसके अलावा, वह जब चाहे श्वेत पत्र जारी कर सकती थी (एल0के0 आडवाणी ने ऐसा सोचा था) या मुखर्जी आयोग के सामने अपनी स्थिति स्पष्ट रख सकती थी—पर ऐसा कुछ नहीं किया गया।

मैं जानता हूँ, जो आप सोच रहे हैं—उस वक्त भा0ज0पा0 केन्द्र में थी।

जी नहीं! सन् 2005 के शुरुआती दौर में जब जस्टिस मुखर्जी वकीलों और गवाहों के बयान सुन रहे थे, तो मनमोहन सिंह देश के प्रधानमंत्री थे। उस वक्त भी सरकारी वकील ने जिरह के दौरान "सबूतों में घोर भिन्नता"[41] की बात कही थी। और इस बात का भी श्रेय ले लिया था कि सरकार की मदद से आयोग ने ताईवान में ऐसे सबूत खोजे थे जो दिखाते हैं कि नेताजी की मृत्यु वहां नहीं हुयी थी।

फारवर्ड ब्लॉक के वकील केशव भट्टाचार्य ने कहा कि सरकार ने पड़ताल के दौरान "विभिन्न हलफनामों में विमान दुर्घटना न होने की बात" का खण्डन कभी किया ही नहीं। इस बात को नकारने वाले किसी भी सरकारी हलफनामे के न होने का अर्थ था कि सरकार इस बात को मानती थी।

लेकिन जब ऐसी ही कुछ बात मुखर्जी आयोग की रिपोर्ट में पायी गयी—जिसके अनुसार नेताजी की मृत्यु ताईवान में नहीं हुयी थी, और वह रुस की ओर निकल गये थे—तो सरकार ने राजनैतिक कारणों के चलते पलटी खाते हुये कहा कि सरकार इस मामले में पहले की कांग्रेस सरकारों के तत्त्वावधान में हुयी पड़तालों के नतीजे देख रही थी। यह बात कही थी गृहमंत्री शिवराज पाटिल ने।

नेताजी की गुमशुदगी पर सरकार की चिन्ता कितनी निष्कपट थी—इस बात की एक और परीक्षा तब हो गयी जब सुनील गुप्ता, रुद्रज्योति भट्टाचार्य इत्यादि (इन्हीं की याचिका पर मुखर्जी आयोग बना था) एक बार फिर कलकत्ता उच्च न्यायालय पहुंचे।

गृह मंत्रालय और प्रधानमंत्री कार्यालय की ओर से विरोधी हलफनामा अक्टूबर 2007 में दायर किया गया। इसमें यह साफ कर दिया गया था कि सरकार इस मुद्दे को सुलझाने में कोई रुचि नहीं रखती थी। कांट–छांट कर चयन यानी 'सेलेक्टिव सेलेक्शन' के जरिये मामले को दबाने की पुरज़ोर कोशिश की गयी थी। हलफनामे के अनुसार, ब्रिटिश और अमरीकन इण्टेलिजेंस ने नेताजी की मृत्यु को स्थापित और सत्यापित किया था। इसमें यह भी लिखा था कि सुभाष की मृत्यु विमान दुर्घटना में न होने का, या उनके बाहर चले जाने की योजना का न तो कोई सबूत था, न ही कोई दस्तावेज़।

सबूत तो था, पर आँखों पर परत चढ़ी हो तो दिखेगा कैसे!?

सरकार का कहना था, कि पहली दो पड़तालों में आये गवाह, क्रमशः 11 और 25 साल पूर्व की बातों को याद कर रहे थे। ऐसे में "दुर्घटना के हर विवरण को याद रख

पाना अस्वाभाविक था... ये गड़बड़ियाँ हवाई दुर्घटना को झूठ सिद्ध नहीं करतीं।"

मेरा अपना प्रश्न है: सरकार ने यही बात पहले ही उच्च—न्यायालय और आयोग को क्यों नहीं बताई? यह मीनमेख निकालने वाली बात नहीं थी—पर गड़बड़ियां अपने आप में ही इतनी सारी और इतनी बड़ी थीं, कि अच्छा–भला व्यक्ति उन्हें समझ सकता था। क्रैश के तुरन्त बाद इण्टेलिजेंस की टीमों के सामने भी यही गड़बड़ियां थीं—फिर भी वह सरकार को नज़र नहीं आयीं। क्रैश के एक महीने के अन्दर ही हबीब–उर–रहमान ने विवादास्पद बयान दे डाले। समझ नहीं आता कि तथाकथित गवाह आग में लिपटे नेताजी को विमान से बाहर निकलते देखने का दृश्य (तब, जबकि उनमें से एक ने उन्हें बचाने का भी दावा किया) भूल कैसे सकता है? लेकिन हर गवाह का बयान अलग था। रहमान ने कहा की उन्होने ही नेताजी को बचाने की कोशिश की थी। ताकाहाशी ने कहा, रहमान नहीं, बल्कि उन्होंने ऐसा किया। नोनोगाकी ने कहा—उन्होंने और रहमान ने मिलकर उन्हें बचाया था। जबकि नाकामुरा का कहना था कि यह कारनामा अकेले उनका था।

इतिहास के एक बड़े हादसे को देखने वाले चार लोग अगर चार अलग–अलग बयान दे, तो उनकी बातों पर किसी कंगारु कोर्ट को ही यकीन हो सकता था। खोसला आयोग के मौखिक साक्ष्यों के 21 वाल्यूम वाले लम्बे रिकार्ड को देखा जाये, तो विवादों की फेहरिस्त और लंबी हो जायेगी। पर वह मिलेंगे कहां? सन् 2011 तक गृह मंत्रालय ने किसी गड़े खज़ाने की तरह इसे अपने सीने से लगाकर रखा। एक लम्बी सूचना का अधिकार की लड़ाई छेड़कर, चन्द्रचूड़ घोष और मैंने आखिरकार इस जानकारी को छीना। यह वाल्यूम अभी भी किसी अभिलेखागार में उपलब्ध नहीं है। यह संभव है कि यह दस्तावेज़ मुखर्जी आयोग को काफी देर से सौंपे गये, ताकि वह इसकी जांच न कर पाये और स्वाभाविक है—गलतियाँ न पकड़ पाये।

सरकारी वकील सहित अन्य गवाहों और वकीलों ने जस्टिस मुखर्जी से कहा कि, "गवाहों के बयानों में आपस में तो अंतर थे ही; बल्कि शाहनवाज कमेटी, खोसला आयोग और विदेशी सरकारों को दिये गये बयानों में भी अंतर साफ झलकते थे।"

भारतीय साक्ष्य अधिनियम अर्थात् इण्डियन एविडेंस एक्ट के सेक्शन 155 के अनुसार: "पूर्व स्थापित बयान के आधार पर यदि दिये गये साक्ष्य का कोई भी हिस्सा विवादास्पद या सामंजस्यहीन साबित होता है, तो उसे संशय के दायरे में रखा जा सकता है।" एक वकील ने कोर्ट के एक पूर्व आदेश का हवाला देते हुये यह कहा कि मौखिक साक्ष्यों में अंतर होने की स्थिति में कोर्ट को लिखित साक्ष्यों की तलाश करनी चाहिये। इस बात से प्रभावित होकर ही जस्टिस मुखर्जी ने ताईवान में हुयी नेताजी की तथाकथित मृत्यु से जुड़े दस्तावेज़ों की सत्यता की पड़ताल की। यही सरकार का तरीका रहा था। पर अब जस्टिस मुखर्जी के इसी तरीके पर सवालिया निशान लग रहे थे। यह आश्चर्यजनक बात थी क्योकि शुरुआत से ही भारत सरकार भी नेताजी की कथित मृत्यु से जुड़े रिकार्ड को गुप चुप तरिके से तलाश रही थी। फरवरी 1946 में कर्नल एन्डरसन ने इण्टेलिजेंस को लिखा:

> अंतिम सबूत तक पहुचने के लिये साइगोन या हनोई से फारमोसा तक

एक ब्रिटिश जांच दल भेजना होगा ताकि वह ताईहोकू रिकार्ड की पड़ताल कर सके।[42]

उप विदेश मंत्री डॉ0 बी0वी0 केसकर ने सन् 1951 मे संसद में प्रधानमंत्री नेहरु द्वारा सन् 1946 में दिये गये एक बयान की याद दिलायी। उन्होंने कहा कि नेहरु ने कहा था कि सुभाष सन् 1945 में ही हमें छोड़ कर जा चुके थे—और इस बात का सबसे बड़ा सबूत था ताईवान में जारी किया गया उनका मृत्यु प्रमाण पत्र।

इस बात के पांच साल बाद, शाहनवाज़ कमेटी की जांच को लेकर नेहरु के नेतृत्व में यही मंत्रालय ब्रिटिश उच्चायोग के पास पहुंचा, और ताईवान से बोस की मृत्यु और अंतिम संस्कार से जुड़े रिकार्ड मंगवाने की प्रार्थना की।

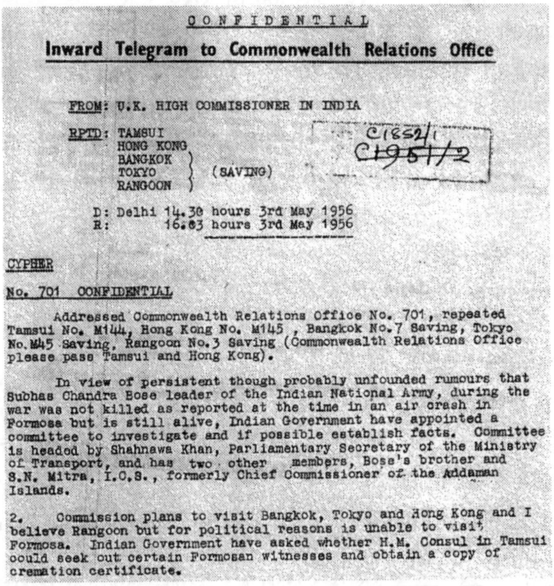

CONFIDENTIAL

Inward Telegram to Commonwealth Relations Office

FROM: U.K. HIGH COMMISSIONER IN INDIA

RPTD: TAMSUI
HONG KONG
BANGKOK
TOKYO (SAVING)
RANGOON

C1852/1
~~C1951/2~~

D: Delhi 14.30 hours 3rd May 1956
R: 16.03 hours 3rd May 1956

CYPHER

No. 701 CONFIDENTIAL

Addressed Commonwealth Relations Office No. 701, repeated Tamsui No. M144, Hong Kong No. M145 , Bangkok No.7 Saving, Tokyo No.M45 Saving, Rangoon No.3 Saving (Commonwealth Relations Office please pass Tamsui and Hong Kong).

In view of persistent though probably unfounded rumours that Subhas Chandra Bose leader of the Indian National Army, during the war was not killed as reported at the time in an air crash in Formosa but is still alive, Indian Government have appointed a committee to investigate and if possible establish facts. Committee is headed by Shahnawa Khan, Parliamentary Secretary of the Ministry of Transport, and has two other members, Bose's brother and S.N. Mitra, I.C.S., formerly Chief Commissioner of the Addaman Islands.

2. Commission plans to visit Bangkok, Tokyo and Hong Kong and I believe Rangoon but for political reasons is unable to visit Formosa. Indian Government have asked whether H.M. Consul in Tamsui could seek out certain Formosan witnesses and obtain a copy of cremation certificate.

The National Archives, Kew

जस्टिस मुखर्जी ने वही किया, जो ब्रिटिश सरकार सन् 1946 में करना चाहती थी और जो भारत सरकार ने चुपचाप सन् 1956 में किया। उनके हाथ लगा इचिरो ओकुरा का मृत्यु प्रमाणपत्र और उसके नाम का अंत्येष्टि परमिट। क्या यही "अंतिम सबूत" था? यदि हां, तो क्या एन्डरसन, इससे खुश होते? भारत सरकार को जस्टिस मुखर्जी का (इस मामले को सुलझाने के लिये) शुक्रगुज़ार होना चाहिये था। पर 2007 के प्रधानमंत्री कार्यालय और गृह मंत्रालय के एक संयुक्त हलफनामे में कुछ और ही अजीबोगरीब बहस थी। दस्तावेज़ों पर नेताजी का नाम न होने का कारण यह बताया गयाः

"वह युद्धकाल था। जापान के लोग मित्र राष्ट्रों को समर्पण कर चुके थे। इस वक्त कोई रिकार्ड नहीं थे—जो थे, वह नष्ट किये जा चुके थे। खासतौर पर 25 अक्टूबर 1945 तक जब जापान फारमोसा के अधिकार में था।"

“युद्धकाल” की यह बात दरअसल जी0डी0 खोसला का फेंका फंदा था। खोसला का कहना था कि “अराजक स्थिति” में जापानी लोग अपना बुनियादी संतुलन तक खो बैठे थे। दलील थी कि जब वह रोजमर्रा के काम ही नहीं कर पा रहे थे, तो यह कागज़ात कहां से संभाल पाते?

हम ये न भूले कि जापान कई दशको पहले ही एक विकसित देश बन चुका था। अराजक स्थितिया ज्यादातर भारत सरीखे विकासशील देशो में पनपती है, न कि विकसित देशो में। अगस्त 1945 का ताइपेई ईश्वर की दया से हिरोशिमा नहीं था—न ही जापानी लोग अपना मानसिक संतुलन इस हद तक खो बैठे थे कि अपने अस्पतालों में मरने वाले लोगों के रिकार्ड ही न बना पायें। इसलिये “कोई रिकार्ड नहीं था” की दलील गले नहीं उतरती। इचिरो ओकुरा की मृत्यु और अंतिम संस्कार से जुड़े प्रमाणपत्र, परमिट यदि भारत सरकार की नज़र में “रिकार्ड” नहीं थे, तो भला क्या थे? जब एक साधारण सैनिक का विवरण दर्ज हो सकता था, तो क्या नेताजी और जरनल शिदई का नहीं हुआ होगा?

दूसरी दलील थी कि “जो दस्तावेज़ होंगे, वह नष्ट हो गये होंगे” यह बात भी तर्क और तथ्य के परे थी। जापान ने कभी इस बात को स्वीकार नहीं किया है। उसने हमेशा यह कहा कि नेताजी के कागज़ात ओकुरा के नाम से बनाये गये। तो क्या ओकुरा के कागज़ात भारत सरकार के लिये नेताजी की मृत्यु के द्योतक थे? नहीं!

गोपनीय फाइलो को खंगालने पर पता चलता है कि 21 अक्टूबर 1994 को तत्कालीन सयुंक्त सचिव (गृह मंत्रालय) ने विदेश विभाग के एक संयुक्त सचिव को एक खत लिखा। इस खत में उन्होंने “विदेश मंत्रालय में रखी हुयी नेताजी की मृत्यु पर जापानी सरकार की रिपोर्ट मांगी।” इसके जवाब में विदेश मंत्रालय ने गायमुशो को 1955 के एक पत्र को हवाला दिया—जिसमें लिखा था कि ओकुरा के नाम वह अंत्येष्टि परमिट, “दरअसल” सुभाष की थी।

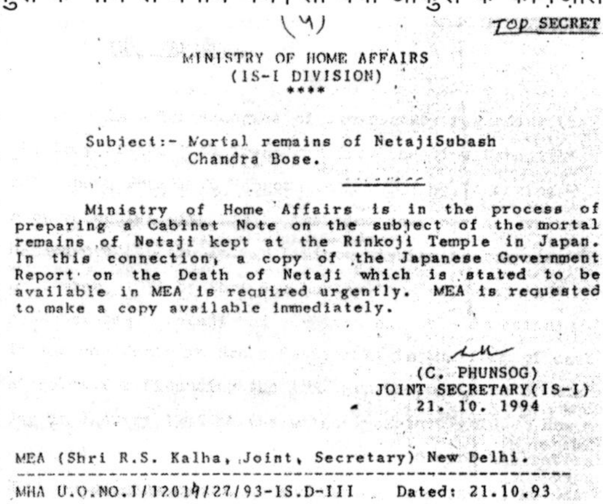
(५) TOP SECRET

MINISTRY OF HOME AFFAIRS
(IS-I DIVISION)
****

Subject:- Mortal remains of NetajiSubash Chandra Bose.

Ministry of Home Affairs is in the process of preparing a Cabinet Note on the subject of the mortal remains of Netaji kept at the Rinkoji Temple in Japan. In this connection, a copy of the Japanese Government Report on the Death of Netaji which is stated to be available in MEA is required urgently. MEA is requested to make a copy available immediately.

(C. PHUNSOG)
JOINT SECRETARY(IS-I)
21. 10. 1994

MEA (Shri R.S. Kalha, Joint, Secretary) New Delhi.

MHA U.O.NO.I/12014/27/93-IS.D-III Dated: 21.10.93

Document obtained in public interest

इसे देखकर संयुक्त सचिव ने परेशान होकर विदेश मंत्रालय को फोन किया और एक बार फिर इस बात की पुष्टि मांगी कि “जापानी सरकार वाकई नेताजी की मृत्यु को प्रमाणित कर चुकी है।” विदेश मंत्रालय की सोच जापानी सरकार से अलग थी। एक अति गोपनीय नोट में संयुक्त सचिव ने लिखाः

> इस आधार पर यह कह देना कि जापान की सरकार ने नेताजी सुभाष चन्द्र बोस की मृत्यु को प्रमाणित कर दिया है—गलत होगा और जापानी सरकार द्वारा प्रेषित पत्र के अभिप्राय के परे जाना होगा। यह हमारे लिये मुसीबतें खड़ी कर सकता है।

अब भारत सरकार मानती है कि नेताजी की मृत्यु ताईवान में हुयी। तो फिर क्या उनका अंतिम संस्कार वहां नहीं हुआ? अगर हुआ, तो उनका नाम एवं विवरण उस रिकार्ड में क्यों नहीं, जिसमें सन् 1945 में मृत हुये अन्य व्यक्तियों का विवरण दर्ज है? 1950 के दशक में सरकार स्वयं जिस रिकार्ड को खोज रही थी, क्या अब उसकी मान्यता नहीं थी?

हलफनामे में सरकार ने कहा कि किसी रिकार्ड के न मिल पाने से यह भी प्रमाणित होता है कि नेताजी कभी रुस पहुंचे ही नहीं।

दरअसल कुछ बातें सरकारी इच्छाशक्ति की मोहताज होतीं हैं। यह बात सच है कि जस्टिस मुखर्जी को रुसी अभिलेखागारों और गवाहों के बेकार बयानों से ज़्यादा कुछ हासिल नहीं हुआ। पर इसका यह अर्थ भी नहीं कि वह सोवियत रुस पहुंचे ही नहीं। इन बातों को खोजने के लिये सरकार एक बहुत बड़ी भूमिका निभाती है। कोई भी विदेशी सरकार भला अपने राज़ किसी को क्यों सौंपेगी, ख़ासतौर पर तब जब इससे उस पर कोई दुष्प्रभाव पडता हो। जाहिर है, इसमें राज़ मांगने वाली सरकार को कुछ प्रयत्न करने पड़ेगे। इस बात को जानते समझते हुये ही जस्टिस मुखर्जी के रुस रवाना होने से पहले ही डॉ0 मुरली मनोहर जोशी ने प्रधानमंत्री को लिखे पत्र में यह प्रार्थना की कि "रुसी सरकार से उच्चतम स्तर" पर बात करना उचित रहेगा।

DR MURLI MANOHAR JOSHI
Member of Parliament (Rajya Sabha)
CHAIRMAN
Parliamentary Standing Committee
on Commerce

123, Parliament House Annexe
New Delhi-110 001
Tel.: 23034123, 23011991

URGENT

June 27, 2005

Dear Dr. Manmohan Singh ji,

This refers to my letter dated March 15th addressed to you and the reply of the Home Minister dated 3rd June, 2005 regarding the extension of time for Justice Mukherji Commission enquiring into the mysterious disappearance of Netaji Subhas Chandra Bose.

In response to my letter the Government had extended the time and also permitted the Commission to visit countries for examining the witnesses and perusing the documents required to ascertain the veracity of the evidence furnished to the Commission.

In view of Dr. Purabi Roy's (a noted scholar) submissions to the Mukherji Commission regarding Netaji's presence in the then Soviet Russia, it would be necessary to approach the present Government of Russian Federation at the highest level to give access to the Commission to visit such documents in their custody, which are required by the Commission for drafting of the report. Since the time is short and the Commission intends to visit Russian Federation in the middle of July, I would request you to take immediate steps in this regard at your level.

With regards,

Yours sincerely,

(Murli Manohar Joshi)

Dr. Manmohan Singh
Prime Minister of India
South Block
New Delhi-110 011

पर, भारत सरकार ने ऐसी कोई कोशिश कभी नहीं कीं। अन्य देशों ने ऐसे ही मामलों में जिस तरह की कोशिशें कीं, उन्हें देखकर, अपनी कोशिशों पर गहरा शक होता है (भाग 8 देखें)। अपने हलफनामे में सरकार ने इन आरोपों को गलत बताया कि, "पूर्व आयोगों और कमेटी रिपोर्टों को जिंदा किया गया" ताकि मुखर्जी आयोग की रिपोर्ट को मारा जा सके। हलफनामे में दावा किया गया कि शाहनवाज व खोसला की रिपोर्टों को भारत सरकार में किसी ने भी खारिज नहीं किया। और उत्तर हाज़िर है इस मामले के विश्वस्त विशेषज्ञ से। प्रणब मुखर्जी ने 18 मई 2006 को लोकसभा में कहाः "सर, जब यह आयोग बना था, तब खुद सरकार ने ही पुराने दोनों आयोगों—शाहनवाज़ और खोसला आयोगों—को खारिज किया था, ताकि इस नये आयोग को मान्यता दी जा सके।"

सरकारी नज़रियाः "जस्टिस मुखर्जी आयोग, अन्य बातों सहित, कलकत्ता उच्च न्यायालय के आदेशानुसार बनाया गया। इसने पूर्व कमेटी और आयोग के नतीजों का खण्डन किया तो सही—पर विश्वसनीय तरीके से नहीं। इसलिये इसके नतीजों को मान्यता देना मुश्किल था।"

पर सवाल यह था कि जस्टिस मुखर्जी अपनी जांच को और किस तरह से विश्वसनीय बनाते? सजावटी अंग्रेज़ी लिखकर—या सबूत छिपा कर—या नियमों को तोड़–मरोड़कर? शायद जापानी लोगों को भला–बुरा कहना विश्वसनीयता पैदा कर सकता। या फिर, नेताजी को उनके हाथों की कठपुतली/मोहरा दर्शाना एक अच्छा विकल्प होता? सरकार को निर्दोष साबित कर देना मुखर्जी के लिये राजनैतिक तौर पर हितकर होता—या शायद उन्हें चटपटी कथा–कहानी गढ़नी चाहिये थी। जांच के चलते–चलते ही उन्हें प्रणब मुखर्जी या फिर प्रधानमंत्री की जीवनी लिखने के बारे में सोचना चाहिये था। या फिर, सबसे अच्छा होता कि अपनी रुस या ताईवान यात्राओं के दौरान उन्हें दिल्ली स्थित लोगों के लिये कुछ तोहफे लेने चाहिये थे—तो बेशक, वह इस अपमान से बच जाते।

यह शर्म की बात थी, पर सच तो यह था कि जो बातें कांग्रेस सरकार के अनुरुप नहीं थीं—वह सही हो ही नहीं सकतीं थीं। "21 बरस और नौ जांच आयोगों के बाद सन् 1984 के सिख विरोधी दंगों के शिकार लोगों को अपने लिये पहला इंसाफ मिला।"[43] यह थी नानावती आयोग की रिपोर्ट।

अगस्त 2005 में इसी भारत सरकार और इन्हीं शिवराज पाटिल ने नानावती आयोग के सारे नतीजों को सिरे से खारिज कर दिया। एक्शन टेकन रिपोर्ट में यह स्पष्ट लिखा था कि आयोग को इस सारे मामले में कांग्रेस के नेताओं की भागीदारी की कोई जानकारी नहीं थी और इसलिये "आगे कोई भी कदम उठाना तर्कसंगत नहीं होगा।"[44] इस पर पंजाब की जनता और विरोधी दलों ने सरकार का गला पकड़ लिया—तब जाकर, पाटिल ने लोकसभा में यह आश्वासन दिया कि आयोग के "सारे सुझावों" को "मूल रुप"[45] में ही कार्यान्वित कराया जायेगा। मुखर्जी आयोग का यह हश्र इसलिये भी हुआ क्योंकि नेताजी को भुल चुकी बंगाल की जनता ने सरकार का विरोध किया ही नहीं।

7

नेताजी फाइल्स

जस्टिस मुखर्जी की रिपोर्ट खारिज होने के बाद हम "मिशन नेताजी" के साथीगण चुप नहीं बैठे। "सच सामने जरूर आयेगा" की अंग्रेजी कहावत से प्रेरित होकर और इसे चरितार्थ करने के लिये हम लोगों ने भारत के अन्दर और बाहर दोनों ही जगहों से जानकारी इकट्ठी करनी शुरु कर दी। इन सब कोशिशों का एक नतीजा जरुर निकला—विदेशों में पारदर्शिता के ऊंचे स्तरों के मुकाबले में हमारे अपने देश में यह नगण्य ही है।

ऐसा नहीं है कि हमारे देश में अच्छी बातें नहीं हैं। सूचना के अधिकार अधिनियम को केन्द्रीय सूचना आयोग एक बेहतरीन और सुनियोजित ढंग से चला रहा है। व्यक्तिगत स्तर पर सरकारी अधिकारी आपसे बेहद सहानुभूति से पेश आते हैं। हमारा मीडिया बेहद आज़ाद है। दिल्ली स्थित राष्ट्रीय अभिलेखागार और नेहरु मेमोरियल लाइब्रेरी का स्टॉफ मददगार है—पर इन सब बातों के बावजूद कई बाते चुभती है।

कुछ समय पहले जब मैंने ऑस्ट्रेलिया के राष्ट्रीय अभिलेखागार से नेताजी से सम्बन्धित जानकारी मांगी तो वहां के अधिकारी ने सभी प्राप्त काग़ज़ातों की प्रतिलिपियां मुझे बिना किसी मूल्य के प्रेषित कर दीं। अमरीका के नेशनल रिकार्ड्स एण्ड आरकाइव्स एडमिनिस्ट्रेशन (नारा) के साथ मेरे मित्र चन्द्रचूड़ घोष को भी ऐसा ही अनुभव हुआ। वहां के लोग आपकी अपीलों पर ध्यान देते हैं, खासकर यदि वे भावनात्मक हों। शिकागो में

अध्ययनरत रहे भारतीय मूल के विद्यार्थी वी0पी0 वर्मा ने मार्च 1949 को अमेरिका के विदेश मंत्री को एक पत्र लिखकर जब यह जानना चाहा कि नेताजी की मृत्यु अमरीकियों के हाथ हुयी थी, तो दक्षिण एशिया मामलों के अनुभाग के मुख्य व्यक्ति ने तुरंत एक पत्र में यह आश्वासन दिया, "कि जापान में अमरीकियों द्वारा श्री बोस के पकड़े जाने की बात सर्वथा गलत है।"[1]

संभव है कि यदि 50 या 70 के दशक में ऐसा ही कोई सवाल किसी ने भारत के गृह मंत्री से किया होता तो इण्टेलिजेंस के लोग उसे व्यक्तिगत रुप से "जवाब" देने उसके घर ही पहुंच गये होते। आज भी आप विदेश के किसी भी व्यक्ति को ई–मेल लिखें—अधिकारी से लेकर पत्रकार या फिर शोधकर्ता—सब आपको जवाब देंगे। पर हमारे अपने देश में हमारी झूठी शान तमीज़ के मानकों से ज़्यादा बड़ी हो जाती है। मुखर्जी आयोग की रिपोर्ट आने के पहले मैंने कई भारतीय और विदेशी पत्रकारों को ई–मेल भेजे। द *गार्जियन*, *टाइम* मैंगजीन के अलावा कहीं से कोई जवाब नहीं आया। कलकत्ता स्थित एक अखबार के दफ्तर पहुंचकर वहां के एक कर्मचारी से नेताजी सम्बन्धित लेखों की मांग की। मांग का उद्देश्य भी बताया—पर मजाल है कि वह अपनी कुर्सी से खिसका भी हो! शायद, उसके शहर के किसी फिल्मी कलाकार या क्रिकेटर की खबर मांगी होती तो उस पर ज्यादा असर हुआ होता। एक अन्य मौके पर, एक सीनियर बंगाली पत्रकार को फोन करके मैंने वह शर्मिन्दगी महसूस की कि आगे से ऐसा न करने की कसम ही खा ली।

अपने अनुभवों से मुझे यह ज्ञात है कि मुखर्जी आयोग का अनुभव भी कुछ ऐसा ही रहाः देशी हिकारत और विदेशी सहानुभूति। यह बात तो सब जानते हैं कि भारत सरकार इस बारे में कोई बात करना ही नहीं चाहती थी—पर इससे भी बड़ी बात यह है कि जब जब मुखर्जी आयोग या हम "मिशन नेताजी" के दोस्तो ने इस मुद्दे को कुरेदना चाहा, तो इस पर लीपापोती और छिपाव–ढकाव के चिह्न साफ दिखायी दिये।

ताईवानी-अंग्रेजी जांच फाइल का अचानक खो जाना, इन सब चिह्नों में बड़ा चिह्न था। जैसा कि इस किताब के भाग 3 में बताया गया है—सन् 1956 में जब विदेश मंत्रालय ने ब्रिटिश उच्चायोग से नेताजी की तथाकथित मृत्यु की बात की जांच करने की गुज़ारिश की, तो ब्रिटिश लोगों का जवाब आया कि इस बात का कोई सबूत ताईवान में कहीं नहीं था। पर तब से लेकर आज तक भारत में ताईवानी-अंग्रेजी जांच का 'ज' भी नहीं सुना गया। हलफनामे दायर हुये, वक्तव्य जारी किये गये, मुखर्जी आयोग को बहुत सी बातें बताई गयीं—पर न ही विदेश मंत्रालय; न ही किसी और मंत्रालय की ओर से ताईवानी-ब्रिटिश जांच की जानकारी का हवाला दिया गया। मानो सन् 1956 की ताईवान की जांच रिपोर्ट का कभी कोई अस्तित्व रहा ही न हो।

पर भारत सरकार का दुर्भाग्य है कि सच सामने आ चुका है। ये काग़ज़ात अब ब्रिटेन में गैरवर्गीकृत श्रेणी में आते हैं। तो अब केव स्थित राष्ट्रीय अभिलेखागार में कोई भी इन्हें पढ़ सकता है। ब्रिटिश फाइल के आखिरी पृष्ठ में यह साफ दर्ज है कि ताईवानी रिपोर्ट की पांच प्रतियां दिल्ली स्थित विदेश मंत्रालय को 10 अगस्त 1956 में सौंपी गयीं थीं (चित्र अगले पृष्ठ पर देखे)। तो क्या सरकार ने इस रिपोर्ट को भारत की जनता से

केवल इसलिये छिपा लिया था, क्योंकि नेताजी की मृत्यु के बारे में इस का मत, सरकारी मत से भिन्न था?

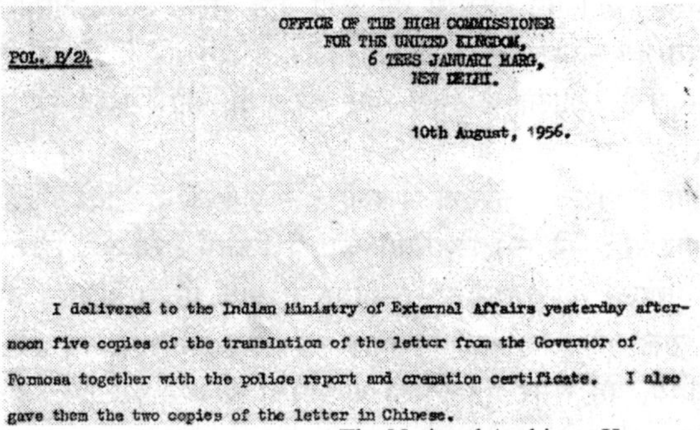
POL. B/24

OFFICE OF THE HIGH COMMISSIONER
FOR THE UNITED KINGDOM,
6 TEES JANUARY MARG,
NEW DELHI.

10th August, 1956.

I delivered to the Indian Ministry of External Affairs yesterday afternoon five copies of the translation of the letter from the Governor of Formosa together with the police report and cremation certificate. I also gave them the two copies of the letter in Chinese.

The National Archives, Kew

इस पर मेरी खबर ने दोगुने वार का काम किया। खबर थी, कि जस्टिस खोसला यह ताईवानी रिपोर्ट देख चुके थे—फिर भी उनकी अपनी रिपोर्ट में इस बारे में एक शब्द भी नहीं कहा गया। इस लिहाज से खोसला इन बातों को छिपाने में एक सफल सरकारी मोहरा बने और इस पर उन्हें तारीफ मिली। उच्चतम न्यायालय के पूर्व जज रहे एम0के0 मुखर्जी (जो पूर्व गृह मंत्री के अनुसार पूर्व उच्च न्यायालय के जज जी0डी0 खोसला से बदतर थे) ने अपनी ब्रिटेन यात्रा के दौरान यह रिपोर्ट न केवल पढ़ी बल्कि हवाई दुर्घटना की बात को ध्वस्त करने में इसका बखूबी इस्तेमाल किया।

एकत्रित की गई जानकारी के अनुसार सन् 1956 में प्रधानमंत्री कार्यालय में एक फाइल खुली थी, जिसका विषय था, "श्री सुभाष चन्द्र बोस की मृत्यु की परिस्थितियां"। यह फाइल (नं0 12 (226)/56 पीएम) कई और "बेकार" फाइलों के साथ सन् 1972 में नष्ट कर दी गई। और यह तब था—जब नियमो के हिसाब से ऐतिहासिक महत्त्व की फाइलें करीब 25 सालों तक कार्यालय में रहनी चाहिए थी, और उसके बाद राष्ट्रीय अभिलेखागार का हिस्सा बननी चाहिए थी।

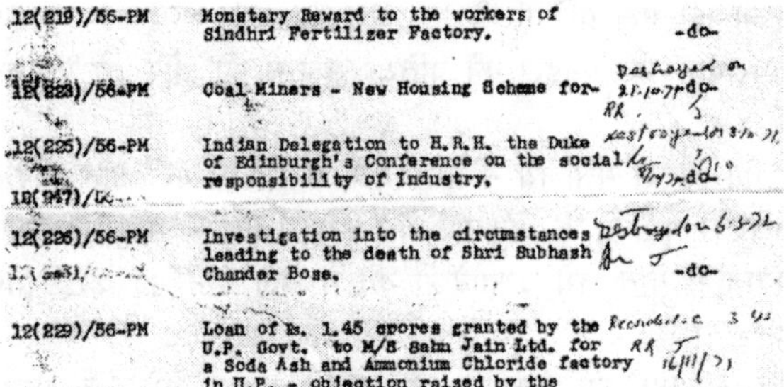
12(219)/56-PM Monetary Reward to the workers of Sindhri Fertilizer Factory. -do-

12(223)/56-PM Coal Miners - New Housing Scheme for- -do-

12(225)/56-PM Indian Delegation to H.R.H. the Duke of Edinburgh's Conference on the social responsibility of Industry. -do-

12(226)/56-PM Investigation into the circumstances leading to the death of Shri Subhash Chander Bose. -do-

12(229)/56-PM Loan of Rs. 1.45 crores granted by the U.P. Govt. to M/S Sahu Jain Ltd. for a Soda Ash and Ammonium Chloride factory in U.P. - objection raised by the Central Govt. about the grant of - -do-

Document obtained under the Right to Information

उड़ते दावों की मानें, तो यह फाइल सारी नेताजी फाइलों की 'बाप' थी—खुद नेहरु इसे रखा करते थे। सन् 1991 मे एक कैबिनेट मंत्री के तौर पर डॉ0 सुब्रमण्यम् स्वामी को कुछ कागज़ातों को पढ़ने का मौका मिला। उनके मुताबिक, "यह फाइल" प्रधानमंत्री

इंदिरा गांधी के निजी सचिव पी0एन0 हक्सर के कहने पर जला दी गयी थी। यह एक गैर–कानूनी कदम था। पर खोसला को कहीं कुछ गलत नज़र आया ही नहीं। वह उस सरकारी वक्तव्य का समर्थन ही करते रहे, जिसके अनुसार, “यह फाइल, उसी पुराने ढर्रे पर अन्य गैर–जरुरी फाइलों के साथ नष्ट की गयी, जो रिकार्ड रुम के भार को हल्का करने के लिये अपनाया जाता है।”[2]

इसके ठीक विपरीत, जस्टिस मुखर्जी इस फाइल के “विषय और विषयवस्तु” को खोजते रहे...और साथ ही उन स्थितियों को भी जिनमें इसे नष्ट किया गया था।[3]

जस्टिस मुखर्जी की अनगिनत अर्जियों के बाद भी उन्हें उस समय के रिकार्ड के नष्ट होने की रुल बुक उन्हें नहीं भिजवाई गई। यह भी पता लगा कि जो काम खोसला को करना चाहिये, वह समर गुहा ने ही कर दिया था। फाइल नष्ट होने की खबर लगते ही, उन्होंने प्रधानमंत्री इंदिरा गांधी को 3 जनवरी 1974 को एक पत्र लिखा। इंदिरा गांधी का जवाब था कि उस फाइल में कुछ कागज़ातों की कुछ ऐसी प्रतियां थीं, जो आसानी से अन्य फाइलों में मिल सकती हैं।

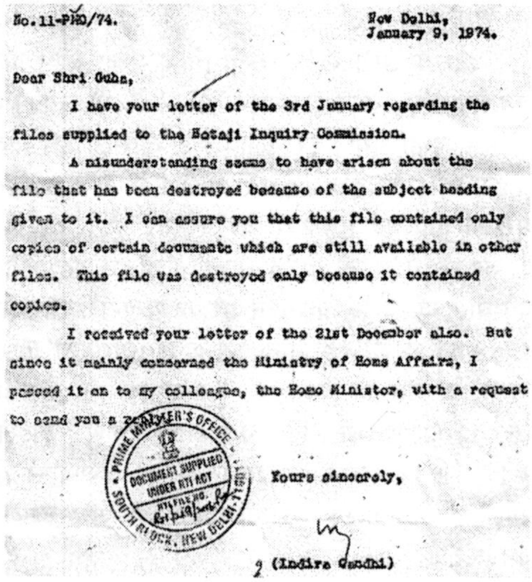

No.11-PMO/74.

New Delhi,
January 9, 1974.

Dear Shri Guha,

I have your letter of the 3rd January regarding the files supplied to the Netaji Inquiry Commission.

A misunderstanding seems to have arisen about the file that has been destroyed because of the subject heading given to it. I can assure you that this file contained only copies of certain documents which are still available in other files. This file was destroyed only because it contained copies.

I received your letter of the 21st December also. But since it mainly concerned the Ministry of Home Affairs, I passed it on to my colleague, the Home Minister, with a request to send you a [illegible]

Yours sincerely,

(Indira Gandhi)

Document obtained under the Right to Information

श्रीमती गांधी के इस पत्र से प्रेरित होकर मुखर्जी आयोग ने प्रधानमंत्री कार्यालय, गृह मंत्रालय और विदेश मंत्रालय उन सब कागज़ों की प्रतियां उपलब्ध करवाने की गुज़ारिश की, जो पी0एम0ओ0 की फाइल नं0 12 (226)/56–पीएम में थी...(और नष्ट हो गयीं थीं) साथ ही उन “फाइलों की मूल प्रतियां भी जिनमें यह उपरोक्त नष्ट फाइल की प्रतियां संलग्न थीं और जो प्रधानमंत्री के बयान से साफ था।”

इस पत्र को विदेश मंत्रालय ने प्रधानमंत्री कार्यालय के हवाले कर दिया। जो जवाब आया, वह जस्टिस मुखर्जी के अनुसार मांगे हुये जवाब से मेल नहीं खाता था। उन्हीं के शब्दों में: “जवाब में मांगे गये दस्तावेज़ों को न भेज पाने का कोई साफ कारण आयोग को नहीं दिया गया है।”

इस बात से जस्टिस मुखर्जी और भी परेशान हुये कि प्रधानमंत्री कार्यालय और कैबिनेट सचिवालय विरोधाभासी बयानबाज़ी कर रहे थे। प्रधानमंत्री कार्यालय के निदेशक के अनुसार, फाइल नं0 12 (226)/56–पीएम में ही इसको नष्ट करने सम्बन्धित फैसलों का पूरा ब्यौरा था और यह कैबिनेट सचिवालय से हासिल किया जा सकता था, क्योंकि कैबिनेट के समस्त फैसलों के रिकार्ड, वहां स्थायी रुप से रखे हुये थे।

लेकिन ग्रह मंत्रालय ने आयोग को कैबिनेट सचिवालय के हवाले से बताया की सचिवालय के पास नेताजी सम्बन्धित कोई दस्तावेज नही हैं।

क्या यह संभव है कि कुछ जरुरी रिकार्डो के इण्टेलिजेंस ब्यूरो ने नष्ट कर दिया हो? ताइपेई में हुयी विमान दुर्घटना के कुछ चित्र–जो नेताजी की "मृत्यु" के महत्त्वपूर्ण साक्ष्य थे—सरकार के पास आज क्योंकर नहीं हैं? क्या इसलिये क्योंकि उन चित्रों की जांच से यह साफ हो जायेगा कि हवाई दुर्घटना की कहानी मात्र और सचमुच एक "मिथक" थी? विदेश मंत्रालय ने मुखर्जी आयोग से यह कैसे कह दिया कि, उन्हें "शाहनवाज़ कमेटी या उससे पहले फाइल किये गये साक्ष्यों/काग़ज़ातों का कोई अता–पता नहीं।"[4]

एकबारगी, यह आसानी से कहा और माना जा सकता है कि 50–60 बरस पहले के रिकार्ड को खोजना, आसान बात नहीं है। लोग भी सिर हिलाकर यह कह सकते हैं, "हां! सही ही तो है...इतने पुराने काग़ज़ात खो जाना लाज़मी है।"

यहां पर एक सैन्य शासक की कहानी आपको रोचक लगेगी। अप्रैल 2005 में पाकिस्तानी राष्ट्रपति परवेज़ मुशर्रफ की भारत यात्रा से पूर्व ही भारतीय सरकार ने बेहतरीन मेहमाननवाज़ी के रुप में उन्हें एक ऐसा तोहफा देना ठीक समझा जो वह वाकई ज़िन्दगी भर याद रखें—उनके जन्म का रिकार्ड! बंटवारे से पूर्व के भारत में एक साधारण परिवार में जन्मे मुशर्रफ कहीं के सितारे नहीं थे—पर फिर भी भारतीय सरकार को यह पूरी आशा थी कि उनके जन्म के सभी रिकार्ड मिल सकते हैं। तद्नुसार, प्रधानमंत्री कार्यालय के इशारे पर करीब 6 सरकारी नौकर नई दिल्ली म्यूनिसिपल कौन्सिल के जन्म और मृत्यु प्रमाणपत्र ऑफिस के 12 मोटे–मोटे लेजरों को छांटने के काम पर लगा दिये गये। एक प्रवक्ता ने जल्दी ही मीडिया को सूचित किया कि एन0डी0एम0सी0 के पास "1917 से सारे रिकार्ड सलामत थे।"[5] परिणामस्वरुप, जनरल मुशर्रफ को डॉ0 मनमोहन सिंह ने उनके जन्म पंजीकरण रिकार्ड भेंटस्वरुप दिये।

अब सवाल यह है कि अगर सन् 1917 से लेकर अब तक एन0डी0एम0सी0 सभी रिकार्ड बखूबी संभाले हुए था—(वह भी साधारण नागरिकों से सम्बन्धित रिकार्ड) तो फिर नेताजी से जुड़े "वर्गीकृत रिकार्ड गायब हो गये हैं"—केन्द्रीय सरकार की यह बात गले से नीचे उतारना ही मुश्किल है।

जब मैंने एक आई0पी0एस0 अफसर से खोये हुये काग़ज़ात की जानकारी मांगी तो उन्होने कहा—"वर्गीकृत दस्तावेज़ भला ऐसे ही कैसे खो सकते हैं?"

"प्रधानमंत्री कार्यालय आपके समाचार पत्र का दफ्तर नहीं है।" उनका सिर उलाहने में झटक गया था—मैंने अपना सिर समर्थन में हिलाया। शासकीय तौर–तरीकों की ज्यादा जानकारी न होने के बावजूद, मैं उनकी तड़प और चुभन भरे वार का तर्क समझ सकता था। ऑफिशियल प्रोसीज़र मैनुअल के हिसाब से आधिकारिक दस्तावेज़ों को तीन श्रेणियों में बांटा जाता है—पहली दो श्रेणियों में वह रिकार्ड आते है, जो "स्थायी संरक्षण" के लायक समझे जाते है। प्रथम श्रेणी में प्रशासनिक और ऐतिहासिक नज़रिये से महत्त्वपूर्ण रिकार्ड होते है, जबकि दूसरी श्रेणी में केवल ऐतिहासिक दृष्टि से महत्त्वपूर्ण रिकार्ड ही आते हैं। मैनुअल के मुताबिक इस श्रेणी में वे "दस्तावेज़ होते है जो किसी जाने–माने

व्यक्तित्व या देश और विदेश से सम्बन्धित वृत्तान्त से सरोकार रखते है; खास तौर पर वे जो विवाद का मुद्दा बन सकते है।"[6]

नियमों के अनुसार, ऐसे रिकार्ड बनने के हर 25 सालों पर इनकी समीक्षा होना सुनिश्चित है। वर्गीकृत न रहने की स्थिति में इन दस्तावेज़ों को राष्ट्रीय अभिलेखागार भेज़ दिया जाता है। वर्गीकृत जानकारी दरअसल वह जानकारी होती है, जो सरकार को गोपनीय तौर पर मिली होती है। यह जानकारी आम स्तर पर किसी गड़बड़ी का कारण न बने इसलिये आम जनता की पहुंच से दूर रखी जाती है।

"देश हित को क्षति" पहुंचाने के अनुपात के तुल्य ऐसी किसी भी वर्गीकृत जानकारी के रिकार्ड को निर्धारित तीन में से एक को सुरक्षा चिह्न दिया जाता है।

"टॉप सीक्रेट"—यह उन दस्तावेज़ों पर चिह्नित होता है, जिनके आम हो जाने पर देश के अन्दर "बेहद गम्भीर" समस्यायें उत्पन्न हो सकती हैं।

"सीक्रेट"—यह चिह्न उन रिकार्ड्स के लिये है जो "गम्भीर समस्या" का द्योतक है; जबकि "कॉन्फिडेन्शियल" "देशहित के विरुद्ध समस्या" को चिह्नित करता है।

इसीलिये, जब तक बहुत ही ज़्यादा जरुरत न हो ऐसी जानकारियां आम नहीं की जाती। हालांकि गैर आधिकारिक तौर पर यह इधर–उधर से लीक हो ही जाती है। नियमनुसार एक बार कोई फाईल इन तीन (टॉप सीक्रेट, सीक्रेट, कॉन्फिडेन्शियल) श्रेणियों में से किसी एक में भी आ जाती है तो इसका संरक्षण उन अधिकारियों के हाथ में आ जाता है जो अपने कर्त्तव्य के निर्वहन के लिये इन फाइलों की जानकारी को जानने का हक और जरुरत रखते हैं। यह भी नियमों के मुताबिक होता है—और गृह मंत्रालय, इन नियमों को बनाता है। विभागीय सुरक्षा निर्देशों के मैनुअल में इन्हें रखा जाता है। यह मैनुअल खुद में ही वर्गीकृत होता है। सरकारी रिकार्ड्स के बारे में आम राय—जो आम तौर पर बुरी ही होती है—को ध्वस्त करने के लिये यह समझना आवश्यक है कि गृह मंत्रालय वर्गीकृत रिकार्ड्स का खास ख्याल रखता है। इनमें नेताजी सम्बन्धित जानकारी भी है। यह सारे रिकार्ड्स नार्थ ब्लाक की किसी (संभवतः) भूमिगत जगह पर हैं। अधिकारी इसे "टी–ब्रांच" या "ट्रेजरी" के नाम से जानते हैं; हालांकि ज़्यादा पत्रकारों को इस बारे में कोई जानकारी नहीं। विदेश मंत्रालय में एक 'एन0जी0ओ0' नामक सेक्शन है। इसका मतलब है—"नॉट टू गो आउट" (बाहर नही जाना चाहिए)। यह सेक्शन सी0एन0वी0 के निदेशक की निगरानी में रहता है—जो आमतौर पर एक संयुक्त सचिव होता है।

मेरी जानकारी के अनुसार कुछ रिकार्ड्स ऐसे भी होते हैं जो आम बोलचाल की भाषा मे 'एबव टॉप सीक्रेट' (अति गोपनीय के ऊपर) की श्रेणी में आते हैं। इनमें सबसे संवेदनशील रिकार्ड्स वह होते है जिन्हे प्रधानमंत्री स्वयं अपनी निगरानी में रखते है। यह इसलिए ताकी कोई धोखेबाज़ उच्च अधिकारी या मंत्री इनको हाथ नहीं लगा पाए। देशहित के मद्देनज़र, इनकी मौजूदगी से ही इनकार कर दिया जाता है।

आमतौर पर जब भी किसी कचहरी, आयोग या सूचना के अधिकार अधिनियम के तहत किसी को किसी खास दस्तावेज़ की जरुरत होती है तो प्रधानमंत्री कार्यालय का रिकार्ड रुम ही तलाशा जाता है। प्रधानमंत्री के निजी कमरे या उनके सरकारी आवास पर कौन से

रिकार्ड्स हैं यह पूछने का हक़ किसी को नहीं। हां, इण्टेलिजेंस एजेंसियां कानून के दायरे के परे होती हैं—और यदि प्रधानमंत्री चाहें तो उन्हें संवेदनशील जानकारी का संरक्षण सौंप सकते हैं। साऊथ ब्लॉक स्थित प्रधानमंत्री रिकार्ड रुम में लगभग 30 हज़ार वर्गीकृत फाइलें मौजूद हैं। उनके आवास में ऐसी कितनी फाइलें है—इस बात को जानने का कोई तरीका नहीं।

वर्गीकृत फाइलों के एक जगह से दूसरी जगह जाने की स्थिति में हर चरण पर उनकी जानकारी रखी जाती है। इस बात का ध्यान इतनी सख़्ती से रखा जाता है कि एक कैबिनेट मंत्री के कमरे में एक व्यक्ति से दूसरे व्यक्ति के पास फाइल जाने के हालात में उस फाइल को साथ ले जाने वाला व्यक्ति उसके सारे विवरण को दर्ज करता है। बिना किसी की आज्ञा से किसी भी वर्गीकृत जानकारी का सरकारी दफ्तर से निकल जाना, या खो जाना, देश की सुरक्षा के लिये घातक सिद्ध हो सकता है। जाहिर है, इस जानकारी का जिम्मा लेने वाले व्यक्ति के लिये भी स्थितियां खराब हो सकती हैं। ऐसे में दफ्तर पुलिस में एफ0आई0आर0 भी दर्ज करा सकता है।

इतना ही नहीं, वर्गीकृत जानकारी को ध्वस्त करने के भी अपने कुछ तय नियम हैं। उन्हें किसी अन्य सामान्य दस्तावेज़ की तरह फाड़ कर किसी कूड़ेदान में नहीं फेंका जाता।

वर्गीकृत जानकारी को भारत में उतनी ही कुशलता से संभाला जाता है, जितना कि विकसित देशों में। इनके संरक्षण एवं नष्ट होने की एक तय नीति है। भारत सरकार की यह नीति ऐसे सभी काग़ज़ों पर लागू होती है—और यह बात नेताजी से सम्बन्धित फाइलों पर भी सच उतरती है। ऐसे में यह समझना कि नेताजी से सम्बन्धित गोपनीय काग़ज़ात खो गये हैं, या नष्ट हो गये हैं, महज़ एक सोची–समझी सरकारी साज़िश का नतीजा हो सकता है, और कुछ नहीं।

अपने व्यक्तिगत अनुभवों के आधार पर बात करूं, तो यह बात दावे से कह सकता हूं कि देश के सर्वोच्च पद के पास आज भी नेताजी से जुड़े दस्तावेज़ सावधानी और गोपनीयता से रखे हुये हैं और सुरक्षित हैं। सन् 2006 में सूचना के अधिकार अधिनियम में मैंने प्रधानमंत्री कायालय से प्रार्थना की कि वह नेताजी सम्बन्धित फाइलों के बारे में मुझे जानकारी दें...और यह भी बतायें कि अपने पास रखे दस्तावेज़ों को क्या वह निकट भविष्य में राष्ट्रीय अभिलेखागार भेजने के बारे में सोच रहे थे। मैंने उनसे वहां रखी वर्गीकृत एवं गैर वर्गीकृत फाइलों की सूची की मांग की। जवाब में मुझे पी0एम0ओ0 से 11 गैर–वर्गीकृत फाइलों की सूची मिली। इनमें से छह 'गुमशुदगी विवाद' से जुड़ी थीं।

वर्गीकृत फाइलों के बाबत पी0एम0ओ0 की चुप्पी पर मैंने वहां की अपीलैट अथॉरिटी को लिखा तो मुझे बताया गया कि मेरी अपील पर बहुत ध्यानपूर्वक विचार करने के बाद भी यह तय था कि वर्गीकृत जानकारी का खुलासा करने का अर्थ अन्य देशों से रिश्ते खराब करना हो सकता था।

जनवरी 2007 में मुख्य सूचना आयुक्त वजाहत हबीबुल्लाह ने पी0एम0ओ0 निदेशक और मेरी दलीलें सुनीं—और इस सूची की पड़ताल खुद करने का निर्णय लिया। फरवरी में उन्हें 35 फाइलों की सूची दी गई। इनमें से सात फाइलें "टॉप सीक्रेट"; तीन फाइलें "कॉन्फिडेन्शियल"; और बाकी "सीक्रेट" की श्रेणी में आती थीं। दो अन्य गैर वर्गीकृत

फाइलें अभी भी पी0एम0ओ0 के पास थीं।

हबीबुल्लाह ने (जो किसी समय पी0एम0ओ0 में बड़े अधिकारी थे) छंटी हुयी सूची में से 31 फाइलों की सूची को देने के निर्देश जारी किये। पी0एम0ओ0 कार्यालय की यह बात मानी गयी कि चार फाइलों के नाम बताने से अन्य देशों के साथ भारत के रिश्ते खराब होने की संभावना थी।[7]

पिछले तीन सालों से भी ज़्यादा वक्त से चन्द्रचूड़ मुखर्जी आयोग द्वारा इस्तेमाल किये गये साक्ष्यों की सूची के लिये गृह मंत्रालय के चक्कर लगा रहे हैं। जब हमने शाहनवाज़ कमेटी और खोसला आयोग द्वारा इस्तेमाल किये गये साक्ष्यों की मांग मंत्रालय से की, तो हमें बताया गया कि किसी को इस बारे में कोई जानकारी थी ही नहीं। सही भी था—किसी ने भी अपनी रिपोर्ट के साथ इन साक्ष्यों की सूची जारी की ही नहीं थी। पर मुखर्जी आयोग के बारे में यह बहाना बना पाना असंभव था। यह आयोग सन् 2005 में ही खत्म हो गया था—और इसके द्वारा इस्तेमाल किये गये सारे सरकारी कागज़ात स्टील के बक्सों में भर कर गृह मंत्रालय भेजे गये थे। इसीलिये इन्हें ढूंढ़ लेना, इतना ही आसान था, जितना साक्ष्य सूची पढ़ कर रिकार्ड देना।

पर हम अभी तक इस बारे में कुछ ख़ास नहीं कर पाये हैं। हालांकि चन्द्रचूड़ ने गृह मंत्रालय से लगभग 20,000 कागज़ात हासिल कर लिये हैं। सभी नेताजी रहस्य के दीवानों के लिये गृह मंत्रालय मानो अलादीन की गुफा है!

जस्टिस मुखर्जी के विदेशी अधिकारियों के साथ कुछ बेहद रोचक अनुभव रहे। उनके नेतृत्व में आयोग ने ब्रिटेन, अमरीका और ताईवान में संरक्षित गोपनीय जानकारी तक पहुंचने की बहुत कोशिशें कीं। लंदन और ताइपेई मे उनके अनुभव अच्छे रहे। लंदन में हाऊस ऑफ लार्ड्स के सदस्य रहे पीटर आर्चर के हवाले से उन्हें कुछ वर्गीकृत रिकार्ड्स की जानकारी मिली। सितम्बर 2001 में आर्चर ने लार्ड चान्सलर अलेक्ज़ेन्डर इरविन से मुलाकात की और उन्हें इस मामले से अवगत कराया। सन् 1958 के यू0के0 पब्लिक रिकार्ड्स अधिनियम के तहत, राष्ट्रीय अभिलेखागार के कर्ता–धर्ता की जवाबदेही लार्ड चान्सलर पर होती है। 1 दिसम्बर 2001 को इरविन ने आर्चर को यह लिखा कि "सुभाष चन्द्र बोस के बारे में, जो सामग्री पहले कैबिनेट कार्यालय और कॉमनवेल्थ कार्यालय में थी, वह अब पब्लिक रिकार्ड ऑफिस भेज दी गयी है, और आम निरीक्षण के लिये हाज़िर है।"

> कुछ इण्टेलिजेंस और सुरक्षा एजेन्सियों ने अपनी फाइलों के कागज़ात नहीं भेजे हैं—यह मेरी सहमति से ही हुआ है। पर ऐसे किसी कागज़ में श्री बोस की मृत्यु के सम्बन्ध में ऐसे कोई दस्तावेज़ नहीं हैं जो ब्रिटिश लाइब्रेरी या पब्लिक रिकार्ड ऑफिस में न प्राप्य हों। जिन दस्तावेज़ों को रोका गया है, वह भी केवल सैद्धान्तिक आधार पर...क्योंकि आमतौर पर ऐसी फाइलें आम नहीं की जातीं...उनकी विषयवस्तु से इस बात का कोई लेना–देना नहीं है।[8]

पत्र के अंत में लार्ड चान्सलर ने आर्चर का ध्यान दो गैर वर्गीकृत फाइलों की तरफ आकृष्ट किया। इनमें से एक फाइल सन् 1956 की ताइवानी जांच के बारे में थी। जस्टिस मुखर्जी के लिये यह जांच महत्त्वपूर्ण थी। आर्चर ने मुखर्जी को लार्ड चान्सलर द्वारा दी

गई जानकारी देते हुये लिखा, “इस मामले में हुयी देरी के लिये माफी चाहता हूं।” आगे आर्चर ने यह लिखा: “अगर ब्रिटिश सरकार कुछ छिपाना चाहती, तो शायद ही वह हमें इन रिकार्ड्स के बारे में कुछ बताती...मेरा मानना है कि यह सारी जानकारी प्राप्य है...अगर आपको और कोई मदद चाहिये हो, तो कृपया बतायें।”[9]

मुखर्जी ने जवाबी पत्र भेजाः

“इन काग़ज़ातों में ही शायद श्री बोस की तथाकथित गुमशुदगी के बारे में कुछ जानकारी हमें मिल जाये...क्या आप लार्ड इरविन से हमें, उन काग़ज़ातों को देखने की आज्ञा दिलवा सकते हैं, जिनको सैद्धान्तिक आधार पर आम नहीं किये गये हैं?”[10]

मई 2002 में आर्चर ने मुखर्जी को पत्र के जरिये यह बताया कि वह उन कागज़ातों को दिलवा पाने में असमर्थ रहे थे। उन्होंने सलाह दी, कि इस बात में “सरकारी प्रतिनिधित्व मण्डलों से कुछ सफलता की गुंजाइश बन सकती थी।”[11]

दिल्ली में मुखर्जी ने विदेश मंत्री यशवन्त सिन्हा से प्रार्थना की कि वह ब्रिटिश सरकार से इस बारे में बात करें। पर उठाये गये कदम अपने आप में काफी नहीं थे। लंदन में भारतीय उच्चायोग में राजनैतिक सलाहकार रहे विकास स्वरुप (जो आज *स्लमडाग मिलेनियर* के लेखक के रुप में जाने जाते हैं) ने साउथ एशिया डिपार्टमेन्ट ऑफ द फॉरेन एण्ड कामनवेल्थ ऑफिस के भारतीय अनुभाग के प्रमुख को पत्र लिखा। पर जवाब वही था, जो लार्ड आर्चर को मिला था।

जहां तक भाजपा का गैर–कांग्रेसी और “पार्टी विद अ डिफरेंस” होने का सवाल था, नेताजी के मामले में यह “डिफरेंस” अब कहीं नहीं दिख रहा था। साउथ ब्लॉक में श्री सिन्हा के अग्रज मोहम्मद अली जिन्ना के ख्यालो में इस कदर गुम थे कि सुभाष बोस के लिये एक विचार निकाल पाना भी मुश्किल पड़ रहा था। इसी कड़ी में लोक सभा सदस्य मोइनुल हसन अहमद ने जब नेताजी और उनके रुस में होने पर सवाल पूछा, तो जसवंत सिंह ने बिना ज़्यादा तकलीफ उठाये 1 मार्च 2000 को वही जवाब दोहराया जो पहले एक कांग्रेसी मंत्री के लिये बनाया गया था। शब्द तक हू–ब–हू थे। बात साफ है...सरकार चाहे कोई भी दल बनाये...सरकारी नीति कभी नहीं बदलती।

जस्टिस मुखर्जी ने अभी भी अमरीकी अभिलेखागार में रखे नेताजी सम्बन्धित रिकार्ड्स और अन्य वर्गीकृत जानकारी हासिल करने की कोशिशें छोड़ी नहीं थीं। अमरीका की ओर से इस बारे में कुछ अच्छे सुझाव आये। भारतीय विदेश मंत्रालय के अफसरो को मानो नेताजी का नाम आते ही सांप सूंघ जाता है। 23 जून 2003 को दिल्ली स्थित अमेरीकी दूतावास के डिप्टी चीफ ऑफ मिशन, अलबर्ट थाइबाल्ड, ने विदेश मंत्रालय को यह सलाह दी कि यदि उच्च आयोग चाहे, तो “अमरीका में कार्यरत या किसी भारतीय विद्वान से इस पर शोध करा सकता है।”[12] यह शोध दुनिया के सबसे बड़े अभिलेखागार नारा में किया जा सकता था।

थाहबाल्ट के पत्र से प्रेरित होकर आयोग ने विदेश मंत्रालय से प्रार्थना की कि वह अमरीका में किसी ऐसे शोधकर्ता को इस काम के लिये कहे जो या तो “नेताजी के प्रति आदर या किसी अन्य कारण से” चुनिंदा रिकार्ड्स की खोज कर सके। आदर और

सम्मान का तो पता नहीं, पर पैसे से यह काम संभव था। मेरीलैण्ड स्थित अभिलेखागार की वेबसाइट पर नारा के सभी शोधकर्ताओं की सूची मौजूद थी—मंत्रालय इन नामों में से किसी को भी चुन सकता था। आयोग ने बार–बार सरकार से इस बारे में प्रार्थना की—पर फिर भी यह हो न सका। जो कुछ गैर–वर्गीकृत रिकार्ड्स आयोग के पास आ पाये, वह सी0बी0आई0 के पूर्व निदेशक एस0के0 दत्ता के कहने पर मिल सके थे। दत्ता ने मेरे से प्रेरित होकर नेताजी के रहस्य पर खुल कर बोलना पसंद किया था।

जहां तक अमरीका स्थित गोपनीय रिकार्ड्स का सवाल है, विदेश मंत्रालय ने आयोग से यह कहकर पल्ला झाड़ लिया कि, "अमरीकी सरकार के वर्गीकृत कागज़ात यू0एस0 फ्रीडम ऑफ इन्फारमेशन अधिनियम के तहत मांगे जा सकते थे...पर इसके लिये हर कागज़ात का विवरण देना जरुरी था...और यह अपने में ही काफी लम्बी और उलझी हुयी प्रक्रिया थी।"[13]

पर सबसे बड़ी उलझन थी, मंशा की अनुपस्थिति। कुछ समय बाद मैंने दिल्ली में बैठे–बैठे ही शरत् बोस की पोती माधुरी बोस गेलॉर्ड की मदद से दो वर्गीकृत सी0आई0ए0 के रिकार्ड खोज निकाले। फ्रीडम ऑफ इन्फारमेशन अधिनियम के तहत मैंने इन दोनों रिकार्ड्स की प्रतियां मांगीं तो सही, पर मेरी गुज़ारिश इस आधार पर खारिज कर दी गयी कि इनको आम करना अमरीकी हितों के विरुद्ध जा सकता था। फिर भी मैंने यह कहकर इन्हें हासिल करने की कोशिश की कि इससे दुनिया भर में नेताजी के चाहने वालों को राहत की सांस मिल पायेगी—फिर चाहे सी0आई0ए0 को सूचना उपलब्ध कराने वाले सूत्रो के नाम गुप्त रखे जा सकते हैं। सी0आई0ए0 ने मेरी दलील को मानते हुये इन दोनों रिकार्ड्स को उपलब्ध करवाया; जिन्हें देखने पर यह पता चलता है कि सन् 1950 में भारत में नेताजी के जीवित होने की और उनके रुस में होने की अफवाहें काफी गर्म थीं।

सी0आई0ए0 के पास रखी कुछ और गैर–वर्गीकृत जानकारी कैलिफोर्निया आधारित फ्रेन्ड्स ऑफ इण्डिया सोसाइटी इण्टरनेशनल ने हासिल की थी और सन् 1994 में भारतीय अखबारों को दी थी। उस वक्त किसी ने इस पर ज़्यादा ध्यान नहीं दिया हालांकि पढ़ने में यह काफी रोचक थी।

दिनांक 27 फरवरी 1964 को अपर निदेशक (सुरक्षा) ने किसी विभागीय प्रमुख को एक मेमो जारी किया था। इसमें उस व्यक्ति की समीक्षा थी, जो वाशिंगटन स्थित उच्च स्तरीय अधिकारियों से साक्षात्कार चाहता था। यह व्यक्ति (जो दरअसल एक

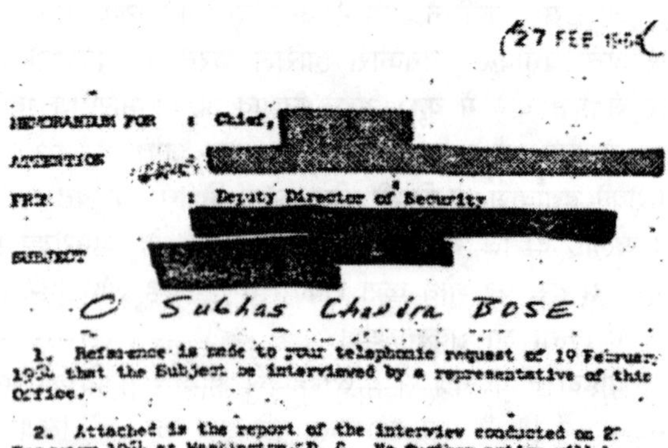
27 FEB 1964

MEMORANDUM FOR : Chief,

ATTENTION :

FROM : Deputy Director of Security

SUBJECT : Subhas Chandra BOSE

1. Reference is made to your telephonic request of 19 February 1964 that the Subject be interviewed by a representative of this Office.

2. Attached is the report of the interview conducted on 2[illegible] February 1964 at Washington, D. C. No further action will be taken in this matter unless requested by you.

खबरी था) मानता था कि, सुभाष “नेहरु विरोधी एक गुट का नेतृत्व कर रहे हैं।”

इस रिपोर्ट को मैंने बकवास नहीं समझा—क्योंकि इन्टेलिजेंस रिपोर्ट्स हल्की–फुल्की अफवाहों या चुहलबाज़ी पर आधारित नहीं होतीं। पर फिर भी ज्यादा पता लगाने के लिए मैंने फ्रीडम आक इन्कारमेशन अधिनियम के तहत सी0आई0ए0 से जानकारी मांगी इस पर जल्दी से जल्दी जवाब प्राप्त करने के लिये मैंने इसको “फिनिश्ड इण्टेलिजेंस रिपोर्ट” की श्रेणी में रख छोड़ा। यह उच्चस्तरीय जानकारी होती है, जिससे अमरीकी नीतियां बनाई जाती हैं। मन्तव्य यही था, अगर सन 1964 की उस रिपोर्ट को गंभीरता से लिया गया होता, तो आगे भी इस पर काम होता—जहां से यह “फिनिश्ड इण्टेलिजेंस रिपोर्ट” बनती। पर जाहिर था उस रिपोर्ट को गंभीरता से लिया नहीं गया था। सी0आइ0ए0 सूचना अधिनियम और फ्रीडम ऑफ इन्फारमेशन अधिनियम के तहत, एजेन्सी ने मेरी प्रार्थना पर ध्यान दिया, और कहा की उन के पास सुभाष बोस से संबधित सन् 1960 से 1970 के बीच बनी कोई “फिनिश्ड इण्टेलिजेंस रिपोर्ट ना थी।”

ऐसा ही कुछ ब्रिटिश मंत्रालयों में मेरी भेजी हुयी फ्रीडम आक इन्कारमेशन गुज़ारिशों के साथ हुआ। ब्रिटिश कैबिनेट ऑफिस (जिसमें प्रधानमंत्री कार्यालय शामिल होता है) और फॉरेन एण्ड कॉमनवेल्थ ऑफिस ने यह सूचना दी, कि उनके पास नेताजी से सम्बन्धित कोई रिकार्ड नहीं था। रक्षा मंत्रालय ने जवाब दिया कि उसके पास “ऐसी कोई जानकारी नहीं, जो आप चाहते हैं...उस वक्त से सम्बन्धित जो कुछ जानकारी बची है, वह अब राष्ट्रीय अभिलेखागार में रखी है।”

सभी कार्यालयों ने मुझे केव स्थित अभिलेखागार में जाने की सलाह दी। यही सलाह मुझे सरकारी संप्रेषण के परमानेन्ट सचिव हॉवेल जेम्स ने भी दी थी।

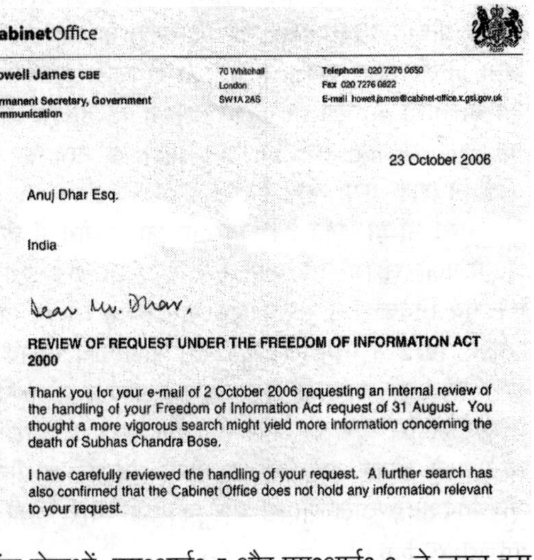

CabinetOffice

Howell James CBE
Permanent Secretary, Government Communication

70 Whitehall
London
SW1A 2AS

Telephone 020 7276 0650
Fax 020 7276 0822
E-mail howell.james@cabinet-office.x.gsi.gov.uk

23 October 2006

Anuj Dhar Esq.

India

Dear Mr. Dhar,

REVIEW OF REQUEST UNDER THE FREEDOM OF INFORMATION ACT 2000

Thank you for your e-mail of 2 October 2006 requesting an internal review of the handling of your Freedom of Information Act request of 31 August. You thought a more vigorous search might yield more information concerning the death of Subhas Chandra Bose.

I have carefully reviewed the handling of your request. A further search has also confirmed that the Cabinet Office does not hold any information relevant to your request.

नेताजी रहस्य प्रकरण ब्रिटेन के मित्र भारत के लिये एक संवेदनशील मसला है, इसलिये वहां की इण्टेलिजेंस सेवाओं, एम0आई0 5 और एम0आई0 6, ने जरुर इस पर ध्यान दिया होगा। लेकिन यह दोनो खुफिया विभाग ब्रिटेन के फ्रीडम ऑफ इन्फारमेशन अधिनियम के घेरे में नहीं आते। ऐसे में, भले ही इस अधिनियम के तहत मुझे मिले सारे जवाब सच रहे हों; पर इसमें कोई अचरज की बात नहीं अगर ब्रिटिश इण्टेलिजेंस एजेन्सियों के पास इस मामले में कुछ ऐसी जानकारी रखी हो, जो किसी से भी साझा न की गयी हो।

मिसाल के तौर पर, गॉय लिडेल द्वितीय विश्व युद्ध के दौरान एम0आई0 5 में

जवाबी–गुप्तचर अनुभाग के प्रमुख थे। इनकी प्रकाशित डायरियों में अफगानिस्तान में नेताजी पर काम करने वाले दो रुसी भेदियों को पकड़े जाने की बात कही गयी है। ये भेदिये, नेताजी की "मॉस्को यात्रा, और स्टालिन से उनकी भेंट को सहज बनाने का काम कर रहे थे।"[14]

अगर नेताजी की तथाकथित मृत्यु के बाद भी सी0आई0ए0, उनसे जुड़ी खबरें इकट्ठी करता रहा, तो क्या ऐसा हो सकता था कि ब्रिटिश लोग पीछे रह जाते?

खैर, सीधे सी0आई0ए0, और ब्रिटिश सरकार ने मुझे जो कोई भी जानकारी भेजी उससे मन खुश हो गया। जिस तरह से मेरी बातों और गुज़ारिशों का ख़्याल रखा गया था, यह तो मैं अपने ही देश की रॉ या इन्टेलिजेंस ब्यूरो से भी अपेक्षा नहीं रख सकता। इसका कारण यह है कि भारत मे इस तरह की कोई जानकारी गैर–वर्गीकृत की ही नहीं जाती। भारतीय इण्टेलिजेंस एजेन्सीयों से कोई भी नागरिक सूचना के अधिकार अधिनियम के तहत तब तक कोई जानकारी नहीं प्राप्त कर सकता, जब तक वह मुद्दा मानवाधिकारों से न जुड़ा हो।

हम जानते हैं कि गृह, विदेश मंत्रालयों और स्वयं प्रधानमंत्री कार्यालय के पास नेताजी से जुड़े तमाम दस्तावेज़ मौजूद हैं। ऐसे में क्या यह संभव है कि इण्टेलिजेंस ब्यूरो और रॉ के पास कुछ न हो? सन् 1947 के बाद इण्टेलिजेंस ब्यूरो ने इस मामले में बहुत कुछ खोजा और दर्ज किया था...उन रिकार्ड्स का आज न होना असंभव है। अगर सी0आई0ए0 बिना किसी खास वजह के नेताजी से जुड़ी अफवाहों के पीछे दौड़ सकती थी, तो फिर हम भारतीयों के पास तो काफी ठोस वजहें मौजूद थीं। शायद ही कोई आई0बी0 निदेशक यह खुलेआम कह सके कि सन् 1947 के बाद यह मुद्दा महत्त्वपूर्ण नहीं रहा! पर अगर कोई निदेशक ऐसा कह दे तो?

ऐसा भी हो चुका है। जब खोसला आयोग में तत्कालीन और सेवानिवृत्त अधिकारियों से 'नेताजी रहस्य' पर प्रश्न पूछे गये, तो कई झूठ सामने आये। इण्टेलिजेंस ब्यूरो के एक पूर्व निदेशक ने सफेद झूठ बोले। यह व्यक्ति और कोई नहीं—बी0एन0 मलिक थे। अगस्त 1972 में पूछताछ के दौरान भोलानाथ मलिक वाकई भोले बन बैठे!

भारत की आज़ादी के वक्त एक मध्य स्तर के पुलिस अफसर रहे मलिक सन् 1948 में इण्टेलिजेंस ब्यूरो के अपर निदेशक बने। दो सालों में ही वह निदेशक बन गये—और आने वाले चौदह वर्षों तक वह इसी पद पर आसीन रहे। उस वक्त रॉ नहीं होता था और विदेशी इण्टेलिजेंस भी ब्यूरो की जिम्मेदारी होती थी। आज, हर दो साल में निदेशक बदलते रहते हैं।

भारतीय इण्टेलिजेंस के प्रमुख की हैसियत से मलिक की मुलाकात पण्डित नेहरु से लगभग रोज़ ही होती थी—और वह नेहरु के सबसे करीबी राज़दारों में से एक थे। सेवानिवृत्ति के बाद वह देश के सुरक्षा सलाहकार रहे और सन् 1968 में वह आखिरकार सारी जिम्मेदारियों से निवृत्त हुये। इतने गहरे अनुभव के व्यक्ति को काफी जानकारी होनी चाहिये, पर पूछताछ के दौरान इनके जवाबों से लगा कि जब पूरा भारत नेताजी के रहस्य के पीछे दीवाना था—मानो मलिक इन सबसे अनजान किसी गुफा में अपनी

ज़िन्दगी व्यतीत कर रहे थे। आयोग के वकील टी0आर0 भसीन ने उनसे 'नेताजी रहस्य' पर बहुत कुछ पूछाः

भसीनः ऐसा कोई भी मुद्दा जो जन सामान्य के लिये संवेदनशील हो, या सामान्य जन जीवन को असामान्य बनाये, क्या आपके इण्टेलिजेंस विभाग की देखरेख में रहता है?

मलिकः जरुरी नहीं...जैसे मानिये महंगाई पर जनता संवेदनशील हो जाये तो हमें कोई फर्क नहीं पड़ता...पर हां, ऐसा कोई मसला जिससे देश की सुरक्षा पर असर पड़ सकता है वह ब्यूरो की जिम्मेदारी होता है।

भसीनः मैं आर्थिक पहलू की बात नहीं कर रहा था।

खोसला (बीच में रोककर): वह इसके बारे में पहले ही कह चुके हैं कि कोई भी संवेदनशील मुद्दा हानि पहुंचा सकता है—महंगाई उनमें से एक है।

भसीनः चतुर जवाब!

भसीनः आप जुलाई 1950 में ब्यूरो के निदेशक बने और उसी वक्त से नेताजी की तथाकथित मृत्यु का मुद्दा जनसाधारण को परेशान करता रहा—क्या यह सच है?

मलिकः हाँ!

भसीनः क्या ब्यूरो ने इस बारे में गौर किया?

मलिकः नहीं। मेरे पूरे कार्यकाल के दौरान मुझसे इस बारे में जिम्मेदारी संभालने को कभी नहीं कहा गया।

भसीनः क्या आप शॉलमारी बाबा के रहस्य को सुलझाने की कोशिश कर रहे थे?

मलिकः हमने ऐसी कोई कोशिश नहीं की...मैं अपने कार्यकाल की बात कर रहा हूँ।

भसीनः क्या स्वर्गीय पं0 नेहरु या सरकार ने कभी आपसे शॉलमारी बाबा के बारे में नहीं पूछा?

मलिकः जहां तक मुझे याद है, पं0 नेहरु ने मुझसे कभी ऐसा कोई सवाल नहीं किया।

भसीनः क्या, आपको अपने व्यक्तिगत स्तर पर यह मुद्दा महत्त्वपूर्ण नहीं लगा?

मलिकः जी नहीं।

SHRI B.N. MULLICK: We made no enquiries about the Baba of Sholmari. I am talking about my time.

SHRI T.R. BHASIN: Supposing if there was responsible statement made on the floor of the Parliament that Director of Intelligence has submitted report, that would be incorrect.

SHRI B.N.MULLICK: In my time, it would be incorrect.

Document obtained under the Right to Information

फारवर्ड ब्लॉक के वकील ए0पी0 चक्रवर्ती ने दूसरे शब्दों में यही सवाल किया। पर मलिक का जवाब वही था :

> **चक्रवर्ती**: शॉलमारी आश्रम घटना से पूरे उत्तर प्रदेश और बंगाल में बवाल मचा हुआ था...देश के अन्य राज्य भी अछूते नहीं थे...और आपको इन हालातों पर कभी कोई खबर नहीं मिली?
>
> **मलिक**: मुझे याद नहीं कि शॉलमारी आश्रम पर मुझे कोई रिपोर्ट मिली हो।[15]

लेकिन मलिक के इन सब जवाबों को झुठलाते सरकारी दस्तावेज़ कुछ और ही कहानी बयां करते है।

प्रधानमंत्री के मुख्य व्यक्तिगत सचिव, के0 राम, ने 23 मई 1963 को एक पत्र लिखा:

"संलग्न पत्र, प्रधानमंत्री द्वारा शॉलमारी आश्रम के सचिव श्री रमणी रंजन दास को लिखा गया है। इसे पढ़ने की कृपा करें और जरुरी पड़ताल के बाद प्रधानमंत्री की सूचनार्थ एक रिपोर्ट बनाकर भेजने का कष्ट करें।"[16]

12 जून 1963 को मलिक का जवाब, "टॉप सीक्रेट" बन कर के0 राम के पास पहुंचा। बंगाल सी0आई0डी0 की रिपोर्ट, साथ ही संलग्न थी...इसमें उस बदमाश का नाम था जिसने शारदानंद को मारने की कोशिश की थी।[17]

इस साधारण से पत्र को "टॉप सीक्रेट" बनाने की भला क्या जरुरत हो सकती है? यदि नेताजी का रहस्य, इतना ही महत्त्वहीन था कि सन् 1950 के बाद मलिक ने इस पर बात करना ही ठीक नहीं समझा तो इसे उच्चतम सुरक्षा श्रेणी में रखना कहां की समझदारी थी?

यह इसलिये था, क्योंकि नेताजी का मुद्दा, दरअसल, अति गोपनीय मुद्दा था...इसका विवरण किसी कचहरी, किसी आयोग या किसी और को नहीं दिया जा सकता था। अगर मलिक यह कहते कि ब्यूरो नेताजी की मृत्यु के बाद भी इस बात पर पड़ताल कर रहा है तो खुलेआम उस सरकारी वक्तव्य की बेइज्ज़ती होती जिसके मुताबिक, यह मसला सन् 1945 में ही ख़त्म हो गया था। इसीलिये, सन् 2000 तक यह पत्र "टॉप सीक्रेट" बना रहा—फिर वाजपेयी सरकार ने इसे "सीक्रेट" बना दिया।

7 सितम्बर 1963 को एक बार फिर से के0 राम ने मलिक को पत्र लिखा—जिसमें उनसे "टॉप सीक्रेट" पत्र के जरिये शॉलमारी मामले के बारे में जानकारी मांगी गयी।

"मुझे अभी इस बारे में किसी उत्तम चन्द्र मल्होत्रा का ख़त मिला है...मैं यह आपको भी भेज रहा हूं, ताकि आप शॉलमारी आश्रम के बारे में जरुरी पड़ताल कर सकें।"[18]

16 नवम्बर को मलिक ने जो पत्र लिखा, उसमें 5 मुख्य बिन्दु थे, जिनमें से आखिरी था:

> अपने पत्र में श्री मल्होत्रा ने प्रधानमंत्री से यह कहा है कि वह आधिकारिक तौर पर शॉलमारी साधु को नेताजी मान लें। यह बात सरासर झूठ है क्योंकि स्वयं शॉलमारी साधु नेताजी से अपना कोई नाता नहीं स्वीकारते। साथ ही, शॉलमारी आश्रम से प्रकाशित बंगाली लेख का अंग्रेजी अनुवाद संलग्न है। इसमें यह लिखा है कि शॉलमारी साधु सुभाष चन्द्र बोस नहीं हैं। इस बात से

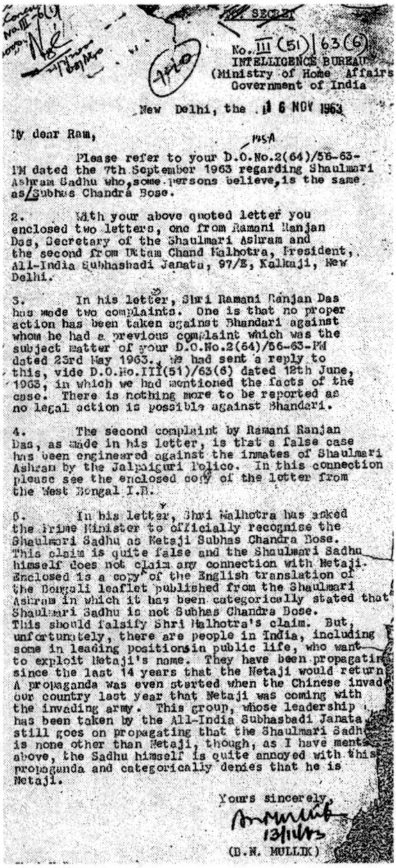
SECRET

No. III (51)/63(6)
INTELLIGENCE BUREAU
(Ministry of Home Affairs
Government of India

New Delhi, the 16 NOV 1963

My dear Ram,

Please refer to your D.O.No.2(64)/56-63-PM dated the 7th September 1963 regarding Shaulmari Ashram Sadhu who, some persons believe, is the same as Subhas Chandra Bose.

2. With your above quoted letter you enclosed two letters, one from Ramani Ranjan Das, Secretary of the Shaulmari Ashram and the second from Uttam Chand Malhotra, President, All-India Subhashadi Janata, 97/E, Kalkaji, New Delhi.

3. In his letter, Shri Ramani Ranjan Das has made two complaints. One is that no proper action has been taken against Bhandari against whom he had a previous complaint which was the subject matter of your D.O.No.2(64)/56-63-PM dated 23rd May 1963., We had sent a reply to this, vide D.O.No.III(51)/63(6) dated 12th June, 1963, in which we had mentioned the facts of the case. There is nothing more to be reported as no legal action is possible against Bhandari.

4. The second complaint by Ramani Ranjan Das, as made in his letter, is that a false case has been engineered against the inmates of Shaulmari Ashram by the Jalpaiguri Police. In this connection please see the enclosed copy of the letter from the West Bengal I.B.

5. In his letter, Shri Malhotra has asked the Prime Minister to officially recognise the Shaulmari Sadhu as Netaji Subhas Chandra Bose. This claim is quite false and the Shaulmari Sadhu himself does not claim any connection with Netaji. Enclosed is a copy of the English translation of the Bengali leaflet published from the Shaulmari Ashram in which it has been categorically stated that Shaulmari Sadhu is not Subhas Chandra Bose. This should falsify Shri Malhotra's claim. But, unfortunately, there are people in India, including some in leading positions in public life, who want to exploit Netaji's name. They have been propagatin[g] since the last 14 years that the Netaji would return. A propaganda was even started when the Chinese invad[ed] our country last year that Netaji was coming with the invading army. This group, whose leadership has been taken by the All-India Subhasbadi Janata, still goes on propagating that the Shaulmari Sadh[u] is none other than Netaji, though, as I have ment[ioned] above, the Sadhu himself is quite annoyed with this propaganda and categorically denies that he is Netaji.

Yours sincerely,
13/11/63
(B.N. MULLIK)

Document obtained under RTI Act

श्री मल्होत्रा का दावा झूठ सिद्ध होता है। पर दुर्भाग्य से भारत में दोनों ही प्रकार की ऐसी हस्तियां हैं जो नेताजी के नाम को भुनाने की पूरी कोशिश कर रहीं हैं। पिछले 14 वर्ष से यही लोग अफवाह उड़ा रहे हैं कि नेताजी लौट कर आयेंगे। पिछले वर्ष चीनी आक्रमण के दौरान भी यही बात फैलाई गयी कि नेताजी आक्रमण करने के लिये सेना के साथ आ रहे हैं।[19]

आई0 बी0 के सबसे छोटे स्तर का अधिकारी भी यह आराम से बता सकता है कि निदेशक द्वारा व्यक्तिगत तौर पर हस्ताक्षरित नोट बहुत सारे कागज़ों में से छांट कर बनाये जाते हैं। सो, जाहिर है कि मलिक के एक इस नोट के लिये, कई रिपोर्ट्स इस्तेमाल की गयी होंगी। मसलन, चीनी अफवाह की बात।

पूछताछ बढ़ने पर, मलिक ने खोसला आयोग को बताया कि शायद स्टेट इण्टेलिजेंस ने शॉलमारी मामले पर कुछ खोजबीन की हो. ..पर फिर भी क्योंकि यह देश की सुरक्षा की बात नहीं थी, इसीलिये, आई0बी0, से इसका कोई सम्बन्ध नहीं था।

पर वर्गीकृत दस्तावेजो के अनुसार ब्यूरो शॉलमारी साधु और आश्रम में लोगों पर पैनी नज़र लगाये हुए था।

अक्टूबर 1963 को इण्टेलिजेंस ब्यूरो ने पश्चिम बंगाल आई0बी0 के स्पेशल सुपरिन्टेण्डेन्ट ऑफ पुलिस को शॉलमारी साधु और उनके शिष्यों के खिलाफ दर्ज हुये एक आपराधिक मामले के बाबत एक मेमो भेजा। दूसरा मेमो [(नं0 6/डीजी/66(24), 17 सितम्बर 1966 को भेजा गया और 18 अक्टूबर 1966 को एक अन्य मेमो भेजा गया। इसके जवाब में लार्ड सिन्हा रोड, कलकत्ता शाखा ने ब्यूरो को बताया कि साधु शारदानंद शॉलमारी से उत्तर प्रदेश के लिये अप्रैल 1966 को ही निकल गया था।

18 दिसम्बर 1968 को देवेन्द्र सिंह (संयुक्त सहायक निदेशक, आई0बी0) ने एक गोपनीय मेमो के जरिये पश्चिम बंगाल आई0बी0 को यह बताया कि शारदानंद मध्य प्रदेश में छह महीने से रह रहे थे और साथ ही इस दौरान एक अजीबो–गरीब गुज़ारिश की:

> अगर आप हमें इस साधु के बारे में जानकारी दे पायें तो कृपा होगी। इसके साथ ही शॉलमारी आश्रम की अन्य गतिविधियों की सूची भी हमें भेजें।

पता नहीं इस समय “भारत की सुरक्षा” पर ऐसा कौन सा खतरा मंडरा रहा था कि ब्यूरो का ध्यान शॉलमारी साधु पर केन्द्रित हो गया...जबकि वह खुद जान बचाता एक से दूसरी जगह भागता फिर रहा था? और यही वह सवाल था जो खोसला आयोग ने सन् 1972 ब्यूरो के मुखिया आत्मा जयराम से कियो। पर जयराम भी इस बारे में ज्यादा कुछ नहीं बता पाये। उनके बयान से लगता है कि आई0बी0 इस मामले में कोई भी मदद नहीं देना चाहता था। न ही जयराम शॉलमारी घटनाक्रम के बारे में बता रहे थे...न ही नेताजी पर कोई खुलासा करने को तैयार थे...

> **भसीनः** क्या आपका विभाग नेताजी सुभाष चन्द्र बोस के बारे में खोजबीन करता रहा है?
>
> **जयरामः** आई0बी0 प्रमुख होने की हैसियत से मैं बस इतना कह सकता हूं, कि विभागीय संभावनाएं अथाह हैं...सरकार जो चाहती है वह हम करते हैं; पर मैं यह नहीं बता सकता कि हमारी कार्यसूची में क्या–क्या सम्मिलित है।

अब खोसला की बारी थीः

> जब से आप ब्यूरो प्रमुख बने हैं क्या आपसे प्रत्यक्ष या परोक्ष रुप से इस मामले में छानबीन करने के लिये कहा गया है?
>
> **जयरामः** जी नहीं!
>
> **खोसलाः** आपसे नहीं कहा गया...पर क्या आपने खुद अपनी इच्छा से ऐसा किया?
>
> **जयरामः** जी नहीं...अपने कार्यकाल में कभी नहीं।
>
> **खोसलाः** तो आपका कहना है कि ब्यूरो का नेताजी मुद्दे से लेना–देना ही नहीं!
>
> **जयरामः** मैं यह तो नहीं कह सकता...पर हां, जो कुछ हमारे पास था...सौंप दिया गया है।
>
> **खोसलाः** हमें फाईल नहीं, आपकी सकारात्मक मदद चाहिये...क्या आपके विभाग ने कभी इस मामले में कोई जांच की है?
>
> **जयरामः** इस बारे में मुझे कोई जानकारी नहीं।
>
> **खोसलाः** तो आपका कहना है कि शॉलमारी आश्रम के बाबा के बारे में आपके विभाग ने कभी कोई जांच की ही नहीं?
>
> **जयरामः** मैं आपको अपनी याददाश्त से बता रहा हूं...और जब हम ‘जांच’ कहते हैं, तो यह शब्द ‘पुलिस जांच’ की तरह इस्तेमाल नहीं करते।
>
> **खोसलाः** मैं केवल एक साधारण इंसान के स्तर पर यह सवाल कर रहा हूं।
>
> **जयरामः** पुलिस विभाग यह ‘जांच’ जरुर करेगा...पर यह पश्चिम बंगाल में होगा...जहां की सरकार हमें और केन्द्रीय सरकार को रिपोर्ट भेजेगी।
>
> **खोसलाः** तो कुछ जांच की गयी थी?
>
> **जयरामः** बिल्कुल।

इस बात से प्रेरित होकर भसीन ने जयराम से पूछा, “जब एक बार भारत सरकार ने शाहनवाज़ कमेटी की रिपोर्ट को मान कर यह स्वीकार कर लिया कि नेताजी की मृत्यु

हो चुकी है, तो फिर इण्टेलिजेंस विभाग उनके जीवित या मृत होने की हर खबर पर क्यों उछल पड़ता है?"

> **जयराम**: हम हर खबर को महत्त्व नहीं देते...सरकार हम से इस बारे में कुछ नहीं कहती...यह हमारे ऊपर निर्भर करता है।[20]

भारत के लिये इतने महत्त्वपूर्ण मुद्दे को छिपाने वाली संस्था खुद देश की सुरक्षा करने वाली आई0बी0 हो—यह कहते हुये मुझे शर्म आ रही है। ब्यूरो के कामकाजी एवं सेवानिवृत्त लोगों ने कमेटी व आयोग से झूठ बोले और एक बेहद महत्त्वपूर्ण रिकार्ड में इस कदर फेर–बदल किये कि हवाई दुर्घटना की बात सच साबित हो सके। जब जयराम ने यह कहा कि, "हमारे पास जो था...वह हम सौंप चुके हैं" तो बात दरअसल सन् 1945–46 की उन रिपोर्ट्स के सारांश की चल रही थी, जो खुद मलिक ने शाहनवाज को बना कर भेजा था।

इस सारांश पर पहली रिपोर्ट फिने ने लिखी थी। यह रिपोर्ट, 3 पन्नों की थी, जिसमें दस बिन्दु थे—और इसकी तारीख थी 5 सितम्बर 1945.

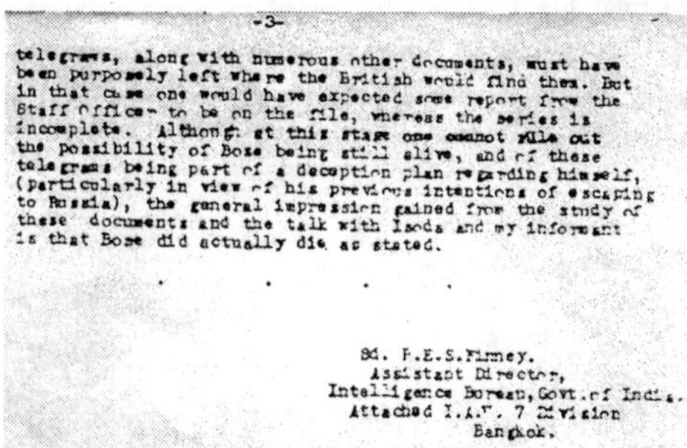

-3-

telegrams, along with numerous other documents, must have been purposely left where the British would find them. But in that case one would have expected some report from the Staff Officer to be on the file, whereas the series is incomplete. Although at this stage one cannot rule out the possibility of Bose being still alive, and of these telegrams being part of a deception plan regarding himself, (particularly in view of his previous intentions of escaping to Russia), the general impression gained from the study of these documents and the talk with Isoda and my informant is that Bose did actually die as stated.

. . . .

Sd. F.E.S. Finney.
Assistant Director,
Intelligence Bureau, Govt. of India.
Attached I.A.F. 7 Division
Bangkok.

Document obtained in public interest

शाहनवाज़ और खोसला—दोनों ही ने इस रिपोर्ट को यह साबित करने के लिये इस्तेमाल किया था कि अंग्रेजो के जमाने में इण्टेलिजेंस जो भी जांच भी, वह दिखाती थी कि नेताजी की मृत्यु ताइवान में हो गई थी। खोसला ने तो इस रिपोर्ट को अपना साक्ष्य बनाया—ऊपर तस्वीर में यही साक्ष्य—6 ए दिखाया गया है।

पर यह दावा झूठा था—क्योंकि 5 सितम्बर को फिने की रिपोर्ट में कुछ और भी कहा गया था। खोसला कमीशन रिपोर्ट–साक्ष्य 6 ए के आगे 4 सितारे बने थे, जो किसी बात के न होने या मिटाये जाने का संकेत थे। खोसला और शाहनवाज़ दोनों ही जानते थे कि दरअसल मिटाई जानेवाले तथ्य क्या थे'। रक्षा मंत्रालय की फाइल आई0एन0ए0 273—जिसमें फिने की मूल रिपोर्ट की प्रति थी—उन्हें दिखाई गयी थी। इसको पढ़ने से साफ हो जाता कि फिने ने एक ऐसी आम धारणा दी थी कि दुर्घटना हो चुकी थी। पर उन्होंने यह भी कहा था कि आगे इस मामले में जांच जरुरी थी, ताकि "किसी तरीके से एक नतीजे पर पहुंचा जा सके।" वह खुद यह जानते थे कि इस मामले में जांच एक लम्बा वक्त लेने वाली थी। फाईल आई0एन0ए0–273 राष्ट्रीय अभिलेखागार में अब आम

निरीक्षण के लिये मौजूद है।

whereas the series is incomplete. Although at this stage one cannot rule out the possibility of Bose being still alive, and of these telegrams being part of a deception plan regarding himself, (particularly in view of his previous intentions of escaping to Russia), the general impression gained from the study of these documents and the talk with Isoda and my informant is that Bose did actually die as stated.

11. The following line of investigation is suggested :
(a) tracing and examining of staff officer TADA in Japan.
(b) examination of Swami in Penang.
(c) Further examination in detail of Lieut.Gen.Isoda.
(d) examination of Hikari personnel in Saigon.
(e) search of Hikari documents in Saigon.
(f) examination of Chief-of-Staff or other staff-officers of Southern Army in Saigon who know about these telegrams.
(g) tracing and examination of Col. Habibur Rahman.
(h) search of photographs, remains or ashes, etc. of Bose in Saigon, where they may have been sent, or in Tokyo.

12. Considerable time is being spent on these enquiries, and it is therefore requested that any conclusive information, one way or the other, should be circulated as soon as possible.

Sd/-
Asst. Director,
Intelligence Bureau,
Govt. of India,
attached I.A.U.
7 Divn.
Bangkok.

National Archives, New Delhi

फाइल आई0एन0ए0–273 की समीक्षा के बाद खोसला का कारनामा वाकई आंखें खोल देने वाला है। इस फाइल में नेताजी के रुस में होने की संभावना को भी शामिल किया गया था। लेकिन खोसला ने इस फाइल को ही बेकार करार दे डाला। उनके इसमे लगाए गए एक नोट के अनुसार, "इस फाइल में ऐसा कुछ नहीं, जो जांच में हमारी मदद कर सके।"[21] यह नोट "गोपनीय" था। साधारणतः जज वर्गीकृत रिकार्ड नहीं बनाते। यह काम केवल सरकारी नौकरों का है। ऐसा करना दर्शाता है कि खोसला के इरादे क्या थे।

और तो और, अन्य ब्यूरो कर्मचारियों ने भी अपने झूठे बयानों से इस गलत साक्ष्य को सही ठहराने में कोई कोर–कसर नहीं छोड़ी। एच0के0 रॉय फिने–डेविस टीम के साथ इन्स्पेक्टर की हैसियत से जुड़े थे। इन्होंने शाहनवाज़ कमेटी को बताया कि फिने की रिपोर्ट के मुताबिक यह "तय था कि नेताजी की मृत्यु हो गयी थी।" बी0एन0 मलिक ने भी आयोग के सामने झूठ पर झूठ बोले। उदाहरण के लिये, उन्होंने बताया कि उन्होंने पण्डित नेहरु से नेताजी के बारे में केवल एक बार ही बात की थी। यह थी सन् 1950–51 में; और इसी समय सन् 1947 पूर्व की रिपोर्ट्स पढ़ कर यह नतीजा निकालाः

> नेताजी के बारे में लगातार उठ रहे बवालों ने मुझे प्रेरित किया कि मैं इण्टेलिजेंस ब्यूरो की रिपोर्ट को देखूं। यह रिपोर्ट्स स्वतंत्रता पूर्व बनाई

> गयी थी और इनको पढ़ने से जाहिर था कि उस वक्त ब्यूरो इसी नतीजे पर पहुंचा था कि नेताजी विमान दुर्घटना के चलते ही मृत हुये थे। सो, मैंने पण्डित नेहरु को इन रिपोर्ट्स और नेताजी की बाबत उठ रहे बवालों–सवालों से अवगत कराया था। उन्होंने मुझसे कहा कि उन्हें सारी बातें पहले से ही पता थीं...पर शरत् चन्द्र बोस ने उनसे गुज़ारिश की थी कि वह इन्हें आम न करें...क्योंकि ऐसा करने पर पारिवारिक उलझनें बढ़ सकती थीं।[22]

सन् 1950 में जब शरत् बोस की मृत्यु हुयी तो वह यही मानते थे कि उनके भाई जिंदा हैं। नेहरु के झूठ को पकड़ना बहुत आसान था—पर मुसीबत थी कि ब्यूरो निदेशक मलिक भी उन्हीं के साथ थे। कलपदा डे भी फिने की टीम में इन्स्पेक्टर रहे थे। खोसला आयोग ने इनसे भी पूछताछ की, और सबूतों को ताईहोकू में हुयी हवाई दुर्घटना को सही दिखाने के लिये इस्तेमाल किया। "गवाह के मुताबिक पुलिस रिपोर्ट का सार यह था कि नेताजी की मृत्यु 18 अगस्त को ताईहोकू में हुयी दुर्घटना में ही हुयी थी...यह आयोग को मिली रिपोर्ट में भी साफ है।"[23] इशारा फिने की रिपोर्ट की ओर था। खोसला की ही मेहरबानी थी कि अन्य रिपोर्ट्स, जिसमें सन् 1946 में हबीब–उर–रहमान और जे0के0 भोंसले से हुयी पूछताछ दर्ज थी, कभी गैर–सरकारी वकीलों तक पहुंची ही नहीं।

इधर जस्टिस मुखर्जी की प्रक्रिया सीधी–सादी थी। इन्होंने उन सभी मंत्रालयों और संस्थाओं से बात की, जो शपथ–पत्रों के जरिये नेताजी सम्बन्धित दस्तावेज़ों पर अपने नजरिये या जानकारी दे सकते थे। रॉ ने खुद तो कोई हलफनामा दाखिल नहीं किया, पर गृह मंत्रालय ने इसकी ओर से यह जरुर कहा कि रॉ के पास नेताजी सम्बन्धित कोई रिकार्ड्स नहीं थे। आई0बी0 के संयुक्त निदेशक ने कुछ देर पर हलफनामा दाखिल किया। इस पर "गोपनीय" की मोहर लगी थी, और इसके साथ पूर्व पैनलों को दिये गये सारांश भी संलग्न थे। निदेशक के अनुसार ब्यूरो के पास नेताजी सम्बन्धित करीब 76 फाइलें और मौजूद थीं। नीचे दी गयी सूची कागज़ों के रुप में उपलब्ध फाइलों की हैं।

17/DG/83	Netaji Subhash Chandra Bose	A note on Hemendra Nath Pandit, Journalist, Calcutta. He made a request to examine the contents of two suit cases of Subhash Chandra Bose.
15/D/87(13)	Enquiry relating to Subhash Chandra Bose	Regarding exploitation of Netaji's name by political leaders and others.
32/DM/88	Demand for bringing back the ashes of Subhash Chandra Bose from Japan to India.	Demand for bringing back the ashes of Subhash Chandra Bose from Japan to India.
32/DM/90	Enquiry relating to Subhash Chandra Bose.	Regarding a memorandum from Keshav Prasad Sharma, General Secy, Indian Revolutionary Socialist Party(M), Allahabad on the subject.
IV/6(395)/93	Subhash Chandra Bose	Controversy regarding bringing of Netaji's ashes to India from Japan.

Document obtained under the Right to Information

जबकि माइक्रोफिल्म पर कुछ फाइलें यह हैं:

पॉलिसी ऑफ सेन्ट्रल गवर्नमेन्ट रिगार्डिंग री–इम्प्लायमेन्ट ऑफ आई0एन0ए0

पर्सनल इन पब्लिक सर्विस (1947)

रिपोर्ट अड्रेस्ड टू कम्बाइन्ड इन्टर सर्विस हिस्टारिकल सेक्शन रिगार्डिंग नॉन–अवेलबिलिटि ऑफ फोटोग्राफ्स ऑफ द रिमेन्स ऑफ एस0सी0 बोस (1950)

शरत चन्द्र बोस ऐलिगेशन अगेन्स्ट इण्डियन इम्बैसी। (1962)

आई0एन0ए0 पेपर्स रिलीस्ड इन 1961 बाय ए फारमर ज्वाइंट डायरेक्टर, लाइक नोट ऑन लाइफ एण्ड एक्टिविटीज़ ऑफ बोस इत्यादि।

शायद ब्यूरो के पास आयोग को दिये गये दस्तावेज़ों से भी अधिक काग़ज़ात हैं। पूर्व ब्यूरो उप निदेशक वी0के0 कौल ने मुझे बताया था कि जब वह एक युवा अधिकारी थे, तब उन्होने जे0के0 भोंसले की जासूसी की और नेताजी की मृत्यु के बारे में उनके विचारों को जानकर एक रिपोर्ट बनाकर बी0एन0 मलिक को दी। एक लिखित बयान में कौल ने कहा "यह उच्चतम अधिकारियों द्वारा देखी गयी और मुझे फाइलिंग के लिये लौटा दी गयी...आज भी यह कहीं पुरानी फाइलों में हो सकती है।"[24] लेकिन यह रिर्पोट अब कहीं नहीं हैं।

और सबसे हैरानी की बात तो यह कि ब्यूरो के जितने लोगों ने शाहनवाज़ कमेटी और खोसला आयोग को अपने बयान दिये—उनमें से किसी ने भी नेताजी की मृत्यु के बारे में सबसे अधिक जानकारी रखने वाले भारतीय अफसर का नाम तक नहीं लिया। यह थे 'रॉय बहादुर' बख्शी बदरीनाथ। डे, रॉय, प्रीतम सिंह और नगीना सिंह–यह सभी फिने–डेविस टीम में इन्स्पेक्टर थे...केवल रॉय बदरीनाथ ही थे, जो उच्च स्तरीय भारतीय अधिकारी रहे थे। वह बी0एन0 मलिक के विश्वसनीय व्यक्ति थे, और मलिक ने उन्हें कई बार सीक्रेट मिशन्स पर कश्मीर भेजा था। बदरीनाथ के सबसे बड़े पुत्र सेवानिवृत्त एयर वाइस मार्शल कुलदीप बख्शी ने मुझे श्री मलिक का हस्ताक्षरित एक प्रमाण–पत्र दिखाया, जिसमें यह लिखा था कि बदरीनाथ ने नेताजी की गुमशुदगी मामले पर काम किया था—यह बात सन् 1941 की थी। उस वक्त मैं उस काग़ज़ की अहमियत को समझ न सका, और उसकी एक प्रति अपने साथ न रखने की भूल कर बैठा। लेकिन मैंने बदरीनाथ की व्यक्तिगत डायरियों की प्रतियां बनवा कर रख लीं। इन डायरियों में बदरीनाथ की पड़ताल के बारे में महत्त्वपूर्ण बिन्दु दर्ज थे। कुलदीप बख्शी के अनुसार उनके पिताजी ने एक 'मोटी रिपोर्ट' बनाकर जमा की थी...पर आज की तारीख में बदरीनाथ का केवल एक छोटा सा हवाला मिलता है। यह भी राष्ट्रीय अभिलेखागार की उस फाइल में है जिसे खोसला ने सारे गैर सरकारी वकीलों से छिपा कर रखा था—और जो मुखर्जी आयोग को कभी मिली ही नहीं। केवल ब्यूरो ही बता सकता है, कि बदरीनाथ के बाकी रिकार्ड कहां थे। कुलदीप बख्शी के मुताबिक उनके पिता स्वतंत्रता के बाद भी

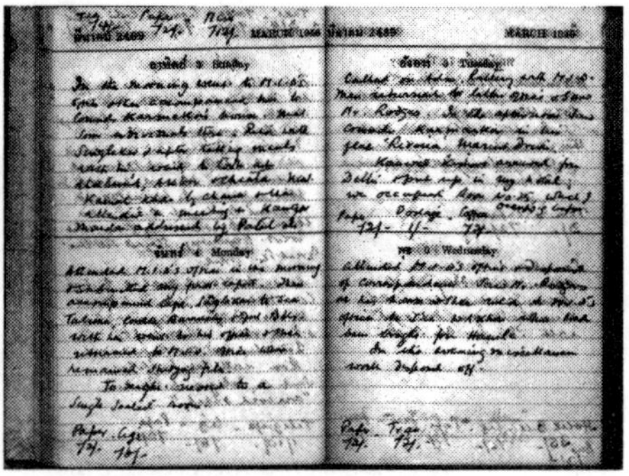

बदरीनाथ की व्यक्तिगत डायरी

अपने पुराने सहकर्मियों से मिलते–जुलते रहे थे। बदरीनाथ के छोटे बेटे भी ब्यूरो में ही कार्यरत थे—ऐसे में बदरीनाथ को खोजना और इस बारे में पूछताछ करना मुश्किल नहीं था। बदरीनाथ का निधन सन् 1985 में हुआ।

23 नवम्बर 2000 को मुखर्जी आयोग को दिया बरुण सेनगुप्ता का बयान मुझे याद है। इसमें कहा गया था कि उन्होंने खुद सन् 1970 में दिल्ली के "एक ब्यूरो अधिकारी के पास एक रिपोर्ट देखी" थी। अन्य पत्रकारों की तरह उन्होंने भी इस जानकारी का उद्गम छिपा लिया था, पर इस रिपोर्ट में रहमान की "एक ब्रिटिश इन्टेलिजेंस अफसर से कही गई यह बात थी कि वह नेताजी के साथ उस विमान में ही नहीं थे जो दुर्घटनाग्रस्त हुआ।" यह रिपोर्ट अब है कहां??

रॉ एवं ब्यूरो के कागज़ात सूचना के अधिकार के तहत प्राप्य नहीं हैं। पर सन् 2006 में मैंने प्रधानमंत्री कार्यालय को एक अर्जी यह पूछते हुये भेजी कि क्या उनके व रॉ के पास नेताजी सम्बन्धी वर्गीकृत जानकारी है? खुशकिस्मती से रॉ ने जवाब दिया कि उनके "पास नेताजी से सबंधित कोई जानकारी नहीं है।"

पर शक की गुंजाइश अभी बाकी थी। यह सुनी सुनाई बात नहीं थी, बल्कि 18 मार्च 1994 को गृह मंत्रालय के एक स्पेशल सचिव ने रॉ के मुखिया को एक ख़त लिखा जिसमें रुसी मीडिया में वर्गीकृत के0जी0बी0 रिकार्ड्स के आधार पर नेताजी के बारे में हुये खुलासों की बात थी।

Document originating from Cabinet Secretariat (R&AW)

Sl. No/ Page No.	File No.	Details of documents
1. 95/c	No.I/12014/27/93-IS(D.III)	Cabinet Secretariat (R&AW)'s UO No.11/1/94-IC-2829 dated 25.3.1994 regarding articles published in 'Asia and Africa Today' on Netaji Subhas Chandra Bose- summary of two Articles published in the September-October, 1993 issues.

(KAMAL PANDE)
Home Secretary
Government of India
New Delhi.

रॉ का यह कहना कि उनके पास नेताजी से सबंधित कोई जानकारी नहीं है शायद सच नहीं था।

हर भारतीय की तरह मुझे भी अपने देश की सुरक्षा एजेन्सियों पर नाज़ है। मैं यह भी मानता हूं कि गोपनीयता देशहित में वांछनीय है। पर नेताजी के बारे में अपने ही लोगों से लुका–छिपी क्यों?

8

रुस में नेताजीः एक अनसुलझा रहस्य

चौदह साल पहले एक समाचार पत्र में छपे एक लेख को पढ़कर मैं भौंचक्का रह गया था। इसके अनुसार नेताजी रुस में थे और मॉस्को में एक भारतीय राजनयिक की उनसे मुलाकात भी हुयी थी। आगे लिखा था कि नेताजी रुस में कम से कम पाँच साल तक जीवित रहे।[1]

लेख मे नेताजी की गुमशुदगी के पीछे नेहरु का हाथ दिखाया गया था। साथ ही, नब्बे के दशक में इस मामले को ढंकने के लिये प्रणब मुखर्जी का नाम लिया गया था। यह सब पढ़कर मेरे मन में बस यही ख्याल आयाः "ईश्वर न करे यह सच हो।"

चलिये, अटकलें छोड़ तथ्यों पर नज़र डालते हैं। सूचना के सारे माध्यम हमें यह ठोस तौर पर बताते हैं कि अपनी गुमशुदगी से पहले नेताजी रुस जाना चाहते थे।

इस योजना की शुरुआती जानकारी सबसे पहले अक्टूबर 1944 में लगी। शाहनवाज़ कमेटी की रिपोर्ट के मुताबिक नेताजी इसी दौरान "तीसरी और आखिरी बार नयी जापानी सरकार से कुछ जरुरी मुद्दों पर बात करने टोक्यो गये।"[2] सी0एस0डी0आई0सी0 के सामने दिये बयान में आनंद मोहन सहाय ने बताया कि सन् 1944 के अन्त या सन् 1945 की शुरुआत में जब वह जापानी विदेश मंत्री शिगेमित्सु उनके मातहत गायमुशो में भारतीय प्रभाग के मुखिया से मिले तो उन्हें बताया गया कि "टोक्यो में हुये उनके पिछले

और आखिरी दौरे में श्री बोस ने रुसी राजनयिक से मिलने की इच्छा जताई तो थी, पर जापानी सहयोग न होने के कारण वह ऐसा नहीं कर सके थे।" बाद में नेताजी ने खुद सहाय को बताया कि उन्होंने "जापानी सैन्य मुखियाओं से यह कहा था कि वह मन्चूरिया के रास्ते उनके रुस पहुंचने का इन्तज़ाम करवायें।"[3]

लेकिन शाहनवाज़ कमेटी की रिपोर्ट के अनुसार, जापानी सहयोग से रुस पहुंचने की नेताजी की योजना को सन् 1945 में झटका लगा था। देबनाथ दास के हवाले से मिले एक काग़ज़ के अनुसार, जापानी सरकार की "श्री बोस के लिये सोवियत सरकार से होने वाली कोई भी बातचीत या सम्पर्क की कोशिश विफल ही होनी थी, इसलिये जापानी सरकार इस दिशा में कोई कदम उठाना चाहती ही नहीं थी।"[4]

जून में मिले इस झटके के बाद, नेताजी और जापानियों के बीच आगे क्या बातचीत हुयी, इस बारे में दास को कोई जानकारी नहीं थी। इस बातचीत में एक ऐसा जापानी अफसर भी था, जो खोसला आयोग का गवाह बनाः मोरियो ताकाकुरा ने कहा कि जून 1945 में नेताजी, तेराऊची और इसोदा के बीच बैंकाक में हुयी बैठक में नेताजी की ओर से जापान सरकार के रुस के साथ सम्पर्क साधने की विवशता को लेकर चर्चा हुयी। सन् 1945 में कर्नल रहे ताकाकुरा के अनुसार इस बैठक का निष्कर्ष थाः

> जापानी सेना का यह सोचना था कि श्री चन्द्र बोस को किसी ऐसी जगह जाना चाहिये, जहां उन्हें अधिक स्वतंत्रता प्राप्त हो...जैसे सोवियत मन्चूरिया सीमा...टोक्यो मुख्यालय ने दायरन के रास्ते रुस जाने के श्री बोस की योजना को स्वीकृति दी और जनरल शिदई से उनके साथ जाने को कहा।[5]

ताकाकुरा की बात को इसोदा ने सत्य ठहराया। उन्होंने इस बात की पुष्टि की कि 16 अगस्त 1945 को उन्होंने श्री बोस के साथ बैठकर उनकी मन्चूरिया यात्रा की योजना पर बातचीत की थी। उन्होंने जस्टिस खोसला को बताया कि वह अपनी जंग जारी रखने के लिए रुस जाना चाहते थे।

बलराज त्रिखा की इसोदा के साथ हुयी जिरह में जापानी इरादे की "छुपम–छुपाई" सामने आयीः

> "आप चाहते थे कि मित्र–राष्ट्रों से छिपने के लिये नेताजी जल्दी से जल्दी किसी सुरक्षित स्थान पर चले जायें।"
> "हाँ! मैंने उन्हें यही सलाह दी थी।"
> "और बैंकाक से रुस जाने की उनकी योजना को अति गोपनीय रखा गया।"
> "जी! अति गोपनीय!"[6]

16 अगस्त की बैंकाक बैठक के बारे में दो भारतीय जानते थेः यह थे, हबीब–उर–रहमान और नेताजी के व्यक्तिगत सचिव मेजर भास्करन मेनन। भास्करन ने खोसला आयोग को यह बताया कि नेताजी ने सोवियत रुस को एक "सीक्रेट" संदेश भेजा था। जाहिर है, यह काम बिना रुसियों से कोई परिचय रहे नहीं हो सकता था। करीबन तीस साल बाद, चेन्नई में भास्करन ने मुर्खजी आयोग के एक अधिकारी के सामने यह स्वीकार किया कि "अप्रैल 1945 से लेकर, श्री बोस और जनरल इसोदा की कई बैठकें हुयीं, जिनमें नेताजी

की मन्चूरिया के रास्ते रुस जाने की योजनाओं पर विचार–विमर्श होता रहा था।"[7]

मृत्युशैय्या पर आसीन मेनन ने जी0डी0 खोसला को दिये अपने बयान की एक बार फिर पुष्टि की। उन्होंने यह भी बताया कि बैंकाक में हुयी बैठक के बाद नेताजी इस कदर विचलित दिखे, जितना वह पहले कभी नहीं रहे। मेनन के अनुसार वह पूरी रात जागते रहे और निर्देश देते रहे—मानो वह उनका आखिरी दिन हो। और इन्हीं निर्देशों में एक ऐसा संदेश था जिसका मतलब मेनन को बाद में समझ में आने वाला था:

> मैं अपनी विमान यात्रा की पूर्व संध्या पर आपको यह संदेश लिख रहा हूँ।
> ...कौन जाने मेरे साथ कोई दुर्घटना ना हो जाये।[8]

मेनन की ही तरह कर्नल प्रीतम सिंह भी सभी आयोगों के गवाह बने और सन् 2010 में अपनी मृत्यु पूर्व तक वह अपने बयानों पर कायम रहे। उनका मानना था कि "विमान दुर्घटना की बात दरअसल नेताजी को जापानी सहायता से की जा रही रुसी यात्रा को ढांकने का एक प्रयास थी" और यह विश्वास रहमान और जापान के इन्टेलिजेंस अधिकारियों के साथ हुयी उनकी बातचीत पर आधारित था। कर्नल सिंह 17 अगस्त तक नेताजी के साथ रहे थे और उनके साथ सोवियत रुस भी जाने वाले थे। उन्होंने मुखर्जी आयोग को बताया कि एक दिन पहले ही नेताजी ने उन्हें यह बताया था कि जापानी विदेश मंत्री के साथ उनकी बातचीत बेहद सफल रही और रुसी लोग अपनी धरती पर उनके स्वागत हेतु तत्पर थे।

> उसके बाद उन्होंने मुझे बताया कि रुसी लोगों से सम्पर्क साधा जा चुका था और हमें उसी दिशा में बढ़ना चाहिये। उन्होंने मुझसे यह भी कहा कि इन हालातों में पूरी दुनिया के हालातों के मद्देनज़र हमें करीबन दस सालों तक भारत से बाहर रहना पड़ सकता था।[9]

जहाँ तक नेताजी को रुस भेजने में जापानी सेना के अपने फायदे का प्रश्न था, तो हिकारी किकन के अनुवादक किन्जी वतनबे ने 1945 में पी0इ0एस0 फिनै से कहा:

> श्री बोस का मुख्य बिन्दु था: "ब्रिटेन हमारा आम दुश्मन है। इसे ध्वस्त करने के लिये जापान और प्रॉविजिनल सरकार को एक–दूसरे की हर संभव मदद करनी चाहिये। इसलिये मैं टोक्यो से यह अपील करता हूँ कि वह मेरे रुस पहुंचने का एक माध्यम बने। रुसी राजनयिक से मेरी बातचीत होने भर का प्रश्न है—मुझे यह विश्वास है कि मैं रुस को हमारी आज़ादी की लड़ाई में मदद करने के लिये राज़ी कर पाऊँगा। साथ ही, मैं जापान और रुस के आपसी सम्बन्धों को सुधारने की दिशा में भी प्रयासरत रहूंगा। इससे मन्चूरिया की ओर फैली मुसीबत से जापान को निजात मिल सकती है। यह एक तीर से दो निशाने हो सकते हैं। ज्यादा से ज्यादा मैं असफल हो कर शर्मिन्दा हो जाऊँगा—इससे ज्यादा बुरा और कुछ नहीं हो सकता। मैं एक क्रान्तिकारी सरकार का मुखिया ही तो हूँ।"[10]

नेताजी के रुस जाने पर सारे सबूतों पर जी0डी0 खोसला और मुखर्जी ने बिल्कुल अलग और एक–दूसरे से उलट प्रतिक्रियायें दीं। खोसला का कहना था कि "नेताजी ने

रुसी सहानुभूति और मदद की दरकार तो रखी” पर वह इस स्थिति में सबसे महत्त्वपूर्ण बिन्दु को ही भूल बैठेः

> वह अभी भी यह नहीं जानते थे कि वह क्या करना चाहते थे या उन परिस्थितियों में कौन सा कदम सबसे अच्छा कदम होता। जापानियों के साथ आत्मसमर्पण के बेकार विकल्प को टालने के बाद उनकी सारी योजनायें बहुत धुंधली थीं...और शायद जापानी आत्मसमर्पण की सूरत में ऐसा होना लाजमी भी था।[11]

दूसरी तरफ जस्टिस मुखर्जी ने इस बात को अलग ही तरह से समझाः

> यह स्थापित सत्य है कि किसी भी गोपनीय योजना के क्रियान्वयन या सोच से जुड़ी कोई भी बात सपाट सबूतों के द्वारा से साबित नहीं की जा सकती—जब तक उस योजना को जानने वाला कोई व्यक्ति इस बारे में किसी को कोई जानकारी न दे दे। इसलिये, उस वक्त के सबूतों, और योजना बनाने वाले लोगों के कामों और बातों का लेखा–जोखा, हमें कुछ महत्त्वपूर्ण बातें बता सकता है...[12]

जस्टिस मुखर्जी को नेताजी की “रुस योजना” के बहुत सारे सबूत दिखाई पड़ रहे थे।

और जैसा कि हम जानते हैं—जस्टिस मुखर्जी की रिपोर्ट सरकार ने यह कह कर खारिज कर दी कि ऐसी कोई योजना दरअसल कभी बनी ही नहीं थी। वह यह सोच ही नहीं पा रही थी कि वह जापानी, जो खोसला की रिपोर्ट के अनुसार नेताजी का ‘इस्तेमाल’ कर रहे थे, उनके लिये वाकई ऐसा कुछ कर सकते थे या नेताजी स्वयं उस स्तर की किसी योजना को साकार करने लायक थे। शायद इसीलिये भारत सरकार ने इस बारे में रुसी लोगों से कभी कोई खास पूछताछ करना ठीक नहीं समझा जबकि यही केवल इकलौता तरीका था यह जानने का कि 18 अगस्त 1945 के बाद क्या नेताजी वाकई रुस में थे!

सरकार की यह उदासीनता हमें और अच्छी तरह से समझ में आ सकती है, यदि हम नेताजी की ‘घटना’ की तुलना रॉल वॉलेनबर्ग के साथ हुये हादसे के साथ करें। वॉलेनबर्ग एक बेहद कम उम्र स्वीडिश राजनयिक थे, जिन्होंने सन् 1944 में हंगरी के कई यहूदी लोगों को नाजी चंगुल से बचाया था। जनवरी 1945 में वह बुडापेस्ट से गायब हो गये थे। पहले यह कहा गया कि उनकी मृत्यु हो चुकी है और फिर उन्हें रेड आर्मी द्वारा अपहृत बताया गया। ठीक नेताजी की ही तरह उनके सोवियत रुस में होने की खबर भी काफी गर्म हुयी। नेताजी के परिवार की ही तरह वॉलेनबर्ग के नामी–गिरामी परिवार ने भी पूरी खोजबीन करने की कोशिश की। और इस तलाश का सबसे बड़ा बीड़ा उठाया था रॉल की माँ मैज वॉन दारदल ने जिन्होंने स्वीडन सरकार से इस बारे में बात की।

बस यहीं से इन दोनों मामलों में फर्क दिखना शुरु होता है; क्योंकि भारत सरकार के ठीक उलट स्वीडन की सरकार ने भरपूर मदद का आश्वासन दिया।

जैसे ही उन्हें बताया गया कि वॉलेनबर्ग रुस में हो सकते हैं उन्होंने तुरन्त सोवियत लोगों से सम्पर्क साधा। सन् 1945 से 1947 के मध्य तकरीबन आठ लिखित और पाँच मौखिक तरीकों से स्वीडन की सरकार ने वॉलेनबर्ग के बारे में पड़ताल की। गौरतलब

है कि स्वीडिश लोगों के सोवियत रुस से इतने अच्छे सम्बन्ध कभी नहीं रहे, जितने हम भारतीयों के। इसके बावजूद उन्होंने सच को ढूंढ़ने में कोई कसर नहीं छोड़ी।

स्टालिन के बाद के काल में भारत सोवियत ब्लॉक का हिस्सा रहा। इस वक्त शायद ही कोई ऐसा मुद्दा रहा हो, जिस पर हमने अपने सोवियत दोस्तों से बातचीत न की हो—पर एक नेताजी का ही मामला था जिसे दूर–दूर से भी छुआ नहीं गया।

मार्च 1945 में मॉस्को में स्वीडिश लोगों से यह कहा गया कि वे अत्यधिक तत्परता से रुसी लोगों से वॉलेनबर्ग के बारे में उड़ी अफवाहों की छानबीन करें। अप्रैल में इन लोगों को निर्देश हुये कि वे रुसी लोगों से "गहरी पड़ताल"[13] की प्रार्थना करें। आज की तारीख में शोधकर्ताओं का मानना है कि अगर उस वक्त स्वीडन के मॉस्को स्थित राजनयिक ने थोड़ी मुस्तैदी दिखाई होती तो वॉलेनबर्ग को बचाया जा सकता था। पर सोवियत लोग यह कहते रहे कि उन्हें वॉलेनबर्ग के बारे में कुछ नहीं पता और राजनयिक स्टफान सौदरब्लाम ने चुपचाप इस बात को सत्य मान लिया। उन्होंने यहां तक लिख दियाः "रुसी लोग अपने सामर्थ्यानुसार सब कुछ कर रहे हैं।"[14] "मुझे खेद है, कि सब कुछ करने के बावजूद रुसी लोग इस बारे में कुछ भी कह सकने की स्थिति में नहीं हैं।" उन्होंने यह भी कहा, "शायद रॉल वॉलेनबर्ग किसी दुर्घटना का शिकार हो गये हों।" उनका दिमाग शंकाओं का अड्डा था, और वॉलेनबर्ग की माताजी की सारी कोशिशें उनकी नज़र में "ताकत और सेहत की बर्बादी थी।"[15]

भारत में सुभाष के बारे में कई लोगों की यही सोच रही है।

जून 1946 में सौदरब्लाम से कहा गया कि वह इस बारे में खुद जोसेफ स्टालिन से बात करें। बातचीत हुयी जरुर, पर सौदरब्लाम ने अपनी "व्यक्तिगत सोच" के साथ इसे निष्फल करने में कोई कसर नहीं छोड़ी। उनका आज भी यही कहना था कि वॉलेनबर्ग की मृत्यु एक हादसे के चलते हो चुकी है।[16] हाँ, स्टालिन ने वॉलेनबर्ग का नाम जरुर एक कागज़ पर नोट किया था।

स्वीडिश लोग इस बात पर जोर डालते रहे कि सच को सामने आना ही चाहिये। अगस्त 1947 में, हारकर सोवियत लोगों को एक औपचारिक जवाब देना ही पड़ा। उप विदेश मंत्री आन्द्रे विशिनस्की ने लिखा कि रिकार्ड की पड़ताल के बाद यह सामने आया है कि "वॉलेनबर्ग रुसी लोगों के परिचित नहीं हैं, और वह सोवियत संघ में नहीं हैं।"[17] उन्होंने यह भी संभावना जताई कि, "वह बुडापेस्ट की लड़ाई में शहीद हो गये हों अथवा अपहृत कर लिये गये हों; या हंगरी के फासिस्ट या नाज़ी लोगों ने उन्हें मौत के घाट उतार दिया हो।"[18]

देखा जाये तो बात यहीं पर खत्म हो जानी चाहिये थी, पर न ही स्वीडिश जनता और न ही मीडिया चुप बैठा। सन् 1948 में सोवियत लोगों ने जवाब दिया। अर्ध–आधिकारिक विदेश मंत्रालय की साप्ताहिक *न्यू टाइम्स* ने वॉलेनबर्ग के रुस में होने की "कहानियों" और "बकवास" को खुल कर खारिज किया।

इस बात से दो साल पहले, रुसी दैनिक "प्रावदा" में छपे लेखों ने इस "परीकथा" का खण्डन किया था, कि "श्री बोस सोवियत रुस में थे।" पत्रकार डेविड जासलवस्की ने

गुस्से में भर कर यह कहा कि “ऐसी सोच केवल एक गन्दी कल्पनाशीलता का प्रतीक है।”[19]

इधर, सन् 1955 में वॉलेनबर्ग मामले में कुछ बदलाव सामने आये। इसी दौरान रुस ने पकड़े हुये जर्मन और ऑस्ट्रिया के युद्धबन्दियों को आज़ाद कर दिया। स्वीडिश अधिकारियों ने बड़ी ही मुस्तैदी से इन लोगों का पता लगाया और इनसे वॉलेनबर्ग के बारे में बातचीत की। उन्होंने कहा कि उन्होंने वॉलेनबर्ग से जेल में दीवारों के पार से बातचीत की थी। स्वीडिश लोग एक बार फिर रुसियों के पास पहुंचे। इस बार मॉस्को ने अपने कठोर जवाब में कहा कि “युद्धबंदियों की बात को सच मानना गलत था... इन लोगों की सूचनायें रूस की अपनी पड़ताल के नतीजों के ठीक उलट थीं।”[20]

पर स्वीडन ने इस राजनैतिक कठोरता पर कान दिये ही नहीं। प्रधानमंत्री तेग एरलॉन्डर ने सन् 1956 में अपनी मॉस्को यात्रा के दौरान दोनों देशों के बीच हुयी वार्ता में वॉलेनबर्ग मामले को खास जगह दी—जबकि रुस इस बात का लगातार विरोध करता रहा। एरलॉन्डर ने रुसी लोगों को “जर्मन एवं अन्य युद्धबंदियों के बयान के बारे में बताया, जिससे यह साबित होता था, कि कम से कम सन् 1945 से 1947 के मध्य रॉल वॉलेनबर्ग रुसी जेल में कैद थे।”[21]

एक गैर वर्गीकृत रुसी दस्तावेज का यह कहना है कि विदेश मंत्री व्याचेस्लव मोलोटोव ने इस बात को दर्ज किया कि “एरलॉन्डर इस बात का हल ढूंढ़ने पर जोर देते रहे।” और “इस मुद्दे को इतना तूल मिला कि यह सोवियत–स्वीडिश रिश्तों पर प्रतिकूल प्रभाव डाल सकता था।”[22]

आखिरकार सोवियत लोगों को प्राथमिक सच स्वीकारना ही पड़ा। सन् 1945 के बाद वॉलेनबर्ग वाकई सोवियत रुस में थे। सन् 1957 में रुस के उप विदेश मंत्री आन्द्री मोमायको के पत्र में वॉलेनबर्ग की दिल के दौरे से मृत्यु की बात कही गयी। यह बात के0जी0बी0 मुख्यालय के लुब्यान्का जेल की थी। इस दावे को “सत्यापित” करने के लिए 17 जुलाई 1947 का एक मेमो दिखाया गया। यह मेमो लेफ्टि0 कर्नल ए0 स्मोलतसोव ने लिखा था। स्मोलतसोव, बंदीगृह में स्वास्थ्य प्रमुख की हैसियत से काम कर रहे थे। उनके अनुसार वॉलेनबर्ग की मृत्यु उसी दिन हुयी थी और उनकी अंत्येष्टि भी कर दी गयी थी। अब तक रूसी सरकार का यह कहना कि उन्हें वॉलेनबर्ग के बारे में कोई जानकारी नहीं थी सरासर झूठ था।

पर कमाल की बात थी कि स्वीडिश लोगों ने अभी भी पीछा नहीं छोड़ा। उनके हाथ लगे रिकार्ड इस बात की ओर इशारा कर रहे थे कि वॉलेनबर्ग 1947 के बाद भी जीवित रहे थे। स्वीडन के प्रोफेसर नन्ना स्वर्त्ज़ की मुलाकात जब रुस के प्रोफेसर अलेक्ज़ैन्डर मियाशनिकोव से जनवरी 1961 में हुयी तो स्वर्त्ज़ ने स्वीडिश लोगों के “दिल के करीब” इस मुद्दे को उठाया और मियाशनिकोव ने उन्हें बताया कि उन्होंने खुद वॉलेनबर्ग का मानसिक इलाज किया था। स्वीडन पहुंचकर स्वर्त्ज़ ने यह बात अपने प्रधानमंत्री को बताई और उन्हें उच्चस्तरीय कार्यवाही के निर्देश दिये। 25 फरवरी 1961 को स्वीडन के राजनयिक रॉल्फ स्होलमान ने सोवियत संघ के निकिता ख्रशचेव से मुलाकात कर उन्हें एरलॉन्डर का वह पत्र सौंपा जिसमें स्वर्त्ज़ की बात की गयी थी।

और अब अगर बात नेताजी और उनके मामले के प्रति हमारी सरकार के रवैये की जाये, तो दिल डूबने लगता है। हम यह जानते थे कि शायद नेताजी सोवियत संघ गये हों—बावजूद इसके, सच जानने के लिए हमारी सरकार ने कभी अपनी राजनयिक ताकत का इस्तेमाल किया ही नहीं। 1950 और 1960 के दशकों में हम 'डिनायल मोड' यानी अस्वीकृति मुद्रा में रहे। यदि किसी ने कभी किसी उच्चस्तरीय अधिकारी से इस बारे में बात की तो उसे अपमान और धमकियों के अलावा कुछ हासिल नहीं हुआ। ऐसा ही कुछ गैर–औपचारिक रवैया था डॉ0 सत्यनारायण सिन्हा का, जिनका कहना था कि एक राजनैतिक बैठक में जब उन्होंने नेहरु से यह कहा कि नेताजी के बारे में रुसी राजनयिक से बात करें, तो नेहरु ने इसे "चन्डूखाने की बात कहकर टाल दिया।"[23]

ऐसा ही एक दूसरा किस्सा बताते हैं अरधेन्दु सरकार। हैवी इन्जीनियरिंग कॉरपोरेशन में चीफ इन्जीनियर रहे सरकार ने मुखर्जी आयोग के सामने बयान दिये और उनका कहना था कि 1960 के दशक में सोवियत रुस में प्रतिनियुक्ति के दौरान उनके वरिष्ठ सहकर्मी ने उन्हें कुछ चौंकाने वाली बात बताई। यह व्यक्ति एक जर्मन यहूदी थे, जिनका नाम था बी0ए0 जेरोविन। इनको रुस लाया गया था और एक नई पहचान दे कर एक रुसी लड़की से उनकी शादी कर दी गयी थी।

अरधेन्दु सरकार ने बताया कि एक दिन बातों ही बातों में जेरोविन ने उन्हें यह बताया कि वह बर्लिन में नेताजी से मिल चुके हैं। इसके अलावा एक और बार सुभाष से उनकी मुलाकात हुयी थी—इस बार यह सन् 1948 था और यूराल पहाड़ों के पास बनी रेलवे लाईन के अंत में जो गुलाग था, वहीं यह मुलाकात हुयी थी। जेरोविन ने यह कहा कि नेताजी को 'अच्छी तरह' रखा जा रहा था। उनके पास एक गाड़ी थी और दो अंगरक्षक भी थे।

ये सारी बातें सरकार को बताने के बाद जेरोविन को यह अहसास हो गया कि वह कुछ ज्यादा ही बोल चुके हैं। लिहाजा, उन्होंने सरकार को इस बात की कड़ी हिदायत दी कि इस बात को छुपाये रखना ही उन दोनों के लिये फायदेमंद था—कम से कम, जब तक वे रुस में थे। पर सरकार से ऐसा हुआ नहीं। वह झटपट मॉस्को स्थित भारतीय दूतावास पहुंचे और एक सचिव के सामने यह रहस्योद्घाटन कर ही डाला।

पर इस बात से सचिव को कोई फर्क नहीं पड़ा और जो सवाल उन्होंने सरकार से किया उससे तो उन्हें काटो तो खून नहीं। सचिव ने उनसे पूछा,

"आप इस देश में क्यों आए हैं? क्या राजनीति में दखलंदाजी करना आपके काम–काज में शामिल है?...यह बात जो अभी मुझे बताई है, किसी और से मत कहियेगा...अपने काम में ध्यान लगाइये।"

उस दिन से लेकर जब तक सरकार के बच्चे सुचारु रुप से अपनी जिन्दगियों में नहीं जम गये–उन्होंने अपना मुंह नहीं खोला। और शायद ऐसा करने वाले सरकार अकेले व्यक्ति नहीं थे।

ऐसे ही एक दूसरे किस्से में, विदेश मंत्रालय के पूर्व अधिकारी रहे राय सिंह यादव की बेबसी की उस समय कोई सीमा नहीं थी जब यूरोप में एक रुसी राजनयिक ने उन्हें

नेताजी के बारे में परोक्ष रुप से छेड़ दिया था। "हम लोग रिश्ते नहीं बिगाड़ना चाहते थे। भारत सरकार जानती थी कि नेताजी साइबेरिया की ठण्ड और तन्हाई में पड़े थे," राय सिंह ने मुझसे कहा।

उन्होने मुझे अपने एक खास दोस्त के बारे में और भी कुछ बताया जो वाकई दिल दहला देने वाला था। "वह दुनिया से जाने वाले थे, जब उन्होंने मुझे बुलाया और कहाः 'मैं इस राज़ के साथ मरना नहीं चाहता। इस बात को ध्यान से सुनो; जब भारत नेताजी के बारे में सवाल पूछने के लिये तैयार हो, तो यह जानकारी आम कर देना'।"[24]

यादव के इस दोस्त का नाम था राम राहुल। प्रोफेसर राहुल बहुत अच्छी उज़्बेकी बोलते थे, जिसके चलते उनकी दोस्ती बबाजान गुफराव से हुयी, जो एक पूर्व सोवियत अधिकारी थे। एक वक्त था जब गुफराव स्टालिन से अपनी नज़दीकियों के लिये जाने जाते थे। इतना ही नहीं, गुफराव, मॉस्को स्थित इन्सटीट्यूट ऑफ ओरियन्टल स्टडीज़ से भी सम्बन्धित थे और "काफी ज्ञानी थे।"

प्रोफेसर राहुल उन्हें अपने अन्तिम क्षणों में नेताजी का सत्य बताते रहे जिसे सुनकर राय सिंह की दिल की धड़कनें बेकाबू हो रही थीं। इन बातों में उन्हें गुफराव द्वारा बताई बातें शामिल थीं। "सन् 1945 में नेताजी मन्चूरिया के रास्ते सोवियत संघ में आ चुके थे।"[25]

लगभग 45 साल बाद सोवियत संघ में ग्लासनोस्त और पेरेसत्रोइका का दौर आया। स्वीडन की सरकार, अमरीका की यहूदी कमेटी और वॉलेनबर्ग के रिश्तेदारों ने एक बार फिर वॉलेनबर्ग के बारे में खोजबीन शुरु कर दी थी। अक्टूबर 1989 में रॉल की बहन नीना लेजरग्रेन को मॉस्को बुलाकर स्मोलस्तोव मेमोरेन्डम की मूल प्रति दी गयी।

सन् 1991 में स्वीडन के वक्त पर उठाये गये कदमों के फलस्वरुप स्वीडिश रुसी वर्किंग ग्रुप की स्थापना हुयी ताकि वॉलेनबर्ग मामले की तफसील से जांच की जा सके।

क्या उस वक्त भारत मे किसी ने भी नेताजी के बारे में सोचा?

अगर विदेश मंत्रालय के वर्गीकृत दस्तावेज़ों की मानें तो स्थिति बहुत बुरी है। विदेश मंत्रालय के अधिकारियों को तो नहीं पर समर गुहा को यह जरुर सूझा कि चूंकि सोवियत संघ अपने 'राज़' पहले से कहीं ज्यादा साझा करने को तत्पर था, इसलिये नेताजी के सम्बन्ध में कोई भी बात उठाना इस समय फायदेमंद हो सकता था। गुहा ने तत्कालीन वी0पी0 सिंह सरकार के साथ इस बारे में भरसक कोशिशें कीं। 17 मई 1990 को लिखे अपने पत्र में उन्होंने अपने विदेश मंत्री से भी कहा कि नेताजी से जुड़े सभी "गोपनीय दस्तावेज़ों की उच्चस्तरीय जांच" न केवल सोवियत संघ बल्कि अन्य राष्ट्रों में भी होनी चाहिए।

इसके बाद यूनाइटेड फ्रंट सरकार ने कुछ कार्यवाही की और सोवियत संघ सरकार को एक संदेश भेजा। 21 मई को भारतीय दूतावास ने सोवियत संघ विदेश मंत्रालय से यह बात की कि "अगर संभव हो, तो वह श्री बोस से जुड़े सभी जरुरी दस्तावेज़, नई दिल्ली राष्ट्रीय अभिलेखागार में भिजवायें।"

जवाब में अगस्त 1990 में सोवियत सरकार ने सन् 1941 के छह दस्तावेज़ भेजे जिनमें अफगानिस्तान स्थित सोवियत संघ और जर्मन दूतावासों में नेताजी को बाहर निकालने

पर विचार–विमर्श दर्ज था। भारतीय विदेश मंत्रालय का मत था कि यह सभी दस्तावेज़ "नेताजी के जीवन पर ज्यादा रोशनी डालने में लाभदायक नहीं थे।"

मई 1991 में मॉस्को से कुछ अन्य काग़ज़ों का आना हुआ। विदेश मंत्रालय ने 'हमने तो पहले ही कहा था' वाले अंदाज़ में एक बार फिर यही बात कही, कि ये काग़ज़ात "सन् 1945 में नेताजी की गुमशुदगी के बाद की स्थिति पर और न ही उनके जीवन या सोवियत संघ में उनकी मौजूदगी पर कोई रोशनी डालते थे।"

शायद मंत्रालय को कुछ और दबाव में लेने की जरुरत अभी बाकी थी ताकि सोवियत लोगों से हमें नेताजी के बारे में और जानकारी प्राप्त हो पाये। 16 सितम्बर 1991 में दूतावास ने सोवियत विदेश मंत्रालय को एक 'नोट वर्बेल' भेजा—जो समर गुहा के साथी और पेशे से वकील रहे चित्ता बसु के पत्र पर आधारित था। ऑल इण्डिया फारवर्ड ब्लॉक ने सोवियत सरकार से कई अपील की तो थीं; पर उनमें कभी कोई सफलता प्राप्त नहीं हुयी। गुहा ने गोर्बाचोव और लियोनिद ब्रेजनेव को भी पत्र लिखे; जिनका कभी कोई जवाब आया ही नहीं। पर मुड़कर देखें तो वह इकलौता व्यक्ति जो सोवियत संघ से कोई भी जवाब ले पाया था वह वही व्यक्ति था, जिसने नेहरु की नाक में दम कर दिया था।

खोसला आयोग को दिये अपने बयान में जब डॉ0 सत्यनारायण सिन्हा ने यह कहा कि नेताजी को साइबेरिया में कैदी के रुप में रखा गया है, तो नेहरु समेत अन्य लोगों ने भी इस बात को हल्के में लेकर खारिज कर दिया। खोसला के मुताबिक, सिन्हा "दिखावटी" थे, पर सिन्हा के लगाये इल्ज़ामों ने सोवियत लोगों को बेहद नाराज़ किया। दिल्ली स्थित सोवियत संघ दूतावास ने उन्हें धमकाया कि वह उनके जानने वाले रुसी व्यक्ति को खत्म कर सकते हैं। 3 नवम्बर 1970 को दूतावास ने नेताजी की गुमशुदगी पर अपना पहला और आखिरी बयान दिया; जिसमें सीधे तौर पर और पूरी जिम्मेदारी से यह कहा गया था कि "सोवियत संघ के लोगों को नेताजी के विषय में किसी तरह की कोई जानकारी नहीं थी।"[26]

सन् 1991 में भेजे गये नोट में रुसी लोगों से इस बारे में जानने की कोशिश की गयी कि क्या "वहां के किसी अभिलेखागार अथवा सुरक्षा संस्था में ऐसा कोई भी सबूत या दस्तावेज़ हो सकता है, जिससे नेताजी के बारे में कोई भी जानकारी मिल सके।"[28] उस वक्त सोवियत संघ में हुये बलात् राज्य परिवर्तन के चलते यह किसी भी बातचीत के लिये सही समय नहीं था—कम से कम अगर भारत सरकार अपने हक में कोई जवाब चाहती थी, तो! या शायद सरकार ऐसा कोई जवाब चाहती ही नहीं थी। यदि सरकार इस मुद्दे को जरुरी समझती तो अपने रिकार्ड गैर–वर्गीकृत करती—जैसा कि स्वीडिश लोगों ने वॉलेनबर्ग मामले में किया था। साथ ही भारतीय विदेश मंत्री ने रुस के विदेश मंत्री से बात की होती या कम से कम खत तो लिखे ही होते। पर ऐसा कुछ नहीं हुआ, बल्कि भारतीयों ने केवल एक साधारण या "मूर्त आधिकारिक" या डी0ओ0 निकाला—एक अनहस्ताक्षरित नोट वर्बेल।

नेताजी के अध्यापक बेनी माधव दास के पोते जय भट्टाचार्जी ने मुझे राजनैतिक बारीकियों से अवगत कराया:

> नोट वर्बेल तब इस्तेमाल किये जाते हैं जब एक पक्ष दूसरे पक्ष से आधिकारिक

तौर पर बातचीत नहीं करना चाहता। इस स्थिति में ज्यादातर एक बिना हस्ताक्षर वाला संदेश/पत्र/नोट, दूसरे पक्ष को भेजा जाता है—जिसका अर्थ है कि इसे अर्ध आधिकारिक रुप में इस्तेमाल किया जा सकता है। दो देशों के बीच हुयी आधिकारिक बातचीत को 'डेमार्श' शब्द से जाना जाता है।

मैंने विदेश मंत्रालय की एक गोपनीय नोटिंग देखी, जिसमें नेताजी से जुड़े मुद्दे पर रुस को नोट वर्बेल भेजने की प्रक्रिया का बचाव किया गया था क्योंकि "यह दो देशों के बीच बातचीत का सबसे औपचारिक तरीका था।" मुझे लगता है कि यह सारे मामले को बेहद हल्के में लेने वाला नज़रिया है। शाब्दिक अर्थ पर न भी जायें, तो भी दिमाग पूछता है कि "सबसे औपचारिक तरीका" सन् 2007 में इस्तेमाल क्यों नहीं किया गया जब मॉस्को हवाई अड्डे पर तत्कालीन विदेश मंत्री प्रणब मुखर्जी की तलाशी ली गयी थी? तब भारत ने रुस के लिये 'डेमार्श' जारी किया था।

जब एक सरकार वाकई सीधे तौर पर दूसरी सरकार से कोई कार्य कराना चाहती है, तो वह सीधे तरीकों और सम्पर्क का सहारा लेती है जिसमें उच्चस्तरीय मंत्री और अधिकारी सम्मिलित होते हैं। जैसा कि दिल्ली में फरवरी 2011 में हुआ जब पाकिस्तानी गायक राहत फतह अली खान को पकड़ा गया। पाकिस्तान ने इन्हें छुड़वाने के लिये एड़ी–चोटी का जोर लगा दिया। पाकिस्तान के विदेश सचिव ने इस्लामाबाद में भारतीय उच्चायुक्त को रात बारह बजे फोन किया। उस स्थिति में अगर नोट वर्बेल भेजे गये होते तो क्या स्थितियाँ इतनी जल्दी बदल पातीं?

साफ सी बात है, कि भारत सरकार के अधिकारी भलीभांति जानते हैं कि इन स्थितियों में क्या होना चाहिये। बस सवाल है कि मामला क्या है और इसमें कौन–कौन से लोग शामिल हैं। सन् 1985 में प्रधानमंत्री राजीव गांधी की अमरीका यात्रा के होते न होते ही अमरीकी राष्ट्रपति रॉनल्ड रीगन ने सजा काट रहे आदिल शहरयार को आधिकारिक माफी दी। शहरयार को अपने गुनाहों के लिये 35 बरसों की सज़ा मिली थी—जिसमें एक पानी के जहाज़ को उड़ाने की साज़िश भी शामिल थी। और यह सब इसलिये हुआ कि उनके पिता मुहम्मद यूनुस "विदेश सेवाओं के पूर्व अधिकारी रहे थे और साथ ही गांधी परिवार के बहुत पुराने चापलूस भी थे।"[27]

यह बात आधिकारिक तौर पर दर्ज़ है कि यूनुस नेताजी के मामले को देख रहे थे। नेहरु के समय के कुछ काग़ज़ात, जिन पर उनका नाम दर्ज है; हमेशा–हमेशा के लिये खत्म हो चुके हैं।

यूनुस ने ऐसे बहुत से तरीके अपनाये, जिसमें सरकार ने भी उनकी मदद की। उनके दोस्त और हॉलीवुड अभिनेता चार्लटन हेस्टन ने अमरीका के अटार्नी जनरल को खत लिखा—और इस पत्राचार से उस सारी कवायद का पता लगता है जो शहरयार को छुड़वाने के लिये की गयी थी।

दिल्ली में एक अधिकारी ने मज़ाक उड़ाते हुये हेस्टन से यह तक कह डाला कि "अमरीका एक विचित्र राष्ट्र था जहां कोई व्यक्ति राष्ट्रपति को गोली मार कर आराम से छूट सकता है, जबकि कोई अन्य व्यक्ति एक नाकाम साज़िश के तहत 35 बरस जेल

में काट सकता है।"[28]

हैरानी की बात यह है कि यह सभी बड़बोले अधिकारी नेताजी के मामले में मानो "बेजुबान" हो जाते हैं।

कहानी के अनुसार, शहरयार को तब तक नहीं छोड़ा गया, जब तक राजीव गांधी ने खुद इस मामले में दखल नहीं दिया।

खैर, भारत की तरफ से रुस को नेताजी मामले में नोट वर्बेल का साफ अर्थ था कि भारत के लिये यह ज्यादा जरुरी मुद्दा था ही नहीं। आखिरकार, रुस भारत का मित्र है, तो फिर नेताजी के बारे में बात करना क्या मुश्किल था? बिलकुल नही।

वॉलेनबर्ग केवल एक जूनियर अधिकारी थे—पर उनकी बहादुरी ने स्वीडन के प्रधानमंत्री को मजबूर किया कि वह उनके बारे में बात करें। सुभाष बोस, जो स्वतंत्र भारत की प्रोविजनल सरकार के नेता थे, कम से कम इतने आदर के हकदार तो थे ही। सन् 1991 के नोट वर्बेल से न ही कुछ होना था; न ही कुछ हुआ। 8 जनवरी 1992 को रुसी विदेश मंत्रालय ने जवाब दिया:

> सेन्ट्रल और रिपब्लिक अभिलेखागारों के अनुसार सुभाष चन्द्र बोस के सन् 1945 या उसके बाद भी सोवियत संघ में रहने का कोई सूचना नहीं है।

यह नोट लगभग वॉलेनबर्ग मुद्दे पर भेजे गये नोट की भांति ही था—"यह हमारे देश में नहीं है और हम इन्हें नहीं जानते हैं।"

...और दिल्ली ने यह बात आसानी से मान ली। अगस्त 1992 में प्रधानमंत्री नरसिम्हा राव ने यह निर्णय लिया कि "नेताजी के जीवित अथवा मृत या फिर उनकी गुमशुदगी के प्रश्न को अब उठाना तर्कसंगत नहीं था।" विदेश सचिव जे0एन0 दीक्षित ने समर गुहा को एक पत्र के जरिये यह बता दिया, "आपके सुझावों के अनुसार रुसी लोगों से हुयी पड़ताल में यह जाहिर है कि वह खुद इस बात से सहमत हैं कि नेताजी की मृत्यु सन् 1945 में विमान दुर्घटना में ही हुयी थी।"

अन्य कुछ बातें भी सामने आयीं। भारत में नेताजी के बारे में उठने वाली बातों और दोबारा जाग उठी जिज्ञासा ने रुस में काफी बेचैनी बढ़ा दी थी। रुस के आधिकारिक माऊथपीस *सोवियत लैण्ड* के सम्पादक ने नेताजी पर सन् 1990 में एक सनसनीखोज लेख छापा:

> सोवियत शोधकर्ताओं को काफी अरसे से इस कट्टर देशभक्त के बारे में बात करने की इजाज़त नहीं थी। लेकिन ग्लासनोस्त के दौर में सोवियत इतिहास की काफी खाली जगहों को अब भरा जा रहा है... जिससे सोवियत संघ के अन्य देशों के साथ रिश्तों और अन्य घटनाओं एवं लोगों के बारे में जानकारी मिल रही है...इससे हमें सोवियत और पॉलिश रिश्तों में कई उलझी हुयी गुत्थियों के जवाब मिले हैं।

सोवियत और पॉलिश रिश्तों की बात करें तो यह वॉलेनबर्ग से ज्यादा मुश्किल मुद्दे से जुड़ा हुआ था। करीब पचास वर्षों तक पॉलिश उच्चाधिकारियों के ख़ात्मे की कहानी को लेकर सोवियत होंठों पर गहरी चुप्पी व्याप्त थी। सन् 1943 में हुये केट्न जंगल नरसंहार में

करीब 22,000 अधिकारी जान से हाथ धो बैठे थे। इस हादसे की "गहन पड़ताल" के लिये सोवियत संघ ने एक आयोग भी बनाया, जिसने इस सारे हादसे की जांच की जिम्मेदारी नाज़ियों पर डाल दी। जब तक पोलैण्ड कम्युनिस्ट ब्लॉक में रहा तब तक, सच्चाई की मांग दबी रही। फिर पोलैण्ड में लोकतंत्र आया और वहां के लोगों ने वही कवायद की, जो स्वीडन में वॉलेनबर्ग के लिये की गयी थी। नतीजा बेहद नाटकीय रहा। गोर्बाचेव ने राष्ट्रीय टी0वी0 पर सोवियत आत्मग्लानि को स्वीकार किया। एक वक्त था जब *हिन्दुस्तान टाइम्स* में छपे लेख के अनुसार गोर्बाचेव ने नेताजी के बारे में एक शोधकर्ता के सवाल पर कोई "सीधी प्रतिक्रिया" नहीं दी थी। तथाकथित तौर पर उनका मानना था, कि "इस मामले को सुलझाना दोनों देशों की सरकारों पर निर्भर था।"[29]

सन् 1992 में रूसी पत्रिका *एको प्लेंतई* में प्रकाशित निबंध "द लाइफ एण्ड डेथ ऑफ नेताजी बोस" की सम्पादकीय टिप्पणी एक छिपी हुयी कहानी की ओर इशारा कर रही थी। इसके अनुसार, नई दिल्ली एवं मॉस्को के अधिकारी, नेताजी की असलियत के बारे में चुप्पी साधे हुये थे। इसके अलावा, भारत स्थित पूर्व तास पत्रकार द्वारा लिखे इस निबन्ध के मुताबिक मॉस्को के पास "सच्चे हालातों" के बारे में "पक्के दस्तावेज़" मौजूद थे।

ऐसी रिपोर्टो से घबरा कर रुसी अधिकारी इस मुद्दे से लोगों का ध्यान हटाने की कोशिश करने लगे। एक अन्य रुसी पत्रिका *एशिया एण्ड अफ्रीका टुडे* के उप सम्पादक विक्टर तुराडजेव को के0जी0बी0 अभिलेखागार में रखे हुये नेताजी सम्बन्धित दस्तावेज़ दिखाये गये। उनके अनुसार इनमें दर्ज सारी जानकारी 'उलझाने वाली' और "अपूर्ण" थी—पर फिर (शायद अन्य अधिकारियों के कहने पर) उन्होंने एक बेहतरीन दलील दी जिसमें मृत्यु के राज़ को पूरी तरह से नगण्य ठहरा कर ब्रिटिश लोगों को मामले में घसीट लाया गया।

इधर भारतीय दूतावास को तुराडजेव के इरादों की भनक लग चुकी थी। 24 जून 1993 को राजदूत रॉनेन सेन ने विदेश सचिव दीक्षित को बताया कि "जल्दी ही यह पत्रिका के0जी0बी0 अभिलेखागार में मिले रिकार्ड पर आधारित लेखों को प्रकाशित करेगा...और इनमें तथाकथित तौर पर नेताजी को एम0आई0 6 (अंग्रेजी) एजेन्ट बताया गया था...और उनके करीबी सहकर्मी को के0जी0बी0 एजेन्ट बताया जा रहा था।"

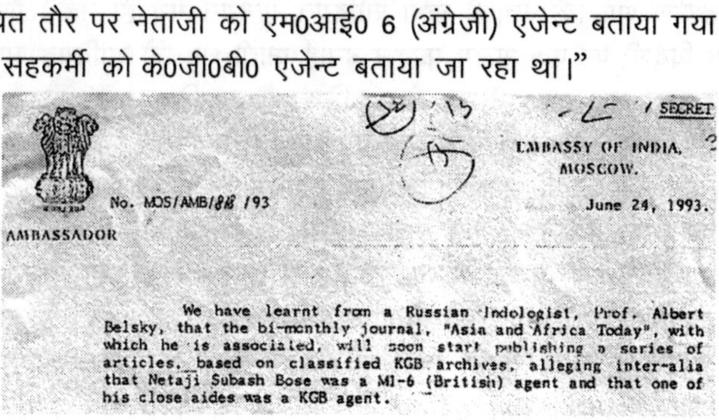
SECRET

EMBASSY OF INDIA,
MOSCOW.

No. MOS/AMB/88 /93

June 24, 1993.

AMBASSADOR

We have learnt from a Russian Indologist, Prof. Albert Belsky, that the bi-monthly journal, "Asia and Africa Today", with which he is associated, will soon start publishing a series of articles, based on classified KGB archives, alleging inter-alia that Netaji Subash Bose was a MI-6 (British) agent and that one of his close aides was a KGB agent.

हालांकि *एशिया एण्ड अफ्रीका टुडे* एक बहुत नामी–गिरामी पत्रिका नहीं थी—पर फिर भी यह रुस और कई विदेशी पुस्तकालयों, शिक्षण संस्थाओं और शोधकर्ताओं के पास

पहुंचता था। "अगर ऐसी कोई चटपटी कहानी छपती है तो वह मॉस्को स्थित पत्रकारों की नज़र से बच नहीं पायेगी...कई भारतीय पत्रकारों को इस बारे में भनक लग चुकी है।" सेन ने परेशान होकर आगे लिखा—

> समय—समय पर नेताजी की सन् 1941 और 1945 के दौरान और उसके बाद की गई सोवियत यात्राओं के बारे में मीडिया की अटकलें शांत नहीं हुयी हैं। जनवरी 1992 में रुसी विदेश मंत्रालय की अपने सेन्ट्रल और रिपब्लिक अभिलेखागारों पर आधारित दस्तावेज़ों के अनुसार भेजी जानकारी के मुताबिक, नेताजी के सन् 1945 के दौरान या उसके बाद सोवियत संघ में होने का कोई सबूत नहीं था। सन् 1990 में सोवियत विदेश कार्यालय से मिले कुछ दस्तावेज़ भी हमने विदेश मंत्रालय को भेजे थे। इन सब दस्तावेज़ों में इन सारे इल्ज़ामों की कोई चर्चा नहीं थी।

रुसी ओर से आयी कोई "जानकारी नहीं है" को राजदूत सेन ने कोई "सबूत नहीं है" बना डाला। सेन ने सूचना काउन्सलर अजय मल्होत्रा को तथ्यों की जांच करने और तुराडजेव को "राष्ट्रीय स्तर पर सम्माननीय नेता के खिलाफ कुछ न छापने" हेतु बताने के निर्देश दे डाले।

मल्होत्रा (जो बाद में रुस में भारत के राजदूत बने) ने तुराडजेव से मुलाकात की। तुराडजेव ने उन्हें स्पष्ट तौर पर बताया कि नेताजी को ब्रिटिश ऐजेन्ट के रुप में दर्शाने वाले लेख उन "के0जी0बी0 दस्तावेजो पर आधारित थे, जो उन्होंने स्वयं पढ़े थे और जो रुसी इण्टेलिजेंस सेवाओं में कार्यरत उनके कुछ जाननेवालों ने उनसे साझा किये थे।"

उन्होंने मल्होत्रा को बताया कि उनके लेख नेताजी को एक "वेतनीय एम0आई0 6 एजेन्ट" नहीं दर्शा रहे थे बल्कि, उनका मानना था, कि उनके लेखों में नेताजी की जो छवि उभरी, उससे उनकी निगाह में नेताजी का सम्मान बढ़ गया था "क्योंकि नेताजी फासिस्म का अंत करने के लिये जिम्मेदार थे।" उनका दावा था कि प्राप्त सूचना के अनुसार रुसी इण्टेलिजेंस के पास नेताजी के बारे में कोई फाइल नहीं थी। उनके मुताबिक यह इस बात का इशारा था, कि नेताजी कभी सोवियत यूनियन गये ही नहीं...और "बीते सालों में हर उस विदेशी पर एक अलग फाइल बनाई जाती थी; जो सोवियत संघ आता था।"

आखिरकार सन् 1993 में यह लेख पत्रिका में प्रकाशित हुआ। इसमें लिखा था कि "के0जी0बी0 अभिलेखागार के दस्तावेज़ों की जांच से उन्हें यह यकीन हुआ था कि सुभाष चन्द्र बोस इंगलिश इण्टेलिजेंस सर्विस एम0आई0 6 का हिस्सा रहे थे।"

तुराडजेव का यकीन दो ऐसी सूचनाओं पर आधारित था जो कुछ बिन्दुओं पर मेल खाती प्रतीत होती थीं। पहली थी कोलकाता से काबुल तक नेताजी की सन् 1941 में हुयी यात्रा जो तुराडजेव के लिये बिना अंग्रेज़ी सहायता के सम्भव ही नहीं हो सकती थी। एक फाइल के अनुसार सन् 1941 की फरवरी में काबुल स्थित सोवियत राजनयिक ने कुछ ऐसा ही सोचा था। तुराडजेव ने शायद अपने निष्कर्ष इस फाइल पर ही आधारित किये थे।

जाहिर था कि पुरानी सोच की नींव पर तुराडजेव ने एक ऐसा हवाई महल खड़ा कर

लिया था जिससे नेताजी के बारे में उनकी थोथी जानकारी साफ झलकती थी:

"...तभी तो उनके भागने के इतने वक्त बाद भी अंग्रेज़ अधिकारी लम्बी चुप्पी साधे रहे। ...जब अंग्रेज़ों को जर्मनी से लेकर सुदूर पूर्व तक उनकी पनडुब्बी यात्रा के बारे में जानकारी थी तो उन्होंने उन्हें वहीं क्यों खत्म नहीं कर डाला? और फिर, इतनी गोपनीय जानकारी भला अंग्रेज़ों तक पहुंची कैसे? हो सकता है खुद बोस ने ही उन्हें इस बारे में बताया हो।"[30]

तुराडजेव गलत थे। कोलकाता से नेताजी कुछ यूं चालाकी से भागे थे कि जब तक अंग्रेज़ों को वहां से उनके गायब होने का राज़ पता लगा, वह पेशावर की सीमा के पार पहुंच चुके थे। सुरेश बोस के अनुसार "उनके छोटे भाई मजबूत इरादों के ऐसे व्यक्ति थे, जो नतीजों या मुसीबतों की परवाह किये बिना अपनी सोच को अंजाम देना जानते थे।"[31]

मित्र राष्ट्रों को नेताजी की इस गुप्त पनडुब्बी यात्रा के बारे में पता इसलिये चला, क्योंकि उन्होंने सारे जर्मन कोड पढ़ लिये थे। उस वक्त यदि वह नेताजी पर निशाना साधते तो नाजियों को हराने का उनका इरादा विफल हो जाता।

पर तुराडजेव के लिये सबसे ज्यादा चौंकाने वाली बात थी कि नेताजी को पेशावर से रुसी सीमा तक ले जाने वाला व्यक्ति भगत राम तलवार—आगे चलकर "सोवियत इण्टेलिजेंस सेवाओं का मददगार बना और साथ ही ब्रिटिश सीक्रेट इण्टेलिजेंस सर्विस का बेहद गुप्त एजेन्ट बना।" अब टुराडजेव का दावा था कि "सबसे बड़ा सीक्रेट और छोटे से छोटे पर बेहद जरुरी विवरण भी इंगलिश अभिलेखागार में दर्ज है।" उन्होंने लिखा कि भारतीयों को ब्रिटिश लोगों से यह मांग करनी चाहिये कि वह अपने "गोपनीय अभिलेखागार आम करें...ताकि सुभाष चन्द्र बोस के बारे में सारा सच सामने आ पाये।"[32]

खैर, सन् 2005 में कुछ ऐसा सामने आया जिससे यह साबित हो ही गया कि ब्रिटिश लोग नेताजी से छुटकारा पाना चाहते थे। डबलिन के ट्रिनिटी कॉलेज के प्रो0 यूनान ओ हाल्फिन ने जो रिकार्ड पढ़े उससे यह साफ था कि ब्रिटिश विदेश ऑफिस, जो दरअसल एम0आई0 6 को नियंत्रित करता था, "कोलकाता से नेताजी की 'गुमशुदगी' के बाद ही उनके खात्मे के निर्देश दे चुका था।"[33]

इसी बात को और पुख्ता किया सिंगापुर के समाचार पत्र *स्ट्रेट्स टाइम्स* के स्तंभकार एंथनी पॉल ने। एम0आई0 6 में अपने एक जान–पहचान के व्यक्ति से हुयी बातचीत का हवाला देते हुये पॉल ने बताया कि जब उन्होंने यह पूछा कि जेम्स बॉण्ड के जनक रहे आयन फ्लेमिंग की "कल्पना में, जिसमें एजेन्ट्स को मरने–मारने की स्वतंत्रता प्राप्त होती थी–क्या वाकई सच्चाई का अंश था?" तो जवाब था कि "ऐसा बहुत ही कम मौकों पर हुआ है।"[34] और सुभाष बोस उन ही मौकों में से एक रहे थे।

और एक और बाण्ड कनेक्शन! फ्लेमिंग के काल्पनिक किरदार की प्रेरणा थे उनके पेशे से जासूस रहे भाई पीटर फ्लेमिंग। भारत में जी0एस0आई0 (डी0) के प्रमुख रहते हुए भगत राम तलवार को इन्हीं ने संभाला था। तुराडजेव के लेखों के प्रकाशित होने से पूर्व ही कई इण्टेलिजेंस सेवाओं से तलवार के सम्बन्ध सामने आ चुके थे।

भारतीय मीडिया को भले ही पता न लगा हो, पर *एशिया और अफ्रीका टुडे* में प्रकाशित

लेखों से प्रधानमंत्री कार्यालय में अच्छा खासा हड़कम्प मचा। केवल पी0एम0ओ0 ही नहीं, गृह मंत्रालय, विदेश मंत्रालय और रॉ भी इससे अछूते नहीं रहे। यह सन् 1993–94 की बात है। आश्चर्य की बात है, कि आधिकारिक रिकार्ड यह डर जता रहे थे कि "बोस खूफिया एजेन्ट इसलिये हो सकते थे, क्योंकि उनके एक करीबी साथी के0जी0बी0 एजेन्ट रह चुके थे।" सन् 2001 में इसी वजह से मुखर्जी आयोग को दिये अपने हलफनामे में तत्कालिन गृह सचिव कमल पाण्डे ने एक आश्चर्यजनक खुलासा किया। उन्होंने कुछ वर्गीकृत दस्तावेज़ों को सौंपने से साफ इनकार करते हुये यह कहा, कि उनके आम होने से "आम जनता को ठेस लग सकती थी...साथ ही नेताजी की छवि को निम्नस्तरीय रुप में परिलक्षित करने की कोशिश से जन विद्रोह की संभावना हो सकती थी।"

मुझे व्यक्तिगत रुप से लगता है कि इस खुलासे से गृह मंत्रालय ने काफी हद तक नेताजी की छवि को 'निम्न' कर दिया था और आम जनता को ठेस पहुंचा दी थी।

सरकार का यह तर्क कि चूंकि तलवार बागी थे, तो नेताजी भी दूध के धुले नहीं थे मेरे गले नहीं उतरता। और इसी तर्क की मानें तो, जैसा कि आज हम जानते हैं, क्योंकि सन् 1971 के युद्ध के दौरान इंदिरा गांधी कैबिनेट के एक सदस्य ने अमरीकी खुफिया विभाग को भारत की युद्ध नीति के बारे में काफी कुछ बता दिया था—तो श्रीमती गांधी भी शक के दायरे से दूर नहीं हैं!

लेकिन ऐसा है नहीं। दरअसल सारी ग़लती उस धोखेबाज़ मंत्री की थी, जिसने श्रीमती गांधी और देश के भरोसे के साथ गद्दारी की। भगत राम तलवार नेताजी के लंगोटिया यार नहीं थे; बल्कि वह पूरी कम्युनिस्ट मशीनरी का महज़ एक छोटा सा पुर्ज़ा थे और नेताजी अपने जीवनकाल में ऐसे अनगिनत लोगों को जानते थे।

तो फिर तुराडजेव के बेकार तर्कों को मानकर परेशान होने के बजाय सरकार को इन्हें सिरे से खारिज करना चाहिये था।

लेकिन तुराडजेव ने एक भला काम भी किया। उन्होने अपने लेख में एक ऐसे पत्र को हूबहू छापा जो दरअसल आधिकारिक रुप में कोई अस्तित्व रखता ही नहीं था। के0जी0बी0 अभिलेखागार में वह पत्र मिला, जो सन् 1944 में नेताजी ने टोक्यो में सोवियत राजदूत यकोव मलिक को लिखा था। इस पत्र में उन्होंने भारत की आजादी के लिये रुस की मदद मांगी थी। नेताजी के शब्दों में:

"मैं आप से भेंट कर वह रास्ता खोजना चाहता हूं जिससे आपकी सरकार हमारी आजादी की लड़ाई में मदद कर सके।"[35]

इस पत्र में स्टेट सुरक्षा कमिश्नर (एन0के0जी0बी0) ने एन0के0वी0डी0 के प्रथम कमान्ड की पांचवीं डिवीजन को टिप्पणी लिखी। कम से कम हमारी सरकार रुसी सरकार से यह प्रार्थना तो कर ही सकती थी कि यह ऐतिहासिक पत्र नई दिल्ली के राष्ट्रीय अभिलेखागार का हिस्सा बनें।

और अब बात 'नोट वर्बेल' भेजे जाने और प्राप्त करने की। मार्च 1994 में रुसी विदेश मंत्रालय से भारतीय दूतावास को एक "नॉन पेपर" मिला। यह पिछले नोट वर्बेल का संशोधित रुप था, जिसका कहना था: "पूर्व सोवियत संघ के सेन्ट्रल/अन्य अभिलेखागार

के अनुसार नेताजी सुभाष चंद्र बोस के सन् 1945 में सोवियत यूनियन में रहने के कोई प्रमाण प्राप्त नहीं हुये हैं।"

27 जुलाई 1995 को दूसरा नोट वर्बेल रुस भेजा गया। नोट में प्रार्थना की गयी थी, कि "इस विषय में प्राप्त सामग्री की पड़ताल की जाये ताकि यह पता लग पाये कि सन् 1945 अथवा उसके बाद नेताजी सुभाष चन्द्र बोस कभी सोवियत संघ आये थे या रहे थे।" रुसियों ने एक जोरदार जवाब भेजाः

> रुस स्थित फेडरेल सिक्योरिटी सर्विस ऑफ रशियाए और रशियन सेन्टर फॉर रिटेन्शन एण्ड पेरुसल ऑफ डाक्यूमेन्ट्स ऑफ मार्डन हिस्ट्री के मुख्य अभिलेखागारों में रखी सामग्री में सन् 1945 अथवा उसके बाद के सालों में नेताजी के आने या रहने की कोई सूचना नहीं है।

27 अक्टूबर 1995 के इस नोट वर्बेल को रुसी विदेश मंत्रालय के तीसरे विभाग के प्रमुख और राजदूत कोटोव ने कुछ ज़्यादा ही आगे बढ़ा दिया। उनका सशक्त तौर पर यह कहना था कि "नेताजी कभी रुस आये ही नहीं।" और "यह बात सभी पुरानी पड़तालों से साबित होती है।"

पर यह कैसे संभव हो सकता है? राजनयिक कोटोव इस बात को कैसे नकार सकते हैं कि 1941 में बर्लिन जाते हुये नेताजी मॉस्को से ही गुजरे थे? उन्हे वहा पर वीसा भी दिया गया था आगे यात्रा करने के लिये। यह बात एक दर्ज ऐतिहासिक तथ्य है।

बात सीधी और साफ है। तुराडजेव के लेख के मुताबिकः

> 15 मार्च को वीसा नं0 064033 को बोस की तस्वीर के साथ पारित किया गया। यह वीज़ा एक इटालियन नागरिक ओ0 मज़ोटा के नाम का था ताकि वह बिना किसी रुकावट के सोवियत संघ से गुज़र सकें। इस वीज़ा को पास करने के व्यक्तिगत निर्देश विदेश मंत्रालय के उप मंत्री ए0 विशिन्सकी ने दिये थे। [36]

तुराडजेव ने आगे यह भी लिखा कि जब काबुल स्थित एक ब्रिटिश उपराजदूत ने सोवियत राजनयिक से यह जानने की कोशिश की कि क्या उन्हें सुभाष बोस के बारे में कोई जानकारी थी अथवा क्या नेताजी को जर्मनी जाने हेतु कभी कोई वीज़ा दिया गया था तो उन्हें बताया गया कि सोवियत दूतावास के पास बोस के सम्बन्ध में कोई जानकारी नहीं है। तुराडजेव की टिप्पणी थीः

> औपचारिक रुप से यह बात सत्य थी। एक इटालियन इंजीनियर ऑरलैन्डो मज़ोटा को यह वीज़ा प्राप्त हुआ था न कि सुभाष बोस को।[37]

सरकारो के लिये रिकार्ड्स को कोड नामों या संख्याओं अथवा प्रतिस्थापित नामों से दर्ज करना कोई नयी बात नहीं है। यह तरीका तब और भी कारगर सिद्ध होता है जब आपको किसी सूचना के बारे में मना करना हो; मगर फिर भी कानूनी रुप से एक सशक्त जवाब देना हो। वॉलेनबर्ग मामले में यह सबूत सामने आये थे कि रुसी लोग कुछ खास बंदियों को नाम से नहीं बल्कि संख्याओं से चिह्नित करते थे। और पूछताछ के दौरान कई बंदी "झूठे नामों से पंजीकृत किये गये थे।"[38] जस्टिस मुखर्जी को रुस में बताया गया था

कि अगर नेताजी को वहां किसी झूठे नाम से पंजीकृत किया होगा, तो कभी भी उनके बारे में कोई जानकारी नहीं मिल पायेगी।

इस बीच सीनियर पत्रकार सुमन चट्टोपाध्याय ने *आनंदबाज़ार पत्रिका* में एक लेख लिखा; जिसका शीर्षक था "नेताजी के भक्तों का तांडवः अन्धाविश्वास तर्क को निगल गया।" इस "सच्चाई" का उन्हें मॉस्को स्थित भारतीय दूतावास में पता लगा जहां उन्हें "रुसी इतिहासकार श्री वर्गोव से पता लगा कि नेताजी के कभी रुस आने का सवाल ही नहीं उठता।"

नवम्बर 2000 को मुखर्जी आयोग के सवाल पूछने पर चट्टोपाध्याय ने तुरंत बड़े नामों का हवाला दे डालाः

> तत्कालीन विदेश मंत्री श्री प्रणब मुखर्जी ने मुझे रुसी भाषा में लिखा एक पत्र दिखाया जिसमें यह लिखा था कि (सन् 1945 के बाद) नेताजी से सम्बन्धित कोई दस्तावेज़ रुसी अभिलेखागार में नहीं था। बाद में रुस में भारतीय राजनयिक रॉनेन सेन ने इस बात की पुष्टि की।[39]

चट्टोपाध्याय की मानें तो श्री प्रणब मुखर्जी ने एक बहुत ही गोपनीय बात को बड़े ही अनौपचारिक रुप से आम कर दिया। उन्होंने ऐसा क्यों किया, यह जानने के लिये हमें मध्य 1990 के समय में लौटना होगा। यही वह वक्त था जब नेताजी रहस्य का रुसी कोण भारतीय समाचारों का आकर्षण बना हुआ था। हुआ कुछ ऐसा था, कि सन् 1993 में कोलकाता की *एशियाटिक सोसाइटी* एवं मॉस्को के *इन्सटीट्यूट ऑफ ओरियन्टल स्टडीज* में एक आपसी समझौता हुआ था—जिसके अनुसार भारतीय इतिहास की अपूर्ण कड़ियों को जोड़ने के लिये रुसी अभिलेखों का शोध होना तय किया गया था।

इस समझौते के तहत डॉ0 पूरबी रॉय, शोभनलाल दत्ता गुप्ता और डॉ0 हरि वासुदेवन ने रुसी अभिलेखों की पूरी पड़ताल की। इसी दौरान वहां लोगों से बातचीत के जरिये इन्हें पूरा यकीन हो चला था कि वहां के अभिलेखागार में ऐसे दस्तावेज़ थे जो सन् 1945 के बाद भी रुस में नेताजी के वहां होने की ओर इशारा कर रहे थे। इसी यकीन के चलते, जब डॉ0 हरि वासुदेवन के0जी0बी0 के सेन्ट्रल अभिलेखागार पहुंचे और उन्होंने वहां जा कर नेताजी सम्बन्धित फाइलों के बारे में पूछा, तो उन्हें "डांट" मिली। कहा गया कि "भारतीय आधिकारिक दबाव के बिना इस बारे में किसी प्रार्थना को मान्यता नहीं दी जायेगी।"[40] यह बात वासुदेवन ने *हिन्दुस्तान टाइम्स* को बताई। इन लोगों ने भारतीय दूतावास से इस समस्या को सुलझाने के लिये गुहार तो लगाई, पर वह बेअसर साबित हुयीः

> *एशियाटिक सोसाइटी* की टीम इस मुद्दे के प्रति दिल्ली के उदासीन रवैये को देख कर स्तब्ध थी। टीम के एक सदस्य के मुताबिक, मॉस्को में तत्कालीन भारतीय राजनयिक, रॉनन सेन ने नोट वर्बेल से भी आगे बढ़कर यह साफ कर दिया कि "दूतावास इससे ज्यादा और कुछ नहीं कर सकता।"[41]

हारकर यह शोधकर्ता *एशियाटिक सोसाइटी* की तरफ मदद की उम्मीद में मुड़े—और चन्दन राय चौधरी (सोसाइटी के मुख्य सचिव) ने उनकी भरपूर मदद दी। आमतौर पर

आप नेताजी के विषय में किसी भी उच्च पदासीन व्यक्ति से बात करते हैं, तो आपको बाहर का रास्ता दिखा दिया जाता है। रॉय चौधरी ने सोसाइटी के हवाले से विदेश मंत्री प्रणब मुखर्जी, विदेश राज्य मंत्री सलमान खुर्शीद और प्रधानमंत्री पी0वी0 नरसिम्हा राव (जो स्वयं को नेताजी का शिष्य बताते थे) को पत्र लिखे ताकि शोधकर्ता रुसी अभिलेखागारों तक पहुंच पायें। पर इन पत्रों के बदले, एक पावती पत्र भी सोसाइटी को प्राप्त नहीं हुआ।

फिर सितम्बर 1995 में रॉय, वासुदेवन और रॉय चौधरी ने मिलकर नेताजी मसले पर मीडिया का सहारा लिया। द *स्टेटस्मैन* के दिल्ली संस्करण में 14 सितम्बर 1995 में एक रिपोर्ट छपी, "डाक्यूमेन्ट्स ऑन नेताजी लाइन्ग इन के0जी0बी0 वाल्ट्स।" रिपोर्ट के मुताबिक, "शोधकर्ताओं को दुःख था कि उन्हें रिकार्ड्स पढ़ने का मौका ही नहीं दिया गया। साथ ही मॉस्को स्थित भारतीय दूतावास के अधिकारियों ने भी कई सख्तियाँ लागू कीं।" *द टाइम्स ऑफ इण्डिया* में अगले ही दिन डॉ0 राय का कथन प्रकाशित था। उन्होंने कहा कि, सरकार को रुसी आला अधिकारियों से बात कर यह सुनिश्चित करवाना चाहिये कि "भारतीय शोधकर्ता के0जी0बी0 और राष्ट्रपति अभिलेखागारों में रखे रिकार्ड्स तक पहुंच पायें, ताकि नेताजी की गुमशुदगी की गुत्थी सुलझ सके।" 19 सितम्बर 1995 को डॉ0 वासुदेवन ने द *इण्डियन एक्सप्रेस* को बताया कि "हालांकि अन्य विदेशी शोधकर्ता रुसी अभिलेखागारों का भरपूर फायदा उठा रहे हैं हम विदेश मंत्रालय के रवैये के कारण त्रस्त हैं।"

आमतौर पर यदि वैश्विक स्तर पर किसी भी स्वतंत्र देश के राष्ट्रीय नायक की खुली भर्त्सना की जाये, तो खुद उस राज्य का प्रमुख इस प्रकरण में कूद पड़ता है। पर प्रधानमंत्री राव ने ऐसा करना जरुरी नहीं समझा।

डॉ0 पूरबी रॉय अकेले ही सरकार से लोहा लेती रहीं।

"अगर उन्हें इतना ही यकीन है कि नेताजी की मृत्यु सन् 1945 में हुयी विमान दुर्घटना में ही हुयी थी, तो, फिर किसी नयी जांच से इतना परहेज क्यों? अगर उनका दामन साफ है, तो हमें अभिलेखागारों तक पहुंचने दें और देखने दें कि वहां है क्या?"[42]

सन् 1996 में आखिरकार वह रुसी प्रधानमंत्री के सम्पर्क में आ सकीं। विक्टर चर्नोमिर्दिन ने एक भारत–रुसी आयोग का सुझाव दिया ताकि सोवियत संघ की सीमा के भीतर गुम हुये सभी भारतीय लोगों के बारे में जानकारी प्राप्त की जा सके।

पर क्या खुद भारत ऐसे किसी आयोग में रुचि रखता था? सन् 1996 में विदेश मंत्रालय के पूर्वी यूरोप प्रभाग के प्रभारी संयुक्त सचिव आर0एल0 नारायण ने इस स्थिति का अवलोकन किया। 12 जनवरी 1996 को लिखे एक गोपनीय नोट में नारायण ने माना कि "समय–समय पर रुसी/सोवियत प्रेस में प्रकाशित लेखों से यह साफ झलकता है (हालांकि इस बात का कोई ठोस सबूत नहीं है) कि सन् 1945 के बाद नेताजी सोवियत संघ में रहे थे।"

इसके बाद एशियाटिक सोसाइटी के उस दलील को परखा गया कि जब तक "हमारी सरकार का विदेश मंत्रालय रुसी अधिकारियों से के0जी0बी0 अभिलेखागार तक पहुंचने की अपील नहीं करता, इस मामले में भारतीय अथवा रुसी शोधकर्ता असहाय ही हैं।"

नारायण ने इस बारे में समझाते हुये कहाः

> इस स्थिति में मुख्यतः तीन तरह के अभिलेखागार हमारे काम आ सकते हैं। पहला है के0जी0बी0 अभिलेखागार में रखे स्टालिन के समय के दस्तावेज़, जो स्वर्गीय इतिहासकार वोल्कोगोनोव के अतिरिक्त और किसी रुसी अथवा विदेशी शोधकर्ता ने आज तक नहीं देखे हैं। वोल्कोगोनोव ने इन्हीं रिकार्ड्स के आधार पर लेनिन और स्टालिन की जीवनी लिखी थी। स्टालिन के वक्त के बाद के दस्तावेज़ दो भागों में बांटे जा सकते हैं—सरकारी और पोलितब्यूरो के काग़ज़ात। रुसी विदेश मंत्रालय द्वारा जारी किया गया नोट वर्बेल यह दिखाता है कि नेताजी के बारे में उनकी मान्यता इन्हीं काग़ज़ों पर आधारित है।

और इसी के आधार पर उनका कहना थाः

> यह सोचना अवास्तविक होगा कि रुसी लोग हमारे शोधकर्ताओं को के0जी0बी0 अभिलेखागारों तक पहुंचने देंगे। ज्यादा से ज्यादा, हम उनसे यह अपील कर सकते हैं कि वह इन अभिलेखागारों की तलाश कर हमें यह बतायें कि वहां नेताजी के रहने का कोई सबूत है अथवा नहीं। हम मास्को में अपने राजनयिक से रुसी अधिकारियों हेतु एक डेमार्श जारी करने के लिये कह सकते हैं।

2 **SECRET**

by foreign and even Russian scholars, with the exception perhaps of very limited and selected scholars like the late historian Volkogonov, who has published biographies of Lenin and Stalin on this basis. Papers relating to the post-Stalinist period fall into two categories - governmental and Central Committee/Politburo (these are again kept separately). The Russian Foreign Ministry's Note Verbale suggests that their disclaimers about Netaji may be based essentially on perusal of these latter archives.

6. It would be unrealistic for us to expect the Russian authorities to allow our scholars access to KGB archives. What we can do is to request the Russian authorities to conduct a search into these archives and let us know if there is any evidence of Netaji's stay in the Soviet Union.

7. It is recommended that we may request our Ambassador in Moscow to make a suitable demarche to the Russian authorities on the above lines.

(R.L. Narayan)
Joint Secretary(EE)
January 12, 1996

Foreign Secretary

Document obtained in public interest

तत्कालीन विदेश मंत्री प्रणब मुखर्जी ने यह नोट देखकर तुरन्त इसके अंत में यह लिखा कि 'विदेश सचिव सलमान हैदर "त्वरित" रुप से इस बारे में संयुक्त सचिव से बात करें।

हैदर और नारायण के बीच में क्या बात हुयी यह कोई नहीं जानता यूं तो आजकल

हैदर जब तब टी0वी0 पर दुनिया भर के मुद्दों पर बात करते दिखते हैं—बस नेताजी के बारे में कुछ नहीं कहते।

पर बैठक में क्या हुआ होगा यह बात हमें जल्दी ही दिखाई पड़ गयी। कोई डेमार्श जारी नहीं किया गया (जैसा कि नारायण ने कहा था)। उल्टा, *एशियाटिक सोसाइटी* के शोधकर्ताओं की मुसीबत बढ़ने वाली थी। जब सुभाष के भतीजे प्रदीप ने प्रधानमंत्री को रुस में रखी जानकारी का हवाला देते हुये पत्र लिखा तो एक बार फिर नये सिरे से नारायण को इससे जूझना पड़ा।

7 मार्च 1996 को लिखे अपने नोट में संयुक्त सचिव ने लिखा कि नेताजी के सोवियत संघ में रहने का कोई ठोस सबूत शोधकर्ताओं के पास नहीं था। उन्होंने सरकार से अपील की कि वह रुसी लोगों को इस बारे में औपचारिक प्रार्थना करें। नोट के अनुसार प्रदीप बोस "एक कदम आगे बढ़कर भारत सरकार से चाहते थे कि वह शोधकर्ताओं के लिये इन फाइलों को जुटायें।" नारायण इस अपील के सख्त खिलाफ थे। उनकी दलील थी कि दुनिया की कोई भी सरकार किसी विदेशी सरकार को कभी अपनी इण्टेलिजेंस फाइलों को हाथ नहीं लगाने देगी—फिर भला शोधकर्ताओं की क्या बिसात?

> हमारे पास ऐसा कोई सबूत नहीं कि ऐसी फाइलें कहीं हैं भी। उल्टे रुसी सरकार हमें बता चुकी है कि नेताजी के सन् 1945 के बाद सोवियत संघ में होने के उनके पास कोई सबूत नहीं हैं। ऐसे में यह मांग रखना कि रुसी सरकार के0 जी0 बी0 अभिलेखागार को भारतीय शोधकर्ताओं के लिये खोल दें—सरासर गलत होगा। इसका मतलब होगा कि हम रुसी सरकार के पहले दिये बयान पर शक कर रहे हैं।

यह नोट प्रधानमंत्री नरसिम्हा राव ने भी देखा और अपने सचिव के हवाले से यह निर्देश दियेः

> प्रधानमंत्री चाहते हैं कि मॉस्को स्थित हमारे राजदूत इस बाबत उच्च स्तरीय जांच करें—ताकि यह पता लगे कि रुस में ऐसी कोई जानकारी है भी या नहीं...और अगर है, तो हमारे द्वारा उसकी मांग करने पर रुस की प्रतिक्रिया कैसी होगी। विदेश सचिव इस बारे में ध्यान दें।

प्रधानमंत्री भले ही 'उच्च स्तरीय जांच' की अहमियत जानते थे पर हमारे राजदूत ने मॉस्को में जो कुछ किया उससे स्थिति में कोई परिवर्तन नहीं आया। नवम्बर 1995 के लिखे अपने एक और गोपनीय नोट में नारायण ने *एशियाटिक सोसाइटी* के शोधकर्ताओं पर अब यह इल्ज़ाम लगाया कि उन्होंने खुद को समझा रखा है कि के0जी0बी0 उन अभिलेखागारों में नेताजी के बाबत जानकारी रखी है।"

> *एशियाटिक सोसाइटी* के कहने पर रुसी सरकार से इन दस्तावेज़ों की मांग करना उनके दिमाग में आसानी से हमारे प्रति गलतफहमी पैदा कर सकता है। भारत–रुस रिश्तों के मद्देनज़र ऐसी किसी प्रार्थना का कोई सकारात्मक असर नहीं होने वाला—बल्कि कोई नकारात्मक असर जरुर हो सकता है।

नारायण ने आगे लिखाः

> विश्व का कोई भी देश अपने गुप्त अभिलेखागारो को साधारण शोधकर्ताओं के

लिए नहीं खोल सकता। साथ ही, भारत सरकार के लिए रूसी सरकार को ऐसी प्राथना करना उचित न होगा। हम लोग बहुत शार्मिदा हो जाएगे अगर कभी रूसी सरकार हमसे हमारे गुप्त अभिलेखागारों को उनके शोधकर्ताओं के लिए खोलने की प्राथना कर दी।

2 **SECRET**

5. Obviously, no Government in the world can be expected to throw open its secret archives for general research, on the basis suggested by the Asiatic Society. Equally, it would not be appropriate for the Government of India to seek access to these archives, which have not been declassified so far. We would, if nothing else, be embarrassed were a similar request, on the basis of reciprocity, to be made to us by the Russian Government at a later stage.

Document obtained in public interest

भारत सरकार का यह तर्क सही ना था। क्योकि वालेनबर्ग मामले पर काम करने वाले रुसी–स्वीडिश वर्किंग ग्रुप को ऐसे गुप्त अभिलेखागारों में खोज करने की छूट मिली थी। जहाँ चाह है—वहां राह भी है। इस दल के बनाने का सुझाव सन् 1991 में हुयी सोवियत विदेश मंत्री, के0जी0बी0 अधिकारियों और स्वीडन के राजनयिक के बीच हुयी बैठक में दिया गया था।

तत्कालीन "के0जी0बी0 प्रमुख क्रिचकोव ने स्वीडिश राजनयिक ओर्जान बर्नर से मुलाकात की और त्वरित रुप से के0जी0बी0 के कर्मचारियों को गोपनीयता की शपथ से मुक्त करने का वायदा किया।"[43]

क्या रुस सुभाष के लिये कभी ऐसा करेगा? क्या हमारे आई0बी0 और रॉ प्रमुख ऐसा कोई कदम उठायेंगे?

रुस के अभिलेखागारों तक पहुंचने का मुद्दा इतना गम्भीर नहीं था, जितना भारतीय सरकार ने दिखाया था।

भारत और रुस के दोस्ताना सम्बन्धों को ध्यान में रखें, तो वह हमारे प्रति स्वीडन से ज़्यादा सहानुभूति रखते। यह सोचना भी फालतू था कि रुस हमसे हमारे गुप्त अभिलेखागारों पर अधिकृत स्वीकृति मांग सकता था। और फिर यदि ऐसा हुआ भी होता तो हमारे पास छिपाने के लिये कुछ नहीं था। दो देशों के बीच ऐसी जानकारी का आदान–प्रदान होना कोई अजूबा नहीं था। दुनिया के सबसे नामचीन इण्टेलिजेंस विद्वान और एम0आई0 5 के इतिहासकार प्रोफेसर क्रिस्टोफर ऐन्ड्रियु ने मुम्बई के *डी0एन0ए0* को एक साक्षात्कार में बताया कि नेहरु काल में "आई0बी0 ने एम0आई 5 को आमंत्रित किया, ताकि वह कम्युनिस्ट पार्टी ऑफ इण्डिया को मास्को द्वारा दी गई सब्सिडी पर आई0बी0 द्वारा बनाये रिकार्ड्स को पढ़ सकें।"[44]

सोचने वाली बात यह है कि जब भारत सरकार स्वयं ही नेताजी सम्बन्धित रिकार्ड्स को दबाये बैठी है तो फिर वह किसी विदेशी सरकार से इनकी मांग कैसे कर सकती थी?

विदेशियों की बात करें, तो हमें स्वीडन के लोगों से काफी कुछ सीखना चाहिये— जैसे मानवीय संवेदना एवं मूल्य। सन् 2000 में रुसी–स्वीडिश दल ने वॉलेनबर्ग पर हुयी जांच के नतीजे सामने रखे। इस रिपोर्ट का निष्कर्ष था कि, "वॉलेनबर्ग की मृत्यु को तभी माना जा सकता था, जब पुख़्ता तरीके से वह साबित हो चुकी हो।" और "ऐसा नहीं हो सका था—क्योंकि, पहला, एक विश्वसनीय मृत्यु प्रमाणपत्र नहीं था और दूसरा, क्योंकि सन् 1947 के बाद वॉलेनबर्ग के जीवित होने की बातों को हवा में नहीं उड़ाया जा सकता।"[45]

स्वीडन सरकार ने वॉलेनबर्ग पर की जा रही जांच में हो रहे पैसे या वक्त के खर्च का रोना नहीं रोया। स्वीडिश रिपोर्ट की प्रस्तावना में विदेश मामलों के राज्य सचिव रहे हान्स डालग्रेन ने आशा जताई कि इस "रिपोर्ट से हमारी वॉलेनबर्ग के बारे में जानकारी और ज्यादा बढ़ेगी और हमें जांच के नये पहलू मिल पायेंगे।"[46] जिस दिन रिपोर्ट को आम किया गया, देश के प्रधानमंत्री गोरान परसन ने एक वक्तव्य इस वायदे के साथ जारी किया कि "रॉल वॉलेनबर्ग के साथ क्या हुआ; यह जानने के लिये हमारी कोशिशें जारी रहेंगी। जांच को आगे बढ़ाने हेतु सरकार और ज्यादा साधन इस निमित्त देगी।"[47]

और हमारे गृह मंत्री शिवराज पाटिल ने राज्य सभा में 21 अगस्त 2006 को जस्टिस मुखर्जी की रिपोर्ट को सिरे से खारिज करते हुये सरकार की ओछी सोच का परिचय दिया थाः

> छः साल का वक्त इन्हें दिया गया। और भी समय दिया जा सकता था। इस दौरान यह किसी भी देश की यात्रा हेतु स्वतंत्र थे—और इन्होंने कई दौरे किये भी। जितनी सहायता इन्हें दी जा सकती थी, इन्हें दी गयी। और यह इस नतीजे पर पहुंचते हैं—"सबूतों के अभाव के चलते, कोई सकारात्मक जवाब नहीं दिया जा सकता।" और यह इस सवाल का जवाब है, जो बेहद गम्भीर है—कि नेताजी की मृत्यु किसी अन्य जगह किन स्थितियों में हुयी। क्या हम इस नतीजे को मान सकते हैं?...और फिर आप हममें मीन–मेख निकालेंगे—अगर यह राजनैतिक कारण नहीं, तो क्या है?

स्वीडिश सरकार की आधिकारिक साईट "रॉल वॉलेनबर्ग 2012" पर आज भी यह लिखा है कि वह "सच जानना चाहती है।"[48] यह मांग वॉलेनबर्ग की गुमशुदगी को लेकर है।

जनवरी 2012 में मॉस्को क़े एक स्पेशल आरकाइव के प्रमुख ने बताया कि उन्होंने वॉलेनबर्ग से सम्बन्धित एक फाइल देखी है, "जो (रूसी खूफिया एजेंसी) एफ0एस0बी0 के उस दावे की धज्जियाँ उड़ा देती है, कि उनके पास ऐसी कोई फाइल नहीं है।"[49]

और अब एक नज़र नेताजी के मामले पर। रुस आज भी अपना पुराना कथन दोहरा रहा है। मुखर्जी आयोग के जोर देने पर एन0डी0ए0 सरकार ने यह मुद्दा उठाया, तो रुस ने एक नोट वर्बेल जारी किया जिसके अनुसार "इन फेडेरल अभिलेखागारों में नेताजी से सम्बन्धित दस्तावेज़ों की तलाश की गयी—*रशियन स्टेट मिलिट्री आरकाइव्स; रशियन आरकाइव्स ऑफ सोशियो–पॉलिटिकल हिस्ट्री स्टेट आरकाइव्स ऑफ द रशन फेडरेशन* और *रशियन स्टेट हिस्टारिकल आरकाइव्स ऑफ द फार ईस्ट*। किसी भी अभिलेखागार

में जरुरी जानकारी प्राप्त नहीं हुयी।" नोट में साफ तौर पर लिखा था:

> सेन्ट्रल अभिलेखागार (रुसी एफ0एस0बी0) सुरक्षा मंत्रालय के अभिलेखागार अथवा रुसी स्टेट लाइब्रेरी या *आरकाइव्स ऑफ फोटोग्राफिक डाक्यूमेन्ट्स* —कहीं भी नेताजी से सम्बन्धित दस्तावेज़ प्राप्त नहीं हुये।

पर फिर भी रुसी 'नोट वर्बेल्स' पर भरोसा नहीं किया जाना चाहिये—खासतौर पर तब जब हम जानते हैं कि वॉलेनबर्ग मामले और केट्न जंगल के नरसंहार में रुसी लोग सालों तक झूठ बोलते रहे थे।

एक दलील यह हो सकती है कि सोवियत संघ की बात और थी—पर जहां तक रुस जैसे लोकतांत्रिक देशों का सवाल है, सच को ज्यादा समय तक छिपाया नहीं जा सकता। पर ऐसा जरुरी भी नहीं है। यदि किसी बात के खुलासे से किसी देश को सीधा फायदा नहीं हो रहा, तो वह क्यों ऐसा खुलासा करना चाहेगा जब तक उस पर भारी दबाव न बनाया जाये। मार्च 2010 में जापान ने बताया कि बीते 40 वर्षों से उसने एक राज को अपने सीने में दफन रखा राज यह था कि कैसे एक "गोपनीय शीत युद्ध समझौते के तहत उसने अमरीकी नाभिकीय जहाजों को अपने सागरों से गुज़रने दिया।"[50]

और यह चौंकाने वाला खुलासा जापान के सालों के झूठ या इस बाबत साफ मुकरने के बाद आया है जबकि जापान इकलौता देश है जिसने नाभिकीय तांडव को झेला है।

ऐसा नहीं है कि हमने भारत में चीज़ों को नहीं छिपाया। राष्ट्रीय हित के लिए झूठ तो अनगिनत बोले गये हैं। सन् 1987 में जब स्वीडिश रेडियो ने बोफोर्स द्वारा भारतीय अधिकारियों को मिले फायदों की बात उठाई, तो लोक सभा में तत्कालीन प्रधानमंत्री श्री राजीव गांधी इस बात से मुकर गये—और इसे भारत को क्षति पहुंचाने वाली बाहरी देशों की साजिश करार दिया। अभी हाल ही में हुयी राडिया टेप की घटना भी हमारे जेहन में ताजा है। सरकार ने इस पर भी बखूबी पर्दा डाला। अगर पत्रकारों, राजनेताओं और ब्लॉग लेखकों ने दबाव न बनाया होता, तो, यू0पी0ए0 सरकार ने यह मामला दबा दिया होता।

उदाहरण और भी हैं जिनमें अमरीकी एवं भारत सरकार का 'मेल–मिलाप' सामने आता है। सन् 1963 में अमरीकी राष्ट्रपति जे0एफ0 केनेडी ने सुधीर घोष को बताया कि सन् 1962 के चीनी हमले के बाद प्रधानमंत्री जवाहर लाल नेहरु ने अमरीकी सैन्य मदद की गुहार लगाई थी। घोष एक जाने–माने गांधीवादी थे और स्वतंत्रतापूर्व भारतीय हितों के दूत स्वरुप थे। करीब 2 साल बाद, 15 मार्च 1965 को घोष ने यह बात राज्य सभा में साझा की कि "नॉन–एलाइनमेन्ट के जनक ने अमरीकी हवाई सुरक्षा की मांग की थी।" और "अमरीकी राष्ट्रपति ने बात मानते हुये अमरीकी जलपोत को बंगाल की खाड़ी में जाने के आदेश भी दिये।"[51]

यह बात सबको यह समझाने के लिये बताई गयी थी कि नेहरु को सिद्धान्तों से अधिक देशहित प्यारा था—पर हंगामा तो मच ही गया। कांग्रेस के वफादार मंत्रियों ने घोष को इस बात पर आड़े हाथों लिया कि वह स्वर्गीय प्रधानमंत्री की छवि धूमिल कर रहे थे। वामदल के सदस्यों के साथ, उन्होंने स्वयं प्रधानमंत्री से सफाई मांगी। इन बातों

के चलते लाल बहादुर शास्त्री ने घोष को बुलाया और गृह मंत्री गुलज़ारी लाल नंदा और विदेश सचिव सी0एस0 झा की उपस्थिति में यह कहा कि नेहरु ने कभी आधिकारिक रिकार्ड्स पर अमरीकी राष्ट्रपति से ऐसी कोई मदद नहीं मांगी। क्योंकि घोष ने यह बात स्वयं केनेडी से सुनी थी, इसलिये वह अपनी बात पर अड़े रहे। उल्टे उन्होंने ही शास्त्री से कहा कि वह दिल्ली स्थित अमरीकी राजनयिक से इस बारे में बात करें और अगर वह गलत हुये, तो वह खुलेआम माफी मांग लेगें।

संसद में प्रधानमंत्री कुछ भी कहते इसके एक दिन पहले ही घोष को अपने अमरीकी सूत्रों से पता चल चुका था कि अमरीकी सरकार के पास नेहरु द्वारा लिखे पत्र थे, और यदि भारत सरकार चाहती तो वह दिखाये जा सकते थे। इसके बाद वह शास्त्री से मिलने गये, जिन्होंने उनसे मिलने से इसलिये इंकार कर दिया क्योंकि उन्हें भी पता चल गया था कि नेहरु द्वारा ऐसे पत्र वास्तव में अमरीका को भेजे गये थे। इनकी प्रतियां भारत सरकार के पास कहीं पर सुरक्षित पड़ी थीं।

संसद में प्रधानमंत्री ने कहा कि नेहरु ने कभी किसी अमरीकी हवाई विमान की इच्छा नहीं जताई थी। जाहिर था, वह शब्दों का खेल खेल रहे थे। अब घोष सबके सामने तो हार चुके थे, पर व्यक्तिगत तौर पर उन्होंने शास्त्री जी को पत्र लिखकर बताया कि उनकी सफाई से इस बात की सच्चाई पर कोई असर नहीं पड़ा कि भारत ने अमरीका से वाकई सैन्य सहायता मांगी थी। घोष ने दोहराया कि नेहरु के पत्र अमरीका में भारत के राजदुत आर0के0 नेहरु द्वारा राष्ट्रपति केनेडी तक पहुंचे थे, जिनमें "लड़ाकू विमान के 16 स्क्वाड्रनों" की मांग की गई थी।

लाल बहादुर शास्त्री को आज इंसाफ और सत्यता की प्रतिमूर्ति माना जाता है। उस वक्त दिये अपने जवाब में उन्होंने घोष से कहा कि इस बात को वहीं छोड़ दिया जाये। घोष शायद वाकई उस बात को वहीं छोड़ देते पर बात कुछ ज्यादा तब बढ़ी जब अमरीकी विदेश मंत्रालय की ओर से शास्त्री के उस बयान की संस्तुति हो गयी जिसमें उन्होंने कहा था कि नेहरु ने किसी विमान की मांग नहीं रखी थी।

सन् 1967 में प्रकाशित अपनी किताब में घोष ने लिखा कि यह साफ था कि "भारत ने हवाई सुरक्षा की मांग रखी थी और अमरीका ने सकारात्मक जवाब भी दिया था।"[52]

उनकी बात को उनकी मृत्यु के काफी अरसे बाद भी नहीं माना गया। सन् 1998 में अमरीकी सरकार ने उन दोनों पत्रों को 'गैर–वर्गीकृत' श्रेणी में रख दिया, जो नेहरु ने केनेडी को लिखे थे। नवम्बर 2010 में *इण्डियन एक्सप्रेस* ने वरिष्ठ पत्रकार इन्दर मल्होत्रा का एक लेख छापा। इसमें इन पत्रों की विषयवस्तु खोल कर सबके सामने रखी गयी थी। पत्रों के मुताबिक नेहरु ने "12 स्क्वाड्रन सुपरसोनिक ऑल वेदर लड़ाकू विमानों"; "मॉर्डन रडार कवर" और ऐसे अमरीकी व्यक्तियों की मदद मांगी थी जो हमारे लोगों के प्रशिक्षण के दौरान "इनको संचालित करें और संभाल सकें।"[53] यह पत्र वाकई अमरीका ने भारत के राजदूत और पंडित नेहरु के चचरे भाई आर0 के0 नेहरु द्वारा भेजे गये थे। राजदूत नेहरु ने इंदर मल्होत्रा को यह बताया कि उन्होनें उन पत्रो को "एक ऐसे लॉकर में रखा था जो केवल राजदूत द्वारा खोला जा सकता था।"

अगर हम नेताजी के बारे में दिए गए रुसी बयानों को सच भी मान ले, तो भी कुछ मुद्दे सफाई मांगते हैं। खास बात यह है कि नेताजी सम्बन्धित दस्तावेज़ कई अभिलेखागारों में ढूंढ़े गये पर इस सूची में कई खास अभिलेखागारों के नाम नहीं हैं। उदाहरण है एस0वी0आर0—जो रुसी विदेशी इण्टेलिजेंस सेवा है और इसके रिकार्ड में नेताजी सम्बन्धित कुछ न कुछ जानकारी अवश्य होगी। पेरिस के राष्ट्रीय अनुसंधान संस्था के डॉ0 गैबोर टी0 रिटरस्पून ने मुझे ई–मेल द्वारा बताया कि, "बोस के मामले जैसे अन्य मामलों पर जितनी जानकारी दर्ज है, वह ऐसे रुसी अभिलेखागारों में रखे गये हैं, जो लगभग अप्राप्य हैं।

1990 के दशक में एक बी0बी0सी0 डॉक्यूमेन्ट्री में मॉस्को स्टेट आरकाइव्स के निदेशक सर्गई मिरोनेन्को को "ऑपरेशन मिथ" के बारे में कुछ रोचक खुलासे करते दिखाया गया। यह हिटलर की मृत्यु की जांच से सम्बन्धित था। "इससे जुड़ी फाइलें पहले इतनी संवेदनशील मानी जाती थी कि इनके बारे में कुछ भी न कहा जाता था।"[54]

और यह कोई चौंकाने वाली बात नहीं। फाइलें कुछ भी नहीं—यदि सरकार चाहे तो प्रोजेक्ट्स, विभागों और संस्थाओं को भी छिपा सकती है। हमारी सरकार ने रॉ के बन जाने के बाद भी कितने अरसे तक उसके होने की बात को छिपाये रखा। ब्रिटेन में भी एम0आई0 6 के होने की बात को लगभग आठ दशक बाद स्वीकारा गया—जबकि ब्रिटेन लोकतंत्र की जन्म भूमि है।

मैंने अपनी कोशिश में यह चाहा कि मैं नेताजी मामले पर भारत और रुस के बीच हुयी सारी दर्ज़ बातचीत का चिट्ठा पढ़ सकूं। इसलिए, सूचना के अधिकार अधिनियम के तहत, मैंने सन् 2006 में विदेश मंत्रालय से यह दरख़्वास्त की कि वह मुझे "रुसी सरकारों से नेताजी की गुमशुदगी मामले पर विदेश मंत्रालय की सारी बातचीत की प्रतिलिपियां दें।" साथ ही यह भी जानने की कोशिश की, कि "भारत ने रुस से सारी बात मात्र नोट वर्बेल्स के जरिये की, अथवा उच्चस्तरीय गंभीर प्रयास भी इस मामले में किये गये।"

विदेश मंत्रालय के गोलमोल जवाब से यह साफ था कि कोई "गंभीर" कोशिश की ही नहीं गयी। मुझे बताया गया कि सारे "उपयुक्त" कदम उठा लिये गये थे और बातचीत की प्रतिलिपियों को नहीं दिया जा सकता। मैं संतुष्ट नहीं हुआ और मैंने आगे बहस जारी रखीः

> मैं या इस देश की जनता यह नहीं समझ पा रही कि सन् 1945 में एक राष्ट्रीय नायक की गुमशुदगी से जुड़ी बातचीत का खुलासा होने से सन् 2006 में भारत के सुरक्षात्मक, वैज्ञानिक, आर्थिक अथवा राजनैतिक हितों की हानि कैसे हो सकती है?

यह अपील भी खारिज कर दी गयी। मुझे बताया गया कि जो "सूचना" मैं मांग रहा था, वह आर0टी0आई0 अधिनियम में मांगे जाने वाली 'सूचनाओं' की सूची में शामिल नहीं थी—क्योंकि मैं 'किस्सागोई' के पीछे भाग रहा था। मंत्रालय दृढ़ था कि "ऐसी किसी बातचीत का खुलासा नहीं किया जा सकता था, क्योंकि यह विदेशी सम्बन्धों की बात थी।"

मैं यहां से सेन्ट्रल सूचना आयोग गया। मैंने कहा कि मैं 'किस्से' नहीं तथ्य मांग रहा था। "यह कह देना कि जांच उपयुक्त स्तर पर हुयी है, एक सापेक्ष वक्तव्य है, सूचना

नहीं।" यही मेरी अपील थी।

तत्कालीन सूचना आयुक्त डॉ0 ओ0पी0 केजरीवाल जाने–माने इतिहासकार और नेहरु मेमोरियल लाइब्रेरी एवं म्यूज़ियम के पूर्व निदेशक थे। उन्होंने मेरी बातों से इत्तेफाक रखा और विदेश मंत्रालय से कहा कि मुझे मांगी गयी जानकारी दी जाये। मंत्रालय ने भारत–रुस प्रोटोकॉल की प्रति डॉ0 केजरीवाल को दिखाई और बातचीत की प्रतिलिपियां न दे सकने के अपने निश्चय को दौहराया।

डॉ0 केजरीवाल ने विदेश मंत्रालय की बात मानी तो सही, पर मुद्दे की गंभीरता को देखते हुये एक अपील और कर दी। अब पसोपेश में पड़ने की बारी मंत्रालय की थी। 2 नवम्बर 2007 को डॉ0 केजरीवाल को सूचना मिलीः

> मास्को स्थित भारतीय दूतावास ने एक बार फिर रुस से पूछा है कि क्या वे दस्तावेज़ सार्वजनिक किये जा सकते हैं; जवाब में यह कहा गया कि यह रिकार्ड केवल भारत सरकार के इस्तेमाल के लिये हैं...साथ ही उन्होंने यह भी कहा है कि जिस भारतीय नागरिक को (मुझे) यह जानकारी चाहिये, वह दूतावास के माध्यम से *फेडरेल एण्ड स्टेट आरकाइव्स ऑफ द रशियन फेडरेशन* तक पहुंच सकते हैं–जहां उन्हें यह बताया जायेगा कि यहां कौन से दस्तावेज़ रखे हैं।

मौके का फायदा उठाते हुये मैंने 26 नवम्बर 2007 को डॉ0 केजरीवाल से मौखिक एवं लिखित रुप से अपील की कि मास्को स्थित भारतीय दूतावास "वहां के आठ फेडरेल आरकाइव्स का ब्यौरा मांगे" इसमें रुसी राष्ट्रपति अभिलेखागार, जी0आर0 यू0 तथा सैन्य इण्टेलिजेंस निदेशालय अभिलेखागार भी शामिल थे, ताकि वहः

1 सन् 1940 के बाद नेताजी, और ऑरलैन्डो मज़ोटा सम्बन्धित वर्गीकृत एवं गैर–वर्गीकृत रिकार्ड्स के होने या न होने की पुष्टि करें।
2 वहां रखी सारी सामग्री की सूची दें।
3 किसी कारणवश उन रिकार्ड्स के न ढूंढ़े जाने, अथवा न मिलने की स्थिति में यह सुझाव दें कि आगे क्या किया जा सकता है।

मैंने इस बात पर खास जोर दिया कि "भारत और रुस के अच्छे रिश्तों के चलते भारतीय दूतावास की बात पर ध्यान दिया जायेगा" और यह भी कहा कि यह काम केवल मेरे लिये नहीं था, बल्कि ऐसे रिकार्ड्स राष्ट्रीय अभिलेखागार का हिस्सा बन सकते थे। डॉ0 केजरीवाल ने मेरा पत्र विदेश मंत्रालय को भेज दिया।

और विदेश मंत्रालय ने चुप्पी साध ली।

9

'मृत व्यक्ति' की वापसी

बीमा एजेन्ट दिलीप कुमार मुखर्जी की सालों की मेहनत आज रंग ले ही आयी थी। जब उनके रिश्तेदार टी0सी0 बैनर्जी, जो फैजाबाद के एक विख्यात डॉक्टर थे, ने उन्हें बताया कि "भगवनजी" ने उनकी मन्नत मान ली है; तो उनकी खुशी का ठिकाना न था। दिलीप के माथे पर पसीने की बूंदें छलक आयीं। वे बनर्जी परिवार के साथ उनसे मिलने चल पड़े। डॉ बनर्जी ने उन्हें आगाह किया, "किसी से कुछ न कहना!"

दरअसल भगवनजी एक ऐसे साधु का नाम था जिनका अस्तित्व साबित कर देना उनके शिष्यों के लिये भी टेढ़ी खीर था। वह एक पर्दे के पीछे से बातें करते थे। एक कड़क आवाज ही उनके ज्यादातर शिष्यों के लिए उनकी एक मात्र पहचान थी। स्थानीय लोगों के लिये वह एक काल्पनिक इंसान थे; जिनको कभी किसी ने नहीं देखा था। लगभग तीस वर्षों तक उत्तर प्रदेश में विभिन्न जगहों पर रहने के बाबजूद दिन की रोशनी में किसी से उनकी मुलाकात नहीं हुयी थी। यह "अनदेखा" साधु जल्दी–जल्दी किराये पर घर बदलने के लिये मशहूर तो था; पर वह कमरे के अन्दर ही रहना पसन्द करता। वह अजीबो–गरीब समय पर बाहर निकलता था; पर फिर भी उसका चेहरा हमेशा छिपा रहता। जो भी उनके कमरे में प्रवेश करते वहां एक अजीब सा ठहराव महसूस करते। वह सामने एक भारी डील–डौल का गोरा सा व्यक्ति देखते, जिसके चेहरे पर कोई न

कोई आवरण हमेशा होता था।

जब भगवनजी के 'अनदेखे' रहने का रहस्य उनके शिष्यों से पूछा जाता, तो वे कहते कि वह एक खास साधना में लीन थे; जिससे वह किसी के सामने नहीं आ सकते थे। भारत में अनगिनत साधु हठ योग और तांत्रिक साधनाओं में लीन रहते हैं—लिहाजा यह आम बात लगती थी और लोग शांत हो जाया करते थे। और यूं भी भगवनजी किसी के लिये कोई परेशानी खड़ी तो करते नहीं थे तो किसी को उनसे क्या समस्या होती? कुरेदने वाले व्यक्ति फिर भी काना–फूसी करते कि भगवनजी दरअसल "सुभाष बोस" थे। ज़्यादातर लोगों ने इस बात को हंस कर उड़ा दिया करते थे। लेकिन कुछ थे जो उन तक पहुंचने की कोशिश करते थे। पर इतना समय होता ही कहां था—वह पहले ही अपना स्थान छोड़ कहीं और चला जाया करते थे!

भगवनजी के आस–पास गोपनीयता कि वह एक अनोखी हवा थी जिसमें उनके हर शिष्य को सांस लेनी पड़ती थी। उस पर, अगर गलती से किसी ने उनके बारे में कुछ कह भी दिया, तो उनके गुस्से का डर व्याप्त रहता। "नेताजी" से दूर होने का जोखिम कोई नहीं उठाना चाहता था। दिलीप मुखर्जी की बात अलग थी। वह अपनी पहली ही मुलाकात में सीधे भगवनजी के कमरे तक पहुंचे। डॉ टी0सी0 बैनर्जी का परिवार, जो पहले से ही भगवनजी का लाडला बन चुका था, उन्हे सीधा उनके ले गया।

दिलीप बिल्कुल तैयार थे। "मैंने सोच लिया था कि मुझे क्या–क्या पूछना है," उन्होंने मुझे बताया। पर जैसे ही भगवनजी की आंखों से दिलीप की आंखें टकराईं, उनकी हिम्मत जवाब दे गयी। ऐसा लगा की मानो एक जोरदार थप्पड़ पड़ा हो! उनसे मिलने की सोचना अलग बात थी और उनसे आमना–सामना होना, दूसरी! यह बात 1983 की है। 23 जनवरी 1897 को जन्मे नेताजी यदि तब जीवित होते तो करीबन 86 वर्ष के होते।

"वह बहुत बूढ़े थे, पर नेताजी ही थे!"

दिलीप "नेताजी, नेताजी!" चिल्लाते हुये भगवनजी के पैरों में गिर पड़े। भगवनजी ने उनसे सधी हुयी भारी आवाज़ में कहा, "नहीं! मुझे यह मत कहो।"

"मैं करीब एक घण्टे तक उनके सामने बैठा रहा। आज भी मुझे उस वक्त का एक–एक पल याद है...वह अविश्वसनीय था पर धोखा नहीं...उन्होंने मुझसे मेरा नाम पूछा और मैंने बताया, दिलीप! उन्होंने छूटते ही कहा, 'क्या तुम गा सकते हो? जानते हो, दिलीप कुमार रॉय (नेताजी के परम मित्र) एक जाने–माने गायक थे?'...मैं उनसे बांग्ला में बातें करता रहा...वह सब समझ रहे थे, पर उनके सारे जवाब हिन्दी में थे।"

> राजनीति की बातें करने लगे, तो मैंने कम्युनिस्ट लोगों की तारीफ कर दी ...उन्होंने मुझे डांट कर कहा, "उनके बारे में कितना जानते हो? मैंने उन्हें पास से देखा है...मैं रुस तक होकर आया हूँ...उनमें से कुछ लोग बेहद अमीर हैं...और बाकी भूखे मर रहे हैं...मैंने उन लोगों के महल देखे हैं...इस शरीर ने साइबेरिया तक में उत्पीड़न झेला है।"

दिलीप की यह आखिरी बात मुझे अजीब लगी। अब तक जितने भी साधु सामने आये जिन्हें 'नेताजी' माना गया था—उनमें से भगवनजी पहले थे जिन्होंने रुस का नाम

लिया। शॉलमारी साधु के शिष्य से मैंने अच्छी–खासी पूछताछ की थी। कुछ कारणों से उन्हें 'नेताजी' मान भी लिया जाये, तो शारदानंद को यह पता होना चाहिये था कि 18 अगस्त 1945 को 'उनके' साथ क्या हुआ? यही सोचते हुये मैंने उससे यह पूछताछ की—पर वह कुछ खास न बता पाये।

नेताजी हारने वालों में से नहीं थे और रुसी कोण को इस रहस्य से नहीं हटाया जा सकता था। सो आरंभ में मैंने भगवनजी के नेताजी होने की संभावना भर से इनकार कर दिया। पर फिर मैंने यह जानने की कोशिश कि क्या इस रहस्यमयी साधु ने कभी किसी विमान दुर्घटना या रुस के बारे में कोई बात की थी। मुझे कुछ सवालों के उत्तर मिले। भगवनजी ने हवाई दुर्घटना के बारे में कहा था, "उस दिन कोई क्रैश नहीं हुआ था; यह सब सोची–समझी नीति थी।" तथाकथित रुप से जिस विमान की दुर्घटना हुयी थी, वह दरअसल कभी ताइपेई हवाई अड्डे से उड़ा ही नहीं। उन्होंने यह इशारा भी किया कि जब 'उनकी' मृत्यु की खबर आम हुयी तब तक "वह अपनी मंजिल पर पहुंच चुके थे।" रोचक बात थी कि उन्होंने सेन्ट्रल साइबेरिया में एक गुलाग में अपने रहने की बात कही—बैकाल झील और यूराल पहाड़ी श्रृंखला के आस–पास कहीं!

आज भगवनजी की गाथा नेताजी रहस्य प्रकरण में कुछ इस तरह फिट बैठती है कि विश्वास होने लगता है कि भारत के इस सबसे लम्बे राजनैतिक विवाद का अन्त दरअसल न दक्षिण–पूर्व एशिया में हुआ और न ही साइबेरिया में; बल्कि फैज़ाबाद में!

1950 के दशक के मध्य से भगवनजी उत्तर प्रदेश में लखनऊ, नैमिषारण्य, बस्ती, अयोध्या और फैज़ाबाद की कई जगहों पर रहें।

1980 के दशक में उन्हें "गुमनामी बाबा" के नाम से जाना गया—वह साधु जो अपनी पहचान खो चुका था। यह नाम चल निकला। पर भगवनजी स्वयं को महाकाल (मां काली के पुत्र) अथवा "मृत व्यक्ति" कहा करते थे।

"मृत व्यक्ति" व्यक्ति का प्रथम शिष्य एक गरीब संस्कृत शिक्षक था—जिसका नाम था महादेव प्रसाद मिश्रा। सन् 1955 के आस–पास दोनों ने लखनऊ के सिंगार नगर में किराये पर एक घर लिया। कुछ समय बाद महादेव की विधवा हो चुकी पुत्री सरस्वती देवी शुक्ला अपने छोटे से पुत्र राजकुमार के साथ भगवनजी की सेवा में लग गयी। जल्दी ही इटावा के कुलीन वर्ग के सुरेन्द्र सिंह चौधरी भी इनके शिष्य बन गये।

कुछ समय तक मृत व्यक्ति आराम से अपनी ज़िन्दगी बसर करता रहा। वह अपने घर से आखिरी बार एक नया चश्मा खरीदने निकले थे। चौधरी उन्हें अमीनाबाद के एक मशहूर चश्मेवाले के यहां लेकर गये, और वहां जैसे ही उन्होंने अपने सिर पर पहनी हुयी पगड़ी उतारी, बगल में खड़ा एक ग्राहक चौंक कर बोल पड़ा "नेताजी"। अगले ही पल दो नौजवान उनके कदमों में गिर पड़े। अपना रहस्य खुलते देख भगवनजी भाग कर कार में बैठ गये और चलते बने। कुछ सालों बाद आई0एन0ए0 की गोपनीय सेवा में कार्यरत पवित्र मोहन रॉय को यह बात बता करे उन्होंने कहा, "इसीलिये अब मैं दाढ़ी–मूंछ रखता हूं।"

सिंगार नगर भीड़–भाड़ वाला इलाका था। इसलिये भगवनजी इसे छोड़ गोमती नदी के किनारे एक उजाड़ शिवालय में रहने लगे। वहां रहना मुश्किल हुआ तो नैमिषारण्य

चले गये। सन् 1960 में भगवनजी वहीं के एक शिवालय में रहने लगे। वहां रहने वाले अधिकतर साधुओं की भांति, वे भी अध्ययन और ध्यान में अपने दिन काटते और अपने में ही सिमटे रहते। मिलने वाले मिलने आते तो स्लेट पर लिखकर जवाब देते। अजीबो–गरीब अफवाहें उड़ने लगीं तो मंदिर के पुजारी के एक रिश्तेदार उनसे मिलने आये। और यही श्रीकांत शर्मा के जीवन की सबसे प्रिय यादें थीं। 1930 के दशक के अन्त में एक बार नेताजी के उन्हे दर्शन हुए थे, और "एक बार फिर" मंदिर में उनसे मुलाकात हुई।

"यह नेताजी हैं" की अफवाहें उड़ती रहीं और मृत व्यक्ति इनसे बचने के लिये इधर से उधर भागते रहे। नैमिषारण्य के बाद सन् 1964 में वह बस्ती और 1976 में अयोध्या आ गए। जब वह बस्ती में थे, तब वहां के एक स्थानीय व्यक्ति दुर्गा प्रसाद पाण्डेय ने उनका विश्वास जीता। श्रीकांत की तरह पाण्डेय हमारे वक्त तक जीवित रहे—हमें यह बताने के लिये कि उन्होंने नेताजी और भगवनजी दोनों ही के दर्शन किये थे। पाण्डेय के परिचितों की मदद से भगवनजी अयोध्या आये—यहां उन्होंने चार बार अपने घर बदले। सन् 1977 में उन्होंने बह्मकुण्ड गुरुद्वारे के पास एक मकान में रहना शुरू कर दिया। सन् 1983 में वह फैज़ाबाद में चले गये उनको यहां ले आने वाले उनके खास शिष्य थे सर्जन डॉ0 आर0पी0 मिश्रा। यहां वह एक बंगले के पीछे बने हुय किराये के एक दो कमरे के मकान में रहते रहे। बंगले का नाम उसके मालिक ठाकुर गुरुबसन्त सिंह ने "रामभवन" रखा था। स्थान और वक्त लगातार बदलते रहने के बावजूद कहानी का पटाक्षेप नहीं हुआ। हां, उम्र बढ़ने के साथ–साथ भगवनजी खुलकर बोलने लगे थे।

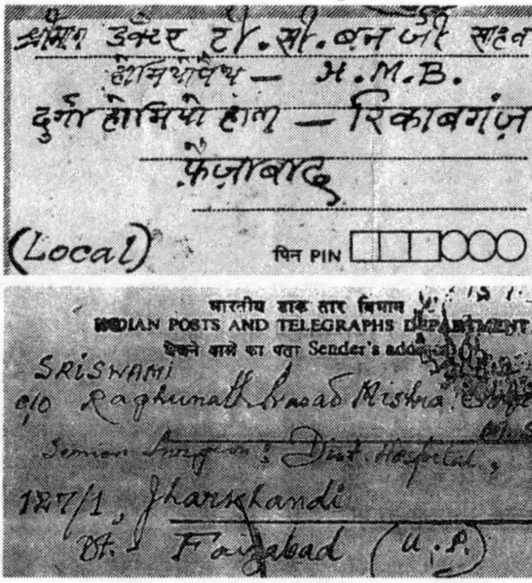

भगवनजी की हस्तलिपी मे डॉ0 मिश्रा और डॉ0 बैनर्जी के नाम

रामभवन में शिष्य एक परदेदार खिड़की के पास बैठकर भगवनजी से उनके प्रवचन सुनते। इनमे से एक थे गुरुबसन्त सिंह के बड़े पुत्र शक्ति सिंह। भगवनजी अच्छी अंग्रेजी, उर्दू से पटी हिंदी और बांग्ला में बोलते। उनकी भाषा से कोलकाता की माटी की सुगन्ध आती थी। उन्हे कुछ और भाषाओं का ज्ञान भी था, जिसमे संस्कृत, पश्तो, जर्मन और चीनी प्रमुख थी।

गुरुबसन्त ने मुझसे कहा, "ऐसी आवाज़ मैंने आज तक नहीं सुनी। उनका लहज़ा एक सेनापति जैसा था।" एक प्रिय शिष्य रवीन्द्र शुक्ला ने उनकी आवाज़ को रिकार्ड करने की कोशिश भी की, पर नाकाम रहे। "मैं अपने साथ रिकार्डर ले तो गया, पर मेरी हिम्मत जवाब दे गयी।" कुछ ऐसा ही डॉ मिश्रा के बड़े पुत्र के साथ हुआ। बैनर्जी परिवार, श्रीकान्त शर्मा, दुर्गा प्रसाद पाण्डेय एवं अन्य व्यक्ति जिन्होंने भगवनजी को देखा

था यही कहते थे कि वह नेताजी जैसे दिखते थे, बस उनसे ज्यादा उम्र के लगते थे। भगवनजी कभी अपनी फोटो नहीं खींचने देते थे, पर श्रीकान्त ने उनकी दंतपंक्ति में 'गैप' और दुर्गा प्रसाद के पुत्र ने पेट के एक तरफ चाकू का निशान देखा था। दोनों ही इनके नेताजी होने का इशारा करते थे।

भगवनजी ने अपने शिष्यों को सख़्त हिदायत दी थी कि वह उनकी पहचान के बारे में अटकलें न लगायें। "मेरे बारे में किसी को न बताना...इससे देश को कोई फायदा नहीं होगा।" और उनके शिष्यों ने (खासतौर से वह जो बंगाल के थे) इस बात का पूरा पालन किया। और तभी आज की तारीख में भगवनजी के बारे में जितना भी जानते हैं; वह सब हमें उनकी कथित मृत्यु 16 सितम्बर 1985 के बाद पता चला। कोलकाता में जैसे ही पवित्र को उनकी मृत्यु की खबर के बारे में पता चला तो उनका कहना था कि यदि उन्होंने अपना मुंह खोला, तो "देश जल उठेगा!"

19 सितम्बर की शाम को तिरंगे में लिपटे एक शव को रामभवन से बाहर निकाला गया और पास बहती सरयू नदी के पास उसे ले जाया गया। इस बात के लिये प्रशासन की कोई अनुमति नहीं ली गई थी।

"यहां हम 13 उनको अन्तिम विदाई दे रहे हैं...जबकि यहां 13 लाख होने चाहिये थे।" ये शब्द थे पण्डा राम किशोर के, जिन्होंने एक बार अयोध्या में अपने घर पर भगवनजी को शरण दी थी। चिता मिनटों में ही धू–धू कर के जल उठी और फैज़ाबाद इस अफवाह से धधक उठा कि दरअसल भगवनजी ही नेताजी थे। बाद में दो व्यक्तियों, जिनमें से एक आगे चलकर उत्तर प्रदेश के डी0आई0जी0 बने और दूसरे सी0बी0आई0 के निदेशक, ने मुझे सेवानिवृत्ति के बाद बताया कि "नेताजी के जीवित होने और उत्तर प्रदेश में होने" की बात सितम्बर 1985 से पहले ही कई अफसरों को पता थी। वह चाहते तो सन् 1985 से पूर्व ही इस बात को भंडा–फोड़ कर सकते थे। पर कमाल की बात है कि सभी नाकाम रहे। फैज़ाबाद में भगवनजी शहर के बीचों–बीच रहा करते—जहां से राबसे बड़े स्थानीय पुलिस अफसर का घर और कार्यालय जरा ही दूर था। रामभवन के ठीक पीछे भारतीय सेना की गोरखा रेजीमेंट का मुख्यालय था—आज भी है। भगवनजी हर रोज़ करीब शाम छः बजे ट्रान्समीटर की मदद से अंग्रेजी में संदेश भेजते थे। और कभी–कभी देर रात कहीं जाया करते थे।

पुलिस को इन अफवाहो की कुछ जानकारी थी। एक कहानी तो यह भी थी कि भगवनजी सी0आई0ए0 के एजेंट थे। शायद यह उनको बदनाम करने का सबसे आसान तरीका था। सन् 1979 में अयोध्या के पत्रकार विरेन्द्र मिश्रा ने फैजाबाद के एस0पी0 ज्ञानेश्वर झा को गोपनीय पत्र में लिखा कि "गुरुदेव स्वामी" (भगवनजी) शक के घेरे में थे। "कुछ लोग उन्हें सी0आई0ए0 का जासूस मानते हैं। वह ट्रान्समीटर के जरिये संदेश भेजते हैं।"

देखा जाये तो यह सूचना स्थानीय आई0बी0 अफसरो तक पहुंचने के लिये काफी थी...पर पत्रकार ने साथ ही यह भी लिख दिया कि "लोग मानते हैं कि बाबाजी सुभाष चन्द्र बोस हैं...और वह छिप कर ही रहना चाहते हैं।"

एस0पी0 ने जांच शुरु करवाई। वह भगवनजी से मिलने पहुचें तो इसके तुरंत बाद

उनका अचानक ही तबादला हो गया। बस्ती के एक पूर्व बीट कान्स्टेबिल मुहम्मद मोबिन ने मुझे बताया कि किस तरह रात के अंधेरे में लोग अपनी कारों से उतर कर भगवनजी से मिलने आते थे।

एक बार गुरुबसंत सिंह ने सीना फुलाये एक कर्नल को अन्दर जाते देखा लेकिन जब वह बाहर आया तो उसकी अकड़ ढीली पड़ गई थी। बाहर निकलते हुए उसने कहा "अन्दर तो कोई जनरल बैठा है।"

पिछले कुछ सालों में मुझे ऐसे कई व्यक्ति मिले जो या तो भगवनजी से मिल चुके थे अथवा उनके बारे में सुन चुके थे। दिल्ली के एक रईस चार्टर्ड एकाउन्टेंट के मुताबिक, "मैंने और मेरे पिताजी ने 1960 के दशक में जब उनसे बात की तो हमें लगा वह ही नेताजी हैं। पर इस बात का हमारे पास कोई सबूत न होने की वजह से हम चुप रहे।"

एक अन्य व्यक्ति जो अपने बचपन में भगवनजी से अभिभूत हो चुका था, आज भारत के जाने–माने फिल्म निर्माताओं में गिना जाता है। वह है अनुराग कश्यप, जिन्होंने *देव डी* और *ब्लैक फ्राइडे* जैसी फिल्में बनाईं हैं। इनके नाना रामभवन के ठीक सामने रहते थे। "मुझे याद नहीं कि यह मेरी बचपन की कल्पना है या वास्तविकता में हुई सच्ची घटना। शायद मैं भी उनसे मिला था," उन्होने मुझसे कहा। "मैं अभी भी कभी–कभार गुमनामी बाबा के बारे में सोचता हूं।"

सन् 1986 में अपनी स्क्रैपबुक में कश्यप ने जो अखबारों की कटिंग चिपकाई, उससे आने वाले तूफान का अंदेशा साफ था। सितम्बर 1985 के बाद स्थानीय पत्रकारों ने फ़ैज़ाबाद में डेरा डाल दिया। कई लोग जो खबरों की तलाश में कोशिशें करते रहे, शासन के नकारात्मक रवैये से हार जाते। शासन पहले ही अपने नतीजे निकाल चुका था।

प्रदेश के मुख्य सचिव ने भगवनजी के नेताजी होने की बात को सिरे से खारिज कर दिया। उनके अनुसार वह नेताजी के मददगार हो सकते थे लेकिन नेताजी नहीं। फ़ैज़ाबाद के डी0आई0जी0 अजय राज शर्मा का व्यक्तिगत नजरिया कुछ अलग था। उनका कहना था, "कुछ तो था गुमनामी बाबा में।" शर्मा ने उनकी लिखावट की जांच की सलाह दी। प्रशासन के ढुल–मुल रवैये के चलते पत्रकारों ने अपनी खोज व अटकलें जारी रखीं। खोज करने में सबसे सफल रहे हिंदी में लिखने वाले अशोक टंडन और अंग्रेजी अखबार *नार्दन इण्डिया पत्रिका* (एन0आई0पी0) के निर्मल निबेदन, वी0एन0 अरोड़ा और उनके समाचार सपांदक सैयद कौसर हुसैन। अगर हुसैन और टंडन ना होते तो पूरा मामला ही कब का दबा दिया जाता।

अशोक टंडन

पत्रकार भगवनजी को नेताजी से जोड़ रहे थे। सबसे पहले ऐसा करने वाले थे अशोक टंडन। दुर्भाग्यवश, निबेदन, जो राष्ट्रीय स्तर के पत्रकार थे और खास तौर से इस जांच के लिये लाये गये थे, दिल्ली में एक हादसे का शिकार हो गऐ। खैर, इस "रहस्यमय व्यक्ति" पर एन0आई0पी0 की रिपोर्ट्स से पूरा फ़ैज़ाबाद भाव विभोर हो उठा था। इस पर राज्य सरकार का कहना था कि जनता को उकसाने के पीछे जनता पार्टी

और भाजपा की मिलीभगत थी। यह सच नही था क्योकि आम जनता ही सत्य जानना चाहती थी।

3 दिसम्बर 1985 को लखनऊ के गृह विभाग ने फैज़ाबाद के डी0एम0 को निर्देश दिये कि वह इस मामले में “एक विस्तृत रिपोर्ट की तीन प्रतियां जल्दी से जल्दी भेजें ताकि केन्द्र सरकार को इस बाबत सूचित किया जा सके।”

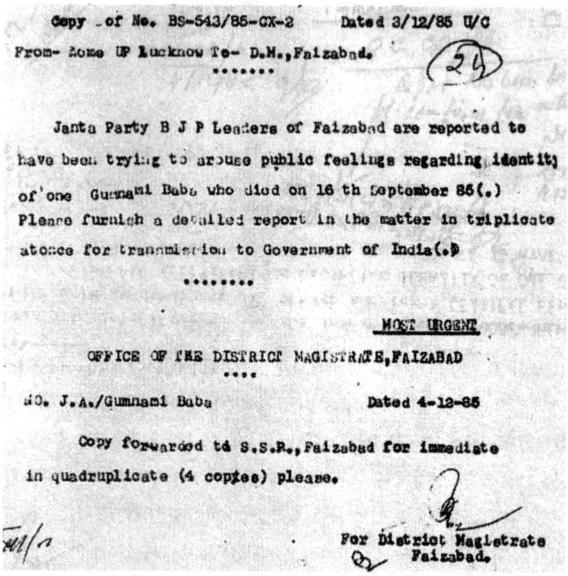

Copy of No. BS-543/85-CX-2 Dated 3/12/85 U/C

From- Home UP Lucknow To- D.M., Faizabad.

(24)

....

Janta Party B J P Leaders of Faizabad are reported to have been trying to arouse public feelings regarding identity of one Gumnami Baba who died on 16 th September 85(.) Please furnish a detailed report in the matter in triplicate atonce for transmission to Government of India(.)

....

MOST URGENT

OFFICE OF THE DISTRICT MAGISTRATE, FAIZABAD

....

NO. J.A./Gumnami Baba Dated 4-12-85

Copy forwarded to S.S.P., Faizabad for immediate in quadruplicate (4 copies) please.

For District Magistrate
Faizabad.

Document obtained under the Right to Information

यह खबर भी जल्दी ही आ गई कि प्रशासन भगवनजी द्वारा छोड़े गए सामान की नीलामी करने वाला है। इस बात की भनक पड़ते ही सामाजिक कार्यकर्ता डॉ0 एम0ए0 हलीम और विश्व बान्धव तिवारी जिलाधिकारी के पास पहुंचे। तारीख थी 30 दिसंबर 1986। उनके लिखे पत्र की एक प्रति दिल्ली में विदेश सचिव और उत्तर प्रदेश के तत्कालीन मुख्यमंत्री एन0डी0 तिवारी को भी भेजी गई थी। पत्र में जांच की मांग की गई थी।

> उत्तर प्रदेश के एक नामी दैनिक *नार्दन इण्डिया पत्रिका* ने महीनों की पड़ताल के बाद यह नतीजा निकाला कि वह साधु दरअसल श्री सुभाष चन्द्र बोस थे। इस पेपर में सबसे बड़े सबूत भगवनजी के घर पाये दस्तावेज़ों और रिकार्ड्स पर आधारित हैं। इसकी सूची एक निचले स्तर के पुलिस अफसर ने बनाई थी। हमारी आपसे गुज़ारिश है कि इन सबको उनके घर में ही सील रहने दिया जाये, और वहां नियुक्त रक्षकों को वहीं रखा जाये। यही देशहित में भी है। इस सम्बन्ध में आप जो भी कदम उठायें, उसकी जानकारी हमें कृपा करके देते रहें।

जिलाधिकारी ने इन दोनों को कोई जवाब नहीं दिया। पर, सुरेश बोस की पुत्री ललिता बोस मीडिया रिपोर्ट्स पढ़ते ही दिल्ली से भाग कर वहां पहुंची तो स्थिति जरा संभली। सन् 1986 की शुरुआत में ही उन्होंने तब उत्तर प्रदेश के मुख्यमंत्री रहे बीर बहादुर सिंह से मुलाकात की; पर सिंह जांच के लिये ज्यादा उत्सुक नहीं दिखे।

ललिता चाहती थीं कि भगवनजी द्वारा छोड़ी गयी वस्तुओं की एक सूची स्वयं किसी उच्च पुलिस अधिकारी अथवा अधिवक्ता–आयुक्त से बनवाई जाये; पर यह गुज़ारिश खारिज कर दी गयी। फिर ललिता बोस ने अपनी पड़ताल शुरु की। यह उनके लिये

एक नया ही अनुभव रहा। वह बीच–बीच में ही इस एहसास से ही टूट जाती थीं कि भगवनजी शायद उनके चाचा—स्वयं नेताजी ही थे।

ललिता के चचेरे भाई शिशिर बोस की प्रतिक्रिया बहुत अजीब थी। उनके अनुसार, "जो लोग यह दावा कर रहे थे कि वह रहस्यमयी बाबा दरअसल नेताजी सुभाष चन्द्र बोस थे; वह इस महान् राष्ट्रीय नेता का नाम बेच रहे थे।" ललिता ने तुरंत पलट कर जवाब दिया, कि शिशिर सरकारी जुबान इसलिये बोल रहे थे क्योंकि वह सरकारी फायदे चाहते थे।

फैज़ाबाद में जिलाधिकारी कार्यालय में रखी गुमनामी बाबा फाईल में 11 नवम्बर 1985 को *नार्दन इण्डिया* पत्रिका में छपी एक रिपोर्ट का अंश रखा है। इसके मुताबिक शिशिर रिपोर्ट्स की सच्चाई का पता लगाने के लिये फैज़ाबाद आये थे। पर यह केवल एक अटकल भर लगती है, क्योंकि फाइल में अन्य कोई सबूत नहीं था। अगर शिशिर ने ऐसा कोई दौरा किया भी होगा तो उनकी मुलाकात किसी खास व्यक्ति से नहीं हो पायी। उनके भाई जीतेन्द्र नाथ रॉय और उनकी बहन ललिता ने ही सारी पड़ताल की। नेताजी की बहन के पुत्र राय जो गोरखपुर में रहते थे इस मामले में चुप्पी साधे रहे पर ललिता चुप न रह सकीं। 1 अप्रैल 1986 में *द पायनियर* को उन्होंने बताया कि भगवनजी का व्यक्तिगत सामान एवं असर "कहीं न कहीं नेताजी और उनके के परिवार से जुड़े दिखते हैं।"

> सबसे खास बात यह है कि जब मैंने उनका सामान देखा तो मुझे अपने पिताजी स्वर्गीय श्री सुरेश चन्द्र बोस की एक तस्वीर एक बंगाली सिल्क में लिपटी हुयी मिली...
>
> मैं अपने पिताजी से बार–बार पूछती थी कि बस्ती से आपसे मिलने आने वाला यह ग्रामीण आदमी कौन है। पर मुझे कोई जवाब नहीं मिलता था। वह घण्टों तक अपने कमरे में बैठ कर उनसे बातें करते रहते।[1]

आज शायद बोस परिवार के कुछ सदस्य ललिता की बात को काटना चाहें। सच तो यही है कि 10 फरवरी 1986 को उन्होंने डॉ0 एम0ए0 हलीम और विश्व बान्धव तिवारी के साथ, इलाहाबाद हाई कोर्ट की लखनऊ खण्डपीठ में उत्तर प्रदेश के मुख्यमंत्री, राज्य के मुख्य सचिव और फैज़ाबाद के जिलाधिकारी के खिलाफ शिकायतें दर्ज कीं। ऐसा करने मे सैयद कौसर हुसैन ने परदे के पीछे से काफी महत्वपूर्ण भुमिका निभाई। हुसैन अब इस दुनिया में नही है।

याचिकाकर्ताओं ने अपने वकील रॉबिन मित्रा के हवाले से निबेदन–अरोड़ा–हुसैन टीम के काम को "राष्ट्र–सेवा" का दर्जा दिया। उन्हें दुःख था कि इतनी विस्तृत आम रुचि के बावजूद जिलाधिकारी इस मामले में चुप्पी साधे बैठे थे। उन्होंने बताया कि भगवनजी की वस्तुओं की सूची पुलिस ने बेहद बेतरतीब तरीके से बनाई थी। राज्य सरकार की नीलामी की योजना को नाकाम करने के लिये ही उनकी दलील रही कि "याचिकाकर्ता नं0 1 ललिता बोस श्री सुभाष चंद्र बोस की भतीजी का भगवनजी के सामान पर पूरा हक है; अगर वह नेताजी ही निकल आते हैं तो!"

उन्होंने यह भी सलाह दी कि भगवनजी की किताबें उनके पत्र इत्यादि दिल्ली के राष्ट्रीय अभिलेखागार में भिजवा दिये जायें।

प्रशासन की उदासीनता की भरपाई करने के लिये, जस्टिस एस0एस0 अहमद और जी0बी0 सिंह ने उसी दिन अंतरिम राहत की घोषणा की। न्यायपालिका ने प्रति पक्ष को हिदायत दी कि वह "अगले छः हफ्तों" में इस मामले में हलफनामा दायर करें। (सरकार को जवाब देने में 13 साल लगे) खैर, मुख्य्य गुज़ारिश पर ध्यान देते हुये फैज़ाबाद के जिलाधिकारी को निर्देश मिले की भगवनजी के सारे सामान की एक विस्तृत मालसूची तैयार करवायें; जिसमें सारे सामान की जानकारी हो और इस सारे सामान को अपनी निगरानी में रखें।

हाईकोर्ट के इस फैसले को बहुचर्चित होना चाहिये था, पर उसी समय दिल्ली सरकार के अन्य फैसले के चलते ऐसा कुछ हो नहीं पाया। जनवरी 1986 से फैज़ाबाद की एक जिला अदालत में राम जन्म भूमि और बाबरी मस्जिद विवाद के बारे मे एक अपील दायर की। याचिकाकर्ता इस विवाद का हिस्सा नहीं था पर जज ने फिर भी, पहले चलते मामलों का ख्याल न करते हुये, इस दूसरे मामले पर सुनवाई कर ली। और सबका ध्यान जन्मभूमि वाले मुछे पर लग गया।

25 फरवरी 1985 को उत्तर प्रदेश विधान सभा में इस बात को लेकर चर्चा हुयी। कृष्णपाल सिंह, नित्यानंद स्वामी (जो आगे जाकर उत्तरांचल के मुख्यमंत्री बने) एवं कांग्रेस के जगदम्बिका पाल (जो अब भाजपा मे है) ने एक गहन जांच क़ी जरुरत जताई; हालांकि पाल ने किसी नेताजी कनेक्शन की बात को नहीं स्वीकारा। सरकार की ओर से वित्त मंत्री बलदेव सिंह आर्य ने कहा कि एक जांच के अनुसार भगवनजी नेताजी नहीं थे। सदस्य वह जांच रिपोर्ट देखना चाहते थे, पर मंत्री ने उसे दिखाने से इंकार कर दिया।

भगवनजी के सामान की मालसूची बनने का काम 23 मार्च 1986 से 23 अप्रैल 1987 तक चला। इस दौरान उनकी छोड़ी हुयी लगभग 2,673 चीज़ों की सूची बनाई गयी। भगवनजी के व्यक्तित्व को समझने में यह सूची बेहद मददगार है। अध्यात्म में प्रवीण होते हुये उनके पास हिन्दू धर्म पर संस्कृत, बांग्ला एवं हिन्दी में कई लम्बे ग्रन्थ बरामद हुये। साथ ही पाश्चात्य संस्कृति में भी वह काफी जानकार थे। मितव्ययी तरीके से रहने के बावजूद उन्होंने कभी भी अच्छा रहन–सहन नहीं छोड़ा। उनकी एक अनुयायी महिला ने जब जर्मनी के स्टटगार्ट में रहने वाले अपने भाई के बारे में बताया तो भगवनजी ने तुरंत उस जर्मन शहर में बिताए अपने दिनों को याद किया। एक बार उन्हाने राजकुमार को लंदन के अपने "विद्यार्थी जीवन" की बातें भी बताईं थी।

वह पाइप पीते थे; कभी महंगे सिगार भी—और एक दिन बातों–बातों में कह बैठे कि उन्होंने यह आदत मुसोलिनी से ली थी। नाश्ते में ब्रेड–मक्खन खाने वाले भगवनजी विलियम शेक्सपीयर, चार्ल्स डिकन्स और पी0जी0 वुडहाउस की कृतियां बडे चाव से पढ़ते थे। इसके अलावा उनके पास चुनिंदा पाश्चात्य साहित्य था; स्विफ्ट की *गुलीवर्स ट्रैवल्स*, होमर लिखित द *इलियड* एवं द *ओडिसी*, बरलिट्ज़ की द *बरमुडा ट्राइएंगल*, आदमस्की की *फ्लाइंग सॉसर्स फेयरवेल*, स्वामी अबेदानंद की *लाइफ बियान्ड डेथ*, आई0जी0 बर्नहम

द्वारा अनूदित *सेलेब्रेटेड क्राइम्स*, ह्ययूगो की द हंचबैक ऑफ नाटर डेम, लेविस कैरोल की *एलिस इन वन्डरलैन्ड*, उमर खय्याम की *रुबाहयत* इत्यादि इस सूची में शामिल थीं।

संगीत में वह भारतीय शास्त्रीय एवं बांग्ला संगीत के कायल थे। पन्नालाल भट्टाचार्य, के0एल0 सहगल, जथिका रे, उस्ताद फयाज़ खान, सुमित्रा सेन, डॉ0 गोविन्द गोपाल मुखर्जी, अतुल प्रसाद सेन, बिस्मिल्लाह ख़ान, विलायत ख़ान, पं0 रविशंकर, पन्नालाल घोष, दिलीप कुमार रॉय, काज़ी नज़रुल हसन, बांग्लादेश की फिरोज़ा बेग़म इत्यादि के रिकार्ड उनके कलेक्शन में से पाये गये। साथ ही बॉलीवुड के नौशाद अली उन्हें बहुत पसन्द थे—केवल अपने दिलकश संगीत के लिये ही नहीं, बल्कि दोस्तों की मदद करने के उनके जज़्बे के लिये भी। डॉ मिश्रा के छोटे पुत्र निरूपम से भगवनजी ने एक बार कहा कि उन्हे अमिताभ बच्चन पसंद थे। अपने एक और शिष्य से उन्होने कहा, "रेडियो के सबसे अच्छे उद्घोषक हैं—मेलविल डी मेलो।" उन्होंने यह भी कहा कि "मैंने कई भारतीय नाटकों का रुस में मंचन होते देखा है।"

बाहर की गई अपनी यात्राओं में वह रोलैक्स और ओमेगा गोल्ड की कलाईघड़ियाँ पहनते थे। ये घड़ियाँ उन्होंने कभी किसी स्थानीय शिष्य को नहीं दिखाईं। जब यह धरोहर सामने आयी, तो लोगों में खलबली मच गयी; क्योंकि सुभाष चंद्र बोस तबसे गोल घड़ियां पहनते थे, जब से उनके माता–पिता ने उन्हें वह भेंट की थीं।

शिष्यों से उनकी बातचीत में धर्म, इतिहास, राजनीति और भविष्य की गणना शामिल होती। वह वैश्विक घटनाओं का उदाहरण यूं देते मानो उन्हीं की आंखों के सामने वे घटनायें घटित हुयीं हों। एक बार उन्होंने अपनी पनडुब्बी यात्रा का वृत्तांत साझा किया। अन्य ग्रहों पर जीवन की संभावनाओं पर भी वह बात किया करते थे। खुद को वह अधिकतर "तुम्हारा मृत व्यक्ति" कह कर सम्बोधित करते। "यह शरीर" भी उनका खुद के लिये पसंदीदा सम्बोधन था।

वह एक सटीक भविष्यवक्ता थे। सन् 1971 में उन्होंने अंग्रेजी में कहा था, "यह ईश्वरीय सत्य है और उसी के मुंह से सुनिये...कम्युनिज़्म की मृत्यु उसकी जन्मभूमि पर ही होगी।" उन्हाने जर्मनी और फिर कोरिया के विघटित भागों के विलय हो जाने की भविष्यवाणी की थी।

बीते हुये दिनों एवं घटनाओं और यादों के बारे में वह कई बातें करते। गांधी, नेहरु, जिन्नाह एवं आज़ाद के बारे में ऐसे बात करते मानो वह ऐतिहासिक नहीं बल्कि उनके लिये जीते–जागते व्यक्ति रहे हों।

> यह बात देशवासियो से गोपनीय रखी गयी है, पर सच तो यह है कि आपका मृत व्यक्ति बापू के आशीर्वाद और पार्टी की कमेटी की सहमति से ही भारत के बाहर गया था...किसी बारे में कोई रंज नहीं।

उनका कहना था कि "देश के विभाजन की बात पर बापू बच्चों की तरह बिलख–बिलख कर रोये थे; पर उनकी बात किसी ने नहीं मानी।"

उन्हें जवाहरलाल नेहरु और इंदिरा गांधी कभी पसंद नहीं रहे पर इतना ज़रुर कहते कि इंदिरा "बहादुर थीं" और सन् 1984 में उनकी हत्या पर उन्हें बहुत दुख हुआ था।

"किसी स्त्री को कभी चोट नहीं पहुंचानी चाहिये।" यह उनके शब्द थे। एक शिष्य ने तो यह भी बताया की इंदिरा की हत्या के दिन भगवनजी ने गुस्से मे भर कर कहा, "इस शरीर ने कितनी बार काओ को कहा था कि उनकी सुरक्षा बड़ा दी जाए।" शिष्य यह नहीं जानता था कि "काओ" यानि आर0 एन0 काओ भूतपूर्व रॉ प्रमुख थे जो सन् 1984 में प्रधानमंत्री के सुरक्षा सलाहकार थे।

सन् 1985 में जब राजीव गांधी फैजाबाद में आए तो भगवनजी से पूछा गया कि वह उनके के बारे में क्या सोचते थे। उन्होंने कहा, "अपने नाना से बेहतर है।" उनका मानना था कि अटल बिहारी वाजपेई और नरसिम्हा राव का भविष्य सुनहरा था। भगवनजी की माने तो कई केन्द्रीय मंत्रियों और उत्तर प्रदेश के मुख्य मंत्रियों को उनके बारे में और उनकी असलियत का पता था। सुनने में तो यह भी आया कि भगवनजी से मिलने वाले एक प्रतिष्ठित व्यक्ति थे प्रणब मुखर्जी। एक बार भगवनजी ने इनकी बुद्धिमता और ज्ञान की बड़ाई की थी।

राष्ट्रपति प्रणब मुखर्जी नेताजी को उनके जन्मदिवस 23 जनवरी 2014 को श्रद्धांजली देते हुए

"चान्सलर हिटलर" से उनके पहाड़ी रिसोर्ट पर मिलने की यादें और वॉयलन बजाने में उनकी रुचि की बात भी भगवनजी के ज़ेहन में ताज़ा थीं। यह ताज्जुब की बात इसलिये थी कि रुसियों ने बर्लिन में प्राप्त की गई युद्ध ट्राफियां दुनिया को केवल 90 के दशक में दिखाई थीं; जिनमें हिटलर का वॉयलिन भी शामिल था। इससे पहले किसी को नहीं पता था कि हिटलर वॉयलिन बजाने का शैकिन था।

भगवनजी लिये नाजी "एस0एस0 गॉडस की 24 घण्टे की निगरानी" में रहना भले ही कष्टकारी रहा हो पर उनकी नजर में देशभक्ति के मामले में जर्मन और जापानी सैनिकों का कोई सानी नहीं था। उन्हें यहूदियों से सहानुभूति थी और अपनी "किस्मत में विश्वास बनाये रहने के लिये" उनको बहुत प्रशंसनीय मानते थे।

उनकी बातें ऐसी थीं कि मानो उन्होंने तिब्बत और चीन के आंतरिक हिस्सों की सैर की हो..."मैं हिमालय को ऐसे जानता हूँ, जैसे अपने हाथ को।"

इस असाधारण व्यक्ति की सबसे खास वस्तुएं थीं किताबें। *इनसाइक्लोपीडिया ब्रतानिया* या टैगोर और शरत चन्द्र की पूरी साहित्यिक रचनाएं उनके पास थीं। नवीन इतिहास की पुस्तकों में कुलदीप नैय्यर की '*बटवीन लाइन्स* और *इण्डिया क्रिटिकल इयर्स*, ब्रिगेडियर जॉन दलवी की *हिमालयन ब्लन्डर* और मैक्सवैल की *इण्डियास चाइना वार* पर उनकी टिप्पणियां हाशिये पर रहतीं। दलवी की प्रशंसा करते हुये, वह मोरारजी देसाई के बारे में कहते, "हमेशा ही गलत आदमी।" सन् 1962 में युद्धबन्दी रहे दलवी के बारे में वह कहते; "तुम्हारी सच्चाई एवं निष्ठा के लिये ईश्वर तुम्हें खुश रखे...उसने तुम्हें मृत्यु से बचाया और वापस अपने लोगों के बीच भेज ही दिया।" इसी किताब में उन्होंने नेहरु के बारे में काफी आपत्तिजनक टिप्पणियां भी दीं। पृष्ठ संख्या 316 पर प्रधानमंत्री के कथन के सामने ही उन्होंने अंग्रेजी लिखा, "वह जोकर और धोखेबाज था।"

सन् 1962 के युद्ध की बात करें तो उनके मुताबिक "चीनी शत्–प्रतिशत् चाणक्य के शिष्य थे।" जबकि भारतीय सैनिक, भारत माता के सीधे–साधे, ईमानदार लोग जिन्हें "बेवकूफी, थोथे घमण्ड और लालच की वेदी पर बलि चढ़ा दिया गया।" दलवी के एक सैन्य कमान्डर की प्रशंसा के बारे में उन्होंने लिखा, "आप इनकी कुछ ज्यादा ही प्रशंसा नहीं कर रहे? मैं इस व्यक्ति को जी हूजूरी करने वाले व्यक्ति के रुप में जानता हूँ।"

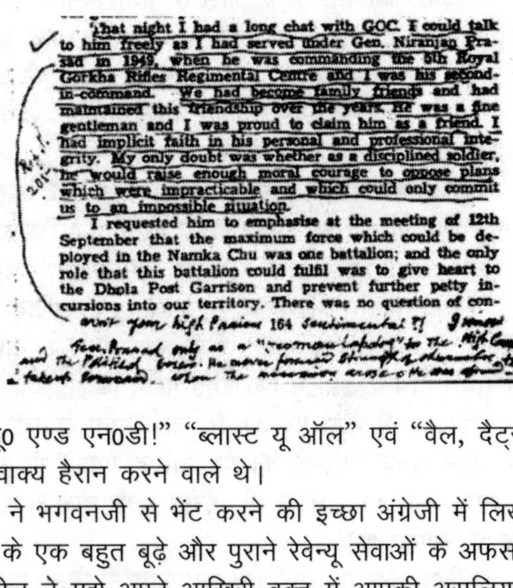
That night I had a long chat with GOC. I could talk to him freely as I had served under Gen. Niranjan Prasad in 1949, when he was commanding the 5th Royal Gorkha Rifles Regimental Centre and I was his second-in-command. We had become family friends and had maintained this friendship over the years. He was a fine gentleman and I was proud to claim him as a friend. I had implicit faith in his personal and professional integrity. My only doubt was whether as a disciplined soldier, he would raise enough moral courage to oppose plans which were impracticable and which could only commit us to an impossible situation.

I requested him to emphasise at the meeting of 12th September that the maximum force which could be deployed in the Namka Chu was one battalion; and the only role that this battalion could fulfil was to give heart to the Dhola Post Garrison and prevent further petty incursions into our territory. There was no question of con-

"वॉट ब्लन्डरस फ्राम एच0क्यू0 एण्ड एन0डी!" "ब्लास्ट यू ऑल" एवं "वैल, दैट्स दैट"—एक साधु के मुंह से ऐसे वाक्य हैरान करने वाले थे।

बस्ती के दुर्गा प्रसाद पाण्डेय ने भगवनजी से भेंट करने की इच्छा अंग्रेजी में लिखे एक पत्र के जरिये जताईः "बस्ती के एक बहुत बूढ़े और पुराने रेवेन्यू सेवाओं के अफसर रहे, स्वर्गीय श्री ज्वाला मिश्रा वकील ने मुझे अपने आखिरी वक्त में आपकी असलियत बताई और मुझसे इसे गोपनीय रखने का वादा भी लिया।"

उस वक्त भगवनजी ने पाण्डेय को मिलने से इंकार कर दिया। अपने जवाब उन्होंने एक शिष्य के हाथों लिखवायाः "मैं एक सच्चा दशनामी संन्यासी हूं और आप जानते होंगे कि एक संन्यासी अपनी बीती ज़िन्दगी के लिये भी मृत हो जाता है।"

जहां तक हिन्दू साधु, संन्यासियों की बात है, भगवनजी उनसे अलग थे। आम तौर पर अगर कोई भारतीय साधु अंग्रेजी का अच्छा ज्ञान रखता है तो वह अमेरिका या यूरोप जाकर अपनी डेरा जमा लेता है, या फिर उसके विशाल आश्रमों में विदेशियों का जमावड़ा लग जाता है। भगवनजी भी अपने अकेलेपन और गुमनामी से निकलकर ऐसा सुख उठा सकते थे—पर उन्होंने ऐसा कुछ नहीं किया। किसी भी एक वक्त में उनके नज़दीकी

शिष्यों की संख्या 10–12 से अधिक नहीं होती थी। और इनमें से हर एक शिष्य दूसरे पर आंख रखता कि कहीं कोई राज़ बाहर तो नहीं जा रहा। पर भला, किसलिये? इसलिये कि साधु–संतों के लिये सबसे अच्छी जगह हिमालय की कंदरायें होती हैं। भगवनजी तो यूं छिप कर रहते थे, मानो वह कोई निर्वासित शरणार्थी हो।

उनकी बातो से उनकी रुचियों के विस्तृत दायरे का पता चलता था—पंजाब के आतंकवाद से लेकर; बांग्लादेश में हो रहे संवैधानिक बदलावों तक। मोटर वाहन अधिनियम की बात करते तो किसी प्रशासनिक अधिकारी की तरह; और देश में फैले जासूसों की बात करते, तो यूं कि मानो किसी जवाबी जासूसी जत्थे के विशेषज्ञ हों। उनके अनुसार केवल उत्तर प्रदेश में ही अन्तर्राष्ट्रीय जासूसों के मिलने के चालीस अड्डे थे, जबकि भारतीय खूफिया तंत्र केवल तीन के बारे में ही जानता था। उनके पास रखी कुछ किताबें अपनी विषयवस्तु मात्र से ही बहुत रोचक थीं। *इण्टरनेशनल मिलिट्री ट्रिब्यूनल फॉर द फार ईस्टः डिसेन्टीयेन्ट जजमैन्ट ऑफ जस्टिस राधा बिनोद पाल।* इसके अलावा डॉ0 आर0सी0 मजूमदार का ग्रंथ *द हिस्ट्री ऑफ द फ्रीडम मूवमेन्ट इन इण्डिया*; लियानॉर्द मोसली की *द लास्ट डेज़ ऑफ द ब्रिटिश राज*; पीटर सेंगर की *मास्कोस हैण्ड इन इण्डिया*; रजनी मुखर्जी की *मास्कोस' शैडो ओवर वेस्ट बंगाल*; सीता राम गोयल की *नेहरुज़ फेटल फ्रेन्डशिप* और अलैक्ज़ैन्डर सोल्ज़नित्सन की *द गुलाग आर्कीपिलैगो* इनमें से कुछ थीं।

दैनिक स्तर पर भगवनजी को खबरें अंग्रेज़ी, हिन्दी और बांग्ला अखबारों से प्राप्त होती थीं। द *पायनियर*, उनका सबसे पसंदीदा अखबार था। इसके अलावा *टाइम मैगज़ीन* से लेकर आर0एस0एस0 की मैगज़ीन *ऑर्गनाइज़र* तक वह सब पढ़ते थे।

उनके सामान की मालसूची बनाते हुये, ललिता बोस की उपस्थिति में ही, बोस परिवार की कई तस्वीरें सामने आयीं, खासतौर पर नेताजी के माता–पिता की। भगवनजी की सबसे प्रिय वस्तुओं में एक बहुत पुराने डिज़ाइन की छतरी भी थी जिसे उन्हे यह कह कर कलकता से भेजा गया था कि वह "पिता जानकी नाथ बोस" की थी। ललिता बोस के सामने उनके पिताजी की वह टाईप्ड गवाही भी आयी, जो उन्होंने खोसला आयोग के सामने सन् 1972 मे दी थी। इसमे सुरेश बोस ने दावा किया था की उनके छोटे भाई अब भी जीवित थे।

ललिता बोस को और कुछ कागज़ात भी मिले। खोसला आयोग द्वारा भेजे गये बुलावे उनके पिता के नाम थे—पर वह राम भवन में मिले। ललिता बोस हतप्रभ थीं। यह अलग बात है कि जब स्वतंत्रतता सेनानी भाई द्विजेन्द्र नाथ बोस के इसी आयोग के सामने दिये हुए उनके वयान की एक प्रति यहां पाई गई तब ललिता बोस आस–पास नहीं थीं।

द्विजेन्द्र उन रास्तों पर चले गये जो भगवनजी के शिष्यों के लिये वर्जित थे। उनके 6 मार्च 1966 के इस बयान पर कि, "नेताजी जीवित हैं और भारत की सीमाओं पर कार्य कर रहे हैं" एक वकील ने उनसे जवाब चाहा, तो उन्होंने कहा कि "हाँ! मैंने यह बात कही थी।" *अमृत बाज़ार पत्रिका* रिपोर्ट में इस बात को छापा गयाः

"मैं आपको बता सकता हूं कि पिछले सितंबर, नेताजी को निमोनिया हुआ था; और कुछ नामी–गिरामी डॉक्टरों ने उनका इलाज किया था जिनको मैं जानता तो हूं पर मैं

उनका नाम नहीं लूंगा। श्री बोस ने पत्रकारों को बताया।"

"हाँ! मैंने यह कहा था।" नाथ ने इस बात को आयोग के सामने माना।

भगवनजी के शिष्यों के पास एक पत्र है जिसके अनुसार सन् 1966 में राष्ट्रपति राजेन्द्र प्रसाद के व्यक्तिगत चिकित्सक की सलाह भगवनजी के लिये मांगी गयी है, क्या द्विजेन्द्र इन्हीं की बात कर रहे थे?

जब उनसे यह पूछा गया कि नेताजी अब तक क्यों छिपे हुये थे, द्विजेन्द्र ने जवाब दिया, "यह बताना सही नहीं रहेगा।

"वह अभी भी भारत के लिये काम कर रहे हैं...सही समय आते ही...सबके सामने आयेंगे।"

"तो शायद आपका अर्थ यह है कि... नेताजी न हों, पर नेताजी अभी भी जीवित हैं?"

"हाँ!"

"और आपको इस बारे में सब पता है?"

"मुझे उनके बारे में सूचना दैनिक रुप में नहीं मिलती...और अन्य व्यक्तियों को भी यह सूचना मिल ही जाती है कि फलां जगह से वह निकले हैं।"[2]

द्विजेन्द्र को 'मृत' बोस के बारे में कौन बताता होगा? क्या यह वही 'जत्था' था जो भगवनजी को हर उस छोटी–बड़ी बात की जानकारी देता रहता था, जो सुभाष से जुड़ी होती? रामभवन में रखे उनके पत्र इण्टेलिजेंस की रिपोर्ट ज्यादा प्रतीत होते थे।

अब इसी को देखियेः 24 जनवरी 1964 को पूर्व स्वतंत्रता संग्राम सेनानी सुनील दास (चित्र में) ने भगवनजी को संसद सदस्य सुरेन्द्र मोहन घोष से हुयी उनकी मुलाकात के बारे में बताया। घोष वही थे जो नेहरु के आदेश पर शॉलमारी आश्रम गये थे। (देखे पृष्ट संख्या 88)

घोष को "श्री जवाहरलाल नेहरु का जासूस" बताते हुये, दास ने लिखाः

> घोष ने बताया कि (सरकार के अनुसार) मित्र राष्ट्रों ने नेताजी का नाम युद्धबंदियों की सूची से इसलिये हटा दिया क्योंकि उन्होंने नेताजी को मृत मान लिया हैं। अगर, ऐसे में नेताजी सामने आ भी जाते हैं तो मित्र राष्ट्र तुरंत उन्हें 'ढोंगी' कहकर पुकारेंग।

इसके अलावा मैं सन् 1970 में एक अखबार की उस खबर से अचंभित हूं जिसमें कोलकाता में फारवर्ड ब्लॉक प्रमुख हेमंत बसु ने सरेआम कहा कि "नेताजी अभी जीवित हैं।" पता नहीं आज के फॉरवर्ड ब्लॉक नेता इस बारे में क्या सोचते होंगे। क्योंकि वह खुलेआम इस रहस्य के रुसी कोण को मानते हैं, इसलिये उन्हें ही बताना होगा कि हेमंत बसु का क्या मतलब था। इसका यह अर्थ तो नहीं हो सकता कि वह सन् 1970 में कहीं साइबेरिया में जीवित थे।

कोलकाता में भगवनजी के अनुयायी लगातार सुभाष चन्द्र बोस एवं उनकी गुमशुदगी से जुड़ी सारी जानकारी लगातार उन्हें भेजते रहते। अपने स्तर पर भगवनजी ध्यान से

इन्हें पढ़ते और उन हिस्सों को रेखांकित करते, जो उन्हें जरुरी लगती थी। खोसला आयोग की पड़ताल पर बरुण सेनगुप्ता ने जितना भी लिखा, उस सबका चिट्ठा रामभवन से बरामद हुआ। दिनांक 26 अक्टूबर 1982 को *द टाइम्स ऑफ इण्डिया* का लेख "सोवियत स्कालर्स रिकार्ड ओपिनियन ऑन नेताजी" भी वहीं से मिला। कुछ रिपोर्ट्स की मूल नहीं, बल्कि टाइप्ड प्रतियां मिलती थीं। अप्रैल 1970 में *द टाइम्स* में एक लेख छपा, जो खान अब्दुल ग़फ्फार ख़ान द्वारा के0एन0 कुलकर्णी को पाकिस्तान में दिये गए एक साक्षात्कार पर आधारित था।

> नेताजी मुद्दे को लेकर श्री कुलकर्णी के अचम्भे के चलते बादशाह ख़ान ने यह कहा कि शायद वह सन् 1947 में ही वापस आ गये होते पर किस्मत ने उन्हें कहीं और ले जाकर छोड़ा। वह दिन भी आयेगा जब सुभाष अपने देशवासियों के बीच यूं चमकेंगे जैसे आसमान में दोपहर का सूरज।

भगवनजी को मानने वाले उनको बहुत ऊंचा स्थान देते थे। सुरेन्द्र सिंह चौधरी के उन्हें लिखा, "आप ब्रह्मर्षि के कद तक पहुंच गये हैं, और यही देशहित में है।" गुरदासपुर के डेरा बाबा नानक के गुरचरन सिंह बेदी ने गुरु ग्रंथ साहिब की एक प्रति भगवनजी को यह लिखकर भेजीः "करोड़ों भारतीयों की आंखें आप पर टिकीं हुयी हैं।"

कोलकाता से आये एक पत्र ने उन्हें महाभारत के भीष्म तुल्य बताया। कई अन्य वाक्यों में लोगों ने उनकी तुलना नेताजी से की और कहा कि उन्हें सबके सामने आ जाना चाहिये। अब्दुल हाफिज़ नामक एक व्यक्ति ने उन्हें हिन्दी में पत्र लिखकर यह बताया कि वह भगवनजी की सारी इच्छाओं की पूर्णता की कामना करते हैं। "आप जल्दी से जल्दी अपने असली रुप में आ जाइये।"

एक अन्य व्यक्ति ने कोलकाता से बांग्ला भाषा में लिखा कि "इस समय देश को एक बड़े बदलाव का इंतज़ार है...हमें सही समय का इंतज़ार है।"

21 जनवरी 1981 को लिखे एक अन्य पत्र में लिखा था, "इस इंतज़ार में मन बहुत व्याकुल हो उठता है...श्री श्री सीताराम ओंकारनाथ ने कुछ इशारे किये तो हैं कि वह नेताजी सुभाष चंद्र बोस के सम्पर्क में हैं।"

"1008 श्री श्री सीतारामदास ओंकारनाथ" एक बहुत बड़े बंगाली साधु थे, जो सुभाष बोस और उन जैसे कई प्रतिष्ठित व्यक्तियों को जानते थे। वर्तमान में उनको मानने वाले पूरी दुनिया में फैले हैं। ओंकारनाथ आई0बी0 प्रमुख बी0एन0 मलिक के गुरु थे। सन् 2011 तक, ठाकुर दल का नेतृत्व उनके सबसे पसंदीदा चेले के हाथों में रहा। चेले के पास दो राहें थीं—या तो इण्टेलिजेंस सेवाओं से जुड़ने की अन्यथा संत बन जाने की। उन्होंने दूसरा रास्ता चुना...वह भारत के ही नहीं, मानवता के हो गए।

गुरुचरन सिंह बेदी ने टूटी–फूटी अंग्रेज़ी में पत्र और लिखाः "लोग कहते हैं कि आप भारत माता के सुपुत्र नेताजी हैं।"

भगवनजी यही दर्जा खुद के लिये इस्तेमाल करते, "मैं जन्मभूमि का एक पुत्र हूं।" बनारस हिन्दू विश्वविद्यालय के पूर्व कुलपति एवम काशी नरेश डॉ0 विभूति नारायण सिंह को लिखे (पर न भेजे गये) पत्र में भगवनजी ने लिखा था। वाक्यों और शब्दों के चयन

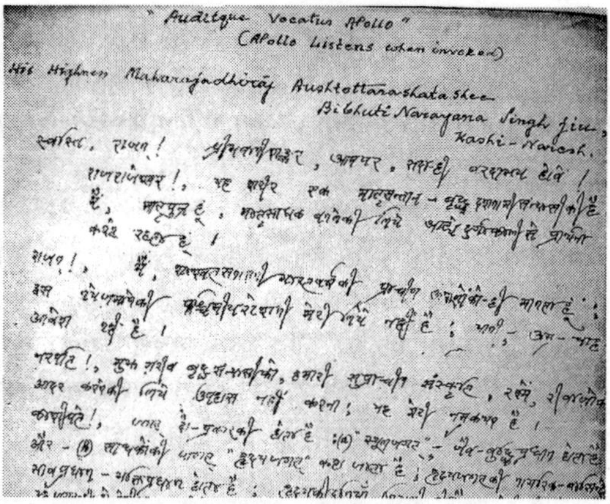
" Audiatque Vocatus Apollo "
(Apollo Listens when invoked)
His Highness Maharajadhiraj Aushtottarashatashree
Bibhuti Narayana Singh jiu,
Kashi-Naresh.

से यह साफ था कि भगवनजी ने हिन्दी बहुत बाद में सीखी थी।

इनके कई वक्तव्यों को एक किताब में साथ लाया गया, जिसका शीर्षक था, *ओई महामानव आसे,* रवींद्रनाथ टैगोर के गीत "महान् आदमी आता है" पर आधारित इसके शीर्षक की यह पुस्तक 1970 की शुरुआत में प्रकाशित हुयी और आगामी संस्करणों में इसे और भी बढ़ाया गया। यह किताब बांग्ला में थी और भगवनजी के कई कथन अंग्रेजी में भी दिये गये थे। यह किताब उनके शिष्यों (जो स्वयं को 'चरण' या 'चारणिक' कहते थे) द्वारा बनाई गयी थी, और इसमें उन शिष्यों की टिप्पणियां भी शामिल थीं। इस किताब में भगवनजी को महामानव का दर्जा दिया गया—या उन्हें सुभाष चंद्र बोस ही दिखाया गया।

> अभी तक आप मुझे राय बहादुर के बेटे के रुप में जानते हैं। फिर आपको पता लगा कि देशबन्धु की जादुई छड़ी से वह राजनीति में आ गया। कुछ को तो यह भी पता था कि वह गुप–चुप साधना भी करता है। दूसरे देशों और काल में तांत्रिकों से मेल–जोल कर उनसे सलाह भी लेता था। वह विदेश गया और गुम हो गया या मृत हो गया। फिर आपको पता चला कि वह जीवित है—वह मरा नहीं था। (बांग्ला से अनूदित)

किताब में एक अन्य जगह भगवनजी के शब्द अंग्रेज़ी में थेः

> मेरी प्यारी मां परमहंस देव की शिष्या थीं। उनके स्तनपान, चुम्बन; कोमल स्पर्श और शब्दों से मुझमें साक्षात् जगदम्बा की तत्त्व शक्तियों का संचार होता। मेरे पिता से मुझे लड़ने की ताकत और समझने का ज्ञान मिला। मेरी मां, परमहंस और विवेकानंद से मुझे परमज्ञान की प्राप्ति हुयी। मैं सदा ही एकसार रहा। जीवन की सबसे कठिन परिस्थितियों में भी इस शांति के लिये कुछ वक्त निकाल ही लिया।
>
> मैंने बचपन से ही धार्मिक किताबें पढ़नीं शुरु कर दी थीं। जैसे–जैसे बड़ा हुआ मेरी आध्यात्मिक ज्ञानपिपासा बढ़ती ही गयी। अपने छात्र जीवन में मैं, कई बड़े नामी संतों से मिलता–उनसे आध्यात्मिक ज्ञान की बातें पूछता, जानना चाहता। एक बार तो मैंने एक सच्चे सत्गुरु को पाने की चाह में सब कुछ छोड़ दिया और हिमालय में ज्ञान–प्राप्ति के लिये भटकता रहा। पर मुझे संतुष्टि नहीं मिली। वहां ठण्ड बहुत थी। मुझे अपनी मां की याद सतायी तो मैं उन्हीं के चरणों में लौट आया।

भगवनजी के अपने लिये किये गये सारे दावे दरसल सुभाष पर खरे उतरते थे। सन्

1941 में, उनकी जीवनी लेखक दुरलब सिंह ने लिखाः

> सन् 1914 की सर्दियों में...वह एक आध्यात्मिक गुरु की तलाश में हिमालय की सुदूर वादियों के जंगलों में गये। उनकी वापसी भी बहुत नाटकीय थी... ड्राइंगरुम में बैठे सभी लोग उस वक्त चौंक पड़े, जब वह कमरे में दाखिल हुये। उन्होंने सबसे पहले अपनी मां के चरणस्पर्श किये।

एक "सुभाष" नाम को छोड़कर, उनसे जुड़ी सारी बातें मानों भगवनजी की अपनी थीं और वह पूरी कोशिश करते कि परोक्ष ढंग से अपनी पहचान जता सकें। वह बताते, ''मास्टर मोशाय का मेरे जीवन पर सबसे ज़्यादा असर पड़ा...बेनी बाबू ने मेरी ज़िन्दगी बदल दी...और अगर मेरा कोई जिगरी दोस्त रहा, तो वह हेमन्त था।''

मैं भी वही सोच रहा हूँ, जो आप सोच रहे हैं। सब जानते हैं कि बेनी माधव दास सुभाष के स्कूल टीचर थे, तो हेमन्त सरकार उनके बचपन के दोस्त। पर क्या इतना सब कह देने से यह साबित था, कि भगवनजी ही सुभाष थे? छपी–छपाई किताबों से यह तथ्य जानना कोई बड़ी बात नहीं थी। सच तो यह है कि *ओई महामानव आसे* में ऐसी कई बातें लिखी हैं जो शायद नेताजी से जुड़ी है, लेकिन उन्हें साबित करना कठिन है। उदाहण के तौर पर भगवनजी ने कहा कि उन्होंने कभी विवाह नहीं किया।

> जो व्यक्ति आग में कूदने जा रहा है, क्या वह किसी लड़की से विवाह करने कि क्रूरता करेगा ?

भगवनजी ने कहा कि, ''मृत व्यक्ति अपनी हस्ती मिटाने से पहले खुद को भारत को सौंप चुका था।''

यही नहीं, महाकाल द्वारा दिये गये, ऐसे कई और संकेत हैं, जो उनके नकारे गये जीवित अस्तित्व की ओर इशारा करते हैंः

> मैं एक छलावा हूँ...पैदा हुआ, काम किया, आज यहाँ तो कल वहाँ। मैं हूँ तो ज़रुर पर पकड़ा नहीं जा सकता...क्योंकि मेरा कोई अस्तित्व नहीं...मैं यहाँ हूँ ही नहीं।

महाकाल को लगता था कि मृत्यु के इस छलावे ने, दरसल उन्हें बचा रखा थाः

> अब उसे अपनी बीती ज़िन्दगी के टुकड़ों को ढोना नहीं पड़ेगा। उसकी जवाबदेही ख़त्म। पुराने नातेदारी की परेशानियों से मुक्त...वर्ना हर पल एक सवाल—"20 साल पहले आपने यह कहा था, अब यह कह रहे हैं...बीस साल पहले कुछ और किया था...अब कुछ और क्यों कर रहे हैं?" अब इस फकीर को इन सब बातों से डरने की कोई ज़रुरत ही नहीं। मां काली उसकी पथप्रदर्शक हैं...उसका रास्ता साफ है... 20 साल पहले कही बातें अब कोई मायने नहीं रखतीं...परिस्थितियाँ बदल चुकी हैं। आप सर्दी और गर्मी में एक जैसे तो नहीं रहते न? 20 साल के होकर दस साल के बच्चे की तरह तो हरकतें नहीं करते!?

भगवनजी का दावा था कि वह बिल्कुल बदल चुके थे...और पहले जैसे नहीं थे।

उनके मुताबिक वर्तमान में उन्हें पहचानने की सारी कोशिशें व्यर्थ थीं।

> सारा पाण्डित्य लगा के भी तुम महाकाल के भूत को पहचान नहीं पाओगे... यही वह प्रकाण्ड बदलाव है...और यह स्थायी है!

रामभवन से बरामद एक ख़त में भगवनजी ने लिखा था:

> तुम और तुम्हारी सरकार भी अजीब है...बार–बार आयोग बनाती है ताकि जान सके कि वह मरा है या नहीं! इस सबके पीछे तुम्हीं हो...बेवकूफ बनना तुम्हारी इच्छा में भुमार है।

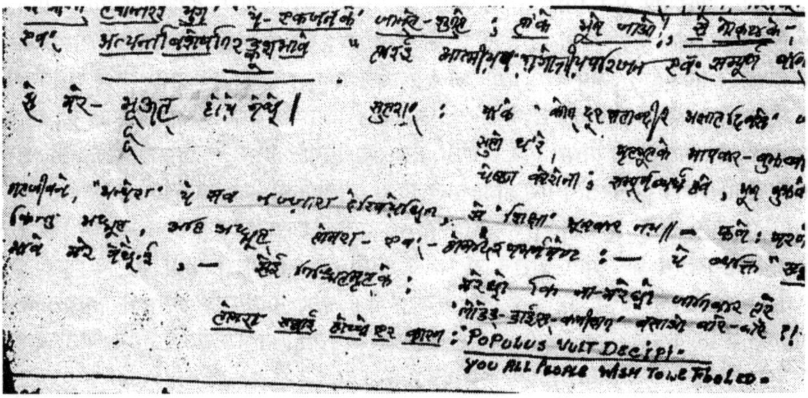
Populus vult Decipi.
You all people wish to be fooled.

चारणिक की माने तो महाकाल अपनी बीती ज़िन्दगी को कोसों पीछे छोड़ आये थे। उनका नया जीवन अब नये और पुराने तत्त्वों का अजीबो–गरीब मिश्रण था, जिसमें आध्यात्म, पराज्ञान, गूढ़ता और सैन्य ज्ञान सब साथ थे। भगवनजी ने कहा था:

> प्रसिद्ध रुसी वैज्ञानिक ग्रिनैडी सरगैं के अनुसार हर व्यक्ति एक ऊर्जा की छाप छोड़ता है जो अक्सर उसकी आस–पास की वस्तुओं पर सूचना के रुप में छूटती है...भले ही उसके स्पर्श से या उसके आस–पास रहने मात्र से। क्योंकि हर चीज़ का एक चुम्बकीय क्षेत्र होता है...वह चीज़ एक प्राकृतिक चुम्बकीय रिकॉर्डर की तरह काम करती है। तो यह बात साफ है कि एक व्यक्ति अपने निकट की वस्तुओं या वातावरण पर, बेहद कम समय में भी, अपने पूरे जीवन की छाप छोड़ सकता है...और "बेहद कम" से मेरा मतलब सेकण्ड के आधे हिस्से से है।

"विश्वप्रेम" की धारणा को महाकाल "बकवास" मानते थे। वह खुद को स्वामी विवेकानंद के सन्यासी–योद्धा रुप के ठीक विपरीत "योद्धा–सन्यासी" मानते थे। उनके मुताबिक सैन्य और सैद्धान्तिक शक्ति साथ मिलकर किसी भी देश का इतिहास बदल सकती थी। उन्हें इस बात का अफसोस रहा कि बीते दो हज़ार वर्षों में भारत में चाण्क्य के बाद एक भी योद्धा–सन्यासी नहीं हुआ। उन्हें शिकायत थी कि भारत सैन्य विचारधारा से कोसों दूर था।

यह "मृत व्यक्ति" खुद को पर्दे के पीछे का नायक बताता था। यह किसी जासूसी मास्टर माइन्ड की आत्मस्वीकृति थी या इच्छित इन्द्रजाल?

सर्जन डॉ0 आर0पी0 मिश्रा, होम्योपैथ स्वर्गीय डॉ0 प्रियब्रत बैनर्जी (डॉ0 टी0सी0 बैनर्जी के पुत्र), एनेस्थेटिस्ट डॉ0 बी0एन0 रॉय और होम्योपैथ डॉ0 डी0एस0 तोमर वह चार चिकित्सक थे जो भगवनजी के करीबी रहे। सब ने मुझे यह स्पष्ट शब्दों में कहा कि न केवल भगवनजी मानसिक रुप से स्वस्थ थे, बल्कि वह एक "महामानव" थे। यह महामानव यदा–कदा उन स्थानों और युद्ध क्षेत्रों पर जाने के दावे करता, जहाँ उसका होना असंभव था। उनकी जानकारी में ऐसे विषय शामिल थे जिनके बारे में एक साधु सोच भी नही सकता था।

उनके अनुसार सन् 1979 का अफगानिस्तान पर रुसी हमला दरअसल एक अंग्रेजी–अमरीकी हस्ताक्षेप को रोकने के लिए किया गया था। "चाल" यह थी कि अफगानी लोगों से बातचीत के बहाने, अंग्रेज मंत्रियों का एक दल काबुल पहुंचेगा। बातचीत शुरु होने के दो दिन बाद पाकिस्तान की तरफ से हमला बोल दिया जायेगा। पर सोवियत लोगों को इस बात का पता चल गया और अंग्रेजी दल का विमान पहुंचता, इससे पहले ही रूसी लाल सैना ने अफगानिस्तान पर धावा बोल दिया। पता नहीं, यह बात किसी गैर–वर्गीकृत कागज़ात में दर्ज है या नहीं। पर भगवनजी के एक विश्वसनीय शिष्य ने बताया कि रूस के अफगानिस्तान पर धावा बोलने से पहले भगवनजी ने उनसे कहा था कि इन देशों में जल्द ही कोई "बड़ा बदलाव" हो सकता है। *ओई महामानव आसे* में भगवनजी ने पाकिस्तान के कानूनरहित फाटा क्षेत्र से चल रहे अमरीका समर्थित अफगानिस्तानी जेहाद के बारे में एक व्यंग्यात्मक टिप्पणी भी दी है।

यह पुस्तक हर तरह से पाठक की काल्पनिक शक्ति पर जोर आज़माइश करवाती है। जैसे की, एक बार महाकाल गुपचुप तरीके से किसी अन्य देश में गये और वहां एक बेहद नामचीन इतिहासकार से उनकी पत्नी एवं बेटी की उपस्थिति में यह प्रार्थना की कि वह उनकी आगामी पुस्तक के लिये कुछ तथ्य दर्ज करें। शायद यह बात सुप्रसिद्ध अमरीकी इतिहासकार दंपति विल और एरेयिल ड्यूरान्ट एवं उनकी पुत्री इथेल के विषय में थी। पर मेरे लिये इस बात पर विश्वास करना ज़रा कठिन है—भगवनजी पेरिस जाने की बात करते थे, पर अमरीका कभी गये नहीं—तो फिर यह मुलाकात वहां हो ही नहीं सकती थी। उनके एक शिष्य के अनुसार ड्यूरान्ट ने भगवनजी की प्रार्थना पर उनकी लिखी हुयी बातों में कुछ परिवर्तन किये जरुर थे। ड्यूरान्ट दंपति सन् 1981 में चल बसे—उनकी बेटी भी अब जीवित नहीं। लिहाजा तथ्यों को सत्यापित करने वाला अब कोई नहीं बचा है। हां, इतना जरुर पता है कि जब रामभवन पर उनके सामान की मालसूची बन रही थी तो उसमें विल एवं ऐरियल ड्यूरान्ट की *द स्टोरी ऑफ सिविलाइज़ेशन* सहित कई किताबें बरामद की गयीं थीं। एक पन्ने के हाशिये पर मिली भगवनजी की टिप्पणी में इस बात का दुःख जाहिर किया गया है कि पाश्चात्य सभ्यता ने पूरब की सभ्यता को हमेशा गलत दृष्टि से ही देखा है।

यह सब बातें "बकवास" के अलावा कुछ नहीं होतीं यदि नेताजी के कुछ बेहद करीबी लोगों को यह विश्वास न होता कि भगवनजी कोई और नहीं; नेताजी थे।

ऐसे लोगों की सुची में पहला नाम है: लीला रॉय। पूर्व प्रधानमंत्री डॉ0 मनमोहन सिंह

की उपस्थिति में संसद भवन में लगा गया उनका चित्र स्वतंत्रता संग्राम के सेनानियों की सूची में उनके ऊंचे कद का प्रतीक है। नेताजी और उनके आई0एन0ए0 में हम इतना खो जाते हैं कि यह भूल जाते हैं, कि ज़िन्दगी में इस शुरुआत से पूर्व वह राजनीति में आला स्थान रखते थे।

लीला रॉय सन् 1946 में

लीला रॉय नेताजी को तब से जानती थीं जब वह दोनों मात्र बीस साल के रहे होंगे। उनके पिता धनाढ्य राय बहादुर थे और वह स्वयं भी ढाका विश्वविद्यालय से अंग्रेजी में परास्नातक डिग्री प्राप्त करने वाली प्रथम महिला बनीं। यहीं उनकी मुलाकात अनिल (उनके होने वाले पति) से हुयी, जो बेहद खूबसूरत थे। वे 1950 के दशक में ही कैंसर के कारण चल बसे। दोनों ने श्री संघ नामक क्रांतिकारी दल का गठन किया था और सन् 1941 में नेताजी ने भविष्य की अपनी योजनाओं का संकेत इन दोनो को दे दिया था।

पर, यह बात कम ही लोग जानते हैं कि सन् 1963 से 1970 में अपनी मृत्यु तक लीला रॉय भगवनजी को ही नेताजी मानतीं थीं। डॉ0 पवित्र मोहन रॉय ने ही उनकी मुलाकात भगवनजी से करवाई। यह लोग भगवनजी से कैसे मिले, यह भी एक लम्बी कहानी है। लखनऊ में रहते–रहते शायद ही भगवनजी ने कोलकाता में रहने वाले लोगों से सम्पर्क साधा। यह महज़ इत्तेफाक है कि सन् 1962 में यह सम्पर्क हो सका। उसी वर्ष अप्रैल में प्रोफेसर अतुल सेन (पूर्व एम0एल0ए0 और नेताजी के परिचित) की मुलाकात भगवनजी से नैमिषारण्य में हुयी। हालांकि उनकी मुलाकात परदे के दूसरी तरफ से ही हुयी पर कोलकाता पहुंचते ही सेन ने इतिहासकार डॉ0 आर0सी0 मजुमदार और अनुशीलन समिति के अपने अन्य मित्रों को यह बताया कि उनकी मुलाकात "नेताजी" से हुयी है। सन् 1965 के आस–पास लीला रॉय की पत्रिका *जयश्री* में मजुमदार ने लिखा कि प्रोफेसर सेन को इस बात पर गहरा अचंभा था कि परदे के दूसरी तरफ बैठे व्यक्ति ने उनसे ऐसी बातें साझा कीं, जो सिवाय नेताजी और खुद उनके अलावा कोई नहीं जानता था।

भगवनजी की दी गयी चेतावनी को नज़रअंदाज़ कर, 28 अगस्त 1962 को सेन ने प्रधानमंत्री नेहरु को लिखाः

> प्रिय जवाहरलाल जी,
> मैं आपसे इस व्यापक विश्वास के बारे में कुछ कहने की गुस्ताखी करना चाहता हूं कि नेताजी सुभाष चंद्र बोस की मृत्यु नहीं हुयी है। यह केवल मेरा विश्वास नहीं बल्कि मुझे इस बात की पुख़्ता जानकारी है कि नेताजी जीवित हैं और भारत में कहीं आध्यात्मिक साधना कर रहे हैं। पश्चिम बंगाल के कूच बिहार के शॉलमारी साधु—जिनके बारे में कुछ राजनीतिज्ञ इतना बवाल मचा रहे हैं; वह नेताजी नहीं हैं। मैं उनके रहने के स्थान के बारे में कुछ भी साफ–साफ नहीं कह रहा हूं, क्योंकि वह मित्र राष्ट्रों के सबसे बड़े दुश्मन हैं और भारत सरकार का यह सीक्रेट प्रोटोकॉल है कि वह नेताजी के मिलते ही उन्हें मित्र राष्ट्रों को सौंप देगी। अगर आप मुझे इस बात का भरोसा दिला सकते हैं, कि यह बात गलत है या भारत सरकार उनके

खिलाफ कोई कदम नहीं उठायेगी, तो मैं भारत के इस महान सपूत को वापस आम जिन्दगी में लौटने के लिये राज़ी कर सकता हूं।

प्रधानमंत्री का जवाब अजीबोगरीब था।

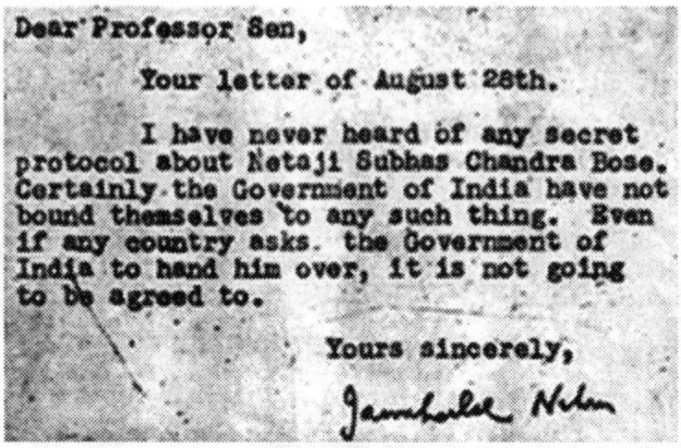
Dear Professor Sen,

Your letter of August 28th.

I have never heard of any secret protocol about Netaji Subhas Chandra Bose. Certainly the Government of India have not bound themselves to any such thing. Even if any country asks the Government of India to hand him over, it is not going to be agreed to.

Yours sincerely,

Jawaharlal Nehru

31 अगस्त को लिखे उनके जवाब से यह लगा कि वह नेताजी के जीवित होने से कुछ सहमत थे; पर प्रोटोकॉल के इल्ज़ाम को उन्होंने बिल्कुल नकार दिया।

5 सितंबर को सेन ने प्रधानमंत्री को सूचित किया कि उनके जवाब को ध्यान में रखते हुये वह "28 अगस्त के पत्र में दिये सुझाव" पर काम कर रहे हैं। पर वह ऐसा कुछ नहीं कर सके क्योंकि जैसे ही भगवनजी को उनकी नेहरु से हुयी बात का पता चला, उन्होंने उनसे सम्पर्क के सारे तार तोड़ लिये। सेन दोबारा कभी भगवनजी से नहीं मिल पाये। पर उनके द्वारा फैलाई खबर अनुशीलन के पूर्व सदस्य रहे पबित्र मोहन रॉय तक पहुंच गयी।

रॉय ने सेन से मुलाकात की और इस बारे में खुद पड़ताल करने का फैसला लिया। कुछ ही दिनों में वह नैमिषारण्य स्थित उसी पुराने शिव मंदिर पहुंचे जहां भगवनजी रह रहे थे। पर भगवनजी ने उन्हें खूब दौड़ाया और कई बार के अनुरोध पर ही उनसे मुलाकात की। 1990 के दशक में पबित्र मोहन रॉय की मृत्यु हो गयी और उन्हीं के साथ सारे राज़ भी चल बसे। पर सन् 1986 में रामभवन में मिले पत्र, भगवनजी के शिष्यों के कथन और रॉय के बेटों की कुछ गुप–चुप हामियों से मुझे इस बात का यकीन है कि रॉय के अनुसार भगवनजी ही नेताजी थे।

पहली मुलाकात में भगवनजी ने पबित्र से कहा कि अगली बार कुछ चीज़ें लेकर आयें—ट्राजिस्टर, क्रोनोमीटर, टेलीस्कोप, फाऊलर की डिक्शनरी और कुछ सिगार। इन सब वस्तुओं का इंतज़ाम करते हुये पबित्र ने "दीदी" की मदद मांगी। लीला रॉय से नेताजी के सम्बन्ध "बराबरी" के सम्बन्ध थे। 1 जनवरी 1963 को पबित्र ने लीला रॉय को बताया कि नेताजी से वह नैमिष में मिल चुके हैं। लीला रॉय चौंक उठीं और उसी शाम अपनी व्यक्तिगत डायरी में उन्होंने लिखा:

> आज दोपहर एक चौंकाने वाली सच्चाई का पता लगा। यह अतिविश्वसनीय है। पर मैं भाषा के जरिये इसे अभिव्यक्त नहीं कर सकती; अपनी भावनाओं का विश्लेशण नहीं करुंगी। पर चमत्कारों के देवता, लगता है कि कभी भी कुछ भी हो सकता है और असंभव भी संभव हो सकता है। जितने लोगों के

साथ मैंने इस बात को साझा किया है, उनकी प्रतिक्रिया बेहद अलग-अलग रही है। (बांग्ला से अनूदित)

इसके तुरंत बाद रॉय ने श्री संघ के अपने करीबियों और नज़दीकी रिश्तेदारों की एक बैठक बुलाई। इनमें शामिल थे सुनील दास, शैला सेन, अजीत नाग, इलेना दत्त, संतोष भट्टाचार्य, सागरिका घोष, विजय नाग, बसना गुहा और उनके पति समर गुहा। 23 मार्च को शैला सेन और प्रोफेसर गुहा के साथ लीला रॉय नैमिषारण्य पहुंचीं। भगवनजी से मिलने के लिये पहुंचने वाली यह पहली संभ्रान्त महिला नहीं थीं। आनंदमयी मां अपने समय की सबसे मानी हुयी हिन्दू संतों में से एक थीं। वह गांधी, नेहरु, बोस और कितने ही पश्चिमी देशों के लोगों को जानती थीं। यू ट्यूब पर पड़े एक वीडियो में सन् 1980 में प्रधानमंत्री इन्दिरा गांधी उनसे मिलते हुये दिखायी गयी हैं। इसमें खुद इन्दिरा जी उनसे बेहद सम्मान के साथ पेश आ रही हैं। और इन्हीं आनंदमयी मां को भगवनजी से मिलने के लिए अनगिनत कोशिशें करनी पड़ीं थी।

तीन दिन तक लगातार रोने-धोने के बाद लीला रॉय को भगवनजी से मिलने का मौका मिला। श्रीकांत शर्मा ने इस मुलाकात में बिचौलिये की भूमिका अदा की थी। उनके मुताबिक, पूरी मुलाकात में भगवनजी ने न तो शैला सेन और न ही समर गुहा पर कोई खास ध्यान दिया। भगवनजी ने रॉय को बांग्ला में कुछ निर्देश दिये। पर वह अभी भी अपनी लिखावट का नमूना किसी को देने के लिये राज़ी नहीं थे। "मेरे हाथ कांप रहे है—करीब दो दशकों के बाद बांग्ला लिख रहा हूं। इसे अपनी लिखावट में लिख कर यह कागज़ लौटा दीजिये।"

उनसे मिलकर लीला रॉय को यह यकीन हो गया कि वह ही नेताजी थे। कोलकाता लौटकर उन्होंने अपने गोद लिये बेटे विजय नाग को इस अविश्वसनीय मुलाकात के बारे में बताया: "वह देश के लिये इतना कुछ कर चुके हैं; पर आज भी झेल रहे हैं।" कुछ वक्त बाद पबित्र रॉय फिर से भगवनजी के पास गये। इस बार अमल रॉय भी साथ थे। वह पूरे एक महीने वहीं रहे। लीला रॉय ने भगवनजी के पास सबसे पहले कमलाकांत घोष को भेजा। घोष पूर्व स्वतंत्रता सेनानी होने के साथ-साथ चिकित्सक भी थे। कमलाकान्त घोष उनकी सारी मेडिकल देखभाल के लिये तत्पर थे। संतोष भट्टाचार्य दूसरे वह व्यक्ति थे। भट्टाचार्य का यकीन था कि भगवनजी ही नेताजी थे—वही नेताजी जिनकी सेवा उन्होंने 1930 के दशक में की थी। जब भी भगवनजी मकान बदलते, भट्टाचार्य दुलाल नंदी के साथ पैकर्स और मूवर्स की भूमिका निभाते। दुलाल ने ही भगवनजी को वह रोलेक्स घड़ी उपहार स्वरूप दी थी; जबकि ओमेगा की घड़ी लीला रॉय ने दी थी।

लीला रॉय ने नेताजी के पूर्व राजनैतिक सहकर्मियों को "उनके" बारे में बताया पर किसी ने भी उनका विश्वास नहीं किया; क्योंकि उन्हें विश्वास था कि यदि नेताजी जीवित होते तो वह सबसे पहले उन्हीं से सम्पर्क करते। लीला रॉय ने कुछ ऐसे भी लोगों को "सच" बताने की कोशिश की जो नेताजी के करीबी थेः उनके भाई सुरेश बोस, बचपन के दोस्त दिलीप कुमार रॉय, राजनैतिक साथी त्रैलोक्य नाथ चक्रवर्ती और अशरफुद्दीन अहमद चौधरी, उद्योगपति आशुतोष गांगुली और संत स्वामी असीमानंद सरस्वती। आगे

चलकर इनमें से इक्का–दुक्का ही भगवनजी से मिल पाये।

सुरेश बोस लीला रॉय को श्रद्धासुमन देते हुए। ऐसे कई चित्र भगवनजी को भेजे गए थे।

दिलीप कुमार रॉय (चित्र) ने नेताजी के साथ ही लंदन में शिक्षा ग्रहण की थी, पर बाद में वह अध्यात्म में लीन हो गये। सन् 1963 में उन्हें भगवनजी के बारे में संदेश मिला। दिल के दौरे से कमज़ोर पड़ी लीला रॉय ने कांपते हुये हाथों से संदेश लिख कर भेजा:

> मैं आपको आपके मित्र के विषय में बताना चाहती हूं। मैं ज्यादा कहने की स्थिति में तो नहीं पर इतना बता सकती हूं कि वह "जीवित हैं और भारत में हैं।" उन्होंने आपके साथ अपनी मित्रता की कई बातें बताईं। उदाहरण के तौर पर, "दिलीप हमेशा मुझे साधु बनाना चाहता था।" इसलिये यह पत्र आवश्यक है...और अगर आपको मुझ पर भरोसा है तो यह शत–प्रतिशत सही है। किसी और व्यक्ति को इस बारे में कुछ पता नहीं चलना चाहिये—मुझे इस बात की सख़्त हिदायत है।[3] (बांग्ला से अनूदित)

त्रैलोक्य नाथ चक्रवर्ती 'महाराज' तक पहुंचना आसान न था। उस समय वह पूर्व पाकिस्तान यानी आज के बांग्लादेश में थे। इन्हीं 'महाराज' ने अंग्रेज़ों की नाक में इस कदर दम किया कि वह लगभग 30 सालों तक जेल में ठूंस दिये गये। इनमें से दस वर्ष उन्होंने पोर्ट ब्लेयर की भयावह जेल में गुज़ारे। लीला रॉय ने अपने करीबी शैलेन्द्र रॉय से कहा कि वह सीमा पार जाकर यह संदेश 'महाराज' तक पहुंचायें। आमतौर पर पत्थर के बने 'महाराज' इस संदेश को पाते ही मोम की तरह पिघल गये। सन् 1963 में ही

उन्होंने भगवनजी को अपना प्रथम पत्र लिखाः

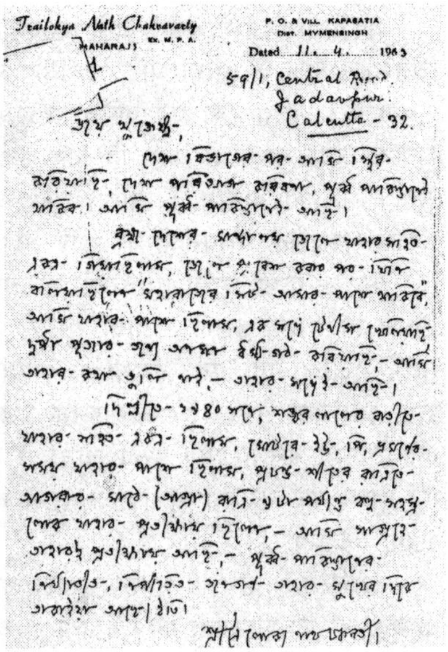
Trailokya Nath Chakravarty
MAHARAJ Ex. M.P.A.
P.O. & Vill. KAPASATIA
Dist. MYMENSINGH
Dated 11.4.1963
59/1, Central Road,
Jadavpur,
Calcutta - 32.

> बंटवारे के बाद मैंने फैसला किया कि अपना देश नहीं छोड़ूंगा; इसलिये पूर्व पाकिस्तान में ही हूं। मांडले जेल में जिसके साथ टेनिस खेला और दुर्गा पूजा मनाई; मैं अभी भी उस साथी को नहीं भूला हूं। सन् 1946 में मैं उसी साथी के साथ शंकर लाल के घर पर था; यूनाईटेड प्रॉविंस के दौरे पर आगरा की चिलचिलाती ठण्ड में रात नौ बजे तक लोग जिस व्यक्ति का इंतज़ार करते रहे...आज मुझे भी उसी व्यक्ति का बेसब्री से इंतज़ार है। पूर्व पाकिस्तान की सताई हुई जनता को उसी का इंतज़ार है।[4] (बांग्ला से अनूदित)

बाद में इस पत्र को पढ़कर नेताजी के एक भतीजे ने मुझ से कहा, "महाराज ऐसे लिख रहे हैं, मानो मेरे चाचा को लिख रहे हों।" शंकर लाल फारवर्ड ब्लॉक के जनरल सचिव थे। सन् 1940 में इन्हीं के घर पर 'महाराज' आखिरी बार नेताजी से मिले थे। सन् 1920 में सुभाष और वह मांडले जेल में साथ–साथ थे। सन् 1947 के बाद भी वह बांग्लादेश की आज़ादी के लिये वह लड़ते रहे—फिर बीमार पड़ गये और सन् 1970 में स्वर्ग सिधार गये।

एक अन्य व्यक्ति जिन्हें भगवनजी के राज़ के बारे में पबित्र मोहन रॉय से पता चला—वह थें आशुतोष काली। रॉय की ही तरह वह भी अनुशीलन समिति के पूर्व सदस्य रहे। सन् 1916 से 1938 एवं 1940 से 1946 तक वह जेल में रहे और इसी के चलते स्वतंत्रता संग्राम में बड़ी भागीदारी नहीं कर सके। मई 1963 में उन्होंने भगवनजी की सेवा में आने की मंशा से उन्हें बांग्ला में एक पत्र लिखाः

> गोपनीयता रखने के आपके आदेश के मिलते ही हम इसका अनुपालन कर रहे हैं...मैं अपनी तरफ से कोई लापरवाही नहीं होने दूंगा। इससे देश को भारी नुकसान हो सकता है।

सन् 1965 में एक हादसे में अपनी मृत्यु होने से पहले काली भगवनजी से मिले। एक अन्य पत्र में उन्होंने लिखाः

> आपकी खबर मिलते ही अनुशीलन दल के सभी सदस्य आपके निर्देशों के तहत काम करने को आकुल हैं। मैं भले ही सत्तर पार कर चुका हूंय पर आज भी जोशीला महसूस करता हूं। अगर आप चाहेंए तो मैं आंदोलन में एक बार फिर कूद सकता हूं। बसंती देवी भी आपके बारे में जानने को आतुर हैं। उन्होंने हमसे आपके बारे में जानकारी देने की प्रार्थना की है।

काली के पत्र में बसंती देवी (शायद) सुभाष के लिये मां स्वरुप और उनके गुरुस्वरुप चितरंजन दास की पत्नी थीं। मेरा विश्वास है कि सुरेश बोस के लिये भगवनजी ही उनके सुभाष थे। लीला रॉय एवं पबित्र से हुयी बातचीत के बाद सुरेश बोस ने अपने करीबी सुनील कृष्ण गुप्ता से कहा कि वह उत्तर प्रदेश के बस्ती में जाकर 'सुभाष' से सम्पर्क साधें। खोसला आयोग के सामने सुरेश बोस के उनके भाई के जीवित होने की बात का इशारा दरअसल भगवनजी की ओर था।

सुनील कृष्ण गुप्ता भगवनजी के कुछ चुनिंदा शिष्यों में से थे। सन् 2010 में उनका निधन हो गया। इसके अलावा सुनील दास, संतोष भट्टाचार्य, पबित्र मोहन रॉय (सभी मृत), दुलाल नंदी एवं *जयश्री* के सम्पादक विजय नाग। सुनील गुप्ता के भाई–बहन सभी स्वतंत्रता सेनानी थे और इनके बड़े भाई दिनेश गुप्ता से ही बादल–विजय–दिनेश की तिकड़ी बनती थी। इन्हीं तीनों ने राइटर्स बिल्डिंग में एक आला पुलिस अफसर की हत्या कर दी जो सुभाष के साथ बदतमीज़ी का भी जिम्मेदार था। यह बात सन् 1930 की है।

खोसला आयोग के सामने सुनील कृष्ण गुप्ता ने अमर प्रसाद चक्रवर्ती (फारवर्ड ब्लाक के वकील) की सहायता की। गवाहों से चक्रवर्ती द्वारा पूछे गये कुछ प्रश्न सुनील के थे— और आज की फारवर्ड ब्लॉक के उस नज़रिये से बिल्कुल भिन्न हैं जिनके अनुसार नेताजी रुस से जीवित निकले ही नहीं। 1990 के दशक में रुद्र ज्योति भट्टाचार्य ने जो जनहित याचिका दायर की थी उसके पीछे भी गुप्ता ही थे। इसी याचिका से मुखर्जी आयोग का गठन हुआ था। गुप्ता की तबियत के बिगड़ते ही उनके भतीजे सुरजीत दासगुप्ता और सुरजीत के दोस्त प्रोफेसर नंदलाल चक्रवती और डॉ0 मधुसूदन पाल आयोग की कार्यवाही के (गुप्ता की ओर से) रखवाले बने।

दांऐ से: विजय नाग, डॉ0 मधुसूदन पाल, दुलाल नंदी, अनुज धर, प्रोफेसर नंदलाल चक्रवती और सुरजीत दासगुप्ता

गुप्ता की मृत्यु गुमनामी और गरीबी में हुयी और शायद इसलिये लोगों को उनका नाम भी याद न रहा। लेकिन गोपनीय दस्तावेज प्रमाणित करते हैं कि सुनील गुप्ता वाकई नेताजी एवं उनके परिवार के घनिष्ठ परिचितों में से एक थे। 17 अगस्त 1956 को इण्टेलिजेंस ब्यूरो के उप निदेशक एस0 बालकृष्ण शेट्टी ने गृह मंत्रालय को लिखाः

> हमें जानकारी है कि भारत सरकार कुछ बेहद गोपनीय कागज़ात, जो नेताजी जांच कमेटी को दिये गये थे, अब किसी सुनील कृष्ण गुप्ता के पास हैं।

> शायद उन्हें यह कागज़ात उनके मित्र श्री सुरेश बोस से मिले हैं; जो खुद इस कमेटी का हिस्सा थे। वह इन्हें मुथुरामलिंगम थेवर को दिखाना चाहते हैं।

यह नोट मिलते ही संयुक्त सचिव एन0 सहगल ने एस0एन0 रे (तत्कालीन मुख्य सचिव–बंगाल) को एक टॉप सीक्रेट डी0ओ0 पत्र लिखा। तारीख थी–23/24 अगस्त। अंग्रेज़ी राज के इन दो गुलामों (आई0सी0एस0) ने देश के इस सपूत की पड़ताल की। सहगल ने तो यहां तक कहा कि बंगाल सरकार इस विषय में जांच करवाना चाहती है ... और "फाइल की रिकवरी हेतु सुनील कृष्ण गुप्ता की तलाशी का अधिकार/कारण भी रखती है।" 10 जून को लिखा रे का टॉप सीक्रेट डी0ओ0 पश्चिम बंगाल की इण्टेलिजेंस ब्रांच की जांच का नतीजा लेकर आया।

> सुनील कृष्ण गुप्ता पढ़े–लिखे व्यक्ति हैं; अकूत सांस्कृतिक ज्ञान रखते हैं और बोस परिवार के घनिष्ठ मित्रों में से एक हैं। सुनील के परिवार के सभी लोग (जिनमें उनकी दो बहनें भी शामिल हैं) सुदूर पूर्व के नेताजी द्वारा प्रायोजित राजनैतिक मूवमेन्ट का हिस्सा रहे। रानी झांसी रेजीमेन्ट के बेहद जिम्मेदार सदस्य और आई0एन0ए0 की गुरिल्ला रेजीमेन्ट के कमान्डर ने हमारे एजेन्ट्स को बताया कि अभी तक इस मामले से जुड़े भारत सरकार के कोई भी गोपनीय काग़ज़ात श्री सुरेश बोस के पास नहीं पहुंचे हैं।

टाइम मैगज़ीन (सन् 1999) के एक लेख की मानें तो सुनील गुप्ता "कोई पहचान या प्रचार नहीं चाहते...वह अपना नाम आने से भी कतराते हैं।"[5] मैं सालों से उन्हें जानता था इसलिये कह सकता हूं यह बात सच है।

भगवनजी के मिलने वालों में कई लोग उन्हें नेताजी मानते थे। भगवनजी ऐसे कई पत्रों को जला कर, उनकी राख हवा में बिखेर देते थे। कुछ जो बच गये, वह अपनी ही कहानी कहते हैं। जैसे कि पश्चिम बंगाल के पूर्व मुख्यमंत्री प्रफुल्ल घोष द्वारा लिखा गया एक नोट जिसमे उन्होने इस बात का दुःख प्रकट किया कि यदि "वेलिंगटन स्क्वायर की घटनायें हरिपुरा सेशन के चलते न हुयी होतीं; तो उनकी ज़िन्दगी शायद एक अलग ही मोड़ लेती।" यह हरिपुरा के कांग्रेस सेशन में ही था कि नेताजी को कांग्रेस प्रेसीडेंट चुना गया; जबकि वेलिंगटन स्क्वायर सेशन में उनसे यह पद छीन लिया गया। भगवनजी भले ही अपने मानने वालों से अपनी 'असलियत' के बारे में चुप्पी साधने को कहते रहे हों, पर वह लोग जब–तब यह जाहिर कर ही देते, कि वह असलियत जानते थे।

आर0एस0एस0/भाजपा/वि0हि0प के सदस्यों के तो इस बात से छक्के ही छूट जायेंगे। संघ परिवार के मुखिया माधव गोलवलकर—जो पूर्व प्रधानमंत्री अटल बिहारी वाजपेयी, पूर्व उप प्रधानमंत्री एल0के0 आडवाणी, पूर्व मानव संसाधन मंत्री डॉ0 मुरली मनोहर जोशी, आर0एस0एस0 प्रमुख मोहन भागवत और प्रधानमंत्री नरेन्द्र मोदी के गुरुजी थे—भगवनजी को गहन सम्मान देते थे। गोलवलकर के लिखे एक पत्र में यह साफ झलकता है। यह पत्र भी रामभवन से मिला।

गोलवलकर का पत्र कुछ यूं शुरु होता है: “सेवा में शतश प्रणाम।”

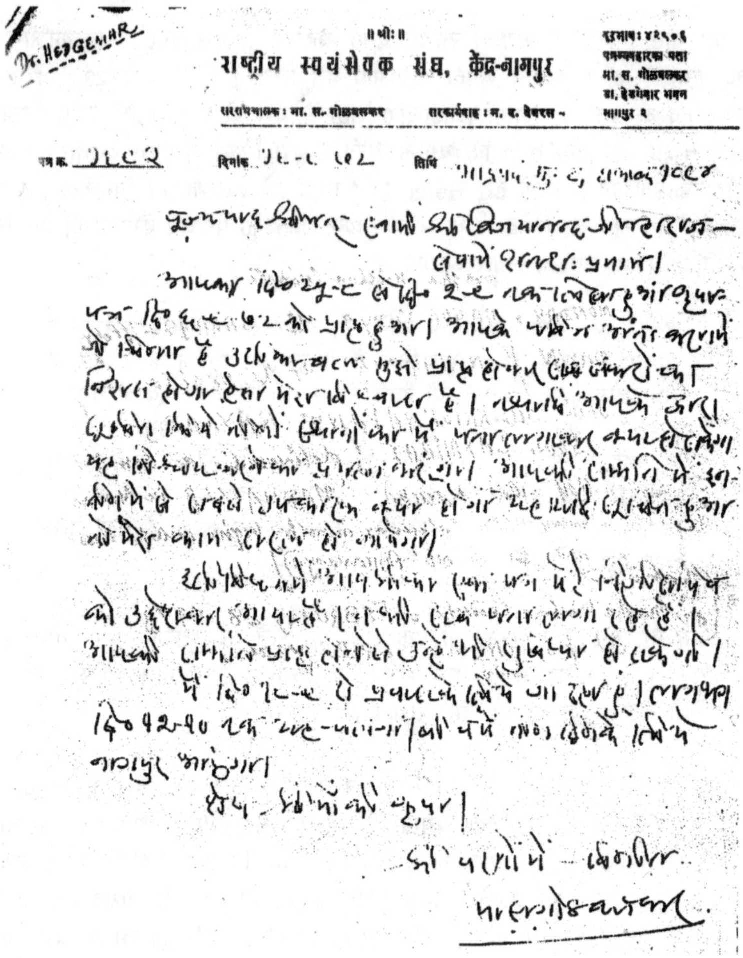

भारत की सबसे बड़ी सामाजिक संस्था को चलाने वाले गोलवलकर एक ऐसे व्यक्ति से आदेश ले रहे थे जो विरले ही अपने कमरे से बाहर निकलता था। इस बात में भी कोई शक नहीं कि यह पत्र भगवनजी के लिये ही था। इसी पत्र में आर0एस0एस0 के संस्थापक डॉ0 केशव हेगडेवार का नाम भी था—और गोलवलकर के बारे में भी ज्योतिष गणनायें की गयीं थीं। यह लिखावट भगवनजी की ही थी।

जिन लोगों ने भगवनजी का चेहरा नहीं भी देखा था वह फिर भी उन्हें नेताजी ही मानते थे। कारण था: उनकी आवाज़ और उन बातों को याद रखने की क्षमता जो केवल नेताजी को ही पता थीं। उदाहरण था, आई0एन0ए0 सीक्रेट सर्विस के ए0सी0 दास का

मामला। सन् 1997 में गैर–वर्गीकृत किये रिकार्ड, जो अब राष्ट्रीय अभिलेखागार में प्राप्य हैं, एक इण्टेलिजेंस रिपोर्ट दिखाते हैं जिसके अनुसार बैंकाक में अपनी आखिरी रात को नेताजी ने दास से जापानी आत्मसमर्पण के बाद होने वाले काम की चर्चा की थी।

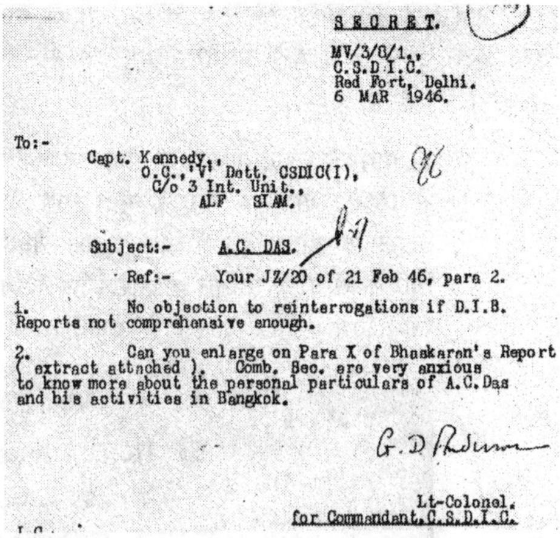

SECRET.

MV/3/G/1.,
C.S.D.I.C.
Red Fort, Delhi.
6 MAR 1946.

To:-
Capt. Kennedy,
O.C., 'V' Dett, CSDIC(I),
C/o 3 Int. Unit.,
ALF SIAM.

Subject:- A.C. DAS.

Ref:- Your JZ/20 of 21 Feb 46, para 2.

1. No objection to reinterrogations if D.I.B. Reports not comprehensive enough.

2. Can you enlarge on Para X of Bhaskaran's Report (extract attached). Comb. Sec. are very anxious to know more about the personal particulars of A.C.Das and his activities in Bangkok.

G.D [signature]

Lt-Colonel.
for Commandant.C.S.D.I.C.

National Archives, New Delhi

एक अन्य रिपोर्ट (चित्र) में यह दिखाया गया है कि सी0एस0डी0आई0सी0 उन्हें पकड़ने को आतुर थी—क्योंकि नेताजी की तथाकथित मृत्यु के बाद दास का कहीं भी अता–पता नहीं था।[6]

एक अन्य रिकार्ड दर्शाता था नेताजी ने हीकारी कीकन से दास के बारे में पत्राचार किया था। दास के जीवनपर्यन्त यह कागज़ आम नहीं हो पाया। सन् 1955 में शाह नवाज़ कमेटी ने बैंकाक में दास की पड़ताल की और उन्हीं के बयान को हवाई दुर्घटना की बात को सही ठहराने के लिये इस्तेमाल किया:

> जब दास ने दुर्घटना की बात सुनी तो अन्य लोगों की तरह उन्होंने भी इस बात का बिल्कुल विश्वास नहीं किया। हालांकि श्री सुनील रॉय के पास नेताजी से सम्पर्क साधने के लिये वेवलैन्थ, फ्रीक्वन्सी, इत्यादि थे, यह सब नाकाम रहे। 10 दिन बाद उन्होंने सारे प्रयास छोड़ दिये और इस बात को मान लिया कि विमान नेताजी के साथ ही दुर्घटनाग्रस्त हो गया था।[7]

आखिरकार दास भारत लौट ही आये। खोसला आयोग को दिये अपने बयान में उन्होंने सुभाष की मृत्यु पर अविश्वास जताया। उन्होंने आयोग को यह नहीं बताया कि लीला रॉय के कारण वह उस समय भगवनजी के सम्पर्क में थे—और सोचते थे कि वही नेताजी हैं। रामभवन से उनके लिखे कई पत्र बरामद किये गये हैं। पहला पत्र सन् 1964 में लिखा गया था। इसमें दास ने सन् 1930 में शुरु हुये स्वतंत्रता संग्राम में उनकी उस भूमिका का वर्णन किया है जो सन् 1945 के बाद ठहर गयी थी।

> बैंकाक छोड़ने से एक रात पहले, नेताजी ने कई लोगों से बात की जिनमें से एक मैं भी था। नेताजी ने मुझे सुबह ढाई बजे बुलाया। युद्ध के बाद होने वाले कार्य के बारे में मुझसे बात की और मुझे गिरफ्तार न होने की हिदायत दे डाली। उन्होंने मुझे हिकारी किकन के नाम लिखा एक पत्र दिया...नेताजी ने कहा कि वह चाहे जहां भी रहें, वह वायरलेस के जरिये हमारे सम्पर्क में रहेंगे। जब मैंने नेताजी की दुर्घटना के बारे में सुना तो मैं जानता था कि ऐसी खबर आयेगी, वह सच नहीं होगी। मैंने करीब दस साल इंतज़ार किया फिर 1956 में भारत आया और सब कुछ बुआ (लीला रॉय) को बताया। सन् 1961 में मैंने बैंकाक छोड दिया। पिछले साल बुआ

> ने मुझे नैमिष भेजा और तब से हर छोटी–बड़ी बात मुझे उन्हीं से पता लगती रही। अब मैं आपके आदेश का इंतज़ार कर रहा हूं।

इस पत्र को पढ़ने के बाद भगवनजी ने दास से पूछा कि 16 अगस्त 1945 के बाद क्या हुआ और कैदी बने आई0एन0ए0 के सेनानियों ने क्या बयान दिये। एक अन्य पत्र में दास ने लिखाः

> दो वायरलैस सेट और कुछ रिवाल्वर, स्टेनगन और पिस्तौलें हीकारी कीकन से मिली। वह मुझे अंग्रेज़ी मुद्रा नहीं दे पाए। मैं भूमिगत हो गया...और इसके छः–सात दिन में ब्रिटिश सेना बैंकाक पहुंची। पहले देबनाथ दास ने ब्रिटिश सेना के सामने आत्मसमर्पण किया और उसका बयान लेकर उसे जाने दिया गया। (बांग्ला से अनूदित)

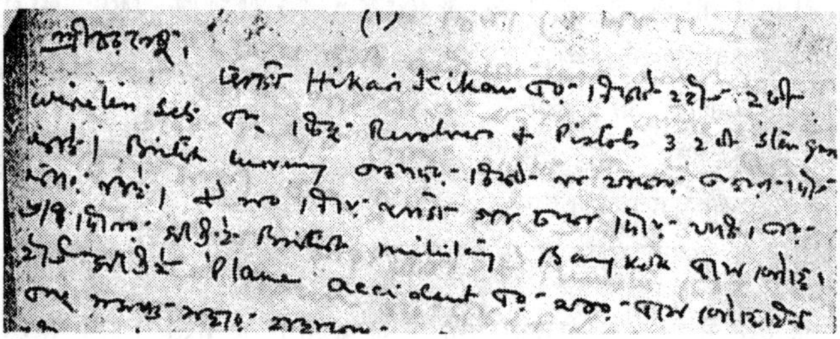

दास अविवाहित रहे। उनका निधन हो चुका है पर उनके करीबी आज भी भगवनजी के बारे में उनके विश्वास पर अडिग हैं। जब दास भगवनजी से मिले तो खुद भगवनजी ने ही बैंकाक में हुयी "उनकी बैठक" के विवरण को ठीक किया।

ऐसी बात नहीं है कि जो भी नेताजी के करीबी थे वह सभी भगवनजी से मिल सकते थे। वह हर किसी से नहीं मिलते थे। एक बार राजनैतिक कार्यकर्ता मनु भाई भीमानी भगवनजी के एक शिष्य के सम्पर्क में आये। वे गांधी, सुभाष और अन्य नेताओं से परिचित थे। जब भीमानी को "नेताजी" के भारत में होने की बात का पता चला, तो उन्होंने अपने विचार कलमबद्ध किए और उसे शिष्य ने भगवनजी को भेज दिया गया। इसे रामभवन से बरामद किया गया। इसके अनुसारः

> भीमानी एक साझा मित्र के जरिये सम्पर्क में आये। वह बातें बहुत करते हैं। उनका कहना हैः
>
> **1.** अगर नेताजी भारत में हैं तो वह सामने क्यों नहीं आते, सभी लोग सहर्ष उनका नेतृत्व स्वीकार करेंगे।
>
> — — — — —
>
> **3.** वह श्री शरत् चन्द्र बोस के जीवनपर्यन्त उनके मददगार रहे।
>
> **4.** कलकता से काबुल भागने के दौरान उन्होंने नेताजी की मदद की। उनके साथ शिशिर एवं मनु भाई गये थे। ऐसे वक्त में उनके पास एक सफेद बैग है, जो वह नेताजी के साथ रहने पर इस्तेमाल करते थे।

> मैंने बिन्दु नं0 3 और 4 का सत्यापन शिशिर बोस से करवाया। बिन्दु 3 सही है और बिन्दु 4 सर्वथा गलत। भीमानी ने मुझे एक पत्र भेजा है, जो आपको प्रेषित है।

भगवनजी ने इन बातों को स्वीकार नहीं किया। "वह झूठ बोल रहे हैं," उन्होंने अंग्रेजी मे लिखा। शरत् चन्द्र बोस की मदद करने वाली बात को भी उन्होंने झूठ बताया। फिर इन बिन्दुओं को काट कर उन्होंने लिखा: "तुम्हे तथ्य नहीं पता। मेज़दा ने उनकी मदद की...यह बात सब जानते हैं, सिवाय तुम्हारे।"

सुभाष शरत् को "मेज़दा" (मंझले भईया) कह कर बुलाते थे।

आप कहेंगे कि कोई भी ढोंगी ऐसा कुछ लिख सकता है। आपको यह सब पढ़ने के बावजूद यह सोचना अजीब लग सकता है, कि नेताजी अपने ही देश में रहते हुये भी छिपे हुये रहे।

पर एक शोधकर्त्ता की हैसियत से मेरी मुसीबत यह है कि केवल किसी बात के असम्भव लगने भर से मैं उसे नकार नहीं सकता। मैं जानता हूं कि रुसी कोण के साथ ही नेताजी रहस्य गाथा का प्रभावी अंत हो सकता है, पर फिर भी फैज़ाबाद कोण के सबूतों का होना अपने आप में ही बहुत बड़ा प्रश्न है। और जिन सबूतों की बात यहां हो रही है वह वैश्विक स्तर पर मान्य है।

नेताजी के सन् 1945 के बाद जीवित होने का केवल एक ही सीधा सबूत है:

> मेज़दा ने उसकी मदद की...।

इन शब्दों ने मेरे होश न उड़ाये होते, अगर देश के सबसे विख्यात हस्तलिपि विशेषज्ञ ने यह न बताया होता कि यह लिखावट स्वयं सुभाष चन्द्र बोस की थी।

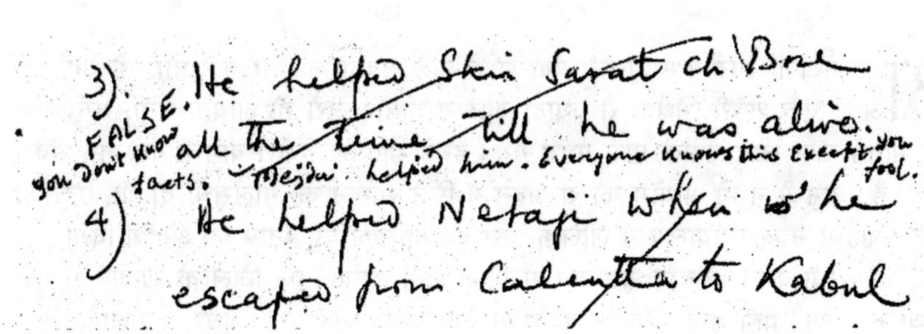
3). He helped Shri Sarat Ch Bose all the time till he was alive.
FALSE. You don't know facts. Mejdai helped him. Everyone knows this except you fool.
4) He helped Netaji when he escaped from Calcutta to Kabul

Courtesy: Ashok Tandon

10

मृत व्यक्तिः उलझे प्रश्न

अगर मुखर्जी आयोग भगवनजी प्रकरण से जुड़े सबूतों के पीछे न जाता, तो यह बात आज एक शहरी मिथक से ज़्यादा कुछ न होती। जैसे ही आयोग बना, भगवनजी को मानने वाले लोग उसके पास पहुंच गये। इनमें डॉ0 आलोकेश बागची का नाम सबसे ऊपर है। बागची ने ही आयोग को रामभवन में मिले सामान की मालसूची दी थी, जिसको सन् 1986 में उच्च न्यायालय ने ललिता बोस की याचिका पर बनाने का आदेश दिया था।

मालसूची बनने के बाद रामभवन से मिली सभी वस्तुओं को जिले के खज़ाने में भेज दिया गया था। वहाँ इन्हें लोहे के बक्सों में बंद करके रखा गया। इधर, मामला कोर्ट में सालों तक चलता रहा और ललिता बोस ने अक्तूबर 1989 में इस मामले में आखिरी बात रखी। दिल्ली में मीडिया से बात करते हुये उन्होंने इस बात को जानने पर जोर दिया कि "पत्रकारों के कहने के बावजूद सरकार इस बारे में क्यों नहीं जानना चाहती कि फैजाबाद के गुमनामी बाबा ही नेताजी तो नहीं?" *हिन्दुस्तान टाईम्स* में प्रकाशित रिपोर्ट के अनुसारः

> सुश्री बोस का कहना था कि उनकी कद–काठी, उम्र, रंगत सब नेताजी जैसी ही थी। वह हमेशा लोगों से एक परदे के भीतर रहकर मिलना पसंद

> करते। बांग्ला और अंग्रेजी में लिखे हुये उनके किताबी नोट्स नेताजी की हस्तलिपि जान पड़ती है। बाबा की मृत्यु के बाद सुश्री बोस ने उनकी वस्तुओं पर उनकी भतीजी होने के नाते से हक जताया। वह केवल इसलिये इस महत्त्वपूर्ण सामग्री को बर्बाद होने नहीं देना चाहती थी कि उस पर दावा करने वाला कोई शख्स नहीं था।[1]

बहुत अच्छी आर्थिक स्थिति न होने के बावजूद सुश्री बोस के सह–याचिकाकर्ता विश्व बांधव तिवारी ने कड़ियों को जोड़ने की कोशिश की। तब तक मोहम्मद हलीम की मृत्यु हो चुकी थी। तिवारी ने प्रधानमंत्री, गृह मंत्री, स्पीकर, उत्तर प्रदेश के राज्यपाल, मुख्यमंत्री और कोलकाता के फॉरवर्ड ब्लॉक के नाम पत्र लिखे; पर कोई फायदा नहीं हुआ। सन् 1997 में उन्हें बताया गया कि ललिता बोस द्वारा दायर याचिका की फाइल कचहरी के रिकार्ड्स में अप्राप्य है। तब उनकी मदद के लिये डॉ0 बागची आगे आये। गोरखपुर के इस सर्जन की इस मामले में खास रुचि इसलिये थी, क्योंकि एक बार उनके दादा ने नेताजी की आवभगत की थी।

तिवारी की कोशिशों के चलते मई 1998 में एक और अदालती आदेश हुआ। उत्तर प्रदेश हाईकोर्ट के जज ब्रजेश कुमार ने फाईल के दोबारा बनाये जाने का आदेश दिया। बागची की नज़र में आया कि किसी ने धोखे से ललिता बोस की याचिका के सामने "केस रिज़ाल्वड" लिख दिया था। जनवरी 1999 में राज्य सरकार ने जवाबी हलफनामा दायर किया। इस समय दिल्ली सरकार पर एक नयी जांच का भारी दबाव बना हुआ था। राज्य सरकार ने सुश्री बोस की याचिका को खारिज कर दिया। अब तक मृत ललिता बोस अब सरकार के इस दावे का क्या जवाब देतीं कि सरकार को "सबूतों के अभाव" में उनके नेताजी की भतीजी होने पर ही शक था। साथ ही अख़बारों में प्रकाशित खबरों को भी 'सत्यता के सत्यापन' के अभाव में सिरे से खारिज कर दिया गया।

मुझे यह बात अजीब लगती है। जिलाधिकारी कार्यालय पर गुमनामी बाबा के नाम की फाइलों को तलाशते हुये मैंने पाया, कि किस तरह भगवनजी और नेताजी को अलग–अलग दिखाने वाले समाचार आधिकारिक तौर पर दर्ज किये गये थे। साफ था कि राज्य सरकार भी केन्द्रीय सरकार के ही कदमों पर चलकर केवल उन्हीं दावो को सच का दर्जा दे रही थी जो सन् 1945 की हवाई दुर्धटना को नेताजी की जीवनलीला का अंतिम पड़ाव मानते थे।

हलफनामे में बताया गया था कि क्षेत्रीय पुलिस यह तय कर चुकी थी कि भगवनजी नेताजी नहीं थे।

मुखर्जी आयोग के बनते ही बागची ने एक हलफनामा दायर किया और साथ ही हाईकोर्ट से मिली मालसूची की प्रति भी साथ संलग्न कर दी। इसको ठीक से पढ़ने पर आयोग के अधिकारियों को यह यकीन होना तय था कि गुमनामी बाबा का मामला इतना सीधा नहीं था, जितना लगता था। कम से कम मेरे साथ तो ऐसा ही हुआ। मुझे यह विश्वास करना ही कठिन हो रहा था कि नेताजी यूं लुक–छिप करके भी रह सकते थे—लिहाज़ा दिमाग इस बारे में खुल कर सोच ही नहीं पा रहा था।

मैं उस वक्त *हिन्दुस्तान टाइम्स* (आनलाईन) के साथ कार्यरत था। मेरे सहकर्मी शाली इत्तामन ने हमारे सी0ई0ओ0 संजय त्रेहन से बात करके इस मामले में बात करना ठीक समझा। और हमारे संपादक शैलेश शेखर सिंहा ने मुझे कुछ शोध और लेख का काम सौंपा। यह सारा काम *हिन्दुस्तान टाइम्स* के सम्पादक वीर सांघवी के समर्थन और सहयोग के बिना संभव नहीं था। नेताजी की जीवनी के लेखक और वरिष्ठ पत्रकार सीतांशु दास के नेतृत्व में हुयी इस पड़ताल का निष्कर्ष सन् 2001 में निकला जिसके अनुसार, "वर्तमान सबूतों के मद्देनज़र, यह मानना गलत होगा कि नेताजी की मृत्यु 18 अगस्त 1945 को हुयी थी।" अन्य किसी भी नामी दैनिक ने अभी तक ऐसे कड़े निष्कर्ष पर पहुंचने की हिम्मत नहीं दिखाई थी। इसे ऑनलाईन पढ़ने वाले लोग इतने ज़्यादा भारतीय नहीं थे, बल्कि भारतीय मूल के अमरीका में बसे हुये लोग थे।

इस काम के बाद मेरी मुलाकात डॉ0 बागची से मुखर्जी आयोग की एक सुनवाई के दौरान हुयी। उन्होंने मुझे रामभवन में बनी हुयी मालसूची की एक प्रति दी और यहीं से शुरुआत हुई *हिन्दुस्तान टाइम्स* की पड़ताल के दूसरे चरण की।

शोध के दौरान मैंने सीतांशु दास और सुरेश बोस के पुत्र प्रदीप से उन लोगों के बारे में बातचीत की जिनके नाम फैज़ाबाद प्रकरण में आये थे। भगवनजी के बारे में बिना किसी नतीजे पर पहुंचे ही प्रदीप बोस ने एक चीज़ साफ कर दी कि लीला बोस रॉय सबसे अलग थीं: "उनके लिये नेताजी की गलत पहचान असंभव थी।"

दूसरे चरण की इस पड़ताल का सारा जिम्मा मेरे ही ऊपर था। अशोक टन्डन, निर्मल निबेदन, विशम्बर नाथ अरोड़ा और सैय्यद कौसर हुसैन ने जहां इसे छोड़ा था, मैंने जांच के धागे वहीं से उठाये। मैंने कोलकाता स्थित भगवनजी के बंगाली शिष्यों को खोजा और साथ ही उनकी हस्तलिपि को भारत के सबसे प्रख्यात हस्तलिपि विशेषज्ञ को दिखाया। यह थे, बी0 लाल कपूर जो नेशनल इन्सटीट्यूट ऑफ क्रिमिनोलॉजी एण्ड फॉरेन्सिक साइन्सेस के पूर्व अतिरिक्त निदेशक थे। उन्होंने मेरे पास रखे हुये नेताजी के हस्तलिखित नोट्स को सन् 1985 में मिले भगवनजी के नोट्स की छाया प्रतियों से मिलाया। मार्च 2002 में एक रिपोर्ट के जरिये उन्होंने *हिन्दुस्तान टाइम्स* को बताया कि, "दोनों ही हस्तलिपियों में खासी समानता देखी गयी है, जो यह साबित करती है कि नेताजी और भगवनजी की लिखावट एक ही व्यक्ति की है।"

हिन्दुस्तान टाइम्स का निष्कर्ष था:

> हम इस बात से नहीं घबराते कि वह साधु नेताजी सुभाष बोस हो सकते हैं। पर हमें उन काग़ज़ातों का डर है जो उनके बाद मिले हैं। इन काग़ज़ों में वह ताकत है कि वह अभी तक 'ठीक' समझे जाने वाले भारतीय इतिहास को हमेशा–हमेशा के लिये बदल सकते हैं।

दूसरी तरफ, आयोग की अपनी प्रक्रिया में सेवानिवृत्त सेशन जज एन0के0 पांजा का जस्टिस मुखर्जी के निर्देशों पर फैज़ाबाद जाना शामिल था। वहां जाकर उन्होंने वहां के क्षेत्रीय लोगों से सबूत बटोरे। इसके बाद नवम्बर 2001 में जस्टिस मुखर्जी खुद फैज़ाबाद

जस्टिस मुखर्जी (सुट में); डॉ0 आलोकेश बागची और पिछे लेखक

के डी0एम0 के कार्यालय पहुंचे। (चित्र)

भगवनजी की वस्तुओं को उन्होंने कई मीडिया वालों के सामने ही देखा–परखा। इनमें अधिकतर उनके पत्र और किताबें शामिल थीं। इनमें से कुछ कोलकाता स्थित आयोग के दफ्तर भिजवाई गयीं। और इन सारी वस्तुओं में सबसे ज़्यादा जरुरी थे उनकी हस्तलिपि के नमूने और माचिस की एक डिब्बी में रखे कुछ दांत। आयोग ने फैसला किया कि सरकार के विशेषज्ञ इनकी जांच करेंगे। क्योंकि *हिन्दुस्तान टाइम्स* पहले ही बी0 लाल की रिर्पोट दिखा चुका था, लिहाज़ा आयोग ने लाल की मदद भी लेने की ठानी।

बाद मे हस्तलिपि एवं डी0एन0ए0 रिपोर्ट आयोग को बंद पैकेटों में मिले, और जस्टिस मुखर्जी ने इन्हे सबके सामने जुन 2004 में खोला। लाल की रिपोर्ट सकारात्मक थी, जबकि सरकारी विशेषज्ञो का नज़रिया ठीक उलट था। एक डी0एन0ए0 रिपोर्ट नकारात्मक थी; जबकि दूसरी रिपोर्ट किसी नतीजे पर पहुंच नहीं पाई थी।

भगवनजी कोण की बात करें तो मई 2006 को आम की गई मुखर्जी आयोग रिपोर्ट का कहना था किः

> दो श्रेणियों के चश्मदीद गवाहों के सबूतों को नकारने या न मानने का हमारे पास कोई कारण नहीं है। इनमें ज़्यादा खास वही लोग हैं जो सन् 1945 से पहले नेताजी से मिल चुके हैं और जिनकी मुलाकात गुमनामी बाबा से भी हुई थी। ...परंतु इसके अलावा ऐसे कई सबूत हैं और दर्ज की गई स्थितियां भी हैंए जो बाबा के नेताजी होने की बात को विवादास्पद बनाती हैं।[2]

सरकार के फॉरेन्सिक विशेषज्ञों की नकारात्मक सोच को रिपोर्ट में बाकायदा दर्ज किया गया। साथ ही यह भी कहा गया कि “हमारे पास कोई ठोस सबूत नहीं हैं कि भगवनजी / गुमनामी बाबा नेताजी थे। ऐसे में इस सवाल का उत्तर देना कि ‘क्या नेताजी की मृत्यु 16 सितम्बर 1985 को फैज़ाबाद में हुयी थी?’ अनिवार्य नहीं।”[3] आयोग की रिपोर्ट के बारे में खबर देते मीडिया को इसमें से भगवनजी कोण का खारिज होना दिखा। लेकिन “ठोस सबूत नहीं है” का मतलब यह था कि सबूत थे, पर विवादों से घिरे हुये थे।

भगवनजी कथा में एक और अध्याय सन् 2010 में जुड़ा। यह तब हुआ जब जस्टिस मुखर्जी की कुछ टिप्पणियां स्वतंत्र फिल्म निर्माता अम्लान घोष ने अपने वृत्तचित्र “ब्लैक बॉक्स ऑफ हिस्ट्री” के लिये गुप–चुप रिकार्ड कर लीं। मुखर्जी ने बी0लाल की रिपोर्ट के साथ सहमति जताई पर अन्य रिपोर्ट्स की खिलाफत की। उन्होंने जो बातें कहीं उनसे फॉरेन्सिक घोटाले की बू आ रही थी। जस्टिस मुखर्जी ने इस बात का दावा तक कर डाला कि वह भगवनजी के नेताजी होने में शत–प्रतिशत यकीन रखते थे। उन्हें इस बात का भी दुःख था, कि सरकार एवं बोस परिवार का समर्थन न होने के कारण वह इस बात को सिद्ध नहीं कर पाये।

पर इतना सब कुछ होने के बाद भी भारत में भगवनजी प्रकरण पर आज तक खुलकर चर्चा नहीं हो सकी है। हमारे इतिहासकार और बुद्धिजीवी—जो अक्सर दुनिया भर के जटिल मुद्दों को सुलझाते हैं—इस बारे में कुछ नहीं कहना चाहते। किसी ने कुछ कहा भी, तो वह "ताइपेई विमान दुर्घटना" प्रकरण से बाहर निकल ही न सका।

इसके ठीक उलट कुछ व्यक्ति ऐसे भी हैं जो यह मानते हैं कि नेताजी का अंत रुस में किसी षड्यंत्र के चलते हुआ। वह भगवनजी को ढोंगी की संज्ञा देते हैं। कुल मिलाकर, भगवनजी पर ज़्यादा लोगों को कतई विश्वास नहीं है। नेताजी और भगवनजी के बीच जोड़ती कड़ियों को खारिज करने के लिये डी0एन0ए0 रिपोर्ट्स और हस्तलिपि विशेषज्ञों की नकारात्मक राय का सहारा लिया जाता है। कुछ लोग ऐसे भी हैं, जो बंद दरवाज़ों के पीछे इस कड़ी को सही मानते हैं पर खुले तौर पर इस बारे में कुछ नहीं कहते। "हम जानते हैं कि नेताजी बेहद बहादुर थे—वह मृत्यु से भी भयभीत नहीं थे। अगर वह भारत में होते तो उन्हें सबके सामने आने से कोई नहीं रोक पाता।"

मेरी अपनी सोच है कि चाहे कुछ हो, पर सच्चाई को इन सब बातों से दूर रखना चाहिये। यह कहना कि "मैं रुस गया और वहीं एक शोधकर्ता ने मुझे बताया कि नेताजी की मृत्यु हुयी थी"—कोई सबूत नहीं महज़ एक किस्सा है। दूसरी ओर, एक विख्यात हस्तलिपि विशेषज्ञ की राय एक सीधा–साधा सबूत है। काश कि ललिता बोस सन् 1998 के बाद जीवित होतीं और मुखर्जी आयोग से वहीं बातें कहतीं जो उन्होंने मीडिया को बताई थीं—तो आज स्थिति कुछ और ही होती।

खैर, कुछ भी हो—"भगवनजी कौन थे?"—यह गुत्थी आज भी उलझी हुयी है। यह बात सही है कि जो सबूत अभी हैं, उनसे यह पुरी तरह साबित नहीं होता कि वह ही नेताजी थे। पर क्या यह साबित होता है कि वह नेताजी नहीं थे? शायद नहीं! अविश्वास करने वाले लोगों को एक बार यह जरुर जानने की कोशिश करनी चाहिये कि इतने सालों तक इतने नामी–गिरामी स्वतंत्रता सेनानियों ने भगवनजी को नेताजी क्योंकर माना? क्या वह इतने साल इतने लोगों को 'मूर्ख' बना सकते हैं और भला क्यों? अगर वह ढोंगी थे, तो उनके इरादे क्या थे? खोसला और मुखर्जी आयोग दोनों ही इन्हीं के शिष्यों की कोशिशों से बने और आखिरकार सुप्रीम कोर्ट का एक पूर्व ईमानदार जज भला क्यों भगवनजी को नेताजी बताने लगे?

अगर मैं यह सवाल आपके जेहन में उठा पाया हूं, तो खुद को सफल समझता हूं। अब इस स्थिति को समझने की कोशिश भी करनी चाहिये।

...और शुरुआत इस बात से करते हैं कि फैज़ाबाद प्रकरण के बारे में मेरी जानकारी उतनी पुख्ता नहीं है जितनी होनी चाहिये। इसलिये कड़ियों में टूटन होना लाज़मी है। इनको जोड़ना आम सहमति के साथ हुये शोधकार्य के बिना सम्भव नहीं। हमारे देश की जनता जितना ध्यान क्रिकेट मैचों पर लगाती है अगर उससे आधा ध्यान भी नेताजी मामले पर लगाये, तो यह गुत्थी चदं दिनो में सुलझ जाये।

पिछले कुछ सालो में पता नहीं कितने लोग मुझसे पूछ चुके हैं कि "जस्टिस मुखर्जी भगवनजी को नेताजी कैसे बता सकते हैं, जबकि आयोग की रिपोर्ट इस बात के खिलाफ

है?" मैं सोचता हूं कि कभी–कभी आप सच को जानकर भी उसे सिद्ध नहीं कर पाते है। अगर आप को याद हो तो कुछ साल पहले एक युवती की हत्या के मामले में दिल्ली के एक जज ने हत्यारे को छोड़ दिया। उन की दलील थी, "यह जानते हुये कि यह हत्या इसी ने की है, मैं इसे छोड़ता हूं...।"[4] उस हत्यारे के पिता एक मिडिल लेवल के आई0पी0एस0 अधिकारी थे, और आरोप था कि उन्होंने इस कदर अपना रसूख इस्तेमाल किया कि जज को कोई सही सबूत ही नहीं मिला। आगे जाकर हत्यारे को हाईकोर्ट से सज़ा मिली। जुर्म कभी सज़ा बिना नहीं छूटता—खासतौर पर अगर आम सहमति दबाव बनाये तो।

कोई भी यह कह सकता है कि वह जस्टिस मुखर्जी से असहमत हैं। ऐसे में मुझे केवल इतना ही कहना है कि कोई निर्णय लेने से पहले इतना ध्यान रखे कि वह सुप्रीम कोर्ट के पूर्व जज थे; जिन्होंने नेताजी के बारे में जानने की भरसक कोशिशें कीं। अगर वह किसी चीज़ के बारे में शत–प्रतिशत विश्वास कर सकते है, तो हम 25 प्रतिशत तो कर ही सकते हैं।

पर सवाल है उन रोड़ों का जो राह में अड़ंगा पैदा कर रहे हैं। भगवनजी प्रकरण के शुरुआती दौर में खुद पुलिस ने इसकी पड़ताल की थी और यह कहा था कि भगवनजी नेताजी नहीं थे। है न?

मुखर्जी आयोग के गठन से पहले यदि आप भगवनजी मसले पर कोई भी सवाल केन्द्रीय सरकार से करते तो आपको उत्तर प्रदेश सरकार का रास्ता दिखा दिया जाता। इसके बाद प्रदेश सरकार फैज़ाबाद जिलाधिकारी कार्यालय में रखी पुलिस रिपोर्ट के आधार पर यह बताती कि भगवनजी नेताजी नहीं थे।

पर सच तो यह है कि पुलिस की रिपोर्ट मात्र लीपा–पोती थी। यह रिपोर्ट केवल तीन पन्नों की थी; और चौथे में फैज़ाबाद के उस एस0एस0पी0 का एक वाक्य वाला संक्षिप्त नतीजा।

क्या वाकई एक 'जांच' ऐसी ही होती है? चलिये, जांच का एक किस्सा देखते हैं—सोहराबुद्दीन एनकाउण्टर केस। सी0बी0आई0 ने इस मामले में जो कुछ किया वह किसी से छिपा नहीं—जैसे सेवानिवृत्त और कार्यरत अधिकारियों से कड़ी पूछताछ करना और फिर उच्चतम न्यायालय के लिये हज़ारों पन्नों की एक चार्जशीट तैयार करना। साथ ही सी0बी0आई0 ने सुप्रीम कोर्ट से यह भी कहा कि क्योंकि इन "विपरीत" स्थितियों में ईमानदार ट्रायल होना असंभव था, इसलिये मामले को गुजरात से बाहर कर दिया जाये।"[5]

इशरत जहां नकली एनकाउन्टर मामले में भी 1 दिसम्बर 2011 को भी गुजरात हाईकोर्ट ने निर्देश दिये कि जांच सी0बी0आई0 के सुपुर्द की जाये क्योंकि "उसे स्पेशल जांच दल या राज्य की पुलिस पर इस बात का भरोसा नहीं था कि वह इसको ठीक तरह से सुलझायेंगे।"[6] और सी0बी0आई0 ने जुलाई 2013 की अपनी 1500 पन्नों कि चार्जशीट में एक अहमदाबाद कोर्ट को बताया कि इशरत और लश्कर के 3 आंतकियों का नकली एनकाउन्टर गुजरात सरकार और आई0बी0 के इशारों पर हुआ था

राजनैतिक तौर पर संवेदनशील समझे जाने वाले मामलों को सुलझाने के यही सही

तरीके थे। यह हमारे ऊपर है कि हम ऐसे मामलो को किस नजरिये से समझते है। इधर –उधर से बात करके तीन पन्नों की एक रिपोर्ट किसी भी गंभीर मसले को सुलझाने का तरीका नहीं। पर शायद इस देश में पुलिस इन मामलों को यूं ही निपटाती है। *टाइम्स ऑफ इण्डिया* में एक रिपोर्ट थी कि किस तरह दिल्ली पुलिस एक राजनैतिक घोटाले में एक नामी राजनीतिज्ञ के संलिप्त होने का कोई सबूत नहीं ढूंढ़ पायी। पर हमें इस बात का कोई अचम्भा नहीं—आखिरकार, पूर्व का स्कॉटलैण्ड यार्ड होने का दर्जा तो उत्तर प्रदेश पुलिस को कभी मिला ही नहीं।

सन् 1985 की पुलिसिया जांच भी अपने स्तर पर नाकाफी रही। जूनियर स्तर के कुछ पुलिसवाले इधर–उधर गये। भगवनजी के कुछ माननेवालों को पकड़ कर उनसे उन्होने यह जानने की कोशिश की कि क्या "भगवनजी वाकई नेताजी थे?" कुछ ने बातों को इधर–उधर कर दिया; कुछ घबराये हुये थे; और रहे–सहे इस बारे में ज्यादा जानते नहीं थे। रिपोर्ट के मुताबिक, "एक पुलिस दल, कोलकाता गया ताकि डॉ0 पवित्र मोहन रॉय एवं नेताजी के अन्य साथियों से बात हो सके; पर इस बाबत कोई अधिक जानकारी न दे सका, बल्कि अधिकतर लोग पुलिस को कोई जानकारी न देने के मूड में लग रहे थे।" एक समाचार पत्र ने पवित्र से की गयी पूछ–ताछ की प्रतिलिपि सन् 1986 में प्रकाशित की। यह पढ़कर कक्षा 10 का छात्र भी यह कह सकता था कि यह महाझूठ है। तो क्या हमारी समझदार पुलिस इस बात को नहीं समझ पायी? कुछ लोगों ने पुलिस को हस्तलिपि और अंगुलियों के चिह्नों की जांच का इशारा भी दिया था पर यह नहीं किया गया। कुछ क्षेत्रीय पत्रकारों ने मुझे यह जरुर बताया कि पुलिस किसी हस्तलिपि विशेषज्ञ को लायी थी; जिसने जैसे ही कुछ नमूनों की जांच की उसका रंग उड़ गया। सन् 1985 में भगवनजी के कमरे की जांच के बाद पुलिस रिपोर्ट के अनुसारः

> उनके कमरे में आई0एन0ए0 और नेताजी से जुड़ी वस्तुएं और साहित्य प्राप्त किया गया। पारिवारिक फोटो और नेताजी की मृत्यु पर जांच आयोग की रिपोर्ट्स भी मिली। यह भी पता चला कि हर 23 जनवरी को यानी नेताजी के जन्मदिवस पर भगवनजी के कमरे में एक खास आयोजन होता था और इस दिन फैज़ाबाद का कोई व्यक्ति उनसे नहीं मिल सकता था। पर हांए कोलकाता से कुछ व्यक्तियों का आना होता था जो उस दिन उनके साथ रहते थे।

जांच का निष्कर्ष निकालते हुये एस0एस0पी0 ने कहा कि "जांच होने पर यह साफ नहीं हो सका कि यह मृत व्यक्ति कौन था।" इसका अर्थ था कि पुलिस को भगवनजी की असलियत के बारे में कोई ज्ञान नहीं था।

रिपोर्ट में यह भी लिखा था कि "राज्य सरकार को इस बारे में बता दिया गया था और सरकार के निर्देशों का इंतज़ार था।" वह इंतज़ार आज तक चल रहा है। मैं समझ नहीं पा रहा कि बीच में यह बात कैसे कह दी गयी कि पुलिस जांच के मुताबिक भगवनजी नेताजी नहीं थे।

खैर, यह कहानी केवल एक पहलु है। आप कह सकते हैं कि "ठीक है, मामला

हल्के–फुल्के तरीके से पड़ताल में था...पर आज तो हमारे पास हस्तलिपि और डी0एन0ए0 दोनों ही रिपोर्ट्स हैं जो साबित करते हैं कि भगवनजी नेताजी नहीं थे!"

तो चलिये हस्तलिपि रिपोर्ट्स से ही शुरुआत करते हैं। सन् 1985 में भगवनजी और नेताजी की हस्तलिपियों को मिलाना संभव नहीं था। ललिता बोस ने इन्हें अपने चाचा की ही समझा था। एन0आई0पी0 की टीम ने भी इस पर किसी विशेषज्ञ की सलाह ली थी, जिसने इनके मिलने पर हामी भरी थी—हालांकि वह इस सहमति को लिखित में देने से इंकार करते रहे। और क्यों नहीं—उस वक्त देश में कांग्रेस का दबदबा था।

जहां तक बात सन् 1985–86 की है—उस वक्त न ही विपक्ष; न ही मीडिया दबदबा बना पाते थे और इसलिये एक निष्पक्ष जांच का कोई सवाल ही नहीं उठता। उन दिनों कांग्रेसियों का आदेश ही अंतिम आदेश होता था। इस तरह देखा जाये, तो फैज़ाबाद मामले को दबाना सरकार के लिए महज़ बच्चों का खेल था।

कुछ लोगो का आरोप है कि हस्तलिपि के वे नमूने रामभवन में किसी ने रखवाये थे। सरासर गलत, क्योंकि दशकों से लिखे यह कागज़ात ऐसे रखवाये नहीं जा सकते।

तीस सालों तक कोई व्यक्ति किसी अन्य की लिखावट में लिखता रहे, यह वैज्ञानिक तौर पर संभव ही नहीं। कोई भी अच्छा विशेषज्ञ इस बात को पकड़ सकता है।

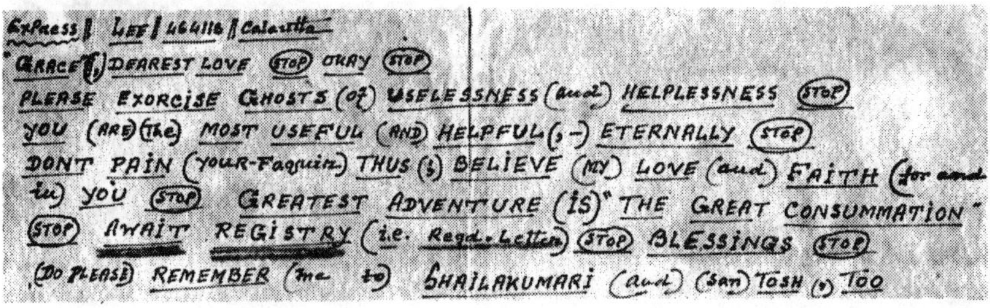
Express | LEF | 464116 | Calcutta
"GRACE (,) DEAREST LOVE (STOP) OKAY (STOP)
PLEASE EXORCISE GHOSTS (of) USELESSNESS (and) HELPLESSNESS (STOP)
YOU (ARE) (the) MOST USEFUL (AND) HELPFUL (,–) ETERNALLY (STOP)
DONT PAIN (YOUR-Faquir) THUS (;) BELIEVE (MY) LOVE (and) FAITH (for and in) YOU (STOP) GREATEST ADVENTURE (IS) "THE GREAT CONSUMMATION"
(STOP) AWAIT REGISTRY (i.e. Regd. Letter) (STOP) BLESSINGS (STOP)
(DO PLEASE) REMEMBER (me to) SHAILAKUMARI (and) (San) TOSH (,) TOO

भगवनजी की लिखाई का नमुना (1963)

"तो क्या नमूने कभी किसी अच्छे विशेषज्ञ को दिखाये ही नहीं गये?"

इसी बात का जवाब लेने के लिये मैं सन् 2001 में बी0लाल कपूर से मिला; और यह मुलाकात *हिन्दुस्तान टाइम्स* की ओर से थी। संदिग्ध दस्तावेज़ों की जांच हेतु इन्हें कपूर को सौंपा गया। इन्हें इस विद्या में महारत हासिल थी। अमरीका, इंग्लैण्ड, जर्मनी और स्विट्ज़रलैण्ड की फॉरेन्सिक लैब्स में कार्य करने और सरकार से सेवानिवृत्त होने के बाद वे कई सरकारी विभागों के विशेषज्ञ पैनलों पर थे। 87वीं इण्डियन साइन्स कांग्रेस (2000) में इन्हें फॉरेन्सिक विज्ञान में लाइफटाइम अचीवमेन्ट अवार्ड दिया गया था।

बी0लाल कपूर ने *हिन्दुस्तान टाइम्स* को सकारात्मक रिपोर्ट दी। बाद में मुखर्जी आयोग ने भी इनकी सेवायें लीं। विभिन्न नमूनों पर काम करते हुये उन्होंने दो अन्य रिपोर्ट्स दीं, जो इनकी बात का सकारात्मक विवरण देतीं थीं। एस0 ऑसबन और विल्डॉन आर हैरिसन के फॉरेन्सिक सिद्धान्तों का इस्तेमाल करते हुये उन्हें लगा कि नेताजी की हस्तलिपि और रामभवन से मिले लेख "एक ही व्यक्ति द्वारा लिखे गये थे।" उन्होने कहा कि "समय के

अंतराल के बावजूद दोनो हस्तलिपियों में मुख्य समानतायें हैं।"

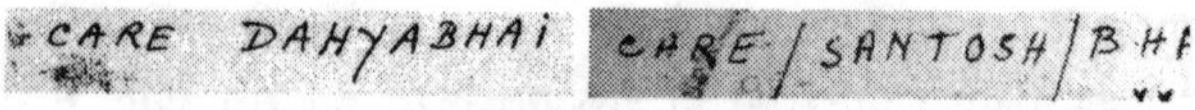

बांए नेताजी; दांए भगवनजी

बांग्ला भाषा के नमूनों के बारे में एक अलग रिपोर्ट में उनका कहना था:

> बांग्ला भाषा के नमूनों में समय का लम्बा अंतराल पसरा है...पर प्राकृतिक असमानताओं के रहते भी इन दोनों नमूनों में ऐसी समानतायें हैं, जो किसी व्यक्ति की लिखावट में महज़ इत्तेफाक नहीं मानी जा सकतीं। इसका केवल एक ही उत्तर है—कि यह दोनों लिखावटें एक ही व्यक्ति की हैं।

बी0लाल ने नमूनों की जांच के दौरान यह भी पाया कि कुछ शब्दों को लिखने के बाद लेखक एक विशिष्ट चिह्न देते थे[7] और लाल के अनुसार यह बात काफी महत्त्वपूर्ण थी। नीचे चित्र में बायीं ओर सन् 1937 में नेताजी की लिखावट है; जबकि सन् 1984 में लिखी भगवनजी की लिखावट दायीं ओर दिखायी गयी है।

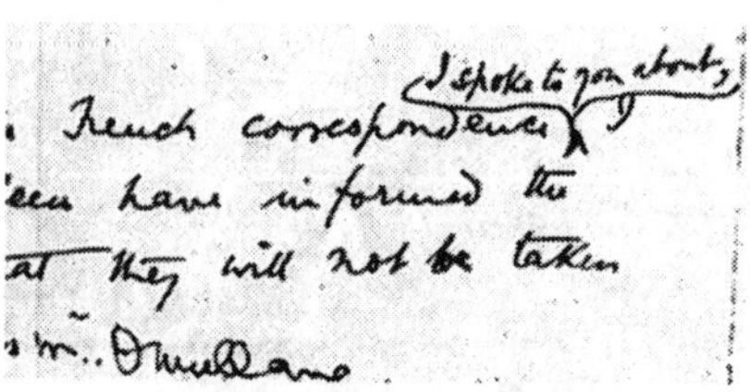

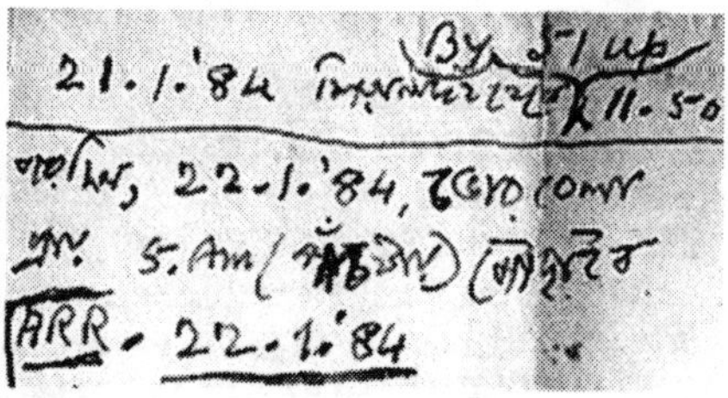

"और उन दो अन्य विशेषज्ञों का क्या जो आयोग में आये थे?"

वह दो विशेषज्ञ और रिपोर्ट्स "सरकारी" थी। न ही उनका स्तर बी0लाल जैसा था। और तो और, उनका रवैया भी उनकी रिपोर्ट्स को सत्यापित नहीं कर सका। इनमें से एक थे डॉ0 एस0के0 मन्डल। यह फॉरेन्सिक साइंस लैब कोलकाता के वरिष्ठ साइंटिफिक अधिकारी थे। उनकी रिपोर्ट से दूर से ही जालसाज़ी की बू आती है। निष्कर्ष देते हुये, विशेषज्ञ को निष्कर्ष पर पहुंचने के कारणों को भी बताना होता है। पर ऐसा कुछ न देते हुये डॉ0 मन्डल का केवल इतना कहना था कि यह लिखावट दो अलग व्यक्तियों की है।

दूसरी रिपोर्ट पर अमर सिंह (सरकारी विशेषज्ञ) और एम0एल0 शर्मा (उप सरकारी विशेषज्ञ) के हस्ताक्षर हैं; जिनका कहना था, "हमने सभी दस्तावेज़ों की कायदे से जांच की है और शिमला स्थित भारत सरकार की लैब में रखे वैज्ञानिक उपकरणों की मदद से, लिखावट में धोखाधड़ी व अन्य पहलुओं पर भी पड़ताल की है।" अपने दिये 'कारणों' में उन्होंने माना कि भगवनजी की लिखावट में धोखाधड़ी का कोई चिह्न नहीं था—पर इसके अलावा, उनके और बी0लाल के निष्कर्षों में अन्य कोई समानता नहीं थी।

हिन्दुस्तान टाइम्स को दी गयी अपनी रिपोर्ट में बी0लाल ने माना था भगवनजी अपनी

पहचान छिपाने का प्रयास करते रहे थे। फिर भी उनका मानना था कि:

> कोई भी लेखक कभी अपनी लिखावट पूरी तरह नहीं बदल सकता। वह अपनी पहचान छिपाना भी चाहे, तो भी अपनी लिखावट के कुछ विशेष लक्षणों को कभी नहीं छोड़ सकता—और इन लक्षणों को दशकों का अंतराल भी नहीं छिपा सकता। ऐसा कोई सबूत नहीं मिला है जिससे यह साबित हो कि किसी अन्य व्यक्ति ने नेताजी की लिखावट की नकल की है।

पर भारत सरकार की रिपोर्ट का कहना था कि भगवनजी और नेताजी की लिखावट में समानता दिखावटी थी।

> पहली बार में ही दोनों लिखावटों में खासी समानता देखी जा सकती है—वही स्टाइल है और वही श्रेणी। पर अक्षरों की बनावट और इनके "मास्टर पैटर्न" एवं लक्षणों की विभिन्नता के मद्देनज़र यह कहना सही होगा कि दोनों लिखावटें भिन्न हैं और अलग-अलग लोगों द्वारा लिखी गयी हैं।[8]

रिपोर्ट ने कुछ विवरण के साथ एक "जक्सटापोजीशन चार्ट" दिया, जिसमें दोनों लिखावटों की विभिन्नता दिखाई गयी। चार्ट में कुल आठ उदाहरण थे—पांच अंग्रेजी, तीन बांग्ला।

तुलना में बी0लाल की रिपोर्ट में कुल 460 फोटो थीं, जिसमें हर अक्षर का विवरण था। लिखावट में "प्राकृतिक विभिन्नता" पर उनका कहना था:

> हर प्राकृतिक लिखावट में कुछ प्राकृतिक विभिन्नता रहती है क्योंकि इंसानी हाथ मशीन नहीं है। लिखावट की जांच में इन विविधताओं को पढ़ना बेहद जरुरी होता है। यदि इन प्राकृतिक विविधताओं को असमानतायें मान लिया जाये, तो पहचान में गलती हो सकती है।[9]

भगवनजी की लिखावट में भी ऐसी ही "प्राकृतिक विविधताएं थीं, जो दरसल असलियत का प्रतीक थीं–और समानतायें तो थी हीं।"

जब आयोग ने नई दिल्ली में बी0लाल और इन सरकारी विशेषज्ञों की पड़ताल हेतु इन्हें एक साथ एक ही दिन बुलाया तो सरकारी विशेषज्ञ घबरा गये। साफ था कि उन्हें अपनी रिपोर्ट्स पर भरोसा नहीं था। अमर सिंह आये ही नहीं। एम0एल0 शर्मा शिमला स्थित अपने ऑफिस से दिल्ली ना आकर बाद में कोलकाता गये। मण्डल की पड़ताल के दौरान ही वह उसी कमरे में आये और वह सारे सवाल नोट करने लगे जो उनसे भी पूछे जाने वाले थे। बाद में हुई जिरह में प्रोफेसर नंदलाल चक्रवर्ती ने कहा कि शर्मा को पहले ही सवाल पता थे। प्रश्न पूछे जाने से पहले ही वह उत्तर देना शुरु कर चुके थे।

दोनों ही विशेषज्ञों के जवाब एक दूसरे से बिल्कुल उलट थे। जस्टिस मुखर्जी ने मण्डल से पूछा: "क्या आप मानते हैं कि किसी व्यक्ति की हस्तलिपि को पढ़ने के लिये उसके द्वारा इस्तेमाल किये गये विराम चिह्नों को समझना—मसलन वह कितनी बार और कहां–कहां इस्तेमाल किये गये हैं—जरुरी है?"

"जी हां!"

"रिपोर्ट में अपने नतीजे पर पहुंचने से पहले क्या आपने इन सब बातों को समझा और क्या इन्हें रिपोर्ट में समझाया गया है?"

"जांच के दौरान मैंने इन सभी पहलुओं पर गौर किया, पर मेरी रिपोर्ट में इन में से किसी पर कुछ नहीं कहा गया है।"

एम0एल0 शर्मा की बारी आयी तो उनसे पूछा गयाः

"क्या आप मानते हैं कि कोई परिपक्व लेखक किसी वाक्य में किसी शब्द को जोड़ने या चिह्न को जोड़ने की आदत रख सकता है—हालांकि यह इतना आम नहीं था?"

"जी हां! ऐसा हो सकता है।"

बाद में उनसे पूछा गया, "हस्तलिपि को समझने में ऐसे चिह्नों का खासा महत्त्व होता है?"

शर्मा को पता था कि हामी भरने का क्या असर हो सकता है, लिहाज़ा उन्होंने कहा, "मैं नहीं मानता।"

खैर, सच ज़्यादा वक्त तक छिपा नहीं रहा जब बाद में उनसे पूछा गया,

"आप ऐसे चिह्नों को व्यक्तिगत लक्षण मानते हैं?"

"हां।"

"और यह भी मानते हैं कि व्यक्तिगत लक्षणों को समझना हस्तलिपि समझने के लिये जरुरी होता है?"

"हां।"

जस्टिस मुखर्जी ने इन सरकारी विशेषज्ञों को खासी फटकार लगाई। उनका बस चलता, तो उनके ढीले–ढाले रवैये को देखते हुये वह उनकी रिपोर्ट्स को फेंक ही देते। इन्हें न फेंकने के कारणों में डी0एन0ए0 रिपोर्ट भी शामिल थी।

पूरी तरह वैज्ञानिक होने के कारण एक डी0एन0ए0 रिपोर्ट पुख्ता हो तो सकती है पर इंसानों से गलतियां भी हो सकती हैं। जब विकसित दुनिया के देशों में भी ऐसी घातक फॉरेन्सिक गलतियां सामने आयीं हैं, तो फिर विकासशील देशों के बारे में हम क्या कहें? भारत की प्रयोगशालायें अमरीकी या अंग्रेजी स्तर की नहीं—जिनका कहा अन्तिम माना जा सकता है। ऐसी कितनी जांचों पर प्रश्नचिह्न लग चुके हैं।

उदाहरण के तौर पर सन् 2003 में तीन पुलिस अफसर और दो डॉक्टरों को पांच नागरिकों के डी0एन0ए0 नमूनों के साथ छेड़–छाड़ का आरोपी ठहराया गया था। यह बात जम्मू कश्मीर के सन् 2000 के छत्तीसिंहपुरा नरसंहार की है।[10]

इसी तरह सितंबर सन् 2010 में हैदराबाद की एक पत्रिका ने इस बात का खुलासा किया कि किस तरह शहर की एक फॉरेन्सिक प्रयोगशाला के वैज्ञानिक को बलात्कार मामले में घूस लेते हुये रंगे हाथों पकड़ा गया।

पत्रिका के शब्द थे: "पुलिस ज़्यादातर ऐसे मामलों में अपराधी को छोड़ने के लिये डी0एन0ए0 रिपोर्ट्स से छेड़–छाड़ करती है।"[11]

अब आप का प्रश्न होगा: "भगवनजी मामले की डी0एन0ए0 पड़ताल किस प्रयोगशाला में करवाई गयी?"

रामभवन से मिले दांतों पर दो अलग–अलग डी0एन0ए0 टेस्ट करवाये गये। हैदराबाद के सेन्टर फॉर डी0एन0ए0 फिंगरप्रिंटिंग एण्ड डायगनॉस्टिक्स (सी0डी0एफ0डी0) की रिपोर्ट एक बेहद जूनियर स्तर के अफसर द्वारा हस्ताक्षरित की गयी थी। जिस व्यक्ति ने जांच की थी उसका नाम कहीं नहीं था। 23 जून 2003 की इस रिपोर्ट में लिखा कि सात दांतों में से दो पर "डी0एन0ए0 आइसोलेशन" करवाया गया और उसके बाद उनके "प्रोफाइल" तैयार करवाये गये। इसके बाद इनको नेताजी के रिश्तेदारों के खून के नमूनों से मिलवाया गया; पर इस रिपोर्ट में कुछ खास पता इसलिये नहीं लग पाया क्योंकि "दांतों से मिला डी0एन0ए0, जांच हेतु अपर्याप्त था"[12]

पता नहीं किन कारणों से, पर बाकी बचे पांच दांतों का कोई इस्तेमाल किया ही नहीं गया। मुखर्जी आयोग में किसी ने मुझे यह बताया कि इस जांच में डी0एन0ए0 का मैच बखूबी सामने आया था। ऐसा आयोग को एक फोन के द्वारा बताया गया था। इसके बाद मैंने सी0डी0एफ0डी0 की एक प्रति एक डी0एन0ए0 विशेषज्ञ को दिखाई जिसने यह कहा कि "टेस्ट के साथ छेड़–छाड़ की गई है ताकि 'नार्मल' नतीजा सामने न आ सके।"

> पहली बात तो यह थी कि डी0एन0ए0 प्राप्त करने के अन्य तरीकों के चलते, बहुत सम्भव था कि इन दो दांतों से काफी मदद मिल पाती। फिर भी यदि यह मान भी लिया जाय कि जो डी0एन0ए0 मिला वह माइक्रोसैटेलाइट फिंगरप्रिंटिंग के लिये काफी नहीं था, तो फिर सवाल यह है कि बाकी बचे पांच दांतों का इस्तेमाल क्यों नहीं किया गया? यह समस्या माइटोकॉन्ड्रियल डी0एन0ए0 टेस्ट के जरिये आसानी से सुलझ सकती थी। हालांकि प्रोटोकॉल से असलियत झलकती प्रतीत होती है, पर नतीजों से यह नहीं बताया जा सकता कि अंतिम निष्कर्ष नकारात्मक ही है। ज़्यादा नैतिक स्तर पर कहें तो ऐसे टेस्ट कभी किसी एक व्यक्ति द्वारा नहीं करवाये जाते...इसमें अन्य स्टाफ की आवश्यकता रहती ही है।

बाद में यह पाँच दांत कोलकाता स्थित सेन्ट्रल फॉरेन्सिक साइंस लैबोरेट्री (सी0एफ0 एस0एल0) को दिये गये। 11 जून 2004 को इसकी विस्तृत रिपोर्ट निदेशक द्वारा हस्ताक्षरित की गयी। तब तक कांग्रेस सत्ता में आ चुकी थी। रिपोर्ट के अनुसार, "दांतों का मूल स्रोत नेताजी की मां अथवा पिता के डी0एन0ए0 से मेल नहीं खाता था।"[13]

मुखर्जी आयोग ने हैदराबाद लैब रिपोर्ट को दरकिनार कर दिया। यह रिपोर्ट नतीजाहीन रिपोर्ट थी, लेकिन आयोग ने सी0एफ0एस0एल0 के निदेशक को बुलावा भेजा—और ऐसा तीन बार करने पर ही निदेशक, आखिरकार आयोग के सामने प्रस्तुत हुये। उनके हृदय में छिपा पक्षपात तब सामने आ ही गया जब आयोग ने उनसे कहा कि भगवनजी की वस्तुओं पर अंगुलियों के निशान जांच के लिये उठाये जाने कि कोशिश की जाए। लेकिन उन्होंने यह बात अनदेखी कर दी। हैरानी की बात है कि सी0एफ0एस0एल0 के निदेशक रेनकोजी मंदिर में रखी अस्थियों पर डी0एन0ए0 टेस्ट की संभावना से वह काफी उत्साहित लग रहे थे। यह बात कुछ अजीब थी क्योंकि सर एलैक जैफरी से लालजी सिंह जैसे प्रमुख विशेषज्ञ इस संभावना से साफ इनकार कर चुके थे।

और तो और, सी0एफ0एस0एल0 ने सन् 2000 में ही वैज्ञानिक “उपलब्धि” का ढोल बजाना शुरु कर दिया था-—जबकि इस तरह की कोई “उपलब्धि” भारत सरीखे एक तीसरी दुनिया के देश में होना कितना असंभव था, यह सब जानते थे। *टाइम्स ऑफ इण्डिया* रिपोर्ट के अनुसार, “सी0एफ0एस0एल0 के वैज्ञानिकों ने दावा किया है कि वह डी0एन0ए0 टेस्ट के ऐसे प्रारुप तक पहुंच चुके हैं जिससे यह पता चल सकता है कि जापान के रेनकोजी मंदिर में रखे अवशेष नेताजी के हैं अथवा नहीं।” निदेशक ने रिपोर्ट में यह दावा किया था कि “हमने इस तकनीक पर महारत हासिल कर ली है और इसके साथ ही हम अमरीका में वाशिंगटन या इंग्लैण्ड में बरमिंघम की प्रयोगशालाओं के स्तर तक पहुंच चुके हैं।”[14]

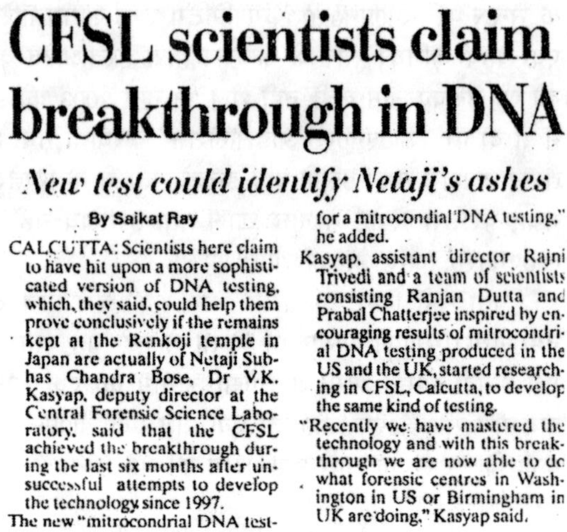

CFSL scientists claim breakthrough in DNA

New test could identify Netaji's ashes

By Saikat Ray

CALCUTTA: Scientists here claim to have hit upon a more sophisticated version of DNA testing, which, they said, could help them prove conclusively if the remains kept at the Renkoji temple in Japan are actually of Netaji Subhas Chandra Bose. Dr V.K. Kasyap, deputy director at the Central Forensic Science Laboratory, said that the CFSL achieved the breakthrough during the last six months after unsuccessful attempts to develop the technology since 1997.

The new "mitrocondrial DNA test- for a mitrocondial DNA testing," he added.

Kasyap, assistant director Rajni Trivedi and a team of scientists consisting Ranjan Dutta and Prabal Chatterjee inspired by encouraging results of mitrocondrial DNA testing produced in the US and the UK, started research-ing in CFSL, Calcutta, to develop the same kind of testing.

"Recently we have mastered the technology and with this breakthrough we are now able to do what forensic centres in Washington in US or Birmingham in UK are doing," Kasyap said.

आयोग के सामने निदेशक से हुयी पूछताछ के बाद, एक व्यक्ति ने इंगित किया कि डी0एन0ए0 आइसोलेशन से लेकर माइक्रोसैटेलाइट रिपीट्स तक की पूरी प्रक्रिया में केवल निदेशक का ही हाथ था—इसके अलावा किसी और विशेषज्ञ की मदद नहीं ली गयी थी। यह बात डी0एन0ए0 टेस्ट के नियमों के विरुद्ध थी; “यदि किसी विशेषज्ञ के इरादे गलत हों, तो डी0एन0ए0 टेस्ट के नतीजों के साथ छेड़–छाड़ की जा सकती है—खासकर के तब, जब आपके साथ कोई अन्य विशेषज्ञ न हो।” यह बात कहने वाले व्यक्ति थे डॉ0 मधुसूदन पाल जिन्होंने आयोग की एक सुनवाई के दौरान यह बात कही।

“तो आपके अनुसार भगवनजी के डी0एन0ए0 टेस्ट के साथ गड़बड़ी हुयी थी?”

यह मानना गलत नहीं है। सरकारी प्रयोगशालाओं और इनमें गलत इरादों के व्यक्तियों द्वारा यह जांच होने के हालात में, इस बात से इंकार नहीं किया जा सकता।

“क्या यह संभव है?”

सन् 1999 में सी0एफ0एस0एल0 ने एक ऐसे अंग्रेज़ व्यक्ति के कथित अवशेषों पर टेस्ट किया था जिसका अपहरण जम्मू और कश्मीर में आतंकवादियों ने किया था। यह व्यक्ति थे पॉल वैल्स। लंदन से प्रकाशित समाचार पत्र द इन्डेपेन्डेन्ट की एक रिपोर्ट के अनुसार सन् 2000 में जम्मू और कश्मीर पुलिस ने “घोषणा कि कलकत्ता और दिल्ली स्थित सी0एफ0एस0एल0 लैब्स ने यह पुष्टि की थी कि हड्डियों और अन्य शारीरिक अंगों की जांच से यह साबित है कि यह श्री वेल्स का ही शरीर है।”[15] इन प्रयोगशालाओं के दावों को सत्यापित करने हेतु ब्रिटिश लोगों ने अपने टेस्ट किये। फॉरेन और कॉमनवेल्थ

कार्यालय ने बाद में घोषणा की कि, "ब्रिटिश पुलिस फॉरेन्सिक वैज्ञानिकों के मुताबिक यह अवशेष न ही श्री वैल्स के थे, न ही किसी अन्य अपहृत व्यक्ति के।"[16]

"पर हम इन विदेशियों की बात का भरोसा क्यों करें?"

"अपनी" रिपोर्ट को मानते हुये हममें एक खासी झूठी राष्ट्रभक्ति की भावना हिलोरें लेने लगती है। भले ही यह बात हम न मानें, पर बाकी दुनिया ब्रिटिश रिपोर्ट को ही सही और विश्वसनीय मानेगी।

खुद हमारे अपने नेता, नौकरशाह, सैनिक, बुद्धिजीवी, पत्रकार—जिनके बच्चे अपनी पढ़ाई-लिखाई दिल्ली या मुम्बई के बजाय लंदन या न्यूयार्क से करना पसंद करते हैं—भारतीय रिपोर्ट को कोई महत्त्व देंगे ही नहीं। खासकर, तब जब उसी मुद्दे पर एक पाश्चात्य रिपोर्ट भी सामने रखी हो। यह भी देखा गया है कि भारत में ऐसे किसी भी मामले में पश्चिमी देशों के फॉरेन्सिक विशेषज्ञों की राय ली जाती है।

खैर, यह बात जानते–बूझते हुये कि सरकार को नेताजी मामले में कभी कोई दिलचस्पी थी ही नहीं भगवनजी के दांतों को भारत सरकार को सौंप देना एक भारी गलती थी। मुखर्जी आयोग व अन्य आयोगों का गठन सरकार ने भारी दबाव में आकर किया था; अपनी मर्जी से नहीं।

नेताजी की मृत्यु पर, आज भी सरकार के पास बहुत सी गोपनीय फाइलें हैं और उसका इरादा कहीं से भी नहीं कि वह भारत की जनता के पास पहुंच सके। इसलिये सरकार द्वारा नियंत्रित प्रयोगशालाओं पर भरोसा कर लेना भी एक तरह से समझदारी नहीं कहा जा सकता। नेताजी के मामले को ईमानदारी से सुलझाने के लिये यह जरुरी है कि सारे टेस्ट यूरोप या अमरीका की प्रयोगशालाओं में करवाये जायें।

"कुछ शोधकर्ता, फॉरवर्ड ब्लॉक लीडर्स् और नेताजी के परिवार के सदस्य यह जोर डाल रहे है कि सरकारी प्रयोगशालाओ मे किये गये डी0एन0ए0 टेस्ट और हस्तलिपि टेस्ट से यह साबित हो चुका है कि भगवनजी नेताजी नहीं थे, और इसलिये यह बात हमेशा–हमेशा के लिये ख़त्म कर देनी चाहिये।"

मेरा उत्तर हैः यह सभी ज़्यादातर लोग इस बात पर विश्वास कर चुके हैं कि नेताजी की मृत्यु सोवियत संघ में हुयी थी...हालांकि इस बात को साबित करने वाला कोई सबूत किसी के पास नहीं। "नेताजी साइबेरिया में मारे गये" थ्योरी में विश्वास करने वालों को बार–बार यह याद दिलाया जाता है कि भारत और रुस की सरकारें यह मानने से ही इंकार करती हैं कि वह वहां पहुंचे ही नहीं; पर यह लोग जवाब में कहते हैं कि सरकारें झूठ बोल रही हैं। जब खुद सरकार ही झूठ बोल रही हो तो उसके कर्मचारी क्या सच बोलेंगे? पूर्वाग्रहों का पेट भरने के लिये "पिक एण्ड चूज़" की नीति भला कहां तक हितकारक होगी?

नेताजी के जीवन/मृत्यु के इर्द–गिर्द घूमते षड्यन्त्रों और मुसीबतों को देखते हुये यह सोचना गलत ही होगा कि इस मामले मे कोई भी सरकारी बयान सच होगा।

सोच बना लेने में सरकारी रिकार्ड खासे मददगार होते हैं पर जब राजनैतिक नेतृत्व इतना पारदर्शी न हो तो यह फाईल भी हमेशा सच नहीं बोलती। गोपनीय सरकारी रिकार्ड

तलाशने का मेरा केवल एक ही मतलब है, कि नेताजी सन् 1945 में मृत थे, अथवा नहीं। उनके बारे में सरकारी सोच चाहे जो रही हो—इससे मेरा कोई वास्ता नहीं। बच्चा–बच्चा जानता है कि भारत सरकार को नेताजी से कोई खास लगाव नहीं है।

खुद नेताजी के परिवार के कुछ सदस्य जो अब जस्टिस मुखर्जी की भगवनजी के पक्ष में की गयी वकालत के खिलाफ बोलते है, वे खुद कभी उनकी तारीफों के पुल बांधना नही छोड़ते थे। एक बार यूं ही जब नेताजी के परिवार के एक सदस्य ने सी0एफ0एस0एल0 (कोलकाता) प्रयोगशाला द्वारा किये गये डी0एन0ए0 टेस्ट का समर्थन करते हुये उसके सही होने की बात कही, तो मैंने पूछा कि क्या वह रेनकोजी मंदिर में रखे अवशेषों की जांच इसी प्रयोगशाला में होना स्वीकार करेंगे? मैंने उन्हें याद दिलाया कि यह प्रयोगशाला गृह मंत्रालय के अधीनस्थ थी और मुखर्जी रिपोर्ट में इस मंत्रालय असहयोग के लिये खासा जिम्मेदार ठहराया गया है। उनका जवाब था कि वह ऐसा नहीं चाहेंगे क्योंकि उन्हें सरकार पर भरोसा नहीं था। भगवनजी प्रकरण में मेरा भी बिल्कुल यही मानना है।

"एक अन्तिम सवालः यह पूरा मुद्दा भाजपा ने क्यों नही सुलटाया।"

इसका जवाब तो सिर्फ भाजपा ही दे सकती है। एन0डी0ए0 सरकार ने इतना अहसास तो किया ही कि अदालत के कहे अनुसार आयोग का गठन करवाया। अगर सन् 1998–99 में केन्द्र में कांग्रेस होती तो इस मामले का कुछ नहीं होता। पर भाजपा इससे आगे क्यों नहीं बढ़ी इस बात का मुझे भी ठीक से पता नहीं। शायद सरकारी नीतियों को सालों तक जस के तस रहने देने की परम्परा का भाजपा भी निर्वहन कर रही थी। शायद उच्च नौकरशाह और खुद सरकार यह जानते हों कि इतनी मुसीबत उठाना किसी सिरे से फायदेमंद नहीं था। यह बात अलग है कि दुनिया इस सच को जानना चाहती है—लेकिन एक बात यह भी है कि इस सवाल के सुलझने से किसी भी राजनैतिक दल का कोई चुनावी भला नहीं होने वाला।

फिर भी, मेरी अटकल के हिसाब से अंदर की कहानी इतनी आसान नहीं है। अगर बात केवल "रुस में नेताजी की हत्या" की होती तो कोई भी गैर कांग्रेसी प्रधानमंत्री इस बात को खोदता और जग जहीर कर देता। पर इस कहानी में रुसी कोण के अलावा भी कुछ और बातें हैं, और वह खासी उलझी हुयी हैं। जब तक इस मुद्दे पर एक खुली बहस नहीं हो जाती सच का सामने आना बहुत कठिन होगा।

प्रधानमंत्री और अन्य बड़े नेताओं से सीधे सवाल, टी0वी0 पर गरमागरम चर्चा—यह दिन जब तक नहीं आता, तब तक भगवनजी के बारे में कुछ बातें गंभीरता से खोजबीन करने की उम्मीद नहीं की जा सकती है। जब कभी भी वह दिन आयेगा तो कुछ प्रश्न उठेगे। ऐसे कुछ प्रश्न और उनके उत्तर देने की चेष्टा अब मैं करता हूँ।

...तो भगवनजी उर्फ "मृत व्यक्ति" के अनुसार 18 अगस्त 1945 की हवाई दुर्घटना का 'सच' क्या था?

ओई महामानब आसे (चित्र) में चारणिक ने भगवनजी के बारे में बताते हुये कहा कि 17 अगस्त की शाम को 'वह' पहले

अपने साथियों से अलग हुये। नामित "जापानी जनरल" शायद जनरल इसोदा थे। जबकि "सबसे छोटे जनरल" हबीब–उर–रहमान को बताया गया है—जो सन् 1945 में मात्र 32 साल के थे।

> वह अपने सबसे करीबी लोगों पर भी पूरा भरोसा नहीं करते थे; लेकिन उन लोगों को यह लगता था कि वह उनके पूर्ण विश्वसनीय थे। अपना काम खत्म करके वह अपने कमरे से बाहर आये तो जापानी जनरल बेचैन हो उठे—उनसे और ज्यादा इंतज़ार नहीं हो रहा था। महानायक अपने जनरलों के पास आये। सब जानना चाहते थे कि उनके साथ कौन जाने वाला था। सब खुद को उनके साथ जाने का हकदार दिखा रहे थे; पर वह अपना मन बना चुके थे। उन्होंने कहा, "मेरे विदेशी मित्रों ने केवल एक ही अतिरिक्त सीट दी है...मैं अपने साथ अपने सबसे छोटे जनरल को ले जा रहा हूं।"

भगवनजी के वक्तव्यों से यह साफ है कि "वह" कभी ताइपेई गये ही नहीं, वह रास्ते में (शायद दलात मे) ही अपने साथियों से अलग हो गये थे। चारणिक के अनुसारः

> वह अपने पूर्व निश्चित स्थान पर उतरने वाले थे और वहीं विश्राम करने वाले थे। पर अचानक किसी के पीछा करने के सिग्नल मिले और आनन–फानन में महानायक ने रहमान से यह कहकर विदा ली; "मेरे निर्देशों को याद रखना...इस वक्त तुम्हें ज्यादा नहीं बता सकता पर मेरे दो विश्वसनीय जापानी जनरल सब जानते हैं। उनसे दिशा–निर्देश लेकर आगे की कार्यवाही करना। किसी अन्य चीज़ की ज़रुरत हो, तो भी उन्हें बताना।" इसके बाद वह एक अनजानी मंजिल की तरफ निकल गये। काफी वक्त बाद उनकी टिप्पणी थी: "रहमान एक पूर्ण व्यक्तित्व था...शायद इसीलिये आज़ाद भारत में उसके लिये कोई स्थान नहीं था। मेरी जानकारी में आज तक किसी अन्य व्यक्ति ने इतनी लगन और ईमानदारी से निर्देशों का पालन नहीं किया।"

भगवनजी की अनजानी मंजिल का नाम था—"भालू देश"—यानी भालुओं का देश। वह यहां "ब्लैक सोसाइटी" की मदद से पहुंचे। सोवियत संघ ही दरअसल "भालू देश" था जबकि "ब्लैक सोसाइटी" गोपनीय जापानी ड्रैगन सोसाइटी थी; जिसके पूर्व प्रमुख के दामाद रास बिहारी बोस ने आई0एन0ए0 की जिम्मेदारी नेताजी को सौंप दी थी। चारणनिक का सवाल थाः "क्या कोई जानता है कि अपनी अंतिम यात्रा से पहले भी वह भालुओं के देश गये थे?"

इतिहासकारों की मानें तो सन् 1941 में नेताजी रुस होकर गुज़रे थे, पर उसके बाद वह वहां नहीं गए। इन्हीं इतिहासकारों के मतानुसार नेताजी की मृत्यु ताईवान में हुयी। किसकी बात मानें? इतिहासकारों की या अनजान चारणिक की? भगवनजी के इस माध्यम की मानें तो महानायक "उस देश के शासक से मिले और उन्होंने सारे इंतज़ाम किये।" यह 18 अगस्त 1945 से पूर्व की बात है।

शायद ये बातें आधारहीन हैं क्योंकि युद्धविराम से पहले के महीनों में नेताजी इधर –उधर जाते ही नहीं थे। वह टोक्यो भी नहीं गये थे। शाहनवाज़ कमेटी की रिपोर्ट के

मुताबिक "अक्टूबर 1944 में नेताजी जापान तीसरी और आखिरी बार गये थे।"[17]

पर अगर मैं यह कहूं कि जो रिपोर्ट आप देख रहे हैं वह उनकी दिसंबर 1944 में की गयी यात्रा के बारे में बताती है?

सैकसी कमीशन नं0 1 रिपोर्ट (6 नवम्बर, 1945) (गैर वर्गीकृत है और सन् 1997 से दिल्ली के राष्ट्रीय अभिलेखागार में रखी है) के अनुसार "दिसंबर 1944 में सुभाष चन्द्र बोस ने यह सुझाव दिया कि जापानी सरकार के लिये चांग–काई–शेक से सम्बन्ध बनाना व्यावहारिक होगा; साथ ही रुस से भी दोस्ताना सम्बन्ध बनाने होंगे।"

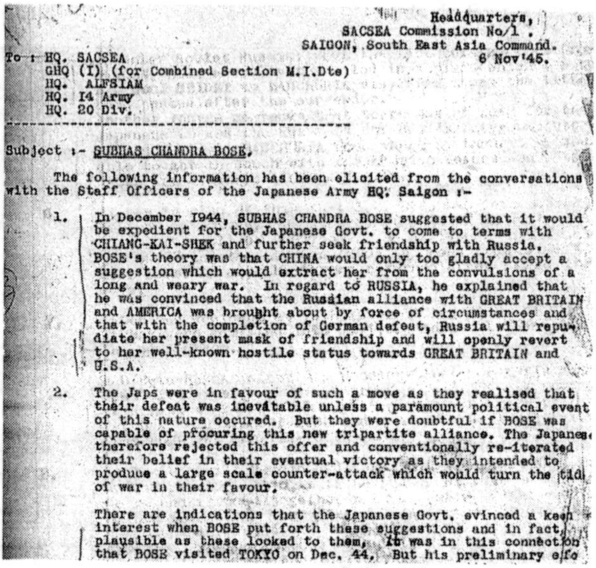
Headquarters,
SACSEA Commission No/1 .
SAIGON, South East Asia Command.
6 Nov'45.

To : HQ. SACSEA
GHQ (I) (for Combined Section M.I.Dte)
HQ. ALFSIAM
HQ. I4 Army
HQ. 20 Div.

Subject :- SUBHAS CHANDRA BOSE.

The following information has been elicited from the conversations with the Staff Officers of the Japanese Army HQ. Saigon :-

1. In December I944, SUBHAS CHANDRA BOSE suggested that it would be expedient for the Japanese Govt. to come to terms with CHIANG-KAI-SHEK and further seek friendship with Russia. BOSE's theory was that CHINA would only too gladly accept a suggestion which would extract her from the convulsions of a long and weary war. In regard to RUSSIA, he explained that he was convinced that the Russian alliance with GREAT BRITAIN and AMERICA was brought about by force of circumstances and that with the completion of German defeat, Russia will repudiate her present mask of friendship and will openly revert to her well-known hostile status towards GREAT BRITAIN and U.S.A.

2. The Japs were in favour of such a move as they realised that their defeat was inevitable unless a paramount political event of this nature occured. But they were doubtful if BOSE was capable of procuring this new tripartite alliance. The Japanese therefore rejected this offer and conventionally re-iterated their belief in their eventual victory as they intended to produce a large scale counter-attack which would turn the tide of war in their favour.

There are indications that the Japanese Govt. evinced a keen interest when BOSE put forth these suggestions and in fact, plausible as these looked to them, it was in this connection that BOSE visited TOKYO on Dec. 44. But his preliminary effo

National Archives, New Delhi

ये बातें उन्होंने कहां कहीं, यह दूसरे बिंदु के दूसरे पैराग्राफ में है:

"ऐसे संकेत हैं कि जापानी सरकार को नेताजी के सुझाव अच्छे लगे और दिसंबर 1944 में उनकी टोक्यो यात्रा इसी मंतव्य से की गयी थी।"[18]

अगर आप एक ही दस्तावेज़ में मेरे "ज्यादा" पढ़ लेने को लेकर परेशान हो रहे हैं तो इस परेशानी को त्याग दीजिये। चारणिक के ज्ञान की दाद देनी पड़ेगी। राष्ट्रीय अभिलेखागार मे उपलब्ध एक अन्य गैर–वर्गीकृत रिकार्ड के मुताबिक नेताजी ने केवल टोक्यो की ही नहीं बल्कि शायद रुस की भी यात्रा की थी।

> नवम्बर 1944 में एक आम अफवाह उड़ी...कि बोस भारतीय स्वतंत्रता संग्राम की सारी जानकारी सोवियत संघ के नेताओं को देने के लिये मॉस्को जा रहे हैं। कर्नल एस0ए0 मलिक भी उनके साथ जायेंगे...1944, दिसंबर में ले0 साधु सिंह ने बी 766 को यह जानकारी दी कि बोस मॉस्को चले गये थे और जल्दी ही टोक्यो वापिस आयेंगे।[19]

"यह केवल एक अफवाह है!"

आग के बिना धुंआ नहीं उठता श्रीमान्!

एक अन्य सांकेतिक नोट में ए0एम0 सहाय ने विदेश मंत्रालय को सन् 1952 में लिख भेजा था:

"जनवरी 1945 में अपनी शंघाई यात्रा के दौरान मैंने नेताजी को उसी रास्ते से टोक्यो जाते देखा।"

हैरानी की बात है कि खोसला आयोग से सुरेश बोस ने भी कुछ ऐसा ही कहा था। उन्हें इस बात की जानकारी कैसे हुयी कोई नही जानता। तो फिर, यह बात उन्हें किसने बताई? 6 नवम्बर 1970 को *द टाइम्स ऑफ इण्डिया* में प्रकाशित रिपोर्ट के अनुसार नेताजी के रुस जाने की योजना "सन् 1944 की शुरुआत में बनी थी और जापानी सरकार को स्वीकार थी।"[20] इसी योजना के अनुसार, नेताजी ने जो किया, वह सुरेश बोस ने *हिन्दुस्तान टाइम्स* को बतायाः

> दिसम्बर 1944 में जब आज़ाद हिंद सरकार थी और आई0एन0ए0 युद्ध में उलझी थी नेताजी करीब पन्द्रह दिनों तक वहां नहीं थे। इसी दौरान वह रुस गये थे और शायद मार्शल स्टालिन से मिले थे।[21]

पबित्र मोहन रॉय के एक नोट में भी भगवनजी को यही बात कहते हुये लिखा गया है कि "गुमशुदगी की योजना जापानी आत्मसमर्पण से कहीं पहले बना ली गयी थी। वह 'र' पहले भी गये थे, पर वहां भी किसी को कोई जानकारी नहीं थी।" क्रैश की खबर के फैलने के बाद भी "उन्हें" छोटे जापानी अफसरों और "एंग्लो–अमरीकन लोगों" द्वारा "साइगॉन के पास एक छोटे से होटल" में देखा गया। भगवनजी द्वारा लिखे नोट में यह साफ है कि एक "अमरीकन इण्टेलिजेंस अफसर अलफ्रैड वैग" 18 अगस्त 1945 के बाद हुयी एक ऐसी बैठक के बारे में जानते थे, जहां 'वह' मौजूद थे।

भगवनजी की एक अन्य टिप्पणी के अनुसार अमरीकाजनरल डगलस मैक ऑर्थर ने राष्ट्रपति हैरी ट्रूमैन और लुईस माउन्टबैटन को एक संदेश भेजा थाः

"सुभाष चन्द्र बोस फिर से भाग गये हैं।"

पर इस संदेश का आज कोई रिकॉर्ड नहीं। नारफॉल्क स्थित मैक ऑर्थर अभिलेखागार में नेताजी से सम्बन्धित केवल एक ही रिकॉर्ड है—गैर वर्गीकृत श्रेणी में।

दो दशक आगे की बात करते हुये भगवनजी ने कहा कि,

> जब तक मैकनमारा एक महत्त्वपूर्ण सरकारी पद पर थे वह चुप रहे। पर आई0एम0एफ0 का चेयरमैन बनने के बाद उन्होंने कहा कि किसी व्यक्ति की मृत्यु के बारे में हमारे पास दूसरी ही खबर है।

रॉबर्ट मैकनमारा (1961–68 के बीच) अमरीका के रक्षा मंत्री थे, जबकि सन् 1968 से 1981 के मध्य वह वर्ल्ड बैंक प्रमुख थे। व्यक्तिगत स्तर पर मुझे मैकनमारा के ऐसे कोई बयान अब तक नही मिला है, जो भगवनजी की बातों को सही ठहरा सकें।

अपने मानने वालों से की गई बातों में भगवनजी ने साइबेरिया में अपने अनुभव भी साझा किये। चारणिक के मुताबिकः

> साइबेरिया के कॉन्सन्ट्रेशन कैम्पों में स्त्री एवं पुरुष मजदूर, किसान, लेखक, वैज्ञानिक, शिक्षक आदि थे—करीब पांच से पच्चीस हज़ार लोग एक कैम्प मे थे। एक दो नहीं ऐसे करीब 49 कैम्प थे। वह रोजमर्रा के इस्तेमाल के लिये चीज़ें बनाते। यहां से ये वस्तुयें बाज़ार भेजी जाती थीं। इन्हें

> खरीदने वाले शायद ही यह जानते थे कि इनको बनाने वाले उनके अपने माता–पिता, भाई–बहन हैं।
>
> एक दिन एक नया कैम्प बनाया जा रहा था; सौ सैनिक करीब 10,000 बंधकों को अपने साथ ले गये। पर वह कोई झोंपड़ी नहीं थी। उन्हें बर्फ में 12 फीट के गड्ढे बनाकर उनमें खम्भे गाड़ने थे। "खुद को काम से गर्म रखो" की बात जो न मानता वह जमकर मर जाता। यह सब सुनी–सुनाई बातें नहीं। महाकाल ने यह अनुभव किया हैं।

"तो फिर महाकाल वहां से भाग कर भारत कैसे पहुंचे?"

वह भागे नहीं, बल्कि सन् 1949 के आस–पास रुसी लोगों की अनुमति से बाहर आये। तब तक युद्ध बंदियों का ट्रायल खत्म हो चुका था। भगवनजी का कहना था कि वह साइबेरिया में बंधक बन कर नहीं रहे और स्टालिन के शुक्रगुज़ार हैं, जिन्होंने उन्हें दुश्मन नहीं माना। रुसी लोगों की तरह वह अब भी भारत को मुक्त नहीं मानते थे। विदेश सचिव और भारत से अमरीका के राजनयिक टी0एन0 कौल ने लिखा कि सन् 1947 के बाद भी रुसी लोग "भारत को अंग्रेज़ कॉलोनी ही मानते रहे।" और "ब्रिटिश लोगों के हाथों इतना उत्पीड़न सहने के बाद भी हमारी कॉमनवेल्थ में रहने की इच्छा को नहीं समझ पाये।"[22]

सन् 1947 में पूर्ण स्वराज पाने की बातें पुरानी पड़ चुकी थीं। "हमें आज़ादी भीख में मिली है।" यह बात भगवनजी की दुखती रग थी। चर्चिल ने माउन्टबेटन की बातों से राज़ी होकर ही भारतीयों को स्वशासन सौंपा था। आज़ाद भारत के पहले गवर्नर जनरल और नेताजी के दुश्मन ने 15 अगस्त को ही इस अवसर के लिये चुना क्योंकि यही दिन उसे जापान पर अपनी विजय की याद दिलाता (साथ ही आई0एन0ए0 पर भी)।

सन् 1970 की शुरुआत में ही माउन्टबैटन ने लैरी कॉलिन्स एवं डॉमिनिक लापियर को बताया कि किस तरह स्वशासन सौंपने के बाद भी उन्होंने भारत को कॉमनवेल्थ का हिस्सा बनाये रखा।

> सेना के लिये आज भी वही यूनीफार्म थी—बस कंधों पर मुकुट की जगह तीन शेरों ने ले ली थी...नेवी की ही तरहए सफेद चिह्न और सेन्ट जॉर्ज का क्रास भी था...राजा के प्रति आम वफादारी तो होनी ही चाहिये थी...[23]

और भारत ने सन् 1947 के बाद भी यह वफादारी दिखाने में कोई कसर नहीं छोड़ी। माउन्टबेटन को भारत से अभी भी 'तमीज़' की आशा थी। 1960 के दशक में उन्होंने लंदन में भारत के उच्चायुक्त को यह सलाह दी कि गणतंत्र दिवस परेड की सलामी भारत के राष्ट्रपति नहीं बल्कि रानी एलिज़ाबेथ लें। यह बात उच्चायुक्त विजय लक्ष्मी पण्डित ने भारत तुरंत पहुंचा दी, पर नेहरु ने इसे ठुकरा दिया।[24] सन् 1948–49 में नेहरू ने भारत को कॉमनवेल्थ का हिस्सा बनाने का कार्य किया। इस बात के लिये उन्हें अन्य लोगों का खासा विरोध झेलना पड़ा। सन् 1956 में, जब वह लंदन में थे, उन्होंने फ्रीमैन शपथ ले कर "रानी से वफादारी"[25] का वायदा भी कर डाला।

मैं सोचता हूं कि कॉमनवेल्थ का हिस्सा बनना या फिर ब्रिटेन से सम्बन्ध रखना हमारे ही हित में था। अगर उनका शासन नहीं होता, तो हम हमेशा राजाओं के युग में रह रहे होते। उनके मूल्य, संस्कृति, भाषा–सभी से हमें लाभ हुआ है। पर दुःख है तो उस इतिहास का जो घुट्टी की तरह हमारी नयी पीढ़ी को स्कूलों में पढ़ाया जा रहा है। इस मे अंग्रेजो को मध्यकालीन दुष्ट शासकों की ही तरह उत्पीड़क दिखाया जाता है—जिससे हम यह सोचते हैं कि 15 अगस्त 1947 को हमने उन्हें देश से बाहर कर दिया। इतिहास इस दिन को उनका आखिरी दिन बताता है; जबकि तथ्य तो यह है कि सन् 1950 तक वह ही भारत के शासक थे।

यह सोचना गलत है कि 15 अगस्त 1947 को यूनियन जैक नीचे उतरा और उसकी जगह तिरंगा फहराया गया। माउन्टबेटन ने ही कहा कि उन्होंने ब्रिटिश झंडे को नीचे करना गलत माना और उनकी बात नेहरु ने भी मानी, क्योंकि वह अंग्रेज़ों की भावनाओं को ठेस नहीं पहुंचाना चाहते थे। "वह काफी बाद तक छुट्टियों या महान अवसरों पर यूनियन जैक ही फहराते रहे।"[26]

और क्या किसी ने आपको यह बताया कि नेहरु का जाम भी उस रात अंग्रेज सम्राट जार्ज की सलामती लिये था!

सन् 1950 तक भारत का शासक होने के नाते जोर्ज 6 ही ओपचारिक शासकीय कार्यवाहियां करते और साथ ही राजनयिकों को कार्यभार सौंपते थे। "आजाद" भारत को नेताजी कभी फूटी आंख नहीं सुहाये। भारतीय वायु एवं जल सेनाओं के प्रमुख अभी भी अंग्रेज़ ही थे—और उनके नीचे काम करने वाले भारतीय अफसर "काले अंग्रेज़" थे। सन् 1949, 1956 और 1958 में ही भारतीयों ने थल, वायु और जल सेनाओं की कमान संभाली थी। सन् 1948 में नेहरु ने संसद में यह कहा कि आई0एन0ए0 के लोगों का भारत की सेना में कोई स्थान नहीं है। उन्हें चुनने से कई व्यावहारिक और मनोवैज्ञानिक मुसीबतें खड़ी हो सकती हैं...हो सकता है कि सैन्य एकता भी प्रभावित हो जाये।"[27]

सन् 1949 में सेना के मुख्यालयों ने यह सरक्युलर जारी किया कि "कैन्टीन क्वार्टर अथवा अन्य स्थायी जगहों" पर नेताजी के चित्र न लगाये जायें। साथ ही "सैनिकों के मूल्यों को बचाने हेतु"[28] आई0एन0ए0 का इतिहास कभी प्रकाशित न किया गया।

"मृत व्यक्ति" को यह सब ज़रा भी पसन्द नहीं आया। सो, वह सन् 1949 में भारत लौटे ही नहीं, बल्कि वह चीन जा पहुंचे। उनका कहना यह भी था (जो सुनने में अविश्वसनीय लगता है) कि जब 1 अक्टूबर 1949 को पीपुल्स रिपब्लिक ऑफ चाइना बनी, तो वह खुद इस मौके पर माओ त्से तुंग के मेहमान थे; और बाद में कई बार माओ से मिले। सन् 1973 मे छपे *ओई महामानब आसे* के अनुसार मृत व्यक्ति बीजिंग की गुप्त "अन्डरग्राउन्ड सिटी" देख आए थे, जिसके होने की जानकारी सन् 1990 तक किसी को नहीं थी। एक बैठक में माओ ने मृत व्यक्ति से कहा कि अकसाई चिन दरअसल भारत का हिस्सा है और इस बात का मज़ाक भी उड़ाया कि वहां पर छः लेन हाइवे बनने की खबर "आपके नेता" को कानों–कान पता नहीं चली।

एक ऐसा पत्रकार भी है जो यह मानता है कि नेताजी की मृत्यु रुस में हुयी थी और

उसे भगवनजी कोण पर विश्वास ही नहीं। लेकिन उन्होंने ही मुझे वह बात बताई जो एक रॉ अधिकारी के अनुसार सच था, कि नेताजी सन् 1949 में चीन में थे। बोस परिवार के कई सदस्यों को इस 'चीनी कोण' की जानकारी है हांलाकि वे सब चुप रहते है।

पता नहीं यह बात कितनी सच है पर नेताजी रहस्य गाथा में एक चीनी कोण है तो जरुर। उनकी मृत्यु रुस में होने की बात मानने वाले भी यह जानते हैं पर कुछ कहते नहीं। साफ है, कि अगर वह सन् 1949 में चीन में थे तो वह सोवियत संघ से बाहर थे—और जीवित थे। सन् 1950 मे चीन के तिब्बत पर कब्जे के बाद वहां के कम्युनिस्ट नेतृत्व से हमें खासी ठन गयी। इससे पहले तो हमारे रिश्ते ठीक ही थे—है न? यह एक जाहिर एतिहासिक तथ्य है—पर थोड़ा धुलाई–पुछाई मांगता है:

> हम सब जानते हैं कि सन् 1938 में चीन में एक भारतीय मेडिकल मिशन भेजा गया था। चीनी लोग इसे नेहरु का काम मानते हैं। जबकि इसके इकलौते जिम्मेदार थे...नेताजी। *मार्डन रिव्यू* में उन्होंने चीन और सुदूर पूर्व में जापान की भूमिका के बारे में लिखा है और चीन पर उसके हमले की निंदा की है..."[29]

सन् 1997 में गैर–वर्गीकृत किये गये रिकार्ड दिखाते हैं कि युद्ध विराम की स्थितियां बनते देख कर नेताजी ने अपने सारे विकल्पों के नफा–नुकसान माप लिये थे। 21 मार्च 1946 को आई0एन0ए0 के जे0के0 भोंसले से लाल किले पर "नेताजी की आखिरी योजनाओं" पर पूछताछ की गयी। उन्होंने बताया कि "नेताजी का निर्णय था कि अगर जापानी लोग रुसी लोगों से संपर्क साधने में उनकी मदद नहीं करेंगे तो वह खुद शंघाई जाकर चीनी कम्युनिस्टों की मदद से रुसी लोगों से सम्पर्क साधेंगे।"[30]

आज़ाद हिंद सरकार के मंत्री देबनाथ दास ने खोसला आयोग को बताया कि नेताजी की अनगिनत योजनाओं में से एक योजना "माओ त्से तुंग के मुख्यालय यूनान पहुंचने की थी। वहां से उन्हें अंग्रेज़ों के खिलाफ मदद मिलती।"[31]

"तो भगवनजी क्या कम्युनिस्ट थे?"

बिल्कुल नहीं। वह लोगों को उनकी खूबियों के लिये पसंद करके, अपने मददगारों के शुक्रगुज़ार रहते और सांस्कृतिक धरोहरों को सराहते—पर कम्युनिज़्म उन्हें कभी नहीं भाया। सोवियत संघ के सबसे शक्तिशाली दौर में ही उन्होंने भविष्यवाणी की थी "स्टालिन का बनाया पत्तों का महल तीन चौथाई ढह चुका है...बाकी बचा आपके सामने ढह जायेगा।" वह हमेशा कहते "नास्तिक, लालची कम्युनिज़्म जीवित नहीं बचेगा।"

> जो जाति अपने इतिहास और अपनी संस्कृति से नहीं जुड़ी होती वह कभी जीत नहीं सकती। यह सत्य है, यही हाल कम्युनिस्ट का है। वह बर्तन में पड़े छौंक के छींटों की तरह है...तड़के–भड़के और बुझ गये। वे अपनी मृत्यु अपने साथ लेकर चल रहे हैं।

यह बात हमें इतिहासकार कभी नहीं बतायेंगे, पर सच यही है कि सन् 1949 में यह अफवाह जोरों पर थी कि नेताजी चीन में थे। फॉरवर्ड ब्लॉक के जनरल सचिव आर0एस0 रुईकेर ने जुलाई में यह दावा किया कि नेताजी जो "इस वक्त रेड चाइना में समझे जा

रहे हैं, भारत आ सकते हैं यदि उनकी वापसी पर लगा प्रतिबंध हटा दिया जाये।"[32] इसके बाद 7 अक्टूबर 1949 को शरत् चन्द्र बोस के अखबार द *नेशन* का पहला पूरा पन्ना इसी बात को समर्पित था।

The Nation

Chairman, Editorial Board SARAT CHANDRA BOSE

CALCUTTA, FRIDAY, OCTOBER 7, 1949 · TOWN EDITION · TWO ANNAS

LEUCODERMA · LEPROSY

NETAJI IN RED CHINA

SARAT BOSE ASSERTS GOVT. POSSESS INFORMATION

Why Truman Invites Nehru

Greater Betrayal In Offing

(By The Nation's Staff Reporter)

Mr. Sarat Chandra Bose said here yesterday (Thursday) that the Government of India were in possession of definite information that Netaji Subhas Chandra Bose was in Red China of Mao Tse-Tung

यह रिपोर्ट उस साक्षात्कार पर आधारित थी जो शरत् ने *यूनाईटेड प्रेस ऑफ अमरीका* को एक दिन पहले ही दिया था। शरत् ने वहां के पत्रकार को बताया था कि "भारत सरकार को इस बात की पूरी जानकारी थी कि नेताजी माओ त्से तुंग के रेड चाइना में हैं।"

"अगर वह चीन में हैं तो भारत क्यों नहीं आ रहे?"

"क्योंकि अभी वक्त नहीं आया है।" शरत् का जवाब था।

1949 में विदेश मंत्रालय ने शरत् बोस के दावे को मज़बूती से खारिज कर दिया। पर खबर जल्द ही पश्चिमी देशों तक पहुंच गयी। 28 नवंबर 1949 को जर्मन न्यूज़ एजेन्सी *इण्टरप्रेस* ने एक लेख प्रकाशित किया, "बोसः द मैन बिहाइन्ड द फ्रन्ट"। इसमें लिखा था कि नेताजी चीन में थे।

छः बरस बाद एक और चौंकाने वाली खबर मिली। नेताजी के करीबी सहकर्मी मुथुरामलिंगम् थेवर ने सरेआम स्वीकारा कि वह शरत् बोस के कहने पर चीन गये थे।

> श्री थेवर ने कहा कि सन् 1949 के अंत की ओर जब श्री शरत् चन्द्र बोस की तबीयत खराब चल रही थी, वह उनसे मिलने के लिये कोलकाता गये। वह 7 दिसंबर को वहां पहुंचे और दस दिन वहीं रहे। श्री बोस को लगा कि उनके पास ज़्यादा वक्त नहीं था; सो इस बारे में काफी बातें हुयीं। श्री थेवर ने कहा, कि वह 17 दिसंबर को भारत से बर्मा होकर चीन पहुंचे। वह नेताजी से जनवरी में मिले तो सही, पर यह बताने से इंकार कर दिया कि कहां मिले। अक्टूबर 1950 में वापस भारत आये। उन्होंने कहा कि भारत

Wednesday. April 4. 1956

STORY OF MEETING NETAJI LAST FEBRUARY

REPORTED STAY NOW IN CHINA

From Out Delhi Office

APRIL 3.—Sri Muthuramalinga Thevar, member of the Madras Legislative Assembly and a Forward Bloc leader, told a Press conference in New Delhi on Tuesday that he would furnish conclusive proof that Netaji Subhas Chandra Bose was alive if the Inquiry Committee appointed by the Government of India to go into this question was reconstituted.

HE said that he was prepared to tell the Committee as much as it was possible in the circumstances, provided he was convinced that the Committee would be able to resist outside influence.

His suggestion was that Dr. Radhabinod Pal, the eminent Jurist, be appointed Chairman of the Committee.

Sri Thevar who claims to have been a member of the 5-man War Council formed by Netaji before his mysterious disappearance from India said that he might tell the Prime Minister also about Netaji if he was sympathetic.

war criminals in Tokyo should be invited to function as the Chairman.

Apart from this, it is necessary on the part of the Govt. to make it known categorically to the public whether Netaji's name is still in the list of war criminals and if not, when it was removed and how? Subhas Babu

25th March, 1946 said that Mr. Nair (who was Engineering-in-Charge of Municipal Works of Singapore at the time of its fall to Japanese, said "I do not believe the story of Netaji's death, because the plane in which he was travelling and which is alleged to have crashed was seen in Hong-kong the next day without any damage or repair—on March 13th, 1946.

Gandhiji while talking to Messrs. Shah Nawaz and Sehgal, the I. N. A. heroes, said "whatever you may tell me to the contrary, I still believe in my heart of hearts that Netaji Subhas Bose is alive."

Subhas Babu was taken to Manchuria by the Japanese because it is due to Subhas Babu that the neutrality pact between Russia and Japan was kept in tact in spite of Japan remaining in the Axis Block and Russia declaring war against Japan before one week of surrender. The surrender of Japan was an arranged affair, to avoid Anglo-American entry into Manchuria. The military might of Japan land, navy and air to a very great extent had been transferred to Manchuria long before the surrender. War ended in September, 1945. An Asiatic Liberation Army was formed by Netaji and the Japanese. Chinese (under the leadership of Mao Se Tung), Burmese Indo-Chinese, Malays, Indonesians, Philippines, Siamese had all joined this army with the assistance of the Russian Govt. The army started fighting in January, 1946, in China. This was reported as a Communist revolt. The so called revolt was able to drive Chiang-kai-Shek out of China because the Chinese military men had understood the co-operation of China, Japan, India and all the South-East Asian countries. Then they came to the conclusion that Chiang-kai-Shek was a show-boy of America. So the

सरकार जानती थी, कि वह चीन गये थे पर अगर फिर भी कोई संदेह बाकी था, तो वह इस बात का सबूत भी दे सकते थे।

थेवर के दावों के समर्थन के लिये आज कोई ऐतिहासिक तथ्य नहीं है।

जापानी लोग सुभाष बाबू को मन्चूरिया इसलिये ले गये क्योंकि सुभाष बाबू के कारण ही रुस और जापान के बीच तटस्थता संधि हुयी थी। जापान का समर्पण एक सोची–समझी बात थी ताकि मन्चूरिया में ब्रिटिश और अमरीकी लोग न आ पायें। जापान की सैन्य शक्ति आत्मसमर्पण से पहले ही मन्चूरिया को सौंपी जा चुकी थी। नेताजी और जापानी लोगों ने मिलकर एशियाटिक लिबरेशन आर्मी बनाई। इस सेना में चीनी (माओ त्से तुंग के नेतृत्व में) बर्मी, इण्डो–चीनी, इण्डोनेशियन, फिलीपिनों, साइमीस लोग सभी थे ताकि रुसी सरकार की मदद हो सके।

दो छोटी किताबें *नेताजी मिस्ट्री रिवील्ड* (1954) और *लियू पो चेंग ऑर नेताजी* (1956), जो एस0एम0 गोस्वामी और शिव प्रसाद नाग ने लिखी थीं, नेताजी के चीन में होने की बात से सहमत थीं। शिव प्रसाद नाग (बाद में भगवनजी के सान्निध्य में रहे) का अजीबो–गरीब दावा था कि नेताजी एक चीनी जनरल *लियू पो चेंग* के भेष में रहे थे। मैंने दोनों किताबें पढ़ीं और दोनों ही अविश्वसनीय लगीं। गोस्वामी पर भरोसा नहीं किया जा सकता। उन्होंने कुछ बेहद खराब सी तस्वीरें प्रस्तुत कीं ताकि वह यह साबित कर सकें कि नेताजी 1950 के दशक में चीन में ही थे। मुझे इन तस्वीरों में कुछ खास नज़र नहीं आया, हालांकि नेताजी से मिल चुके कुछ व्यक्तियों को लगा कि एक ऐसी तस्वीर में वह थे। पर शाहनवाज़ कमेटी की रिपोर्ट में चीन के विदेश मंत्रालय के अनुसार यह व्यक्ति ली के हुंग थे, जो पेकिंग यूनिवर्सिटी मेडिकल कॉलेज के अधीक्षक थे। सो जो कोई भी नेताजी को इस तस्वीर में मानता है उसको यह साबित करना पड़ेगा कि बांए से तीसरा व्यक्ति ली के हुंग नहीं हैं।

और तो और, एशियाटिक लिबरेशन आर्मी का कहीं से कहीं तक कोई संदर्भ नहीं ग्रहण किया गया है। एक व्यक्ति का कहना था कि यह चाइनीज़ पीपुल्स वालनटीयर आर्मी का दूसरा नाम है; जिसने जनरल मैक आर्थर के नेतृत्व वाली विदेशी ताकतों का सामना किया। यह कोरिया में सन् 1950 से 1958 के बीच की बात है। पर आज

कोरिया युद्ध पर कई पूर्व गोपनीय सी0आई0ए0 रिकॉर्ड्स हैं जिनको देखकर फिलहाल ऐसा नही लगता।

अगर किसी ने नेताजी के चीन में होने की बात पर सही ढंग से खोजबीन की है तो वह हैं प्रियदर्शी मुखर्जी—जो दिल्ली स्थित जवाहर लाल नेहरु विश्वविद्यालय के चाइनीज़ एण्ड साइनोलॉजिकल स्टडीज़ सेन्टर फॉर चाइनीज़ एण्ड साउथ एशियन स्टडीज़ में प्रोफेसर हैं। मुखर्जी आयोग को दिये अपने हलफनामे में प्रोफेसर मुखर्जी ने नानजिंग में एतिहासिक अभिलेखागार में खोज का सुझाव दिया। आयोग ने विदेश मंत्रालय से इस बाबत बातचीत की और 17 सितंबर 2004 को यह खबर आयी कि "नानजिंग स्थित चाइनीज़ हिस्टॉरिकल आरकाइव्स और नानजिंग लाइब्रेरी ने शंघाई स्थित भारतीय कांसुलेट को यह बता दिया है कि नेताजी के बारे में ऐतिहासिक संदर्भ देती वहां कोई किताब नहीं है।"[33] जवाब अजीब ही था।

खैर, यह मानना लगभग असंभव है कि नेताजी के चीन में होने की बात चीनी लोगों को पता ही नहीं थी। शीतयुद्ध के दौरान भी अमरीकी लोग इस बात से अछूते नहीं रहे। उदाहरण के तौर पर *नेशनल रिपब्लिक* के फरवरी 1954 संकलन में एक लेख निकला, जिसका शीर्षक था "जवाहरलाल नेहरु एण्ड द रेड थ्रेट टू इण्डिया।" लेखक एलियट एरिकसन ने लिखाः

> सुभाष बोस के जीवित होने की बहुत संभावना है। युद्ध के अंत में (जब बर्मा में जापान हार गया) यदि वह सामने आते तो अन्तर्राष्ट्रीय युद्ध अपराधी माने जाने की वजह से भयानक सज़ा के हकदार बनते। यदि वह कम्युनिस्ट चीन में बंदी हैं तो उन्हें भारत को पूंजीवाद से छुटकारा दिलाने वाले नेता का स्थान दिया जा सकता है। भयानक से भयानक साम्यवाद विरोधी कांग्रेसी नेता भी यह मानते हैं कि अगर ऐसा होता है तो भारत का चीन से विरोध खत्म हो जायेगा।[34]

मुझे चीन के बारे में केवल उतनी ही जानकारी है जितना अखबारों में छपता है। प्रोफेसर मुखर्जी चीनी भाषा चीन के लोगों जैसी बोलते हैं। वह फैज़ाबाद कोण के बारे में ज़्यादा नहीं जानते, पर इतना मानते हैं कि चीनी लोगों के पास नेताजी से सम्बन्धित कुछ रिकॉर्ड्स जरुर हैं। जनवरी 2011 में उन्होंने प्रोफेसर वाग बांगवेई (जो पेकिंग विश्वविद्यालय के इण्डियन स्टडीज़ सेन्टर के निदेशक थे) से मुलाकात की और उनसे सन् 1949 के बाद नेताजी और माओ के सम्बन्धों के बारे में जानने की कोशिश की।

> प्रोफेसर वांग ने मेरी बात का सीधा जवाब नहीं दिया। पर उन्होंने कहा कि नेताजी और माओ दोनों की एक ही मंजिल थी—संघर्ष के जरिये अपने–अपने देशों को स्वतंत्र कराना। सो दोनों का एक–दूसरे के करीब होना स्वाभाविक था। चाइनीज़ कम्युनिस्ट पार्टी के शोध प्रकोष्ठ में नेताजी से सम्बन्धित कागज़ात हैं भी या नहीं की बात पर वांग ने साफ कहा कि एक विदेशी होने के नातेए यह असंभव है कि मुझे वह कागज़ात मिल सकें... कई चीनी लोगों को भी यह नहीं मिल सकते।

नेताजी के चीन से रिश्तों की अफवाहें सन् 1962 युद्ध के दौरान अपने चरम पर थीं और यह बात इण्टेलिजेंस प्रमुख बी0एन0 मलिक ने नोट की। दिल्ली कांग्रेस के एक पूर्व प्रमुख ने खोसला आयोग को बताया कि गृह मंत्री लाल बहादुर शास्त्री को भी चीनी हमले के दौरान किये ऐसे गये दावों की पूरी जानकारी थी।

सन् 1962 में भगवनजी नैमिषारण्य में थे। अगर इनको मानने वालों की मानें, तो उन्होंने रुस और फिर चीन में काफी समय गुज़ारा। भगवनजी ने एक बार कहाः

> साइबेरिया में कई राजनैतिक बंदी और कई बड़े वैज्ञानिक भी हैं। मान लीजिये आप मॉस्को जाते हैं तो आपको कभी यह खबर नहीं मिल पायेगी कि वहां मिलने वाले अच्छे उपकरणए साइबेरिया के वैज्ञानिकों ने बनाये हैं। वहां काफी सारे जनरल भी हैं। यह बात राजदूत के कानों तक भी पहुंची। उन्होने कहा कि फलां–फलां व्यक्ति साइबेरिया में कैद है। इसके बाद राजदूत श्री मेनन ने विदेश कार्यालय से स्वीकृति मांगी ताकि वह वहां जा सकें। उनका जवाब था—भला करेंगे वहां जा कर?

भगवनजी ने यह भी बताया, "मैंने मेनन पर एक अहसान किया, जैसा उन्होंने मुझ पर किया था; मेरे छात्र जीवन में।" पर मेनन ने "अनुमति" कब मांगी थी, यह उन्होंने नहीं बताया। लेकिन इशारा यह किया कि यह विजय लक्ष्मीं पडित के रूस जाने से पहले हुआ। जब नेताजी ने आई0सी0एस0 परीक्षा में चौथा स्थान पाया था, तो टॉपर के0पी0एस0 मेनन थे। वह सन् 1946 में भारत की ओर से चीन मे दूतावास रहे और आज़ाद भारत के पहले विदेश सचिव भी रहे। सन् 1952 से 1961 के मध्य वह रुस मे भारत के राजदूत बने। उनके पुत्र भी चीन मे भारत के राजदूत बने, जबकि उनके पोते शिवशंकर मेनन मनमोहन सरकार मे राष्ट्रीय सुरक्षा सलाहकार थे।

मुखर्जी आयोग के सामने कुछ लोगों ने यह जोर डाला कि के0पी0एस0 मेनन की स्टॉलिन के साथ हुयी बैठक का रिकॉर्ड देखना चाहिए। विदेश मंत्रालय ने कहा कि उसके पास एक ही रिकॉर्ड था; जो जस्टिस मुखर्जी को एक बंद कवर में दिखाया गया। इसमें मुखर्जी को नेताजी से संबंधित कुछ नहीं मिला। पर हमें यह नहीं भूलना चाहिये कि सरकारी रिकॉर्ड्स हमेशा इतने ईमानदार नहीं होते।

अक्टूबर 1972 का अमरीकी विदेश मंत्रालय का एक गैर–वर्गीकृत रिकॉर्ड मेरे पास है जिसमें भारतीय विदेश मंत्री स्वर्ण सिंह ने यह शेखी बघारी है कि भारत अपने यहां के सी0आई0ए0 के जासूसों को बखूबी जानता था। यह वही जासूस थे जो कांग्रेस वर्किंग कमेटी की सारी बातें लीक कर रहे थे। दूसरी ओर...अभी तक गोपनीय रखा गया भारतीय रिकॉर्ड इस बारे में कुछ नहीं कहता। तो फिर, हम किसकी बात मानें?

सन् 1955 के आस–पास भगवनजी चीन छोड़कर, भारत के लिये रवाना हुये। हिमालय की गुफाओं में कुछ समय बिताने के बाद और पैदल ही मानसरोवर यात्रा करने के बाद वह नेपाल के नेपालगंज इलाके में आये। वहां से वह भारत की सीमा में आये। यह उनके लिये एक भावुक क्षण था। रात के वक्त मुंह ढांप कर वह महादेव प्रसाद मिश्र के साथ लखनऊ आये। मिश्र संस्कृत के शिक्षक थे और भगवनजी से उनकी मुलाकात

नेपाल में हुयी थी। लखनऊ में भगवनजी को मुख्यमंत्री डॉ0 सम्पूर्णानन्द का समर्थन मिला।

इसके अलावा भगवनजी को माननें वाले एक अन्य संस्कृत के विद्वान, दार्शनिक एवं तंत्र विशेषज्ञ थे गोपीनाथ कविराज। एक दिन सम्पूर्णानंद ने भगवनजी से पूछा, "त्रिपाठी को जानते हैं क्या?"

भगवनजी ने हां कहा तो वह बोले,

"त्रिपाठी के गुरु गोपीनाथ कविराज ने उन्हें आपके बारे में बताया है।"

उस वक्त कमलापति त्रिपाठी राज्य मंत्री थे और जल्दी ही केन्द्रीय मंत्री बनने वाले थे। पता नहीं क्यों डॉ0 सम्पूर्णानंद ने नेताजी के बारे में क्लेमेन्ट एटली से अक्टूबर 1956 में उनकी लखनऊ यात्रा के दौरान बातचीत कर डाली।

सन् 1964 में लीला रॉय को बांग्ला भाषा में लिखे पत्र में भगवनजी ने लिखा कि भारत सरकार के अनुमान के अनुसार, "मृत व्यक्ति हिमालय के इस तरफ नहीं है। इसका अर्थ है कि 'आधिकारिक रुप से मृत व्यक्ति इस तरफ नहीं है। शायद कहीं और है'।"

भगवनजी शायद सावधान थे। ऐसा इसलिये, क्योंकि लीला रॉय ने उनसे कहा, "आप अपनी शब्दावली नहीं बदल सकते और आपकी शब्दावली, बहुत जल्दी आपकी पहचान करा देगी। कोई अन्य बंगाली व्यक्ति वह शब्द या कहावतें इस्तेमाल नहीं करता जो आप करते हैं।"

उनका उत्तर था, "क्या आप 20–25 पन्ने मुझे ठीक उलटे तरीके में लिख कर भेज सकती हैं? मैं बदलने की कोशिश करुंगा।"[35]

इसके बाद वह अपनी लिखावट में अत्यंत सावधान रहते। अंग्रेज़ी में लिखते तो कैपिटल अक्षरों का चयन करते और बांग्ला भी देवनागरी में लिखते।

भगवनजी को सन् 1959 के आस–पास यह यकीन हो चला कि भारत सरकार को उनके आस–पास होने की भनक लग गयी है। यह साल इसलिये खास है क्योंकि शॉलमारी साधु इसी वर्ष कहीं से प्रकट हो गये थे। ऐसा कहा जाता है कि इण्टेलिजेंस ब्यूरो ने उन्हें खड़ा किया था, तो यह सवाल अपने आप दिमाग में आता है कि अब इस मुद्दे का खड़ा होना कहां तक ठीक है, जबकि नेताजी प्रकरण लगभग–लगभग शांत हो ही चुका था?

भगवनजी का स्पष्टीकरण थाः

> यह आपके मृत व्यक्ति का विश्वास ही! नहीं ज्ञान है कि श्री श्री मां जगदम्बा दुर्गा काली ही उनके अन्दर विराजमान हैं और उनका पथ प्रशस्त कर रही हैं। मैकऑर्थर की रिपोर्ट इस बात का सबूत है। इस रिपोर्ट के बाद भी, आज तक ज्यूं का त्यूं बने रहना। इसलिये शॉलमारी के खेल का इंतज़ाम करना पड़ा। जे0एन0 'तिकड़ी' के हर कदम के बारे में बात करते–करते हम हंसते–हंसते लोट–पोट हो जाते थे।

उन्होंने सुनील दास को लिखाः "आपने शॉलमारी जाने के बारे में कुछ कहा था ...शारदानंद ने इस बार लिखा है कि उन्हें पवित्र मोहन रॉय बहुत पसंद आये।" एक अन्य अवसर पर उन्होंने लिखा, "अगर आप शॉलमारी जाते हैं तो आपको 200–300 पत्र मिलेंगे इस फकीर की हस्तलिपि में।"

पर आखिर क्यों?

बांग्ला में उनकी हल्की–फुल्की टिप्पणी थी :"कम्बख्त प्रहलाद की तरह जिद्दी है (जैसे वह कई कोशिशों के बावजूद नहीं मरा) यह भी जीवित—यह तीनों को पता है; दाना तो डाल दिया है, पर मछली उपर खींच नहीं पा रहे।"

इस तिकड़ी का दिमाग कहीं और लगाये रहने के लिये ही भगवनजी ने यह 'धोखा' निकाला। इसलिये ही शायद शारदानंद ने सरेआम सबके सामने इस बात का स्पष्टीकरण दिया ही नहीं। अगर ऐसा हुआ होता तो इस तिकड़ी का दिमाग एक दिशा में ध्यान लगाकर असली व्यक्ति को खोजने के लिये मुक्त था।

भगवनजी की यह सोच भी अजीब थी कि अमरीकी लोग भी इसी 'तिकड़ी' का हिस्सा थे। उन्होंने 1945 के बाद अमरीकियों का खासा नुकसान किया था। वह जीवित न पकड़े जाने के बारे में दृढ़ थे...इसलिये वह अपने साथ एक साइनाइड कैप्सूल रखते थे: "आपका मृत व्यक्ति अपने साथ हमेशा कुछ ऐसी वस्तु रखता है, जिससे छः सेकण्ड में सांसें थम जाती हैं...उसे कोई नहीं जिंदा पकड़ सकता।"

यह सब बातें अजीब लग सकती हैं पर ऐसा बताया गया है कि साठ के दशक में सी0आई0ए0 ने "वरिष्ठ भारतीय खुफिया अफसरों को प्रशिक्षित किया और भारत के काउन्टर इण्टेलिजेंस का नाभिक तैयार किया।"[36]

पत्रकार बरुण सेनगुप्ता का खोसला आयोग के सामने दिया बयान बहुत रोचक था—कि 1960 के दशक में जासूस, नेताजी की तलाश पूरे भारत में करते फिर रहे थे।

> जब कभी भीए कहीं कोई अफवाह उड़ती है सेन्ट्रल और स्टेट इण्टेलिजेंस के लोग इस बात की पूरी पड़ताल करते हैं। वह हमारे पास और ज़्यादा जानने की आशा से आते हैं...और केवल वह ही नहीं अमरीकन, ब्रिटिश और रुसी भी इन बातों की पड़ताल करते आते हैं...अगर उन्हें यकीन है कि नेताजी की मृत्यु प्लेन दुर्घटना में हुयी ही थी तो फिर इस बेकार की कहानी के पीछे दौड़ क्यों लगाना?[37]

21 जनवरी 1974 को इसी आयोग के सामने गोबिंद मुखौटी ने एक बिन्दु आयोग के सामने उठाया—"इण्टेलिजेंस ब्यूरो ने बरुण से 6 नवंबर 1970 को नेताजी की गुमशुदगी के बारे में पूछा।"

मुखौटी ने पूछा कि "सरकार को नेताजी की मृत्यु के बारे में पूरा यकीन था, तो फिर इण्टेलिजेंस उस पत्रकार से नेताजी के बारे में क्यों पूछ रहा था?"[38]

मेरा मानना है कि भगवनजी की असलियत और उनके बारे में कुछ जानकारी 1960 के दशक के अंत की ओर सरकार मे बैठे हुए कुछ लोगों को बखूबी थी। उन्होंने खुद इस बात को *ओई महामानब आसे* में माना,

> मैं बंगाल की भूमि की धूलकणिका हूं...और यही मेरी असली पहचान है। झूठे तौर पर मैं फ्रैन्केनस्टाईन (का राक्षस) हूं...जो न मैं बनना चाहता था, न ही मैं उस 'काबिल' था...आपने ही इस फ्रैन्केनस्टाईन को पैदा किया और अब आप ही इसकी खोज में लगे हैं...अब बहुत देर हो चुकी है।

सन् 1967 के आसपास ही भगवनजी की मुलाकात उत्तर प्रदेश के तत्कालीन गृह मंत्री (और होने वाले प्रधानमंत्री) चौधरी चरण सिंह से होने लगी थी। उन्होंने सिंह के कृषि उत्पाद को बढ़ाने के उपायों का स्वागत किया। शायद उन के पुत्र अजीत सिंह इस बारे में कुछ जानते हों।

चारणिक के एक ओर हैरतअंगेज कथन अनुसारः

"एक बच्चा भरोसे के साथ निडर होकर मां के पास भागा, पर बच्चे को गोद में लेने की जगह उसे राक्षस के हवाले कर दिया गया इससे ज्यादा बड़ा धोखा और क्या होगा? जब वह असहाय था, तो जनरल डेथ ने उससे कहा—

"मैं तुम्हें भारत का रास्ता भारत के प्रतिनिधि बनने की हैसियत से दिखा रहा हूं। भारत जाओ...वहां लोग तुम्हें स्वीकार करेंगे और शरण देंगे। ... बाद मे भारत सरकार के नेता ने आम दबाव के चलते उन्हें शरण दी।"

भगवनजी का कहना था कि जनरल डेथ या जनरल शिव बनकर उन्होंने दलाई लामा के भारत आने के ऐतिहासिक क्षण में महत्त्वपूर्ण भूमिका अदा की थी। पर आधिकारिक तौर पर तो माना जाता रहा है कि दलाई लामा की मदद करने वाला इकलौता हाथ सी0आई0ए0 का था...तो फिर सच है क्या?

लोऐल थॉमस जूनियर अपने विख्यात पिता लोऐल थॉमस के साथ सन् 1949 में लासा पहुंचने वाले आख़िरी विदेशी थे। सन् 2005 में दलाई लामा ने उन्हें 'द इण्टरनेशनल कैम्पैन फॉर टिबेट्स लाईट ऑफ टूथ' सम्मान से नवाजा। थॉमस की किताब *द दलाई लामा* (1961) ने सन् 1955 के आस–पास हुयी एक घटना पर रोशनी डाली। इसमें "खाम्बा जाति का एक प्रवक्ता" शामिल था जो

> खुद को जनरल शिव पुकारता था...क्योंकि शिव हिन्दू धर्म में विध्वंस के देवता हैं...अंग्रेज़ी में हम उन्हें 'जनरल डेथ' पुकार सकते हैं।[39]

किताब के अनुसार जनरल शिव ने दलाई लामा की कुछ मदद की थी। पर जनरल डेथ या मौत के जनरल कौन थे?

"मेरे लिये यह रहस्य है"—अलास्का के पूर्व ले0 गवर्नर थॉमस ने मेरे ई–मेल के जवाब में लिखकर भेजा।

भगवनजी ने ऐसे अनगिनत चौंकाने वाले दावे अपने मानने वालों के सामने किये थे। एक आश्चर्यजनक दावा यह भी था कि उन्होंने बांग्लादेश की आज़ादी के संग्राम में परदे के पीछे रहकर एक बेहद महत्त्वपूर्ण भूमिका अदा की थी।

आप इसे न मानने के लिये स्वतंत्र हैं—पर मानने वालों के लिये यही सच है। *ओई महामानब आसे* के प्रकाशक सुनील दास ने 6 सितंबर 1972 को खोसला आयोग के सामने यह बयान दिया कि सन् 1965 में लीला रॉय ने अपने करीबी बंधुओं को पूर्व पाकिस्तान से आने वाले शरणार्थियों के बारे में आगाह किया।

> मार्च 1971 में भारत पाकिस्तान युद्ध छिड़ा...इस बात के बारे में उन्हें किसी ने पूर्व जानकारी दी, अथवा यह एक दिव्य जानकारी थी...मैं नहीं कह सकता।

दास ने आयोग को यह नहीं बताया कि सन् 1971 का युद्ध के शुरु होने से महीनों पहले भगवनजी ने यह कहा था कि "आज़ाद बांग्लादेश बनेगा...और कुछ वक्त बाद पूर्व पाकिस्तान इतिहास के पन्नों में एक अल्पकालिक नाम बन कर रह जायेगा...पूर्व की स्वतंत्रता के बाद...पाकिस्तान और बलूचिस्तान आक्रामक हो उठेंगे।"

'ओई महामानब आसे' में बांग्लादेश से सम्बन्धित ऐसी कई बातें थीं:

> एक जानी–मानी आवाज़ ने एक स्वतंत्र रेडियो स्टेशन से उद्घोषणा की। इससे पहले ही उद्घोषक ने कहा, "अब आप एक सुपरिचित आवाज़ सुनेंगे।"
>
> इसके बाद एक भारी और दिल को छूने वाली आवाज़ आयी, "कंधे पर बंदूक धरे मैं दुनिया के कितने ही देशों में हो आया हूं। जर्मनी, जापान और दक्षिण–पूर्व एशिया में ऐसी कितनी ही जगह। पिछले नौ माह से मैं आपके साथ था और अब भी आपके साथ हूं।"

मैं नहीं जानता कि इसे छिपा हुआ सत्य कहना चाहिये या भ्रम की स्थिति। नैमिषारण्य और बस्ती में भगवनजी के दो सबसे करीबी माने जाने वालों (श्रीकांत शर्मा और दुर्गा प्रसाद पाण्डेय) का यह कहना था कि उस वक्त एक पूर्व स्वतंत्रता सेनानी अमल रॉय भगवनजी के कहने पर भारत और पूर्व पाकिस्तान सीमा पर एक गुपचुप रेडियो सेवा चलाते थे। भगवनजी को आगे होने वाली घटनाओं की जानकारी इनके 'ऑल इण्डिया रेडियो' पर आने से पहले ही होती थीं। एक रोचक बात यह भी है कि सीताराम ओंकारनाथ, जिनका भगवनजी के साथ सबंध था, ने युद्ध में एक महत्त्वपूर्ण भूमिका अदा की थी। उनकी वेबसाईट पर यह लिखा है कि उन्होंने अपनी "दिव्य शक्तियां इस स्वतंत्रता संग्राम को दी थीं।" दावा तो यह भी है कि एक जनरल ने कहा कि "इस लड़ाई के सेनानायक तो स्वयं ठाकुर हैं।"[40]

प्रवीण स्वामी—जो भारतीय खूफिया और राष्ट्रीय सुरक्षा मामलों के एक जाने–माने विशेषज्ञ है—के अनुसार यह जनरल थे ओंकारनाथ के चेले सुजान सिंह उबन। सन् 1971 में उबन के नेतृत्व वाली स्पेशल फ्रन्टीयर फोर्स ने चटगांव में सैन्य हमला बोला था। स्वामी के अनुसार उबन ने "बाद में बताया कि उन्हें बाबा ओंकारनाथ से आने वाली मुश्किलों की जानकारी साल भर पहले ही मिल गयी थी।"[41]

रामभवन से मिली एक अखबारी खबर ने अनुसार किसी खास व्यक्ति ने तत्कालिन पूर्व पाकिस्तान में यात्रा की मगर पर व्यक्ति ओंकारनाथ नही थे। मेरे पास इस खबर का विवरण तो नहीं पर *आनंद बाज़ार पत्रिका* में छपी एक और खबर की कतरन जरुर है जहां शेख मुजीबुर रहमान 17 जनवरी 1972 को यह कहते दिख रहे है कि "बांग्लादेश एक असलियत बना...यह इस बात को साबित करता है कि नेताजी जीवित हैं।"

गैर–वर्गीकृत अमरीकन रिकॅार्ड्स की यथासंभव पड़ताल के बाद नेताजी के बारे में मुझे मात्र एक ही दस्तावेज़ मिला। यह ढाका स्थित अमरीकी दूतावास से 3 जनवरी 1975 को भेजा गया विदेश विभाग का एक टेलीग्राम है, जिसमें किसी के मारे जाने की बात करते हुये यह कहा गया कि अगर उसका मृत शरीर नहीं दिखाया जाता "तो सुभाष बोस

की तरह ही उसके जीवित होने की कहानियां फैल जायेंगी।"

बांग्लादेश स्वतंत्रता संग्राम के दौरान नेताजी की यादों को मनोवैज्ञानिक प्रोत्साहन के लिये इस्तेमाल किया जाता—यह एक तथ्य है। कैम्ब्रिज में नेताजी के सहपाठी रहे (बाद में आई0सी0एस0 अफसर बने) सी0सी0 देसाई ने शेख मुजीबर की तरकीकों में नेताजी की झलक देखी थी।

मुक्तिवाहिनी का नारा "जय बांग्ला", "जय हिन्द" की तर्ज़ पर था। इसलिए शायद मुजीब का जो बयान प्रकाशित किया गया था वह एक 'अलंकार' से ज़्यादा कुछ नहीं था।

पर *ओई महामानब आसे* की बातों पर यदि हम भगवनजी के अन्य शिष्यों की तरह विश्वास करें तो मुजीब की बात एक साफ इशारा थी। चारणिक के अनुसार, "सन् 1945 से 1975 के बीच एक व्यक्ति ने ऐसी दिव्य शक्तियां हासिल कर ली थीं जिन्हें समझ पाना दिल और दिमाग के बस में नहीं।"

भगवनजी ने खुद इस बात को अंग्रेज़ी में कुछ यूं लिखा,

> आप नहीं समझ पायेंगे कि महाकाल किन शक्तियों के साथ और कैसे काम कर रहे हैं। आपकी कल्पना शक्ति इस बात को लेशमात्र समझने भर से परेशान हो उठेगी।

पर इन शक्तियों के बावजूद वह छिपे क्यों रहे? वह किससे डर रहे थे? क्या इतनी बड़ी बातें करने वाले के लिये छिपे रहना कायरता नहीं थी?

या शायद "कायरता" शब्द का प्रयोग सही न होगा। कुछ पहेलियों के उत्तर ढूंढ़ना इतना आसान नहीं होता। भगवनजी से उनके सबके सामने न आने का कारण कई बार पूछा गया और वह हमेशा यही कहते, "यह भारत के हित में नहीं होगा।" शायद उनकी 'मृत्यु बाद' की गतिविधियों ने उनकी राहों में रोड़े डाल दिये थे। वह खुद को 'अन्तर्राष्ट्रीय युद्ध अपराधी' करार दिये जाने की बात कहते और खुद को विश्व राजनीति का महत्त्वपूर्ण लेकिन छिपा हुआ हिस्सा भी बताते।

मेरे पास इस बात का एक उदाहरण भी है। अगर भगवनजी की कथनी और करनी एक ही थी, तो फिर उनका सोचना सही था कि उनके बाहर आने से भारत को मुश्किलों का सामना करना पड़ सकता था। उनका कहना था कि वियतनाम से अमरीकियों को बाहर खदेड़ने में उनकी अहम् भूमिका थी। अगर ऐसा ही था, तो उनका बाहर आना वाकई खतरे से खाली नहीं था। और शीतयुद्ध के उन दिनों में उनके सामने आने का अर्थ हो सकता था कि भारत को अन्तर्राष्ट्रीय आर्थिक प्रतिबंधों का सामना करना पड़ता—युद्ध की संभावना से भी इंकार नहीं किया जा सकता था।

भगवनजी ने कहा था, "द्वितीय विश्व युद्ध से लेकर अब तक करीब 50–60 युद्ध हो चुके हैं, पर अमरीका उनमें से एक भी नहीं जीत पाया है।" उनके अनुसार वियतनामी नेता हो चि–मिन्ह ने उन्हीं की सलाह पर दक्षिण वियतनाम में कोकीन और अफीम डलवाई थी—जो अमरीकी लोग बहुतायत में इस्तेमाल करते जा रहे थे। वह कहते, "किसी पालतू कुत्ते को मेरा नाम दे देना, अगर आने वाले हज़ार सालों में भी अमरीका वियतनाम की लड़ाई ले तो।"

ओई महामानब आसे में लिखा है:

> जब भी युद्ध समाप्त करने के लिए विदेश में बैठक होती (महाकाल के शब्दों में) तो बैठक की "एक तरफ़ नौ जनरलों और उनके पीछे एक परछाईं रहती।" इस यह परछाईं ने बीते कुछ दशकों में विश्वभर में कई बवाल खड़े किये थे।

यह काफी रोचक बात है क्योंकि मैंने एक तस्वीर देखी जिसमें वियतनाम और अमरीका के मध्य हो रही *पेरिस शांति* वार्ता के दौरान नेताजी से मिलते–जुलते एक व्यक्ति को दिखा जा सकता है।

खोज करने पर मैंने पाया कि 25 जनवरी 1969 को लिया गया एसोसियेटेड प्रेस का एक फोटो था। इसमें वियतनाम का डेलीगेशन दिखाया गया है। दिखाये गये आठ–नौ हस्तियों में बांयीं ओर भूतपूर्व जरनल व मंत्री ले डुक थो हैं। इन्हें सन् 1973 में नोबेल शांति पुरस्कार मिला था। बीच में एक और मंत्री जुआन थ्यूए हैं। तस्वीर में एक दाढ़ी वाला व्यक्ति दांई तरफ चेहरे पर गंभीरता लिये खड़ा दिखाई पड़ रहा है।

नेताजी जैसे दिखने वाले इस व्यक्ति की पहचान जानने की मैंने बहुत कोशिश की और वियतनाम के इतिहासकारों की भी मदद ली, पर कोई नतीजा नहीं निकला। कोई भी उन्हें पहचान न सका। वियतनाम के विदेश मंत्रालय ने मेरे ई–मेल का कोई जवाब नहीं दिया। और हालांकि डिप्लोमैटिक अकादमी ऑफ वियतनाम ने मुझे मंत्रालय के हिस्टॉरिकल रिसर्च डिपार्टमेन्ट से मदद मांगने की सलाह दी—कहीं से कोई जवाब नहीं आया।

खैर, तस्वीर को ध्यान से देखने पर लगता है की दाढ़ी वाले व्यक्ति और नेताजी की सूरतों में कुछ समानता है। सन् 1969 में अगर नेताजी जीवित होते तो वह 72 वर्ष के होते। तस्वीर मे दिखने वाले व्यक्ति की असल उम्र का तो पता नहीं, पर उनकी 'आंखों के नीचे फूलापन है—जो उम्र के काफी होने का द्योतक है। चेहरे के ज़्यादातर हिस्सों पर दाढ़ी, मूंछें और बड़ा सा चश्मा है। अधिकतर दक्षिण–पूर्व के एशियाई लोग या राजनयिक

ऐसी दाढ़ियां नहीं रखते। ध्यान से देखा तो इस व्यक्ति के बाल और दाढ़ी नकली से लगे।

यूं भी भगवनजी को मेकअप में खासी रुचि थी। सन् 1968 के मध्य तक उनके सिर पर ज़्यादा बाल नहीं रह गये थे। जो थे, वह सफेद थे। कमर पर चर्बी जो आ गयी थी पर चेहरे पर झुर्रियां नहीं थीं।

और यह बात भी अजीब थी कि भगवनजी ने वियतनाम के हाथों अमरीका की हार के लिए उनकी कोकीन और अफीम डलवाने की चाल की बात की थी। उन्हाने यह बात सन् 1966–67 में अपने एक शिष्य को बताई। हैरानी की बात है कि सन् 1971 में अमरीकी राष्टपति रिचर्ड निक्सन के डिप्टी असिस्टेंट ने उन्हें बताया कि करीब 20 प्रतिशत अमरीकी सैनिक हेरोईन की लत से ग्रस्त थे। अन्य उच्च अमरीकी अधिकारियों का मानना था कि "चाइनीज़ कम्युनिस्ट और सोवियत उत्तरी वियतनाम के ऑपरेटर्स ने दक्षिण वियतनाम में हेरोईन की बाढ़ ला दी थी...और इसे अमरीकी सेना इस्तेमाल करती रही।"[42]

रामभवन से मिली एक अखबारी खबर की टाइप्ड कापी इस बात को और उलझाती है। कोर्ट के आदेशानुसार बनी मालसूची के मुताबिक रामभवन से प्राप्त सामान नं0 1767 दरअसल किन्ही "इवनिंग पोस्ट" की एक खबर है। यह "कम्बोडिया पर एशियन और पैसिफिक कॉन्फेरन्स" के बारे में थी। यह बैठक जकार्ता में हुई और इसमे भाग लेने वाले एक व्यक्ति थे भूतपूर्व अमरीकी रक्षा मंत्री क्लार्क क्लिफर्ड। क्लिफर्ड ने पत्रकार माइकल जोसेफ को बताया एक द्वितीय विश्व युद्ध के एक गुमशुदा जरनल के बारे मे—जो वियतकांग की सेना मे थे। टाइप्ड कॉपी के अनुसार क्लिफार्ड ने जनरल की पहचान बताने से इंकार कर दिया।

मणिपुर के पूर्व एडवोकेट जनरल और सुप्रीम कोर्ट के अधिवक्ता रहे स्वर्गीय बलराज त्रिखा ने खोसला आयोग के सामने जापानी चश्मदीदों से पूछताछ करके खुद के लिये भी मिसाल कायम की थी।

नवम्बर 1971 में त्रिखा आयोग के साथ ही वियतनाम पहुंचे और कुछ ही दिनों बाद उन्होंने यह दावा किया कि उन्होंने नेताजी को दक्षिण वियतनाम हवाई अड्डे पर देखा। जस्टिस खोसला ने अपनी रिपोर्ट में कहाः

> उन्होंने यह बात भारत से सिंगापुर के उच्चायुक्त श्री प्रेम भाटिया को बताई और पत्रकारों को भी यह दावा छापने के लिये कहा। सैगोन में हुयी इस अविश्वसनीय मुलाकात का सच जानने के लिये मैंने श्री त्रिखा को चश्मदीद की हैसियत से बुलवा भेजा पर बुलावों के जाते ही वह गायब हो गये।[43]

इसके बाद खोसला ने उच्चायुक्त को भी बुलवा भेजा। भाटिया के बारे में कुछ शब्दः

वह अपने समय के नामी–गिरामी पत्रकारों में से एक थे। इनकी याद में बनी ट्रस्ट के ट्रस्टीज़ डॉ0 मनमोहन सिंह, एम0ए0 रसगोत्रा, सोली सोराबजी, इंदर मलहोत्रा, प्रो0 मुशीरुल हसन, शेखर गुप्ता, एच0के0 दुआ और आलोक मेहता सरिखे महानुभाव थे। भाटिया अफवाहों पर कान देने वालों में से नहीं थे। उन्होंने त्रिखा के बयान पर अपनी प्रतिक्रिया के बारे में खोसला को बताते हुये कहाः "हमारी बातें शुरु हुयीं और मैंने उन्हें खाने पर आमंत्रण दिया, जो उन्होंने स्वीकार किया।"[44]

यह बात सोचने वाली है कि अगर आप उच्चायुक्त होते तो 25 सालों से मृत माने जाने वाले व्यक्ति के देखे जाने की बात पर आपकी प्रतिक्रिया क्या होती? क्या आप वाकई ऐसा दावा करने वाले को खाने पर बुलाते? मैं तो नहीं करता। शायद उन्हे दफा हो जाने के लिये कहता। पर भाटिया बहुत अक्लमंद व अनुभवी थे—उन्होंने कहा कि त्रिखा की बात से उन्हें "अचंभा हुआ" और यह बात उन्होंने "एक से अधिक व्यक्तियों को बताई"[45]...आयोग को भी एक गोपनीय पत्र लिखकर उन्होंने यह बात कही।

कुछ ऐसा ही अनुभव एक महिला पत्रकार को हुआ। वह सन् 1994 में वियतनाम में गई थी, ताकि वहां प्रधानमंत्री पी0वी0 नरसिम्हा रॉव की यात्रा कवर कर सकें। उन्हें नेताजी में किसी तरह की कोई रुचि नहीं थी। बस, यूं ही किसी से वियतनाम के विदेश मंत्रालय से उन्हें जानकारी मिली ...जिसके अनुसार वियतनाम के पास कुछ ऐसी सामग्री थी जो नेताजी की गुमशुदगी पर कुछ बता सकती थी। यह बात वियतनामी विदेश मंत्रालय के एक अफसर ने इस पत्रकार को इसलिये बताई क्योंकि भारतीय दूतावास ने इस बात को दर्ज करने में कोई रुचि नहीं दिखाई थी।

वहां से यह खबर एक समाचार पत्र में प्रकाशित हुयी और यहीं से यह कहानी जरा विश्वसनीय लगती है। अखबार था द *टेलीग्रॉफ,* जो आज बंगाल का सबसे लोकप्रिय अंग्रेज़ी दैनिक है। यह समाचार पत्र और इसी के साथ प्रकाशित होने वाला बा्ंग्ला दैनिक *आनंदबाज़ार पत्रिका* पिछले कुछ सालो से नेताजी प्रकरण को प्रकाशित करने में ज्यादा उत्सुक नहीं है। इनका पक्का मानना है कि नेताजी की मृत्यु ताईवान में ही हुयी थी। मुखर्जी रिपोर्ट को सरकार द्वारा खारिज किये जाने की बात को देश के सभी अखबारों ने मुखपृष्ठ पर जगह दी थी लेकिन द *टेलीग्राफ* ने इस समाचार को अंदर के पन्नों पर सिंगल कॉलम स्टोरी के रुप में प्रकाशित किया था। यह देखते हुये, द *टेलीग्राफ* का भगवनजी प्रकरण में कोई रुचि न दिखाना स्वाभाविक ही था। पर सन् 1994 जो लेख में आया उसके एक हिस्से के अनुसारः

> सन् 1945 में नेताजी के साइगोन में रहने पर यहां वियतनाम मे काफी प्राप्य सामग्री है पर भारत सरकार इस पर अब कोई कदम नहीं उठाना चाहती... क्योंकि इससे नेताजी की गुमशुदगी का मामला फिर तूल पकड़ लेगा।
>
> ...द्वितीय विश्व युद्ध और वियतनाम युद्ध के लिये सामग्री एकत्र करते हुये वियतनाम सरकार ने इसे प्राप्त किया।[46]

इतिहास बताता है कि नेताजी और वियतनामी लोगों के बीच अपनापन तब स्थापित हुआ जब सन् 1945 में आनंद मोहन सहाय हो ची–मिन्ह से मिले। सब जानते हैं कि इसके कुछ सालों बाद वियतनाम युद्ध छिड़ गया—इसलिये उस वक्त से नेताजी (जिनकी मृत्यु सरकारी दावो के अनुसार सन् 1945 में हो चुकी थी) पर प्राप्य कोई भी सामग्री उत्सुकता पैदा करने वाली होगी।

अगर आप सोच रहे हैं कि मैंने उत्तर से ज़्यादा प्रश्न पैदा कर दिये—तो आप का यह सोचना ठिक है। इस वक्त की स्थिति से मैं खुद संतुष्ट नहीं हूं। जिस शोधकार्य में

आप खुद अपनी सीमित शक्ति एवं पैसों से जुटे हों; उसमें कई बंधन और रोड़े होते हैं। पर हमें भगवनजी के सत्य को देश हित में स्थापित करना ही होगा। चाहे जैसे भी। कई लोग कहते हैं कि वह ढोंगी थे, ताकि लोग इस मामले से रुसी कोण को भूल जायें। अगर वह वाकई 'सरकारी ढोंगी' थे तो भी सच को सामने आना ही चाहिये।

भारत सरकार के पास कहीं न कहीं भगवनजी के बारे में आधिकारिक रिकॉर्ड होगा ही होगा। हमारी इण्टेलिजेंस एजेन्सियों के पास फैज़ाबाद के 'संत' के बारे में कोई जानकारी जरुर होगी। *नार्दन इण्डिया पत्रिका* के पूर्व समाचार सम्पादक सैय्यद कौसर हुसैन ने मुखर्जी आयोग को बताया कि "केन्द्रीय सरकार के कहने पर चार जांचें हुयीं थीं।" सन् 1985 की पुलिस जांच में ही यह दर्ज है कि भगवनजी "जब बस्ती में थे तो किसी सेन्ट्रल इण्टेलिजेंस एजेन्सी ने उन पर पूरी पड़ताल की थी।" पर इस जांच की रिपोर्ट कहां है? मुखर्जी आयोग के अनुसार ऐसी कोई रिपोर्ट उसे नहीं दी गयी।

जब सी0आई0ए0 भी फॉरेन ब्रॉडकास्ट इन्फॉरमेशन सर्विस के जरिये भगवनजी प्रकरण के बारे में अवगत था, तो क्या यह संभव था कि भारत की खूफियां यहां की एजेन्सियों के लिये वह पड़ताल का मुद्दा न हों? नियर ईस्ट साऊथ एशिया रिपोर्ट नं0 जे0पी0आर0एस0–एन0ई0ए0–86–040 (एफ0बी0आई0एस0) ने फरवरी 1986 मे दिल्ली के एक समाचार पत्र में प्रकाशित एक खबर नोट की जिसके अनुसार राजनेता राज नारायण "इस बात को पूर्णतः मानते हैं कि फैज़ाबाद में मृत्यु को प्राप्त हुये एक गुमनामी बाबा स्वयं नेताजी सुभाष चंद्र बोस ही थे।" बाबा के निधन से राज नारायण सदमे में थे और इसी के चलते उन्हें "अस्पताल में भर्ती कराना पड़ा।"

यहां मुझे राज नारायण की विश्वसनीयता से लेना–देना नहीं है। पर यह सोचना गलत है कि अमरीकी खुफिया विभाग को जिस "फालतू" बात की भनक दूर से ही लग गयी थी—उस पर भारतीय खुफिया विभाग के अफसर सो रहे थे।

11

117 बरस के जीवित नेताजी?

कुछ लोग आज तक मानते हैं कि नेताजी जीवित हैं और सही वक्त आने पर सबके सामने आयेंगे। "सकारात्मक" सोच रखने वाले लोगों के लिये, ऐसा सोचना महज़ "पागलपन"[1] है।

यह विश्वास इसलिये है क्योंकि नेताजी की मृत्यु आज तक साबित नहीं हो पायी है। चूंकि इंसानों के लिये 100 सालों से अधिक तक जीना असंभव बात नहीं, इसलिये शायद तर्क के साथ यह बात जस्टिस मुखर्जी ने अपनी रिपोर्ट में कही:

> किसी भी ऐसे व्यक्ति को जिसे यह तथ्य खोजने के लिये कहा गया हो यह पड़ताल 'संभव' और 'असंभव' के आधार पर करनी चाहिये। इस बात से यही तार्किक निष्कर्ष निकलता है कि नेताजी अब जीवित नहीं।[2]

रिपोर्ट आने के 4 साल बाद नेताजी के जीवित होने का विश्वास रखने वाले लोग चुप बैठे रहे। पर तभी सन् 2010 जस्टिस मुखर्जी का अपना व्यक्तिगत विचार आया और इस 'रहस्य' में एक और पहलू जुड़ गया—कि भगवनजी की मृत्यु सितंबर 1985 में नहीं हुयी थी।

पर ऐसा कैसे हो सकता है? सब जानते हैं कि उनका अंतिम संस्कार गुप्तार घाट

पर हो चुका था।

क्षेत्रीय विश्वास के अनुसार "गुप्तार घाट" भी कम रोचक जगह नहीं। इसका अर्थ है "गुमशुदगी का घाट"। भगवान राम त्रेता युग में इसी जगह घाघरा (सरयू) नदी में विलीन हो गये। एक धारणा की मानें तो यह जगह इसलिये चुनी गयी क्योंकि भगवनजी को फिर से गुम होना था।

गुप्तार घाट में भगवनजी की समाधि। इसका निर्माण शक्ति सिहं नें करवाया।

पर उनकी "गुमशुदगी" के बारे में विभिन्न धारणायें सन् 1985 से पहले ही हवा में उड़ने लगी थीं। भगवनजी ने अपने करीबियों को बताया कि वह "एक बार फिर जायेंगे", कुछ वक्त तक "सम्पर्क में नहीं रहेंगे" और फिर उस वक्त "वापस आयेंगे" जब भारत में आंतरिक और बाह्रय युद्ध की स्थितियां पैदा हो जायेंगी।

"मेरे आने का इंतज़ार करना और हमेशा मुझे अपने साथ ही मानना।" कुछ लोग तो इंतज़ार करते–करते ही प्राण त्याग गये; बचे हुये कुछ आज तक इंतज़ार कर रहे हैं। पर अब इंतज़ार का क्या तुक है? सन् 1972 में भगवनजी ने एक मानने वाले से पूछा कि उनकी उम्र कितनी थी—उत्तर मिला, 75 साल तो भगवनजी ने कहा, "क्या? मुझे अभी 46 साल तक और रहना पड़ेगा?" सो अगर आप भी उनके वापस आने पर विश्वास करते हैं; तो यह वापसी इसी दशक में होनी चाहिये।

और सितंबर 1985 के बारे में क्या? मैं कोलकाता में ऐसे कुछ लोगों से मिला जिनकी इसी दौरान भगवनजी से मुलाकात हुयी थी—और भगवनजी ने उनसे दोबारा कभी न आने के लिये कहा था। पर जिन लोगों ने उनकी मृत्यु और अंतिम संस्कारों को देखा—उनका कहना एक समान नहीं है। 16 सितंबर को उनकी तबीयत बिगड़ी और उनकी देखभाल करने वाली सरस्वती देवी ने डॉ0 आर0पी0 मिश्रा और डॉ0 प्रियब्रत बनर्जी को बुला भेजा। डॉ0 बनर्जी, जो अब स्वर्ग सिधार चुके है, ने मुझे बताया कि उनके पहुंचने से पहले ही भगवनजी की मृत्यु दिल का दौरा पड़ने से हो चुकी थी। उन्होंने सरस्वती देवी के बेटे

राजकुमार ने उनका पार्थिव शरीर देखा था।

डॉ0 मिश्रा उसी वक्त से अजीब सा व्यवहार कर रहे है। पार्थिव शरीर का अंतिम संस्कार जो 19 सितंबर को खत्म हुआ, उन्हीं की देख–रेख में हुआ। किसी अन्य व्यक्ति को पार्थिव शरीर के दर्शन की अनुमति नहीं थी—मकान मालिक गुरुबसन्त सिंह को भी इससे बाहर रखा गया था। डॉ0 मिश्रा अंतिम संस्कार होने तक इर्द–गिर्द चक्कर काटते रहे।

उन्होंने मुखर्जी आयोग के सामने कुछ भी नहीं कहा...बस मुझसे कहा कि भगवनजी "शिव भगवान" थे, और वह जरुर "प्रकट होंगे।" सन् 2010 में बने वृत्तचित्र "ब्लैक बॉक्स ऑफ हिस्ट्री" में भगवनजी की मृत्यु को उनका "चले जाना" कहते हैं।

कुछ की मानें तो 91 वर्षीय डॉ0 मिश्रा दूसरे हबीब–उर–रहमान है। वह भगवनजी के बारे में कुछ नहीं बताना चाहते। मैं मृत्यु के बारे में तो नहीं कह सकता, पर डॉ0 मिश्रा, उनकी पत्नी और बेटों से बात करने के बाद मुझे उनके विश्वास के बारे में मालूम है कि भगवनजी संत थे और नेताजी भी थे।

मैं भगवनजी के मृत हो चुके और जीवित रहे कई माननेवालों को जानता हूं। इनमे से ज्यादातर भगवनजी की "वापसी" में यकीन रखते थे व है। मैने पिछले एक दशक में महसूस किया है कि भगवनजी और नेताजी के प्रति इन सब का विश्वास और श्रद्धा अतुलनीय है। दो उदाहरण तो अभी प्रस्तुत हैः एक व्यक्ति को अपने कैंसर से ज्यादा मुखर्जी आयोग की फिक्र थी; जबकि एक अन्य ने मुखर्जी आयोग के साथ रुस जाने के लिये कर्ज़ तक ले लिया था "मेरे पास ब्याहने लायक एक बेटी भी है," उसका कहना था।

अगर सन् 2014 में भी हम नेताजी रहस्य गाथा की चर्चा कर रहे हैं तो इसका श्रेय इन्ही लोगों को जाता है। यह बिना किसी स्वार्थ के दिवानों की तरह इस प्रकरण से जुड़े हुए हैं। भगवनजी के मानने वालों के जनहित याचिका दायर करने पर ही मुखर्जी आयोग का गठन हुआ था। खोसला आयोग के पीछे भी समर गुहा की स्वार्थहीन कर्मठता थी। मुखर्जी आयोग की कार्यावधि के दौरान शायद ही ऐसा कोई सेशन हो जिसे भगवनजी के शिष्यों ने छोड़ा हो। साथ ही उन्होंने इस मुद्दे पर शोधकर्ताओं और पत्रकारों को सारी जानकारी दी—पर अपने लिये कभी कोई मांग नहीं की।

मैं नेताजी के प्रति उनकी श्रृद्धा और स्वार्थहीनता को नमन करता हूं पर फिर भी इनकी सारी बातों को मै नही मान सकता। निष्कर्षों पर पहुंचने के लिये मुझे सबूत चाहिये। पराज्ञान तक पहुंचने की मुझमें क्षमता नहीं। पर चूंकि हमारे समाज में ऐसे कई विश्वासों को सहर्ष मान्यता प्राप्त है; नेताजी का इंतज़ार करने वालों को मैं "पागल" करार नहीं करुंगा। यह एक तरीके का पाखण्ड ही होगा—क्योंकि न केवल भारत, बल्कि पूरी दुनिया में "पराज्ञान" को कई स्तरों पर मान्यता प्राप्त है।

नेताजी की मृत्यु सन् 1945 में न होने और उनके आज तक जीवित होने की बात को कई संत महात्माओं का समर्थन प्राप्त है। कुछ वक्त पहले सत्य साईं बाबा की मृत्यु पर अनगिनत लोगों ने—जिनमें डॉ0 मनमोहन सिंह और सचिन तेंदुलकर भी शामिल थे—अपनी श्रद्धांजलि दी थी। 2 मई 2011 में *द सण्डे टाइम्स ऑफ इण्डिया* में इस शीर्षक के साथ भारत के भूतपूर्व चीफ जस्टिस पी0एन0 भगवती का इण्टरव्यू छपा जिसमें

उन्होंने लिखा कि उनके "भगवान" साई बाबा ने उनके सारे आदेश लिखे। और यही मान्यता मेरे अनुसार शायद बाबा के एक और भक्त शिवराज पाटिल की भी होगी। काश वह 15 अगस्त 2007 को नेताजी के बारे में सत्य सांईं बाबा द्वारा बोले गये प्रशंसनीय शब्दों को सुन पाते। बाबा ने यह भी कहा कि नेताजी की मृत्यु किसी विमान दुर्घटना में कदपि नहीं हुई थी।

सन् 2011 में, 200 साल से अधिक उम्र के माने जाने वाले बर्फानी बाबा ने नेताजी के जीवित होने की बात कही रंजीत मजूमदार ने अपनी पुस्तक में इस बात पर ज़ोर दिया है। मजूमदार एक वरिष्ठ इण्टेलिजेंस ब्यूरो अफसर थे।

एक अन्य जाने–माने संत ने नेताजी की भतीजी के पास जाकर उन्हें यह बताया कि उन्होंने 1960 के दशक में नेताजी को हिमालय में देखा था।

बेशक, आप इन सब बातों को हंस कर हवा में उड़ा सकते हैं पर तब क्या जब श्री चिन्मय—भारतीय मूल के संत जिनकी मृत्यु 2007 में अमरीका में हुयी—नेताजी रहस्य के बारे में यह लिख दें:

> नेताजी की विमान दुर्घटना और मृत्यु के बारे में नेहरु के बयान आत्मविरोधी रहे...ईश्वर ही जाने कि वह सत्य को मिथ्या जानबूझ कर बना रहे, अथवा किसी संदेह के शिकार थे।[3]

श्री चिन्मय पर आस्था रखने वालों में भूतपूर्व अमरीकी उप राष्ट्रपति अल गौर और पूर्व सोवियत रश्मिन राष्ट्रपति मिखाइल गोरबाचेव शामिल थे—तो क्या आप इसे झूठ मानेंगे? इतना ही नहीं, 25 जून 2007 को भारत की राष्ट्रपति प्रतिभा पाटिल ने सरेआम यह बात कही कि "एक मृत व्यक्ति ने उन्हें दिव्य रुप से यह बताया कि उन पर ज्यादा जिम्मेदारियों का बोझ आने वाला है।"[4] यह तब की बात है जब वह राष्ट्रपति बनने वालीं थीं।

आत्माओं से बात करने वाली प्रतिभा पाटिल अकेली नहीं। पूर्व अमरीकी सेक्रेट्री ऑफ स्टेट और बिल क्लिंटन की पत्नी हिलेरी क्लिंटन (*वॉशिंगटन पोस्ट* के संपादक बॉब वुडवर्ड की लिखी पुस्तक के अनुसार) की जानपहचान एक ऐसी आध्यात्मिक साधक से थी जो "अक्सर मृत लोगों की न देखी जाने वाली आत्माओं के बारे में लिखती और बोलती थीं।"[5] वुडवर्ड के मुताबिक, ऐसे ही एक सेशन के दौरान हिलेरी ने महात्मा गांधी की आत्मा से बातचीत भी की।

अख़बारों की टुकड़ियों वाली मेरी स्क्रैपबुक में 16 फरवरी 1987 में प्रकाशित ए0एफ0पी0 का एक लेख था जिसमें अमरीकी राष्ट्रपति रोनॉल्ड रीगन की अब्राहम लिंकन की आत्मा से मिलने की इच्छा के बारे में कहा गया था। यह "भूत" व्हाइट हाउस में रहता था...पर उन्होंने गौर किया कि जिस कमरे में लिंकन रहते थे, वहां के दरवाज़े पर ही उनका पालतू कुत्ता ठिठक कर खड़ा हो जाता, भौंकता पर आगे न बढ़ता। उनके दामाद व बेटी को इस बात पर यकीन था कि कुत्ता वह अदृश्य आत्मा देख रहा था। राष्ट्रपति रुज़वेल्ट, हूवर, ट्रूमेन, प्रधानमंत्री चर्चिल समेत ऐसी कई महान हस्तियां थी जिन्होंने लिंकन के भूत को देखे जाने की बात को स्वीकारा।

यदि आपको इन सब बातों में रुचि है, तो भगवनजी की खुद के बारे में कही बातों में

भी आपको खासी रुचि होगी। भगवनजी के अनुसार, भारत लौट कर आने से पहले, वह हिमालय के ज्ञानगंज में रहे थे। यह जगह सिद्धाश्रम, शमबला और शंगरी–ला के नामों से भी प्रसिद्ध है और बरसों से भारतीय और यूरोपीय मूल के लोगों को आकर्षित करती आयी है—हालांकि आज तक कोई भी इसका अस्तित्व साबित नहीं कर पाया है। मानने वाले कहते हैं कि यह तिब्बत में मानसरोवर के आस–पास है, पर जरा अलग जगह पर है, और इसलिये कुछ खास लोग ही वहां तक जा पाते हैं। "बाल्मीकि रामायण और महाभारत जैसे हिन्दू ग्रंथों में भी इसका संदर्भ ग्रहण किया गया है। गुरु नानक ने इसे 'सच खण्ड' पुकारा है।"[6] ज्ञानगंज पर सबसे रोचक किताब गोपीनाथ कविराज ने लिखी थी। कविराज भगवनजी के संपर्क में रहे थे।

भगवनजी का दावा था कि ज्ञानगंज में उनकी मुलाकात ऐसे साधुओं, संतों से हुयी जो चमत्कारी तौर पर अपना कायाकल्प कर सकते थे—यानी अपना शरीर त्याग कर दूसरे के शरीर में जा सकते थे। उनके द्वारा लिखे गये नोट के मुताबिक:

> कई बार, हिमालय में घूमते हुये मुझे माननीय अगस्त्यदेव के आश्रम मे रहने का सौभाग्य प्राप्त हुआ।

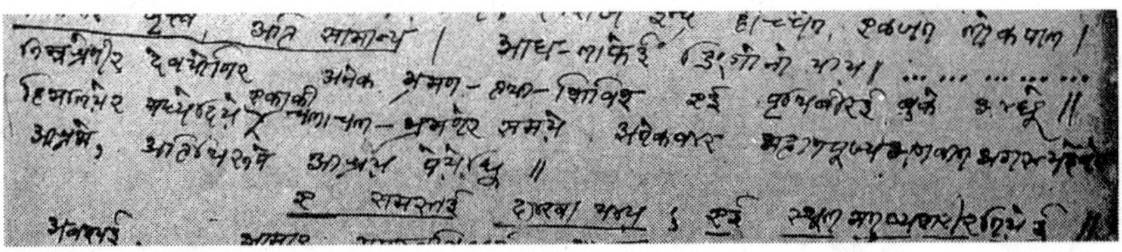

भगवनजी स्वयं को साधक बुलाते थे—तंत्र विद्या के साधक। यह उनकी सनातन इच्छा की पूर्ति थी।

"मेरे अंदर एक आवाज़ कहती है...पता नहीं, किसकी है...जो मुझे निरंतर आगे धकेलती है...मैं बचपन से उसकी तलाश में था...जैसे किसी कस्तूरी हिरन की तलाश में...।"

उनके जीवन के लक्ष्य में उनके विचार ओई *महामानब आसे* में थे:

> शक्ति साधना कुण्डलिनी जागरण हेतु होती है। मां को कुलकुण्डलिनी कहा जाता है और शक्ति की साधना इसी को जाग्रत करने हेतु की जाती है...यही राजयोग का रहस्य है। कुलकुण्डलिनी के जागरण में साधक के पास यह विकल्प होता है कि वह राजयोग से भी आगे निकल जाये। और यदि वह साहसी है तो वह और भी आगे निकल सकता है—पर राजयोगी इसका रास्ता नहीं जानते। यही राजयोगियों और तांत्रिकों के बीच का भेद है। हालांकि दोनों का मुख्य लक्ष्य कुलकुण्डलिनी को जगाना होता है। जो असली तांत्रिक होते हैं; वह कभी खुद को तांत्रिक नहीं बताते...जो कहते हैं, वह असली तांत्रिक नहीं हो सकते। तांत्रिकों का रास्ता खतरनाक है... वह सख्त नियमों से बंधे होते हैं...उनकी संस्था दुनिया भर में फैली है, पर भारत इसका हृदय है। भले ही आप तांत्रिकों को हज़ार टुकड़ों में काट दें, पर वह कभी अपने राज़ नहीं बतायेंगे।

अगर ऐसा था, तो ये दिव्य शक्तियां प्राप्त करने की क्या ज़रुरत थी? भगवनजी के अनुसार वह इनका इस्तेमाल करते आये थे और भविष्य में भी भारत और अन्य देशों के उत्थान के लिये प्रयोग करने वाले थे। पबित्र मोहन रॉय को लिखे एक पत्र के अनुसारः

> आपका फकीर, मां जगदम्बा दुर्गा भवानी चण्डी के नाम पर यह बात कहता है कि बंगाल/भारत अपनी पूरी शक्ति से जाग्रत होगा। धीरे–धीरे हमारी मातृभूमि से भ्रष्ट लोगों का पूर्णतः सफाया हो जायेगा।

जहां तक मैं समझता हूं, भगवनजी के आज जीवित होने का अथवा सन् 1985 के बाद जीवित रहने का कोई सबूत नहीं है। फिर भी यदि कुछ लोग यह कहते हैं कि वह भारत के उत्थान हेतु आने वाले सालों में सामने आयेंगे तो मैं इस “जनहित मिथक” को पागलपन नहीं कहूंगा। देशप्रेमी हूं, यह सुनना अच्छा लगता है। वैसे ही जैसे यह जानकर अच्छा लगता है कि लिंकन की आत्मा आज भी व्हाइट हाउस में रहती है। मृतक रुप में ही सही, पर ऐसे महामानवो की उपस्थिति धरती को बेहतर बनाती है।

12

कैसे सुलझे पहेली

इस देश में यह मानने वालों की कोई कमी नहीं जो यह तो कहते हैं कि नेताजी की मृत्यु सरकार द्वारा प्रचलित किये गये तरीके से नहीं हुयी है, पर फिर भी इस मसले को यहीं समाप्त करने की सलाह और दुहाई देते हैं क्योंकि "चाहें जो भी हुआ हो, वर्तमान में इस बारे में कुछ नहीं किया जा सकता।" मैं खुद मानता हूं कि यह राज़ कुछ ज़्यादा ही लम्बा खिंच गया है, पर मामले को जमीन में गाड़ देने से या महज़ मूक दर्शक बने रहने से कुछ हासिल नहीं होगा। यह मसला ऐसे नहीं सुलझ पायेगा।

एक दलील यह भी है कि हमें "नेताजी के किये गए कार्यों को याद करना चाहिये, ना कि उनकी मृत्यु के प्रकरण पर समय बर्बाद करना।"

पर सच तो यह है, कि नेताजी की धरोहर को संजोने वाले वे ही लोग हैं जिन्होंने उनकी तथाकथित मृत्यु के बारे में जानने की कोशिशें की हैं। यदि एच0वी0 कामथ या समर गुहा जैसे लोग न होते, तो शायद ही भारत सरकार नेताजी को वह सम्मान देती जो आखिरकार उन्हें मिला। सन् 1947 से ही कामथ ने इस बात पर जोर डाला कि नेताजी का चित्र संसद भवन में होना चाहिये। इसी बात के चलते सन् 1978 में राष्ट्रपति नीलम संजीव रेड्डी और प्रधानमंत्री मोरारजी देसाई ने "जन–गण–मन", "वन्दे–मातरम्", "सुभाष जी" और "ओई महामानब आसे" के जयघोष के बीच संसद भवन के सेन्ट्रल हॉल में

नेताजी के चित्र का अनावरण किया। उस वक्त विदेश मंत्री रहे अटल बिहारी बाजपेयी ने शोधकर्ताओं व इतिहासकारों से इस बात का पता लगाने को कहा कि "कांग्रेसी सरकार ने इतने बरसों तक नेताजी की अवहेलना कर नाइंसाफी क्यों की"[1]

तथा कथित रुप से खुद को नेताजी का शिष्य बताने वालों पर यदि यह कार्य छोड़ दिया जाता तो वह न केवल उन्हें हमेशा की तरह गांधी जी व पण्डित नेहरु से कमतर दिखाते, बल्कि संसद में उनका चित्र कभी न बन पाता। न ही अन्तर्राष्ट्रीय स्तर पर उनका जन्म दिवस मनाया जाता, न ही लाल किले के पास उनकी मूर्ति होती; न ही आम संस्थाओं को उनके नाम पर रखा ही जाता। आई0एन0ए0 के एक पूर्व सैनिक ने इस राज़ को 'सनसनीखेज़' बनाने का इल्ज़ाम समर गुहा पर मढ़ा तो मुझे उन्हें यह याद दिलाना पड़ा कि प्रोफेसर गुहा के कारण ही उन जैसे स्वतंत्रता सेनानियों को दूसरे स्वतंत्रता सेनानियों जैसा दर्जा मिल पाया था।

अपने राजनैतिक सफर में लगभग सदा ही विपक्ष में बने रहने वाले गुहा के लिये यह कोई छोटी उपलब्धि नहीं थी। कथनी और करनी में यही फर्क था। गुहा की करनी थी, और नेताजी के जीवन कार्यों को याद रखने की डॉ0 शिशिर बोस की केवल कथनी भर ही थी। सन् 1985 में कांग्रेस के सौंवे जन्मदिवस पर, शिशिर बोस से नेताजी पर एक छोटी सी जीवनी मांगी गयी। शिशिर ने उसका ड्राफ्ट पार्टी के आला अधिकारियों को भेज दिया, पर जन्मदिवस निकल जाने पर भी जीवनी के प्रकाशन का कहीं कोई अता–पता नहीं लगा। शिशिर ने इस बारे में पार्टी उपाध्यक्ष अर्जुन सिंह को पत्र लिखा और 17 मार्च 1986 को उनका भेजा हुआ नेताजी की जीवनी का ड्राफ्ट खारिज होकर उनके पास इस दलील के साथ लौट आया,

"हमारी कमेटी का यह ध्येय है कि आम लोगों के लिये आम साहित्य प्रकाशित करें।"[2]

कांग्रेस की सौंवी वर्षगांठ पर छपी किताब *100 ग्लोरियस इयर्सः इण्डियन नेशनल कांग्रेस 1885–1985* की भूमिका में भी शिशिर बोस नेताजी से जुड़ा कोई जलवा नहीं बिखेर पाये।

सो, कामथ और गुहा ने जो किया वह ठीक किया। मेरे मित्र चन्द्रचूड़ घोष से एक बार एक विदेशी फिल्म निर्माता ने पूछा कि हम नेताजी की 'मृत्यु' पर बात भला क्यों कर रहे हैं; जबकि उनका जीवन कहीं ज़्यादा आकर्षक था। चन्द्रचूड़ www.subhaschandrabose.org नामक वेबसाइट अपने खर्चे पर चलाते हैं। इस बात के उत्तर में उन्होंने कहाः "यह ऐसा ही कहने जैसा होगा कि मैं अपने पिता से प्यार तो करता हूं; पर उनकी मौत से मुझे कोई सरोकार नहीं।" यदि आपका दिल उनके साथ है; तो भला उनकी रहस्यमय मौत की आपको भला चिंता न होगी? हां, अगर आप कांग्रेसी हैं तो आपको कोई फर्क नहीं पड़ने वाला—भले ही उनकी मृत्यु ताईवान में हुयी हो या फिर रुस में या अपने फैज़ाबाद में।

नेताजी के हर चाहने वाले का यह कर्तव्य है कि वह आने वाली पीढ़ी के लिये उनकी यादों को संभाल कर रखें। आज विदेशी जीवनी लेखक और उनके पूर्व प्रतिद्वन्द्वी भी इस बात को मानते हैं कि वह एक अग्रणी स्वतंत्रता सेनानी थे—उनके बिना शायद सन् 1947

में भारत आज़ाद होता ही नहीं। जनमानस के लिये वह गांधीतुल्य ही हैं। *ट्रांसफर ऑफ पॉवर* के दस्तावेज़ों में यह साफ झलकता है कि नेताजी और आई0एन0ए0 के झटकों से अंग्रेज़ खासे घबराये हुये थे।

फरवरी 1946 में ब्रिटिश प्रधानमंत्री क्लेमेन्ट एटली को वहां के कुछ सांसदों ने आगाह किया कि भारतीय चाहते थे कि अंग्रेज़ भारत छोड़ दें।

> इस आम जनमत प्राप्ति के दो ही रास्ते थे। 1) हम खुद चले जायें, 2) हम निकाले जाने का इंतज़ार करें। जहां तक 2) का सवाल है, हम हिन्दुस्तानी सेना का भरोसा नहीं कर सकते। कांग्रेस के प्रोत्साहन से आई0एन0ए0 सैनिक राष्ट्रीय नायक बन चुके हैं।[3]

यहां पर कुछ ऐसी बातें बताना ज़रुरी हैं जो कांग्रेसियों और उनके चाहने वालों की फैलायी भ्रांतियों के ठीक उलट हैं। जनवरी 2006 में केंद्रिय मंत्री पी0आर0 दासमुंशी ने लिखा था, "भले ही पण्डित नेहरु के सुभाष से राजनैतिक मतभेद रहे हों...पर वह आई0एन0ए0 की एतिहासिक सफलता के कायल रहे थे और उसकी गरिमा की रक्षा के लिये आगे बढ़ कर आये थे...रेड फोर्ट ट्रायल में वह एक वकील थे।"[4]

इन्हीं के कैबिनेट साथी शिवराज पाटिल ने मुखर्जी आयोग की रिपोर्ट को न मानने पर नेहरु का बचाव करते हुये कहा, "कि काले कोट और गाउन में, वह खुद लाल किले ट्रायल गये" ताकि आइ0एन0ए0 के सिपाहियों को बचा सकें। यह बात है अगस्त 2006 की।

लेकिन ऐसा हुआ नहीं था। *ट्रांस्फर ऑफ पॉवर* दस्तावेज़ हमें दिखाते हैं कि कांग्रेस आलाकमान ने आइ0एन0ए0 को सहयोग और प्रोत्साहन इसलिये दिया ताकि वह सन् 1946 के प्रादेशिक चुनाव जीत सकें और अंग्रेज़ों ने कांग्रेस की इस पलटी हुयी नीति के पीछे छिपा स्वार्थ भांप लिया। ब्रिटिश–भारतीय सेना के कमांडर इन चीफ जनरल क्लॉड आशिनलॅक ने विसकाउण्ट पेवैल को 24 नवंबर 1945 को लिखे पत्र में कहा कि, "वर्तमान आइ0एन0 ट्रायल न केवल पूरी भारतीय जनता को परेशान कर रहे हैं, बल्कि कांग्रेस को भी एक चुनावी मुद्दा मिल गया है।"[5] 19 नवंबर 1945 को वेवैल को सर एम0 हैलेट ने भी सूचित किया, कि "इस मुद्दे के प्रचार ने राजनैतिक दलों, खासकर कांग्रेस, के चुनावी प्रचार को सशक्त किया है।"[6]

पर *ट्रांस्फर ऑफ पॉवर*, वॉल्यूम 5 की सबसे महत्वपूर्ण रिपोर्ट ब्रिगेडियर टी0डब्ल्यू बॉयस की थी। वह मिलिट्री इन्टेलिजेंस के कर्त्ता–धर्त्ता थे। कांग्रेस की योजना को बेहतर समझने के लिये उन्होंने अपने एक प्यादे कप्तान हरी बधवार को इस्तेमाल किया। बधवार ने पहले आइ0एन0ए0 में काम किया और फिर उन्हें ही धोखा देकर, रेड फोर्ट ट्रायल में उनके खिलाफ बयान दिये। शर्म की बात है कि यह बधवार आज़ाद भारत में जनरल बनकर ठाठ की ज़िन्दगी गुज़ारते रहे।

बधवार ने पता लगाया कि कांग्रेस नेताओं की बदली हुयी नीति, सुभाष के प्रति उनके प्रेम या उनके नेतृत्व में लड़ रहे लोगों की वजह से नहीं थी। और यही बात आसफ अली ने उनसे कही। अली कांग्रेस कार्यकारिणी समिति के सदस्य थे। आइ0एन0ए0 मुद्दे पर फैसला लेने से पहले, कांग्रेस आलाकमान ने अली को लोगों की नब्ज़ पहचानने भेजा

था। भारत भ्रमण से अली ने जाना कि लोग पूरी तरह आइ0एन0ए0 के दिवाने थे और "इसी कारण से कांग्रेस अपनी नीति बदलने पर मजबूर हुयी।"

आसफ अली आज़ाद भारत के अमरीका में प्रथम भारतीय राजदूत बनकर तैनात हुये। बधवार के साथ हुयी खुली बातचीत में उन्होंने बताया कि "कांग्रेसी नेता यह बखूबी जान गये थे कि आइ0एन0ए0 के सैनिक कोई भोले–भाले लोग नहीं थे।" और इसलिये भी, नेहरु जब–तब अपने आम भाशणों में उन्हें "भटके हुये लोगों" का सम्बोधन देते थे। अली यह जानते थे कि सत्ता में आते ही "सभी आइ0एन0ए0 के समर्थकों को सेवामुक्त कर दिया जायेगा और कुछ के ट्रायल भी होंगे।"

बधवार ने अली से पूछा कि जब कांग्रेस "सच्चाई" जानती थी, तो वह आइ0एन0ए0 को प्रोत्साहित करना छोड़ क्यों नहीं देती? जवाब में अली ने कहा कि, "ऐसा करने पर उन्हें व्यापक स्तर पर आम समर्थन से हाथ धोना पड़ सकता है।" नोट के अन्त में बॉयस की टिप्पणी थी:

> दूसरे शब्दों में, आइ0एन0ए0 को समर्थन देना, एक तरीके से राजनैतिक ज़रुरत है और यह बात सब जानते हैं।[7]

हिन्दुस्तान टाईम्स में अपने कार्यकाल के दौरान मैंने इस बात के सबूत देखे। सन् 1945–46 के पुराने संस्करणों के पन्ने पलटे, तो पाया कि उस दौरान कांग्रेस ने आज़ादी पाने के लिये कुछ खास संघर्ष किया ही नहीं था। वह फासीवादी और जापानी औपनिवेशिकता की विचारधाराओं के खिलाफ थे, पर आम जनता की तरह कोई चर्चिल विरोधी विचार कांग्रेसियों में नहीं दिखा। यह तब था जब कई अंग्रेज़ खुद चर्चिल के भारत विरोध से त्रस्त थे। फरवरी 1945 में उनके, व्यक्तिगत सेक्रेटरी ने रिकॉर्ड किया, "प्रधानमंत्री ने कहा कि हिन्दू एक भ्रष्ट कौम है, जिनका अंत निश्चित है" और उनकी दिली इच्छा थी कि "बर्ट हैरिस अपने कुछ हवाईजहाज को यहां पर उन्हें खत्म करने के लिये भेजें।"[8]

हाल ही में निकली एक पुस्तक ने पुराने इल्ज़ाम को नये सबूतों से और पुख्ता कर दिया है, जिसके अनुसार बंगाल में पड़े उस भयानक सूखे को बढ़ावा देने और लाखो भारतीयों को मौत के मुंह में धकेलने वाला एक हाथ चर्चिल का भी था।

रेड फोर्ट ट्रायल ने आम जनता में वह सरगर्मी जगाई कि *हिन्दुस्तान टाईम्स* को बड़ी–बड़ी हेडलाईनों के साथ इन्हें दुनिया के सामने लाना पड़ा—जबकि उस वक्त यह अख़बार कांग्रेस का भोंपू हुआ करता था। पर यह कहना भी गलत होगा कि सारे कांग्रेसी नेता सुभाष के खिलाफ थे और इस चाल का हिस्सा थे। के0एम0 मुंशी ने लिखा कि भुलाभाई देसाई ने उन्हें बताया कि, "सुभाष के कार्यक्रम, योजनाओं और उपलब्धियों को जानने के बाद मेरा उनके प्रति रवैया बिल्कुल बदल गया है।"[9]

पर कांग्रेस आलाकमान द्वारा सुभाष और आइ0एन0ए0 पर दोहरी धार और खिलाफत सन् 1947 से पहले उनके दिये कई बयानों में सामने आ चुकी थी। अभी यह घाव सूखे भी नहीं थे, कि सुभाष के भतीजे द्विजेन्द्रनाथ बोस खोसला आयोग के सामने थे। उनके रुष्ट और भावुक बयानों से बोस परिवार और समर्थकों में फैली निराशा और क्रोध अब सामने आ गया।

उन्होंने “नेताजी के प्रति नेहरु की बदले की भावना” का जिक्र किया और 19 दिसम्बर 1945 में छपा एक पर्चा दिखा या जो उन के चाचा शरत् बोस के निर्देश पर निकाला गया था। शरत् नेहरु द्वारा सुभाष पर उंगली उठाने से तंग आ चुके थे।

“नेहरु 21 दिसंबर को कोलकाता के शारदानंद पार्क में एक जनसभा को सम्बोधित करने वाले थे, लिहाज़ा शरत् बोस ने मुझसे दो–तीन व्यक्तियों को साथ लाने के लिये कहा। उन्होंने मुझे अलग–अलग जगह पर पण्डितजी द्वारा नेताजी के बारे में कही गयी बातों की प्रकाशित टुकड़ियां दिखाईं और मुझसे इस परचे को लिखने में मदद मांगी। इस परचे में पण्डित जी से पूछे गये चंद सवाल थे।

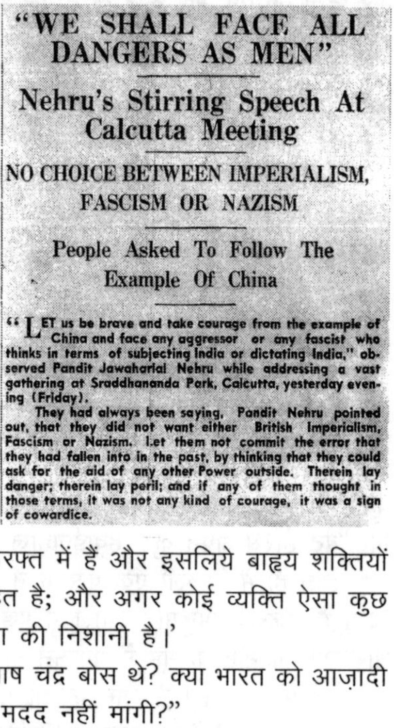

“WE SHALL FACE ALL DANGERS AS MEN”

Nehru's Stirring Speech At Calcutta Meeting

NO CHOICE BETWEEN IMPERIALISM, FASCISM OR NAZISM

People Asked To Follow The Example Of China

"LET us be brave and take courage from the example of China and face any aggressor or any fascist who thinks in terms of subjecting India or dictating India," observed Pandit Jawaharlal Nehru while addressing a vast gathering at Sraddhananda Park, Calcutta, yesterday evening (Friday).

They had always been saying, Pandit Nehru pointed out, that they did not want either British Imperialism, Fascism or Nazism. Let them not commit the error that they had fallen into in the past, by thinking that they could ask for the aid of any other Power outside. Therein lay danger; therein lay peril; and if any of them thought in those terms, it was not any kind of courage, it was a sign of cowardice.

इसके बाद जी0डी0 खोसला के लिये द्विजेन ने परचा पढ़ा। इसका पहला अनुच्छेद सन् 1942 की *हिन्दुस्तान स्टैण्डर्ड* की एक रिपोर्ट से सम्बन्धित था; जो मुझे मेरे दोस्तों अभिषेक सिंह और सौरभ गरई ने खोज कर दी। मैं द्विजेन के विवरण की पुष्टि करना चाहता था।

द्विजेन ने पढ़ना जारी रखा:

“कोलकाता में 21 और 22 दिसंबर को पण्डित जवाहरलाल नेहरु जिस जनसभा को सम्बोधित करने वाले हैं; उसमें कुछ प्रश्नों के जवाब देना पसंद करेंगे? 21 फरवरी 1942 में शारदानंद पार्क, कोलकाता में एक जन–संबोधन के दौरान आपने कहा था:

‘उसे यह सोचने भर की गलती भी मत करने दो कि हम एक बार फिर इतिहास की गिरफ्त में हैं और इसलिये बाह्य शक्तियों की मदद मांग सकते हैं। सारा खतरा वहीं निहित है; और अगर कोई व्यक्ति ऐसा कुछ सोचता भी है...तो यह बहादुरी की नहीं, कायरता की निशानी है।’

आप किसकी बात कर रहे थे? क्या वह सुभाष चंद्र बोस थे? क्या भारत को आज़ादी दिलवाने के लिये आपने खुद चीनी व अमरीकी मदद नहीं मांगी?”

परचे का दूसरा प्रश्न था:

“12 अप्रैल 1942 नई दिल्ली में एक प्रेस कांफ्रेन्स के दौरान आपने कहा:

‘यह सोचना कि एक दासता से मुक्त होने के लिये हम किसी बाहरी शक्ति का प्रयोग करके भी हमेशा के लिये मुक्त रह सकते हैं, दरअसल गलत है। यह गुलाम मानसिकता को दर्शाता है...आज़ाद लोग इस तरह नहीं सोचते।’

तो कौन था इस गुलाम मानसिकता का शिकार? क्या आपका व्यवहार, इस व्यक्ति के प्रति, तब से लेकर आज तक बदला है?”

“तीसरा प्रश्न: इसी कांफ्रेन्स के दौरान आपने ‘मरते दम तक सुभाष बोस से लड़ने’ की बात कही थी। आप उनसे कैसे लड़ेंगे? क्या यह लड़ाई अंग्रेज़ी हुकूमत के साथ

मिलकर होगी?

अप्रैल 1942 से अगस्त 1945 के बीच दिये गये कई जन संबोधनों में आपने कहा कि सुभाष बोस व उनकी आज़ाद हिंद फौज 'राह भटकी थी'; 'अपने तरीकों में गलत थी', इत्यादि। क्या आज भी आप नेताजी और आज़ाद हिंद फौज के बारे में ऐसा ही सोचते हैं?

जुलाई–अगस्त 1945 में, दिल्ली में एक अमरीकी पत्रकार को जवाब देते हुये आपने कहा, 'सुभाष बोस ने कांग्रेस पर वार करने के लिये ही फारवर्ड ब्लॉक का गठन किया।' क्या आप हमें बतायेंगे कि सुभाष बोस और फारवर्ड ब्लॉक ने कब और कैसे कांग्रेस पर वार किये? क्या फॉरवर्ड ब्लॉक हमेशा कांग्रेस के भीतर एक लेफ्ट विंग की तरह नहीं रहा? क्या सन् 1939 में ब्रिटिश सरकार को छः माह की चेतावनी देने की यह वही सलाह नहीं थी जो नेताजी ने दी थी और जिसे सन् 1942 में गांधीजी ने 'भारत छोड़ो प्रस्ताव' में शामिल भी किया था?

अप्रैल 1942 में आपने क्रिप्स के ऑफर को ठुकराया और भारत को जापानी हमले से बचाने के लिए ब्रिटिश लोगों की सहायता करने से मना कर दिया। जून–जुलाई 1945 में आपने लार्ड वेवेल की पहली शर्त मानी कि शासकीय सभा जापान से तब तक पूरी शक्ति लगा कर लड़ेगी जब तक वह पूरी तरह हार न जाये। तो ऐसा क्या परिवर्तन हुआ, जिसके चलते आपने यह शर्त मानी?"[10]

पण्डित जी को मानने वाले इस तरह के वार से सदमे में चले गए। एक वकील ने द्विजेन्द्र को याद दिलाया कि आई0एन0ए0 के सैनिकों को लाल किले के ट्रायल के दौरान बचाने वाले नेहरु ही थे। पर इस बात से द्विजेन्द्र को कोई फर्क नहीं पड़ा। उनके अनुसार यह "सहायता" दरअसल "चुनावी चाल" थी।

> यह परचा तब बना जब नेहरु दुनिया को दिखाने वाला 'अन्य' चोला ओढ़ चुके थे। 'नामावली' का अर्थ समझते हैं? इसका अर्थ है 'हरे कृष्णा हरे रामा' जो इस पर छपा होता है, और इसे ब्राह्मण पहनते हैं। इसलिये, पण्डितजी ने आई0एन0ए0 की नामावली पहन ली, ताकि चुनावी नैया पार लगा सकें।[11]

द्विजेन्द्र ने कांग्रेसी नेताओं पर अंग्रेज़ों के सामने "नाक रगड़ने" का आरोप लगाया और साथ ही भारत छोड़ो आंदोलन से उस वक्त पल्ला झाड़ने का इल्ज़ाम लगाया जब आंदोलन हिंसक हो चुका था।[12] उन्होंने ताना मारा, "यह हमारा आंदोलन नहीं... यह तो हिंसा हो रही है... आपने तो हमें आंदोलन शुरु होने से पहले ही जेल में ठूंस दिया था।"

दलील तार्किक थी। अगस्त में शुरु हुआ भारत छोड़ो आंदोलन केवल तीन हफ्तों में ही दबा दिया गया था। यह बात खुशवन्त सिंह ने सन् 2005 में लिखी और सब जानते हैं कि वह नेताजी को कुछ खास पसंद नहीं करते थे। जयप्रकाश नारायण ने कहा था कि "अगस्त काण्ड का दारोमदार गांधी जी पर थोप देना, सबसे बड़ा झूठ है।"[13]

आगे भी खुशवंत सिंह ने लिखा, "अंग्रेज़ों को भारत से भगाया नहीं गया; उनके लिये यहां का शासन चला पाना मुश्किल होता जा रहा था—और इसलिये वह खुद छोड़ कर गये।"[14]

भारतवासी आज भी इस बात को नहीं मानेंगे कि आई0एन0ए0 की असफल सैन्य

कार्रवाई उन प्रमुख कारणों में से थी, जिसके कारण अंग्रेज़ों ने भारत छोड़ा। भारत छोड़ो आंदोलन का उनके भारत छोड़ने के निर्णय से ज्यादा लेना–देना नहीं था। अंग्रेज़ों के लिये नेताजी आंख की किरकिरी थ—बाकी कांग्रेसी नेताओं से मानो उनकी दांत काटी दोस्ती ही समझिये। भारत मानो एक बारुद के ढेर पर बैठा था। *ट्रांस्फर ऑफ पॉवर* में वायसरॉय वेवेल को प्रेषित यूनाइटेड प्राविंस से मिला नवम्बर 1945 का एक ख़त है जिसमें लिखा है किः "हाथ से लिखे लीफलेट प्राप्त हुये हैं जो कहते हैं कि अगर आई0एन0ए0 का एक भी सैनिक मारा गया तो अंग्रेज़ों को भी नहीं छोड़ा जायेगा...यह बात भले ही इतनी बड़ी न हो, पर हवा के रुख को दिखाती है!"[15]

12 फरवरी 1946 को सैना प्रमुख क्लॉड ऑकिनलेक ने अपने साथियों को एक "बेहद व्यक्तिगत व गोपनीय पत्र" के हवाले से समझाया कि भला क्यों सेना ने बागी आई0एन0ए0 सैनिकों को छोड़ दिया थाः

> सारे सबूतों और भारतीय लोगों की वर्तमान विचारधारा को समझते हुये, मुझे यकीन है कि केवल 'राजा के खिलाफ विद्रोह' करने की बिना पर किसी को सज़ा दे देना भयावह हो सकता था...देश हिंसक हो सकता था और सेना में रोष और असन्तुष्टि की भावनायें फैल सकतीं थीं...खासकर सेना में काम कर रहे पढ़े–लिखे भारतीय अफसरों में यह खासा संभव था।[16]

इस बात के करीब तीस साल बाद ले0 जनरल एस0के0 सिन्हा *स्टेट्समैन* के एक लेख के जरिये अंदर की बातें बाहर लाये...हर लफ्ज़ पर ध्यान दिया जाना चाहिये। ले0 कर्नल मॉनेकशॉ और मेजर याहिया खान के साथी रहे जम्मू–कश्मीर के पूर्व राज्यपाल सिन्हा उन कुछ बेहद सीमित लोगों में से थे जिन्हें ब्रिटिश डायरेक्टरेट ऑफ मिलिट्री ऑपरेशंस में नियुक्ति प्राप्त हुयी थी।

"आई0एन0ए0 का असर युद्ध के दौरान से कहीं ज़्यादा युद्ध के बाद दिखा।" सिन्हा के मुताबिक "सेना में आई0एन0ए0 के प्रति बहुत सहानुभूति थी...करीब 90 प्रतिशत सैन्य अफसर सेना के साथ थे।"

"सन् 1946 में मुझे एक बेहद रोचक दस्तावेज़ मिला...यह मिलिट्री इण्टेलिजेंस के निदेशक द्वारा लिखा हुआ एक वर्गीकृत दस्तावेज़ था, जिस पर यह शब्द अंकित थेः 'टॉप सीक्रेटः नॉट फॉर इण्डियन आइज़'।"

> इसमें आई0एन0ए0 की बात की गयी थी;...मुम्बई व जबलपुर में हुये विद्रोह काण्डों की भी बात थी, साथ ही गोरे देशों पर जापानी जीत के कारण भारतीयों के हारे हुये मनोबल की बात भी की गयी थी। निष्कर्ष यह था कि अब भारतीय सेना पर अंग्रेज़ी शासन का वफादार होने का भरोसा करना सही नहीं था।[17]

नेताजी और आई0एन0ए0 के बारे में भारतीय नेतृत्व की कसौटी थी—सन् 1947 के बाद देश का उनका उनके प्रति अहसानमंद होना। लेकिन उलटे उनको भुला दिया गया। नेहरु के 15 अगस्त के भाषण में उस व्यक्ति के बारे में एक शब्द नहीं बोला गया, जिसके बिना शायद सन् 1947 में यह सुनहरा दिन भारत को कभी नसीब ही नहीं होता।

28 अगस्त को भारत की संविधान सभा ने संसद भवन में महात्मा गांधी की तस्वीर लगाने का अनुमोदन किया। एच0वी0 कामथ ने इसी के साथ बाल गंगाधर तिलक और नेताजी की तस्वीरों को भी लगाने की बात कही, तो राजेन्द्र प्रसाद ने उनकी बात को अनसुना कर दिया। उसी साल आई0 बी0 ने आई0एन0ए0 के सैनिकों को सरकारी नौकरी में लाने के उद्देश्य से एक रिपोर्ट दी। नेताजी के करीबी रहे कुछ साथी सरकारी सेवा में आ गये—उनको सरकारी नौकर बना लेने के पीछे एक कारण यह भी था कि वह दोबारा एकजुट न हो सकें। आई0एन0ए0 के एक भूतपूर्व सदस्य ने मुझे बताया कि बाकियो से "आवारा कुत्तों" जैसा व्यवहार किया गया। भारतीय सेना ने सीना ठोंक कर आई0एन0ए0 के युद्धघोष "जय हिन्द" को अपना लिया था; फिर भी सेना में किसी ने कभी भी न नेताजी का नाम लिया और न ही आई0एन0ए0 का।

नेताजी के बाद आई0एन0ए0 प्रमुख रहे मेजर जनरल मोहम्मद जमा कियानी ने अपने एक संस्मरण (जो पाकिस्तान में प्रकाशित हुयी) में भारत सरकार के रवैये पर खासी आपत्ति जतायी। उनके मुताबिक पण्डित नेहरु ने एक बार भरी संसद में आई0एन0ए0 द्वारा भारतीय जमीन को दिलाई आज़ादी को "कब्ज़े" की संज्ञा दी थी। उन्होंने माना कि नेहरु "अपने मृत प्रतिद्वंद्वी की ऐतिहासिक भूमिका" को नगण्य दिखाना चाह रहे थे।[18]

रेडियो पर गांधी–नेहरु की तारीफों के पुल बांधे जाते; नेताजी के अपने जन्मदिन पर रेडियो पर कोई कार्यक्रम आता भी, तो महज़ चंद सेकन्ड्स के लिये। वरिष्ठ इतिहासकार डॉ0 आर0सी0 मजूमदार को भारत का आधिकारिक इतिहास लिखने का मौका सिर्फ इसलिये नहीं दिया गया क्योंकि उनके अनुसार नेताजी ने भारत की आज़ादी में एक महत्त्वपूर्ण भूमिका निभाई थी—यह बात सरकार के गले कैसे उतरती?

"राजसी इतिहासकारो" के हाथ जाकर भारत का इतिहास एक निषेधक इतिहास बन कर रह गया। सन् 1984 में सरकार की मदद से बनी *गांधी* फिल्म ने ऑस्कर अवार्ड जीते। हैरानी की बात है कि इस पूरी फिल्म में एक भी दृश्य नेताजी पर नहीं दिखाया जाता। *इण्डियन एक्सप्रेस* के सम्पादकीय में सन् 1997 में छपा:

> बीते सालों को देखें तो नेताजी का सारा योगदान दो पंक्तियों में सिमट कर रह गया है: "तुम मुझे खून दो, मैं तुम्हें आज़ादी दूंगा।" और "चलो दिल्ली।" महात्मा गांधी और पण्डित नेहरु की छवियों के साथ नेताजी को जब भी सोचा जाता, वह हाशिये पर ही टिके नज़र आते।[19]

ये सारी बातें याद दिलाना इसलिये ज़रुरी हैं क्योंकि हम जानते हैं कि देश की स्वतंत्रता में नेताजी का योगदान महात्मा गांधी के बराबर था। और ऐसे महामानव कि रहस्यमी मृत्यु के लिये कही जा रही बातें, जैसे "अब आगे बढ़ना चाहिये"; "इस बात पर पैसे क्यों बर्बाद करना"; "और कितना वक्त बर्बाद करेंगे हम" केवल उपेक्षा के योग्य हैं।

पैसे की बर्बादी की ही बात करें; तो क्या भारत में पैसे बचाने के अन्य तरीके नहीं हैं? दिल्ली में ही करोड़ों–अरबों की ज़मीनें मृत नेताओं के स्मारको के नाम कर दी गयी हैं। यह तब; जबकि हिन्दू धर्म में ऐसा कोई चलन नहीं। शायद वह मृत आत्मायें भी तब अधिक प्रसन्न होतीं, यदि यह पैसा गरीबों के लिये इस्तेमाल किया जाता।

गुजरात में गांधी जी के शराबबंदी के ख़्वाब पर हर साल अरबो रुपयो का घाटा होता है। न तो यह कारगर है—न होगा। भारत में शराबबंदी कभी लागू नहीं की जा सकती। और फिर, जब चौदहवीं सदी में अलाउद्दीन खिलजी जैसा तानाशाह यह काम नहीं कर पाया, तो फिर गुजरात सरकार की बात ही क्या? और तो और गांधी जी ने तो अहिंसा पर जोर दिया था; तो फिर हम हर साल गणतंत्र दिवस की परेड में करोंड़ों रुपये भला क्यों खर्च करते हैं—अपनी सैन्य शक्ति का प्रदर्शन अहिंसा का प्रतीक तो नहीं। तो क्या हम इस बात के लिये भी तैयार हैं?

नेताजी के रहस्य पर खर्च हो रहे पैसों की चिंता कर रहे लोग पैसे की बर्बादी से कोई सरोकार नहीं रखते। कुछ वक्त पहले संसदीय सदस्य और बाद में मनमोहन मंत्रीमडंल की सदस्या डॉ0 दग्गुबत्ती पुरण्डेश्वरी (जो अब भाजपा में हैं) ने मुखर्जी आयोग की विदेश यात्राओं पर खर्च होने वाले पैसे का ब्यौरा मांगा तो यू0पी0ए0 सरकार सारे विवरण के साथ तैयार थी। ब्रिटेन—3,13,760 रुपये, जापान—4,39,635 रुपये, ताईवान—1,47,288 रुपये, रुस—2,01,761 रुपये। कुछ लोगों का बेशक यह मानना होगा, कि जिस देश में भुखमरी और उधार के बोझ से दबे किसान रोजमर्रा आत्महत्या करते हों, उस स्थिति में करीब ग्यारह लाख रुपया वाकई बहुमूल्य है। पर क्या ऐसा ही है? आम हालात में सरेआम इतना रुपया यूं ही लुटाया जाता है। डॉ0 पुरण्डेश्वरी ने आज तक न तो इस देश में होने वाले घोटालों के बारे में एक भी शब्द कहा; न ही स्वामी रामदेव की देश के बाहर जमा हुये कालेधन को लौटा लेने की मुहीम का समर्थन।

मैं दिल्ली में रहता हूं, और अगर आप रात के वक्त इस शहर का चक्कर लगायें तो जाने कितने ही लोग आपको सड़कों पर सोते हुये मिलेंगे। ऐसी स्थितियों में सन् 2011 में हुये कॉमनवेल्थ गेम्स के लिये सड़कों को विदेशी बल्बो की रोशनी से जगमग कर देना क्या अपराध नहीं? क्या उस वक्त किसी ने यह कहना सही नहीं समझा कि इस पैसे को गरीबों के लिए घर बनवाने में इस्तेमाल किया जा सकता था? और क्या आप इससे जुड़े घोटाले की कीमत जानना चाहेंगे 46.02 करोड़ रुपये! यहां राजनैतिक रैलियों में जितने रुपये समौसे–कचोड़ी बांटने पर खर्च किये जाते हैं, जस्टिस मुखर्जी इससे कम खर्च पर ही अपनी यात्राओं पर आते–जाते रहे थे।

खैर, पैसों की बात करना मुख्य मुद्दे से भटकना है। कचहरी में दायर छोटे–मोटे मुकदमों में न जाने कितने पैसे खर्च हो जाते हैं। पर इसका यह मतलब तो बिल्कुल नहीं कि हम अपने रास्ते पर चलना ही छोड़ दें। इंसाफ तो चाहिये ही, और न जाने कितनी बार चुकायी गयी कीमतों का आंकलन तक नहीं होता। न जाने आम लोगों की हत्याओं की पड़ताल में पुलिस, जांच एजेन्सियों, फॉरेन्सिक प्रयोगशालाओं और कचहरियों में कितना सारा पैसा खर्च किया जाता है। तो क्या इन पड़तालों को बदं कर देना चाहिए? क्या किसी ने यह दलील दी है कि यह पड़ताल इसलिये नहीं होनी चाहिये कि मरने वाला तो अब वापस आने से रहा?!

नेताजी के रहस्य पर नकारात्मक रवैया ही इसे सुलझाने में सबसे बड़ी अड़चन है। 1950 और 1960 के दशकों में भी यह मामला आसानी से सुलझ जाता यदि इसी सोच

ने सबको नाकारा न बनाया होता। सन् 1965 में डॉ0 सत्यनारायण सिन्हा ने बार–बार पूछे जा रहे प्रश्न—"नेताजी हमारे पास लौटने वाले तो हैं नहीं; तो फिर इस कवायद का क्या फायदा?"—के उत्तर में कहा:

> शायद उस व्यक्ति से ज़्यादा दीनहीन कोई नहीं; जिसे अपने स्वार्थ के अलावा पूरे ब्रह्माण्ड में कुछ और दिखाई नहीं देता।

मैं डॉ0 सिन्हा की हर सोच से सहमत नहीं हूँ; पर इस विचार से मैं सहमत हूं। उन्होंने आगे कहा,

> ऐसे विचार नेताजी के साथ धोखे के बराबर हैं...आने वाली पीढ़ियां हमें कभी इस आपराधिक लापरवाही के लिये माफ नहीं करेंगी, जो हमने इतने बड़े राष्ट्रीय नायक के प्रति बरतीं हैं।[20]

सिन्हा को यह लिखे बहुत साल बीत गये हैं। पर क्या हम आमतौर पर भी हर अनसुलझे मामले को हमेशा दबा ही देते हैं? अक्टूबर 2010 को द *टाइम्स ऑफ इण्डिया* में प्रकाशित एक खबर के मुताबिक करीब "40 वर्ष बाद" एक पूर्व आई0जी0 के एक नक्सलवादी को नकली मुठभेड़ में मारने की बात सामने आयी। इस केस में एक महत्त्वपूर्ण मोड़ उस वक्त आया जब पूर्व आई0जी0 ने यह माना कि करीब 28 साल पहले तत्कालीन डी0आई0जी0 के कहने पर उन्होंने उस नक्सलवादी को मारा था। इसके बाद "मानवाधिकार कार्यकर्ताओं ने इस केस को दोबारा खोलने पर ज़ोर दिया...इस पर एक सी0बी0आई0 जांच की भी मांग की।"[21]

आउटलुक इण्डिया डॉट कॉम ने न्यायाधीश के फैसले को प्रकाशित किया:

> सच ज़्यादा समय के लिये छिपाया नहीं जा सकता। यह सच, जो इतने वक्त तक नीचे दबा हुआ था, आज बाहर आ ही गया। सत्यमेव जयते... पुलिस हिरासत में हत्या का अपराध, चाहे आतंकवादी का हो या नक्सलवादी का—वक्त के साथ मिटाया नहीं जा सकता...इसे हमारे समाज में उचित नहीं ठहराया जा सकता।"[22]

फिर भला नेताजी के मसले के भावनात्मक मूल्य को देखते हुये इसे इतनी आसानी से कैसे भुलाया जा सकता है? अमरीका आज तक वियतनाम और कोरिया युद्धों में गुमशुदा सैनिकों को तलाश रहा है। 1940 के दशक में भारतीय हिमालय की तरफ से गायब हुये लोगों के बारे में खास चर्चा करने ही सन् 2004 में पेंटागन से नई दिल्ली एक वरिष्ठ अफसर आये थे।[23] सन् 2002 में करीब 14 लोगों के अमरीकी सेन्ट्रल आइडेंटिफिकेशन लैब के एक खोजी दल ने उन चार अमरीकी लोगों की अस्थियां ढूंढ़ निकालीं जिनका "सी–46 ट्रांसपोर्ट विमान चीन के तिब्बती हिमालय में मार्च 1944 में दुर्घटनाग्रस्त हो गया था।"[24]

कई शोधकर्ताओं ने यह भी पता लगाने की कोशिश की है कि नेपोलियन की मृत्यु ज़हर से हुयी या नहीं—साथ ही इजिप्ट के राजाओं की मृत्यु के कारण भी जानने की कोशिश की गयी। द *टाइम्स ऑफ इण्डिया* में प्रकाशित एक लेख में मैंने पढ़ा: "3,500 साल बाद इजिप्शियन रानी की मृत्यु का राज़ खुला।"[25]

और इतना ही होने के बाद भी हमारे देश में ऐसे राजनेता, पत्रकार और इतिहासकार

हैं जो कहते हैं कि नेताजी के मुद्दे पर बात करने का कोई फायदा है ही नहीं, क्योंकि यह "बेकार" का मसला है! पर यदि आपने कभी इण्डियन कॉन्सिल फॉर हिस्टॉरिकल रिसर्च में शोध एवं कार्य के लिये उठाये हुये प्रॉजेक्ट्स को देखा हो, तो आपको लगेगा कि यह 'बेकार' कैसे? ब्रिटिश लेखक विलियम डैलिरिम्पल ने यह कहा कि "भारतीयों को लगता है कि भाषा की स्वतंत्रता पत्रकारिता के लिये ही है। पर यह केवल वर्तमान के लिये नहीं, अपितु जीवन के हर क्षण के लिये है...आपको इस लायक होना चाहिये कि आप शिवाजी के बारे में बात कर सकें और सुभाष बोस के वर्तमान में जीवित होने पर अथवा नहीं होने पर तर्क दे सकें।"[26]

नेताजी के बारे में यह विवाद इतना लम्बा खिंचने का यह अर्थ बिल्कुल नहीं है कि इसे सुलझाने की कोशिश करने वाले इसके जिम्मेदार हैं। यह उनका किया धरा है जिन्होंने तथ्यों को छिपाया है और जिन्होंने इस बात को नज़रअंदाज़ कर दिया है।

सांसारिक और आम तौर पर देखें तो नेताजी की मृत्यु के रहस्य को खोजना वैसा ही है, जैसे कि किसी आम व्यक्ति की मृत्यु के राज़ को जानना। नेताजी के बारे में जानना हमारे लिये और भी ज़रुरी है क्योंकि आज़ाद भारत की अंतरिम सरकार के प्रमुख होने की हैसियत से वह हमारे प्रथम राष्ट्रपति थे।

नेताजी रहस्य पर चल रहे कपटवाद के चलते भी इसका सुलझना बेहद ज़रुरी है। सरकारी गोपनीयता पर (अमरीकी) मोयनीहन आयोग की सन् 1997 की रिपोर्ट में जो चेतावनी दी गयी थी, वह दूरदराज देशों तक गूंजी है–"गोपनीयता से संदेह उपजते हैं...जो षड्यंत्र में पक्का विश्वास बन कर उभरते हैं।"[27]

नेताजी की मृत्यु के रहस्य के बारे में हमारे सारे सदेंह हमारे देश में व्याप्त अधिकारिक गोपनीयता की वजह से ही है। रहस्यउदघाटन करने का एक ही तरीका हैं कि हम गोपानीय फाइलों को आम कर दें।

1990 के दशक की शुरुआत में अमरीका में कुछ ऐसी ही स्थिति थी। ऑलिवर स्टोन की फिल्म *जे0एफ0के0* में यह इशारा किया गया कि सन् 1963 मे राष्ट्रपति जॉन एफ0 कैनेडी की हत्या में सी0आई0ए0 का हाथ हो सकता था। आलोचकों ने इस फिल्म की धज्जियां उड़ाईं लेकिन आम चेतना पर इसका जबरदस्त असर पड़ा।

जनता के रोष के कारण अमरीकी सरकार ने सन् 1992 में जे0 एफ0 के0 *रकॉर्ड्स* अधिनियम बनाया।

> जे0एफ0के0 केनेडी की हत्या पर सरकार द्वारा साधी पिछले 30 सालों की चुप्पी से आम जनता को लगा कि सरकार उनसे कुछ छिपा रही है। इसका समाधान था कि सरकार के पास इस हत्या से जुड़ी जो भी जानकारी थी, वह इसे आम करें।[28]

इस अधिनियम के तहत एक स्वतंत्र *असैसीनेशन रिकॉर्ड्स रिव्यू बोर्ड* का गठन हुआ ताकि सभी हत्या सम्बन्धी दस्तावेज़ आम हो सकें। इस बोर्ड की रिपोर्ट का पहला अध्याय था "गोपनीयता की समस्या और जे0एफ0के0 अधिनियम से समाधान"। एक अमरीकी अधिकारी के शब्दों में इस अध्याय की आत्मा थी, "दस्तावेज़ों को आज़ाद करो।"[29]

इसके चलते कई अमरीकी विभागों ने अपने–अपने रिकॉर्ड्स आम कर दिये। सी0आई0ए0 फाइल्स को आम करते वक्त उसके उस समय के प्रमुख रॉबर्ट गेट्स ने "भावनात्मक" अंदाज़ में कहाः

> केनेडी की एक हत्या से भी भयावह मेरे लिये और अगर कोई बात है, तो वह यह सोच है कि अमरीकी सरकार या हमारी एजेन्सी का इसमे कोई हाथ है। इस संदेह को खत्म करने के लिये मैं सी0आई0ए0 के पास रखा छोटे–से–छोटा चिट्ठा दिखाने के लिये तैयार हूं...यह उनकी याद पर मेरा कर्ज़ है।[30]

सितंबर 1998 में रिव्यू बोर्ड ने अपनी रिपोर्ट दिखाई। इसके मुख्य पृष्ठ पर अमरीकी सरकार के लिये यह संदेश थाः "राष्ट्रपति केनेडी से जुड़े सभी रिकॉर्ड्स को तुरंत आम करना होगा।"

ASSASSINATION RECORDS REVIEW BOARD

"All government records concerning the assassination of President John F. Kennedy should carry a presumption of immediate disclosure."

काश! हम भारतीय भी इन्हीं अमरीकी अथवा स्वीडश लोगों के उदाहरणों को अपना पाते। मेरे विचार से नेताजी रहस्य प्रकरण से परदा उठाने की दिशा में कुछ महत्वपूर्ण बिन्दुओं का लागू होना जरुरी हैः

1. संसद एक ऐसा प्रस्ताव पारित करे, जिसके अनुसार नेताजी को आज़ाद भारत का प्रथम राष्ट्रपति घोषित किया जाये। साथ ही जापान को भारत की सहायता के लिये धन्यवाद दिया जाये। यह सभी कपटवादों को जड़ से खत्म कर देगा—खासकर वह जो भगवनजी से उपजे हैं—कि सन् 1950 में गणतंत्र होने के बावजूद भारत कॉमनवेल्थ के जरिये अपने "मालिक" देशों के इशारों पर चलता रहा।
2. मित्र राष्ट्रों जैसे रुस, इंग्लैण्ड, अमरीका, चीन और वियतनाम की मदद ले कर संसद नेताजी के बारे में सारी जानकारी की गुहार कर सकती है। जहां तक रिश्तों के बिगड़ने का डर है; तो एक शर्त यह भी शामिल की जा सकती है कि ऐसी कोई जानकारी आपसी मित्रवत् रिश्तों पर कोई नकारात्मक प्रभाव नहीं डालेगी।
3. संसद चाहे, तो एक "सुभाष बोस एक्ट" पारित कर सकती है। क्योंकि सरकार मानती है कि उनकी मृत्यु 69 साल पहले एक हवाई दुर्घटना में हो चुकी है इसलिये, उनसे जुड़े दस्तावेजो को गोपनीय रखने की अब कोई ज़रुरत नहीं। इस अधिनियम के तहत यह जारी हो कि नेताजी की मृत्यु, जीवन अथवा उनसे जुड़े लोगों के रिकॉर्ड्स एक नियत समयावधि में राष्ट्रीय अभिलेखागार भेज दिये जायेंगे ताकि भारत की जनता, इनसे जुड़े मुद्दे पर अवगत हो सके। साथ ही गुमशुदा रिकॉर्ड्स की भी सूची बनने का प्रावधान होना चाहिये। कोई भी ऐसा व्यक्ति जो सेवानिवृत्त अथवा कामकाजी हो और अधिनियम का उल्लंघन करें—उसे कड़ी सज़ा मिलनी चाहिये।

इनमें वह अधिकारी भी शामिल होंगे जिन्होंने नेताजी से जुड़ी फाइलों/जानकारी को दबाया/जलाया है।

4. इस अधिनियम के पालन हेतु अलग तरीके से एक गुट बनना चाहिये, ताकि नेताजी की मृत्यु के हालात अथवा बाद में उनके जीवित होने की बातों की पुष्टि या खण्डन हो सके—साथ ही इस बारे में फैले षड्यंत्रों का भी सफाया हो सके।
5. ऐसा कोई भी गुट जनता की आम सहमति और भरोसे पर काम करे। कांग्रेस अथवा फॉरवर्ड ब्लॉक से जुड़ा हुआ कोई भी व्यक्ति इसका सदस्य न बनाया जाये। भूतपूर्व आई0बी0 और रॉ प्रमुख इस दल का हिस्सा बने—क्योंकि वह जानते हैं कि ऐसे मसलो को कैसे सुलझना चाहिये। इसके अतिरिक्त, सेवानिवृत्त सी0बी0आई0 निदेशक, अधिवक्ता, इतिहासकार, जन–प्रतिनिधि, पत्रकार, पूर्व गृह एवं विदेश सचिवों को इस दल का हिस्सा होना चाहिये।
6. नेताजी सम्बन्धित सभी दस्तावेज़ों को गैर–वर्गीकृत कर देना चाहिये—इसमें सारी इण्टेलिजेंस रिपोर्ट्स भी शामिल हों। सारी जानकारी आम हो जाने पर सम्बन्धित विभाग/मंत्रालय यह कह सकते हैं, कि सारी जानकारी जनता को दी जा चुकी है और कुछ भी छिपाया नहीं गया है। भगवनजी द्वारा छोड़े गये दस्तावेज़ भी राष्ट्रीय अभिलेखागार के सुपुर्द होने चाहिये।
7. जारी किये गये दस्तावेज़ों में आधिकारिक एवं व्यक्तिगत रिकॉर्ड्स दोनों ही शामिल किये जाने चाहिये। इस बात का ऐलान भी विभागाध्यक्षों और मंत्रालयों को करना चाहिये। और आखिर में स्वयं प्रधानमंत्री को इस ऐलान की पुष्टि करनी चाहिये।
8. रिकॉर्ड्स जारी होने के बाद सरकार को सभी सरकारी अधिकारियों (खासकर वह जो इण्टेलिजेंस सेवाओं में कार्यरत हों) को गैजेट ऑफ इण्डिया का हिस्सा बनाकर उन्हें 'ऑफिशियल सीक्रेट्स एक्ट' से मुक्त करने की पुष्टि करनी चाहिये, ताकि वह नेताजी से जुड़ी जानकारी बिना किसी हील–हुज्जत के साझा कर सके। यदि किसी भी समय, किसी भी कार्यरत/सेवानिवृत्त व्यक्ति के द्वारा किसी भी महत्त्वपूर्ण जानकारी के छिपाये जाने की बात सामने आती है तो उसे देश द्रोह का इल्जाम लगाकर उपयुक्त सजा दी जानी चाहिये।
9. ऊपर लिखी बातों को ध्यान में रखने के बाद, सरकार चीन, अमरीका, वियतनाम, ब्रिटेन व रुस के प्रमुखों से इस मसले पर बातचीत कर सकती है...और इसमें पारदर्शिता हो।
10. इस पूरी प्रक्रिया के हवाले से हासिल जानकारी को एक रिपोर्ट में दर्ज कर इसे चीफ जस्टिस ऑफ इण्डिया को सौंप देना चाहिये, ताकि आगे की प्रक्रिया को अंजाम दिया जा सके।

हो सकता है आप इन बिन्दुओं पर हंसें। मैं जानता हूं कि वर्तमान स्थितियों में इन पर किसी तरह का कार्यान्वयन होना नामुमकिन है। और फिर इन्हें सुझाने वाला भला मैं कौन होता हूं? पर कम से कम नेताजी को चाहने वालो को इससे यह अहसास तो होगा कि यथास्थिति बनाये रखना इस रहस्य को सुलझाने में सबसे बड़ा रोड़ा है। इसे सुलझाना है तो कुछ ना कुछ तो करना ही होगा। सो, अगर इन बिन्दुओं में से किसी एक अमल हो जाए, तो इस पुस्तक का मुख्य उद्देश्य पूरा हो जाएगा।

परिशिष्ट 1

अनसुलझा रहस्य और बोस परिवार

नेताजी के जिन परिवारीजनों को मैं जानता हूं वह अक्सर मुझसे कहते हैं, "नेताजी पूरे देश के हैं।" और इसलिये वह नेताजी के इस विवादित मसले पर ज़्यादा कुछ नहीं कहना चाहते। मैं उनकी भावनाओं की कद्र करता हूं, पर एक पुस्तक—*हिज़ मैजस्टीज़ अपोनेन्ट: सुभाष चन्द्र बोस एण्ड इण्डियाज़ स्ट्रगल अगेन्स्ट एम्पायर*—के लेखक के उस दावे पर बिना बोले रह नहीं सका जिसके मुताबिक 'यह' पुस्तक नेताजी की हवाई दुर्घटना में हुयी मृत्यु का वह "सच्चा दस्तावेज़ है, जो इस अमर नायक के बारे में उड़ रही सारी विवादित अफवाहों को शांत कर देगी।"

"सच्चा दस्तावेज़" कुछ ज़्यादा ही बड़ा दावा है—कम से कम 8,000 शब्दों की एक घिसी–पिटी कहानी के लिये। प्रोफेसर सुगाता बोस की पुस्तक का आखिरी अध्याय इस परिशिष्ट से आधा है जिसमें लगभग सत्तर साल पुराने इस विवाद का एक ईमानदार सारांश तक नहीं दिखता।

इस पुस्तक की न जाने कितनी समीक्षायें और समालोचनायें हुयी हैं। और कई समीक्षक मेरी पुस्तक कि विषय–वस्तु पर निशाना साधने से चूक नहीं रहे—कि नेताजी रहस्य गाथा मात्र एक मिथक है या फिर एक 'कॉन्सपिरेसी थ्योरी' है। बहरहाल, अभी तो इतना ही कहूंगा कि प्रोफेसर बोस की पुस्तक बिना झाग का सोडा है। मैं उनकी अंग्रेज़ी

ज्ञान पर उंगली उठाने वाला कोई नहीं। वह वाकई बहुत अच्छे वक्ता हैं, पर इस मामले में उनकी जानकारी अधुरी है।

बेचारे समीक्षकों की भी क्या गलती। चमक–दमक वाली चीज़ों की तरफ आकर्षित होना स्वाभाविक ही है...शायद मेरे साथ भी ऐसा ही होता। प्रोफेसर सुगाता हारवर्ड यूनिवर्सिटी से हैं...सुभाष के भतीजे के पुत्र हैं और कोलकाता के नेताजी रिसर्च ब्यूरो के प्रमुख हैं। लिहाजा, उनका कथन पूर्णतः गलत तो नहीं होगा!

पर क्या कोई इस बात से भी पर्दा उठायेगा कि सुगाता के माता–पिता उसी राजनैतिक दल के वफादार रहे हैं जिसने नेताजी मुद्दे को मिट्टी में मिला दिया? इस बात को कौन सामने लायेगा कि सुगाता की इस विषय पर जो भी राय है उससे नेताजी के पूरे परिवार में कोई भी सहमत नहीं। और तो और सुगाता की बहन खुद भी एक भयानक कॉन्सपिरेसी थ्योरिस्ट बनकर हमारे सामने उभरी हैं। नेताजी रिसर्च ब्यूरो नेताजी के बारे में सच उघाड़ नहीं रहा, ढक रहा है...और भारत सरकार से इसको अच्छा–खासा पैसा मिलता है।

यह ईर्ष्यालु बाण नहीं, जाने समझे तथ्य हैं, जो सुगाता बोस के नेताजी सम्बन्धित 'तथ्यों' पर हावी हैं।

नेताजी के परिवार में सुगाता बोस व उनके परिवार के अलावा भी कई अन्य सदस्य हैं। शरत् और सुभाष के 12 अन्य भाई–बहन थे। सुभाष से बड़े थे सुरेश और सुरेश के बड़े थे शरत्। सुरेश बोस के नाती डॉ0 अमित मित्रा बंगाल के वित्त मंत्री है।

शरत् और बिवाबती के आठ बच्चे थे: अशोक, अमिय, मीरा, शिशिर, गीता, रोमा, चित्रा और सुब्रत। इनमें से पहले पांच स्वर्ग सिधार चुके हैं। रोमा रे, चित्रा घोष और सुब्रत बोस कोलकाता में रहते हैं। सुब्रत लोक सभा सदस्य रहे हैं। प्रोफेसर सुगाता बोस शिशिर के बड़े लड़के हैं और अब लोक सभा सदस्य हैं।

कुल मिला कर दुनिया भर में सुभाष के करीब 50 करीबी रिश्तेदार फैले हैं। उनकी बेटी डॉ0 अनीता फॉफ जर्मनी में रहती हैं—उनकी मां एमिली सन् 1996 में चल बसीं। सुभाष के सबसे छोटे भाई शैलेश, जो काफी हद तक उनकी ही तरह दिखते थे, 80 के दशक में चल बसे। शैलेश के बेटे अरधेन्धु ने किसी समय में बॉम्बे डाइंग की मॉडलिंग की थी।

इन सबमें 98 प्रतिशत लोग सुभाष के हवाई हादसे में मारे जाने की बात से असहमत थे या हैं। प्रोफेसर सुगाता बोस ने अपनी पुस्तक में दर्शाया है कि शिशिर का परिवार नेताजी का सबसे करीबी था—जो सरासर गलत है।

इस पर यह दिखाना कि "नेताजी परिवार" भारत सरकार की राय से सहमत हैं कोई मायने नहीं रखता, जबकि, भारत सरकार की गोपनीय फाइलें इस बात से भरी हुयी हैं कि नेताजी का परिवार उनकी मृत्यु को नहीं मानता। इसलिये रेनकोजी की अस्थियों को कभी भारत नहीं लाया जा सका। ऐसा ही एक दस्तावेज़ है बंगाल के पूर्व मुख्यमंत्री बी0सी0 रॉय का अपने मित्र और प्रधानमंत्री जवाहरलाल नेहरु को लिखा सन् 1952 का एक पत्र जिसमें यह साफ है कि नेताजी का परिवार रेनकोजी मंदिर की अस्थियो को

भारत में नहीं देखना चाहता।

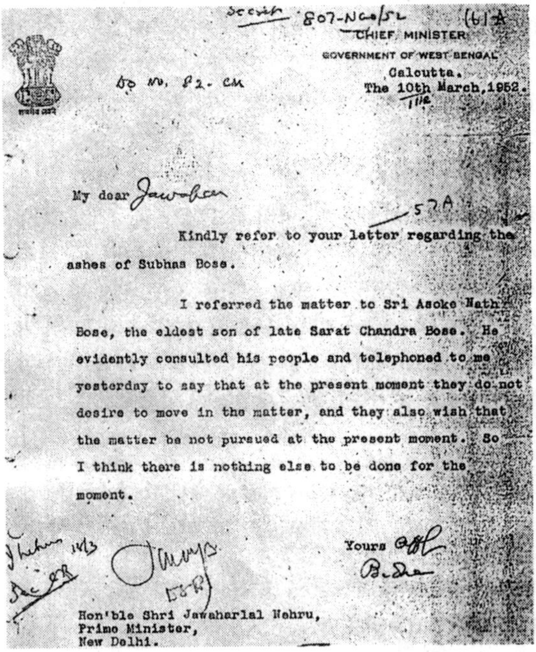

CHIEF MINISTER
GOVERNMENT OF WEST BENGAL
Calcutta.
The 10th March, 1952.

My dear Jawahar

Kindly refer to your letter regarding the ashes of Subhas Bose.

I referred the matter to Sri Asoke Nath Bose, the eldest son of late Sarat Chandra Bose. He evidently consulted his people and telephoned to me yesterday to say that at the present moment they do not desire to move in the matter, and they also wish that the matter be not pursued at the present moment. So I think there is nothing else to be done for the moment.

Yours aff.
B. C. Roy

Hon'ble Shri Jawaharlal Nehru,
Prime Minister,
New Delhi.

दूसरा दस्तावेज़ है तत्कालीन प्रधानमंत्री कार्यालय की निदेशक रहीं मीरा शंकर का। वह एक पत्र का हवाला देती हैं, जिसमें यह दर्ज है कि एमिली अस्थियो को भारत में नहीं चाहती थीं।

अपनी मृत्यु से पहले एमिली ने तत्कालीन विदेश मंत्री प्रणव मुखर्जी की उस पेशकश को बेरहमी से ठुकराया था, जिसमें मुखर्जी ने उन कागज़ों पर एमिली के हस्ताक्षर मांगे; जिनमें यह लिखा था कि सुभाष की अस्थियो रेनकोजी मंदिर में है। इस पूरी घटना का वर्णन हैमबर्ग में भारत के कांसुलेट जनरल के पास पहुंचाने वाले थे सुगाता के ही एक भाई—सूर्य कुमार बोस, जो अमिय नाथ बोस के बड़े बेटे हैं।

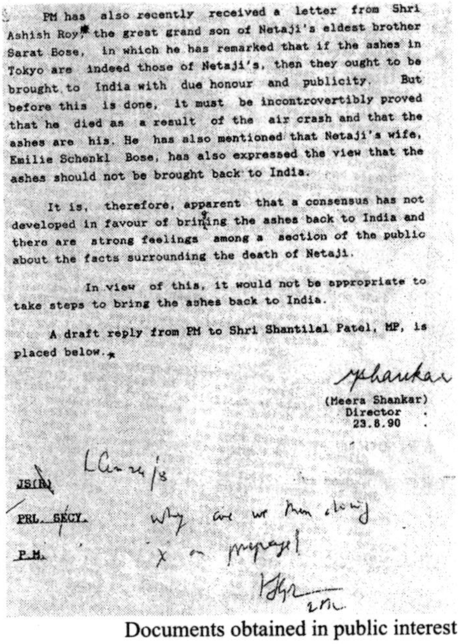

PM has also recently received a letter from Shri Ashish Roy,* the great grand son of Netaji's eldest brother Sarat Bose, in which he has remarked that if the ashes in Tokyo are indeed those of Netaji's, then they ought to be brought to India with due honour and publicity. But before this is done, it must be incontrovertibly proved that he died as a result of the air crash and that the ashes are his. He has also mentioned that Netaji's wife, Emilie Schenkl Bose, has also expressed the view that the ashes should not be brought back to India.

It is, therefore, apparent that a consensus has not developed in favour of bringing the ashes back to India and there are strong feelings among a section of the public about the facts surrounding the death of Netaji.

In view of this, it would not be appropriate to take steps to bring the ashes back to India.

A draft reply from PM to Shri Shantilal Patel, MP, is placed below.*

(Meera Shankar)
Director
23.8.90

JS(R)

PRL. SECY.

P.M.

Documents obtained in public interest

मुखर्जी की बात पर एमिली के क्रोधित होने के किस्से की सभी परिवारजन पुष्टि करते हैं। हैरानी है कि सुगाता ने अपनी पुस्तक में इस बात का कोई जिक्र किया ही नहीं। वह तो, सन् 1945 में नेताजी की तथाकथित मृत्यु की खबर पर एमिली की रेडियो प्रतिक्रिया से अपनी गाथा की शुरुआत करते हैं। बाद में अन्य पत्रों से उद्धृत करते हुये यह दिखाते हैं कि उन्हें विमान दुर्घटना की 'सच्चाई' पर विश्वास था।

ऐसा क्यों हुआ—एमिली से जुड़े तथ्य क्योंकर तोड़े–मरोड़े गये; इस बारे में मैं केवल एक अटकल भर लगा सकता हूं। शायद प्रोफेसर अपने पिता के मित्र प्रणव मुखर्जी को बेइज्जत न करना चाहते हों। यूं भी नेताजी रिसर्च ब्यूरो का काफी खर्च सरकार देती है। क्या वाकई शरत् बोस के पोते में इतनी हिम्मत होगी कि वह तथ्यों को बुरी तरह तोड़–मरोड़ कर दुनिया के सामने लायें—जबकि शरत् बोस के विचार भी दुनिया से छिपे नहीं थे! वह लिखते हैं कि उनके दादा ने अपने भाई की मौत की खबर का सामना बेहद "दुःख और बहादुरी" से किया था। इसके बाद खुद शरत ने सरेआम मीडिया से कुछ शब्द कहे जो सुगाता के लिये तो जैसे मौजूद ही नहीं थेः

> हवाई दुर्घटना की बात सामने आयी तो मैं जेल में था। जब तक वहां रहा मैं बेहद उदास रहा, यह बात मानता हूं...मेरे पास इस दुर्घटना की सत्यता या असत्यता का पता लगाने के लिये कोई जरिया नहीं था।[1]

जेल से बाहर निकलने पर शरत् बोस ने खुद इस बात की पड़ताल की। कुछ अमरीकी और यूरोपियन पत्रकारों ने उन्हें बतायाः

> मेरी मुलाकात एक महिला पत्रकार डॉ0 लिली अबेग से हुयी—जो स्विट्ज़रलैण्ड के नामी जर्नल *वेल्टवॉक* की प्रतिनिधि भी हैं। मैंने जाना कि द्वितीय विश्व युद्ध में जापान की हार के दौरान वह जापान में ही थीं। उन्होने जितने अमरीकी और अंग्रेज़ी स्त्रातों को खंगाला है, उनमें से कोई भी नेताजी की मृत्यु या उस विमान हादसे की सच्चाई पर विश्वास नहीं करता।[2]

प्रोफेसर सुगाता बोस की दलील है कि शरत् बोस फरवरी 1950 में ही चल बसे थे और तब तक इस बाबत ज़्यादा जानकारी एकत्र नहीं हो पायी थी। यह साफ झूठ है। शरत् बोस उस हादसे में बचे लोगों की तोड़ी–मरोड़ी गवाहियों को सालों बाद पढ़ भी लेते तो क्या उन्हें कुछ खास हासिल हो जाता? शरत् ने सब कुछ वहीं का वहीं सुना था—वह खुद एक नामचीन वकील थे। हम कभी अपने बड़ों से बड़े तो नहीं हो सकते—तो फिर सुगाता अपने दादा से ज़्यादा जानकार कैसे हो सकते हैं? नेताजी हादसे के सबसे महत्वपूर्ण गवाह हबीब–उर–रहमान थे। शरत् ने खुद उनसे लंबी पूछताछ की थी। और सन् 1949 तक अपनी पड़तालों को वह जगजाहिर करते रहे। क्या हारवर्ड के वैज्ञानिक मृत व्यक्तियों के दिमाग में बदलाव लाने की कोई नयी तकनीक जानते हैं?

शरत् बोस का अख़बार था द *नेशन*। इसी में उन्होंने अपने भाई के जीवित होने और

उनके चीन में होने के भरोसे को कुछ इन शब्दों में गढ़ा था:

> सन् 1945 में जेल से बाहर आने के बाद मुझे आई0एन0ए0 के कर्नल हबीब–उर–रहमान से बात करने का मौका मिला...शायद वह सब सुभाष के कहने पर ही यह कहानी दोहरा रहे थे। हबीब–उर–रहमान कमाल के व्यक्ति और एक काबिले–तारीफ अफसर थे। उनके बयान से मैं यही समझ सका कि वह नेताजी के छिपने का स्थान किसी को बताना नहीं चाहते थे—और ऐसा करने का आदेश उन्हें सुभाष ने ही दिया होगा।[3]

अपनी पुस्तक में सुगाता ने शिशिर बोस के अपनी मां को लिखे खत में से कुछ पंक्तियां ली हैं जिनमें वह उन्हें नेताजी की 'मृत्यु' पर ढांढ़स बंधा रहे हैं। सुभाष काफी वक्त तक शरत् बोस के साथ रहे थे, तो जाहिर है उनकी भाभी की सोच मायने रखती है। पता नहीं सुगाता कभी अपनी दादी से मिले भी थे या नहीं, पर वह जाने न जाने, सुब्रत बोस अपनी मां के बारे में भली–भांति जानते थे। उन्होंने ही मुझे बताया कि वह अपने अंतिम क्षणों में सुभाष से मिलना चाहती थीं।

हर पुत्र अपने पिता के बारे में बढ़–चढ़कर कहता है—सुगाता ने भी यही किया। और साथ ही उनके हवाई दुर्घटना को सच मानने वाले बयानों को इस पूरे प्रकरण का आखिरी सच बनाकर प्रस्तुत किया। उनके अनुसार शिशिर ने सारे बयान और सबूतों की पड़ताल की और एक नतीजे पर पहुंचे। यह था कि, "सारे सबूत नेताजी के इस हवाई दुर्घटना में मारे जाने की पुष्टि करते हैं।"[4]

सुभाष, अमिय और एमिली सन् 1937 में

पुस्तक में शिशिर के अन्य भाईयों, खासकर अमिय नाथ बोस, का कोई जिक्र नहीं। अमिय ने भी नेताजी की गुमशुदगी की खासी पड़ताल की थी। 1960 व 1970 के दशक में संसद सदस्य व हाई कमिश्नर रहे अमिय ने अपने सारे परिवारीजनों की तरह हादसे को सच नहीं माना। और सन् 1996 में अपनी मृत्यु तक वह ऐसा ही मानते रहे। सन् 1990 में अशोक, अमिय और सुब्रत ने मिलकर प्रधानमंत्री वी0पी0 सिंह को एक ख़त लिखा। इसमे कहा गया था:

> हम सबके सबसे छोटे चाचा स्वर्गीय शैलेष चन्द्र बोस के जीवनकाल में उनके व उनके सभी भाइयों के पुत्रों द्वारा हस्ताक्षरित एक वक्तव्य प्रेस को दिया गया, जिसके अनुसार रेनकोजी मंदिर में रखी अस्थियां नेताजी की नहीं है। इन्हें नेताजी की अस्थियां मानकरें भारत लाने की कोई भी कोशिश "महापाप" होगा।

27 जनवरी 1996 को विरोधी दल के नेता अटल बिहारी वाजपेई को लिखे अपने पत्र में, अमिय ने कहा कि शिशिर और उनके सामने ही राधा बिनोद पाल ने शरत् बोस को यह बताया था कि अमरीकी इण्टेलिजेंस वाले इस विमान हादसे को सिरे से खारिज करते हैं।

Amiya Nath Bose
Barrister

226/4A Netaji Subhas
Chandra Bose Road
Calcutta 70040
22 January 1996

Dear Sri Ataljî,

I am writing to you today about a matter which concerns not only the Bose family but the entire people of India.

In September 1946, Dr Radhabinode Pal, then a member of the Tokyo War Crimes Tribunal, informed my father in my presence as well as others including my brother Sisir Bose, that according to an American Intelligence Report, which was shown to him by the American Judge of the Tribunal, Subhas Chandra Bose did not die in any air crash, but had safely reached Manchuria in the month of August 1945. On 23 January 1947, addressing a public meeting at the Calcutta maidan, Dr Radhabinode Pal told the people of Calcutta about the contents of that American Intelligence Report.

अमिय इन बातों में स्पष्टवादी थे—शिशिर नहीं थे। शिशिर इस मामले के लिये गठित सरकारी आयोगों के सामने कभी नहीं आये। मुखर्जी आयोग के गठन के वक्त उनसे यह अपेक्षा थी कि वह और सुगाता हलफनामा दायर करें—जैसे कि अन्य बोस परिवारीजनों ने किया था। शिशिर के ऐसा न करने पर उन्हें अदालत ने बुलावा भेजा—पर उन्होंने सामने आने से इंकार कर दिया।

22 सितंबर 2000 को उन्होंने आयोग को लिखा,

> अगस्त 1945 में विश्व युद्ध की समाप्ति से लेकर, आज तक मुझे उनके बारे में या उनसे कोई सूचना नहीं मिली है। आयोग जिन मुद्दों पर बात कर रहा है, मुझे उनकी कोई व्यक्तिगत जानकारी नहीं। मैं इस मामले में उपयुक्त गवाह बनने योग्य नहीं हूं।[5]

ऐसा करने का कारण अन्य बोस जनों से छिपा नहीं था। जब से सुभाष व शरत् को कांग्रेस से निकाला गया था—पूरा परिवार लगभग कांग्रेस विरोधी बन चुका था। शिशिर बोस इकलौते थे जो कांग्रेस की उम्मीदवारी पर विधायक बने थे।

सन् 1999 में यह अफवाह भी फैली कि शिशिर बोस को आयोग में आधिकारिक नियुक्ति मिलेगी। इस पर क्रोधित डॉ0 पूरबी रॉय ने द *पायनियर* को बताया, "अगर उन्हें जांच पैनल में शामिल किया गया तो मैं अदालत जाऊंगी। वह ताईहोकू में नेताजी की मृत्यु को सच दिखाकर पैसा बना रहे हैं।"[6]

शिशिर ही नहीं, उनकी पत्नी कृष्णा बोस (जो पहले एक कांग्रेसी सांसद थीं, और बाद में भी तृणमूल कांग्रेस का हिस्सा बनीं) ने भी आयोग को लिखा कि वह "गवाह

के तौर पर उपस्थित नहीं होना चाहतीं।" उन्होंने सुप्रीम कोर्ट के जज को "सबूत" को देखने की सलाह दे डाली। आयोग ने सुगाता को बुलाया तो वह अमरीका में 'व्यस्त' पाये गये। आयोग ने उनसे प्रार्थना की कि वह एक हलफनामा भेजें जो यह दर्शाता हो कि 18 अगस्त 1945 को नेताजी की ताइपेई हवाई हादसे में "मृत्यु के सबूत उपलब्ध हैं और यह भी कि वह उस दिन के बाद कहीं नहीं देखे गये।"[7]

न ही सुगाता आये, न उनका हलफनामा। अगर वो आते तो उनका वोही हाल होता जो उनके एक पत्रकार मित्र का हुआ। सुमन चट्टोपाध्याय ने आयोग के गठन के आस–पास ही नेताजी रिसर्च ब्यूरो (एन0आर0बी0) और भारत सरकार के नजरिये को समर्थन देते हुये कई लेख लिखे। चट्टोपाध्याय एन0आर0बी0 के कोषाध्यक्ष भी थे। उन्होंने आगे बढ़कर फैसला तक सुना डालाः

"यह सोचना मूर्खता है कि एक तीसरा आयोग, पहले गठित दो आयोगों से (नेताजी की गुमशुदगी पर) कोई अलग फैसला देगा।"[8]

लोगों ने सोचा कि इतना ज्ञानी पत्रकार थोथी बात नहीं करेगा। आयोग ने उन्हें भी बुलावा भेजा, पर उनके पास आयोग के सामने जाने के लिये वक्त नहीं था। आयोग का दफ्तर भी कोलकाता में था, और चट्टोपाध्याय भी वहीं थे। 28 सितम्बर 2000 को जस्टिस मुखर्जी ने लिखा, "न तो चट्टोपाध्याय खुद आयोग के सामने आये हैं, न ही अपनी गैरहाजिरी की कोई वजह प्रस्तुत की है।"

इस बात पर कड़ी आपत्ति जताते हुये उन्होंने उनको एक बार यह कहते हुये बुलावा भेजा कि इस बार भी बिना किसी वजह के अनुपस्थिति होने पर उनके खिलाफ "उचित कार्यवाही" की जायेगी।

आखिरकार 23 नवम्बर को चट्टोपाध्याय आ ही गये और उनका कथन कुछ ऐसा रहा थाः

> मैं आयोग को सूचित करना चाहता हूं कि मैं नेताजी के लिखित कामों का अनुवाद अंग्रेज़ी से बांग्ला भाषा में कर रहा हूं, जिसका प्रकाशन *आनंद प्रकाशन* करने वाला है। मैं नेताजी रिसर्च ब्यूरो का कोषाध्यक्ष भी हूं। मैंने कई बार बाहर यात्रायें की हैं, जैसे मैं प्रधानमंत्री नरसिम्हा राव के साथ टोक्यो भी गया हूं। ऐसी हर यात्रा पर मैं रेनकोजी मंदिर भी गया हूं ताकि खुद वहां की स्थिति का जायज़ा ले सकूं।[9]

जस्टिस मुखर्जी ने उन्हें बीच में ही काटते हुये उनसे दो टूक पूछा कि क्या वह नेताजी के विमान हादसे में मारे जाने के समर्थन में कोई सबूत दे सकते है या नहीं। चट्टोपाध्याय का जवाब था,

"मैंने आपसे कहा कि मैंने काफी समय से इस मामले पर व्यक्तिगत शोध भी किया है। यह सही है कि मुझे बहुत सारे सबूत नहीं मिल पाये हैं...पर मैं फिर भी सभी दर्ज़ सबूतों को एकत्र करने की कोशिश में हूं।"[10]

"क्या आपके पास अपनी बात को साबित करने के लिये कोई ठोस सबूत है?"

"नहीं।"

इसके बाद, एक अन्य वकील ने उन्हीं के एक लेख की तरफ उनका ध्यान खींचा

और पूछाः

"आपने लिखा है कि जॉन फिग्स—जो माउन्टबैटन मुख्यालय में ब्रिटिश इण्टेलिजेंस प्रमुख थे—ने विमान दुर्घटना की पड़ताल की थी...और उनका निष्कर्ष था कि नेताजी की मृत्यु इसी क्रैश में हुयी थी। क्या आपके पास इस रिपोर्ट की कोई कॉपी है?"

"जी नहीं...मेरे पास इसकी कोई कॉपी नहीं। यह रिपोर्ट अब लंदन के इण्डिया ऑफिस लाइब्रेरी में है...और हर किसी के लिये उपलब्ध है।"

"क्या आपने इसे देखा है?"

"नहीं।"

"लेख में आपने लिखा है कि सन् 1945 में भारत सरकार ने फिने और डेविस के नेतृत्व में दो प्रतिनिधि मण्डल साइगोन और ताइपेई भेजे गये थे और इन्होंने वापस आ कर अपनी रिपोर्ट्स दी थीं। क्या आपके पास इसकी एक प्रति है?"

"नहीं। यह भारत सरकार के कार्यालय में रखी है।"

"आपने इन्हें देखा है?"

"इसका सारांश देखा है।"

"यह सारांश किसने लिखा था?"

"जीवनी लेखकों और शोधकर्ताओं ने।"[11]

वकील का सब्र जवाब दे रहा था, "तो आपने इस तरह के सबूतों पर अपने लेख आधारित किये हैं!?"

इस प्रश्न से घबराकर वह बता ही बैठे कि उनके कथनों के पीछे प्रणब मुखर्जी की दी हुयी सूचना थी।

पता नही यह बात घूम–फिर कर प्रणब मुखर्जी पर क्यों आ जाती है?

जस्टिस मुखर्जी की रिपोर्ट आम होते ही सुगाता बोस के परिवार ने उन पर चढ़ाई कर दी—और यह लड़ाई *'हिस मैंजेस्टीस अपोनेन्ट'* में भी दिखती है। मई 2006 में कृष्णा बोस और उनके बच्चों ने मीडिया के सामने मुखर्जी पर निशाना साधा।

21 मई को *इण्डियन एक्सप्रेस* में प्रोफेसर सुगाता बोस का लेख था–

"द मॉर्टल एण्ड ऑफ ए डेथलेस हीरो"—जिसके जरिये उन्होंने एक बार फिर पाठकों को बरगलाना चाहा। प्रोफेसर ने इस लेख में भी वैसा ही दावा किया था कि—"नेताजी के अंत के बारे में यहां काफी महत्वपूर्ण सबूत है।"[12]

शायद, सुप्रीम कोर्ट का एक पूर्व न्यायाधीश 'सबूत' की परिभाषा को ज्यादा बेहतर समझता। अपने लेख के अंत में सुगाता ने ज़ोरदार 'सहानुभूति का झटका' देते हुये कह डाला कि "नेताजी रहस्य को न जाने कितने ही लोग झूठे दावे करने के लिये इस्तेमाल में ला रहे हैं।"[13]

उन्होने लिखा कि "मुट्ठी भर लोगों" ने अपनी "स्वार्थसिद्धि" के लिये, सन् 1945 से चले आ रहे नेताजी की मृत्यु में अविश्वास को बखूबी भुनाया है। लेकिन शायद सुगाता भूल गये की मृत्य में अविश्वास करने वालो की सूची में सबसे पहला नाम उनके अपने दादा का था।

नीराद सी0 चौधरी—जो एक जाने–माने लेखक थे और एक वक्त में शरत् बोस के सचिव थे—ने ऑक्सफोर्ड में रहते–रहते *एशियन ऐज* से यह बात कही थी कि बोस परिवार का एक हिस्सा नेताजी को "व्यावसायिक तौर"[14] पर इस्तेमाल कर रहा था। नीराद की भतीजी की शादी शिशिर से सन् 1957 में हुयी थी। नीराद ने माना कि शिशिर इस गुट का हिस्सा थे।

28 मई 2006 को सुगाता की बहन शर्मिला का लेख "डेथ बाय वार" *द टेलीग्राफ* में छपा। वह भी झूठ फैलाने में अपने भाई से पीछे नहीं रहीं। नेताजी की मृत्यु की खबर पर शरत् बोस की प्रतिक्रिया से शुरु कर उनका कहना था कि क्योंकि शरत् बोस कभी इस हादसे में बचे लोगों की गवाहियों से जीते–जी रुबरु न हो सके, इसलिये वह "इस भयानक हादसे की सच्चाई को परखने के लिये अपने तेज़ दिमाग का इस्तेमाल नहीं कर पाये।"

अगर शर्मिला के पिता उन्हें नहीं बता सके तो वह अपने ताऊ से पूछ सकती थीं कि शरत् बोस ने कौन–कौन सी गवाहियां 'परखीं।' अमिय नाथ बोस को सारी जानकारी थी। वी0पी0 सिंह को लिखे अपने पत्र में उन्होंने लिखा था:

> अगस्त 1946 में आई0एन0ए0 के सभी आला अधिकारियों—जनरल ज़मान कियानी, कर्नल हबीब–उर–रहमान और कर्नल गुलज़ारा सिंह—हमारे साथ हमारे वुडबर्न पार्क वाले घर में रहे। हमारे पिता शरत् चन्द्र बोस ने कर्नल हबीब–उर–रहमान से विस्तार से पूछताछ की और नेताजी की मृत्यु और तथाकथित दुर्घटना पर उनके जवाबों को सिरे से खारिज कर दिया।

यह बात सच है। जो बात पूरे परिवार को पता है वह सुगाता और शर्मिला से कैसे छिपी रह गयी? शर्मिला ने आगे लिखा कि भारत के पास इन "षड्यन्त्रों पर विश्वास करने का कोई बहाना नहीं" था। उनका असली शब्द था "कॉन्सपिरैटोरियल फैन्टसीज़।" इस दलील को बेहतर समझने के लिये जब मैं इत्तेफाक़ से इंटरनेट पर बैठा, तो सीधा एक पाकिस्तानी सुरक्षा फोरम में जा पहुंचा जहां शर्मिला की तारीफों के बड़े–बड़े पुल बांधे जा रहे थे। जबकि भारत में लोग हाथ धो कर इनके पीछे पड़े थे। विस्तार से पढ़ने से समझ आया कि उन्होंने "बूचर ऑफ बांग्लादेश" (बांग्लादेश का कसाई) कहे जाने वाले एक पाकिस्तानी अफसर के बारे में कुछ अच्छी बातें कहीं थीं। साथ ही बांग्लादेश लिबरेशन वार के दौरान पाकिस्तानी सेना द्वारा किये बलात्कारों और अत्याचारों को मात्र भारत और बांग्लादेश का झूठ करार दिया था। भारत का तो पता नहीं, पर पश्चिमी देशों में—जहां शर्मिला भी रहती हैं—युद्ध अपराधों को छोटी नज़र से नहीं देखा जाता। उन्हें नकार कर माफ नहीं किया जाता।

बाद में *टाइम्स ऑफ इण्डिया* में शर्मिला बोस का इन्टरव्यू छपा। इस में उन्होंने "भारत से खुलेपन का उदाहरण" बनने की अपील की। शायद उनका अर्थ था, कि 1971 के युद्ध से जुड़े सभी रिकॉर्ड आम कर दिये जायें ताकि वह अपने षड्यंत्र सिद्धान्तों को सही साबित कर सकें। एक प्रश्न के जवाब में, उन्होंने बांग्लादेश युद्ध को "बर्बर शक्ति संघर्ष" की संज्ञा दी, जिसमें कोई भी दल (भारत समेत) "नैतिक जिम्मेदारी की बात नहीं कर सकता।" कुल मिलाकर उनकी नज़र में पाकिस्तानी नहीं, हम गलत थे। "बांग्लादेश

युद्ध में, भारत की भूमिका का पता तभी लग सकता है जब 40 साल पहले रखे रिकॉर्ड्स आम कर दिये जायें..."[15]

रिकॉर्ड्स आम किये जाने की बात अच्छी है और मैं शर्मिला की बात से सहमत हूं। बहुत से रिकॉर्ड्स आम होने चाहिये। पर आज तक उन्होंने, सुगाता, उनकी मां या उनके पिता ने नेताजी पर आधारित रिकॉर्ड्स को आम किये जाने की मांग क्यों नहीं रखी? अपनी पुस्तक में सुगाता ने इस बात की कोई दलील नहीं दी है। अजीब बात है कि अमरीका और इंग्लैण्ड जिन सम्माननीय शिक्षण संस्थाओं से ये लोग जुड़े हैं, उनका आधार ही पारदर्शिता है...और अपने ही परिवार के सदस्य के प्रति इतना दुराव और भेदभाव?

अब शायद आपको सुगाता की इस मामले को लेकर स्थिति समझ में आयेगी—और यह भी कि वह पूरे प्रकरण में केवल शाहनवाज़ कमेटी, खोसला आयोग और भारत सरकार की बोली बोलते रहे हैं।

अपनी पुस्तक के पृष्ठ सं0 306 की शुरुआत वह अय्यर के बयान से करते हैं—कि कैसे उन्हें नेताजी की मृत्यु के बारे में पता चला; टोक्यो में कैसे उन्होंने रामामूर्ति के साथ नेताजी के अवशेष लिये, वगैरह–वगैरह। जो इस मसले पर ज्यादा कुछ नहीं जानता, वह इस कहानी को अंतिम सत्य मान ही लेगा।

पर यह संतों का सत्य नहीं है—पापियों का सत्य है—इसलिये झूठ है। रामामूर्ति और अय्यर आई0एन0ए0 के ख़ज़ाने के आधिकारिक लुटेरे करार किये जा चुके हैं। ऐसे लोगों पर विश्वास जता कर, सुगाता अपने प्रति अविश्वास को बढ़ावा दे रहे हैं।

मेरा मानना है कि बोस परिवार के एक सदस्य को इस बात से खासा सरोकार होना चाहिये था, पर सुगाता और उनकी मां तो राममूर्ति और अय्यर के चाहने वालों में से थे। और इसका कारण भी था। सुगाता की पुस्तक के बारे मे जिन समीक्षकों ने यश पंक्तियां लिखीं थीं, उनमें से एक नाम था न्यूयार्क विश्वविद्यालय के प्रोफेसर अप्पादुरई का। प्रोफेसर अप्पादुरई इतिहास के शिक्षक नहीं थे—बल्कि इतिहास की उनकी जानकारी थी स्वर्गीय एस0ए0 अय्यर का पुत्र होने के कारण। हां, अय्यर एक वक्त में नेताजी के करीबी थे, पर सन् 1945 के बाद वह नेहरु भक्त हो गये थे। यह बात उन्होंने खुद खोसला आयोग के सामने स्वीकारी थी।

सुगाता के पिताजी भी नेहरु भक्त थे। पुस्तक में एक अन्य जगह पर सुगाता ने रामामूर्ति के भतीजे और जयमूर्ति के पुत्र के साथ अपने करीबी संबंधों की बात लिखी है। काश! वह उससे आई0एन0ए0 के उस 'गुमशुदा' ख़ज़ाने के बारे में पूछते, जो बाद में रामामूर्ति और जयमूर्ति की अमीरी का कारण बना।

पृष्ठ नं0 307–308 पर प्रोफेसर ने हबीब–उर–रहमान द्वारा नेताजी की मृत्यु पर दिये बयान का उल्लेख किया है। पर शाहनवाज़ कमेटी की रिपोर्ट से चीज़ें उठा कर छाप देना कौन सी बहुत बड़ी बात है? सुगाता के मुताबिक नेताजी ने रहमान को अपना आखिरी बयान अस्पताल में अपनी मृत्युशैय्या पर दिया था। पर रहमान ने जो वृत्तांत क्रैश के दो दिन बाद ताईवान में लिख कर अय्यर को सौंपा था उसके मुताबिक नेताजी की उनसे आखिरी बात विमान के मलबे के पास हुयी थी। रहमान ने खुद इस दुःखद घटना

का प्रत्येक क्षण कमेटी को बताया था—तो तथ्यों के उलटने–पुलटने का सवाल ही नहीं होता। ऐसे में सुगाता की पुस्तक विवादों को और उलझाती है।

पृष्ठ नं0 310 पर प्रोफेसर बोस कहते हैं कि नवम्बर 1945 के बाद आई0एन0ए0 के नायकों को मिले आम स्वागत से अंग्रेज़ों को झटका लगा और उन्होंने सोचा शायद नेताजी जीवित हैं। पर, फिने द्वारा की गयी एक पड़ताल से वह इस "पक्के" नतीजे पर पहुंचे कि नेताजी अब जीवित नहीं थे।

इण्टेलिजेंस ब्यूरो ने शाहनवाज़ कमेटी को जिन रिपोर्ट्स की फाईल भेजी थी उसमें बैंकॉक से भेजी गयी फिने की तीन रिपोर्ट शामिल थीं। पहली रिपोर्ट 5 अक्टूबर 1945 की थी। यह दो खबरियों की सूचनाओं पर आधारित थी। फिने के अनुसार इनमें से एक का कहना था कि नेताजी टोक्यो जा रहे थे—यह बात जनरल इसोदा ने मानी थी। पर आगे यह भी था कि नेताजी जापानियों को उन्हें मॉस्को भेजने के लिये सन् 1944 से मना रहे थे। इससे इस बात का साफ खण्डन होता है, जो प्रोफेसर और भारत सरकार दोनों कहते चले आये हैं—कि नेताजी की रुस जाने की इच्छा सन् 1945 में ही सबसे पहली बार सामने आयी थी।

रिपोर्ट के अंत में फिने लिखते हैं कि क्योंकि वह रुस जाना चाहते थे, लिहाज़ा उनके जीवित होने से इनकार नहीं किया जा सकता। मैं पहले ही सातवें अध्याय में यह बता चुका हूं कि यह रिपोर्ट ब्यूरो की बनाई फर्जी रिपोर्ट थी—ताकि 1945 में नेताजी की मृत्यु की बात की पुष्टि की जा सके। शाहनवाज़ ख़ान और जी0डी0 खोसला दोनों ने इसी बात पर जोर दिया, और अब सुगाता बोस यही कर रहे हैं—जबकि वह राष्ट्रीय अभिलेखागार में रखी फाइल नं0 आई0एन0ए0–273 से अनजान नहीं हैं। इस फाइल में फिने की पूरी रिपोर्ट दर्ज है।

दूसरी रिपोर्ट 1 नवम्बर 1945 की है और इसमें पहले नोट से ज्यादा कुछ नहीं कहा गया है। न ही इसमें विमान दुर्घटना की बात को काटा गया है। तीसरी रिपोर्ट 12 नवम्बर की है जिसमें एक जापानी इन्टरप्रेटर की उस समय की जानकारी है, जब उसने इसोदा की उस गोपनीय कांफ्रेन्स में कही बातें सुनीं—जहां वह नेताजी को रुस भेजने की बात कर रहे थे। इस रिर्पोट से नेताजी को टोक्यो भेजने की बात झूठी साबित होती है।

इन तीन रिपोर्ट्स के बल पर ही फिने किसी अंतिम नतीजे पर कैसे पहुंच सके यह बात मुझे समझ नहीं आती। फिने का नाम फाइल नं0 आई0एन0ए0 273 में भी आता है। यह फिने की एक बैठक में जाने की पुष्टि करता है जिसमें नेताजी के जीवित होने पर विचार हुआ। अगर नेताजी की मृत्यु 1945 में हो चुकी थी, तो फिने 1946 में इस बैठक में जाकर क्या उनका भूत भगाने वाले थे?

जो लोग इस मुद्दे की गहराई को नहीं जानते वह प्रोफेसर सुगाता बोस की बातों पर सहज ही विश्वास कर लेगे। वह लिखते है कि सन् 1946 में भारतीय पत्रकार हरिन शाह ताइपेई में नेताजी की मृत्यु के सबूत जुटाने पहुंचे थे। यहां उनकी मुलाकात नर्स न्सान पी शा से हुई जिन्होने मरणासन्न नेताजी की देखभाल करने का दाबा किया था।

सुगाता द्वारा हरिन शाह को दिये जा रहे महत्त्व का भी एक कारण है। वह कोई

आम पत्रकार नहीं थे; बल्कि कांग्रेस के एक आधिकारिक जर्नल के संपादक थे। शाह ने सोचा कि उनके द्वारा जुटाये "साक्ष्य" नेताजी की मृत्यु को सच साबित कर देंगे; पर हुआ इसके ठीक उलट। सुगाता ने अपने पाठकों को यह भी नहीं बताया कि हरिन शाह ने अपने ताईपाई जाने के एक दशक बाद ही अपनी यह कहानी सुनाई; जिसके लिये उन्होंने दो काल्पनिक किरदारों को ईज़ाद किया। त्सान पी शा उनमे से एक थे। सुगाता की पुस्तक शाह की कोरी कल्पना को ज़मीन देने की कोशिश करती है।

त्सान पी शा के काल्पनिक 'तथ्य' को साबित करने के लिये भारत सरकार के दो गोपनीय चिट्ठे कारगर होंगे। पहला यह दिखाता है कि शाहनवाज़ खुद यह जानते थे कि नेताजी की नामोन अस्पताल में 'मृत्यु' के वक्त उनके आस–पास इस नाम की कोई नर्स थी ही नहीं। 23 मई 1956 को शाहनवाज़ ने ए0के0 धर को एक गोपनीय पत्र लिखा, जिसमें उन्होंने कुछ वांछित चश्मदीदों के नामों की सूची दी थी। डॉ0 योशिमी के बयान से (जिन पर सुगाता को पूरा भरोसा है) शाहनवाज़ ने चार नर्सों का नाम लिया, जो अगस्त 1945 में अस्पताल में थीं। यह नाम भारतीय दूतावास ने जापानी विदेश मंत्रालय को भेज दिये। और जैसा कि आप देख सकते है—इन नामों में कोई त्सान पी शा नहीं थी।

SHAH NAWAZ KHAN, M.P.,
Chairman, Netaji Enquiry Committee,

No. PS/56/NEC.
EMBASSY OF INDIA IN JAPAN
TOKYO
23 MAY 1956
Dated the 23rd May 1956.

My dear Dar,

In addition to the list of witnesses already sent to you, we would like to examine the following, for whom the Japanese Foreign Office may please be approached to make them available for examination by the Committee:-

(1) Lt. General Isayama, Chief of General Staff, Formosa Army in 1945.

(2) Buddhist Priest at Taihoku who is reported to have held the funeral ceremony of Netaji Subhas Chandra Bose at Taihoku in August 1945.

(3) Kazuo Mitsui (Address: No. 15, Nishihata-cho, Wakamatsu City, Fukuoka-Ken), a soldier at Taihoku in August 1945, who claims to be present at the time of death of Netaji Subhas Chandra Bose.

From the evidence of Dr. Yoshimi, names of the Japanese nurses which were not available to us when I wrote to you on the 11th May, are now available. These are:-

(4) Nakano, Ohama, Tomimoto and Nishimoto.

जब कोई पुस्तक सच और 'सत्यापित' होने का दावा करे, तो पाठक किसी विस्फोटक सच की अपेक्षा करता है। ऐसे में सुगाता की पुस्तक तो बाढ़ का वायदा कर के पानी के बुलबुले की तरह पिचक जाती है। पृष्ठ नं0 315 पर वह नेताजी की मृत्यु के "सबसे ज़ोरदार सबूत" के तौर पर जुसिकी नाकामुरा के उस बयान का हवाला

As item (3) in my letter of May 14th we have requested for the attendance of Japanese nurses who were on duty in the Nanmon Hospital, Taihoku, Taiwan when Netaji Subhas Chandra Bose was reportedly brought there. Dr. Yoshimi has now informed the Committee of the names of these nurses. The names as given are :-

(a) Nakano,
(b) Ohama,
(c) Tomimoto, and
(d) Nishimoto.

I would be grateful if you could kindly make arrangements for the persons listed above to meet the Commission at mutual convenience.

Yours sincerely,

(A.K.Dar)

Mr. Hisaji Hattori,
Chief of the 4th Section,
Asian Affairs Bureau,
Gaimusho, Tokyo.

Documents obtained in public interest

देते हैं जिसके मुताबिक नाकामुरा ने बुरी तरह जल चुके नेताजी से ताइपेई में बात की थी। डॉ0 योशिमी का भी कहना था कि नाकामुरा एक सरकारी अधिकारी थे—सुगाता इस बात को भी लिखते हैं।

नाकामुरा ने शाहनवाज़ कमेटी को जो भी बताया हो, उस पर भरोसा न करने के भी हमारे पास ठोस कारण हैं। पहली बात, अपने राष्ट्रीय हितों के चलते वह भी अन्य जापानियों की तरह 'स्वीकृत' बातें ही कहते रहे। यह कह देने से कि उन्होंने मित्र राष्ट्रों को धोखा दिया और एक "अन्तर्राष्ट्रीय युद्ध अपराधी" को रुस भगाने में उसकी मदद की—वह कौन से राष्ट्रीय हित में काम करते?

दूसरी बात हबीब–उर–रहमान और डॉ0 योशिमी में से किसी ने नाकामुरा का परिचय सही नहीं दिया। रहमान ने कमेटी से केवल इतना कहा कि वह किसी "इण्टेलिजेंस या सुरक्षा सेवा" से हैं—और यह "सरकारी अधिकारी" होने से काफी अलग है।

ऐसा बहुत कम होता है कि कोई पूर्व जासूस सारे राज़ों को सामने लाना पसंद करे। शाहनवाज़ रिपोर्ट (जो सुगाता के लिये पवित्र बाइबिल जैसी ही समझो) का दावा है कि नाकामुरा 30 मई 1956 को एक आम विज्ञापन को पड़कर में खुद कमेटी के सामने आये। हालांकि, मैंने जिन फाइलों को पढ़ा है, उनमें ऐसा कुछ नहीं लिखा। हां, 18 अप्रैल 1956 का एक पत्र जरुर है जिसमें टी0एन0 कौल, राजदूत बी0आर0 सेन से जापानी विदेश मंत्रालय से यह कहने के लिये कहते हैं कि सारे जापानी गवाह जांच में जरुर सहयोग दें। इन नामों की सूची संलग्न है, जिसमें नाकामुरा का भी नाम है। और इसके बाद यह जापानी अफसर 1,200 किमी0 लम्बा का सफर तय कर टोक्यो आता है ताकि कमेटी के सामने प्रस्तुत हो सके। ऐसे में क्या इन्हें आधिकारिक नज़रिये को सही साबित करने के लिये इस्तेमाल नहीं किया जा रहा था?

इसके अलावा शाहनवाज़ कमेटी के रिकॉर्ड किये गये बयान के मुताबिक जब नाकामुरा अस्पताल पहुंचे, डॉ0 योशिमी ने उन्हें एक जले हुये व्यक्ति का परिचय चन्द्र बोस के रुप में दिया। (देखे चित्र)

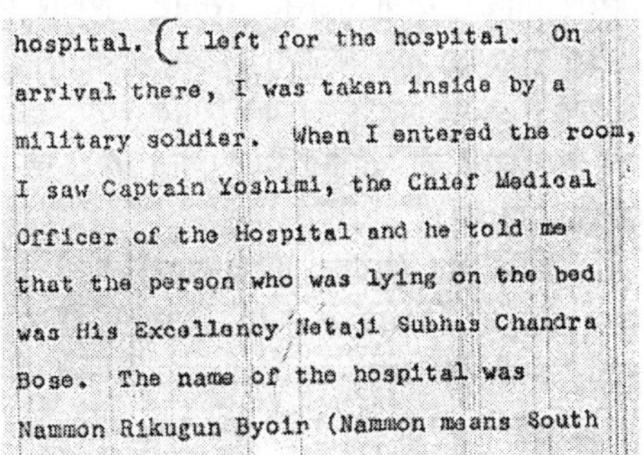
hospital. (I left for the hospital. On arrival there, I was taken inside by a military soldier. When I entered the room, I saw Captain Yoshimi, the Chief Medical Officer of the Hospital and he told me that the person who was lying on the bed was His Excellency Netaji Subhas Chandra Bose. The name of the hospital was Nammon Rikugun Byoin (Nammon means South gate). The room in which Netaji was lying

पर बी0बी0सी0 के वृत्तचित्र "ऐनेमी ऑफ एम्पायर" में डॉ0 योशिमी ने यह बताया कि उन्हें तो खुद ही नहीं पता था, कि यह जला हुआ व्यक्ति कौन है—जब तक नाकामुरा ने उन्हें नहीं बताया। "जब उनकी मृत्यु हो गयी तो नाकामुरा ने बताया कि वह चन्द्र बोस थे।"

इस पर रहमान ने कमेटी को बताया कि अस्पताल पहुंचते–पहुंचते नेताजी कोमा में चले गये। पर प्रोफेसर बोस यह दावा करते हैं कि नाकामुरा ने कोमा में गये हुये इस मरीज से बातचीत की। अब भला, यह कौन सा "जोरदार सबूत" हुआ?

रिडिफ.कॉम पर हुयी एक चैट पर सुगाता से पूछा गया कि नेताजी को लेकर इतनी गोपनीयता क्यों थी? उनका उत्तर था, "मिथक और राज़ों पर ध्यान न देकर हमें उनके जीवन और काम पर ध्यान देना चाहिये, जो हमें बहुत कुछ सिखा सकता है।"[16]

इकॉनॉमिक टाइम्स से बातचीत में भी उनका कहना था, "उनका काम और जीवनी बेहद रोचक और जरुरी है और हमारी नयी पीढ़ी को इसके बारे में जानना जरुरी है।"[17] यह पढ़ते ही मेरा ध्यान सन् 1980 में छपी एक खबर की ओर गया, जब प्रधानमंत्री इंदिरा गांधी ने शिशिर बोस की पुस्तक "कलेक्टेड वर्क्स ऑफ नेताजी" का विमोचन किया था। तब उन्होंने कहा था कि "कुछ लोग राजनैतिक स्वार्थों के लिये नेताजी के नाम का दुरुपयोग कर रहे हैं। नेताजी आने वाली पीढ़ी के आदर्श होने चाहिये।" उन्होंने शिशिर बोस को बधाई दी। खोसला आयोग ने नेताजी को जापानियों की कठपुतली बताकर नयी पीढ़ी के सामने कैसा आदर्श रखा था यह जग जाहिर था।

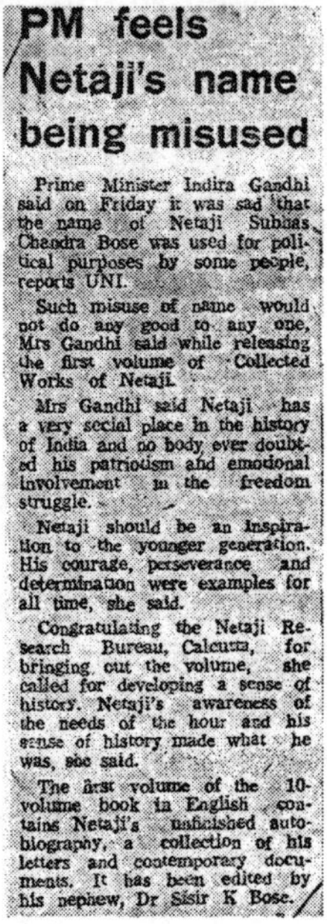

PM feels Netaji's name being misused

Prime Minister Indira Gandhi said on Friday it was sad that the name of Netaji Subhas Chandra Bose was used for political purposes by some people, reports UNI.

Such misuse of name would not do any good to any one, Mrs Gandhi said while releasing the first volume of Collected Works of Netaji.

Mrs Gandhi said Netaji has a very social place in the history of India and no body ever doubted his patriotism and emotional involvement in the freedom struggle.

Netaji should be an inspiration to the younger generation. His courage, perseverance and determination were examples for all time, she said.

Congratulating the Netaji Research Bureau, Calcutta, for bringing out the volume, she called for developing a sense of history. Netaji's awareness of the needs of the hour and his sense of history made what he was, she said.

The first volume of the 10-volume book in English contains Netaji's unfinished autobiography, a collection of his letters and contemporary documents. It has been edited by his nephew, Dr Sisir K Bose.

दरअसल, जिस तरह से सुगाता बोस सन् 1947 के बाद की घटनाओं का ब्यौरा देना शुरु करते हैं आपको समझने में देर नहीं लगेगी कि वह किसकी भाषा बोल रहे हैं। उनका मानना है कि सन् 1951 में अय्यर ने जापान में विमान दुर्घटना में बचे लोगों से मुलाकात की और नेहरु को इस बारे में रिपोर्ट भी दी। उन्हें इस बात का दुःख है कि नेहरु की इस रिपोर्ट को संसद में पढ़े जाने के बावजूद लोगों ने नेताजी की मृत्यु पर भरोसा करने से इंकार कर दिया। मेरे मुताबिक, यह फैसला सही था—क्योंकि अय्यर जापान यात्रा (जिसके रिकॉर्ड सरकार दिखाती ही नहीं) आई0 एन0 ए0 के0 ख़ज़ाने को बांटने के लिये थी। इसके बाद अय्यर ने संसद पटल पर जो रिपोर्ट रखी, इसमें काट छाट की गई थी। इसमें नेताजी की रुस जाने की योजना या जापान की उन्हें दी जाने वाली मदद का कोई जिक्र नहीं किया गया था।

उसके बाद (सुगाता के अनुसार) नेहरु ने शाहनवाज़ कमेटी का गठन किया ताकि आम तौर पर दिखावे के लिये, "सबूतों की गहरी पड़ताल" हो सके। क्या सुगाता यह नहीं जानते कि अगर जस्टिस राधा बिनोद पाल को लेकर दबाव नहीं बनता, तो यह कमेटी कभी बनती ही नहीं? इन सब बातों को नज़रअंदाज़ करने का एक ही मतलब है कि उनका इस मामले में कोई मतलब है ही नहीं।

...फिर भी वह, शाहनवाज़ कमेटी के नतीजे और उसकी रेनकोजी में रखे अवशेषों को भारत लाने की सिफारिश की वाह–वाही करते हैं। साथ ही यह भी दिखाते हैं कि सरकार के इस पर चुप्पी साध लेने से वह नाखुश हैं, बस यह नहीं बताते कि सरकारी चुप्पी की वजह क्या है? कारण था कि सरकार के पास बोस परिवार के उसे यहां न लाये जाने के पक्के इरादे के चलते और कोई रास्ता ही नहीं था। सन् 1957 में संयुक्त

सचिव जे0एस0 मेहता के सी0एस0 झा को लिखे इस टॉप सीक्रेट पत्र में साफ है कि बोस परिवार नेताजी की मृत्यु पर सरकार से अलग सोचता था।

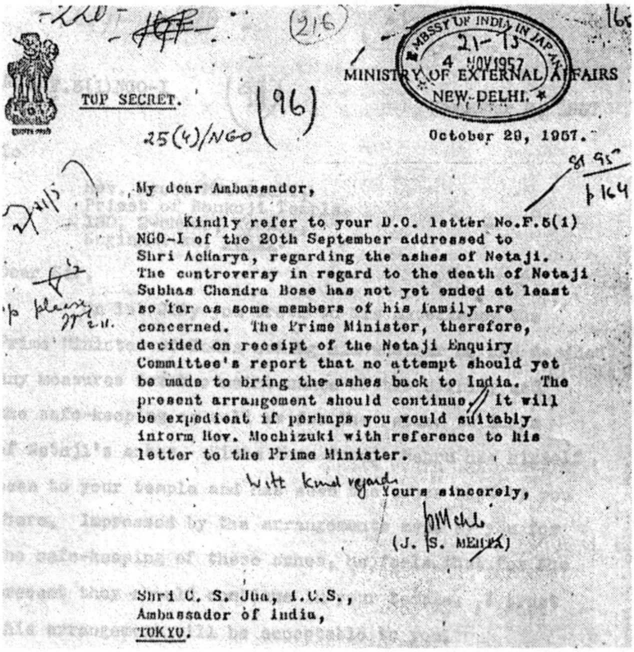

MINISTRY OF EXTERNAL AFFAIRS
NEW DELHI.

TOP SECRET.

25(4)/NGO

October 29, 1957.

My dear Ambassador,

Kindly refer to your D.O. letter No.F.5(1) NGO-I of the 20th September addressed to Shri Acharya, regarding the ashes of Netaji. The controversy in regard to the death of Netaji Subhas Chandra Bose has not yet ended at least so far as some members of his family are concerned. The Prime Minister, therefore, decided on receipt of the Netaji Enquiry Committee's report that no attempt should yet be made to bring the ashes back to India. The present arrangement should continue. It will be expedient if perhaps you would suitably inform Rev. Mochizuki with reference to his letter to the Prime Minister.

With kind regards

Yours sincerely,

(J. S. MEHTA)

Shri C. S. Jha, I.C.S.,
Ambassador of India,
TOKYO.

तो फिर, जवाहर लाल नेहरु, शाहनवाज़, जी0डी0 खोसला, शिवराज पाटिल की ही तरह सुगाता भी अपने दादा के एक और छोटे भाई सुरेश को झूठा ठहरा देते हैं। वह लिखते है कि सुरेश बोस ने सुभाष की मौत पर अपने विचार शाहनवाज कमेटी की जांच के दौरान बदल लिए थे। कहते हैं, खून पानी नहीं होता, पर स्वार्थ इसे पानी भी बना देते हैं। सुरेश बोस भला क्यों सन् 1956 के बाद नेताजी की तथाकथित मृत्यु पर अपनी सोच बदलते? उनकी सोच नेताजी की गुमशुदगी से लेकर, उनकी मृत्यु तक वही रही—जो पहले दिन थी।

कुछ साल पहले मेरी मुलाकात दिल्ली में एक पूर्व जापानी विदेश मंत्रालय के पूर्व अधिकारी से हुयी। तोमोजी मुतोह ने मई 1956 में शाहनवाज़ कमेटी और सुरेश बोस से सम्पर्क साधा था। उन्होंने हमें बताया कि वह सुरेश बोस के साथ कतान्को तोजो के घर गये थे। तोजो युद्धकालीन जापानी प्रधानमंत्री हिदेकी तोजो की विधवा थीं। "मेरा भाई मरा नहीं है," सुरेश ने वहां भावुक होकर कहा।

सुरेश बोस यदि जीवित होते, तो उन्हें सुगाता की बातों पर बहुत दुःख होता। वह कलम के जादूगर नहीं थे और उस पर उन्हें आधे–अधूरे दस्तावेज़ सौंपे गये थे। फिर भी, उन्होंने जो कुछ भी लिखा, इससे वह लोगों का ध्यान सरकार की दोहरी नीति की तरफ खींचने में कुछ तो सफल रहे।

कुछ लोग यह सोच सकते हैं कि सुगाता वाकई इतने इंसाफ पसंद और निडर हैं कि वह अपने दादा के खिलाफ जाने से भी नहीं डरे। लेकिन मुश्किल यह की उन्होंने जी0डी0 खोसला का साथ पूरी बहादुरी से दिया—जो खुद नेताजी के प्रति उल्टा–सीधा कहने और अन्य कारणों से जेल जाते–जाते बचे थे। इससे भी ख़राब यह है कि वह जस्टिस मुखर्जी को भी शब्दों के तीखे बाणों से बींधना नहीं भूलते। खोसला ने नेताजी को एक अव्यावहारिक जल्दबाज़ की संज्ञा तक दे डाली। और बाद में लिखित माफी तक मांगी। फिर भी सुगाता उनके साथ हैं—यह बात अचंभित करती है।

सुगाता लिखते हैं, कि खोसला की रिपोर्ट राजनैतिक द्वंद्ध का शिकार बन गयी। सन् 1977 में वह इंदिरा गांधी के चुनाव हारने और जनता पार्टी सरकार द्वारा खोसला रिपोर्ट को तरजीह न देने से क्षुब्ध दिखते हैं। सितंबर 1974 और 1977 (जब रिपोर्ट संसद पटल पर आयी और मोरारजी देसाई प्रधानमंत्री बने) के बीच भारत लगभग तानाशाही स्थिति से गुज़रा। आपातकाल के दौरान ही खोसला रिपोर्ट संसद में बिना किसी विरोध के पारित हुयी। जो लोग इस तानाशाही के खिलाफ लड़ रहे थे, वह "राजनैतिक द्वंद्ध" के जिम्मेदार थे। इनमें शामिल थे समर गुहा, गोबिन्द मुखौटी और बरून सेनगुप्ता।

वह आगे लिखते हैं कि खोसला रिपोर्ट के खारिज होने के बीस साल बाद एक नये आयोग का गठन किया गया। पर यह गठन दरसल हाईकोर्ट द्वारा करवाया गया—जबकि सुगाता ऐसे दिखाते हैं, मानों यह कदम सरकार ने अपनी मर्ज़ी से उठाया हो।

खोसला की नेहरु से घनिष्ठता, लंदन में अपने छात्र काल से ही नेताजी से उनकी नाराजगी, उनका इंदिरा गांधी की जीवनी लिखना या बोस परिवार से माफी मांगना—भले ही इन सब बातों के बावजूद सुगाता का विश्वास खोसला पर से न डिगा हो पर वह जस्टिस मुखर्जी को इंसाफ पसन्द दिखाते हुये उन्हें "रिटायर्ड बंगाली जज" की संज्ञा देते हैं।

सुगाता के मुताबिक जस्टिस मुखर्जी पूर्वानुमान के शिकार थे। वह इसका कारण भी बताते हैं:

1. अक्टूबर 2002 में आयोग ने बोस परिवार के कुछ सदस्यों से डी0एन0ए0 नमूने मांगे थे, ताकि फैज़ाबाद के भगवनजी से उन्हें मिलाया जा सके।
2. 2010 में मुखर्जी ने टी0वी0 पर एक 'ऑफ द रिकॉर्ड' बात कही—कि भगवनजी ही नेताजी थे।

वह उन पर इल्ज़ाम लगाते हैं कि इस तरह का दावा करना केवल आम लोगों को भ्रमित करना था।

मैं एक बंगाली नहीं पर इस मामले को करीब से जानने की वजह से कुछ बात कहने की स्थिति में हूं। नया आयोग बनाने का फैसला कोलकाता हाईकोर्ट का फैसला चीफ जस्टिस प्रभा शंकर मिश्रा ने दिया था। मेरी जस्टिस मिश्रा से खुद बात हुयी। उन्होंने मुझे अपने फैसले का कारण भी बताया—कि सरकार खुद नेताजी की मृत्यु के बारे में पक्के तौर पर कुछ नहीं जानती थी।

भारत के चीफ जस्टिस ने ही जस्टिस मुखर्जी का नाम बतौर आयोग के चेयरमैन के लिये सुझाया। सुगाता ने तो अपनी पुस्तक में यह तक नहीं लिखा कि मुखर्जी सुप्रीम

कोर्ट के पूर्व जज रह चुके हैं। उन्हें तो उनमे केवल एक बंगाली ही दिखाई देता है। उनका यह रवैया बिल्कुल जी0डी0 खोसला के नज़रिये की याद दिलाता है। बोस परिवार के सदस्यों ने जब खोसला पर निजी स्वार्थ के लिये सुभाष को बदनाम करने का इल्ज़ाम लगाया, तब भी खोसला में कहीं कोई ग्लानि या पश्चाताप नहीं था। उन्होंने कोर्ट में अपनी ट्रांसफर याचिका दायर की (जो बाद में उन्होंने वापस भी ले ली) जिसमें उन्होंने इस पूरे मामले को एक 'बंगाली मामला' बताया। साथ ही समर गुहा को लोक सभा का एक प्रतिष्ठित बंगाली करार देते हुये कहा कि यदि ट्रायल पश्चिम बंगाल में हुआ तो उनकी जान को ख़तरा हो सकता है।

क्या हम उच्च अधिकारियों को उनके धर्म या राज्य से पहचानते हैं? क्या हम भारत के भूतपर्व प्रमुख न्यायधीश एस0एच0 कपाड़िया को "पारसी जज" कहेंगे?

सुगाता के जस्टिस मुखर्जी पर लगाये 'पूर्वाग्रह' के अभियोग भी उनकी खुद के पूर्वाग्रहों को झलकाते हैं। आयोग की जांच अभी ख़त्म भी नहीं हुयी थी जब वह कुछ यूं कहने लगे (23 जनवरी 2002, कोलकाता):

> मैंने दुनिया भर के लोगों से मुलाकात की और बहुतेरे सबूत देखे...यह सब बेमानी है। सबूत साफ तौर पर इशारा करते हैं कि नेताजी की असामयिक मृत्यु दुर्घटना में ही हुयी थी।
>
> हमारा पूरा परिवार इसी बात पर विश्वास करता है। पर प्रचलित भावनाओं के चलते हम उनकी "गुमशुदगी" पर कभी प्रश्नचिह्न नहीं लगा सके।[18]

पता नहीं, नेताजी से मिल चुके कितने ही लोग सुगाता से मिले पर भगवनजी से मिले लोग उनसे कभी नहीं मिले, इतना मैं जानता हूं। मुखर्जी आयोग की जांच गृह मंत्रालय की वेबसाइट पर है। इसे पढ़ने वाला कोई भी व्यक्ति इसका तार्किक रुप से बढ़ना देख सकता है और यह भी कि इस जांच का आधार "हवाई दुर्घटना को ही माना गया था।"[19]

फैज़ाबाद कोण को खोज निकालने वाले मुखर्जी खुद नहीं थे। वह उनके सामने लाया गया था और वहां से उनसे कानूनी तौर पर जो बन पड़ा उन्होंने वह किया।

आयोग की रिपोर्ट कहती है:

> फैज़ाबाद में नेताजी की मृत्यु की कहानी उन वक्तव्यों और हलफनामों से जाहिर है जो गोरखपुर के डॉ0 आलोकेश बागची, श्री अशोक टडंन, श्री शक्ति सिंह और फैज़ाबाद के श्री कैलाश नाथ जायसवाल ने इस आयोग के जारी नोटिस के जवाब में दायर किये हैं।[20]

जस्टिस मुखर्जी काम से काम रखने वाले लोगों में से थे। फैज़ाबाद कोण में छिपे आश्चर्यजनक सबूतों के कारण ही उन्होंने इसे दर्ज़ किया। जिस बात को सुगाता 'अविश्वसनीय' कह कर खारिज कर देते हैं, वह इतनी महत्त्वपूर्ण थी कि उसे कोई भी जांच आयोग अनदेखा नहीं कर सकता था।

जस्टिस मुखर्जी भगवनजी की असलियत जानना चाहते थे। इसी कड़ी में उनका नेताजी के परिवारीजनों के खून के नमूनों की मांग करना ताकि डी0एन0ए0 टेस्ट हो सके; स्वाभाविक था। जब यह टेस्ट हुआ तब तक *हिन्दुस्तान टाइम्स* में मेरी यह रिपोर्ट प्रकाशित

हो चुकी थी, जिसमें यह लिखा था कि भगवनजी और नेताजी की लिखावट एक विशेषज्ञ के अनुसार मेल खाती थी। अगर जी0डी0 खोसला भी जस्टिस मुखर्जी की जगह होते तो वह भी डी0एन0 टेस्ट का ही आदेश देते। हालांकि नेताजी के परिवार को भगवनजी कोण की सच्चाई में भरोसा था ही नहीं; पर सभी ने इस मुहिम में खुल कर सहयोग दिया।

निरुपम सोम—नेताजी की बड़ी बहन के पोते और कोलकाता के पूर्व पुलिस आयुक्त, तृप्ति नाग; साधन कर; सुब्रत बोस (सुगाता के सगे चाचा) किसी ने भी अपने खून के नमूने देने की खिलाफत नहीं की। फिर भी प्रोफेसर बोस इतना हाय–तौबा क्यों मचा रहे थे?

एक और अजीबो–गरीब सूत्र है, नेताजी की बेटी का। डॉ0 अनीता फॉफ ताईवान की हवाई दुर्घटना पर यकीन करती हैं। ऐसा क्यों है, पता नहीं; पर यह नज़रिया भी विश्वास लायक नहीं क्योंकि हम जानते हैं कि उनके परिवार के सभी अग्रज इस बात पर यकीन नहीं करते। उनकी मां एमिली ने अपने भतीजों और उनके बच्चों को कई बार यह बताया कि सन् 1945 के बाद नेताजी के रुस में होने की ख़बर उन्हे थी । आयोग को दिये अपने हलफनामे में सूर्या बोस ने कहा कि एमिली ने उन्हें बताया कि "रायमण्ड स्केनेबल ने उन्हें सन् 1950 में यह बताया था कि नेताजी सन् 1945 के बाद सोवियत यूनियन में थे। स्केनेबल एक जर्मन पत्रकार थे, जो द्वितीय विश्व युद्ध के बाद पूर्वी बर्लिन में रहते थे।" ठीक यही बात सन् 2006 में मीडिया के सामने प्रदीप बोस ने दोहराई।

ज़्यादा कहा नहीं जा सकता, पर पता नहीं कब से बोस परिवार के सदस्यों का नज़रिया बदलने की प्रक्रिया की सरकारी कोशिश चली आ रही है। टॉप सीक्रेट नोट नं0 I/12014/27/93-IS (D-III) (फरवरी 1995) तत्कालीन गृह सचिव द्वारा लिखा हुआ वह दस्तावेज़ है, जिसमें इच्छित नतीजों को शिशिर बोस द्वारा पाने के सारे लिखे हैं:–

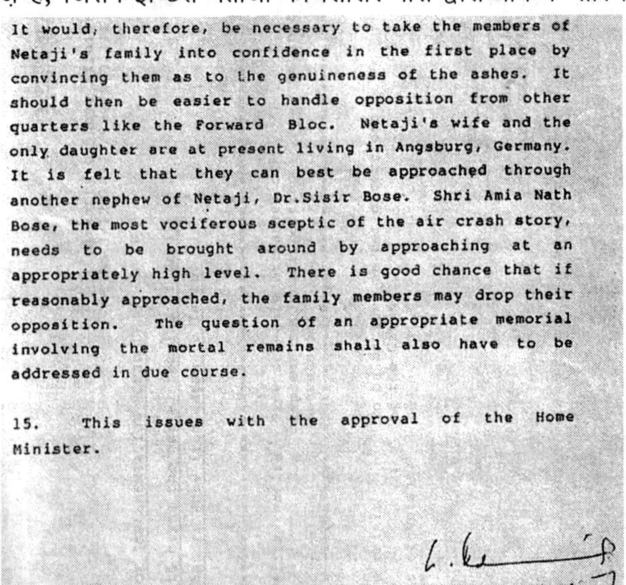

It would, therefore, be necessary to take the members of Netaji's family into confidence in the first place by convincing them as to the genuineness of the ashes. It should then be easier to handle opposition from other quarters like the Forward Bloc. Netaji's wife and the only daughter are at present living in Angsburg, Germany. It is felt that they can best be approached through another nephew of Netaji, Dr.Sisir Bose. Shri Amia Nath Bose, the most vociferous sceptic of the air crash story, needs to be brought around by approaching at an appropriately high level. There is good chance that if reasonably approached, the family members may drop their opposition. The question of an appropriate memorial involving the mortal remains shall also have to be addressed in due course.

15. This issues with the approval of the Home Minister.

(K.PADMANABHAIAH)
HOME SECRETARY

और इसी के तहत, अमिय नाथ बोस को सरकारी नज़रिये के अनुसार ढालने की कोशिश तो की गयी, पर ये कोशिशें नाकाम रहीं। एक अन्य टॉप सीक्रेट मेमो नं0 जी–12 (3)/98/एन0जी0ओ0 के अनुसार इन कोशिशों में कुछ हद तक सफलता प्राप्त हुयी थी। यह मेमो प्रधानमंत्री के प्रमुख निजी सचिव को लिखा गया था, जिसमें यह सूचना है कि जर्मनी में भारतीय राजदूत ने 2 मार्च 1998 को अनीता से मुलाकात की थी—तब तक उनकी मां का देहांत हो चुका था।

> डॉ0 फॉफ का कहना है कि उन्होंने अस्थियों को भारत लाने के प्रस्ताव के बारे में बाकी परिवारीजनों से बात नहीं की है। उनका मत है कि इस मामले पर भारत के सभी राजनैतिक दल एकमत होने चाहिये। अगर अस्थियां भारत लाये भी जाती हैं, तो सन् 1998 के उत्तरार्द्ध में उन्हें लाना श्रेयस्कर होगा। मेमो में यह भी लिखा है कि अनीता इस बारे में सर्व सहमति बनवाने के लिये दो बार भारत आ चुकी हैं; पर अपनी कोशिशों के नतीजे के बारे में आश्वस्त नहीं थीं...और यही स्थिति उनके परिवार में भी थी।"

इस अफसर का 1 अप्रैल 1998 को लिखे एक मेमो का शीर्षक था "रिटर्न ऑफ नेताजीस् ऐशेस् टू इण्डिया"।

> विदेश मंत्री प्रणव मुखर्जी अक्टूबर 1995 में जर्मनी गये और डॉ0 अनीता फॉफ से मिले, जिन्होंने अस्थियों को भारत न ले जाने की स्थिति में उनको जर्मनी लाने की बात कही। इसके जवाब में कहा गया कि जापान किसी अन्य देश में अवशेषों के जाने के खिलाफ था।

पड़ित नेहरु ने नेताजी के लिये ज़्यादा तो कभी कुछ किया ही नहीं। यह सब जानते–बूझते हुये अनीता ने फरवरी 2000 में द *टाइम्स ऑफ इण्डिया* को बताया कि:

> नेहरु जी को नेताजी के प्रतिद्वंद्वी के रुप में देखना या फिर यह कहना कि नेहरु या इंदिरा गांधी ने उनकी भूमिका को कभी नहीं सराहा गलत होगा...नेहरु को बतौर खलनायक दिखाना ग़लत होगा।[21]

डॉ0 फॉफ की मुझसे नई दिल्ली में हुयी मुलाकात के दौरान भी उन्होंने कभी यह इच्छा नहीं जताई कि नेताजी सम्बन्धित रिकॉर्ड्स गैर–वर्गीकृत किये जायें।

परिशिष्ट 2

नेताजी–युद्ध अपराधी?

1 अप्रैल 1956 वही तारीख़ है जब नेताजी के युद्ध अपराधी होने का जिन्न अपने चिराग़ से पहली बार बाहर आया—और फिर कभी वापस नहीं गया। यह उस एक व्यक्ति की मेहरबानी थी जिसने शाहनवाज़ कमेटी के सामने गवाही देते हुये कहा कि वह चाहते हैं कि "सरकार यह बात लोगों को बताये कि क्या नेताजी का नाम अभी भी युद्ध अपराधियों की सूची में शामिल है? अगर हटा दिया गया है तो कब और कैसे?"[1] यह व्यक्ति थे फारवर्ड ब्लॉक के नेता और नेताजी के मित्र मुथुरामलिंगम थेवर।

कमेटी के चेयरमैन ने यह सवाल सुनने के बाद थेवर को कुछ देर बाहर इंतज़ार करने के लिये कहा। विदेश मंत्रालय के एक अफसर से एक घंटा मत्रंणा करने के बाद उन्होंने थेवर को बुलाकर कहा, "इस वक्त भारत सरकार के पास इस बारे में कोई जानकारी नहीं।"

इतनी देर इंतज़ार करने के बाद इस जवाब से थेवर झुंझला उठे,

"यहां सवाल नेताजी जैसे व्यक्ति का है, तो फिर भारत सरकार के पास कोई जानकारी कैसे नहीं?"

शाहनवाज़ ने जवाब दिया, "ब्रिटेन और अमरीका के पास सारी सूचना है।"

"तो इसका मतलब यह हुआ कि सरकार मित्र राष्ट्रों की युद्ध अपराधियों के बारे में

किसी भी घोषणा से सरोकार नहीं रखती? तो क्या यह बात वह सबके सामने आ कर कहेगी?" थेवर शाहनवाज़ पर लगभग चढ़ ही बैठे।

> **शाहनवाज़**: मैं किसी विवरण में क्यों जाऊं?
>
> **थेवर**: और मैं नेताजी के लिये बनाई गयी इस सरकारी जांच कमेटी का सहयोग क्यों करुं, जबकि सरकार अभी तक उनके युद्ध अपराधी के ठप्पे को न हटा सकी है; न ही उनसे किये अपने पुराने वादे निभाये हैं।[2]

यह तो तब की बात है पर आज भी नेताजी का नाम युद्ध अपराधियों की सूची में है यह सोच कर ही उनके चाहने वालों का खून खौल उठता है। उनके नाम को वहां से हटाने के लिये सन् 1997 में यू0एन0ए0 के सेक्रेटरी जनरल रहे कोफी अन्नान को एक अपील भी भेजी गयी। इसका जवाब दिया अन्नान के मातहत रहे शशि थरुर ने। उन्होंने एयरवाइस मार्शल (रिटायर्ड) सुरेनजी गोयल को पत्र में बताया कि इस मामले में पिछली अपील के आधार पर अन्नान कुछ भी करने में असमर्थ थे। कुछ लोग इसके जवाब में नेताजी के युद्ध अपराधी होने की मूक सहमति पढ़ लेते हैं।

पर क्या ऐसा था?

ब्रिटिश ज़माने में कई आई0एन0ए0 सैनिकों को "युद्ध अपराधी" घोषित कर दिया गया था। सन् 1947 से पूर्व के रक्षा मंत्रालय की कुछ फाइलों को सन् 1997 में राष्ट्रीय अभिलेखागार के सुपुर्द किया गया—जिनसे यह बात जाहिर होती है।

WAR CRIMINALS.

Those responsible for , condoned or took part in atrocities against Indian Ps.O.W.

I.A. Rank.	Name.	Unit.	Category.	Witnesses.
Captain	MOHAN SINGH	1/14 Punjab	I.N.A.	
Lieut.	MOHD ZAMAN KIANI	"	"	
(a) Major	AZIZ AHMED	Kapurthala S.F.	"	
Major	PRAKASH CHAND	R.I.A.S.C.	Ex-I.N.A.	Any loyal K.C.I.O. or I.C.O.
Lt-Col	A.C. CHATTERJEE	40 I.G.H., I.M.S.	I.N.A.	
"	S.C. ALAGAPPAN	12 I.G.H., I.M.S.	"	
Capt.	B.M. PATTANAYAK	att 2/1 G.R., I.M.S.	"	
Naik	SURJA SINGH	I.A.O.C.	Changi Guard.	Capt H.C. BADHWAR (3 Cav)
Lieut	ABDUL RASHID	1/14 Punjab	I.N.A.	Any loyal K.C.I.O. or I.C.O.
(a) Sub	SHANGARA SINGH	5/14 Punjab	I.N.A.	Lt-Col P.C. DUTTA (40 Fd Amb, I.M.S.)
(a) Jem	FATEH KHAN	5/14 Punjab	I.N.A.	Hav Maj NUR KHAN (4/22 Mtn Regt)

National Archives, New Delhi

मोहन सिंह आई0एन0ए0 के संस्थापक थे। मोहम्मद कियानी, नेताजी के बाद आई0एन0ए0 के प्रमुख, और ए0सी0 चटर्जी और एस0सी0 अलगप्पन आज़ाद हिन्द सरकार में मंत्री थे। इसके अलावा जी0एस0 ढिल्लन, महबूब अहमद और "आई0एन0ए0 कान्सन्ट्रेशन कैम्प का पूरा स्टॉफ" इस सूची का हिस्सा है।

यदि ऐसा ही है, तो क्या नेताजी को इस सूची का हिस्सा मान लेना ग़लत है? या फिर, नहीं? क्योंकि यह सभी नाम पूर्व सैनिकों के थे, जबकि नेताजी एक साधारण नागरिक थे।

सुरेश बोस ने लिखा था कि नेताजी ने अंग्रेज़ी प्रजा होने के बावजूद अपने राजा के खिलाफ जंग छेड़ने की जुर्रत की थी। ऐसे में यह ठप्पा लगना स्वाभाविक था। उनके अनुसार वह "टॉप रैंक के अन्तर्राष्ट्रीय युद्ध अपराधियों" में से एक थे। युद्ध विराम के

बाद, इसी श्रेणी के लोगों पर सबसे ज़्यादा प्रताड़नायें बरसाईं गयीं थीं।

नेताजी के सभी समर्थक यह जानते थे कि मित्र राष्ट्र उन्हें युद्ध अपराधी की संज्ञा और बर्ताव दोनों ही देंगे। 17 अगस्त को उनके निजी चिकित्सक को पता लगा कि वह मन्चूरिया इसलिये जा रहे हैं क्योंकि "जापानी नहीं चाहते कि वह युद्ध अपराधी की सज़ा पायें।"[3]

अगस्त 29 को *शिकागो ट्रिब्यून* पत्रकार अलफ्रैड वैग ने ऐसा ही कुछ सुझाव दिल्ली में एक प्रेस कान्फ्रेन्स में दिया, जब उन्होंने नेहरु से पूछा कि नेताजी को "क्यों न एक युद्ध अपराधी समझा जाये; क्योंकि उनके सैनिको ने कई अमरीकियों को मारा और बर्मा तथा मलाया में गरीबों से जबरन पैसे भी लिये।"[4] इसका जवाब उन्हें एक भारतीय पत्रकार ने यह कहकर दिया कि, "आई0एन0ए0 के अमरीकियों से लड़ाई के कभी कोई सबूत नहीं मिले हैं और नेताजी की सरकार ने केवल भारतीयों से कर के रुप में पैसे जुटाये थे।" नेहरु ने भी वैग की इस बात को खारिज किया।

> व्यक्तिगत तौर पर सभी युद्ध अपराधियों के तथ्यों के सामने आने और उनके सज़ा मिलने से मुझे बहुत खुशी होगी...और अगर ऐसा है, तो इस वक्त दिल्ली में बैठे कई आला अधिकारी इस सूची में शामिल होने चाहिए।[5]

ऐसी कई बातें की जा सकती हैं, पर इस समस्या का अंत आधिकारिक सूचना से ही हो सकता है। ब्रिटिश सरकार के रिकॉर्ड्स की बात करें तो 28 जुलाई 1945 को फ्रान्सिस मूडी, गृह मंत्री, को वायसरॉय वेवैल के निजी सचिव ई0एम0 जेन्किन्स से एक ख़त मिला। जापान की हार साफ थी, और वेवैल नेताजी को पकड़ना चाहते थे। जेन्किन्स ने लिखाः

> महामहिम का सोचना है: "हमें सोचना होगा कि एस0सी0 बोस के साथ क्या करना चाहिये? अगर जापानी लोग आत्मसमर्पण करते हैं, तो उन्हें बोस को हमारे सुपुर्द करना चाहिये। इसके बाद क्या हमें भारत में ही उनके खिलाफ मुकदमा चलाना चाहिये? अगर हां, तो कैसे, कोर्ट में?"
>
> मैं नहीं जानता कि इस बारे में पहले कितना सोचा गया है, पर महामहिम इस पर आपकी राय चाहते हैं। बोस एक ऐसे भारतीय हैं जिन्होंने अपने ऊपर लगी सभी बंदिशों को तोड़ कर दुश्मनों से हाथ मिलाया है...इस हाल में उन पर मुकदमा भारत में ही चलना चाहिये। वह एक बड़े युद्ध अपराधी हैं...।"[6]

11 अगस्त 1945 को मूडी को एक अन्य ख़त मिला। इस ख़त में वेवैल ने जापान की समर्पण शर्तों पर बात की थी। साथ ही, इस बारे में उन्हें नेताजी का मुकदमा यहां चलाये जाने पर ज़्यादा भरोसा नहीं था। जेन्किन्स के मुताबिकः

"महामहिम सोचते हैं कि इन युद्ध बन्दियों से भारत के बाहर निपटना ठीक होगा। वह इस बाबत आपकी सलाह चाहते हैं।"

उसी दिन वेवैल ने सेक्रेटरी ऑफ स्टेट को एक निजी तार भेजा, जिसमें भारत के जापानी आत्मसमर्पण में "खास रुचि" की बात लिखी गयी थी और नेताजी को पकड़ने का हवाला दिया गया था—"बोस और उनके साथियों को भारत लाने के बजाय बाहर सज़ा देना सही रहेगा।"

23 अगस्त को मूडी ने जेन्किंस को लिखाः

> मैंने बोस को युद्ध अपराधी बनाये जाने के आपके सुझाव पर गौर किया। सामान्य तौर पर देखें तो वह एक युद्ध अपराधी नहीं हैं। यू0एन0 की दी हुयी परिभाषा में भी वह कहीं युद्ध अपराधी के तौर पर खरे नहीं उतरते।[7]

पर लंदन में हुयी ब्रिटिश कैबिनेट की भारत और बर्मा कमेटी की एक बैठक में यह सर्वसम्मति से माना गया कि,

> बोस सबसे बड़े विद्रोही थे। जहां तक ऐसे दुश्मनों को सज़ा देने के लिये उन्हें उनके देश वापस लाने का सवाल था यह एक सामान्य प्रक्रिया थी कि युद्ध अपराधियों को सजा उनके देश में ही मिलनी चाहिए।[8]

तो अब हम जानते हैं कि अंग्रेज नेताजी को एक युद्ध अपराधी मानते थे। लेकिन क्या उनका नाम युद्ध अपराधियों की सूची मे डाला गया था?

द्वितीय विश्व युद्ध के युद्ध अपराधियों की सूचियों में ज़्यादातर जर्मन और इटालियन नाम हैं। यह सूचियां दिसम्बर 1944 और मार्च 1948 के बीच यूनाइटेड नेशन्स वार क्राइम्स कमीशन (सयुंक्त राष्ट्र युद्ध अपराध आयोग) ने बनाई थी और इन लगभग 80 हज़ार नाम थे। उदाहारण के तौर पर, 7 अप्रैल 1945 को तैयार सूची में अडॉल्फ हिटलर का नाम डाला गया था। यह कमीशन यू0एन0 के जन्म से पहले बना था और इसका सहायक था सेन्ट्रल रजिस्ट्री ऑफ वार क्रिमिनल्स एण्ड सिक्यूरिटी सस्पेक्ट्स। साथ ही चीन के चंगकिंग में भी एक उप–कमीशन था, ताकि जापानी युद्ध अपराधों की जानकारी जुटाई जा सके। इनके द्वारा बनाये सभी रिकॉर्ड्स अभी हाल तक गैर–वर्गीकृत श्रेणी में शामिल थे—खासतौर से, अमरीका, ब्रिटेन और ऑस्ट्रेलिया में।

सन् 1962 में प्रोफेसर अतुल सेन की मुलाकात भगवनजी से हुयी। सेन नेहरुजी और नेताजी दोनों को जानते थे। उन्होने प्रधानमंत्री को एक पत्र लिखा, जिसके अनुसार "नेताजी अभी भी मित्र राष्ट्रों के दुश्मन नं0 1 हैं, और भारत सरकार एक सीक्रेट प्रोटोकॉल के तहत, उन्हें 'मित्र इंसाफ' को सौंपने के लिये सम्बद्ध है।"

31 अगस्त 1962 में लिखे अपने जवाब में नेहरु ने किसी भी 'सीक्रेट प्रोटोकॉल' के होने से इंकार किया और कहा कि "नेताजी को किसी अन्य देश को किसी हाल में नहीं सौंपा जायेगा, भले ही कोई भारत सरकार से ऐसा करने को कहे।"[9]

सितंबर 1962 को गृहमंत्री लाल बहादुर शास्त्री ने शॉलमारी साधु के मातहत, उत्तम चंद मल्होत्रा को लिखा कि "नेताजी का नाम युद्ध अपराधियों की उस सूची में नहीं, जो यूनाईटेड नेशन्स वार क्राइम्स कमीशन ने बनाई थी।"[10]

22 अगस्त, 1963 में एक संसदीय बहस के दौरान संसद सदस्य बी0डी0 खोबरागड़े ने कहा, "ऐसा माना जा रहा है कि नेताजी जीवित हैं और सबके सामने इसलिये नहीं आ रहे कि कहीं उनसे युद्ध अपराधी जैसा बर्ताव न किया जाये।" इससे ए0एम0 तारीक ने यह पूछा कि क्या "अमरीकी और जर्मन सरकारों से इस बात की पुष्टि करवा ली गयी है कि

नेताजी युद्ध अपराधी नहीं थे?" तत्कालीन उप विदेश मंत्री दिनेश सिंह का जवाब था, "नहीं, अमरीकी सरकार से ऐसे किसी प्रश्न का प्रश्न ही नहीं उठता, क्योंकि आज तक उसने अपने यहां बनी सूचियों के बाबत हमसे यह नहीं कहा, कि इनमें नेताजी का नाम शामिल है।"

लाल बहादुर शास्त्री से बतौर प्रधानमंत्री भी यह सवाल पूछे जाते रहे और उनका जवाब हमेशा यही होता। 29 मार्च 1965 को एस0एस0 बैनर्जी ने उनसे लोक सभा में कहा, "कई लोग, जो सोचते हैं, कि नेताजी जीवित हैं; इस बात से भयग्रस्त हैं कि वह अंग्रेज़ों के लिये एक युद्ध अपराधी हैं। वह सरकार से इस बारे में साफ गवाही चाहते हैं।"

शास्त्री ने जवाब दिया "जहां तक नेताजी का सवाल है, यह बात सबको पता होनी चाहिये कि उनको इस देश के महानतम् नायक का सम्मान दिया जायेगा।"[11]

सन् 1964 में सुनील दास (जो नेताजी के सहकर्मी थे) ने भगवनजी को खबर दी कि आम बयानों के बावजूद, सरकार युद्ध अपराधी कोण को बहुत गंभीरता से लेती है। यह बात उन्होंने संसद सदस्य सुरेन्द्र मोहन घोष से हुयी बातचीत के आधार पर कही। घोष ने ही प्रधानमंत्री नेहरु के कहने पर शॉलमारी प्रकरण की पड़ताल की थी। घोष ने दास को यह भी बताया कि मित्र राष्ट्रों ने नेताजी का नाम युद्ध अपराधीयों की सुची से इसलिये हटा दिया है, क्योंकि वह सोचते हैं कि नेताजी जीवित हैं ही नहीं। दास और भगवनजी दोनों ने इस बात को खारिज कर दिया।

कहते हैं कि जनवरी 1971 में भगवनजी को उस वक्त बेहद गुस्सा आया जब भारत के युद्ध अपराधियों पर संयुक्त राष्ट्र संधि पर सहमति की स्वीकृति की खबर आयी। इसके अनुसार, द्वितीय विश्व युद्ध के दौरान अपराध करने वालों के खिलाफ हर संभव कार्यवाही की जायेगी और उन्हें सिर्फ इसलिये नहीं छोड़ा जा सकता कि इन अपराधों को अब बहुत वक्त बीत चुका है। इस संधि पर सहमति हस्ताक्षर करने वाले दल का यह दायित्व था कि वह "ऐसे अपराधियों को सौंपने के लिये हर संभव घरेलू प्रयास करें।"[12]

भारत की इस संधि को मानने की ख़बर जी0डी0 खोसला को वकील निहारेन्दु दत्त मजूमदार ने दी—जो वहां नेताजी परिवार के प्रतिनिधि थे। इन दोनों की बहस का ब्यौरा खोसला आयोग की प्रक्रिया में बाकायदा दर्ज है...

> limitations for prosecution of War Criminals. I am wondering what was the special urgency or occasion for India at this time to make such a ratification and what was India's special interest in this matter, unless India has somebody in view or may be for reasons not known to me. Now the question therefore arises that whether in the fitness of things, this Hon'ble Commission should not have a copy of such a Convention placed before it by the Government of India.

Document obtained under the Right to Information

> और क्योंकि इस बात से भय व्याप्त होना स्वाभाविक है, मेरी आपसे गुज़ारिश है कि विदेश मंत्री श्री स्वर्ण सिंह को यहां बुलाने पर विचार किया जाये ताकि वह आयोग के सामने तथ्यों को रख सकें।[13]

पर जस्टिस खोसला ने इस पूरे संधि प्रकरण को बेहद हल्के में लिया। "मैं इसके बारे में पता करुंगा...शायद यह आम बात हो, हम पता करेंगे।"

दत्त ने आयोग को यह सुझाव दिया कि युद्ध अपराधी कोण को सिरे से ख़त्म करने के लिये प्रधानमंत्री इंदिरा गांधी को बतौर गवाह बुलाया जाये। पर खोसला ने न उन्हें बुलाया न ही स्वर्ण सिंह को—शायद वह ऐसा कर ही नहीं सकते थे। पर श्रीमती गांधी का एक लिखित बयान भी इस विवाद को हमेशा के लिये शांत कर देता। सुभाष उनके पिता के मित्र भी रहे थे। जब वह अपनी बीमार मां कमला नेहरु को देखने वियना पहुंचीं थी, तब सुभाष ही उन्हे अस्पताल तक ले गए थे। और वह छोटी इंदिरा के वहां रहने तक "रोज़ कमला से मिलने जाते रहे थे।"[14]

अपनी तरफ से जी0डी0 खोसला ने अपनी रिपोर्ट में युद्ध अपराधी कोण को खासी जगह दी। पर संयुक्त राष्ट्र संधि के बारे में कुछ नहीं कहा। उन्होंने इस केस का दारोमदार मजूमदार पर डाल दिया—पर मजूमदार इसे नहीं सुलझा पाये। उनका सरकार पर यह इल्ज़ाम था कि उसने "जानबूझ कर नेताजी के युद्ध अपराधी होने के सारे सबूत मिटा दिये थे।" खोसला ने इस इल्ज़ाम को खारिज कर दिया।

> ऐसी कोई अन्तर्राष्ट्रीय संधि नहीं जो यह साबित करे कि नेताजी युद्ध अपराधी हैं या थे। सरकार ने किसी अन्तर्राष्ट्रीय संस्था को नेताजी को सौंपने का वायदा नहीं किया है। न ही उनके भारत आने पर कोई रोक–टोक है। उनको युद्ध अपराधी कहना महज़ कल्पना का हिस्सा है जो कोई तर्क नज़र नहीं करता। यह हमें असली मुद्दे से भटकाने का प्रयास है।[15]

सन् 1998 में एक बार फिर इस विवाद को हवा मिली। पूर्व विधायक श्याम सुन्दर महापात्रा की एक जनहित याचिका का जवाब देते हुये उड़ीसा हाईकोर्ट ने केन्द्र सरकार को आदेश दिया कि वह "ब्रिटिश सरकार से इस बारे में बात करें और नेताजी का नाम युद्ध अपराधियों की सूची में से हटवायें।" फरवरी 1999 में गृह मंत्री एल0के0 आडवाणी ने लोक सभा सदस्य इश दत्त यादव और राम गोपाल यादव को बताया कि ब्रिटिश सरकार ने इस बात की पुष्टि की है कि, "नेताजी का नाम उनके द्वारा बनाई ऐसी किसी सूची में नहीं था।"

मुखर्जी आयोग के गठन से पहले भी दो व्यक्तियों ने निजी स्तर पर यह तथ्य भारत और ब्रिटेन की सरकारों से जानने चाहे। वकील बीजान घोष के सवाल से परमानेन्ट मिशन ऑफ इण्डिया, यूनाईटेड नेशन्स में भी सवाल उठे। मिशन ने दिल्ली को बताया कि:

> संयुक्त राष्ट्र युद्ध अपराधियों की कोई सूची नहीं रखता। महज़ अभिलेखन के कामों में संयुक्त राष्ट्र युद्ध अपराध आयोग के रिकॉर्ड्स को संभालना शामिल है। पता नहीं कि नेताजी का नाम इन रिकॉर्ड्स में दर्ज़ है या नहीं। अगर हम यह बात जानना चाहते हैं तो हमें सेक्रेट्री जनरल तक पी0आर0 के जरिये एक औपचारिक प्रार्थना पत्र भेजना होगाए ताकि रिकॉर्ड्स को छाना जा सके। पर इससे इस बात का शक दोगुना होगा कि नेताजी एक

> युद्ध अपराधी थे। संयुक्त राष्ट्र सचिवालय के अनुसार इन सूचियों से कोई नाम हटाया नहीं जा सकता...तो सवाल यह है कि क्या ऐसा कोई कदम उठाना लाभदायक होगा?

ओस्लो में रहने वाले अमलेन्दु गुहा ने 9 दिसंबर 1998 को ब्रिटिश प्रधानमंत्री टोनी ब्लेयर से यह पूछा कि

"i क्या सुभाष का नाम युद्ध अपराधी के तौर पर दर्ज़ है?
ii अगर हां, तो किस सरकार के पास?
iii और कब से?"

22 दिसंबर को विदेश और कॉमनवेल्थ कार्यालय से उन्हें इस बात का जवाब मिला।

> सुभाष और आई0एन0ए0 के अन्य सदस्यों से होने वाले बर्ताव के बारे में हिज़ मैजस्टी और भारत सरकार में सन् 1945 में बात हो चुकी थी। इस बारे में अब सारे दस्तावेज़ आम किये जा चुके हैं। कुछ ट्रांस्फर ऑफ पॉवर के वॉल्यूम 6 में प्राप्य हैं। बाकी अन्य ब्रिटिश लाइब्रेरी और पब्लिक रिकॉर्ड्स ऑफिस से मिल सकते हैं।

मैंने अपनी कोशिशें सन् 2003 में शुरु कीं और अमरीकी अभिलेखागार नारा से संयुक्त राष्ट्र युद्ध अपराध आयोग से उन सूचियों की मांग की जिसमें द्वितीय विश्व युद्ध के युद्ध अपराधियों के नाम थे। आर0ई0 कुकसन कैपचर्ड जर्मन रिकॉर्ड्स के अभिलेखपाल थे। उन्होंने मुझे बताया कि "सुदूर पूर्व और पैसिफिक उप–आयोग के मिनट्स ऐसी किसी विवरण की जानकारी नहीं देते।"

अक्टूबर 2003 में आस्ट्रेलिया के विदेश मामलों और व्यवसाय विभाग के भारत एवं दक्षिण एशिया अनुभाग के निदेशक रहे, फिलिप स्टोनहाउस ने मुझे बताया कि "आस्ट्रेलिया के पास संयुक्त राष्ट्र युद्ध आयोग के रिकॉर्ड्स हैं...पर जो जानकारी आप चाहते हैं वह राष्ट्रीय अभिलेखागार के पास है।"

मेलबर्न राष्ट्रीय अभिलेखागार की लोरेटो टेबलाईन ने सुभाष चन्द्र बोस या काता काना के रिकॉर्ड्स ढूंढ़ निकालने में कोई कसर नहीं छोड़ी। नेताजी को जापानी लोग काता काना के नाम से जानते थे। पर बहुत ढूंढ़ने के बाद भी उन्हें कुछ नहीं मिला—काता काना का नाम जहां हो सकता था, वहां पर था नहीं, वह हिस्सा उन्होंने मुझे भेजा। अभिलेखागार ने कहा कि इस मुद्दे पर "गहरे शोध की जरुरत थी।"

मुझे बात में ज्ञात हुआ कि नेताजी का नाम युद्ध अपराधियों की सूची में न होने की जानकारी विदेश मंत्रालय ने मुखर्जी आयोग को दी थी। 11 अप्रैल 2002 को संयुक्त राष्ट्र में भारत के परमानेन्ट मिशन के उप–प्रतिनिधि ए0 गोपीनाथन ने मंत्रालय को लिखा कि "मिशन से एक प्रथम सचिव ने संयुक्त राष्ट्र युद्ध अपराध आयोग की सूचियों को देखा था।"

> इस बात का कहीं कोई इशारा नहीं मिलता कि नेताजी का नाम इन सूचियों में था और बाद में मिटा दिया गया। यह सोचना सही है कि उनका नाम कभी यहां था ही नहीं।

A. Gopinathan
Deputy Permanent
Representative

सत्यमेव जयते

संयुक्त राष्ट्र स्थित भारत का स्थायी मिशन
न्यूयॉर्क

PERMANENT MISSION OF INDIA
TO THE UNITED NATIONS
235 EAST 43RD STREET
NEW YORK, N.Y. 10017
TEL: (212) 490-9660
FAX: (212) 490-9656

No. NY/PM/443/8/98 April 11, 2002

My dear Jayant,

This is with reference to your letter DO No. 25/4/NGO-Vol.VII of March 31, 2002 on the question of the name of Netaji's appearing in the list of War Criminals maintained at UN archives.

2. We have looked at papers on the subject in the Mission. As mentioned in the letter of April 7, 1999, First Secretary (Legal Adviser), Shri Narinder Singh had gone through the lists of war criminals in the records of the UN War Crimes Commission. I am attaching herewith a copy of page 26 of the Archives Group which lists the Central Registry of War Criminals and Security Suspects of the Allied Control Authority, including the Supplementary Wanted Lists.

3. It was also seen by Shri Singh during his physical examination that there was no entry regarding charges filed by any State against any Indian national in the lists of charge files consisting of formal charges submitted by States to the Commission.

4. In view of the above, we would like to confirm that the lists mentioned in the enclosure to Missions letter of April 7, 1999 are exhaustive. There is absolutely no indication whatsoever that Netaji's name was ever included in any of the lists and was deleted subsequently. Therefore, it would be safe to conclude that the name of Netaji was not included in the lists at any time.

With regards.

Yours sincerely,

(A. Gopinathan)

Document obtained in public interest

पर चिराग़ का जिन्न अभी भी वापस चिराग़ में नहीं पहुंचा है। मुखर्जी आयोग की बहुतेरी कोशिशों के बाद भी सरकार ने यह नहीं बताया कि सन् 1971 में भारत ने युद्ध अपराधियों के बाबत किसी संधि को मान्यता दी थी या नहीं। अगर ऐसा था तो वह कौन से भारतीय युद्ध अपराधी थे, जिनको ध्यान में रखकर इस संधि पर हस्ताक्षर किये गये थे?

जवाब आज भी नहीं मिला है।

परिशिष्ट 3
बात काल्पनिक कहानियों की

मार्क फेन्सटर की पुस्तक *कान्सपिरेसी थ्योरीज़ः सीक्रेसी एण्ड पॉवर इन अमेरिकन कल्चर*, अपनी तरह की एक ही किताब है। इसमें 1990 के दशक में अमरीका में प्रचलित काल्पनिक, राजनीतिक किस्सो और दावो की विस्तृत विवेचना के बाद यह तय किया गया कि इनमें से ज़्यादातर बातें "बराबरी और एकता के लिये किये गये लोकतांत्रिक संघर्ष"[1] की श्रेणी में आतीं थीं। अगर फेन्सटर भारतीय स्थिति पर ध्यान केन्द्रित करें, तो उन्हें यहां एक बड़ा अंतर नज़र आयेगा। यहां पर एक कॉन्सपिरेसी थ्योरिस्ट होना बड़ा फायदेमंद है...इस प्रक्रिया का इस्तेमाल कर कोई भी व्यक्ति यहां की भोली-भाली जनता को फुसला कर अपने उच्चस्तरीय राजनैतिक स्वार्थों को आसानी से साध सकता है।

नेताजी के मसले को ग़लत राह पर डाल देने में रुचि रखने वाले ज़्यादातर लोग या, साफ कहें तो, इसके विरोधी कांग्रेसी या उनके सर्मथक रहे हैं। वह काफी हद तक भारतीय बुद्धिजीवियों व साधारण जनता को यह समझाने में सफल हुये हैं कि यह सारा मामला केवल मूर्खों और षड्यंत्रकारियों का उठाया हुआ है। फेन्सटर मानते हैं कि किसी भी समाज में किसी महत्वपूर्ण मुद्दे को महज़ षड्यंत्र या काल्पनिक कहकर खारिज कर देने से बड़ी बेइज़्ज़ती और कुछ नहीं हो सकती। तो फिर मेरे जैसे नेताजी का सच खोज करने वाले शोधकर्ता इसी नाम से बदनाम हैं—कान्सपिरेसी थ्योरिस्ट (काल्पनिक

कहानियो के रचियता)। जाहिर है, हमें यह तमगा देने वाले लोग खुद को सच्चाई और समझदारी का प्रतिनिधि मानते हैं।

इसमें कोई शक नहीं कि नेताजी मृत्यु प्रकरण में अनगिनत बेकार बातें भी कही जाती रहीं है। भारत में लगभग हर बड़े मुद्दे पर ऐसा ही होता है। जहां तक नेताजी के मामले का सवाल है, यहां लोगों को आसानी से मुंह खोलने का मौका मिल जाता है। दूसरे मुद्दो पर कुछ भी कहने से उनकी हिम्मत जवाब दे जाती है।

यह बात तब की है जब 'कॉन्सपिरेसी थ्योरिस्ट' को ऑक्सफर्ड डिक्शनरी में जगह नहीं मिली थी—तब संसद में एक अजीब सी 'थ्योरी' आयीः

26 जुलाई 1991 को राज्य सभा स्वर्गीय राजीव गांधी की हत्या की जांच के बारे में बात कर रही थी और इसी वक्त, तत्कालीन गृह मंत्री एस0बी0 चव्हाण ने कहा कि एल0टी0टी0ई0 के अलावा यह संभव था कि "कुछ अंतर्राष्ट्रीय ताकतो का हाथ भी इस हत्या में शामिल हों।" अपनी बात के समर्थन में उनका कहना थाः

> हमें अच्छा लगे या बुरा पर तीसरी दुनिया का नेता यदि किसी देश को माना जा सकता है, तो वह है भारत—और भारत का तात्पर्य है, राजीव गांधी। ऐसे में अन्य देशों का महाशक्ति के रुप में उभरना असंभव ही था...तो इन देशों को यह सोचना पड़ सकता था कि राजीव गांधी को जीवित छोड़ना है या नहीं? यह साफ था कि उनके जाने के बाद भारत के पास अन्य शक्तियों से जूझने के लिये कोई और नेता नहीं होगा। मुझे इसी बात का शक है। अब हमें यह पता लगाना है कि इनमें से राजीव गांधी की हत्या के पीछे किसका हाथ है।[2]

सबको पता था कि इस नृशन्स हत्या के पीछे या तो कोई घरेलू हाथ था और या फिर एल0टी0टी0ई0 इसमें शामिल था। पर चव्हाण को इसमें अमरीका का हाथ नज़र आ रहा था। इसी आधार पर सन् 1998 में एक मल्टी डिस्पिलिनेरी मॉनिटरिंग एजेन्सी (एम0डी0एम0ए0) बनाई गयी, जिसमें रॉ, सी0बी0आई0, आई0बी0, मिलिट्री इण्टेलिजेंस के आला अफसर शामिल किये गये। अगले दस सालों तक, यह एक अन्तर्राष्ट्रीय षड्यन्त्र के निशान ढूंढ़ते रहे। क्योंकि कहीं ऐसा कोई षड्यन्त्र था ही नहीं, न कुछ हाथ आना था—न आया। एल0टी0टी0ई0 ने हत्या में अपनी भूमिका मान ली और सब बड़े खलनायक या तो मारे गये या मर गये, पर एम0डी0एम0ए0 आज भी कायम है—इसे आगे भी कुछ नहीं मिलने वाला।

पर चव्हाण ऐसी कहानियाँ गड़ने वाले पहले कांग्रेसी नहीं थे। 1970 का दशक ऐसे लोगों के लिये स्वर्णिम काल था। सन् 1972 में शंकर दयाल शर्मा (होने वाले राष्ट्रपति) ने मीडिया को बताया कि अमरीकी खूफिया एंजेसी सी0आई0ए0 भारत के सामाजिक–आर्थिक ढांचे को खोखला कर रही है। 20 अक्टूबर को उन्होंने सी0आई0ए0 पर इल्ज़ाम लगाया कि वह "विरोधी दलों के साथ सांठ–गांठ कर हमारी गरीबी उन्मूलन की योजना को ठप कर रही है।"[3]

29 नवंबर 1974 को 21 सांसदों ने सी0आई0ए0 और अमरीका पर भारत में आंतरिक

गड़बड़ी फैलाने का आरोप लगाया। जय प्रकाश नारायण के नेतृत्व वाले आंदोलन का नाम लिये बिना, उनका यही इशारा था कि इसे बाहर से समर्थन प्राप्त था, ताकि "भारतीय लोकतंत्र चरमरा सके।"[4]

1 जुलाई 1975 को आपातकाल की घोषणा के बाद कांग्रेस के देवकांत बरुआ ने पार्टी के युवा कार्यकर्ताओं से कहा कि "भारत में विरोधी दल आंतरिक और बाहरी आंदोलनकारियों के साथ भारतीय लोकतंत्र को बर्बाद करना चाहते हैं।" उन्होंने आर0एस0एस0 और आनंद मार्ग पर रेल मंत्री एल0एन0 मिश्रा की हत्या और चीफ जस्टिस ऑफ इण्डिया की हत्या की साजिश रचने का आरोप लगाया।[5]

प्रधानमंत्री इंदिरा गांधी के नेतृत्व में कांग्रेसियों ने पूरे देश में ऐसी भावनायें फैलाईं कि हर छोटे से छोटे आंदोलन में अमरीका का हाथ दिखने लगा।

मेरा यह कहना कतई नहीं है कि सी0आई0ए0 विश्व जनकल्याण में लगी एक संस्था है, पर अमरीका पर ऊलूल–जलूल आरोप लगाना कही की अकलमंदी नहीं। अमरीका को भारत के विरुद्ध जाने में कुछ लाभ नहीं है। भारत से मित्रता उनके और हमारे हित में है।

लेकिन पुरानी कांग्रसी परम्परा आज भी जारी है। हमारे 'दिग्गी राजा'—यानी दिग्विजय सिंह को 2008 के मुम्बई आतंकी हमलो में शायद सी0आई0ए0 और हमारी अपनी आई0बी0 का हाथ नजर आता है। इनके एक चेले अमरीश मिश्रा का कहना है कि मनमोहन सिंह और सोनिया गांधी ने मिलकर नेशनल इण्टेलिजेंस एजेन्सी इसलिये बनायी क्योंकि आई0बी0 पुराने विचारों पर चलकर 'केसरिया' हो चली थी।

और तो और अन्ना हज़ारे के आंदोलन को अमरीका से समर्थन मिला था ताकि मनमोहन सिंह सरकार को गिराया जा सके—यह एक 'लेटेस्ट थ्योरी' है!

खैर, बात नेताजी मामले की लें:

थ्योरी नं0 1 : नेताजी के भारत वापस ना आ पाने में गांधीजी का हाथ था।

राष्ट्रपिता के ऊपर इल्ज़ाम लगाती इस अविश्वसनीय 'थ्योरी' को कई बार उछाला गया है। जैसे कि, *हिन्दुस्तान टाइम्स* की 23 जनवरी 1971 की एक रिपोर्ट जो दरअसल खोसला आयोग के सामने दी गयी एक अश्रुपूर्ण गवाही पर आधारित है–

> खुद को नेताजी का अंगरक्षक बताने वाले श्री उस्मान पटेल ने कहा कि... महात्मा गांधी, श्री नेहरु, श्री जिन्ना और मौलाना आज़ाद, का एक अंग्रेज़ी जज से यही समझौता था कि अगर नेताजी भारत आते हैं तो उन्हें सौंप दिया जायेगा।

मेरा इस बारे में यही कहना है कि इसके समर्थन में कोई सबूत उपलब्ध नहीं हैं। गाँधी जी खुद सुभाष की कथित मृत्यु का सच्च जानना चाहते थे।

थ्योरी नं0 2 : पण्डित जी ने नेताजी को धोखा दिया।

इतिहास की ज़रा सी जानकारी रखने वाला हरेक व्यक्ति इस बात को सुनता आया है। नेहरु के मित्र जी0डी0 खोसला ने अपनी रिपोर्ट में यह दिखाने की पूरी कोशिश की थी कि नेहरु और बोस के आपसी रिश्ते सुमधुर थे। जस्टिस मुखर्जी ने इन रिश्तों के बारे

में केवल उतनी ही बातें कीं, जितनी आधिकारिक तौर पर जरुरी थीं। उन्होने सन् 1946 की एक खुफिया रिपोर्ट का जिक्र किया जिसे ब्रिटिश अफसरों ने खारिज कर दिया था।

> एक सीक्रेट रिपोर्ट के मुताबिक नेहरु को नेताजी का ख़त मिला था, जिसमें नेताजी ने अपनी भारत आने की इच्छा जतायी थी। उन्होंने कहा, कि वह चित्राल होते हुये आएंगे और शरत् बोस का एक पुत्र वहीं उनसे मिले। सूचना के मुताबिक गांधी और शरत् बोस दोनों इस बात को जानते थे...पर यह कहानी सच नहीं हो सकती[6]...

इंटरनेट के इस दौर में शक ने अपनी जड़ों को और भी गहरा जमा लिया है। पूर्व आई0बी0 संयुक्त निदेशक मलय कृष्ण धर ने फेसबुक पर कह दिया "नेहरु ने नेताजी को वापिस बुलाया ही नहीं, इसलिये वह रुसी जेल में ही ख़त्म हो गये।" डॉ0 सुब्रह्मण्यम स्वामी का भी कुछ ऐसा ही कहना है।

श्यामलाल जैन नाम के एक व्यक्ति ने खोसला आयोग के सामने एक अन्य भयावह आरोप जड़ा। जैन के मुताबिक, सन् 1946 में वह आसफ अली के स्टेनो थे। उसी साल, दिसंबर में नेहरु ने उन्हें अली के घर बुलवाया। आगे की कहानी सन् 2000 के *हिंदुस्तान टाइम्स* में है:

> जैन का इल्ज़ाम था कि नेहरु ने उनसे एक हस्तलिखित नोट की टाइप्ड प्रतियां बनाने के लिये कहा। इस नोट के अनुसार नेताजी दायरेन होते हुये रुस पहुंचे थे। नेहरु ने उनसे ब्रिटिश प्रधानमंत्री एटली को भी एक पत्र टाइप करने के लिये कहा जिसकी विषयवस्तु यह थी—"बोस, आपका युद्ध अपराधी, स्टालिन द्वारा रुसी क्षेत्र में आने दिया गया हैं—यह रुसियों द्वारा दिया गया धोखा है। आज तक स्टालिन ब्रिटिश व अमरीकियों का साथी था। इस बात को ध्यान में रख कर उचित कदम उठायें।"[7]

अख़बार के मुताबिक, इस सूचना को आयोग के सामने किसी ने चुनौती नहीं दी "जस्टिस खोसला ने भी इसको ज़्यादा तूल नहीं दिया—पता नहीं क्यों नहीं दिया?"[8]

अगर यह बात *हिन्दुस्तान टाइम्स* जैसा अख़बार और एक ऐसा वरिष्ठ पत्रकार, जो बाद में *इण्डियन एक्सप्रेस* और फिर एन0डी0टी0वी0 में रहा, लिख सकता है, तो फिर आप समझ सकते हैं कि लोग अन्यत्र क्या–क्या कहते फिरते होंगे।

इसके अलावा, ऐसा भी कुछ है, जिस पर जैन की कहानी से ज़्यादा भरोसा किया जा सकता है। सन् 1985 में एक रिटायर्ड इण्टेलिजेंस ब्यूरो अधिकारी धर्मेन्द्र गौड़ ने दावा किया कि सन् 1956 में एटली के लखनऊ दौरे के दौरान उनको सर्विलांस पर रखा गया। गौड़ के मुताबिक, एटली ने मुख्यमंत्री डॉ0 सम्पूर्णानन्द को बताया कि नेताजी मन्चूरिया के रास्ते रुस पहुंचे थे। गौड़ ने बताया कि इस पूरी बातचीत का टेप आई0बी0 मुख्यालय भेजा गया।

कुछ बातें इसको इसे षड्यन्त्र के दायरे में ला कर खड़ा कर देती हैं। पहली बात यह कि उस वक्त सम्पूर्णानन्द भगवनजी के सम्पर्क में थे, जो लखनऊ में ही थे। दूसरी रोचक बात यह कि जब एटली कोलकाता पहुंचे तो उन्होंने वहां के कार्यकारी राज्यपाल

और कोलकाता उच्च न्यायालय के मुख्य न्यायाधीश से कहा कि उन्होंने भारत को आज़ादी गांधी के शान्तिवादी सिद्धान्तों की वजह से नहीं, बल्कि कुछ अन्य कारणों, जिसमें नेताजी का संर्घष प्रमुख था, के लिए दी।

यह बात इसलिये नज़रअंदाज़ नहीं की जा सकती क्योंकि जस्टिस पी0बी0 चक्रवर्ती ने इसे खुद इतिहासकार आर0सी0 मजूमदार को बताया। मजूमदार ने इसका वर्णन अपने एक लेख में किया। इसलिए, यह बात साफ है कि सन् 1956 दौरे के वक्त ऐटली काफी मुखर थे। गौड़ की बात को नगण्य कहा जा सकता है क्योकि वह कोई बड़े अफसर नहीं थे, पर चक्रवर्ती और मजूमदार किसी प्रचार के भूखे नहीं थे।

मलय धर भी किसी राजनैतिक दल के सदस्य नहीं थे। इसके अलावा सन् 2006 में डॉ0 सुब्रह्मण्यम स्वामी ने एक विज्ञप्ति मे कहा कि:

> चन्द्रशेखर की जनता सरकार के दौरान, राजनैतिक मामलों की कैबिनेट कमेटी (जिसमे स्वामी शामिल थे) ने, जापानी लोगों की नेताजी के अवशेषों को भारत भेजने के फैसले का अध्ययन किया। पर सारी फाईलों को देखने के बाद, हमने इसे खारिज कर दिया। ऐसा इसलिये हुआ, क्योंकि कैबिनेट के कागज़ातों में एक ऐसा ख़त था, जिसमें प्रधानमंत्री के स्टेनो के मुताबिक नेहरु ने एटली को यह बताया था कि स्टॉलिन ने नेताजी को एक रुसी कैम्प में रखा हुआ था और ब्रिटेन को कुछ करना चाहिये था क्योंकि नेताजी एक युद्ध अपराधी थे। यह बयान खोसला आयोग के सामने भी दिया गया, पर जस्टिस खोसला ने इसको तूल नहीं दिया।[9]

थ्योरी नं0 3: नेताजी और शास्त्री जी की मृत्यु में कोई नाता है।

पूर्व प्रधानमंत्री लाल बहादुर शास्त्री की मृत्यु के संबंध में कोई कम विवाद नहीं है। यह अपने आप में एक महत्वपूर्ण मुद्दा है। 10 जनवरी 1966 में ताशकन्द में हुये 7 दिवसीय भारत–पाकिस्तान समिति के दौरान शास्त्री बिल्कुल स्वस्थ दिख रहे थे, जबकि उन्हें सन् 1959 और 1964 में दिल के दौरे पड़ चुके थे। शाम चार बजे समझौते पर हस्ताक्षर के बाद और 6 बजे रिसेप्शन के बाद वह अपने विला में पहुंचे। वहां मुहम्मद जान का बनाया हल्का–फुल्का खाना: खाया। जान भारतीय राजदुत टी0एन0 कौल के निजी खानसामा थे। इसके अलावा वहां एक रुसी बटलर अहमद सत्तारोव भी मौजूद थे। रात 11:30 बजे शास्त्री ने दूध पिया और जब तक उनसे उनके निजी स्टॉफ ने विदा ली—तब तक वह सेहतमंद नज़र आ रहे थे।

रात 1:15 पर शास्त्री को तेज़ खांसी उठी और उन्होंने खुद अपने स्टॉफ से अपने निजी डॉक्टर आर0एन0 चुघ को बुलाने के लिये कहा। चुघ उसी विला में दूसरे कमरे में थे। वहां आने पर उन्होंने शास्त्री को मौत के शिकंजे में देखा। उन्हें दिल का दौरा पड़ा था—आखिरकार, बहुत कोशिशों के बावजूद, वह चल बसे।

यह मुद्दा एच0वी0 कॉमथ, जे0बी0 कृपलानी, प्रकाश वीर शास्त्री, मधु लिमये समेत अन्य संसदीय सदस्यों ने 16 फरवरी 1966 को संसद में उठाया। शास्त्री के शरीर पर नीले दाग़ थे और हल्का सा कट भी था—जो ज़हर से मृत्यु की तरफ इशारा कर रहे

थे। यह सभी लोग सरकार के जवाब से सन्तुष्ट नहीं थे। सन् 1970 में, नेताजी की मृत्यु की दोबारा पड़ताल से उत्साहित विरोधी दलों ने शास्त्री जी की मृत्यु पर भी पड़ताल की मांग की। अप्रैल 1970 में राज्य सभा सदस्य और शास्त्री के दोस्त टी0एन0 सिंह ने यह दावा किया कि शास्त्री के परिवारीजन ने पोस्टमार्टम की मांग की थी, जिसे प्रधानमंत्री गुलज़ारी लाल नंदा ने ठुकरा दिया।

18 दिसंबर 1970 को गृह मंत्रालय ने इस मामले के 'तथ्य' सबके सामने रखे—जिसमें सन् 1966 और 1970 में जारी की गयी मेडिकल रिपोर्ट्स भी शामिल थीं। सन् 1966 की रिपोर्ट में उनकी मौत दिल के दौरे से बतायी गयी।[10] यह रिपोर्ट डॉ0 चुघ और अन्य सोवियत डॉक्टरों द्वारा हस्ताक्षरित थी। नवंबर 1970 की रिपोर्ट के अनुसार, उनके शरीर पर नीले दाग 'एमबांमिंग' (मृत्यु शरीर को सुरक्षित रखने के लिए रसायन का लेप लगाने की प्रक्रिया) के दौरान पड़े थे। इसके अलावा, सरकार ने टी0एन0 सिंह के दावे को साफ खारिज कर दिया।

कुछ लोग मानते हैं कि सरकार का कहना एकतरफा रहा। प्रकाश वीर शास्त्री चाहते थे कि सरकार सुरक्षा अफसर जी0सी0 दत्त को शास्त्री की मृत्यु से एक दिन पहले ड्यूटी से हटा देने की सफाई दे। दत्त टी0एन0 कौल द्वारा करवाए गए इंतज़ामों से संतुष्ट नहीं थे।

सन् 1996 में शास्त्री के पुराने वफादार सी0पी0 श्रीवास्तव ने अपनी किताब *लाल बहादुर शास्त्रीः ए लाइफ ऑफ ट्रूथ इन पॉलिटिक्स* में शास्त्री की मृत्यु पर निजी पड़ताल के नतीजे दिखाये। क्योंकि वह खुद वहां मौके पर मौजूद नहीं थे, उन्होंने स्टॉफ के अन्य सदस्यों से इस बारे में पूछताछ की। श्रीवास्तव ने एक ब्रिटिश डॉक्टर से भी बात की, जिनका मानना था कि हालांकि बिना पोस्टमार्टम के कुछ भी कहना असंभव था—सारे हालात दिल के दौरे के कारण हुयी मृत्यु की तरफ ही इशारा कर रहे थे। इसके अलावा सन् 1966 में श्रीवास्तव ने तत्कालीन गृह सचिव से भी बात की थी। एल0पी0 सिंह ने उन्हें बताया कि पोस्टमार्टम का मुद्दा उनकी टी0एन0 कौल के साथ हुयी बातचीत में उठा तो था, पर डॉ0 चुघ और अन्य सोवियत डॉक्टरों की रिपोर्ट्स के मद्देनज़र इस संभावना से इंकार कर दिया गया।

मैंने खुद भी सूचना के अधिकार के दौरान प्रधानमंत्री कार्यालय और विदेश मंत्रालय से इस बारे में जानकारी ली। प्रधानमंत्री कार्यालय ने मुझे बताया कि शास्त्री की मृत्यु से जुड़ा केवल एक ही वर्गीकृत दस्तावेज़ था। इसके अलावा कोई और दस्तावेज़ था ही नहीं।

1 जुलाई 2009 को विदेश मंत्रालय ने सूचना दी कि उसके पास इस बारे में कोई जानकारी थी ही नहीं। यह बात अजीब थी, क्योंकि प्रधानमंत्री की आकस्मिक मृत्यु से मॉस्को में इण्डियन एम्बैसी के होश गुम हो गये होंगे। कौल ने आनन–फानन में दिल्ली को इस बारे में बताया भी होगा। अनगिनत टेलीफोन मिलाये गये होंगे—मंत्रालय ने हर संभव जानकारी इकट्ठी की होगी। सोवियत लोगों ने भी भारतीय लोगों की हर संभव मदद की होगी। संदेह का धुंआ उठने पर विदेश मंत्रालय ने इस बात की तह तक जाने की कोशिश की होगी—तो फिर कोई जानकारी उपलब्ध कैसे नहीं थी?

विदेश मंत्रालय के मुताबिक डॉ0 चुघ और सोवियत डॉक्टरों की रिपोर्ट ही इस बारे

में इकलौता काग़ज़ था। मंत्रालय ने इस बात की पुष्टि की कि मॉस्को में कोई पोस्टमार्टम हुआ ही नहीं था। यह बात मुझे दिल्ली पुलिस ने भी बताई कि कोई पोस्टमार्टम भारत में भी नहीं हुआ था।

21 जुलाई को मैंने दूतावास, विदेश मंत्रालय और रुसी विदेश मंत्रालय के बीच हुयी सारी बात के लिखित ब्यौरे के लिये सूचना के अधिकार का इस्तेमाल किया। जवाब देर से मिला और मुझे यह कहकर मना कर दिया गया कि यह दस्तावेज़ आम करना देश के हित में नहीं होगा।

मुख्य सूचना आयुक्त सदानंद मिश्रा के कहने पर ही अगस्त 2011 में मुझे डॉ0 चुघ की रिपोर्ट और राज्य सभा में दिये गये विदेश मंत्रालय के बयान मंत्रालय से मिल सके। प्रधानमंत्री कार्यालय के पास रखा रिकॉर्ड कितना गोपनीय था—इस बात का फैसला करने के लिये मिश्रा ने वह रिकॉर्ड अपने पास मंगवाया। उसे देखने के बाद, उन्होंने यह नतीजा निकाला कि इसे आम करना, वाकई अपने एक मित्र राष्ट्र के साथ सम्बन्ध बिगाड़ना होगा।

मुझे बाद में पता लगा कि इस रिकॉर्ड में एक ऐसी इण्टेलिजेंस रिपोर्ट का हवाला था, जिसमें सी0आई0ए0 ने शास्त्री की मृत्यू "अप्राकृतिक" होने की "अफवाह" उड़ाई थी। मुझे नहीं लगता कि इस बात में कोई सत्य था। उल्टे मेरे हाथ हेनरी किसिंगर का अमरीकी राष्ट्रपति रिचर्ड निक्सन को लिखा एक ख़त लगा, जिससे यह साफ था कि अमरीका को न ही रुस पर शक था, और न ही किसी और पर। हमें यह नहीं भूलना चाहिये कि रिचर्ड निक्सन और किसिंगर, दोनों ही भारत और इंदिरा गांधी के सख़्त खिलाफ थे। फिर भी भारत के साथ रुसी प्रधानमंत्री ए0 कोसीगिन के बारे में इस गोपनीय खत में किसिंगर ने लिखा कि "ताशकन्द में श्री शास्त्री के अचानक दिल का दौरा पड़ने में, ए0 कोसिगिन से उनकी मुलाकातों का कोई हाथ नहीं है।"[11]

पता नहीं भारत में हो रही अधिकतर वारदातों में कुछ लोगों को अमरीका का हाथ क्यों दिखता है—शास्त्री और राजीव गांधी हत्याकाण्ड; 26/11; जय प्रकाश नारायण का आंदोलन या अन्ना हज़ारे का आंदोलन। ओर तो और, सत्यनारायण सिन्हा ने खोसला आयोग को जो भी बताया, उससे यही बात नेताजी मसले पर भी फिट बैठती है। उनके मुताबिक, जब उन्होंने नेताजी के रुस में होने की बात नेहरु को बतानी चाही, तो नेहरु ने इसे "अमरीकी हथकण्डा"[12] और सिन्हा को "अमरीकी एजेन्ट" बताया।

Dr. S.N. Sinha: There was an open debate in Parliament after that and then he asked me in a private letter, "How many times I had been to the American Embassy and whether I was their agent or not?

Commission: Was it in connection with Netaji Bose ?

Dr. S. N. Sinha: Netaji Subhas Bose's case.

गौरतलब है कि शास्त्री की "अप्राकृतिक" मृत्यु की अफवाह में सी0आई0ए0 की खास कोशिशों की ज़रुरत नहीं थी; क्योंकि यह अफवाहें उनके स्वर्गवास के साथ ही शुरु हो गयीं थीं। अहमद सत्तारोव ने ब्रिटिश अखबार द *टेलीग्राफ* को 18 फरवरी 1998 को बताया कि "सुबह 4 बजे उन्हें शास्त्री को ज़हर देने के शक के तहत पकड़ लिया गया और जेल में डाल दिया गया था।" उन्हें तभी छोड़ा गया, जब इस बात की पुष्टि हो गयी कि श्री शास्त्री की मृत्यु "दिल के दौरे से हुयी थी"[13]

इसके अलावा, शास्त्री जी के बेटे सुनील शास्त्री और पोते सिद्धार्थ नाथ सिंह ने भी मुझे बताया कि उन्हें ज़हर दिये जाने की बात दिल्ली में उनके पार्थिव शरीर के आते ही शुरु हो गयी थी। शास्त्री की बूढ़ी मां ने पुराने नुस्खों से उनके शरीर की जांच की और चिल्लाईं; "मेरे बिटवा को ज़हर दे दिया।" घरवालों ने पोस्टमॉर्टम की इच्छा जताई। समय के साथ डॉ0 चुघ के साथ जो हुआ, उस पर भी इन लोगों को शक रहा है। सन् 1977 में डॉ0 चुघ और उनका परिवार एक ट्रक से भिडंत में मारा गया। बचने वालों में केवल उनकी बेटी थी, पर वह पंगु हो गयी।

इस पूरे प्रकरण ने जगदीश कोदेसिया का नाम ज़हन में आता है। यह पूर्व कांग्रेस प्रमुख थे। 1 मार्च 1971 को खोसला आयोग के सामने उन्होंने यह बयान दिया कि "शास्त्री जी एक ऐसे व्यक्ति थे, जिन्होंने नेताजी की मृत्यु की बात पर कभी भरोसा नहीं किया। गृह मंत्री बनते ही वह यह जानना चाहते थे कि सुभाष जीवित थे या नहीं।" उनका अगला दावा और भी थर्राने वाला था, "उनके प्रधानमंत्री बनने के बाद ही वह नेताजी की गुमशुदगी की जांच करवाने पर काम कर रहे थे।"

> शास्त्री जी एक नया जांच आयोग चाहते थे। अगर वह जी पाते...तो ऐसा ही होता...[14]

कोदेसिया की बात पर विश्वास फिलहाल इसलिये नहीं होता क्योंकि अमिय नाथ बोस के दस्तावेज़ यह दिखाते हैं कि शास्त्री इस मुद्दे पर आधिकारिक ज़ुबान ही बोल रहे थे।

7 अगस्त 1964 को अमिय ने शास्त्री को नेहरु से हुयी अपनी बातचीत के सारे ब्यौरे और एक ख़त भेजा। उन्होंने नेहरु की नेताजी मसले की पड़ताल करवाने की मंशा पर शास्त्री का ध्यान आकृष्ट किया, और शास्त्री से उचित कदम उठाने की प्रार्थना की। 12 अगस्त को उन्हें शास्त्री का ख़त मिला, जिसमें उन्होंने मामले की पड़ताल का आश्वासन दिया।

पर जब उन्हें आगे कुछ होता हुआ नहीं दिखा, तो अमिय ने लिखा "दुर्भाग्यवश श्री शास्त्री ने इस मामले में कोई कदम नहीं उठाये।" पर आधिकारिक रुप से शास्त्री ने बंगाल के मुख्यमंत्री प्रफुल्लचन्द्र सेन से इस बारे में बात की। 2 सितंबर 1964 को उनका सेन को लिखा ख़त, इसी बात का इशारा करता है।

जो पत्र नेहरु ने अमिय को लिखा, उस पर शास्त्री की टिप्पणी थी: "इस ख़त में ऐसा कुछ नहीं; जो यह साबित करे कि नेहरु जी, नेताजी मामले की नये सिरे से पड़ताल चाहते हों। मैं नहीं कह सकता कि, इस बारे में आगे क्या किया जा सकता है।"[15]

अपने जवाब में सेन ने शास्त्री को कुछ न करने की सलाह दी। (चित्र देखे)

अमिय ने 7 मई 1965 को फिर ख़त लिखा। इस बार उन्होंने शास्त्री का ध्यान सत्यनारायण सिन्हा के दावे की ओर खींचा, जिसके अनुसार, ताइपेई में कोई विमान दुर्घटना नहीं हुयी थी।

> 31 मई 1965 को मैंने उन्हें एक टेलीग्राम इस प्रार्थना के साथ भेजा कि वह मेरे ख़त का जवाब दें। 6 जुलाई 1965 को मैंने उन्हें एक और ख़त लिख एक नये आयोग के गठन की मांग रखी। मेरे पास, आज तक कोई जवाब नहीं आया है।"[16]

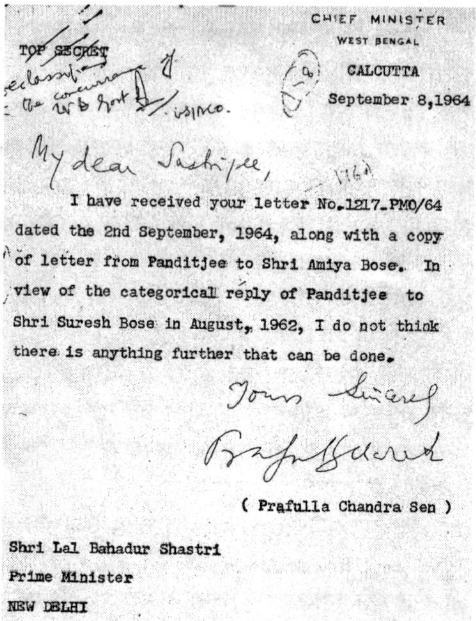

CHIEF MINISTER
WEST BENGAL
CALCUTTA

TOP SECRET

September 8,1964

My dear Sastrijee,

I have received your letter No.1217.PMO/64 dated the 2nd September, 1964, along with a copy of letter from Panditjee to Shri Amiya Bose. In view of the categorical reply of Panditjee to Shri Suresh Bose in August, 1962, I do not think there is anything further that can be done.

Yours sincerely

(Prafulla Chandra Sen)

Shri Lal Bahadur Shastri
Prime Minister
NEW DELHI

Document obtained under the Right to Information

थ्योरी नं0 4: डॉ0 राधाकृष्णन, विजय लक्ष्मी पण्डित, नेताजी के बारे में जानते थे, पर चुप रहे।

ये बातें तब उड़ीं और आजतक उड़ती आ रही हैं: नेहरु की छोटी बहन और भारत की ओर से रुस में पहली प्रतिनिधि विजय लक्ष्मी पण्डित और उनके बाद पहले राजदूत डॉ0 सर्वपल्ली राधाकृष्णन इस बात को जानते थे कि नेताजी वहां हैं। विजय लक्ष्मी पण्डित के बारे में प्रचलित है कि उन्होंने मॉस्को से लौटने के बाद यह कहा कि "एक ऐसी सूचना मिली है, जिसके आम होने पर देशवासी चौंक उठेंगे और उनकी खुशी स्वतंत्रता दिवस से भी दोगुनी होगी।"

पूर्व भारतीय सूचना सेवा के निदेशक रहे राय सिंह यादव, ने मुझे बताया कि उन्होंने यह बात एक बार डॉ0 पण्डित से पूछी भी थी, पर उन्होंने मुद्दे को दायें–बांयें कर दिया।

यादव के पास डॉ0 सर्वपल्ली राधाकृष्णन के खिलाफ आरोपों के बारे में भी जानकारी थी। उनके मित्र राम राहुल ने बाबाजान गॉफराव से सुना कि "नेताजी, रुस सोवियत मन्चूरिया सीमा से होते हुये आये, और वहीं उन्हें रुसी पहरेदारों ने पकड़ लिया।" गॉफराव स्टॉलिन के वक्त में सोवियत पोलित ब्यूरो के सदस्य थे। राय सिंह की बातों में दम माना गया। और जनवरी 2000 में *हिंदुस्तान टाइम्स* में इस बारे में एक रिपोर्ट भी प्रकाशित हुयी।

> बाबाजान गॉफराव के मुताबिक रुस में भारतीय दूत रहे सर्वपल्ली राधाकृष्णन को सोवियत यूनियन में नेताजी से मिलने की इज़ाज़त इस शर्त पर दी गयी कि वह नेताजी से मूक बनकर बातें करेंगे। इस अजीबो–गरीब मुलाकात के बाद राधाकृष्णन ने नेहरु को नेताजी के रुस में होने की

> बात बताई। यह बात भी उड़ी कि उन्हें रुस से आज़ाद करवाने के लिये कार्यवाही होगी, पर आधिकारिक स्तर पर, ऐसा कुछ नहीं किया गया।[17]

मुझसे हुयी बातचीत में राय सिंह ने कहा कि जब डॉ0 राधाकृष्णन भारत लौटे तो नेहरु ने उनका नाम उप–राष्ट्रपति पद के लिये सुझाया। यह बात अबुल कलाम आज़ाद व अन्य लोगों को नहीं भायी। हाला कि राधाकृष्णन एक जाने–माने दार्शनिक थे, पर स्वतंत्रता संग्राम में उनका कोई योगदान नहीं था। ब्रिटेन ने उन्हें "नाईटहुड" से नवाज़ा था, और "भारत के संग्राम को वह दूर बैठे देखते रहे...देशप्रेम की किसी भावना (यदि उन्होंने कभी महसूस भी की हो) को उन्होंने कभी जाहिर नहीं किया।"[18]

सिंह के मुताबिक, नेहरु ने डॉ0 राधाकृष्णन के लिये अपनी जी–जान लगा दी और आज़ाद को यह बात अच्छी नहीं लगी।[18] मौलाना आज़ाद ने यह तर्क दिया,

> क्या हम सब मर गये हैं? ये "सर" सर्वपल्ली कहां से आ गये हमारे उपराष्ट्रपति बनने के लिये?

खोसला आयोग के सामने आये कुछ गवाहों ने इन आरोपों को दोबारा ताज़ा किया। जवाब में, राधाकृष्णन ने अपने हलफनामे में लिखा, "मैं आखिरी बार नेताजी सुभाष चंद्र बोस से दार्जिलिंग में सन् 1940 की गर्मियों में मिला।"[19]

विजय लक्ष्मी ने कहा कि वह सन् 1941 के बाद नेताजी से कभी नहीं मिलीं। इस बात पर बहस भी हुयी कि इन दोनों को निजी तौर पर आयोग के सामने बुलाना चाहिये। आयोग के वकील टी0आर0 भसीन ने 6 जुलाई 1972 को "आयोग के सामने डॉ0 सर्वपल्ली राधाकृष्णन और श्रीमती विजय लक्ष्मी पण्डित को बुलाने की मांग रखी।"

अपनी अंतिम रिपोर्ट में खोसला ने इन दोनों को न बुलाने के कारण भी दिये। उनके अनुसार, "डॉ0 राधाकृष्णन बहुत बीमार थे और श्रीमती पण्डित के हलफनामे पर विश्वास न करने का कोई कारण नहीं था। यह उन लोगों की बातों से कहीं ज़्यादा विश्वसनीय थे; जो अलग–अलग जगहों पर अलग–अलग बयान देते आ रहे थे।"[20]

यूं तो इस बात में कोई खराबी नहीं पर यह 24 जुलाई 1973 आयोग के सचिव से उनकी बातचीत से मेल नहीं खाती, जिसके मुताबिक खोसला ने यह कहा कि पण्डित "26 को आएंगी।" न वह आयीं और न ही खोसला ने कभी यह बात उठायी। यह बात अक्षरशः दर्ज थी।

SECRETARY: The Other Witnesses fixed for 25th, summons have been issued, but we have not heard anything to the contrary, whether they are coming or nbt. We have made efforts to get them to appear before the Commission.

CHAIRMAN:: Mrs Pandit will come on 26th.

Mr. Mullick will come, he is out of Delhi now. He will come on the 7th.

Document obtained under the Right to Information

थ्योरी नं0 5: नेहरु ने आई0एन0ए0 के ख़ज़ाने में धांधली की।

दिल्ली स्थित राष्ट्रीय म्यूज़ियम के बेसमेन्ट के सीलन भरे और अंधेरे कोने में "सेफ नं0 48" में गहरा राज़ दफ्न है। यही वह जगह है जहां विदेश मंत्रालय के एन0जी0ओ0 विभाग के ठप्पे वाले बैग के अन्दर एक तालाबंद स्टील का बॉक्स है। कोई नहीं जानता कि इसके अंदर क्या है—बस बात उड़ी–उड़ी है कि इसमें "आई0एन0ए0 का ख़ज़ाना बंद" है। इसके अलावा और कोई आधिकारिक विवरण उपलब्ध नहीं। एक वर्गीकृत नोट के मुताबिक "बक्से के अन्दर रखी चीज़ों को म्यूज़ियम के जनरल अक्सेनशन रजिस्ट्रार में दर्ज करवा दिया गया है...पर यह भी सील में है।" और अगर आप इन्हें देख भी पायें; तो इन पर "टॉप सीक्रेट" लिखा पायेंगे।

> इस पन्ने पर दर्ज जानकारी ऑफिशियल सीक्रेट्स अधिनियम के तहत आती है...इसको सार्वजनिक करने वाला व्यक्ति इस अधिनियम के तहत दण्ड का अधिकारी होगा।

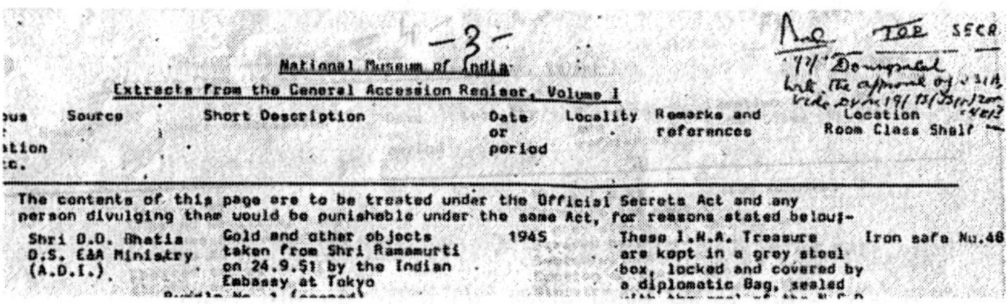
-3-
TOP SECR

National Museum of India

Extracts from the General Accession Register, Volume I

...ous ... ation ...c.	Source	Short Description	Date or period	Locality	Remarks and references	Location Room Class Shelf

The contents of this page are to be treated under the Official Secrets Act and any person divulging them would be punishable under the same Act, for reasons stated below:-

| | Shri D.D. Bhatia D.S. E&A Ministry (A.D.I.) | Gold and other objects taken from Shri Ramamurti on 24.9.51 by the Indian Embassy at Tokyo | 1945 | | These I.N.A. Treasure are kept in a grey steel box, locked and covered by a diplomatic Bag, sealed | Iron safe No.48 |

सन् 1980 की शुरुआत में एक पत्रकार ने इसे जानने की कोशिश की थी और नतीजा थी फाईल नं0 17/डी0जी0/83—जो इण्टेलिजेंस ब्यूरो ने उनके खिलाफ खोल दी थी। इस बक्से की गोपनीयता इतनी जबरदस्त है कि म्यूज़ियम के डायरेक्टर जनरल तक यह नहीं जानते कि यह बेसमेन्ट में कब और किन हालातों में पहुंचा।

पता नहीं सरकार ने इस बात को इतना बड़ा राज़ क्यों बना रखा है...इसमें सज़ा की धमकी जैसा भी क्या है? कुछ जले हुये टुकड़े और ज़ेवर—जो रामामूर्ति ने टोक्यो स्थिति इण्डियन मिशन को 24 सितंबर 1951 को सौंप दिये थे। या फिर, इतनी भयावह गोपनीयता बनाये रखने के पीछे कोई और ही कारण है?

2 अगस्त 1955 को कॉमथ और अन्य लोगों को जवाब देते हुये नेहरु ने लोकसभा में इस बात को खारिज किया कि "विमान दुर्घटना के बाद अय्यर ने सोने, ज़ेवरों और जवाहरातों से भरा बक्सा टोक्यो में श्री रामामूर्ति को सौंपा।"

> मुझे चीज़ों की सही मात्रा का अंदाज़ा नहीं; पर जिस चीज़ का यह हवाला दे रहे हैं वैसा कुछ हमें मिला जरुर था। उसकी कीमत कुछ अधिक नहीं। कुछ सोने के गहने और जली हुयी चीज़ें...हमने उन्हें म्यूज़ियम में इसलिये भेजा है क्योंकि हम उनसे ऐतिहासिक और भावनात्मक तौर पर जुड़े हुये हैं।

नेहरु ने लोक सभा को यह भी बताया, कि सन् 1945 में उन्होंने सिंगापुर में आई0 एन0ए0 की वस्तुओं के बारे में खोज–बीन भी की थी। उन्हें बड़ी मुश्किल से करीब "डेढ़ लाख रुपये मिले और इस पैसे से उन्होंने वहीं, भारतीय छात्रों के लिये एक ट्रस्ट खोल दिया।"

पर काफी सारी जानकारी खोसला आयेाग के गठन से पहले ही नष्ट कर दी गयी थी। फाईल नं0 एफ0 23 (150)/51 पी0एम0 में रखा एक नोट इसी बात का इशारा करता था। और इसी जानकारी के अभाव में कई कहानियां इधर–उधर फैली हुयी हैं।

पहली 'कहानी' शायद सच ही हो क्योंकि यह सुब्रह्मण्यम स्वामी कहते हैं। जब भी आप किसी से नेताजी के रहस्य पर बात करें तो वह इसे महज़ पैसे की बर्बादी मानते हैं। पर जैसे ही आप स्वामी द्वारा खोले गये अरबों रुपये के टेलीकॉम घपले के बारे में बात करते हैं—तो वह इधर–उधर झांकने लगते हैं। इन्हीं डॉ स्वामी ने सन् 1978 में मीडिया को बताया–

1. अगस्त 1952 में जापानी सरकार ने प्रधानमंत्री नेहरु को यह बताया कि उनके पास सोने और हीरे के जवाहरातों से भरे बक्से हैं—जो दरअसल आई0एन0ए0 के हैं और जिन्हें वह वापस लौटाना चाहती थीं। आर0के0 नेहरु (विदेश मंत्रालय के एक संयुक्त सचिव) ने यह बात प्रधानमंत्री को बताई।
2. इसके बाद नेहरु ने कृषि के मुद्दों पर अमरीकी दौरे पर गये एक आई0सी0एस0 अफसर से टोक्यो जाने के लिये कहा ताकि "आगे भी इसी मुद्दे पर खोज हो सके।" वह अफसर टोक्यो पहुंचा। दो महीने बाद, नवंबर 1952 को नेहरु ने उन्हें एक कूट सांकेतिक तार भेजा जिसका अर्थ था—"टोक्यो से दिल्ली उन दोनों बक्सों के साथ पहुंचिये, जो भारतीय दूत ने आपको हवाई अड्डे पर सौंपे हैं। दिल्ली आते ही, इन्हें मेरे घर ले आइये, और मुझे व्यक्तिगत रुप से दीजिये...मैं दोहराता हूं...व्यक्तिगत तौर पर...!"
3. यह अफसर बी0ओ0सी0 विमान से दिल्ली के लिये रवाना हुआ पर हांग–कांग में विमान के इंजन में कुछ गड़बड़ी पैदा हो गयी। अफसर ने वहां के गवर्नर–जनरल से इन बक्सों के लिये सुरक्षा मांगी। बाद में गवर्नर–जनरल ने लंदन स्थित विदेश और कॉमनवेल्थ कार्यालय को दिल्ली जा रहे इन बक्सों के बारे में तार भेजा।
4. विमान दिल्ली पहुंचा। जैसे ही अफसर विमान से उतरा, आर0के0 नेहरु ने बक्से मांगे। पर अफसर ने उन्हें वह तार दिखाया जिसमें उनसे वह बक्से "व्यक्तिगत" तौर पर प्रधानमंत्री का सौंपने के निर्देश दिये गये थे।
5. अफसर को आधिकारिक गाड़ी में बिठा कर तीन मूर्ति लाया गया। प्रधानमंत्री नेहरु अपने स्टडी रुम में इंतज़ार करते बैठे थे। उन्होंने वहीं बक्सों की सील तुड़वाई और उन्हें खुलवाया।

हिन्दुस्तान टाइम्स ने स्वामी के अगले आरोपों को भी जगह दी:

> यहीं उस अफसर ने पहली बार देखा कि बक्से में क्या था—सोने और हीरे के गहने। उस वक्त उनकी कीमत लगभग 2 करोड़ रु0 थी और आज (सन् 1978) की नज़र से लगभग 20 करोड़ रु0।

> बाद में इलाहाबाद में इन गहनों को पिघलवाया गया और नेहरु के निजी खाते में चढ़वाया गया। इसके बाद से नेताजी के ख़ज़ाने के बारे में किसी ने कुछ नहीं सुना।

डॉ0 स्वामी ने सच का पता लगाने के लिये यह मांग रखी कि सारे सांकेतिक तार की प्रतियां (जो टोक्यो के भारतीय दूतावास और विदेश मंत्रालय में रखी थीं) सील कर दी जायें। आर0के0 नेहरु और उस आई0सी0एस0 अफसर का बयान लिया जाये। उन्होंने मीडिया को यह भी बताया कि "पूरे देश को यह शक था कि नेहरु नेताजी से बेहद जलते थे और इसलिये उनकी मृत्यु की पड़ताल में रोड़े अटका रहे थे।"

स्वामी ने सन् 1978 में जितने भी आरोप लगाये, वह गोपनीय आधिकारिक रिकॉर्ड्स द्वारा किये खुलासों से थोड़ा बहुत मेल खाते हैं। ख़ज़ाने को यहां ले कर आने वाले अफसर का नाम था, के0आर0 दामले और वाकई स्वामी ने सही कहा था—कस्टम्स ने उनकी कोई जांच नहीं की थी।

8 नवंबर 1952 को रॉफ ने दो टॉप सीक्रेट तार दिल्ली भेजे। पहले तार के मुताबिक़:

> दामले सामान और सूची ला रहे हैं। पैन अमरीकन एयरवेज़ विमान नं0 3 से, 9 तारीख़ को चलकर 10 की शाम तक दिल्ली पहुंचेंगे। कस्टम्स से उन्हें छोड़ने के लिये कह दीजियेगा।

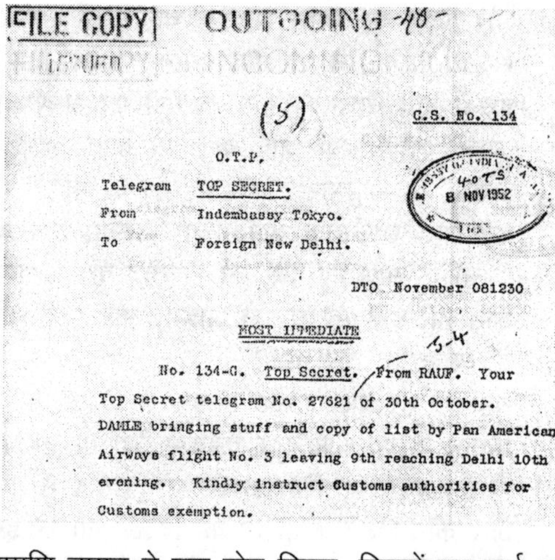
FILE COPY OUTGOING -48-
ISSUED
(5)
C.S. No. 134
O.T.P.
Telegram TOP SECRET.
From Indembassy Tokyo.
To Foreign New Delhi.
DTO November 081230
MOST IMMEDIATE
No. 134-C. Top Secret. From RAUF. Your Top Secret telegram No. 27621 of 30th October. DAMLE bringing stuff and copy of list by Pan American Airways flight No. 3 leaving 9th reaching Delhi 10th evening. Kindly instruct Customs authorities for Customs exemption.

दूसरे तार में सामान के लिये करीब 90,000 रुपये का बीमा करवाने के लिये कहा गया था क्योंकि वहां से वह बीमा हो नहीं सका था।

दो दिन बाद, उप सचिव लीलामणि नायडू ने एक नोट लिखा, जिसमें यह दर्ज था कि उन्होंने एक दिन पहले वित्त मंत्रालय के संयुक्त सचिव राजा राम रॉव को एक नोट यह पूछते हुये भेजा था कि क्या दामले को कस्टम ड्यूटी और पड़ताल से छूट मिल सकती है?

10 नवंबर को रेवेन्यू कन्ट्रोल बोर्ड के ए0के0 मुखर्जी का नोट एन0सी0 मेहता (एक्साइज़ बोर्ड, कलक्टर) की मेज़ पर पहुंच गया:

> श्री दामले, खाद्य एवं कृषि मंत्रालय में संयुक्त सचिव, टोक्यो से अपने साथ सोने के गहने, धूल और टूटे–फूटे टुकड़ों से भरा एक बक्सा ला रहे हैं। इन्हें कस्टम की पड़ताल से छूट दे दी जाये।

उधर से रॉफ भी तार पर तार भेजे जा रहे थे। और यह सब उस सामान के लिये

हो रहा था, जिसे देखकर नेहरु कहने वाले थे कि यह कुछ खास नहीं!

स्वामी का कहना सही था। दामले हांगकांग में फंसे तो उन्होंने भारतीय सरकार की ओवरसीज़ सेवाओं का इस्तेमाल करके एक तार भेजा

> विमान में आने में देरी। ग्यारह तारीख को उसी वक्त आऊंगा। कस्टम का इंतज़ाम कर दें—दामले।

स्वामी के मुताबिक, दामले को हांग–कांग में ही दो बक्सों के साथ देखा गया था। हालांकि सरकारी रिकॉर्ड केवल एक ही बक्से की बात करते हैं। खैर, उनके दिल्ली आने पर, 13 नवंबर को टोक्यो दूतावास को सूचित कर दिया गया।

15 नवंबर को नायडू ने रॉफ को एक टॉप सीक्रेट ख़त लिखकर बताया, कि "दामले का विमान देर से पहुंचा, इसलिये सामान 12 को मिला।" इतनी देर में रॉफ परेशान हो उठे थे। 20 नवंबर को एक बार फिर से नायडू ने रॉफ को ख़त लिखकर सामान के सुरक्षित मिलने का आश्वासन दिया।

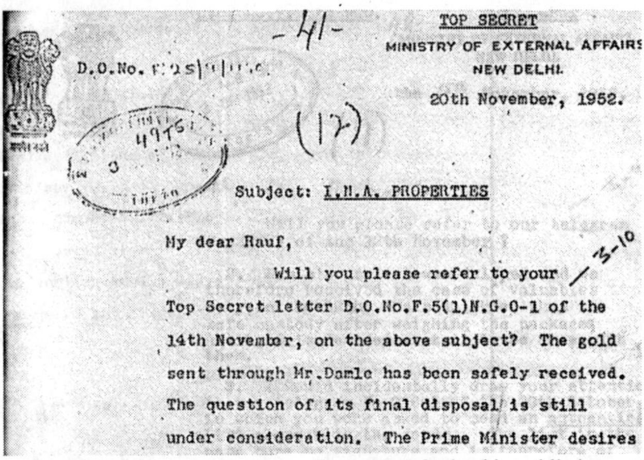
TOP SECRET
MINISTRY OF EXTERNAL AFFAIRS
NEW DELHI.
D.O.No.
20th November, 1952.

Subject: I.N.A. PROPERTIES

My dear Rauf,

Will you please refer to your Top Secret letter D.O.No.F.5(1)N.G.O-1 of the 14th November, on the above subject? The gold sent through Mr.Damle has been safely received. The question of its final disposal is still under consideration. The Prime Minister desires

Document obtained in public interest

तो सवाल कुछ यह हैः कुल मिलाकर कितने बक्से थे?

स्वामी कहते हैं—दो।

सरकार कहती है—एक।

एक ही होना चाहिये; क्योंकि अगर दो हुये तो स्वामी का इल्ज़ाम सही होता नज़र आयेगा—कि ख़ज़ाना प्रधानमंत्री के पास गया होगा।

विदेश मंत्रालय के एक गोपनीय नोट के मुताबिक, "तत्कालीन प्रधानमंत्री की आज्ञानुसार ख़ज़ाने को वापस लाया गया और विदेश मंत्रालय को दिया गया, जहां वह अस्थायी रुप से कुछ वक्त रखा गया था।" पर प्रधानमंत्री कार्यालय का एक गोपनीय नोट जो मोरार जी देसाई के सचिव ने बनाया था, कहता है कि, "तत्कालीन प्रधानमंत्री की आज्ञानुसार ख़ज़ाना वापस लाया गया और उन्हें सौंप दिया गया; जिसके बाद वह

विदेश मंत्रालय के पास कुछ वक्त तक रहा।" किस पर भरोसा करें!?

दामले के लौटने के करीब दो महीने बाद, टोक्यो स्थित भारतीय दूतावास को आदेश जारी हुये कि वह ख़ज़ाने की नकद राशि भी यहां भेज दें। यह करीब 20,000 येन थे, जो राममूर्ति व अय्यर की लूट से बच गये थे। उस समय रुपये में वह कीमत केवल 265 रुपये की थी। फिर भी, मामला प्रधानमंत्री स्तर का था और टॉप सीक्रेट रखा गया—अजीब बात थी।

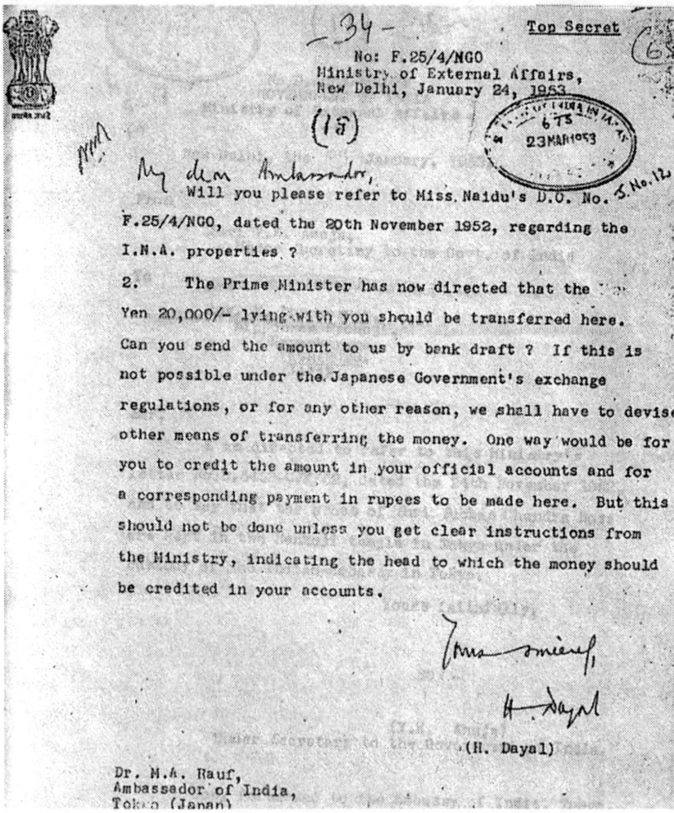
-34-

Top Secret

No: F.25/4/NGO
Ministry of External Affairs,
New Delhi, January 24, 1953

(15)

23MAR1953

My dear Ambassador,

Will you please refer to Miss. Naidu's D.O. No. F.25/4/NGO, dated the 20th November 1952, regarding the I.N.A. properties ?

2. The Prime Minister has now directed that the Yen 20,000/- lying with you should be transferred here. Can you send the amount to us by bank draft ? If this is not possible under the Japanese Government's exchange regulations, or for any other reason, we shall have to devise other means of transferring the money. One way would be for you to credit the amount in your official accounts and for a corresponding payment in rupees to be made here. But this should not be done unless you get clear instructions from the Ministry, indicating the head to which the money should be credited in your accounts.

Yours sincerely,

(H. Dayal)

Dr. M.A. Rauf,
Ambassador of India,
Tokyo (Japan)

राजनयिक का कोई जवाब न आने पर, उन्हें एक बार फिर याद दिलाया गया—यह भी टॉप सीक्रेट था। मई 1953 को दिये अपने जवाब में उन्होंने कहा कि यह राशि सरकारी खाते में चढ़ा दी गयी थी और उनके अपने कैश खाते में 'टोक्यो सस्पेंस मिसिलिनियस रिसिप्ट फ्रॉम इण्डिया' के मद में चढ़ाई गयी थी।

इन बातों के मद्देनज़र यह मामला ज़्यादा सफाई मांगता है—क्योंकि केवल सुब्रह्मण्यम स्वामी ही उंगली उठाने वाले एकलौते व्यक्ति नहीं। भगवनजी ने भी, नेहरु, अय्यर और राममूर्ति पर आरोप लगाये थे।

थ्योरी नं0 6: 1964 में नेताजी को नेहरु की अर्थी के पास देखा गया।

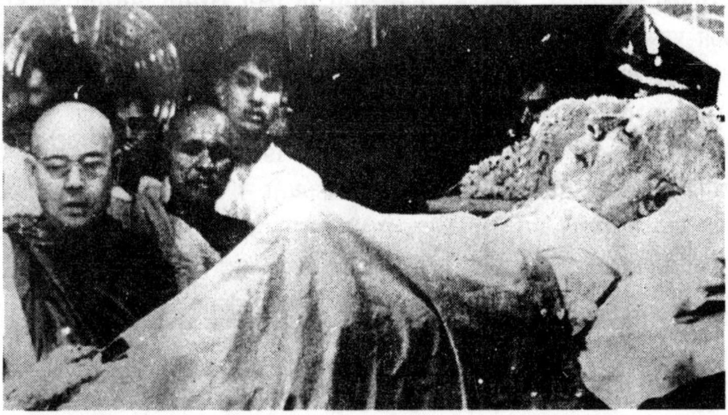

मई 1964 में "नेताजी को तीन मूर्ति भवन में पंडित नेहरु की अर्थी के पास अन्तिम श्रद्धांजलि देते हुये देखा गया—यह पीढ़ी दर पीढ़ी चली आ रही इस गुत्थी की सबसे रोचक अफवाह है। फिलहाल तो यही कहा जा सकता है कि नेताजी जैसे दिखने वाले यह व्यक्ति वीरा धम्मावारा थे। वह एक कम्बोडियन बौद्ध भिक्षु थे, जो सालों तक दिल्ली में रहे और अभी कुछ वर्षों पहले ही 110 साल की उम्र में अमरीका में स्वर्ग सिधारे गए।

धम्मावरा ने खोसला आयोग के सामने प्रस्तुत होकर यह दावा किया कि यह तस्वीर उन की थी।[21]

Q: When did you go there?

A: I went there eversince the death of Shri Nehru was known. I stayed by the side of the dead body, performed some religious ceremony or rites by reciting some verses from the scriptures.

Q: Will you kindly see this photograph. You find yourself in this photograph.

A: Yes, it is my photograph.
I have seen photograph Ex. W-16/MN. The Buddhist monk by the side of the dead body of Shri Jawaharlal Nehruji, is myself..

जाने–माने इतिहासकार डॉ0 लोकेश चंद्रा ने भी खोसला आयोग के सामने आ कर यह स्वीकारा कि वह धम्मवारा को तब से जानते थे; जब वह बच्चे थे और यह माना कि "श्री नेहरु के पार्थिव शरीर के पास वही खड़े थे।"[22]

थ्योरी नं0 7: सत्ता–पलट के एक असफल प्रयास में नेताजी का हाथ था।

तख्तापलट या "कूप" शब्द भारत में लोगों के लिये लगभग अनसुना ही है; फिर भी नेताजी रहस्य गाथा में यह शब्द सुनने को मिलता है। यह कितना सच है, कितना झूठ, कह नहीं सकते। शुरु में मैंने इसे हंसी में उड़ा दिया था; पर अब लगता है कि यह बात इतनी भी सीधी नहीं।

आई0बी0 के पूर्व निदेशक बी0एन0 मलिक सन् 1972 में खोसला आयोग के सामने आए तो फारॅवर्ड ब्लॉक के वकील अमर प्रसाद चक्रवर्ती ने उनसे पूछा:

"एक बात बतायेंगे? क्या आपको कभी भी ऐसा लगा कि भारत में तख्ता पलट की संभावना हो सकती है।"

मलिक का जवाब "नहीं" होना चाहिये थे—पर उनका जवाब अजीब था। उन्होंने कहा,

> इस बात का यहां मुझे कोई मतलब नहीं दिखता...पर इस प्रश्न के उतर के लिये मैं सरकार से अनुमति लेना चाहूंगा।

"पर यह बात तो मैक्सवेल के इण्डिया–चाइना वार में प्रकाशित हो चुकी है," चक्रवर्ती ने कहा। *इण्डिया–चाइना वार, लंदन टाइम्स* के पत्रकार रहे नेविल मैक्सवेल की पुस्तक थी, जो अपने "भारत विरोध" के लिये विवादों में रही। कहा जाता है कि यह सन् 1962 युद्ध पर हेन्डरसन ब्रुक्स की गोपनीय रिपोर्ट पर आधारित थी। अभी कुछ समय पूर्व ही मैक्सवेल ने इस रिर्पोट को इंटरनेट के माध्यम से आम कर दिया।

मलिक और चक्रवर्ती में सवाल–जवाब कुछ ऐसा हुआ,

> **मलिक**: मैक्सवेल झूठ बोलते हैं।
>
> **चक्रवर्ती**: पर क्या आपको ऐसा कुछ याद है या फिर क्या इस सरकार ने कभी किसी व्यक्ति विशेष पर शक किया; या ऐसी कोई रिपोर्ट है?
>
> **मलिक**: किसी तथाकथित सत्ता पलट पर कभी कोई जांच हुयी ही नहीं।
>
> **चक्रवर्ती**: पर आप पण्डितजी के लिये छिपने की जगह तलाश रहे थे।
>
> **मलिक**: मैक्सवेल सब झूठ कहते हैं।
>
> **चक्रवर्ती**: तो यह सब गलत है?
>
> **मलिक**: हां, गलत है।
>
> **चक्रवर्ती**: और आपको याद है; जनरल चौधरी को सज़ा दी गई थी?
>
> **मलिक**: मेरे सामने उन्हें कभी कोई सज़ा नहीं दी गयी।
>
> **चक्रवर्ती**: और आपकी रिपोर्ट पर, आपको और बीजू पटनायक को...
>
> **मलिक**: यह सब झूठ है...मैक्सवेल, का एक–एक शब्द झूठ है।
>
> **चक्रवर्ती**: तो आपने मैक्सवेल के खिलाफ कार्यवाही क्यों नहीं की?
>
> इसी वक्त जस्टिस खोसला बीच में आये–
>
> **खोसला**: हमें नेताजी से मतलब रखना चाहिये...इसके अलावा हमारा किसी बात से मतलब, नहीं...हाँ, आप इनसे पूछ सकते हैं कि क्या इस फेर–बदल के पीछे नेताजी का हाथ था?

चक्रवर्ती: मैं पूछ रहा हूं कि इन्होंने कभी कोई जांच की थी?

खोसला: पर यह इंकार कर चुके हैं...आप इनसे तख्तापलट में नेताजी की भूमिका के बारे में पूछ सकते हैं।

चक्रवर्ती: यह बात इन्हें कहने दीजिये।

खोसला: मान लीजिये, यह बात सच भी हो, इससे हमें तो नेताजी मामले में कोई मदद नहीं मिलती।

पर चक्रवर्ती हार नहीं मानने वाले थे। उन्होंने मलिक से पूछा:

"और अगर, मैं यह कहूं कि आपको यह पता लगाने के खास निर्देश मिले थे कि नेताजी के सेना और सरकार में अन्य अधिकारियों से संबंध थे या नहीं।"

मलिक: कभी नहीं।

चक्रवर्ती: और इसी के चलते, पंडित नेहरु ने आपको अपने लिये छिपने का स्थान ढूंढ़ने को कहा था?

मलिक: नहीं!

चक्रवर्ती: और बीजू पटनायक से एक ऐसी संस्था बनाने के लिये कहा, जो इस तख्तापलट का सामना कर सके?

मलिक: मैं पटनायक से भला यह कैसे कह सकता हूं?

चक्रवर्ती: हां; क्योंकि उस वक्त, आप ही पण्डित नेहरु के सबसे करीबी थे?

मलिक: यह बात बिल्कुल ग़लत है।

चक्रवर्ती: और आपने अपनी किताब में यह भी कहा कि आप नेहरु के साथ मिल कर फैसले बदलते थे?

मलिक: मैंने ऐसा कभी नहीं कहा।

खोसला: इन सबका नेताजी से क्या मतलब?

चक्रवर्ती: माई लार्ड, इसके पीछे पूरी पृष्ठभूमि है।"[23]

खोसला रिपोर्ट में इस बारे में आगे कोई ब्यौरा नहीं; पर जब मेरी मुलाकात चक्रवर्ती के सहयोगी सुनील कृष्ण गुप्ता से हुयी, तो उन्होंने मुझे बताया कि उन्होने भी सुना था कि सन् 1962 के बाद सत्ता में तख्तापलट की कोशिश की तो गयी, पर नाकाम रही। मैंने उनसे भगवनजी की इस बारे में सोच के विषय में भी पूछा पर उन्होंने मुझे कोई साफ जवाब नहीं दिया।

मेरे गुप्ता से मिलने के वक्त ही एक अनजान व्यक्ति ने मुझे बताया कि "कुछ लोग नेताजी को वापस लाना चाहते थे, और उन्होंने इसकी कीमत भी चुकाई।" यह दावा मुझे अचंभित कर गया, पर इसकी पड़ताल करने पर मेरे हाथ कुछ साक्ष्य नहीं लगा।

लेकिन जो कुछ भी सुना, वह कुछ इस तरह है: 2 नवंबर 1963 को गुलपुर, जम्मू और कश्मीर में एक हेलीकॉप्टर खो गया—और इसके साथ सेना के पश्चिम कमाण्ड के दो ले0 जनरल, एक एयर वाइस मॉर्शल, एक मेजर जनरल, एक ब्रिगेडियर और एक फ्लाइट लेफ्टिनेंट हमेशा–हमेशा के लिये खो गये। "यह कोई आम दुर्घटना नहीं थी...इतने उच्च

स्तरीय अधिकारी जंग के मैदान में भी एक साथ कभी नहीं मारे गये।"[24]

दौलत, विक्रम, नानावती और ओबेरॉय

ले0 जनरल दौलत सिंह की थलसेना के अगले उप–प्रमुख बनने की बात थी। ले0 जनरल विक्रम सिंह एक मशहूर कोर कमांडर थे, जिसकी एक प्रतिमा आज भी जम्मू शहर में देखी जा सकती है। पिन्टों सन् 1961 के गोवा ऑपरेशन के हीरों थे। उसी वक्त मेजर जनरल, नानावती और ब्रिगेडियर एस0आर0 ओबेरॉय का प्रमोशन हो चुका था—इन दोनों को महावीर चक्र से सम्मानित किया गया था। पायलट, फ्लाइट ले0 एस0एस0 सोढ़ी को वायु सेना मैडल से नवाज़ा गया था।

दिल्ली इस हादसे से सकते में पड गई। जल्द ही एक और बुरी खबर मिली—भारत के मित्र माने जाने वाले अमरिकी राष्ट्रपति जॉन एफ कैनेडी की हत्या कर दी गयी थी। 23 नवंबर 1963 की सुबह सारे समाचार पत्रो में यही दो ख़बरें थीं।

THE INDIAN EXPRESS

Largest Combined Net Sales Among All Daily Newspapers in India

5 top Defence officers killed in air cras

Noon tragedy near Poonch

Kennedy is shot dead; Johnson takes over

IAC fligh

intercept

द टाइम्स ऑफ इण्डिया ने इस बात का जिक्र किया कि कैसे "सभी सरकारी महकमों में यह बात गर्म थी कि यह सभी उच्च स्तरीय सैन्य अधिकारी एक साथ ही हेलीकॉप्टर में एक ही संवेदनशील हिस्से के दौरे पर कैसे गये।"[25]

जल्द ही *द हिन्दु* ने ख़बर दी, कि "हेलीकॉप्टर के अंदर कुछ फट गया था।"[26]

24 नवंबर को नेहरु ने किसी जानी–बूझी साज़िश की बात को ख़ारिज किया: "ऐसा सोचने की कोई वजह नहीं; हम ठीक से नहीं कह सकते, पर सबूतों के बिना इल्ज़ाम लगाना ठीक नहीं। शायद हेलीकॉप्टर टेलीग्राफ तारों में उलझ गया था।"[27]

नेहरु के बयान पर संसद में बवाल मच गया। भूपेश गुप्ता ने राज्य सभा में सवाल उठाया, "वे किस आधार पर इसे साजिश मानने से इंकार कर रहे हैं...क्या इन्हें ऐसा कुछ पता लगा है...क्योंकि हेलीकॉप्टर में सवार सभी मारे गये।" उनका साथ अटल बिहारी वाजपेयी ने भी दिया, "दुर्घटना होने के कुछ ही घण्टों में बिना किसी सबूत के ऐसा कैसे कहा जा सकता है?"

> प्रधानमंत्री ने यह बात यहां कहने के बजाय कांग्रेस पार्टी की बैठक में जाना ज्यादा जरुरी समझा, जैसे कि पार्टी संसद से ज़्यादा महत्त्वपूर्ण है। जब जांच अभी चल ही रही है तो नेहरु कैसे कह सकते हैं कि इसमें कोई साज़िश नहीं थी?[28]

यही बात एन0जी0 रंगा ने नेहरु की उपस्थिति में भी पूछी। नेहरु ने जवाब दिया, "यह संसद सोचे।" रंगा के साथ कृष्णपाल सिंह ने भी कहा, "जब कोई बचा ही नहीं, तो इन्हें कैसे पता कि हेलीकॉप्टर तारों में उलझा था?"[29]

आधिकारिक सूत्रों के अनुसार दुर्घटना चालक की गलती से हुयी थी, पर अख़बार का कहना था कि सोढ़ी उस जगह से भलीभांति परिचित थे। रक्षा मंत्री वाय0बी0 चव्हाण ने इस बात की पुष्टि की।[30]

हादसे में मृत दो अधिकारियों के रिश्तेदारो से मेरी मुलाकात हुयी, तो उन्होंने यही कहा कि इस हादसे में सरकार जितना कह रही थी असलियत उससे कहीं ज़्यादा गहरी थी। एक ने यह भी कहा कि उनके दादा, सरकार के सन् 1962 युद्ध के प्रति रहे रवैये से बेहद नाराज़ थे।

अजीब बात यह है कि दुर्धटना से बिलकुल पहले जनरल विक्रम सिंह ने क्षेत्रीय बटालियन का आगंतुक रजिस्टर एक आह भरकर इन शब्दों के साथ साइन किया—"आशा करता हूं कि यहं मेरा आखिरी हस्ताक्षर न हो।"[31]

अपनी पुस्तक में यह लिखते हुए इसके लेखक, जो पहले सैना में कर्नल थे, ने कमेंट किया कि शायद विक्रम सिंह को "अपनी मृत्यु का पूर्वानुमान" हो गया था। मेरा मानना है कि ऐसा सोचना अंधविश्वास है। साफ नजर आ रहा है कि विक्रम को अपनी जान का खतरा था।

इस क्रैश के बारे में पूर्व गृह सचिव आर0डी0 प्रधान ने भी अपनी किताब मैं लिखा है। पर उनकी किताब में आधिकारिक सूत्रों का इस्तेमाल नहीं किया गया है— इसलिये कुछ सवाल अनसुलझे ही हैं। मुझे यकीन है कि फौज और आई0बी0 के गोपनीय रिकॉर्ड्स खंगालने से कई गुत्थियां सुलझ सकेंगी—जैसे, सिर्फ 150 फुट नीचे गिरने के बावजूद हेलीकॉप्टर में सवार लोगों के शरीर कई टुकड़ों में कैसे कट गए थे?

परिशिष्ट 4

नेताजी रहस्य के कर्णधार

नई दिल्ली के एक पॉश इलाके के एक बड़े घर में एक छोटी सी तस्वीर के अलावा ऐसा कुछ भी नहीं था जो यह दिखाता कि प्रदीप बोस का सुभाष चन्द्र बोस से कोई नाता भी था। वह उनके बारे में बात तक न करते—जब तक उन्हें कोई कुरेदता नहीं था। अपनी ब्रिटिश पत्नी के साथ वह सर्दियां भारत में बिताते और गर्मियां लंदन में। सुरेश बोस के बेटे प्रदीप बोलते कोमलता से पर सोचते कड़ाई से थे—कि सुभाष मसले के साथ न्याय नहीं हुआ था। बीते दिनों को याद करते हुये, एक दिन प्रदीप ने मुझसे कहा, “47 साल तक मैं अपने स्वर्गीय बड़े भाई अरबिन्दो से पूछता रहा कि नेताजी के सन् 1941 में कोलकाता से भागने में अपनी भूमिका के बारे में मुझे बताओ!” पर उन्होंने हमेशा उतना ही बताया, जितना सबको पता था। “कितनी अजीब बात है न?”

इसका भावार्थ समझने में मुझे कुछ समय लगा। दरअसल, भारत से जाने से पहले सुभाष ने द्विजेन्द्रनाथ बोस और अरबिन्दो को गोपनीयता की शपथ दिलवाई थी। अरबिन्दो का काम था कि वह 27 जनवरी 1941 को यह कहें कि जनवरी 25 तक नेताजी कोलकाता में ही थे; जबकि वह कई दिनों पहले ही कोलकाता छोड़ चुके थे। प्रदीप बोस के अनुसार भागने का लगभग यही तरीका सन् 1945 में नेताजी के सोवियत रुस जाने में भी इस्तेमाल किया गया।

> सुभाष के परिवार के करीब सात सदस्य उनके भारत से जाने की कहानी के बारे में काफी कुछ जानते थे। पर सुभाष का सोचना था कि अगर उन सबने यह दिखावा किया कि वह इस बारे में कुछ भी नहीं जानते, तो संभव था, उन्हें पकड़ कर प्रताड़ित किया जाता और उनसे पूछताछ में सच उगलवा भी लिया जाता। ऐसा न हो, इसलिये उन्होंने सांसारिकता से दूर होकर शांति में ध्यानमग्न होने की बात रची। वह एक पर्दे के पीछे रहते और केवल अरबिन्दो को उसके पीछे जाकर उनकी जरुरतें जानने का हक था। अरबिन्दो को यह पता था कि सुभाष 17 जनवरी 1941 को कोलकाता से चले गये थे। उन्होंने पुलिस को यही बताया कि उन्होंने उन्हें 25 जनवरी को भी देखा है—सुभाष ने उनसे यही कहने के लिये कहा था। 26 जनवरी को यह घोषणा की गयी कि वह अपने कमरे में थे ही नहीं। अरबिन्दो ही वह चश्मदीद थे, जिन्होंने सुभाष को 25 की रात को देखने की बात कही तब तक वह भारत अफग़ानिस्तान सीमा के पास पहुंच गये थे।[1]

लाहौर फोर्ट में अंग्रेज़ों ने नेताजी के एक और भतीजे दिजेन्द्र बोस को बहुत प्रताड़ित किया, पर उन्हें कोई जानकारी हासिल नहीं हुयी। करीब 30 साल बाद, अरबिन्दो और द्विजेन्द्र खोसला आयोग के सामने आये तो अरबिन्दो ने यह माना कि वह और द्विजेन्द्र नेताजी की गोपनीयता की शपथ से बंधे हुये थे। साथ ही ताईवान में उनकी मृत्यु की बात पर अविश्वास जताया। द्विजेन्द्र ने भी गोपनीयता की शपथ की बात मानी, पर इससे ज़्यादा कुछ नहीं बता सके।

"आप जेल में कब तक थे?"

"अप्रैल 1941 से सितंबर 1945 तक।"

"आप अरबिन्दो बोस, शिशिर बोस और इला की तरह भारत से उनके चले जाने की बात को जानते थे?"

"हां।"

"आप हमें नेताजी के शुरुआती जीवन के बारे में कुछ बता सकते हैं? खासकर उनके रहस्यमय बर्ताव के बारे में?

"मैं अभी गोपनीयता की शपथ से बंधा हूं, इसलिये आपको ज़्यादा कुछ नहीं बता सकता...जब तक मुझसे खुद नेताजी न कहें।"

"मैं वह बात जानना भी नहीं चाहता...पर उनकी रहस्यमयी प्रकृति के बारे में ज़्यादा जानने के लिये...'

"उन्होंने कभी किसी से कोई सलाह नहीं ली...जयपुर गये...कॉलरा के मरीज़ों की देखभाल की और वापस आ गये। जब वह प्रेसीडेंसी कॉलेज में थे, तो एक गुरु की तलाश में उन्होंने घर छोड़ दिया...वह अपनी मां से भी कोई सलाह नहीं लेते थे। मेरे पिता सतीश चन्द्र बोस रोज़ नेताजी से मिलते थे...उन्हें भी उनकी गतिविधियों के बारे में कुछ पता नहीं रहता।"

"उन्होंने अपना मन बना लेने के बाद ही, आपसे बातें साझा की होंगी?"

"यह तो पता नहीं...पर जब उन्हें जरुरत पड़ी, उन्होंने हमें बातें बताईं।"

"और, क्या वह आखिरी चरण था?"

"मैं यह बात कहने की स्थिति में नहीं हूं...शपथ से बंधा हूं।"[2]

प्रदीप बोस का कहना था कि उन्हें अपने भाई का बर्ताव हबीब–उर–रहमान जैसा दिखता था।

> आज़ाद हिंद सरकार में करीब पांच–छः लोगों को यह पता था कि वह युद्ध के बाद रुस जाने वाले थे, पर उनके साथ जाने के लिये केवल हबीब–उर–रहमान को चुना गया। उनकी दुर्घटना/मृत्यु के वही इकलौते साक्षी बने।[3]

प्रदीप की बड़ी बहन ने बात का समर्थन किया। शीला सेनगुप्ता मुझे सन् 1946 के उस पल की याद में ले गयीं, जब रहमान कोलकाता आये थे। नेताजी के मामा सत्येन दत्त ने नेताजी की मृत्यु की बात छेड़ी, तो रहमान ने उन्हें ताइपेई घटना की कहानी एक बार फिर सुनाई। अपने हाथ दिखाते हुये बोले, "यह उनको बचाने की कोशिश में ही जले हैं।" सत्येन खुद एक डॉक्टर थे; उन्होंने हाथों को देखते हुये पूछा, "हबीब, तुम्हारी हथेलियां और हाथ कैसे बच गये? तुमने तो कहा था, कि तुमने अपने हाथों से उनके जलते हुये कपड़ों को फाड़ा था!?"

आई0एन0ए0 के कर्नल बी0एस0 रतूड़ी ने कहाः

"पता है, कर्नल हबीब ने उस दिन भी यही वर्दी पहनी थी...कहीं से कोई निशान नहीं हैं; कि यह आग से गुज़रे हों।"

रहमान झुंझला कर उठ खड़े हुये। रतूड़ी कमरा छोड़ कर चले गये। सत्येन अब और जानना चाहते थे:

"रतूड़ी क्या कह रहे थे? क्या यही वह वर्दी है, जो तुमने हादसे के वक्त पहने रखी थी? रतूड़ी को वापस बुलाओ और सब साफ करो।"

रहमान बुदबुदाये, "मुझे और कुछ नहीं कहना।"

सालों बाद, डॉ0 दत्त खोसला आयोग के सामने आये और बोले कि रहमान के जले हुये निशान तेज़ाब की वजह से बने हो सकते थे। 1 मार्च 1971 को खोसला कमीशन के सामने की गई पूछताछ में कर्नल रतूड़ी की याद्दाश्त धोखा देती रही, क्योकि उस समय वह रॉ में कार्यरत थे। अरबिन्दो ने बताया कि वह हंसी मजाक में रहमान को तेज़ाब से यह निशान बनाने की बधाई देते थे। "हबीब चुप रहते या मुस्करा देते।"[4] रहमान ने द्विजेन्द्र को बताया था, "मैंने अपने हाथों से आग बुझाई।" लेकिन जलने के निशान उनकी हथेली में ना होकर हाथों की पिछली तरफ थे।

क्योंकि द्विजेन्द्र कपड़े–लत्तों का व्यापार करते थे, इसलिये रहमान की वर्दी उनकी आंखों से बची नहीं रही।

> सिलाई बिल्कुल साफ थी...न कहीं उधड़नें, न दोबारा सिलाई का निशान... और न ही कपड़े के जलने का। उन्होंने पैंट उठाकर, अपने दायें घुटने पर घाव दिखाया...पर पैंट पर कहीं से कोई निशान नहीं दिखा।

द्विजेन्द्र ने यह भी कहा, कि जिस घड़ी को रहमान नेताजी की घड़ी बता रहे थे (कि

वह हादसे के वक्त उन्होंने पहन रखी थी) वह दरअसल उनकी थी ही नहीं। रहमान ने एक जली हुयी घड़ी शाहनवाज़ खान को दी और कहा कि यह डॉ0 योशिमी ने नेताजी की कलाई से उतारी थी। बाद में डॉ0 योशिमी ने रहमान को कोई घड़ी देने की बात से इंकार कर दिया। द्विजेन्द्र का कहना था कि घड़ी का स्ट्रैप यह इशारा दे रहा था कि यह किसी ऐसे व्यक्ति की थी, जिसकी कलाई नेताजी से भारी थी। उन्होंने रहमान से खुद की घड़ी के बारे में पूछा तो उन्होंने कहा कि वह लाल किले की कैद के दौरान चोरी कर ली गयी थी।

द्विजेन्द्र बताते रहे...

> मैंने हबीब साहिब से पूछा...आप मुझे बता सकते हैं कि विमान हादसा हुआ या नहीं...मैं यह किसी को नहीं बताऊंगा। जिस तरह उन्होंने हमें सिखाया था कि उनके जाने की बात हमें गोपनीय रखनी थी, हो सकता है आपको भी सिखाया हो। आपके हाथ, और पैंट पर निशानों के अभाव में मैं यह बात नहीं मान सकता। फिर उन्होंने कहा, "आप नेताजी के भतीजे हैं...आप उनकी योजनाओं का हिस्सा रहे हैं...आप उनके साथ राजनीति में भी थे...मैं आपसे इन बेवकूफी के सवालों की आशा नहीं कर रहा था।"

वकील ने द्विजेन्द्र से पूछा, "तो आपने क्या नतीजा निकाला?"

"शायद वह यह कहना चाहते थे, कि मुझे उनसे यह सवाल पूछना ही नहीं चाहिये था। खुद ही समझ लेना चाहिये था—कि न ही कोई विमान हादसा हुआ और न ही उनकी मृत्य।"

"क्योंकि उन्होंने भी गोपनीयता की शपथ ली थी? इसलिये यह खुद आपको सोचना चाहिये था?"

"हां! मुझे याद नहीं कि मैंने शाहनवाज़ कमेटी के सामने यह बात कही या नहीं कही...मैंने हबीब साहिब से पूछा था...मुझे सच बात बताइये...उन्होंने कहा, "तुम मुझे हुक्म देने वाले कोई नहीं होते...मैं तुम्हें कुछ नहीं बता सकता...मैं नेताजी से हुक्म लेने का आदी हूं...तुम्हारा नहीं।"[5]

सत्येन दत्त, शरत् बोस और बोस परिवार के अन्य कई सदस्य इसी भावना से मौत की गोद में समा गये कि हबीब केवल 'आदेशों' का अनुपालन कर रहे थे। आई0एन0ए0 के एक खास नाम—आबिद हसन सफरानी, जो 17 अगस्त 1945 की शाम को साइगॉन हवाई अड्डे पर मौजूद थे—ने खोसला आयोग को बताया कि "हबीब–उर–रहमान वह व्यक्ति बिल्कुल नहीं थे, जो यह बता सकें, कि हादसा हुआ था या नहीं।"[6]

कर्नल प्रीतम सिंह भी सफरानी के साथ थे। उनके मुताबिक, रहमान नेताजी की गोपनीयता की शपथ से बंधे हुये थे—और विमान दुर्घटना केवल एक आवरण था जिसके नीचे सच छिपाया जा रहा था। उन्होंने मुखर्जी आयोग को बताया कि रहमान "मर जाते पर कभी कुछ नहीं बताते।"[7] मेजर भास्करन मेनन ने आयोग को यह बताया कि उनका नेताजी के तथाकथित हादसे में न मारे जाने का विश्वास उनकी रहमान से हुयी बातचीत के बाद ही बना। आयोग ने आई0एन0ए0 सीक्रेट सेवाओं के कैप्टन बिपुल कुमार सरकार

की भी गवाही ली; जिन्होंने यह बताया कि रहमान काफी वक्त उनके साथ उनके घर में रहे पर उनकी हथेलियों या कमीज़ पर उन्हें कोई जलने का निशान नहीं मिला।

"धन्यवाद कर्नल साहिब! मैं समझ गया।" और इसके बाद रहमान ने सरकार से यह वादा लिया, कि वह तीस सालों तक किसी को यह बात नहीं बतायेंगे।

"मैंने अपना वायदा निभाया।" सरकार ने 4 अप्रैल 2001 को मुखर्जी आयोग को बताया।

नेताजी के मिलिट्री सचिव और विदेश मंत्रालय में चीफ प्रोटोकॉल अफसर रहे, कर्नल महबूब अहमद से खोसला आयोग ने 'गोपनीयता' मुद्दे पर बात की। नतीजा वही निकला!

Shri PK Bose: If a secret was entrusted to Col. Habibur Rahman, in your estimation, his character is such that he will keep it a secret all his life, unless countermanded by Netaji himself?

Col Ahmed: That is my assessment of Habibur Rahman.

Document obtained under the Right to Information

> **प्रश्न:** अगर नेताजी ने आपको अपने साथ उस आखिरी यात्रा पर आने के लिये कहा होता—वह आपको किसी सुरक्षित जगह पर ले जाते—आपसे यह बात किसी को न बताने के लिये कहते—तो क्या आप यह बात किसी को बताते?
>
> **उत्तर:** नहीं! मैं उनका वफादार था; ऐसा कभी नहीं करता।[8]

कुछ व्यक्ति और भी थे, जो इतने जाने–माने न होने के बावजूद नेताजी पर जान न्यौछावर करने को तैयार रहते थे। खोसला आयोग के अनुसार सुनील दास "एक राजनैतिक कार्यकर्त्ता और नेताजी के करीबियों में से थे। उन्होंने नेताजी के साथ सन् 1939 से 1941 तक काम किया।"

पर दास एक आम सेनानी नहीं थे। उनका शोध पत्र *अमरीकन जर्नल ऑफ फिज़िकल केमिस्ट्री* में प्रकाशित हुआ पर फिर भी उन्होंने अपने बाकी तीन भाई–बहनों की तरह ही देश पर अपनी जान न्यौछावर करने की सोच ली थी। अपने जीते–जी उन्होंने भगवनजी को जानने की बात किसी पर जाहिर नहीं होने दी।

6 सितंबर 1972 को बीमारी की हालत में ही उन्होंने अपने घर पर ही गवाही दी। वकीलों ने उनसे नेताजी के जीवित होने और लीला रॉय के इस बारे में विचार पूछे। पर उन्होंने भी गोपनीयता की शपथ की आड़ ली–

> **प्रश्न:** आप नेताजी को इतनी अच्छी तरह जानते थे, कि उनको पहचानने में कोई ग़लती कर ही नहीं सकते थे?
>
> **उत्तर:** उनकी पहचान? नहीं...उनको पहचानने में कभी ग़लती नहीं कर सकता!
>
> **प्रश्न:** क्या आप मानते हैं कि अगर नेताजी जीवित भी होते...तो भी कुछ ऐसे हालात थे, जो उन्हें भारत आने से रोक रहे थे?
>
> **उत्तर:** आपके सवाल के दो हिस्से हैं। पहला—मैं सोचता हूं कि वह जीवित

हैं। दूसरा—मैं इसका उत्तर देने की स्थिति में नहीं हूं।

प्रश्नः लीला रॉय, शरत् बाबू से कितनी बार मिली होंगी?

उत्तरः लगभग रोज़।

दांऐ सेः सुनिल दास, सुनिल कृष्ण गुप्ता, अमर प्रसाद चक्रवर्ती (सूट में) और एन0डी0 मजूमदार।

प्रश्नः क्या कभी इन दोनों में तथाकथित विमान हादसे के बारे में बात होती थी?

उत्तरः शरत् बाबू, इस बात पर कभी विश्वास नहीं करते थे।

प्रश्नः क्या दीदी ने कभी *जयश्री* में नेताजी की गुमशुदगी के बारे में कुछ लिखा?

उत्तरः सन् 1963 के बाद यह विषय कई बार लीला रॉय के संपादकीय लेखों में छाया रहा। मैंने या हमने उनमें कुछ बदलाव देखा। मैं उनका सबसे करीबी सहकर्मी रहा हूं और हम कई मामलों पर चर्चा करते थे—पर अपनी गोपनीयता के कोड को हम कभी नहीं तोड़ते थे। हमें ऐसे ही प्रशिक्षित किया गया था। अगर कोई व्यक्ति हमें कुछ बताना नहीं चाहता तो हम उससे जबरदस्ती नहीं करते। आज तक वह बातें...मेरे अंदर दफन हैं।[9]

पर शायद आप ऐसे ही नहीं मानेंगे और पूछेंगे—"इतने बड़े मुद्दे पर इतनी सालों की चुप्पी? यह असंभव है! मैं तो एक दिन भी चुप नहीं रह सकता/सकती!"

पर हम जानते हैं कि दुनिया भर के सरकारी अधिकारी अपने राजो के साथ ही मौत की नींद सो जाते हैं।

"यही सरकार का काम है। सरकारी तंत्र का हिस्सा न होने वाले व्यक्ति कम से कम अपने परिवारों को ज़रुर बात बताते हैं"—यही कहेंगे न आप?

पर शायद आप भूल रहे हैं कि न केवल सरकारी लोग बल्कि पत्रकार तक अपने सीने में रहस्यों की खान गाड़े चलते है। एक आम पत्रकार भी अपने नाम पर छपी रिपोर्ट से बहुत अधिक जानता है। अमरीका में वॉटरगेट कांड काल के मार्क फेल्ट ही वह व्यक्ति

थे जो "डीप थ्रोट" के नाम से *वॉशिंगटन पोस्ट* के पत्रकार बॉब वुडवर्ड और कार्ल बर्न स्टाइन को निक्सन सरकार विरूद्ध सारी जानकारियां देते थे। इससे ही बाद में निक्सन सरकार गिर गयी थी। दशको तक कोई नहीं जानता था कि एफ0बी0आई0 के वरिष्ट अधिकारी मार्क फेल्ट ही डीप थ्रोट थे। अपनी जीवनगाथा के सह–लेखक के सामने फेल्ट ने कसम खाई थी कि वह डीप थ्रोट नहीं थे। *वॉशिंगटन पोस्ट* के दोनो पत्रकार भी इस राज़ को अपने अंदर ही छिपाये रहे—जब तक सन् 2005 में 91 वर्षीय फेल्ट ने खुद इस बात को स्वीकार नहीं किया।

शायद 18 अगस्त 1945 का सच रहमान भी हमें बताते—अगर वह भारत में रहते। बटवारे के बाद वह पाकिस्तान चले गये। सन् 1948 में जम्मू–कश्मीर में उन्होंने भारत के खिलाफ लड़ाई लड़ी। वह पाकिस्तान के विदेश मंत्रालय में कार्यरत रहे और पाकिस्तान के अतिरिक्त सुरक्षा सचिव के पद से सेवानिवृत्त हुये, बावजूद इसके कि "नेताजी और आई0एन0ए0 के प्रति उनकी श्रद्धा कई पाकिस्तानी उच्चाधिकारियों को साफ अखरती थी।"[10]

अगर वह कभी यह कहते भी कि फलां जगह और वक्त उन्होंने झूठ बोला था, तो भारत–पाकिस्तान में भयानक राजनैतिक झंझावत उठ सकता था। सन् 1978 में 65 बरस की उम्र में रहमान (चित्र) चल बसे। भारत का उनका आखिरी दौरा सन् 1956 में हुआ था; जब उन्होंने भगवनजी के शिष्य सुनील कृष्ण गुप्ता से कहा, "उन्हें कहने दो कि नेताजी नहीं रहे...वह लौटेंगे तो हमारा दोहरा फायदा होगा।"

पर नेताजी कभी नहीं लौटे। भगवनजी भी कभी सबके सामने नहीं आये। राजा हबीब–उर–रहमान को सच बताने का सही मौका कभी नही मिला।

उपसंहार

जुलाई 2012 में इस पुस्तक के अंग्रेज़ी संस्करण के प्रकाशन के साथ एक बार फिर नेताजी की गुमशुदगी का रहस्य सुर्खियों में आ गया। मगर इस बार कवायद थी, एक अन्तिम उत्तर खोजने की।

यह सिलसिला नवंबर 2012 में शुरु हुआ, जब नेताजी की भतीजी चित्रा घोष ने कोलकाता में लेखक के सम्मान में एक आयोजन किया। इसी आयोजन में एकत्र हुये नेताजी के परिवार के करीब दो दर्जन सदस्यों और अन्य समर्थकों ने इस बात पर सहमति जताई की इस मुद्दे को आगे ले जाना ही चाहिये। इस फैसले के साथ ही बोस परिवार की तरफ से एक पत्र लिखा गया और पश्चिम बंगाल की मुख्यमंत्री को भेजा गया। इसमें उनसे यह मांग रखी गयी कि वह तत्कालीन प्रधानमंत्री डॉ मनमोहन सिंह से यह गुज़ारिश करें कि सुभाष से जुड़े सभी सरकारी दस्तावेज़ों को डीक्लासिफाई (आम) कर दिया जाये। ममता बैनर्जी से यह भी कहा गया कि यह प्रार्थना उनसे की गयी थी क्योंकि नेताजी के ग्रह राज्य पश्चिम बंगाल की सर्वे–सर्वा होने के नाते उनका इस दिशा में सबसे पहले कदम बढ़ाना वांछित था। सुभाष के परिवारीजनों ने उनसे व्यक्तिगत तौर पर भी मिलने की कोशिश की, ताकि इस मसले का हल ढूंढा जा सके।

पर यह विडम्बना ही थी कि न ही ममता बैनर्जी ने नेताजी के परिवारीजनों से

मुलाकात की और न ही उनके भेजे पत्र का कोई जवाब ही दिया। *द सटेटसमैन* और *द टाइम्स आफ इण्डिया* बंगाल के अखबारों ने इस बात की आलोचना भी की, पर बैनर्जी को कोई फर्क नहीं पड़ा। उनकी चुप्पी हैरान कर देने वाली थी।

Bose family unhappy with govt's response on documents request

statesman news service

30 members of Subhas Chandra Bose's family sent letters to the state and Union governments last month

KOLKATA, 8 JAN: Members of Netaji Subhas Bose's family have been disappointed by the lack of response from both the state and Union governments to their request that classified files on their illustrious ancestor be placed in the public domain.

A document issued under the Right To Information Act from the Prime Minister's Office stated that there are 33 classified documents on Subhas Chandra Bose.

Speaking today, Subhas Chandra Bose's great-nephew Chandra Kumar Bose, said "Mamata Banerjee has claimed to be a great follower and admirer of my great-uncle in the past, which is why we approached her. But she must be tied up with other things."

He said, "The Justice Mukherjee Commission's investigation in Taiwan ruled out the possibility of the plane crash theory. There is no conclusive evidence to prove there was a plane crash on 18 August 1945. What about afterwards? This is what we want to know." Thirty members of Subhas Chandra Bose's family sent letters to the state and Union governments last month. Their letter to the Chief Minister requested her to "persuade the Central government to declassify all secret material and/or files being maintained by various Ministries and Departments of the government, including the intelligence agencies".

They wrote, "The government continues to hold back a large number of top secret or secret documents whose disclosure could decisively bring an end to the controversy. It is thus imperative in the national interest to release all information related to Netaji."

CM mum on declassification of Netaji files

TIMES NEWS NETWORK

Kolkata: More than a month has passed since 30 members of the family of Netaji Subhas Chandra Bose had written to chief minister Mamata Banerjee, requesting her to raise the issue of declassifying all secret documents on the freedom fighter, but the chief minister's office is yet to respond to it.

Releasing the letter to reporters on Tuesday, Netaji's grandnephew and Sarat Chandra Bose's grandson Chandra Kumar Bose said the silence on the part of the chief minister had disappointed the Bose family.

In the letter, sent to Mamata on December 3, 2012, Netaji's kin had requested that she raises the demand with the Prime Minister on behalf of Netaji's admirers all over the world. "We remember with appreciation that you have raised your voice many times on this matter. Hence, we request your kind support in demanding that the Centre declassify all documents/correspondence/ records held by it relating to Netaji to help unravel the mystery," it stated.

Chandra Kumar said the family had written to the chief minister because they thought that it would be most appropriate that the demand for declassification be made by the state's chief minister, who is also a fervent admirer of Netaji Subhas. "We wanted Mamata to persuade the Centre to declassify the documents maintained by various ministries and government departments, including the intelligence agencies. The letter incorporated the sentiments of not just the family but also the people of India," he said.

The letter noted that though six decades have passed in between, the country is still "mystified by the disappearance of Bose" and reiterated support of the finding of the Justice Mukherjee Commission of Inquiry in 2006 that "the story of Netaji's death in a plane crash in 1945 was a hoax".

"The government continues to hold back a large number of secret documents whose disclosure could decisively bring an end to the controversy. It is thus imperative in the national interest to release all information related to Netaji," the letter stated.

The signatory to the letter included Netaji's nieces and nephews Shiela Sengupta, Roma Ray, Chitra Ghosh, Subrata Bose, DN Bose and Jyotsna Bose, wife of Netaji's nephew Amiya Nath Bose. Abhijit Ray a grandson of Sarat Bose, claimed the contents of the letters were supported by many other family members in different parts of the world.

Earlier, in a reply under the Right to Information, the Prime Minister's Office had disclosed that it was holding 33 secret files concerning Netaji.

Justice Mukherjee had repeatedly complained that vital documents held by the government were not made available to him. Despite these difficulties, he concluded that Netaji did not die in the air crash as there was no such accident on the stipulated date, the ashes held at the Renkoji temple in Japan were not his and on the basis of available evidence, it was not possible to decide his whereabouts. The report by the former Supreme Court judge appointed by the government was not accepted in Parliament after a cursory discussion.

MYSTERY CONTINUES

Justice Mukherjee Commission's findings

- Netaji did not die in the air crash
- Ashes at the Renkoji Temple in Japan are not remains of Netaji
- It's not possible to decide Netaji's whereabouts

PMO's role so far

Disclosed that it was holding 33 secret files concerning Netaji

We wanted the CM to persuade the Centre to declassify the documents kept with various ministries. —Chandra Kumar Bose | NETAJI'S GRANDNEPHEW

इस चुप्पी की असली वजह थी, गांधी परिवार, प्रणब मुखर्जी और नेताजी के परिवार के कुछ कांग्रेस समर्थक सदस्यों से उनके नज़दीकी सम्बन्ध। भले ही सतही तौर पर ममता कांग्रेस विरोधी हैं, पर इन लोगों से उनकी नज़दीकियां, सुभाष के रहस्य पर से परदा न उठने देने के लिये काफी हैं।

आखिरकार, लेखक, सुभाष के परिवारीजनों और समर्थकों ने प्रेस वार्ताओं और मोर्चों का सहारा लिया, ताकि गैर–वर्गीकरण की यह मांग जनसाधारण तक पहुंच सके। बंगाल के भाजपा प्रमुख राहुल सिन्हा ने इस मांग का समर्थन करते हुये पार्टी प्रमुख राजनाथ सिंह को इस मामले से अवगत कराया।

अप्रैल 2013 में नेताजी के पड़–भतीजे चन्द्र कुमार बोस और उनकी पत्नी ऊषा मेनन बोस ने गुजरात के मुख्यमंत्री नरेन्द्र मोदी से मुलाकात की और मामले की जानकारी देते हुये नेताजी के भतीजे डॉ0 डी0एन0 बोस का एक पत्र उनको सौंपा। इस पत्र पर नेताजी के करीब 30 रिशतेदारो के हस्ताक्षर थे। पत्र के अनुसारः

> नेताजी पूरे देश के थे...इसलिये हम आपसे यह विनम्र अपील करते हैं कि आप प्रधानमंत्री और केन्द्रीय सरकार से यह मांग करें कि इस रहस्यमय मामले से जुड़े हुये सभी दस्तावेज़ों को आम किया जाये, ताकि इस रहस्य का कोई हल मिल सके।

मुलाकात के दौरान मोदी ने इस मसले को गंभीरता से सुना और इस बारे में कार्यवाही करने का आश्वासन दिया।

अगस्त 2013 में स्वामी रामदेव ने लेखक को यह आश्वासन दिया कि गैर–वर्गीकरण की मांग को उठाया जायेगा।

मुहिम रगं लाती नज़र आई जब 23 जनवरी 2014 को राजनाथ सिंह ने कटक में यह बयान दिया कि भाजपा के सत्ता में आने की स्थिति में भाजपा नेताजी के इस मुद्दे को सुलझाने की पूरी कोशिश करेगी।

Courtesy: PTI

एक खबर के मुताबिक, मोदी ने डॉ0 मनमोहन सिंह को एक पत्र लिखकर इस बात की ज़रुरत जताई कि इस मसले का अन्तिम हल होना चाहिये और इसके लिये एक जांच करवाई जानी चाहिये।

पर इन सभी बातों से पहले, 31 जनवरी 2013 को इलाहाबाद उच्च न्यायालाय की लखनऊ खण्ड पीठ ने एक ऐतिहासिक निर्णय में, उत्तर प्रदेश सरकार को यह निर्देश दिये कि एक संग्रहालय में भगवनजी के सारे सामान को रखा जाये। साथ ही, न्यायालाय ने सुझाव दिया कि एक सेवानिवृत्त न्यायाधीश के नेतृत्व में भगवनजी प्रकरण के सत्य को जानने के लिये एक जांच दल का गठन किया जाये। रामभवन के मालिक के पुत्र और भगवनजी के शिष्य रहे शक्ति सिंह ने अपने वकीलों, बुलबुल गोडियाल और मधुमिता बोस (ललिता बोस के वकील रॉबिन मित्रा की पुत्रीयां), के जरिये न्यायालाय में याचना की थी।

न्यायाधीश देवी प्रसाद सिंह और वीरेन्द्र कुमार दीक्षित ने अपने फैसले के लिये इस पूरे प्रकरण की जांच करते हुये, इस पुस्तक के अंग्रेज़ी संस्करण को पढ़ा। उन्होंने अपने फैसले में, इस पुस्तक में की गयी जांच की सत्यता और निश्ठता की तारीफ की:

ऐसे राष्ट्र नायक के जीवित रह जाने का संदेह मात्र सरकार पर जिम्मेदारी

> डालता हैं कि वह सत्य तक पहुँचें। सत्य की खोज करना हाल में हुयी वैज्ञानिक तरक्की की रोशनी में खास मुश्किल भी नहीं है। लेखक द्वारा इस पुस्तक में नेताजी सुभाष चन्द्र बोस के जीवन एवं मृत्यु और गुमनामी बाबा के बारे में जो भी जानकारी एकत्र की गई है उसे भारत सरकार को पूरी निष्ठा के साथ, सत्य को खोजने में इस्तेमाल करना चाहिये।

साथ ही न्यायालय ने कहाः

> स्वर्गीय गुमनामी बाबा से सम्बन्धित सारा सामान अपने आप में जिज्ञासा का विषय है और उनकी असली पहचान के लिये जांच होनी चाहिये। हर साल 23 जनवरी को नेताजी सुभाष चन्द्र बोस का जन्मदिवस समारोह, किताबें, दस्तावेज़ और नेताजी की तथाकथित मृत्यु के वक्त से जुड़ा सामान—जिसमें युद्ध अपराधों से जुड़ी दो किताबों और अनुज धर की दो किताबों में एकत्र सामग्री; *नॉर्दन इण्डिया पत्रिका* में 20 दिसंबर 1985 से 23 जनवरी 1986 के मध्य प्रकाशित हुये लगभग 17 लेख, जो गुमनामी बाबा या भगवानजी के बारे में लिखे गये हैं—सभी कुछ उनकी पहचान हेतु एक जांच को लाज़मी बनाते हैं। राज्य एवं केन्द्रीय सरकारों को गुमनामी बाबा की असली पहचान जानने के लिये, उचित जांच करवानी चाहिये।

विषय की जटिलता के चलते इस फैसले को मीडिया ने देश भर में उतना प्रचार नहीं दिया जितना मिलना चाहिये था। उत्तर प्रदेश में थोड़ी हलचल हुयी, पर बंगाल में वह भी नहीं। ऐसी विपरित परिस्थितियो मे, मुद्दे पर आम राय बनाने और जन भावना जगाने के लिये, 5 बार विधायक रहे अखिलेश सिंह ने लखनऊ में एक प्रेस–वार्ता का आयोजन किया, जिसमें शक्ति सिंह और मैंने शिरकत की।

'गुमनामी बाबा की पहचान को आयोग बने'

▶ रायबरेली के सदर विधायक अखिलेश सिंह ने सरकार से की मांग
▶ हाई कोर्ट की पहल के बाद नेताजी की रहस्यमयी मौत से पर्दा उठाने का मुद्दा
▶ बाबा की वस्तुएं संरक्षित करने की सरकार से मांग

लखनऊ (एसएनबी)। अस्सी के दशक में फैजाबाद के चर्चित गुमनामी बाबा की पहचान स्थापित करने के लिए रायबरेली के सदर विधायक अखिलेश सिंह ने यूपी सरकार से जांच आयोग गठित करने की मांग की है। यूपी प्रेस क्लब में शुक्रवार को एक प्रेस वार्ता में श्री सिंह ने नेताजी सुभाष चंद्र बोस को देश की आजादी का अप्रतिम सिपाही बताते हुए कहा कि आजादी के इस महानायक की मृत्यु अभी भी रहस्यों के घेरे में है। आजादी के बाद से अभी तक की सभी केंद्र सरकारों को आड़े हाथों लेते हुए श्री सिंह ने कहा कि केंद्र सरकार चाहे वो किसी भी दल की रही हो, किसी ने भी इस मुद्दे को लेकर गंभीरता नहीं दिखाई। अदालतों की सक्रियता के बाद केंद्र सरकारों ने विभिन्न आयोग बनाकर महज खानापूर्ति की। यही कारण है कि नेताजी सुभाष चंद्र की मौत के रहस्य से आज तक पर्दा नहीं उठ सका है। विधायक अखिलेश सिंह ने अस्सी के दशक में चर्चित हुए फैजाबाद के गुमनामी बाबा के संबंध में बीते दिनों इलाहाबाद उच्च न्यायालय द्वारा की गई टिप्पणी का जिक्र करते हुए प्रदेश की अखिलेश सरकार से गुमनामी बाबा की पहचान साबित करने के लिए जांच आयोग गठित करने की मांग भी की।

पुस्तक लिखने वाले पत्रकार अनुजधर ने नेताजी की मृत्यु को लेकर अब तक सामने आए तथ्यों के संबंध में अपनी रिपोर्ट पेश करते हुए कहा कि भारत सरकार नहीं चाहती कि नेताजी के बारे में लोग ज्यादा जानें। उन्होंने आरोप लगाया कि विभिन्न आयोगों के समक्ष डीएनए रिपोर्ट सहित अन्य महत्वपूर्ण तथ्यों को जानबूझ कर छिपाया अथवा गलत तरीके से पेश किया गया।

श्री धर ने दावा किया कि फैजाबाद के गुमनामी बाबा ही वास्तव में नेताजी जी थे जो आजादी के बाद से अपने अंतिम दिनों तक रहस्यों के घेरे में रहे। प्रेस वार्ता के दौरान गुमनामी बाबा की पहचान उजागर करने के संबंध में उच्च न्यायालय में याचिका दायर करने वाले शक्ति सिंह ने बताया कि अपने अंतिम दिनों में फैजाबाद प्रवास के दौरान गुमनामी बाबा उनके पैतृक मकान में रहे। प्रवास के दौरान उनके रहन-सहन, व्यक्तित्व व उनसे मिलने आने वाले लोगों तथा मृत्यु के बाद उनके कक्ष से मिली वस्तुओं के आधार पर ये कहने में कोई हिचक नहीं कि गुमनामी बाबा ही वास्तव में नेताजी सुभाष चंद्र बोस थे। उन्होंने प्रदेश सरकार से गुमनामी बाबा की फैजाबाद कोषागार में रखी वस्तुओं को संरक्षित करने के आवश्यक कदम उठाने की मांग भी की।

प्रेस कांफ्रेस के दौरान नेताजी सुभाष चंद्र बोस व गुमनामी बाबा को लेकर

वार्ता की कवरेज *राष्ट्रीय सहारा* में। बांयें से अखिलेश सिंह, शक्ति सिंह एवं अनुज धर

14 मार्च 2013 को प्रदेश असेम्बली में अखिलेश सिंह, कांग्रेस के अनुग्रह नारायण सिंह, भाजपा के सुरेश राणा, कौमी एकता दल के मुख्तार अंसारी और निर्दलीय विधायक

रघुराज प्रताप सिंह ने अडर्जनमेण्ड नोटिस दिया।

इसके बाद हुयी बातचीत में, सभी राजनैतिक दलों ने आपसी मतभेद भुलाकर मुद्दे पर अपने–अपने विचार रखे। शायद उतर प्रदेश के इतिहास मे ऐसा पहली बार हुआ था। विपक्ष के नेता बसपा के स्वामी प्रसाद मौर्य ने कहा कि "स्वतंत्रता संग्राम में महात्मा गांधी के बाद यदि कोई था तो वह नेताजी सुभाष चंद्र बोस थे" और उनकी मृत्यु के कारणों का आज तक रहस्यमय बना रहना, देश के लिये दुर्भाग्यपूर्ण था।

भाजपा के हुकुम सिंह ने कहा कि आयोग के गठन में देरी नहीं होनी चाहिये। अनुग्रह नारायण सिंह ने यह मांग रखी कि "सरकार को आयोग का गठन करना चाहिये।" अखिलेश सिंह ने मामले के कई तथ्य सदन के सामने रखे। उन्होने कहा कि वह "इस बात पर विस्मित थे, कि प्रदेश सरकार माननीय उच्च न्यायालय के फैसले पर अमल क्यों नहीं कर रही?"

गौरतलब है कि प्रदेश सरकार भगवनजी का सामान एक संग्रहालय मे रखने को तो राजी हो गई, पर जांच आयोग गठित करने के मूड में नहीं थी। इसलिए सदन में वायदा करने के बावजूद यू0पी0 सरकार ने मुदे पर एक विस्तृत चर्चा इस पुस्तक के छापे जाने तक नही करवाई।

ऐसे में लेखक और अन्य मित्रों ने इलाहाबाद उच्च न्यायालय में एक याचिका डालने का मन बना लिया ताकि न्यायालय प्रदेश सरकार को इस जांच के लिये बाध्य कर सके। मार्च 2014 में फैजाबाद यात्रा करने के बाद, अखिलेश सिंह, जयन्ती रखित और ताप्ती घोष (नेताजी की पड़–पोतियां), जयंती के पति—अमिय रखित, चद्रचूड घोष और लेखक ने अधिवक्ता मधुमिता बोस के माध्यम से इलाहाबाद उच्च न्यायलय में गुहार लगाई। अपनी याचिका में हमने प्राथना की कि भगवनजी प्रकरण की जांच न्यायलय की देख–रेख में एक विशेष जांच दल द्वारा करवाई जाए। 7 जुलाई 2014 को न्यायलय ने इस याचिका का प्रथम संज्ञान लिया।

गुप्तार धाट, भगवनजी की समाधि पर (बांए से) शक्ति सिंह, ताप्ती घोष, जयंती रखित, अमिय रखित (उनके पिछे) अखिलेश सिंह और चद्रचूड घोष

संदर्भ

अध्याय 1: एक दफन रहस्य

1 के0एफ0 नरीमन, नॉन वॉयलेन्ट मर्डर, 28 फरवरी 1941.

2 सुभाष चन्द्र बोस, द इण्डियन स्ट्रगल, रिसर्च पब्लिशिंग एवं प्रिंटिंग फाउन्डेशन, कोलकाता, इण्डिया.

3 दिलीप कुमार रॉय, नेताजी–द मैनः रिमाइनिसेन्सेस, भारतीय विद्या भवन, 1966, पृ0 153, 54.

4 दिलीप कुमार रॉय, नेताजी–द मैनः रिमाइनिसेन्सेस, भारतीय विद्या भवन, 1966, पृ0 153,

5 के0एफ0 नरीमन, नॉन वॉयलेन्ट मर्डर, 28 फरवरी 1941.

6 किट्टी कुर्टी, सुभाष चन्द्र बोस एज़ आइ न्यू हिम, फर्मा के0एल0 मुखोपाध्याय, 1966, पृ0 57.

7 किट्टी कुर्टी, सुभाष चन्द्र बोस एज़ आइ न्यू हिम, फर्मा के0एल0 मुखोपाध्याय, 1966, पृ0 13.

8 किट्टी कुर्टी, सुभाष चन्द्र बोस एज़ आइ न्यू हिम, फर्मा के0एल0 मुखोपाध्याय, 1966, पृ0 49.

9 किट्टी कुर्टी, सुभाष चन्द्र बोस एज़ आइ न्यू हिम, फर्मा के0एल0 मुखोपाध्याय, 1966, पृ0 11.

10 किट्टी कुर्टी, सुभाष चन्द्र बोस एज़ आइ न्यू हिम, फर्मा के0एल0 मुखोपाध्याय, 1966, पृ0 39.

11 ऑन टू डेल्ही, टाइम मैगज़ीन, 26 जुलाई 1943.

12 पार्ट प्लेड बाइ द आइ0एन0ए0 इन एक्टिव ऑपरेशन्स अगेन्स्ट एलाइड फोर्सेज़, सी0एस0डी0आइ0सी0(I) 12 मई 1946, फाइल नं0 आइ0एन0ए0 402, द नेशनल आर्किव्स ऑफ इण्डिया, न्यू डेल्ही.

13 ऑपरेशनल सिक्योरिटी इन्टेलिजेन्स, फाइल नं0 आइ0एन0ए0 249, द नेशनल आर्किव्स ऑफ इण्डिया, न्यू डेल्ही।

14 सर एच0 ट्विनाम (सेन्ट्रल प्रोविन्स एण्ड बेरार) टू फील्ड मॉर्शल विसकाउन्ट वेवेल, 10 नवम्बर 1945, ट्रान्सफर ऑफ पॉवर, वॉल्यूम VI, हर मेजेस्टीस स्टेशनरी ऑफिस, लन्दन, पृ0 469.

15 नोट प्रिपेयर्ड बाइ द डायरेक्टर, इन्टेलिजेन्स ब्यूरो ऑन द आइ0एन0ए0 सिचुएशन, ट्रान्सफर ऑफ पॉवर, वॉल्यूम VI हर मेजेस्टीस स्टेशनरी ऑफिस, लन्दन, पृ0 512.

16 सुबीर भौमिक, ताईवान रिजेक्ट्स बोस क्रैश थ्योरी, बी0बी0सी0 न्यूज़, 4 फरवरी 2005.

17 किट्टी कुर्टी, सुभाष चन्द्र बोस एज़ आइ न्यू हिम, फर्मा के0एल0 मुखोपाध्याय, 1966 पृ0 57.

18 द लोक सभा प्रोसीडिंग्स ऑन 18 मई 2006.

19 द लोक सभा प्रोसीडिंग्स ऑन 18 मई 2006.

20 राय सिंह, फार फ्रॉम क्लोज़, द पायनियर (लेटर्स सेक्शन), 21 अप्रैल 2005.

21 अफिडेविट डेटेड 6 मार्च 2000 फाइल्ड बाइ सूर्य कुमार बोस फॉर बिफोर जस्टिस मुखर्जी कमीशन ऑफ इन्क्वायरी।

22 अफिडेविट डेटेड 6 मार्च 2000 फाइल्ड बाइ सूर्य कुमार बोस फॉर बिफोर जस्टिस मुखर्जी कमीशन ऑफ इन्क्वायरी।

23 प्रणब फेसेज़ इर ओवर नेताजी रिपोर्ट, हिन्दुस्तान टाइम्स, 18 जून 2006।

24 राज्य सभा प्रोसीडिंग्स ऑन 24 अगस्त 2006.

25 फॉरवर्ड ब्लॉक सोर विद सोमनाथ चैटर्जी, ज़ी न्यूज़, 9 अगस्त 2006।

26-28 लोक सभा प्रोसीडिंग्स ऑन 3 अगस्त 2006.

29 लोक सभा प्रोसीडिंग्स ऑन 2 अगस्त 2006.

30-34 राज्य सभा प्रोसीडिंग ऑन 24 अगस्त 2006.

35 राज्य सभा प्रोसीडिंग ऑन 24 अगस्त 2006.

36 सेन्ट्रल इन्फॉरमेशन कमीशन डिसीज़न ऑन अपील नं0 सी0आइ0सी0/ए0टी0/सी/2006/00087, 5 जुलाई 2007.

37 सेन्ट्रल इन्फॉरमेशन कमीशन डिसीज़न ऑन अपील नं0 सी0आइ0सी0/ए0टी0/सी/2006/00087, 5 जुलाई 2007.

38 एलोक टिक्कू, आर0टी0आइ0 इफेक्टः नेताजी पेपर्स टू बी रिलीज़्ड, हिन्दुस्तान टाइम्स, 6 नवम्बर 2007.

अध्याय 2: रहस्य के अंकुर

1 रिकॉर्ड ऑफ प्रोसीडिंग्स ऑफ खोसला कमीशन ऑबटेन्ड अन्डर आर0टी0आइ0, वॉल्यूम V, पृ0 1971, 1922.

2 टाइप्ड कॉपी ऑफ हबीब–उर–रहमान्स स्टेटमेन्ट टू शाहनवाज़ कमेटी, 9 अप्रैल 1956

3 लेटर नं0 1400/23/एस0इ0 डेटेड 25 मार्च 1946 फ्रॉम सी0एस0डी0आइ0सी0 ऑन "लास्ट प्लान्स ऑफ एस0सी0 बोस". फाइल नं0 आइ0एन0ए0 400, द नेशनल आर्किव्स ऑफ इण्डिया, न्यू डेल्ही.

4 टाइप्ड कॉपी ऑफ हबीब–उर–रहमान्स स्टेटमेन्ट टू शाहनवाज़ कमेटी, 9 अप्रैल 1956.

5 टाइप्ड कॉपी ऑफ हबीब–उर–रहमान्स स्टेटमेन्ट टू शाहनवाज़ कमेटी, 9 अप्रैल 1956.

6 सी0एस0डी0आइ0सी0 (इण्डिया) रिपोर्ट नं0 2, सेक्शन रिपोर्ट नं0 1156 डेटेड 31 दिसम्बर 1945. फाइल नं0 आइ0एन0ए0 249, द नेशनल आर्किव्स ऑफ इण्डिया, न्यू डेल्ही.

7 सी0एस0डी0आइ0सी0 (इण्डिया) रिपोर्ट नं0 2, सेक्शन रिपोर्ट नं0 1156 डेटेड 31 दिसम्बर 1945. फाइल नं0 आइ0एन0ए0 249, द नेशनल आर्किव्स ऑफ इण्डिया, न्यू डेल्ही.

8 टाइप्ड कॉपी ऑफ हबीब–उर–रहमान्स स्टेटमेन्ट टू शाहनवाज़ कमेटी, 9 अप्रैल 1956.

9-11 टाइप्ड कॉपी ऑफ हबीब–उर–रहमान्स स्टेटमेन्ट टू शाहनवाज़ कमेटी, 9 अप्रैल 1956.

12 एस0ए0 अय्यर्स 1951 रिपोर्ट टू प्राइम मिनिस्टर नेहरु.

13 एस0ए0 अय्यर्स रिपोर्ट टू प्राइम मिनिस्टर नेहरु एण्ड कॉपी ऑफ हबीब–उर–रहमान्स स्टेटमेन्ट टू शाहनवाज़ कमेटी.

14 टाइप्ड कॉपी ऑफ हबीब–उर–रहमान्स स्टेटमेन्ट टू शाहनवाज़ कमेटी, 9 अप्रैल 1956.

15 टाइप्ड कॉपी ऑफ हबीब–उर–रहमान्स स्टेटमेन्ट टू शाहनवाज़ कमेटी, 9 अप्रैल 1956.

16 स्टेटमेन्ट ऑफ योशिमी तानेयोशी डेटेड 19 अक्टूबर 1946. फाइल नं0 आइ0एन0ए0 249, द नेशनल आर्किव्स ऑफ इण्डिया, न्यू डेल्ही.

17-22 टाइप्ड कॉपी ऑफ हबीब–उर–रहमान्स स्टेटमेन्ट टू शाहनवाज़ कमेटी, 9 अप्रैल 1956.

23 रिकॉर्ड ऑफ प्रोसीडिंग्स ऑफ खोसला कमीशन ऑबटेन्ड अन्डर आर0टी0आइ0, वॉल्यूम V, पृ0 1662.

24 सुभाष बोस डेडः एनाउन्समेन्ट बाइ जैप न्यूज़ एजेन्सी, द टाइम्स ऑफ इण्डिया, 24 अगस्त 1945.

25 सुभाष बोसेस् डेथः पण्डित नेहरु शॉक्ड, अमृत बाज़ार पत्रिका, 26 अगस्त 1945.

26 रिपोर्टेड डेथ ऑफ सुभाष बोस, हिन्दुस्तान टाइम्स, 25 अगस्त 1945.

27 वैवेलः द वाइसरॉय जरनल, एडिटेड बाइ पेनडेरल मून, ऑक्सफोर्ड यूनिवर्सिटी प्रेस, डेल्ही, 1973, पृ0 164.

28 सुभाष बोसेस् डेथः पण्डित नेहरुस डाउट, द टाइम्स ऑफ इण्डिया, 14 सितम्बर 1945.

29 नं0 10005/3/जी0एस0आइ0 (बी). द ब्रिटिश लाइब्रेरी, ओरियन्टल ड इण्डिया ऑफिस कलेक्शन्स, लन्दन.

30 रिपोर्ट नं0 B2 डेटेड 5 अक्टूबर 1945 बाइ पी0इ0एस0 फिने, फाइल नं0 आइ0एन0ए0 273, द नेशनल आर्किव्स ऑफ इण्डिया, न्यू डेल्ही.

31 रिपोर्ट नं0 32 डेटेड 5 अक्टूबर 1945 बाइ पी0इ0एस0 फिने, फाइल नं0 आइ0एन0ए0 273, द नेशनल आर्किव्स ऑफ इण्डिया, न्यू डेल्ही.

32 इन्टेरोगेशन रिपोर्ट ऑफ मेजर ताकायाशी कियोजी ऑफ हिकारी कीकन. खोसला कमीशन एक्ज़ीबिट नं0 24 बी0 ऑबटेन्ड अन्डर आर0टी0आइ0.

33 रिपोर्ट नं0 B2 डेटेड 5 अक्टूबर 1945 बाइ पी0इ0एस0 फिने, फाइल नं0 आइ0एन0ए0 273, द नेशनल आर्किव्स ऑफ इण्डिया, न्यू डेल्ही.

34 रिपोर्ट नं0 Cz/49 डेटेड 8 अक्टूबर 1945 फ्रॉम लेफ्टिनेन्ट कर्नल जॉन फिग्स, ब्रिटिश स्टाफ सेक्शन, यू0एस0ए0 फोर्सेस एण्ड एनक्लोज़र (सी0आइ0सी0 रिपोर्ट ऑफ 29 सितम्बर 1945). खोसला कमीशन एक्ज़ीबिट नं0 24 D ऑबटेन्ड अन्डर आर0टी0आइ0.

35 रिपोर्ट ऑफ डब्ल्यू0एफ0एम0 डेविस ऑन सुभाष बोस साइगोन इन्क्वायरी डेटेड 7 अक्टूबर 1945. फाइल नं0 आइ0एन0ए0 400, द नेशनल आर्किव्स ऑफ इण्डिया, न्यू डेल्ही.

36 एक्स्ट्रैक्ट फ्रॉम द स्टेटमेन्ट ऑफ भास्कर मेनन / बासी, रिसीव्ड विद AD (X)'s मेमोरेन्डम नं0 डी0आइ0बी0/ पी0 19 डेटेड 23 अक्टूबर 1945. फाइल नं0 आइ0एन0ए0 400, द नेशनल आर्किव्स ऑफ इण्डिया, न्यू डेल्ही.

37 रिपोर्ट डेटेड 6 नवम्बर 1945 फ्रॉम SACSEA कमीशन नं0 1. फाइल नं0 आइ0एन0ए0 400, द नेशनल आर्किव्स ऑफ इण्डिया, न्यू डेल्ही.

38 रिपोर्ट डेटेड 12 नवम्बर 1945 फ्रॉम पी0इ0एस0 फिन्नी। फाइल नं0 आइ0एन0ए0 400, द नेशनल आर्किव्स ऑफ इण्डिया, न्यू डेल्ही.

39 एक्स्ट्रैक्ट फ्रॉम रिटेन स्टेटमेन्ट बाइ वतानबे, किन्जी. फाइल नं0 आइ0एन0ए0 273, द नेशनल आर्किव्स ऑफ इण्डिया, न्यू डेल्ही.

40 लेटर नं0 यू0बी0/डी0ओ0/4 डेटेड 22 नवम्बर 1945 फ्रॉम साइगोन कन्ट्रोल कमीशन टू ओ0सी0सी0एस0डी0 (I). फाइल नं आइ0एन0ए0 400, द नेशनल आर्किव्स ऑफ इण्डिया, न्यू डेल्ही.

41 लेटर नं0 310/बी01269 डेटेड 7 जनवरी 1946 फ्रॉम सी0एस0डी0आइ0सी0 टू कम्बाइन्ड सेक्शन एण्ड आइ0बी0. खोसला कमीशन एक्ज़ीबिट नं0 23 ए ऑबटेन्ड अन्डर आर0टी0आइ0.

42 लेटर नं0 310/बी01269 डेटेड 7 जनवरी 1946 फ्रॉम सी0एस0डी0आइ0सी0 टू कम्बाइन्ड सेक्शन एण्ड आइ0बी0. खोसला कमीशन एक्ज़ीबिट नं0 23 ए ऑबटेन्ड अन्डर आर0टी0आइ0.

43 लेटर नं0 एस0टी0/12 डेटेड 15 जनवरी 1946 फ्रॉम एस0 सेक्शन, एस0इ0ए0सी0, टू सी0एस0डी0आइ0सी0. फाइल नं0 आइ0एन0ए0 400, द नेशनल आर्किव्स ऑफ इण्डिया, न्यू डेल्ही.

44 लेटर डेटेड 19 फरवरी 1946 फ्रॉम डब्ल्यू मैक राईट टू मेजर यंग. फाइल नं0 आइ0एन0ए0 273, द नेशनल आर्किव्स ऑफ इण्डिया, न्यू डेल्ही.

45 लेटर डेटेड 19 फरवरी 1946 फ्रॉम डब्ल्यू मैक राईट टू मेजर यंग. फाइल नं0 आइ0एन0ए0 273, द नेशनल आर्किव्स ऑफ इण्डिया, न्यू डेल्ही.

46 रिपोर्ट बाइ काउन्टर इन्टेलिजेंस कॉर्प्स, जी0एच0क्यू0, ए0एफ0पी0ए0सी0, टोक्यो डेटेड 29 सितम्बर 1945, फाइल नं0 आइ0एन0ए0 400, द नेशनल आर्किव्स ऑफ इण्डिया, न्यू डेल्ही.

47 सी0एस0डी0आइ0सी0 (इण्डिया) रिपोर्ट नं0 2, सेक्शन रिपोर्ट नं0 1156 डेटेड 31 दिसम्बर 1945. फाइल नं0 आइ0एन0ए0 249, द नेशनल आर्किव्स ऑफ इण्डिया, न्यू डेल्ही

48 लेटर डेटेड 19 फरवरी 1946 फ्रॉम डब्ल्यू मैक राईट टू मेजर यंग. फाइल नं0 आइ0एन0ए0 273, द नेशनल

आर्किव्स ऑफ इण्डिया, न्यू डेल्ही.

49 लेटर नं0 सी 5, डेटेड 19 फरवरी 1946 फ्रॉम डब्ल्यू मैक राईट टू मेजर यंग. फाइल नं0 आइ0एन0ए0 273, द नेशनल आर्किव्स ऑफ इण्डिया, न्यू डेल्ही.

50 लेटर नं0 सी 5, डेटेड 19 फरवरी 1946 फ्रॉम डब्ल्यू मैक राईट टू मेजर यंग. फाइल नं0 आइ0एन0ए0 273, द नेशनल आर्किव्स ऑफ इण्डिया, न्यू डेल्ही.

51 एक्स्ट्रैक्ट फ्रॉम लेटर नं0 एस0एल0ओ0/सी0सी0/1 डेटेड 1 मार्च 1946 फ्रॉम मेजर यंग ऑफ सी0आइ0सी0बी0 टू डब्ल्यू मैक राईट, आइ0बी0, न्यू डेल्ही. फाइल नं0 आइ0एन0ए0 273, द नेशनल आर्किव्स ऑफ इण्डिया, न्यू डेल्ही.

52 लेटर डेटेड 19 फरवरी 1946 फ्रॉम जी0एस0 ब्रांच, एम0आइ0 डायरेक्टरेट टू लेफ्टीनेंट कर्नल एंडरसन. फाइल नं0 आइ0एन0ए0 400, द नेशनल आर्किव्स ऑफ इण्डिया, न्यू डेल्ही.

53 लेटर नं0 एस0टी0/12/104 डेटेड 28 फरवरी 1946 फ्रॉम एस0 सेक्शन सी0एस0डी0आइ0सी0 (I) टू कॉम्ड, सी0एस0डी0आइ0सी0, रेड फोर्ट फाइल नं0 आइ0एन0ए0 400, द नेशनल आर्किव्स ऑफ इण्डिया, न्यू डेल्ही.

54 लेटर नं0 सी.5/सी0डी0 डेटेड 9 मार्च 1946. फाइल नं0 आइ0एन0ए0 400, द नेशनल आर्किव्स ऑफ इण्डिया, न्यू डेल्ही.

55-58 लेटर नं0 1300/एस0इ0 डेटेड 21 मार्च 1946. फाइल नं0 आइ0एन0ए0 400, द नेशनल आर्किव्स ऑफ इण्डिया, न्यू डेल्ही.

59-62 लेटर नं0 1400/23/एस0इ0 डेटेड 25 मार्च 1946. फाइल नं0 आइ0एन0ए0 400, द नेशनल आर्किव्स ऑफ इण्डिया, न्यू डेल्ही.

63 आइ0पी0आइ0 सीरीज़, डॉक्यूमेन्ट नं0 एल/पी0जे0/12/217, द ब्रिटिश लाइब्रेरी, ओरियन्टल एण्ड इण्डिया ऑफिस कलेक्शन्स, लंदन.

64-67 कॉपी ऑफ नोट नम्बर्ड सी–4, पार्ट (IV) डेटेड 8 अप्रैल 1946. फाइल नं0 आइ0एन0ए0 273, द नेशनल आर्किव्स ऑफ इण्डिया, न्यू डेल्ही.

68 लेटर नं0 1400/23/एस0इ0 डेटेड 25 मार्च 1946. फाइल नं0 आइ0एन0ए0 400, द नेशनल आर्किव्स ऑफ इण्डिया, न्यू डेल्ही.

69 रि–इन्टरोगेशन ऑफ कैप्टन हबीब–उर–रहमान डेटेड 9 अप्रैल 1946. फाइल नं0 आइ0एन0ए0 400, द नेशनल आर्किव्स ऑफ इण्डिया, न्यू डेल्ही. मलिक इरन्यूएसली डेटेड द रिपोर्ट टू 9.6.46.

70 रि–इन्टरोगेशन ऑफ कैप्टन हबीब–उर–रहमान डेटेड 9 अप्रैल 1946. फाइल नं0 आइ0एन0ए0 400, द नेशनल आर्किव्स ऑफ इण्डिया, न्यू डेल्ही. मलिक इरन्यूएसली डेटेड द रिपोर्ट टू 9.6.46.

71 इज़ नेताजी अलाइव? महात्मा गांधी कलेक्टेड वर्क्स, वॉल्यूम 90, 30 मार्च 1946.

72 एयरग्राम नं0 ए–175 डेटेड 23 मई 1946 फ्रॉम अमेरिकन कन्स्यूलेट जनरल (बॉम्बे) टू द सेक्रेटरी ऑफ स्टेट. रिकॉर्ड ग्रुप 319, फाइल नं0 X 8083767, द नेशनल आर्किव्स एट कॉलेज पार्क, मैरीलैण्ड.

73 एयरग्राम नं0 ए–175 डेटेड 23 मई 1946 फ्रॉम अमेरिकन कन्स्यूलेट जनरल (बॉम्बे) टू द सेक्रेटरी ऑफ स्टेट. रिकॉर्ड ग्रुप 319, फाइल नं0 X 8083767, द नेशनल आर्किव्स एट कॉलेज पार्क, मैरीलैण्ड.

74 एयरग्राम नं0 ए–78 डेटेड 28 जून 1946 फ्रॉम द स्टेट डिपार्टमेन्ट टू द यू0एस0 कन्स्यूलेट जनरल इन बॉम्बे. रिकॉर्ड ग्रुप 319, फाइल नं0 X 8083767, द नेशनल आर्किव्स एट कॉलेज पार्क, मैरीलैण्ड.

75 रिपोर्ट ऑन द डेथ ऑफ सुभाष चन्द्र बोस, ऑफिस ऑफ मिलिट्री एडवाइज़र, 25 जुलाई 1946. रिकॉर्ड ग्रुप 319, फाइल नं0 X 8083767, द नेशनल आर्किव्स एट कॉलेज पार्क, मैरीलैण्ड.

76 रिपोर्ट ऑन द डेथ ऑफ सुभाष चन्द्र बोस, ऑफिस ऑफ मिलिट्री एडवाइज़र, 25 जुलाई 1946. रिकॉर्ड ग्रुप 319, फाइल नं0 X 8083767, द नेशनल आर्किव्स एट कॉलेज पार्क, मैरीलैण्ड.

77 स्टेटमेन्ट ऑफ योशिमी तानेयोशी डेटेड 19 अक्टूबर 1946. फाइल नं0 आइ0एन0ए0 249, द नेशनल आर्किव्स ऑफ इण्डिया, न्यू डेल्ही.

78 रिकॉर्ड ऑफ प्रोसीडिंग्स ऑफ खोसला कमीशन ऑबटेन्ड अन्डर आर0टी0आइ0, वॉल्यूम VI पृ0 2160, 2212–13, 2426.

79 लेटर डेटेड 22 जुलाई 1946 फ्रॉम खुर्शेद नौरोजी टू लुइस फिश्चर, सीली जी0 मड मैन्यूस्क्रिप्ट लाइब्रेरी,

प्रिंसटन यूनिवर्सिटी.

80 नोट ऑफ लुइस फिश्चर्स कनवर्सेशन विद पीट्रो कुआरोनी डेटेड 15 नवम्बर 1946. सीली जी0 मड मैन्यूस्क्रिप्ट लाइब्रेरी, प्रिंसटन यूनिवर्सिटी.

81 सुभाष चन्द्र बोस, 22 नवम्बर 1950, एम0आइ0एस0 नं0 733556. रिलीस्ड बाइ द सेन्ट्रल इन्टेलिजेंस एजेन्सी अन्डर द फ्रीडम ऑफ इन्फॉर्मेशन एक्ट टू द राइटर.

अध्याय 3: जांच का ढकोसला

1 द कलेक्टेड वर्क्स ऑफ सरदार वल्लभभाई पटेल, चीफ एडिटर पी0एन0 चोपड़ा, 1998, वॉल्यूम XIV पृ0 267.

2 खोसला कमीशन एक्ज़ीबिट नं0 29 डी0डी0 ऑबटेन्ड अन्डर आर0टी0आइ0.

3 खोसला कमीशन एक्ज़ीबिट नं0 29 डी0डी0 ऑबटेन्ड अन्डर आर0टी0आइ0.

4 सुरेश बोस, डिस्एन्शिएन्ट, रिपोर्ट, अपैन्डिक्स बी0बी0.

5 खोसला कमीशन एक्ज़ीबिट नं0 29 V ऑबटेन्ड अन्डर आर0टी0आइ0.

6 खोसला कमीशन एक्ज़ीबिट नं0 29 ए0ए0 ऑबटेन्ड अन्डर आर0टी0आइ0.

7 कॉपी ऑफ देबनाथ दासस् लेटर कम रिपोर्ट डेटेड 27 मार्च 1953 टू लीला रॉय.

8 खोसला कमीशन एक्ज़ीबिट नं0 29 ए0ए0 ऑबटेन्ड अन्डर आर0टी0आइ0.

9 एस0ए0 अय्यर, अनटू हिम विटनेस, पृ0 273, 274, 285.

10 खोसला कमीशन एक्ज़ीबिट नं0 29 टी0 ऑबटेन्ड अन्डर आर0टी0आइ0.

11 खोसला कमीशन एक्ज़ीबिट नं0 29 एस0 ऑबटेन्ड अन्डर आर0टी0आइ0.

12 खोसला कमीशन एक्ज़ीबिट नं0 29 आर0 ऑबटेन्ड अन्डर आर0टी0आइ0.

13 खोसला कमीशन एक्ज़ीबिट नं0 29 क्यू0 ऑबटेन्ड अन्डर आर0टी0आइ0.

14 न्यू टेस्टिमनी इन बोस केस, निप्पो टाइम्स, 20 सितम्बर 1955.

15 न्यू टेस्टिमनी इन बोस केस, निप्पो टाइम्स, 20 सितम्बर 1955.

16 न्यू टेस्टिमनी इन बोस केस, निप्पो टाइम्स, 20 सितम्बर 1955.

17 नेताजी इन्क्वायरी कमेटी रिपोर्ट, गवर्नमेन्ट ऑफ इण्डिया प्रेस, न्यू डेल्ही, 156, पृ0 9, 10.

18 नेताजी इन्क्वायरी कमेटी रिपोर्ट, गवर्नमेन्ट ऑफ इण्डिया प्रेस, न्यू डेल्ही, 156, पृ0 34.

19 नेताजी इन्क्वायरी कमेटी रिपोर्ट, गवर्नमेन्ट ऑफ इण्डिया प्रेस, न्यू डेल्ही, 156, पृ0 2, 3.

20 नेताजी इन्क्वायरी कमेटी रिपोर्ट, गवर्नमेन्ट ऑफ इण्डिया प्रेस, न्यू डेल्ही, 156, पृ0 34.

21 नेताजी इन्क्वायरी कमेटी रिपोर्ट, गवर्नमेन्ट ऑफ इण्डिया प्रेस, न्यू डेल्ही, 156, पृ0 39.

22 नेताजी इन्क्वायरी कमेटी रिपोर्ट, गवर्नमेन्ट ऑफ इण्डिया प्रेस, न्यू डेल्ही, 156, पृ0 19.

23 नेताजी इन्क्वायरी कमेटी रिपोर्ट, गवर्नमेन्ट ऑफ इण्डिया प्रेस, न्यू डेल्ही, 156, पृ0 23.

24 खोसला कमीशन एक्ज़ीबिट नं0 29 एफ ऑबटेन्ड अन्डर आर0टी0आइ0.

25 खोसला कमीशन एक्ज़ीबिट नं0 29 ई0 ऑबटेन्ड अन्डर आर0टी0आइ0.

26 सुरेश बोस, डिस्एन्शिएन्ट रिपोर्ट, 1961 एडीशन पब्लिश्ड बाइ सुरेश बोस हिमसेल्फ.

27 सुरेश बोस, डिस्एन्शिएन्ट रिपोर्ट, 1961 एडीशन पब्लिश्ड बाइ सुरेश बोस हिमसेल्फ.

28 नेताजी इन्क्वायरी कमेटी रिपोर्ट, गवर्नमेन्ट ऑफ इण्डिया प्रेस, न्यू डेल्ही, 156. सी0 "प्रिंसिपल प्वाइन्ट्स एग्रीड टू फॉर ड्राफ्ट रिपोर्ट, डेटेड 30 जून 1956" ऑन पेज 67.

29 नेताजी इन्क्वायरी कमेटी रिपोर्ट, गवर्नमेन्ट ऑफ इण्डिया प्रेस, न्यू डेल्ही, 156. सी0 "प्रिंसिपल प्वाइन्ट्स एग्रीड टू फॉर ड्राफ्ट रिपोर्ट, डेटेड 30 जून 1956" ऑन पेज 67.

30 नेताजी इन्क्वायरी कमेटी रिपोर्ट, गवर्नमेन्ट ऑफ इण्डिया प्रेस, न्यू डेल्ही, 156. सी0 "प्रिंसिपल प्वाइन्ट्स एग्रीड टू फॉर ड्राफ्ट रिपोर्ट, डेटेड 30 जून 1956" ऑन पेज 67–68.

31 नेताजी इन्क्वायरी कमेटी रिपोर्ट, गवर्नमेन्ट ऑफ इण्डिया प्रेस, न्यू डेल्ही, 156. सी0 "प्रिंसिपल प्वाइन्ट्स एग्रीड टू फॉर ड्राफ्ट रिपोर्ट, डेटेड 30 जून 1956" ऑन पेज 68.

32 सुरेश बोस, डिस्एन्शियेन्ट रिपोर्ट.

33 पी0एम्स लेटर नं0 414–पी0एम0ओ0/56 एज़ रिप्रोड्यूज्ड इन डिस्एन्शियेन्ट रिपोर्ट.

34 सी0 अपेन्डिक्स जी0 ऑफ डिस्एन्शियेन्ट रिपोर्ट फॉर द टेक्स्ट ऑफ लेटर सुरेश बोस रोट टू द प्राइम मिनिस्टर ऑन 15 अगस्त 1956.

35 एक्सपरटेड फ्रॉम द रिकॉर्ड ऑफ द इक्ज़ामिनेशन ऑफ सुरेश बोस एण्ड द्विजेन्द्र नाथ बोस बिफोर खोसला कमीशन.

36 रिकॉर्ड ऑफ प्रोसीडिंग्स ऑफ खोसला कमीशन ऑबटेन्ड अन्डर आर0टी0आइ0, वॉल्यूम II पृ0 729.

37 नेताजी इन्क्वायरी कमेटी रिपोर्ट, गवर्नमेन्ट ऑफ इण्डिया प्रेस, न्यू डेल्ही, 1956, पृ0 61.

38 नेताजी इन्क्वायरी कमेटी रिपोर्ट, गवर्नमेन्ट ऑफ इण्डिया प्रेस, न्यू डेल्ही, 1956, पृ0 34.

39 नेताजी इन्क्वायरी कमेटी रिपोर्ट, गवर्नमेन्ट ऑफ इण्डिया प्रेस, न्यू डेल्ही, 1956, पृ0 61.

40 रिकॉर्ड ऑफ प्रोसीडिंग्स ऑफ खोसला कमीशन ऑबटेन्ड अन्डर आर0टी0आइ0, वॉल्यूम ए पृ0 101.

41 खोसला कमीशन एक्ज़ीबिट नं0 29 सी0 ऑबटेन्ड अन्डर आर0टी0आइ.

42 इनवार्ड टेलीग्राम टू कॉमनवेल्थ रिलेशन्स ऑफिस, 3 मई 1956, डॉक्यूमेन्ट नं0 सी0 1852/1. द नेशनल आर्किव्स, क्यू.

43 खोसला कमीशन एक्ज़ीबिट नं0 29 बी0 ऑबटेन्ड अन्डर आर0टी0आइ.

44 रिफ सी 1852/6, फाइल नं0 एफ0ओ0 371/121012, ए0ए0इ0 फ्रेंकलिन टू फार ईस्टर्न डिपार्टमेन्ट, द नेशनल आर्किव्स, क्यू.

45 ताईवान प्रोविन्शियल गवर्नमेन्ट्स रिपोर्ट टू ए0ए0इ0 फ्रेंकलिन, हर मेजेस्टीज़ कौन्सुल एट तमसुई इन द सेम फाइल एवेलेबल एट द नेशनल आर्किव्स, क्यू.

46 सुरेश बोस, डिस्एन्शियेन्ट रिपोर्ट, पृ0 181.

47 कोटेड फ्रॉम द रिकॉर्ड ऑफ द एच0वी0 कॉमथ्स इक्ज़ामिनेशन बिफोर खोसला कमीशन ऑन 31 मई 1972.

48 खोसला कमीशन एक्ज़ीबिट नं0 30 एक्स ऑबटेन्ड अन्डर आर0टी0आइ0.

अध्याय 4: कहानी शॉलमारी साधु की

1 रंजीत पंचाल्य, भूमिगत सुभाष, पृ0 55.

2 खोसला कमीशन एक्ज़ीबिट नं0 30 (एम) (2) ऑबटेन्ड अन्डर आर0टी0आइ0.

3 खोसला कमीशन एक्ज़ीबिट नं0 30 (एम) (1) ऑबटेन्ड अन्डर आर0टी0आइ0.

4 रिकॉर्ड ऑफ प्रोसीडिंग्स ऑफ खोसला कमीशन ऑबटेन्ड अन्डर आर0टी0आइ0, वॉल्यूम XI पृ0 3386.

5 खोसला कमीशन एक्ज़ीबिट नं0 29 सी0 ऑबटेन्ड अन्डर आर0टी0आइ, वॉल्यूम XI पृ0 3386. एक्सपरटेड फ्रॉम द एविडेन्स टेन्डर्ड बाइ बरुन सेनगुप्ता ऑन 6 जुलाई 1972.

अध्याय 5: समर गुहा: एक धूमकेतु

1 डॉ0 सत्यनारायण सिन्हा, नेताजी मिस्ट्री, प्रकाश चन्द्र साहा, ग्रन्थम, 1965, पृ0 12.

2 डॉ0 सत्यनारायण सिन्हा, नेताजी मिस्ट्री, प्रकाश चन्द्र साहा, ग्रन्थम, 1965, पृ0 123.

3 रिकॉर्ड ऑफ प्रोसीडिंग्स ऑफ खोसला कमीशन ऑबटेन्ड अन्डर आर0टी0आइ0, वॉल्यूम एए पृ0 2876–77.

4 लोक सभा अनस्टार्ड क्वेश्चन नं0 855, 1 अगस्त 1966–राज्य सभा अनस्टार्ड क्वेश्चन नं0 266, 2 अगस्त 1966.

5 रिकॉर्ड ऑफ प्रोसीडिंग्स ऑफ खोसला कमीशन ऑबटेन्ड अन्डर आर0टी0आइ0, वॉल्यूम IX पृ0 2816.

6 रिकॉर्ड ऑफ प्रोसीडिंग्स ऑफ खोसला कमीशन ऑबटेन्ड अन्डर आर0टी0आइ0, वॉल्यूम IX पृ0 3070.

7 गवर्नमेन्ट मे ऑर्डर फ्रेश प्रोब ऑन नेताजी, हिन्दुस्तान टाइम्स, 7 मार्च 1960.

8 खुशवन्त सिंह, ड ऑफ ए लांग फ्रेन्डशिप, द टेलीग्राफ, 25 जून 2011.

9 मोतीलाल सी0 सेटेलवेड, माई लाइफः लॉ एण्ड अदर थिंग्स, यूनिवर्सल लॉ पब्लिशिंग कम्पनी. न्यू डेल्ह, 1970, पृ0 508.

10 वी0एन0 दत्ता, डिड नेताजी एक्चुली डाइ इन 1945? द ट्रिब्यून, 19 अगस्त 2001.

11 जी0डी0 खोसला, लास्ट डेज़ ऑफ नेताजी, 1974, थॉमसन प्रेस, पृ0 3.

12 वी0एन0 दत्ता, डिड नेताजी एक्चुली डाइ इन 1945? द ट्रिब्यून, 19 अगस्त 2001.

13 ओपेनिंग डेज़ सेशन इंड्स् ऑन ड्रेमेटिक नोट, द टाइम्स ऑफ इण्डिया, 17 अक्टूबर 1970.

14 रिकॉर्ड ऑफ प्रोसीडिंग्स ऑफ खोसला कमीशन ऑबटेन्ड अन्डर आर0टी0आइ0, वॉल्यूम II पृ0 738,741–42.

15 रिकॉर्ड ऑफ प्रोसीडिंग्स ऑफ खोसला कमीशन ऑबटेन्ड अन्डर आर0टी0आइ0, वॉल्यूम I पृ0 102.

16 एक्सपरटेड फ्रॉम रिपोर्ट ऑफ द वन–मैन कमीशन ऑफ इन्क्वायरी इनटू द डिस्अपियरेन्स ऑफ नेताजी सुभाष चन्द्र बोस (हेडेड बाइ जस्टिस जी0डी0 खोसला), 1974, पृ0 124–125.

17 एक्सपरटेड फ्रॉम रिपोर्ट ऑफ द वन–मैन कमीशन ऑफ इन्क्वायरी इनटू द डिस्अपियरेन्स ऑफ नेताजी सुभाष चन्द्र बोस, 1974, पृ0 32, 48, 49, 55, 94, 95 ड पारा 4.81.

18 एक्सपरटेड फ्रॉम रिपोर्ट ऑफ द वन–मैन कमीशन ऑफ इन्क्वायरी इनटू द डिस्अपियरेन्स ऑफ नेताजी सुभाष चन्द्र बोस, 1974, पृ0 53.

19 नेताजी इन्क्वायरी कमेटी रिपोर्ट, गवर्नमेन्ट ऑफ इण्डिया प्रेस, न्यू डेल्ही, 1956, पृ0 43.

20 रिपोर्ट ऑफ द वन–मैन कमीशन ऑफ इन्क्वायरी इनटू द डिस्अपियरेन्स ऑफ नेताज़ी सुभाष चन्द्र बोस, 1974, पारा 4.78.

21 रिपोर्ट ऑफ द वन–मैन कमीशन ऑफ इन्क्वायरी इनटू द डिस्अपियरेन्स ऑफ नेताजी सुभाष चन्द्र बोस, 1974, पृ0 31.

22 रिपोर्ट ऑफ द वन–मैन कमीशन ऑफ इन्क्वायरी इनटू द डिस्अपियरेन्स ऑफ नेताजी सुभाष चन्द्र बोस, 1974, पृ0 31.

23 रिकॉर्ड ऑफ प्रोसीडिंग्स ऑफ खोसला कमीशन ऑबटेन्ड अन्डर आर0टी0आइ0, वॉल्यूम V पृ0 1915–16.

24 रिकॉर्ड ऑफ प्रोसीडिंग्स ऑफ खोसला कमीशन ऑबटेन्ड अन्डर आर0टी0आइ0, वॉल्यूम VI पृ0 1992–93.

25 नेताजी इन्क्वायरी कमेटी रिपोर्ट, गवर्नमेन्ट ऑफ इण्डिया प्रेस, न्यू डेल्ही, 1956, पृ0 2.

26 नेताजी इन्क्वायरी कमेटी रिपोर्ट, गवर्नमेन्ट ऑफ इण्डिया प्रेस, न्यू डेल्ही, 1956, पृ0 65.

27 कर्नल गुरबख्श सिंह ढिल्लन, फ्रॉम माइ बोन्स, आर्यन बुक इन्टरनेशनल, न्यू डेल्ही, 1998, पृ0 480.

28 रिकॉर्ड ऑफ प्रोसीडिंग्स ऑफ खोसला कमीशन ऑबटेन्ड अन्डर आर0टी0आइ0, वॉल्यूम IX पृ0 2816–18.

29 रिकॉर्ड ऑफ प्रोसीडिंग्स ऑफ खोसला कमीशन ऑबटेन्ड अन्डर आर0टी0आइ0, वॉल्यूम IX पृ0 3068.

30 रिकॉर्ड ऑफ प्रोसीडिंग्स ऑफ खोसला कमीशन ऑबटेन्ड अन्डर आर0टी0आइ0, वॉल्यूम VI पृ0 2369–2370.

31 रिकॉर्ड ऑफ प्रोसीडिंग्स ऑफ खोसला कमीशन ऑबटेन्ड अन्डर आर0टी0आइ0, वॉल्यूम VI पृ0 2370.

32 रिकॉर्ड ऑफ प्रोसीडिंग्स ऑफ खोसला कमीशन ऑबटेन्ड अन्डर आर0टी0आइ0, वॉल्यूम VI पृ0 2384.

33 रिकॉर्ड ऑफ प्रोसीडिंग्स ऑफ खोसला कमीशन ऑबटेन्ड अन्डर आर0टी0आइ0, वॉल्यूम VI पृ0 1994–95.

34 नेताजी इन्क्वायरी कमेटी रिपोर्ट, गवर्नमेन्ट ऑफ इण्डिया प्रेस, न्यू डेल्ही, 1956, पृ0 43.

35 रिकॉर्ड ऑफ प्रोसीडिंग्स ऑफ खोसला कमीशन ऑबटेन्ड अन्डर आर0टी0आइ0, वॉल्यूम VI पृ0 2420, 2423, 2425, 2430, 2433, 2437–38, 2442, ड 2243.

36 रिकॉर्ड ऑफ प्रोसीडिंग्स ऑफ खोसला कमीशन ऑबटेन्ड अन्डर आर0टी0आइ0, वॉल्यूम VI पृ0 2118, 2143, 2162.

37 रिकॉर्ड ऑफ प्रोसीडिंग्स ऑफ खोसला कमीशन ऑबटेन्ड अन्डर आर0टी0आइ0, वॉल्यूम VI पृ0 2254.

38 रिपोर्ट ऑफ द वन–मैन कमीशन ऑफ इन्क्वायरी इनटू द डिस्अपियरेन्स ऑफ नेताजी सुभाष चन्द्र बोस, 1974, पृ0 93–94.

39 रिकॉर्ड ऑफ प्रोसीडिंग्स ऑफ खोसला कमीशन ऑबटेन्ड अन्डर आर0टी0आइ0, वॉल्यूम VI पृ0 2283.

40 रिकॉर्ड ऑफ प्रोसीडिंग्स ऑफ खोसला कमीशन ऑबटेन्ड अन्डर आर0टी0आइ0, वॉल्यूम VI पृ0 2305–6, 2321–22 ड 2324.

41 रिकॉर्ड ऑफ प्रोसीडिंग्स ऑफ खोसला कमीशन ऑबटेन्ड अन्डर आर0टी0आइ0, वॉल्यूम VI पृ0 2418 ऑबटेन्ड अन्डर आर0टी0आइ0.

42 रिकॉर्ड ऑफ प्रोसीडिंग्स ऑफ खोसला कमीशन ऑबटेन्ड अन्डर आर0टी0आइ0, वॉल्यूम टप्ए पृ0 2465–66, 2467–68, 2476.

43 रिपोर्ट ऑफ द वन–मैन कमीशन ऑफ इन्क्वायरी इनटू द डिस्अपियरेन्स ऑफ नेताजी सुभाष चन्द्र बोस,

1974, पृ0 119.

44 रिपोर्ट ऑफ द वन–मैन कमीशन ऑफ इन्क्वायरी इनटू द डिस्अपियरेन्स ऑफ नेताजी सुभाष चन्द्र बोस, 1974, पृ0 2449–50 ऑबटेन्ड अन्डर आर0टी0आइ0.

45 रिपोर्ट ऑफ द वन–मैन कमीशन ऑफ इन्क्वायरी इनटू द डिस्अपियरेन्स ऑफ नेताजी सुभाष चन्द्र बोस, 1974, पृ0 2287.

46 रिपोर्ट ऑफ द वन–मैन कमीशन ऑफ इन्क्वायरी इनटू द डिस्अपियरेन्स ऑफ नेताजी सुभाष चन्द्र बोस, 1974, पृ0 2452.

47 26 एम0पीज़ वॉन्ट खोसला टू विज़िट ताईवान, हिन्दुस्तान स्टैन्डर्ड, 27 मई 1972.

48 फ्रॉम ए मैन्यूस्क्रिप्ट डिस्कवर्ड एट द रेसिडेंस ऑफ समर गुहा आफ्टर हिज़ डेथ. इट वॉज़ सबसिक्वेंटली पब्लिश्ड इन बंगला जरनल जयश्री, विच गुहा हैड एडिटेड इन द 1990.

49 बेस्ड ऑन द एकाउन्ट इन "नेताजीः डेड ड एलाइव" ड टॉक्स विद सुनील कृष्ण गुप्ता.

50 रिपोर्ट ऑफ द वन–मैन कमीशन ऑफ इन्क्वायरी इनटू द डिस्अपियरेन्स ऑफ नेताजी सुभाष चन्द्र बोस, 1974, पृ0 42.

51 रिकॉर्ड ऑफ प्रोसीडिंग्स ऑफ खोसला कमीशन ऑबटेन्ड अन्डर आर0टी0आइ0, वॉल्यूम XVII पृ0 4662–63.

52 रिकॉर्ड ऑफ प्रोसीडिंग्स ऑफ खोसला कमीशन ऑबटेन्ड अन्डर आर0टी0आइ0, वॉल्यूम XVII पृ0 4664.

53 रिकॉर्ड ऑफ प्रोसीडिंग्स ऑफ खोसला कमीशन ऑबटेन्ड अन्डर आर0टी0आइ0, वॉल्यूम ए पृ0 167, 387–88.

54 द रिकॉर्ड ऑफ प्रोसीडिंग्स ऑफ खोसला कमीशन कवरिंग द आरग्यूमेन्ट सेशन इज़ यट टू बी0 रिलीज़्ड बाइ द मिनिस्ट्री ऑफ होम अफेयर्स अन्डर द आर0टी0आइ0 एक्ट टू एप्लीकेन्ट चन्द्रचूड़ घोष डिस्पाइट हिज़ गेटिंग द क्लियरेंस फ्रॉम द सी0आइ0सी0 क्विट सम टाइम बैक.

55 रिपोर्ट ऑफ द वन–मैन कमीशन ऑफ इन्क्वायरी इनटू द डिस्अपियरेन्स ऑफ नेताजी सुभाष चन्द्र बोस, 1974, पृ0 41.

56 रिपोर्ट ऑफ द वन–मैन कमीशन ऑफ इन्क्वायरी इनटू द डिस्अपियरेन्स ऑफ नेताजी सुभाष चन्द्र बोस, 1974, पृ0 41, 43.

57 रिपोर्ट ऑफ द वन–मैन कमीशन ऑफ इन्क्वायरी इनटू द डिस्अपियरेन्स ऑफ नेताजी सुभाष चन्द्र बोस, 1974, पृ0 42.

58 रिपोर्ट ऑफ द वन–मैन कमीशन ऑफ इन्क्वायरी इनटू द डिस्अपियरेन्स ऑफ नेताजी सुभाष चन्द्र बोस, 1974, पृ0 41.

59 बरुन सेनगुप्ता, द मिस्ट्री ऑफ नेताजीस् डिस्अपियरेंस, अनन्य प्रकाशन, 1979, कोलकाता, ट्रांसलेटेड फ्रॉम द ओरिजिनल "नेताजीर अन्तर्धान रहस्य" बाइ भयामल बैनर्जी, पृ0 2.

60 बरुन सेनगुप्ता, द मिस्ट्री ऑफ नेताजीस् डिस्अपियरेंस, अनन्य प्रकाशन, 1979, कोलकाता, ट्रांसलेटेड फ्रॉम द ओरिजिनल "नेताजीर अन्तर्धान रहस्य" बाइ शयामल बैनर्जी, पृ0 108.

61 बरुन सेनगुप्ता, द मिस्ट्री ऑफ नेताजीस् डिस्अपियरेंस, अनन्य प्रकाशन, 1979, कोलकाता, ट्रांसलेटेड फ्रॉम द ओरिजिनल "नेताजीर अन्तर्धान रहस्य" बाइ शयामल बैनर्जी, पृ0 1.

62 टॉप सीक्रेट एनक्लोज़र टू नं0 57, ट्रांसफर ऑफ पॉवर, वॉल्यूम VI हर मेजिस्टीज़ स्टेशनरी ऑफिस, लंदन, पृ0 138–140.

63 टॉप सीक्रेट एनक्लोज़र टू नं0 57, ट्रांसफर ऑफ पॉवर, वॉल्यूम VI हर मेजिस्टीज़ स्टेशनरी ऑफिस, लंदन, पृ0 405.

64 नेताजी पोरट्रेट नाउ अडोरन्स सेन्ट्रल हॉल, हिन्दुस्तान टाइम्स, 24 जनवरी 1978.

65 लैरी कॉलिंस एण्ड डॉमिनिक लेपियरे, माउन्टबेटन एण्ड द पार्टिशन ऑफ इण्डिया, वॉल्यूम I, विकास पब्लिशिंग हाउस, 1982, पृ0 4.

66 समर गुहा, नेताजी–डेड ऑर एलाइव? कलकत्ता बुक हाउस, फोर्थ इनलार्जड एडिशन, 1997, पृ0 299–300.

67 गोरेज़ रिक्वेस्ट टू माउन्टबेटन, द स्टेट्समैन, 9 मार्च 1978.

68 नेताजी इज़ स्टिल एलाइवः प्रोफेसर गुहा, नागपुर टाइम्स, 13 मार्च 1978.

69 रेड्डी हिंट्स एट एनअदर बिड टू अनरेवेल नेताजी मिस्ट्री, द टाइम्स ऑफ इण्डिया, 9 मार्च 1978.

70 बेस्ड ऑन समर गुहाज़ एकाउन्ट इन द 1990 एडिशन ऑफ हिज़ बुक.
71 नेताजी एलाइव, कमिंग एनी डेः गुहा, हिन्दुस्तान टाइम्स, 23 जनवरी 1979.
72 नेताजी एलाइव, कमिंग एनी डेः गुहा, हिन्दुस्तान टाइम्स, 23 जनवरी 1979.
73 नेताजी एलाइव, क्लेम्स जनता एम0पी0, द हिन्दू, 23 जनवरी 1979.
74 नेताजी एलाइव, कमिंग एनी डेः गुहा, हिन्दुस्तान टाइम्स, 23 जनवरी 1979.
75 नेताजी इज़ एलाइव, क्लेम्स गुहा, अमृत बाज़ार पत्रिका, 23 जनवरी 1979.
76 नेताजी इज़ एलाइव, सेज़ समर गुहा, इण्डियन एक्सप्रेस, 23 जनवरी 1979.
77 नेताजी इज़ एलाइव, क्लेम्स गुहा, अमृत बाज़ार पत्रिका, 23 जनवरी 1979.
78 नेताजी इज़ एलाइव, क्लेम्स गुहा, अमृत बाज़ार पत्रिका, 23 जनवरी 1979.
79 नेताजी एलाइव, कमिंग एनी डेः गुहा, हिन्दुस्तान टाइम्स, 23 जनवरी 1979.
80 नेताजी एलाइव, कमिंग एनी डेः गुहा, हिन्दुस्तान टाइम्स, 23 जनवरी 1979.
81 नेताजी इज़ एलाइव, सेज़ समर गुहा, इण्डियन एक्सप्रेस, 23 जनवरी 1979.
82 नेताजी इज़ एलाइव, सेज़ समर गुहा, इण्डियन एक्सप्रेस, 23 जनवरी 1979.
83 नेताजी इज़ एलाइव, सेज़ समर गुहा, इण्डियन एक्सप्रेस, 23 जनवरी 1979.
84 नेताजी एलाइव, कमिंग एनी डेः गुहा, हिन्दुस्तान टाइम्स, 23 जनवरी 1979.
85 नेताजी इज़ एलाइव, सेज़ समर गुहा, इण्डियन एक्सप्रेस, 23 जनवरी 1979.
86 नेताजी इज़ एलाइव, क्लेम्स गुहा, अमृत बाज़ार पत्रिका, 23 जनवरी 1979.
87 पार्थ सारथी गुप्ता (एडिटर), टुवर्ड्स फ्रीडमः डॉक्यूमेन्ट्स ऑन द मूवमेन्ट फॉर इण्डिपेन्डेंस इन इण्डिया 1943–1944, ओ0यू0पी0, 1997, पृ0 2797.
88 पार्थ सारथी गुप्ता (एडिटर), टुवर्ड्स फ्रीडमः डॉक्यूमेन्ट्स ऑन द मूवमेन्ट फॉर इण्डिपेन्डेंस इन इण्डिया 1943–1944, ओ0यू0पी0, 1997, पृ0 2797.
89 टुवर्ड्स फ्रीडमः डॉक्यूमेन्ट्स ऑन द मूवमेन्ट फॉर इण्डिपेन्डेंस इन इण्डिया 1943–1944, पार्ट–III ओ0यू0पी0, 1997, पृ0 2801.
90 नेताजी नॉट एलाइव, सेज़ मोरारजी, इण्डियन एक्सप्रेस. 6 जुलाई 1983.

अध्याय 6: एक समुचित जांच

1 एम0के0 टिक्कू, इण्डिया हैज़ डन टू लिटिल फॉर नेताजी, फील्स डॉटर, हिन्दुस्तान टाइम्स, 23 जनवरी 1998.
2 ए0आइ0आर0 1997 सुप्रीम कोर्ट 3019. स्पेशल लीव पिटीशन (सी0) नं0 628 ऑफ 1994 विद ट्रांसफर्ड केस (सी0) नं0 7 ऑफ 1994 डी0/4.8.1997.
3 ए0आइ0आर0 1997 सुप्रीम कोर्ट 3019. स्पेशल लीव पिटीशन (सी0) नं0 628 ऑफ 1994 विद ट्रांसफर्ड केस (सी0) नं0 7 ऑफ 1994 डी0/ 4.8.1997.
4 डॉ0 पूरबी रॉय इन प्राइवेट टॉक्स विद द राइटर. शी हैज़ औलसो रिटेन द सेम.
5 फ्रॉम द ट्रांसलेशन अपियरिंग इन जर्नल मेनस्ट्रीम ऑन 19 जुलाई 1997 अन्डर हीलिंग "ए रशियन ट्रिब्यूट टू नेताजी सुभाष".
6 तपस गांगुली, नेताजी मिस्ट्रीः द लॉस्ट हीरो, द वीक, 21 जुलाई 2002.
7 जॉन इ बर्न्स, इण्डिया रिहैबिलिटेट्स वारटाइम लीडर हू फॉट फॉर जापान, द न्यूयॉर्क टाइम्स, 24 जनवरी 1997.
8 कलकत्ता हाई कोर्ट डब्ल्यू पी नं0 1805 ऑफ 1997.
9 कलकत्ता हाई कोर्ट डब्ल्यू पी नं0 281 ऑफ 1998.
10 डिसअपियरेंस ऑफ नेताजी–आडवाणी आस्क्ड टू रिओपेन प्रोब, द स्टेट्समैन, 12 अगस्त 1998.
11 हिस्टोरियंस डिस्मिस नेताजी डेथ प्रोब, इण्डियन एक्सप्रेस, 29 मार्च 1999.
12 'बंगाली लॉबी' – नेताजी प्रोब, द पायनियर, 28 मार्च 1999.
13 हिस्टोरियंस डिस्मिस नेताजी डेथ प्रोब, इण्डियन एक्सप्रेस, 29 मार्च 1999.

14 नीलांजन बोस, मुखर्जी कमीशन यट टू कनक्लूड इन्वेस्टीगेशंस, एन0डी0टी0वी0, 22 अगस्त 2001.
15 ऑल कोटेशन्स टेकेन फ्रॉम द रिकॉर्ड ऑफ लक्ष्मी सहगल्स डिपोज़िशन बिफोर मुखर्जी कमीशन.
16 दीपक शर्मा, एम0एच0ए0 रेडी विद नेताजी एक्पोज़, द पायनियर, 23 जनवरी 2001.
17 जस्टिस मुखर्जी कमीशन ऑफ इन्क्वायरी रिपोर्ट, वॉल्यूम II ए, पृ0 187.
18 जस्टिस मुखर्जी कमीशन ऑफ इन्क्वायरी रिपोर्ट, वॉल्यूम II बी0, पृ0 250.
19 जस्टिस मुखर्जी कमीशन ऑफ इन्क्वायरी रिपोर्ट, वॉल्यूम II बी0, पृ0 254.
20 जस्टिस मुखर्जी कमीशन ऑफ इन्क्वायरी रिपोर्ट, वॉल्यूम II बी0, पृ0 254.
21 जस्टिस मुखर्जी कमीशन ऑफ इन्क्वायरी रिपोर्ट, वॉल्यूम II बी0, पृ0 254.
22 जस्टिस मुखर्जी कमीशन ऑफ इन्क्वायरी रिपोर्ट, वॉल्यूम II बी0, पृ0 259.
23 फन्ड्स ब्लो टू नेताजी प्रोब पैनेल्स ताइवान टूर, द टाइम्स ऑफ इण्डिया, 17 अप्रैल 2004.
24 एम0इ0ए0 नॉट फंडिंग नेताजी पैनेल्स प्रोपोज़्ड ताइवान विज़िट, आउटलुक इण्डिया. कॉम, 16 अप्रैल 2004.
25 मुखर्जी रेडी टू प्लेस डॉक्यूमेन्ट्स इन फेस ऑफ नॉन–कॉपरेशन, हिन्दुस्तान टाइम्स. कॉम, 15 अक्टूबर 2004.
26 जस्टिस मुखर्जी कमीशन ऑफ इन्क्वायरी रिपोर्ट, वॉल्यूम II बी0, पृ0 319.
27 जस्टिस मुखर्जी कमीशन ऑफ इन्क्वायरी रिपोर्ट, वॉल्यूम I, बी0 पृ0 59–60.
28 जस्टिस मुखर्जी कमीशन ऑफ इन्क्वायरी रिपोर्ट, वॉल्यूम I, पृ0 74.
29 जस्टिस मुखर्जी कमीशन ऑफ इन्क्वायरी रिपोर्ट, वॉल्यूम I, पृ0 75.
30 उदयन नम्बूदिरी, इज़ कांग्रेस स्कैरड ऑफ के0जी0बी0 फाइल्स? द पायनियर, 7 फरवरी 2005.
31 रिपब्लिक कैननॉट किल इट्स ओन चिल्ड्रेनः सुप्रीम कोर्ट, एन0डी0टी0वी0, 14 जनवरी 2011,
32 जस्टिस मुखर्जी कमीशन ऑफ इन्क्वायरी रिपोर्ट, वॉल्यूम II बी0, पृ0 328.
33 उदयन नम्बूदिरी, नेताजीस लास्ट डेज़ः एन एनिग्मा लॉक्ड इन लुबयांका, द पायनियर, 2 अक्टूबर 2005, मॉस्को.
34 उदयन नम्बूदिरी, के0जी0बी0 इज़ डेड बट लांग लाइव्स इट्स गाइल, द पायनियर, 25 सितम्बर 2005.
35 जस्टिस मुखर्जी कमीशन ऑफ इन्क्वायरी रिपोर्ट, वॉल्यूम II बी0, पृ0 328.
36 रिकॉर्ड ऑफ प्रोफेसर बोरिस सोकोलोव्स इक्ज़ामिनेशन बिफोर मुखर्जी कमीशन.
37 रिकॉर्ड ऑफ प्रोफेसर ई0एन0 कोमारोव्स इक्ज़ामिनेशन बिफोर मुखर्जी कमीशन ऑन 20 सितम्बर 2005.
38 जस्टिस मुखर्जी कमीशन ऑफ इन्क्वायरी रिपोर्ट, वॉल्यूम II बी0, पृ0 328.
39 उदयन नम्बूदिरी, नेताजीस लास्ट डेज़ः एन एनिग्मा लॉक्ड इन लुबयांका, द पायनियर, 2 अक्टूबर 2005, मॉस्को.
40 जस्टिस मुखर्जी कमीशन ऑफ इन्क्वायरी रिपोर्ट, वॉल्यूम I, पृ0 106–107.
41 जस्टिस मुखर्जी कमीशन ऑफ इन्क्वायरी रिपोर्ट, वॉल्यूम I, पृ0 53.
42 खोसला कमीशन एक्ज़िबिट नं0 23 ए ऑबटेन्ड अन्डर आर0टी0आइ0.
43 प्रिया सहगल, रमेश विनायक, पॉलिटिक्स ऑफ शेम, इण्डिया टुडे, 22 अगस्त 2005.
44 मनोज मित्ता, कांग ब्यूरिस द सिख मासाक्रे अगेन, इण्डियन एक्सप्रेस, 9 अगस्त 2005.
45 पी0एम0 प्रोमिसेज़ ऑल स्टेप्स टू रिओपेन 84 रॉयट केसेस, द ट्रिब्यून, 11 अगस्त 2005.

अध्याय 7: नेताजी फाइल्स

1 रिकॉर्ड नं0 845.00/3–2749, द नेशनल आर्किव्स एट कॉलेज पार्क, मैरीलैण्ड.
2 रिपोर्ट ऑफ द वन–मैन कमीशन ऑफ इन्क्वायरी इनटू द डिस्अपियरेंस ऑफ नेताजी सुभाष चन्द्र बोस, 1974, पृ0 113.
3 जस्टिस मुखर्जी कमीशन ऑफ इन्क्वायरी रिपोर्ट, वॉल्यूम I, पृ0 10.
4 एफिटेविट डेटेड 14 दिसम्बर 2001 फाइल्ड बाइ ज्वाइंट सेक्रेटरी (सी0एन0वी0), मिनिस्ट्री ऑफ एक्सटरनल एफेयरस, बिफोर मुखर्जी कमीशन.
5 मुशर्रफ्स बर्थ रिकॉर्ड टू बी प्रेज़ेन्टेड बाइ मनमोहन, पाकिस्तान ट्रिब्यून, 16 अप्रैल 2005.
6 सी0 अपेंडिक्स 25 ऑफ द मैनुअल ऑफ ऑफिस प्रोसीजर, 12 एडीशन, मई 2003, डिपार्टमेंट ऑफ

एडमिनिस्ट्रेटिव रिफॉर्म्स एण्ड पी0जी0.

7 सेन्ट्रल इन्फोरमेशन कमीशन ऑर्डर डेटेड 25 जनवरी 2008 ओवर अपील नं0 सी0आइ0सी0/डब्ल्यू बी0/ए/2007/00129.

8 एनेक्सचर ए/5 टू मुखर्जी कमीशन रिपोर्ट, वॉल्यूम I, पृ0 136.

9 एनेक्सचर ए /5 टू मुखर्जी कमीशन रिपोर्ट, वॉल्यूम I, पृ0 138.

10 एनेक्सचर ए /5 टू मुखर्जी कमीशन रिपोर्ट, वॉल्यूम I, पृ0 135.

11 एनेक्सचर ए /5 टू मुखर्जी कमीशन रिपोर्ट, वॉल्यूम I, पृ0 139.

12 एनेक्सचर ए /11 टू मुखर्जी कमीशन रिपोर्ट, वॉल्यूम I, पृ0 149.

13 जस्टिस मुखर्जी कमीशन ऑफ इन्क्वायरी रिपोर्ट, वॉल्यूम II ए, पृ0 111.

14 सी0 वॉल्यूम 5 ऑफ द लिडेल डायरीज़ फॉर 1 दिसम्बर 1941–25 मई 1942, द नेशनल आर्किव्स क्यू.

15 एक्सरप्टेड फ्रॉम बी0एन0 मलिक्स इक्ज़ामिनेशन बिफोर खोसला कमीशन ऑन 8 अगस्त 1972.

16 खोसला कमीशन एक्ज़िबिट नं0 30 (क्यू) ऑबटेन्ड अन्डर आर0टी0आइ0.

17 खोसला कमीशन एक्ज़िबिट नं0 30 (आर) (2) ऑबटेन्ड अन्डर आर0टी0आइ0.

18 खोसला कमीशन एक्ज़िबिट नं0 30 (टी0) ऑबटेन्ड अन्डर आर0टी0आइ0.

19 खोसला कमीशन एक्ज़िबिट नं0 30 (V) (1) ऑबटेन्ड अन्डर आर0टी0आइ0.

20 एक्सरप्टेड फ्रॉम आत्मा जयराम्स इक्ज़ामिनेशन बिफोर खोसला कमीशन ऑन 9 अगस्त 1972.

21 जी0डी0 खोसलाज़ नोट इन फाइल नं0 आइ0एन0ए0 273 एट द नेशनल आर्किव्स ऑफ इण्डिया, न्यू डेल्ही.

22 रिकॉर्ड ऑफ प्रोसीडिंग्स ऑफ खोसला कमीशन ऑबटेन्ड अन्डर आर0टी0आइ0, वॉल्यूम XI पृ0 3325.

23 रिपोर्ट ऑफ द वन–मैन कमीशन ऑफ इन्क्वायरी इनटू द डिसअपियरेंस ऑफ नेताजी सुभाष चन्द्र बोस, 1974, पृ0 61.

24 जनरल्स रिविलेशन, हिन्दुस्तान टाइम्स. कॉम नेताजी प्रोब फेस 1.

अध्याय 8: रूस में नेताजी: अनसुलझा रहस्य

1 सुधी रंजन सेन, बोस वॉज़ इन रशिया, हिन्दुस्तान टाइम्स, 4 मार्च 2001.

2 नेताजी इन्क्वायरी कमेटी रिपोर्ट, गवर्नमेन्ट ऑफ इण्डिया प्रेस, न्यू डेल्ही, 1956, पृ0 6.

3 मेजर हुघ ट्वॉयज़ रिपोर्ट टू कॉम्ड, सी0एस0डी0आइ0सी0 (I), रेड फोर्ट, 28 फरवरी 1946, द नेशनल आर्किव्स ऑफ इण्डिया, न्यू डेल्ही.

4 नेताजी इन्क्वायरी कमेटी रिपोर्ट, गवर्नमेन्ट ऑफ इण्डिया प्रेस, न्यू डेल्ही, 1956, पृ0 65.

5 रिकॉर्ड ऑफ प्रोसीडिंग्स ऑफ खोसला कमीशन ऑबटेन्ड अन्डर आर0टी0आइ0, वॉल्यूम VI, पृ0 2450.

6 रिकॉर्ड ऑफ प्रोसीडिंग्स ऑफ खोसला कमीशन ऑबटेन्ड अन्डर आर0टी0आइ0, वॉल्यूम VI पृ0 2368, 2379.

7 रिकॉर्ड ऑफ द प्रोसीडिंग्स ऑफ मुखर्जी कमीशन. डिपोज़िशन ऑफ भास्करन मेनन ऑन 15 जुलाई 2000.

8 रिकॉर्ड ऑफ द प्रोसीडिंग्स ऑफ मुखर्जी कमीशन. डिपोज़िशन ऑफ भास्करन मेनन ऑन 15 जुलाई 2000.

9 रिकॉर्ड ऑफ द डिपोज़िशन ऑफ कर्नल प्रीतम सिंह बिफोर मुखर्जी कमीशन ऑन 22 जुलाई 2000.

10 एक्स्ट्रैक्ट फ्रॉम रिटेन स्टेटमेंट बाइ वतनबे, किंजी, फाइल नं0 आइ0एन0ए0 273, द नेशनल आर्किव्स ऑफ इण्डिया, न्यू डेल्ही.

11 रिपोर्ट ऑफ द वन–मैन कमीशन ऑफ इन्क्वायरी इनटू द डिसअपियरेंस ऑफ नेताजी सुभाष चन्द्र बोस, 1974, पृ0 18.

12 जस्टिस मुखर्जी कमीशन ऑफ इन्क्वायरी रिपोर्ट, वॉल्यूम I, पृ0 85.

13 रौवेल वॉलेनबर्ग: रिपोर्ट ऑफ द स्वीडिश–रशियन वर्किंग ग्रुप (2000), मिनिस्ट्री फॉर फॉरेन अफेयर्स, स्टॉकहोम, पृ0 87, 183.

14 डॉक्टर विलियम कोरे, द वॉलेनबर्ग मिस्ट्री: फिफ्टी–फाइव इयर्स लेटर, अमेरिकन जेविश कमेटी पब्लिकेशन, न्यूयॉर्क.

15 रौवेल वॉलेनबर्ग: रिपोर्ट ऑफ द स्वीडिश–रशियन वर्किंग ग्रुप (2000), मिनिस्ट्री फॉर फॉरेन अफेयर्स, स्टॉकहोम,

पृ0 87, 89.

16 डॉक्टर विलियम कोरे, द वॉलेनबर्ग मिस्ट्रीः फिफ्टी–फाइव इयर्स लेटर, अमेरिकन जेविश कमेटी पब्लिकेशन, न्यूयॉर्क.

17 डॉक्टर विलियम कोरे, द लास्ट वर्ड ऑन वॉलेनबर्ग? न्यू इन्वेस्टिगेशन्स, न्यू क्वेश्चन्स, अमेरिकन जेविश कमेटी पब्लिकेशन, न्यूयॉर्क पृ0 27.

18 राशेल ऑस्ट्रिचर बर्नहेम, रौवेल वॉलेनबर्गः ए हीरो फॉर अवर टाइम

19 सोवियत आउट अगेन्स्ट बोस, हिन्दुस्तान टाइम्स, 8 जनवरी 1946.

20 क्रोनोलॉजी मेनटेन्ड बाइ द रौवेल वॉलेनबर्ग कमेटी ऑफ द यूनाइटेड स्टेट्स, न्यूयॉर्क.

21 रौवेल वॉलेनबर्गः रिपोर्ट ऑफ द स्वीडिश–रशियन वर्किंग ग्रुप (2000), मिनिस्ट्री फॉर फॉरेन अफेयर्स, स्टॉकहोम, पृ0 178.

22 रौवेल वॉलेनबर्गः रिपोर्ट ऑफ द स्वीडिश–रशियन वर्किंग ग्रुप (2000), मिनिस्ट्री फॉर फॉरेन अफेयर्स, स्टॉकहोम, पृ0 103.

23 नेताजी प्रोबः फॉर्मर एम0पी0 इक्ज़ेमाइंड, नेशनल हेराल्ड, डेल्ही, 18 अक्टूबर 1970.

24 सुधी रंजन सेन, बोस वॉज़ इन रशिया, हिन्दुस्तान टाइम्स, 4 मार्च 2001.

25 राय सिंह, नेताजी इन साइबेरिया, हिन्दुस्तान टाइम्स (लैटर्स सेक्शन), 2 जनवरी 2001.

26 'नेताजी इन सोवियत कस्टडी' डिनीड, नेशनल हेरॉल्ड, 4 नवम्बर 1970.

27 मंदिरा पुरी, इण्डिया टुडे स्पेशल इश्यू, 25 दिसम्बर 2000, पृ0 64.

28 लेटर फ्रॉम चार्लटन हेस्टन कनसर्निंग क्रिमिनल कनविक्शन ऑफ आदिल शहरयार टू एटॉर्नी जनरल विलियम फ्रेन्च स्मिथ, 9 अगस्त 1982, एन0ए0आर0ए0 रिकॉर्ड ग्रुप 60, एक्सेशन रु 60–89–372, द नेशनल आर्किव्स एट कॉलेज पार्क, मैरीलैण्ड.

29 सुधी रंजन सेन, बोस वॉज़ इन रशिया, हिन्दुस्तान टाइम्स, 4 मार्च 2001.

30 वी0 टुर्डजेव, अगेन्स्ट हूम सुभाष चन्द्र बोस फौट ड्यूरिंग द इयर्स ऑफ सैकेण्ड वर्ड वॉर, द स्कॉटिश चर्च कॉमेमोरेटिव वॉल्यूम, 1997.

31 सुरेश बोस, डिस्एन्शियेन्ट रिपोर्ट, 1961 एडिशन, पृ0 55–6.

32 वी0 टुर्डजेव, अगेन्स्ट हूम सुभाष चन्द्र बोस फौट ड्यूरिंग द इयर्स ऑफ सैकेण्ड वर्ड वॉर, द स्कॉटिश चर्च कॉमेमोरेटिव वॉल्यूम, 1997.

33 ब्रिटेन ऑर्डर्ड नेताजीस् किलिंग क्लेम्स स्कॉलर, द इकॉनॉमिक टाइम्स, 17 अगस्त 2005.

34 एन्थनी पॉल, बोस मिस्ट्री कन्टीन्यूज़, द स्ट्रेट टाइम्स, 14 जनवरी 2006.

35 वी0 टुर्डजेव, अगेन्स्ट हूम सुभाष चन्द्र बोस फौट ड्यूरिंग द इयर्स ऑफ सैकेण्ड वर्ड वॉर, द स्कॉटिश चर्च कॉमेमोरेटिव वॉल्यूम, 1997.

36 वी0 टुर्डजेव, अगेन्स्ट हूम सुभाष चन्द्र बोस फौट ड्यूरिंग द इयर्स ऑफ सैकेण्ड वर्ड वॉर, द स्कॉटिश चर्च कॉमेमोरेटिव वॉल्यूम, 275.

37 वी0 टुर्डजेव, अगेन्स्ट हूम सुभाष चन्द्र बोस फौट ड्यूरिंग द इयर्स ऑफ सैकेण्ड वर्ड वॉर, द स्कॉटिश चर्च कॉमेमोरेटिव वॉल्यूम, 276.

38 क्रोनोलॉजी मेनटेन्ड बाइ द रौवेल वॉलेनबर्ग कमेटी ऑफ द यूनाइटेड स्टेट्स, न्यूयॉर्क.

39 एक्सपरटेड फ्रॉम द रिकॉर्ड ऑफ सुमन चट्टोपाध्यायस् क्रॉस–इक्ज़ामिनेशन बिफोर द मुखर्जी कमीशन ऑन 23 नवम्बर 2000.

40 प्रमित पाल चौधरी, फ्रॉम रशिया विद साइलेंस, हिन्दुस्तान टाइम्स, 24 जनवरी 2001.

41 प्रमित पाल चौधरी, फ्रॉम रशिया विद साइलेंस, हिन्दुस्तान टाइम्स, 24 जनवरी 2001.

42 जयदीप मजूमदार, पूरबी रॉयस् अपील ऑन बोस रिसर्च इगनोर्ड, हिन्दुस्तान टाइम्स डॉट काम नेताजी प्रोब फेस 1

43 रौवेल वॉलेनबर्गः रिपोर्ट ऑफ द स्वीडिश–रशियन वर्किंग ग्रुप (2000), मिनिस्ट्री फॉर फॉरेन अफेयर्स, स्टॉकहोम, पृ0 13.

44 जी0 सम्पथ, 'द इण्टेलिजेंस ब्यूरो वॉज़ क्लोज़र टू एम0आइ0 15 दैन टू नेहरु', डी0एन0ए0, 2 मई 2010.

45 रौवेल वॉलेनबर्गः रिपोर्ट ऑफ द स्वीडिश–रशियन वर्किंग ग्रुप (2000), मिनिस्ट्री फॉर फॉरेन अफेयर्स, स्टॉकहोम, पृ0 170.

46 रौवेल वॉलेनबर्गः रिपोर्ट ऑफ द स्वीडिश–रशियन वर्किंग ग्रुप (2000), मिनिस्ट्री फॉर फॉरेन अफेयर्स, स्टॉकहोम, पृ0 7.

47 प्राइम मिनिस्टर गोरान परसन्स ऑफिशियल कमेंट्स ऑन द वॉलेनबर्ग रिपोर्ट, 12 जनवरी 2001.

48 रौवेल वॉलेनबर्ग 2012, एच0टी0टी0पी0://डब्ल्यू0डब्ल्यू0डब्ल्यू0. स्वीडन. जी0ओ0वी0. एस0इ0/एस0बी0/डी0/15163.

49 फॉर्मर रशियन आर्किव ऑफिशियल सेज़ वॉलेनबर्ग फाइल एग्ज़िस्टस, 30 जनवरी 2012, एच0टी0टी0पी0://डब्ल्यू0डब्ल्यू0डब्ल्यू0. दिमओस्काओ टाइम्स. कॉम/न्यूज़/आर्टिकल/वॉलेनबर्ग–फाइल्स–एग्ज़िस्ट–ऑफिशियल–सेज़/451987. एच0टी0एम0एल0.

50 जापान कन्फर्म्स सीक्रेट पैक्ट ऑन यू0एस0 न्यूक्लियर ट्रांजिट, बी0बी0सी0 न्यूज़, 9 मार्च 2010.

51-52 सुधीर घोष, गांधीज़ एमिस्सरीज़, 1967, कोलकाता, रूपा एण्ड कम्पनी, सी0 पृ0 331 एण्ड 334–336 फॉर घोषेस एकाउन्ट.

53 इन्दर मल्होत्रा, जे0एन0 टू जे0एफ0के0, 'आइज़ ओनली', इण्डियन एक्सप्रेस, 15 नवम्बर 2010.

54 बी0बी0सी0 टाइमवॉच–हिटलर्स डेथः द फाइनल रिपोर्ट, 1995.

अध्याय 9ः 'मृत व्यक्ति' की वापसी

1 एन0के0 सिंह, क्वेश्चन मिस बोस वुड लाइक टू बी0 आनसर्ड, द पायनियर, 1 अप्रैल 1986.

2 एक्सरप्टेड फ्रॉम द रिकॉर्ड ऑफ द्विजेन्द्रनाथ बोसस् इक्ज़ामिनेशन बिफोर खोसला कमीशन ऑन 9 अगस्त 1972.

3 मुखर्जी कमीशन एक्ज़ीबिट नं0 221.

4 मुखर्जी कमीशन एक्ज़ीबिट नं0 151.

5 मीनाक्षी गांगुली, कीपिंग द फेथ, टाइम (एशिया), 19 अप्रैल 1999, वॉल्यूम 153, नं0 15.

6 फाइल नं0 आइ0एन0ए0 401, द नेशनल आर्किव्स ऑफ इण्डिया, न्यू डेल्ही.

7 नेताजी इन्क्वायरी कमेटी रिपोर्ट, गवर्नमेंट ऑफ इण्डिया प्रेस, न्यू डेल्ही, 1956, पृ0 31–22.

अध्याय 10ः मृत व्यक्तिः उलझे प्रश्न!

1 बोस नाइस वॉन्ट्स मिस्ट्री सॉल्व्ड, हिन्दुस्तान टाइम्स, 24 अक्टूबर 1989.

2 जस्टिस मुखर्जी कमीशन ऑफ इन्क्वायरी रिपोर्ट, वॉल्यूम I, पृ0 119–120.

3 जस्टिस मुखर्जी कमीशन ऑफ इन्क्वायरी रिपोर्ट, वॉल्यूम I, पृ0 119–122.

4 सयांतन चक्रवर्ती, स्टीफेन डेविड ड लाबोनिता घोश, फम्बलिंग पोलिस, इण्डिया टुडे, 20 दिसम्बर 1999.

5 सत्यप्रकाश, सी0बी0आइ0 टू एस0सी0ः मूव सोहराबुद्दीन केस ट्रायल आउट ऑफ गुजरात, हिन्दुस्तान टाइम्स, 30 जुलाई 2010.

6 धनंजय महापात्र, एस0सी0 स्टिक फॉर गुजरात इन सोहराबुद्दीन केस, द टाइम्स ऑफ इण्डिया, 2 दिसम्बर 2011.

7 मुखर्जी कमीशन एक्ज़ीबिट नं0 227.

8 मुखर्जी कमीशन एक्ज़ीबिट नं0 283.

9 मुखर्जी कमीशन एक्ज़ीबिट नं0 277.

10 लव पुरी, सेवेर पनिश्मेंट फॉर फगिंग डी0एन0ए0 सैम्पल्स, 'द हिन्दू, 24 जुलाई 2003.

11 गुडीगुंटा श्रीनिवास एण्ड पी0 पण्डारीनाथ, एफ0एस0एल0 रिपोर्ट्स फॉर सेल! हैदराबाद जर्नल, 19 सितम्बर 2010.

12 मुखर्जी कमीशन एक्ज़ीबिट नं0 222.

13 मुखर्जी कमीशन एक्ज़ीबिट नं0 222 ए.

14 सैकत रे, सी0एफ0एस0एल0 साइंटिस्ट्स क्लेम ब्रेकथो इन डी0एन0ए0, द टाइम्स ऑफ इण्डिया, 14 अप्रैल 2000.

15 पीटर पोफेम, डी0एन0ए0 टेस्ट्स रिकाइंडल मिस्ट्री ऑफ किडनैप्ड ब्रिटिश ट्रेकर्स, द इण्डिपेन्डेन्ट. 28 मार्च 2000.

16 पीटर पोफेम, डी0एन0ए0 टेस्ट्स रिकाइंडल मिस्ट्री ऑफ किडनैप्ड ब्रिटिश ट्रेकर्स, द इण्डिपेन्डेन्ट. 28 मार्च 2000.

17 नेताजी इन्क्वायरी कमेटी रिपोर्ट, गवर्नमेंट ऑफ इण्डिया प्रेस, न्यू डेल्ही, 1956, पृ0 6.

18 एस0ए0सी0एस0इ0ए0 कमीशन नं0 1 रिपोर्ट डेटेड 6 नवम्बर 1945, फाइल नं0 आइ0एन0ए0 400, द नेशनल आर्किव्स ऑफ इण्डिया, न्यू डेल्ही.

19 फाइल नं0 आइ0एन0ए0 249, द नेशनल आर्किव्स ऑफ इण्डिया, न्यू डेल्ही.

20 नेताजी ब्रदर क्रिटिकल ऑफ नेहरूज़ स्टैण्ड, द टाइम्स ऑफ इण्डिया, 6 नवम्बर 1970.

21 शाहनवाज़ प्लेड नेताजी फॉल्स, हिन्दुस्तान टाइम्स, 18 नवम्बर 1970.

22 टी0एन0 कौल, रिमाइनिसेंसेज़ डिस्क्रीट एण्ड इनडिस्क्रीट, लांसर पब्लिशर्स, 1982, पृ0 150.

23 लैरी कॉलिन्स एण्ड डॉमिनिक लेपियरे, माउन्टबेटन एण्ड द पार्टिशन ऑफ इण्डिया, वॉल्यूम १, विकास पब्लिशिंग हाउस, 1982, पृ0 54.

24 टी0एन0 कौल, रिमाइनिसेंसेज़ डिस्क्रीट ड इनडिस्क्रीट, लांसर पब्लिशर्स, 1982, पृ0 212.

25 1956: कॉमनवेल्थ हेड्स ऑनरड, बी0बी0सी0 न्यूज़, एक्सेज़्ड फ्रॉम एच0टी0टी0पी0://न्यूज़. बी0बी0सी0. को. यू0के0/ऑन दिज़ डे/ हि/डेट्स/स्टोरीज़/जुलाई/3/न्यूसिड – 2777000/2777357 डॉट एस0टी0एम0 डॉट

26 लैरी कॉलिन्स एण्ड डॉमिनिक लेपियरे, माउन्टबेटन एण्ड द पार्टिशन ऑफ इण्डिया, वॉल्यूम १, विकास पब्लिशिंग हाउस, 1982, पृ0 79.

27 इण्डियन नेशनल आर्मीः लांग कन्ट्रोवर्सी एन्डेड, द टाइम्स (लंदन), 30 मार्च 1948.

28 कोटेड फ्रॉम द रिकॉर्ड ऑफ डॉक्टर आर0सी0 मजुमदार्स डिपोज़िशन बिफोर द खोसला कमीशन ऑन 5 दिसम्बर 1972.

29 प्रियदर्शी मुखर्जी, इण्डिया–चाइना रिलेशन्सः ए जर्नी टू द अनएक्सप्लोर्ड डूमेन्स ऑफ हिस्ट्री एण्ड कल्चर, .जर्नल ऑफ द नेहरु मेमोरियल म्यूज़ियम एण्ड लाइब्रेरी, वॉल्यूम 2, नम्बर 4 (अक्टूबर–दिसम्बर 2003).

30 रिपोर्ट नं0 1300/एस0इ0, 21 मार्च 1946, फाइल नं0 आइ0एन0ए0 400, द नेशनल आर्किव्स ऑफ इण्डिया, न्यू डेल्ही.

31 रिपोर्ट ऑफ द वन–मैन कमीशन ऑफ इन्क्वायरी इनटू द डिस्अपियरेंस ऑफ नेताजी सुभाष चन्द्र बोस, 1974, पृ0 20.

32 सुभाष बोस इन रेड चाइना? इण्डियन एक्सप्रेस, 19 जुलाई 1949.

33 जस्टिस मुखर्जी कमीशन ऑफ इन्क्वायरी रिपोर्ट, वॉल्यूम II बी0 पृ0 305.

34 इलियट इरिक्सन, जवाहरलाल नेहरु एण्ड द रेड थीट टू इण्डिया, नेशनल रिपब्लिक, फरवरी 1954.

35 मुखर्जी कमीशन एक्ज़ीबिट नं0 155 (ए) ऑबटेन्ड अन्डर आर0टी0आइ0.

36 चांद जोशी, सी0आइ0ए0 कोच्ड इण्डियन्स ऑन इण्टेलिजेंस, हिन्दुस्तान टाइम्स, 14 मार्च 1975.

37 कोटेड फ्रॉम द रिकॉर्ड ऑफ द बरुन सेनगुप्ताज़ इग्ज़ामिनेशन बिफोर द खोसला कमीशन ऑन 6 जुलाई 1972.

38 गवर्नमेंट 'बिलेटेड' प्रोब ऑन नेताजीस् डेथ क्वेश्चन्ड, द मदरलैण्ड, 22 जनवरी 1974.

39 लौवेल थॉमस जूनियर, द दलाई लामा, बेलेन्टाइन बुक्स, न्यूयॉर्क 1961, पृ0 83.

40 लाइफ ऑफ नाम अवतार श्री श्री सीतारामदास ओंकारनाथ, एच0टी0टी0पी0://डब्ल्यू0डब्ल्यू0डब्ल्यू0. स्ट्रीमसोफनेक्टर. कॉम/ एबाउट–नाम. एच0टी0एम0एल0.

41 प्रवीन स्वामी, इण्डियाज़ सीक्रेट वॉर इन बांग्लादेश, द हिन्दू, 26 दिसम्बर 2011.

42 विलियम एल0 मर्सी, जोरिट कामिंगा, द पॉलिटिक्स ऑफ कोकेन, लॉरेन्स हिल बुक्स, 2010, पृ0 9.

43 रिपोर्ट ऑफ द वन–मैन कमीशन ऑफ इन्क्वायरी इनटू द डिस्अपियरेंस ऑफ नेताजी सुभाष चन्द्र बोस, 1974, पृ0 117.

44 रिकॉर्ड ऑफ प्रोसीडिंग्स ऑफ खोसला कमीशन ऑबटेन्ड अन्डर आर0टी0आइ0, वॉल्यूम XVIII पृ0 4805–6.
45 रिकॉर्ड ऑफ प्रोसीडिंग्स ऑफ खोसला कमीशन ऑबटेन्ड अन्डर आर0टी0आइ0, वॉल्यूम XVIII पृ0 4806–7.
46 प्रभा जगन्नाथन, वियतनाम आर्किव्स होल्ड की टू नेताजी फ्लाइट, द टेलीग्राफ, 26 सितम्बर 1994.

अध्याय 11: 117 बरस के जीवित नेताजी?

1 सी0 पौली हज़ारिका, फैट मैन लुकइन इन ए ब्लेड ऑफ स्टील, थिन मैन लुकइन एट हिज़ लास्ट मील, फॉर डिगनिटी, तहलका मैगज़ीन वॉल्यूम 8, इश्यू 27, 9 जुलाई 2011.
2 जस्टिस मुखर्जी कमीशन ऑफ इन्क्वायरी रिपोट, वॉल्यूम I पृ0 40.
3 श्री चिन्मय, मदर, योर 50 इन्डिपेन्डेन्स–एनिवर्सरी! अग्नि प्रेस, 1997.
4 लेट बाबा स्पोक टू मी, क्लेम्स प्रतिभा पाटिल, एक्सप्रेस इण्डिया. कॉम, 26 जून 2007.
5 स्टीफन वैगनर, प्रेसीडेन्ट्स एण्ड द पैरानॉर्मलः क्लिंटन, एबाउट. कॉम.
6 प्रवीन चोपड़ा, सम्भल–सोल सर्वाइवर, एच0टी0टी0पी0://डब्ल्यू0डब्ल्यू0डब्ल्यू0 डॉट लाइफ पॉज़िटिव डॉट कॉम/स्पिरिट/स्पिरिट–वर्ल्ड्स सम्भल/ग्यानगंज ए0एस0पी0

अध्याय 12: कैसे सुलझे पहेली

1 नेशन हैज़ रिपेड नेताजीस डेब्टः वाजपेयी, द टाइम्स ऑफ इण्डिया, 24 जनवरी 1978.
2 एस0एन0एम0 आब्दी, अनसेवरी फैक्ट्स, द इलस्ट्रेटेड वीकली ऑफ इण्डिया, 1 जून 1986.
3 ट्रांसफर ऑफ पॉवर, वॉल्यूम VI हर मैजेस्टिज़ स्टेशनरी ऑफिस, लंदन, पृ0 947.
4 पी0आर0 दासमुंशी, इम्बॉडिमेंट ऑफ लिबरेशन, द पायनियर, 21 जनवरी 2006.
5 ट्रांसफर ऑफ पॉवर, वॉल्यूम VI हर मैजेस्टिज़ स्टेशनरी ऑफिस, लंदन, पृ0 531.
6 ट्रांसफर ऑफ पॉवर, वॉल्यूम VI हर मैजेस्टिज़ स्टेशनरी ऑफिस, लंदन, पृ0 506.
7 ट्रांसफर ऑफ पॉवर, वॉल्यूम VI हर मैजेस्टिज़ स्टेशनरी ऑफिस, लंदन, पृ0 387–388.
8 रिचर्ड जे0 एल्ड्रिच, इन्टेलिजेंस एण्ड वॉर अगेन्स्ट जापान, कैम्ब्रिज यूनिवर्सिटी प्रेस, 2000, पेज 159. एल्ड्रिच्स सोर्सेस ऑफ द कोट इज़ः "एन्ट्री फॉर 23 फरवरी 1945, कोलवाइल (एज.) फ्रिंग्स ऑफ पॉवर.
9 के0एम0 मुंशी, इण्डियन कॉन्स्टिट्यूशनल डॉक्यूमेंट्स, वॉल्यूम–I, भारतीय विद्या भवन, 1967, पृ0 95.
10-12 एक्सरपटेड फ्रॉम द रिकॉर्ड ऑफ द्विजेन्द्र नाथ बोसस् इक्ज़ामिनेशन बिफोर द खोसला कमीशन ऑन 9 अगस्त 1972.
13 डॉक्टर आर0सी0 मजूमदार, स्ट्रगल फॉर फ्रीडम, भारतीय विद्या भवन, मुम्बई, पृ0 673.
14 खुशवन्त सिंह, हिस्ट्री ऑफ वन्स ओन मेकिंग. हिन्दुस्तान टाइम्स, 28 जून 2003.
15 ट्रांसफर ऑफ पॉवर, वॉल्यूम VI, हर मेजिस्टीज़ स्टेशनरी ऑफिस, लंदन पृ0 507.
16 ट्रांसफर ऑफ पॉवर, वॉल्यूम VI, हर मेजिस्टीज़ स्टेशनरी ऑफिस, लंदन पृ0 944.
17 एस0के0 सिन्हा, नेताजीस मिलिट्री रोलः द आर्मी एण्ड इण्डियन इण्डिपेन्डेन्स, द स्टेट्समैन, 1 मार्च 1976.
18 मेजर जनरल मोहम्मद जमान कियानी, इण्डियाज़ फ्रीडम स्ट्रगल एण्ड द ग्रेट आइ0एन0ए0, रिलायन्स पब्लिशिंग हाउस, न्यू डेल्ही, 1994, पृ0 203–204.
19 डिफाइंग द महात्मा, इण्डियन एक्सप्रेस, 23 जनवरी 1997.
20 डॉक्टर सत्यनारायण सिन्हा, नेताजी मिस्ट्री, प्रकाश चन्द्र साहा, ग्रन्थम, 1965, पृ0 53–54.
21 टी0 रामावर्मन, 40 इयर्स लेटर, एक्स–आइ0जी0 फाउण्ड गिल्टी ऑफ नक्सलीट्स मर्डर, द टाइम्स ऑफ इण्डिया, 29 अक्टूबर 2010.
22 40 इयर्स लेटर टॉप कॉप हेल्ड गिल्टी फॉर नक्सल मर्डर, आउटलुक इण्डिया. कॉम, 27 अक्टूबर 2010.
23 एस0 राजगोपालन, लुकिंग फॉर डब्ल्यू0डब्ल्यू II एयरमैन, हिन्दुस्तान टाइम्स, 24 नवम्बर 2004.
24 जिंजर काउडेन, रिकवरी टीम रिटर्न्स फ्रॉम चाइना विद डब्ल्यू0डब्ल्यू II रिमेन्स, आर्मी न्यूज़ सर्विस, 9 अक्टूबर 2002.
25 इजिप्टियन क्विीन्स डेथ केस सॉल्वड 3,500 इयर्स ऑन, द टाइम्स ऑफ इण्डिया, 24 अगस्त 2011.
26 मन्दिरा नायर, रिविजिटिंग द 'सिल्वर ऐज', द हिन्दू, 6 नवम्बर 2006.

27 रिपोर्ट ऑफ कमीशन ऑन प्रोटेक्टिंग एण्ड रिड्यूसिंग गवर्नमेंट सीक्रेसी, यूनाईटेड स्टेट्स गवर्नमेंट प्रिंटिंग ऑफिस, वॉशिंगटन, 1997. सी0 अपेन्डिक्स ए "सीक्रेसीः ए ब्रीफ एकाउन्ट ऑफ द अमेरिकन एक्सपीरियेन्स".
28 फाइनल रिपोर्ट ऑफ द एसेसिनेशन रिकॉर्ड्स रिव्यू बोर्ड, वॉशिंगटन, 2008 पृ0 1.
29 फाइनल रिपोर्ट ऑफ द एसेसिनेशन रिकॉर्ड्स रिव्यू बोर्ड, वॉशिंगटन, 2008 पृ0 1.
30 जॉन एलॉइसियस फेरेल, रिलीज़ ऑफ सी0आइ0एज़ फाइल ऑन ओसवॉल्ड रिवील्स लिटिल न्यू, बोस्टन ग्लोब, 13 मई 1992.

परिशिष्ट I: अनसुलझा रहस्य और बोस परिवार

1-3 नेताजी इन रेड चाइना, द नेशन, 7 अक्टूबर 1949.
4 नेताजी इज़ डेड, ब्रिंग इज़ एशेज़ होमः शिशिर बोस, द टाइम्स ऑफ इण्डिया, 1 दिसम्बर 1999.
5 लेटर डेटेड 22 सितम्बर 2000 फ्रॉम डॉक्टर शिशिर बोस टू पी0के0 सेनगुप्ता, सेक्रेटरी, जस्टिस मुखर्जी कमीशन ऑफ इन्क्वायरी.
6 अभिजित दासगुप्ता, पी0आइ0एल0 प्लान्ड अगेंस्ट टर्म्स ऑफ रिफरेन्स, द पायनियर, 3 अप्रैल 1999.
7 जस्टिस मुखर्जी कमीशन ऑफ इन्क्वायरी रिपोर्ट, वॉल्यूम IIA, पृ0 47.
8-11 एक्सरप्टेड फ्रॉम द रिकॉर्ड ऑफ सुमन चट्टोपाध्यायस् इग्ज़ामिनेशन बिफोर मुखर्जी कमीशन ऑन 23 नवम्बर 2000.
12 सुगाता बोस, द मॉर्टल ड ऑफ ए डेथलेस हीरो, इण्डियन एक्सप्रेस, 21 मई 2006.
13 सुगाता बोस, द मॉर्टल ड ऑफ ए डेथलेस हीरो, इण्डियन एक्सप्रेस, 21 मई 2006.
14 प्रनाब मुखर्जी, नेताजीस् मैरिज ए कल्टिवेटेड मिथ, सेज़ निराद चौधरी, द एशियन ऐज, 12 जनवरी 1996.
15 दीप के दत्ता–रे, "आइ अर्ज इण्डिया टू सेट एन इग्ज़ाम्पल इन ओपेनेस टू द रीजन,' द टाइम्स ऑफ इण्डिया, 29 जून 2011.
16 गांधीजी, नेताजीस् रिलेशनशिप बेस्ड ऑन म्युचुअल अफेक्शन,' 2 अगस्त 2011,
17 अशोक नाग, एन्टी–कॉलोनियल नेशनैलिस्ट ऑन ए ग्लोबल ओडिसी. द इकोनॉमिक टाइम्स, 15 जुलाई 2011.
18 नेताजी किन सेज़ बिलीविंग इन हिज़ डेथ इज़ सेंसिबिल, द टाइम्स ऑफ इण्डिया, 23 जनवरी 2002.
19 जस्टिस मुखर्जी कमीशन ऑफ इन्क्वायरी रिपोर्ट, वॉल्यूम 1ए 2005 पृ0 53.
20 जस्टिस मुखर्जी कमीशन ऑफ इन्क्वायरी रिपोर्ट, वॉल्यूम 1ए 2005 पृ0 114.
21 महेन्द्र वेद, डॉटर बिलीव्स नेताजी डेड इन क्रैश, द टाइम्स ऑफ इण्डिया, 28 फरवरी 2000.

परिशिष्ट II: नेताजी–युद्ध अपराधी?

1 स्टोरी ऑफ मीटिंग नेताजी लॉस्ट फरवरी, हिन्दुस्तान स्टैण्डर्ड, कोलकाता, 4 अप्रैल 1956.
2 बेस्ड ऑन मुथुरामलिंगम थेवर्स स्टेटमेंट्स पब्लिश्ड इन हिन्दुस्तान स्टैण्डर्ड ऑन 5 अप्रैल 1956.
3 रिकॉर्ड ऑफ प्रोसीडिंग्स ऑफ खोसला कमीशन ऑबटेन्ड अन्डर आर0टी0आइ0, वॉल्यूम VII, पृ0 2550–51.
4 सुभाष सेड टू बी0 एलाइव, हिन्दुस्तान स्टैण्डर्ड, 30 अगस्त 1945.
5 सुभाष सेड टू बी0 एलाइव, हिन्दुस्तान स्टैण्डर्ड, 30 अगस्त 1945.
6 आइटम नं0 639, ट्रांसफर ऑफ पॉवर, वॉल्यूम V, हर मेजिस्टीस् स्टेशनरी ऑफिस, लंदन, पृ0 1297.
7 ट्रांसफर ऑफ पॉवर, वॉल्यूम VI, हर मेजिस्टीस् स्टेशनरी ऑफिस, लंदन, पृ0 17.
8 ट्रांसफर ऑफ पॉवर, वॉल्यूम VI, हर मेजिस्टीस् स्टेशनरी ऑफिस, लंदन, पृ0 405.
9 खोसला कमीशन एक्ज़ीबिट्स नं0 30 I 30 J ऑबटेन्ड अन्डर आर0टी0आइ0.
10 रिपोर्ट ऑफ द वन–मैन कमीशन ऑफ इन्क्वायरी इनटू द डिस्अपियरेंस ऑफ नेताजी सुभाष चन्द्र बोस, 1974, पृ0 58.
11 लोक सभा डिबेट्स, सीरीज़ 3, वॉल्यूम 40, 19 मार्च–1 अप्रैल, 1965, पृ0 6347.
12 कोटेड फ्रॉम ए कॉपी ऑफ द प्रेस रिलीज़ नं0 जी0ए0 4400 डेटेड 10 सितम्बर 1971.
13 रिकॉर्ड ऑफ प्रोसीडिंग्स ऑफ खोसला कमीशन ऑबटेन्ड अन्डर आर0टी0आइ0, वॉल्यूम V, पृ0 1636.
14 कैथेरीन फ्रैंक, इंदिराः द लाइफ ऑफ इंदिरा नेहरु गांधी, हार्पर कौलिंस, 2001, पृ0 101.

15 रिपोर्ट ऑफ द वन–मैन कमीशन ऑफ इन्क्वायरी इनटू द डिसअपियरेंस ऑफ नेताजी सुभाष चन्द्र बोस, 1974, पृ0 59–60.

परिशिष्ट III: बात काल्पनिक कहानियों की

1 मार्क फेन्स्टर, कॉन्स्पायरेसी थ्योरीज़ सीक्रेसी एण्ड पॉवर इन अमेरिकन कल्चर, यूनिवर्सिटी ऑफ मिनिस्सोटा प्रेस, 1999, पृ0 viii

2 इनट्रिम रिपोर्ट ऑफ द जैन कमीशन ऑफ इन्क्वायरी, वॉल्यूम –I, पृ0 20, 1997. सी0 प्वाइंट 2.10.

3-5 ऑल क्वेटेसन्स आर टेकेन फ्रॉम डिक्लासिफाइड 1970 यू0एस0 डिपार्टमेंट ऑफ स्टेट इलेक्ट्रॉनिक टेलीग्राम्स डिक्लासिफाइड इन 2005 एण्ड नॉओ एवेलेबल फॉर सर्च एण्ड फ्री डाउनलोड फ्रॉम द एन0ए0आर0ए0 वेबसाइट.

6 फाइल नं0 आइ0एन0ए0 273, द नेशनल आर्किव्स ऑफ इण्डिया, न्यू डेल्ही.

7 सुधी रंजन सेन, बोस वॉज़ इन रशिया, हिन्दुस्तान टाइम्स, 4 मार्च 2001.

8 सुधी रंज़न सेन, बोस वॉज़ इन रशिया, हिन्दुस्तान टाइम्स, 4 मार्च 2001.

9 प्रेस रिलीज़ डेटेड 18 मई 2006 इश्यूड बाइ जनता पार्टी

10 मेडिकल रिपोर्ट ऑफ द डेथ ऑफ द प्राइम मिनिस्टर ऑफ इण्डिया, एल0बी0 शास्त्री ऑब्टेन्ड अन्डर आर0टी0आइ0 एक्ट.

11 फॉरेन रिलेशन्स ऑफ द यूनाईटेड स्टेट्स, 1969–1976, वॉल्यूम XII पृ0 606. डॉक्टर किसिंगर्स व्यूज़ एबाउट इण्डिया एण्ड इंदिरा गांधी चेंज्ड लेटर ऑन, एण्ड टुडे ही इज़ वेल रिस्पेक्टेड इन इण्डिया.

12 रिकॉर्ड ऑफ प्रोसीडिंग्स ऑफ खोसला कमीशन ऑबटेन्ड अन्डर आर0टी0आइ0, वॉल्यूम I, पृ0 144, 149.

13 एलेन फिलिप्स, वॉट द क्रेमलिन बटलर सॉ, द टेलीग्राफ (लंदन), 18 फरवरी 1998.

14 एक्स्ट्रेक्टेड फ्रॉम द रिकॉर्ड ऑफ जगदीश कुदेसियाज़ क्रॉस–इग्ज़ामिनेशन बिफोर खोसला कमीशन ऑन 1 मार्च 1971.

15 खोसला कमीशन एक्ज़ीबिट नं0 30 ए ए ऑबटेन्ड अन्डर आर0टी0आइ0.

16 फ्रॉम ए पर्सनल नोट ऑफ अमिय नाथ बोस मेड एवेलेबल बाइ हिज़ फैमिली.

17 सुधी रंजन सेन, बोस वॉज़ इन रशिया, हिन्दुस्तान टाइम्स, 4 मार्च 2001.

18 कैप्टेन सी0एल0 दत्ता, विद टू प्रेसीडेण्ट्स, विकास पब्लिशिंग हाउस, 1970, पृ0 73. दत्ता वॉज़ एन ए0डी0सी0 टू प्रेसीडेण्ट राधाकृष्णन.

19 रिपोर्ट ऑफ द वन–मैन कमीशन ऑफ इन्क्वायरी इनटू द डिसअपियरेंस ऑफ नेताजी सुभाष चन्द्र बोस, 1974, पृ0 48.

20 रिपोर्ट ऑफ द वन–मैन कमीशन ऑफ इन्क्वायरी इनटू द डिसअपियरेंस ऑफ नेताजी सुभाष चन्द्र बोस, 1974, पृ0 48.

21 रिकॉर्ड ऑफ प्रोसीडिंग्स ऑफ खोसला कमीशन ऑबटेन्ड अन्डर आर0टी0आइ0, वॉल्यूम XVIII पृ0 5056.

22 रिकॉर्ड ऑफ प्रोसीडिंग्स ऑफ खोसला कमीशन ऑबटेन्ड अन्डर आर0टी0आइ0, वॉल्यूम XVIII पृ0 5017.

23 रिकॉर्ड ऑफ प्रोसीडिंग्स ऑफ खोसला कमीशन ऑबटेन्ड अन्डर आर0टी0आइ0, वॉल्यूम XI पृ0 3331–3332 ड 3336–3337.

24 प्रेम भाटिया, चेन ऑफ कमाण्ड इन आर्मी अपसेट, द सण्डे स्टैण्डर्ड (इण्डियन एक्सप्रेस), ओ0पी0–एड0 पेज, 24 नवम्बर 1963.

25 फाइव टॉप मिलिट्री मैन किल्ड इन हैलीकॉप्टर क्रैश, द टाइम्स ऑफ इण्डिया, 23 नवम्बर 1963.

26 के0 रंगास्वामी, थ्योरीज़ एबाउट जम्मू हैलीकॉप्टर क्रैश, द हिन्दू, 24 नवम्बर 1963.

27 नो सैबोटेज सस्पेक्टेड इन पुंछ हैलीकॉप्टर क्रैश, द हिन्दू, 25 नवम्बर 1963.

28 राज्य सभा डिबेट्स, वॉल्यूम 45, पार्ट 1, 1963, नवम्बर–दिसम्बर, पृ0 1028.

29 लोक सभा डिबेट्स, 18–19 नवम्बर 1963, वॉल्यूम 22, सीरीज़ 3, पृ0 1703 टू 1720.

30 लोक सभा डिबेट्स, 18–19 नवम्बर 1963, वॉल्यूम 22, सीरीज़ 3, पृ0 1709.

31 लेफ्टिनेंट कर्नल गौतम शर्मा, एक्सप्लॉइट्स ऑफ 11 गोरखा राइफल्स, एलाइड पब्लिशर्स, 1988, पृ0 58–59.

परिशिष्ट VI: नेताजी रहस्य के कर्णधार

1 प्रदीप बोस, डिड जापान लाइ एबाउट बोसेस् डेथ इन एयर क्रैश? एक्सेस्ड फ्रॉम एच0टी0टी0पी0:// डब्ल्यू0डब्ल्यू0डब्ल्यू0. हिन्दुस्तान टाइम्स. कॉम/न्यूज़/स्पेशल्स/नेताजी/प्रदीप1. एच0टी0एम0.

2 एक्सरप्टेड फ्रॉम द रिकॉर्ड ऑफ द्विजेन्द्र नाथ बोसेस् इग्ज़ामिनेशन बिफोर खोसला कमीशन ऑन 9 अगस्त 1972.

3 प्रदीप बोस, सुभाष बोस ड इण्डिया टुडे, दीप एण्ड दीप पब्लिकेशन्स, न्यू डेल्ही, 1999, पृ0 273.

4 रिकॉर्ड ऑफ प्रोसीडिंग्स ऑफ खोसला कमीशन ऑबटेन्ड अन्डर आर0टी0आइ0, वॉल्यूम XI, पृ0 3578–80.

5 रिकॉर्ड ऑफ प्रोसीडिंग्स ऑफ खोसला कमीशन ऑबटेन्ड अन्डर आर0टी0आइ0, वॉल्यूम XI, पृ0 3354–3355.

6 रिकॉर्ड ऑफ प्रोसीडिंग्स ऑफ खोसला कमीशन ऑबटेन्ड अन्डर आर0टी0आइ0, वॉल्यूम XI, पृ0 3246.

7 रिकॉर्ड ऑफ द डिपोज़िशन ऑफ कर्नल प्रीतम सिंह बिफोर मुखर्जी कमीशन ऑन 22 जुलाई 2000.

8 रिकॉर्ड ऑफ प्रोसीडिंग्स ऑफ खोसला कमीशन ऑबटेन्ड अन्डर आर0टी0आइ0, वॉल्यूम V, पृ0 1922.

9 एक्सरप्टेड फ्रॉम द रिकॉर्ड ऑफ सुनील दासस् इग्ज़ामिनेशन बिफोर खोसला कमीशन ऑन 6 सितम्बर 1972.

10 एम0 अजीजुल जलील, द स्टोरी ऑफ सुभाष चन्द्र बोस–पार्ट II, न्यू एज (ढाका), 31 अगस्त 2005.

हिंदी अनुवादक
शीबा राकेश

शीबा राकेश, भारतीय विद्या भवन गर्ल्स डिग्री कॉलेज, लखनऊ, में अंग्रेज़ी की प्रवक्ता के रुप में कार्यरत हैं। स्त्री विमर्श और अनुवाद विद्या पर राष्ट्रीय और अन्तर्राष्ट्रीय स्तर पर इनके लेख प्रकाशित होते रहे हैं। आकाशवाणी और दूरदर्शन से जुड़े होने के साथ ही यह इग्नू और भारतेन्दु नाट्य अकादमी आदि संस्थाओं के पाठ्यक्रम और शिक्षण में योगदान देती रही हैं।